조용한
혁명

조용한 혁명

MODERN
CLASSICS

001

탈물질주의 가치의 출현과 정치 지형의 변화

The Silent Revolution
Changing Values and Political Styles Among
Western Publics

로널드 잉글하트Ronald Inglehart 지음 | 박형신 옮김

한울
아카데미

사랑하는 아내 마거릿과
두 딸 엘리자베스와 레이첼에게

차 례

머리말 _ 14

제1부 ㅣ 서론

제1장 서구 공중 사이에서의 가치와 스킬의 변화: 개관   19

서론 19 / 변화의 원인 23 / 개인 내부에서의 변화 30 / 서구 공중 사
이에서 일어난 변화가 가져온 몇 가지 결과 31

제2부 ㅣ 가치 변화

제2장 가치 변화의 본질   41

가치 변화의 원인: 몇 가지 가정 42 / 가치는 대규모 조사를 통해 측정될
수 있는가? 46 / 1970년과 1971년 조사에서 얻은 결과: 4개 항목 가치 지
표 50 / 1972년과 1973년 조사를 통한 추가 검증 59 / 보다 광범위한 지
표에 기초한 가치 척도의 개발 66 / 가치 유형과 직업 목표 84 / 욕구
위계와 지리적 일체감 87 / 가치 유형과 정치적 선호 90 / 가치 변화에
대한 몇 가지 다른 견해 95 / 결론 102

제3장 **가치 변화의 원인**   106

교육의 다면적 효과 106 / 형성기의 경험과 현재의 경제 수준 122 / 또
다른 사회적 배경의 영향 127 / 세대, 라이프 사이클, 교육: 1973년 조사
의 증거 134 / 결론 137

제4장 **가치 우선순위의 안정성과 변화**   140

개인 수준에서의 변화 140 / 집합적 변화: 1970~1976년의 경우 144 /
다른 출처들에서 얻은 시계열 데이터 149 / 대학에서의 가치 변화 157

제5장 **가치, 객관적 욕구, 그리고 주관적인 삶의 질**   162

서론 162 / 환경, 열망, 가치, 그리고 만족도: 몇 가지 가설 163 / 전반
적인 삶의 만족도: 집단 간 낮은 변이 가설의 검증 175 / 변화와 만족도
185 / 가치 우선순위와 주관적 만족 188 / 결론 201

제6장 **주관적 만족도: 문화 간·시점 간 변이**   203

객관적 복지의 국가 간 차이 203 / 언어와 만족도 208 / 지역 정치문화
와 만족도 212 / 규모와 만족도 220 / 사회정치적 만족 수준의 변화
227 / 결론 233

제3부 | 정치적 균열

제7장 **산업사회에서의 정치적 균열**   239

서론 239 / 좌파와 우파를 구별하는 방법 246 / 가족 전통과 산업적인
정치적 균열: 몇 가지 영차 관계 259

제8장 **전산업적인 정치적 균열과 탈산업적인 정치적 균열**   284

전산업적인 정치적 균열 284 / 탈산업적인 정치적 균열 300 / 지역적-

문화적 균열: 플랑드르 민족주의 정당과 왈론 민족주의 정당 306 / 인종적 민족주의와 탈산업적 좌파 313

제9장 정치적 균열에 대한 다변량 분석   319

제10장 탈물질주의적 현상   340

미국과 서독에서의 새로운 정치 341 / 프랑스에서의 1968년 5월 봉기 346 / 1968년 프랑스 선거의 결과 349 / 위기의 영향: 폭력에 대한 공포와 새로운 질서에 대한 호소 356 / 결론 367

제4부 ı 인지적 동원

제11장 서구 공중 사이에서의 인지적 동원과 정치 참여   377

정치적 스킬의 변화하는 균형 380 / 산업사회에서의 정치 참여 382 / 실제적 정치 참여와 잠재적 정치 참여 390 / 참여 잠재력의 사회적 맥락 405 / 1972년의 새로운 행동주의 411 / 결론 413

제12장 교구주의, 국가주의, 초국가주의   414

서론 414 / 유럽 통합: 엘리트의 음모에서 공중의 관심사로 415 / 유럽 공동체 내부에서의 코즈모폴리턴적인 정치적 정체성의 출현 424 / 인지적 동원 과정 431 / 유럽 통합에 대한 지지의 진전 과정 438 / 유럽 통합을 지지하는 데서의 다양한 문턱 451

제13장 세계관과 전 지구적 변화   464

참고문헌 _ 504
찾아보기 _ 525
옮긴이 후기 _ 529

그림 차례

〈그림 1-1〉 이 책에서 검토하는 변화 과정 개관   21

〈그림 2-1〉 1973년 조사에서 사용했던 항목과 그 항목들이 포착하고자 했던 욕구   69

〈그림 2-2〉 물질주의적/탈물질주의적 요인   73

〈그림 2-3〉 연령 집단별 가치 유형   83

〈그림 2-4〉 가치 유형별 직업 목표   86

〈그림 2-5〉 가치 유형별 지리적 일체감   89

〈그림 3-1〉 가치 유형에 대한 영향   123

〈그림 4-1〉 연령 집단별 가치 우선순위의 변화, 1970~1976년   148

〈그림 5-1〉 가치 유형별 세 가지 영역에서의 만족도: 유럽, 1973년   196

〈그림 5-2〉 가치 유형별 정치적 만족도   197

〈그림 6-1〉 세 시점에서 유럽공동체 9개국을 결합한 전반적인 삶의 만족도   206

〈그림 6-2〉 유럽공동체에서 보다 큰 8개국의 전반적인 삶의 만족감   207

〈그림 8-1〉 사회계급, 정당 선호, 교파의 세대 간 전승   290

〈그림 9-1〉 미국 평균 투표자가 인식한 평균 유권자 및 두 대통령 후보의 쟁점 위치, 1968년과 1972년   335

〈그림 12-1〉 연령 집단별 초국가적 정체성 의식의 보유 비율   427

〈그림 12-2〉 가치 유형별 초국가적 정체성 의식의 보유 비율, 1973년   430

〈그림 12-3〉 유럽 통일에 대한 지지의 진전 과정, 1952~1975년   444

〈그림 12-4〉 유럽공동체 가입에 대한 지지, 1973년 9월~1975년 11월   454

표 차례

〈표 2-1〉 연령 코호트별 가치 유형: 1970년과 1971년 조사를 결합한 데이터   56

〈표 2-2〉 11개국의 연령 코호트별 가치 유형, 1972~1973년   62

〈표 2-3〉 국가별 가치 유형의 분포, 1972~1973년   65

〈표 2-4〉 10개국에서의 물질주의-탈물질주의 요인   71

〈표 2-5〉 10개국에서의 경제 대 환경   74

〈표 2-6〉 서구 공중의 목표, 1973년   78

〈표 2-7〉 가치 유형별·국가별 사람들의 직업 소망   85

〈표 2-8〉 가치 유형별 좌파-우파 척도상의 자기 배치   93

〈표 3-1〉 주요 임금소득자의 직업별 가치 유형   108

〈표 3-2〉 정보 수준을 통제한 교육 수준별 가치   114

〈표 3-3〉 아버지의 사회경제적 지위와 응답자 자신의 사회경제적 지위별 가치   116

〈표 3-4〉 7개국에서 교육을 통제한 연령별 가치   119

〈표 3-5〉 〈그림 3-1〉의 상관관계 매트릭스   123

〈표 3-6〉 교회 출석별 가치 유형: 유럽 6개국, 1970년   128

〈표 3-7〉 서유럽과 미국에서의 성별 가치   129

〈표 3-8〉 성별 가치 우선순위   130

〈표 3-9〉 7개국 가치 유형의 예측 변수   132

〈표 4-1〉 시간에 따른 가치 유형 분포의 변화   146

〈표 4-2〉 1970년에서 1976년까지의 연령 집단별 가치 변화   147

〈표 4-3〉 일본에서의 연령별과 성별 가치 유형, 1972년   155

〈표 5-1〉 삶 전체에 대해 "매우 만족한다"라고 답한 사람들의 가족 소득별 비율, 1973년   176

〈표 5-2〉 유럽 9개국의 주관적 만족의 차원, 1973년   178

〈표 5-3〉 9개국의 사회구조에 의해 설명된 태도의 분산   181

〈표 5-4〉 유럽 9개국의 사회적 배경별 전반적 만족도 점수, 1973년   183

〈표 5-5〉 최근의 변화에 대한 인식과 미래의 변화에 대한 기대에 따른 전반적인 만족도   187

〈표 5-6〉 삶 전체에 대한 물질주의자와 탈물질주의자의 가족 소득별 만족도   195

〈표 5-7〉 유럽 9개국의 사회적 배경별 사회정치적 만족도   200

〈표 6-1〉 서유럽의 소득별 만족감   210

〈표 6-2〉 서유럽에서의 정치적 만족도   212

〈표 6-3〉 지역별 삶 전체에 대한 만족도, 1973년과 1975년   215

〈표 6-4〉 서구 7개국의 전반적인 만족 수준, 1948년 여름   222

〈표 6-5〉 10개 서구 국가에서 보고된 공중의 행복 수준   224

〈표 6-6〉 응답자의 국가에서의 "민주주의 작동방식"에 대한 만족도, 1973년과 1975년 228

〈표 6-7〉 "오늘날 우리가 살고 있는 종류의 사회"에 대한 만족도, 1973년과 1975년 230

〈표 6-8〉 정당별 "자국 민주주의의 작동방식"에 대한 만족도, 1973년과 1975년 234

〈표 7-1〉 8개국 정당의 지형 251

〈표 7-2〉 부모의 지지 정당별 투표 성향 261

〈표 7-3〉 사회계급과 정치 참여 264

〈표 7-4〉 사회계급과 정치적 당파성, 1973~1975년 269

〈표 7-5〉 가족 소득별 투표 성향 271

〈표 7-6〉 교육별 정당 선호, 1970년과 1971년 272

〈표 7-7〉 노동조합 또는 직업조합 가입 여부별 정당 선호 273

〈표 7-8〉 중간 다수: 국가별 경제적 자기 인식의 분포 276

〈표 7-9〉 사회계급별 현재의 사회, 점진적 개혁, 혁명적 변화에 대한 지지 280

〈표 8-1〉 교파별 정당 선호 292

〈표 8-2〉 교회 출석 빈도별 정당 선호 293

〈표 8-3〉 언어 집단과 인종별 정치적 선호: 벨기에, 스위스, 미국 296

〈표 8-4〉 지역과 언어 집단별 정치적 선호 297

〈표 8-5〉 성별 정당 선호 299

〈표 8-6〉 가치 우선순위별 정당 선호 301

〈표 8-7〉 가치 유형별 세대 간 정당 이동 304

〈표 8-8〉 벨기에 민족주의 정당들의 사회적 기반 309

〈표 8-9〉 가치 유형별 신좌파 정당과 인종적 민족주의 정당에 대한 지지 316

〈표 9-1〉 가산 모델에서 정당 선호 예측 변수의 각국별 상대적 강도 322

〈표 9-2〉 11개국에서의 좌파-우파 투표의 예측 변수, 1972~1973년 331

〈표 9-3〉 탈산업적 균열과 정당체계의 중요성 337

〈표 10-1〉 1968년 사회계급별·연령 집단별 좌파 대비 드골당에 투표한 비율 352

〈표 10-2〉 연령을 통제한 교육 수준별 투표, 1968년 354

〈표 10-3〉 현재의 위험 인식과 가족의 정치적 전통별 투표 성향, 1968년 359

〈표 10-4〉 "프랑스는 혼란을 피하기 위해 언제나 드골과 같은 강력한 지도자가 필요할 것이다"라는 진술에 대한 직업별 동의 정도 361

〈표 10-5〉 저항 참여자가 꼽은 급진적 동기 항목 개수의 연령별·직업별 평균 363

〈표 11-1〉 정치적 효능감 수준의 변화, 1952~1974년 392

〈표 11-2〉 미국 공중의 정부 신뢰 수준, 1958~1974년 394

〈표 11-3〉 미국의 정당 일체감의 변화, 1952~1976년 397

〈표 11-4〉 연령 집단별 정치적 효능감, 토론 활동, 정치 정보 403

〈표 11-5〉 서유럽에서의 인지적 동원, 가치 유형, 그리고 정치적 선호, 1973년 408

〈표 12-1〉 영국에서 국민투표가 실시되기 이전 유럽공동시장 가입에 대한 찬성과 반대 421

〈표 12-2〉 정치 토론에서의 활동 정도별 초국가적 정체성 의식, 1973년 435

〈표 12-3〉 인지적 동원과 가치 유형별 초국가적 정체성 의식   437
〈표 12-4〉 유럽 통합 찬성과 지리적 정체성 의식 간의 상관관계   439
〈표 12-5〉 유럽 통합 지지와 가치 우선순위 간의 상관관계   441
〈표 12-6〉 유럽 통합에 대한 지지와 좌파-우파 투표 성향 간의 상관관계   449
〈표 12-7〉 유럽 9개국 공중의 공동시장 가입에 대한 태도   452
〈표 12-8〉 유럽 정치연합에 대한 찬성과 반대   456
〈표 12-9〉 각국 정부보다 유럽 정부가 더 잘 처리할 문제   459
〈표 12-10〉 유럽 내 경제적 지원에 대한 찬성과 반대   460

머리말

이 책은 유럽공동체(European Community) 위원회의 특별 고문인 자크-르네 라비에(Jacques-Rene Rabier)의 도움과 격려가 없었다면 완성되지 못했을 것이다. 라비에는 내게 많은 제안을 해주었고, 위원회는 나와 우리 사회과학자들에게 유럽공동체 조사 자료를 이용할 수 있게 해주었다. 이에 대해 감사의 말을 전할 수 있게 되어 기쁘기 그지없다. 나는 또한 많은 공중 사이에서 일어난 정치적 변화를 추적하는, 현재 진행 중인 연구를 수행하는 과정에서 나와 이 주제들을 놓고 토론했던 여러 동료에게 큰 빚을 지고 있다(이 조사 연구는 새뮤얼 반스(Samuel Barnes)와 막스 카세(Max Kaase)에 의해 편집되어 책으로 출간될 예정이다). 이 조사는 내가 이 책에서 수행한 분석을 자극하고 명료하게 하는 데 큰 도움을 주었다. 이 방대한 프로젝트에는 반스와 카세 외에도 마크 에이브럼스(Mark Abrams), 클라우스 앨러벡(Klaus Allerbeck), 안젤름 에더(Anselm Eder), 시스 드 그라프(Cees de Graaf), 데이비드 핸들리(David Handley), 펠릭스 헝크스(Felix Heunks), M. 켄트 제닝스(M. Kent Jennings), 헨리 커(Henry Kerr), 한스-디터 클링게만(Hans-Dieter Klingemann), 알베르토 마라디(Alberto Marradi), 앨런 마시(Alan Marsh), 데이비드 매더슨(David Matheson), 워런 밀러(Warren Miller), 퍼티 페소넨(Pertti Pesonen), 레오폴드 로젠마이어(Leopold Rosenmayr), 지아코모 사니(Giacomo Sani), 리스토 산키아호(Risto Sankiaho), 두산 시잔스키(Dusan Sidjanski), 필립 스타우타드(Philip Stouthard) 등 많은 동료가 참여했다. 다른 많은 친구와 동료들, 그중에서도 특히 폴 에이브럼슨(Paul Abramson), 가브리엘 앨먼드(Gabriel Almond), 프랭크 앤드루스(Frank Andrews), 데이비드 아펠(David Appel), 필립 컨버스(Philip Converse), 칼 도이치(Karl Deutsch), 리처드 호퍼버트(Richard Hofferbert), 레온 린드버그(Leon Lindberg), 시모어 마틴 립셋(Seymour Martin Lipset), A.F.K. 오간스키(A.F.K. Organski), 로버트 퍼트넘(Robert Putnam), 헬레네 리포(Helène Riffault), 데이비드 시걸(David Segal), 도널드 스토크스(Donald Stokes), 버카드 스트럼펠(Burkhard Strumpel), 스티븐 위디(Steven Withey)는 귀중한 조언과 비판을 해주었다.

미시간대학교는 호레이스 H. 래컴 대학원(Horace H. Rackham School of Graduate Studies) 연구비와 함께 안식년 휴가까지 주었다. 이 책의 대부분의 장을 그 기간에 집필했다. 모두에 대해 큰 감사를 표한다.

제 1 부

서론

제1장

서구 공중 사이에서의 가치와 스킬의 변화: 개관

서론

서구 공중의 가치는 물질적 복리와 신체적 안전을 거의 전적으로 중시하던
것에서 삶의 질을 더 크게 중시하는 쪽으로 변화해 왔다. 이러한 전환의 원인
과 함의는 복잡하지만, 그 기본 원리는 아주 단순하게 진술될 수 있다. 그것은
바로 사람들은 현재 절박하지 않은 욕구나 위협적이지 않은 것보다 당면한 욕
구나 위협에 더 많은 관심을 가진다는 것이다. 따라서 아름다움에 대한 욕망
은 얼마간 보편적이기는 하지만, 배고픈 사람은 심미적 만족보다는 먹을 것
을 추구할 가능성이 더 크다. 오늘날 서구 인구 중에서 이례적으로 높은 비율
의 사람들이 전례 없는 경제적 안전 속에서 성장해 왔다. 경제적 안전과 신체
적 안전은 여전히 높은 가치를 부여받고 있지만, 그러한 가치들의 상대적 우
선순위는 과거보다는 낮다.

우리는 정치 스킬의 분포에서도 중요한 변화가 일어나고 있다고 가정한다.
국내 정치와 국제 정치에 대해 상당한 관심과 지식을 가진 공중이 점점 더 많
아지고 있으며, 이들은 국내 정치와 국제 정치의 수준에서 정책 결정에 참여
하고 있다. 물론 많은 공중이 지금까지 오랫동안 투표 및 여타의 방식으로 국

내 정치에서 일정한 역할을 해왔다. 현재 일어나고 있는 변화는 그들이 정책 형성에서 점점 더 적극적인 역할을 하고 더 나아가 이른바 '엘리트에게 도전하는' 활동 — '엘리트로부터 지도받는' 활동과 대비되는 것으로서의 — 을 하는 것을 가능하게 한다. 엘리트로부터 지도받는 정치 참여는 대체로 엘리트들이 정당, 노동조합, 종교 단체 등의 기성 조직을 통해 대중의 지지를 동원하는 방식이다. 새로 생겨난 스타일인 '엘리트에게 도전하는' 정치는 공중으로 하여금 둘 또는 그 이상의 일단의 정책 결정자 사이에서 단지 선택하게 하는 데 그치지 않고 특정한 **결정**을 내리는 데서 점점 더 중요한 역할을 하게 한다. 이러한 변화에 기여하는 가장 중요한 요소 중 하나가 바로 공중 사이에 잠재적인 대항 엘리트가 이전의 어느 때보다 더 널리 분포되어 있다는 사실이다.

가치의 변화와 스킬의 변화라는 두 가지 과정은 서로를 강화한다. 우리가 보기에, 가치에서 일어난 변화의 한 측면은 위계적 권위의 정당성, 애국심, 종교 등이 쇠퇴하고 있다는 것이며, 이것이 다시 제도에 대한 신뢰를 저하시키고 있다. 그와 동시에 엘리트와 대중 간에 그간 이루어졌던 정치 스킬의 균형이 변화함으로써 새로운 가치를 정치적으로 표현하기가 용이해지고 있다. 몇몇 기본 가치와 스킬은 점진적이기는 하지만 근본적으로 변화하고 있는 것으로 보인다. 의심할 바 없이 특정한 시기 동안에는 그러한 변화의 과정을 늦추거나 심지어는 역진시키는 대항 추세가 나타날 것이다. 그러나 이 진화 추세는 선진산업사회에서 발생하고 있는 구조적 변화의 결과이며, 그러한 사회의 성격 자체가 크게 바뀌지 않는 한 그 추세 역시 변하지 않을 것이다.

이 책에서 우리는 뒤로 돌아가기도 하고 또 앞으로 나아가기도 하면서 가치와 스킬의 변화에 초점에 맞춘다. 다시 말해 우리는 이들 변화의 **원인**을 추적하기 위해서는 인과연쇄에 따라 뒤로 돌아가고, 그러한 변화들의 **결과**로 여겨지는 것을 분석하기 위해서는 앞으로 나아간다. 이 책의 내용을 개관하고 있는 <그림 1-1>은 우리가 그러한 분석을 수행하는 방식을 보여준다. 이

〈그림 1-1〉이 책에서 검토하는 변화 과정 개관

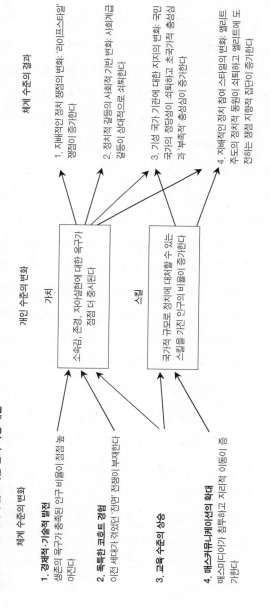

세계 수준의 변화

1. 경제적·기술적 발전
생존의 욕구가 충족된 인구 비율이 점점 높아진다

2. 독특한 코호트 경험
이전 세대가 겪었던 '전면' 전쟁이 부재한다

3. 교육 수준의 상승

4. 매스커뮤니케이션의 확대
매스미디어가 침투하고 지리적 이동이 증가한다

개인 수준의 변화

가치

소속감, 존경, 자아실현에 대한 욕구가 점점 더 중시된다

스킬

국가적 규모로 정치에 대처할 수 있는 스킬을 가진 인구의 비율이 증가한다

세계 수준의 결과

1. 지배적인 정치 쟁점의 변화: '라이프스타일' 쟁점이 증가한다

2. 정치적 갈등의 사회적 기반 변화: 사회계급 갈등이 상대적으로 쇠퇴한다

3. 기성 국가 기관에 대한 지지의 변화: 국민국가의 정당성이 쇠퇴하고 초국가적 충성심과 '부족적' 충성심이 증가한다

4. 지배적인 정치 참여 스타일의 변화: 엘리트 주도의 정치적 동원이 쇠퇴하고 엘리트에 도전하는 쟁점 지향적 집단이 증가한다

제1장 서구 공중 사이에서의 가치와 스킬의 변화   21

장의 나머지 절들에서 우리는 이 도표에 제시된 변수들 각각을 간략하게 논의할 것이고, 그렇게 함으로써 논지를 보다 명확하게 펼칠 것이다. 우리의 분석은 체계 수준에서 개인 수준으로 나아갔다가 다시 체계 수준으로 돌아간다. 우리의 분석은 주어진 사회에서 발생한 사건들에서 출발하여 그 사건들이 사람들의 사고방식에 미치는 영향으로 나아가고, 마지막으로 그러한 개인 내부의 사건들이 사회에 미칠 수 있는 결과를 고찰한다. 개인의 가치와 스킬은 이 도표의 중앙을 차지하고 있으며, 이 책의 중심적인 관심사가 될 것이다. 왜냐하면 개인의 가치와 스킬은 상대적으로 그리 많이 알려져 있지 않기 때문이다. 그렇지만 우리는 개인이 살아가는 환경을 결코 우리의 시야에서 놓치지 않을 것이다. 우리가 특정한 나라의 경제적·사회적·정치적 구조에 그다지 주의를 기울이지 않는다고 하더라도, 그것은 우리가 그 요인들을 중요하지 않은 것으로 고려하기 때문은 아니다. 구조적 요인들이 수행하는 역할은 결정적이다. 그러나 주어진 사회의 그러한 측면들과 관련해서는 이미 탁월한 연구들이 많이 제출되어 있다. 현재 우리의 작업은 서구 정치에 영향을 미친 요인 중에서 상대적으로 탐구되지 않은 요인들을 통찰함으로써 그러한 연구들을 보완하기 위한 것이다. 우리는 개인의 내면에 존재하는 것들에 초점의 중심을 맞추고 있으며, 그러한 것들은 조사 데이터에 의해 가장 잘 측정될 수 있다. 그러나 우리는 내면에서 일어나는 그러한 변화의 원인들을 전체 사회 속에서 추적한다. 그리고 우리는 그러한 변화가 궁극적으로 정치체계에 미치는 영향에 관심을 기울인다. 개인과 체계 간의 연계관계는 복잡하다. 우리는 점점 더 많은 수의 사람이 특정한 가치를 가진다고 해서 그들의 정치체계가 그러한 가치를 반영하는 정책들을 자동적으로 채택할 것이라고 생각할 수는 없다. 그것은 부분적으로는 그 사람들이 얼마만큼의 정치 스킬을 가지고 있는지에 달려 있다. 그리고 그것은 적어도 같은 정도로 그 나라의 정치제도에 달려 있다. 사람들이 획득할 수 있는 것은 사람들이 원하는 것에 의해서뿐만 아니라 그들이 하나의 지배적인 정당을 가지고 있는지 아니면 경쟁하는 복수의 정당을 가지고 있는지, 그 체계가 대통령제인지 아니면 의원 내각제인지, 그 사회에서 언론이 자유로운지 아니면 통제되고 있는지 등 수많은 제도적 요소에 의해서도 조건지어진다. 요컨대 사람들이 획득할 수 있는 것은 그들 나라의 정치 구조에 달려 있다.

가치와 스킬에서 일정한 변화가 일어나고 있는 것은 선진산업사회들 사이에서 얼마간 보편적인 현상으로 보이지만, 정치제도는 그렇지 않다. 정치제도는 나라마다 크게 다르다. 따라서 분석의 매 단계에서 특정한 나라의 정치 구조를 염두에 두어야만 하며, 우리는 정치 구조에 대해 자주 언급할 것이다. 왜냐하면 정치 구조가 가치와 스킬이 정치에 영향을 미치는 것을 용이하게 하거나 방해할 수 있기 때문이다.

따라서 두 가지 변수가 아니라 세 가지 변수, 즉 가치, 스킬, 정치 구조가 우리의 분석에서 결정적이다. 우리는 이 세 가지 종류의 변수가 정치변화의 속도를 결정한다고 믿는다. 이제 변화의 사회경제적 근원으로 우리의 주의를 돌려보자.

변화의 원인

사회적 변화를 탐구하기에 앞서 우선 단순하지만 근본적인 질문을 던질 필요가 있다. 실제로 변화가 일어나고 **있는가**? 비교정치학에서는 지배적인 고정관념에 따라 제3세계는 급격한 변화와 발전의 과정에 있는 것으로 기술하는 반면 서구는 일종의 최종상태에 도달했다고 가정해 왔다.

실제로는 산업화된 세계가 많은 점에서 신생국들에서 일어나고 있는 변화보다 더 급속하고 더 진정으로 새로운 변화를 겪고 있는 것으로 보인다. 그러나 산업화된 세계에서 일어나는 변화는 매우 파악하기 어렵고 개념화하기도 어렵다. 우리가 미래에 대한 모델을 가지고 있지 않기 때문에 사람들은 친숙한 이미지를 이용하는 경향이 있다. 제3세계 국가들도 오늘날의 서구와 닮아 갈 것이라는 관념은 하나의 환상이었을지도 모르지만, 그 관념은 적어도 제3세계 나라들이 지향하는 지점에 대한 하나의 구체적인 그림을 제시해 주었다. 고도로 산업화된 국가들에서 일어나고 있는 변화는 미지의 세계로 도약하는 것을 훨씬 넘어서는 것이다. 사람들은 모든 방향에서, 즉 성 역할, 도덕, 라이프스타일, 패션에서, 그리고 생태, 경제, 정치에서 일어나는 변화를 감지하며 혼란스러워하고 있다. 그러다가 사람들은 결국 단단한 지반을 찾아 과거로 돌아가고 싶은 유혹에 빠진다.

변화는 일어나고 있는가? 한 가지 수준에서는 확실하게 '그렇다'라고 답할 수 있다. 신뢰할 수 있는 시계열 데이터는 선진산업사회의 하부구조에서 거대한 변화가 일어나고 **있다**는 것을 분명하게 보여준다. 이러한 체계 수준에서 일어나는 변화는 당연히 개인 수준에서의 가치, 신념, 행동도 변화시킬 수 있다. 변화를 가져오는 힘으로는 많은 것이 있는데, 이를테면 경제발전, 중등교육과 고등교육의 확대, 매스미디어의 규모와 다양성 증대, 그리고 많은 사람이 겪는 생활 경험의 단절 등을 들 수 있다.

소득, 교육, 매스커뮤니케이션, 해외여행에 대한 통계도 모두 비슷한 이야기를 들려준다. 미국에서는 고등교육에 접근하는 비율이 1950년에서 1965년 사이에 두 배 증가했다. 이 시기 동안 서독에서는 이 비율이 두 배 이상, 프랑스에서는 세 배 이상 증가했다. 1952년 미국 대통령 선거에 참여했던 유권자들 사이에서는 초등학교 교육밖에 받지 못한 사람들이 대학 교육을 받은 사람들보다 거의 3 대 1의 비율로 더 많았다. 1972년에는 대학에 간 사람들이 초등학교 교육을 받은 사람들보다 2 대 1의 비율로 더 많아졌다.[1] 오늘날 서구 인구 사이에서 중등교육과 대학 수준의 교육은 이전의 어느 때보다 훨씬 더 널리 보급되어 있으며, 이러한 변화는 특히 젊은 연령 코호트에 큰 영향을 미쳐왔다.

텔레비전과 해외여행은 전후 시대에 보통 사람들이 경험하는 것의 일부가 되었다. 1963년에 프랑스와 이탈리아 가구 중에서 텔레비전 수상기를 보유한 가구는 3분의 1에 불과했다. 1970년경에는 이들 나라 가구의 70% 이상이 텔레비전을 소유했다. 해외여행은 더 이상 경제 척도의 최상층과 최하층에 한정되지 않는다. 제2차 세계대전 전에는 아주 소수의 토박이 미국인들만이 유럽을 방문한 경험을 갖고 있었다. 지난 20년 동안 더 높아진 소득과 전세 비행기로 인해 수백만의 미국인들이 대서양을 횡단할 수 있게 되었다. 마찬가지로 1970년경에 대부분의 서유럽인은 적어도 한 나라의 외국을 방문했다. 실제로 1970년에는 플로리다를 방문한 미국인보다 이탈리아를 방문한 독일인들의 비율이 더 높았다.

기술혁신: 기술혁신이라는 끈은 이러한 변화들을 하나로 이어준다. 기술은 선진산업사회를 떠받치는 전례 없는 생산성 향상을 가능하게 해왔다. 교육기회의 확대를 필요한 것이자 가능하게 해준 것도 기술이다. 기술은 오늘날의 매스미디어를 창출해 왔다. 그리고 기술은 남성과 여성을 둘러싼 개인적 환경을 급격하게 변화시키면서 그들의 과거의 행동 패턴을 근본적으로 흔들어놓았다.

직업구조의 변화: 직업구조의 변화가 갖는 중요성을 최근의 어떤 저술가들보다도 더 강조해 온 것은 아마도 대니얼 벨(Daniel Bell)일 것이다. 실제로 '탈산업사회(Post-Industrial Society)'에 대한 벨의 정의에서 토대를 이루는 것이 바로 직업구조의 변화이다.[2] 벨은 지식의 창조와 활용이 새로이 출현하는

---

1) 필립 컨버스(Philip Converse)는 이러한 변화를 지적하고 있다. Philip Converse, "Change in the American Electorate," in Angus E. Campbell and Philip Converse(eds.), *The Human Meaning of Social Change*(New York: Russell Sage, 1972), 263~337. 우리는 미시간대학교 정치연구소에서 실시한 1972년 선거 조사의 자료를 이용하여 그의 수치를 업데이트했다.

계층체계의 축이 되는 사회에 대해 예견한다. 그는 산업 고용이 3차 부문, 특히 자주 지식 산업이라고 불리는 부문으로 계속해서 대체될 것으로 예상한다. 이 새로 출현하는 사회에서는 이론적 지식을 보유한 엘리트들이 가장 높이 평가받고, 지식 산업의 기술자와 행정가들이 그 뒤를 따른다. 게다가 벨은 기술 혁신을 이용하는 새로운 산업이 갖는 중요성을 강조한다. 그는 과학적·전문적 목표를 지향하는 새로운 엘리트들과, 이익과 경제성장 그리고 자신들의 특정 기업이나 관료제에 집착하는 종래의 엘리트들 간에 사고방식에서 차이가 점점 더 커질 것으로 예측한다. 벨은 탈산업사회 조직들의 동학은 그러한 경향을 강화한다고 주장한다. 조직에서 전문화가 증가함에 따라, 구성원들은 점점 더 자신이 속한 전문집단의 행동 규범과 같은 외부의 준거점을, 그리고 특수주의적 관심보다는 보편주의적 관심을 지향하게 된다.

기술은 산업사회를 만들었던 것처럼 탈산업사회도 만들고 있다. 농업 생산의 혁신은 이미 아주 소수의 사람이 나머지 사람들에게 먹을 것을 제공할 수 있게 해주었다. 이제 산업 혁신은 점점 더 증대하는 제조 제품을 생산하는 데 필요한 인구의 비율을 줄이고 있다. 미국에서는 소수의 노동인구만이 농업과 산업 부문에 종사하고 있으며, 서구의 다른 나라들에서도 3차 부문 또는 서비스 부문이 노동인구에서 차지하는 비율이 50% 지점에 가까워지고 있거나 이미 그것에 도달했다.[3] 이를테면 프랑스에서는 1946년에 이르기까지 여전히 인구의 37%가 1차 부문에 고용되어 있었다. 1970년에는 이 비율이 불과 12%로 감소했다. 몇 년 내에 대다수의 프랑스 노동인구가 3차 부문에 고용될 것이다. 미국은 1956년에 이 이정표를 통과하여 세계 최초의 '탈산업'사회가

2) Daniel Bell, *The Coming of Post-Industrial Society*(New York: Basic Books, 1973)를 보라.

3) Robert L. Kahn, "The Meaning of Work: Interpretation and Proposals for Measurement," in Campbell and Converse, *Human Meaning*, 159~203을 보라. Matilda Riley et al.(eds.), *Aging and Society III*(New York: Russell Sage, 1972), 160~197과 비교해 보라.

되고 있다. 그러나 1980년경에는 대부분의 서유럽 나라들도 '탈산업'사회가 될 것이다.

어떤 점에서는 벨의 분석이 중간계급의 성장을 과장하고 있다는 인상을 주기도 한다. 그가 제시한 수치는 정확하지만, 3차 부문의 성장은 대부분 여성들의 고용 증대를 반영하며, 이 여성들 대부분은 비육체노동 일자리에 종사하고 있었다. 1972년에 비농업직에 고용된 미국 남성 가운데서는 58%가 여전히 육체노동 일자리에 종사하고 있었다. 많은 가구에서 주요 임금 소득자는 육체노동 일자리에 고용된 남성이었으며, 사무직 또는 판매직에 종사하는 여성으로부터 2차 소득을 얻고 있었다. 누군가는 성차별주의자가 될 위험을 무릅쓰고 그러한 가구들은 여전히 주로 산업 부문을 지향하고 있다고 주장할 수도 있다. 하지만 벨이 기술한 추세가 존재한다는 데에는 의심의 여지가 없다. 우리가 남성만을 고찰한 것이기는 하지만, 육체노동 직업에 종사하는 노동인구의 비율은 상당히 감소해 왔다. 따라서 이러한 변화가 서구 주민들의 사고방식과 행동에 중요한 함의를 가질 가능성은 더 커 보인다.

경제성장: 소득 수준에서도 마찬가지로 인상적인 변화를 보여왔다. 이제 1인당 실질 소득은 제2차 세계대전 이전에 모든 서구 국가에서 실제로 달성했던 최고 수준의 적어도 두 배에 달한다. 그리고 많은 나라에서 높은 소득과 복지 프로그램으로 인해 이전에 주민 대부분이 느꼈던 경제적 박탈감이 줄어듦에 따라 경제적 안전과 신체적 안전이 3배 또는 4배까지 증가했다. 이전에는 생존 욕구를 걱정하지 않는 인구의 비율이 그렇게 높았던 적이 없었다. 1973~1975년의 경기 후퇴로 인해 경제성장은 멈췄지만, 실질 소득은 여전히 전례 없이 높은 수준에 머물러 있었다.

교육의 확대: 소득과 직업의 변화는 고등교육의 확대와 밀접히 관련되어 있다. 많은 연구가 고등교육이 정치의식의 발전과 인지 능력의 발달에 미치는 영향을 입증해 왔다. 실제로 교육은 거의 모든 국가 간 비교분석에서 가장

중요한 변수 중 하나로 입증된다. 펠드먼(Feldman)과 뉴콤(Newcomb)은 대학의 영향에 대한 연구들을 요약하면서, 대학이 학생들을 더 자유주의적이고 덜 권위주의적이고 덜 도그마이고 덜 자민족중심적이고 정치 문제에 더 관심을 가지게 만든다고 결론짓는다.[4] 그러나 대학에 들어온 학생들이 이들 차원에서 이미 일반인들보다 훨씬 더 앞서 있다는 것도 마찬가지로 사실이다.[5]

더 나은 교육을 받은 사람들이 특정한 종류의 가치를 더 중시한다는 사실은 직관적으로 이해할 수 있는 것처럼 보일 수도 있다. 그러나 교육은 지극히 복잡한 변수이다. 우리는 풍요의 지표로서의 교육, 인지 발달의 지표로서의 교육, 그리고 특정 커뮤니케이션 네트워크에 통합되는 정도의 지표로서의 교육을 구별해야 한다. 가치와 행동의 차이는 단지 주어진 커뮤니케이션 네트워크에 대한 차등적 노출을 반영하는 것일 **수도** 있다.

최근에 학생들은 새로운 가치와 정치 스타일을 특히 적극적으로 옹호해 왔다. 사람들은 그러한 성향이 자신이 처한 특별한 환경으로부터 얼마나 직접적으로 영향을 받는지에 대해 궁금해 한다. 청년 문화의 가장 고립된 기간, 즉 고등학교 후반기부터 대학까지에 이르는 시기는 보다 높은 인지 스킬, 만하임(Mannheim)의 표현에 따르면 '정치적인 문화적 의식'이 발달하는 시기와 상응한다.[6] 가족의 영향력이 가장 강한 단계를 이미 통과한 이 단계에서 청년들은 자신의 믿음과 행동 성향을 지적으로 정당화하고자 한다. 오늘날에는 청년들이 더 큰 사회의 영향을 최소화하는 환경에서 이 단계를 보낸다는 점이 중요해 보인다.

매스커뮤니케이션의 발전: 매스미디어는 의심할 여지없이 변화의 주요한

---

4) Kenneth A. Feldman and Theodore M. Newcomb, *The Impact of College on Students*(San Francisco: Jossey-Bass, 1969), vol. 1, 20~31을 보라.

5) Stephen Withey, *A Degree and What Else?*(New York: McGraw-Hill, 1971)를 보라.

6) Karl Mannheim, "The Problem of Generations," in Philip G. Altbach and Robert S. Laufer(eds.), *The New Pilgrims: Youth Protest in Transition*(New York: McKay, 1972), 25~72.

원인 중 하나이지만, 그 영향력이 작동하는 과정을 구체화하기란 쉽지 않다. 통신매체로부터 얻는 정보는 수많은 매개 요인과 영향력을 통해 걸러지고 아직 완전히 이해되지 않은 채로 가공된다.[7] 선진사회의 커뮤니케이션 네트워크의 확대는 기술혁신에 의해 가능해졌다. 그 결과 정보망이 국가적, 그리고 심지어는 국제적으로 구축되었고, 세계 어느 곳에서라도 또는 심지어 우주에서도 아주 급속하게 정보를 전달할 수 있게 되었다. 그러나 그러한 혁신은 또한 아주 멀리까지 확장되지만 전문화된 청중에게만 도달하는 다양한 커뮤니케이션 네트워크가 증가할 수 있게 해주었다.

산업화된 국가들 내에서 전통주의의 주머니는 계속해서 작아지고 있다. 비록 성인들은 자신이 보고 듣는 것에 의해 자신의 신념체계에 큰 영향을 받지 않지만, 전통 지향적인 성인들이 자신들의 가치를 젊은이들에게 그대로 전달하기는 과거보다 더 어려울 것이 분명해 보인다. 미디어가 사회의 지배적인 가치를 반영하도록 통제되고 의식적으로 프로그램화되어 있을 때조차도, 미디어는 뉴스 보도를 통해 기존의 가치를 위협하는 정보를 종종 전달한다. 저항자들은 이러한 사실을 분명하게 포착하고, 자신들이 추구하는 가치를 최대한 홍보할 수 있도록 자신들의 활동을 계획한다.[8] 그 결과 매스미디어는 변화를 끌어내기 위한 하나의 힘이 된다. 왜냐하면 매스미디어는 '당국'에 의해 통제될 때조차 불만, 대안적인 라이프스타일, 불협화음 신호들을 전달하기 때문이다.

이처럼 매스미디어의 역할은 엇갈린다. 매스미디어는 한편에서는 점점 더 많은 사람을 더 큰 커뮤니케이션 네트워크에 통합시키는 역할을 한다. 매스

---

7) J. T. Klapper, *The Effects of Mass Communications*(Glencoe: Free Press, 1960) ; Walter Weiss, "Mass Media and Social Change," in Bert T. King and Elliott McGinnies(eds.), *Attitudes, Conflict and Social Change*(New York: Academic Press, 1972), 175~225를 보라.

8) Michael Lipsky, "Protest as a Political Resource," *American Political Science Review*, 62, 4 (December, 1968), 1144~1158을 보라.

미디어는 특히 젊은이들에게 미치는 영향을 통해 사람들의 지식과 소양을 분명하게 증가시켰다. 매스미디어는 아마도 삶의 많은 영역을 정형화하고 인습화하는 효과를 가지고 있을 것이다. 하지만 동시에 매스미디어는, 특히 매스미디어가 전문화된 청중에게 맞추어져 있을 때, 인습적인 가치에 반하는 것들도 많이 전달한다.

독특한 코호트 경험: 방금 언급한 모든 요소로 인해 서구 국가들의 젊은 세대는 자신들의 부모나 조부모를 틀 지었던 세계와는 아주 다른 세상에서 성장해 왔다. 그들은 상대적으로 부유하고 커뮤니케이션 수단이 풍부한 사회에서 자랐다. 그들의 경험을 독특하게 만드는 요소가 많지만, 그중 하나는 특별히 언급해야 할 만큼 중요하다. 그것은 바로 기성세대는 이런저런 형태로 전면 전쟁을 경험해 왔지만 이들 국가의 젊은 세대는 적대세력에 의한 조국의 침략을 경험해 본 적이 전혀 없다는 것이다. 그들에게 전쟁은 다른 나라에서 일어나는 일이었다.

개인 내부에서의 변화

우리는 서구 공중 사이에서 가치와 스킬이 변화하는 데 기여할 수 있는 몇 가지 요소를 스케치해 왔다. 가치와 스킬의 변화 자체는 그러한 변화를 발생시키는 힘보다 덜 분명하게 드러난다. 왜냐하면 가치와 스킬의 변화는 개인 내부에서 발생하기 때문이다. 변화의 존재를 증명하고 그 변화의 본성을 이해하는 것이 이 책의 중심 과제가 될 것이다. 하지만 이는 쉬운 일이 아니다.

특정한 국가의 특정 연도의 1인당 국민총생산(GNP)이나 중등학교에 등록한 학생 수, 또는 특정 국가의 병원 병상 수나 외국인 관광객의 수 또는 텔레비전 수상기의 수를 보여주는 데 이용할 수 있는 통계는 있지만, '주관적' 변화는 이제 겨우 측정되기 시작했다. 하지만 우리는 그러한 진전이 보다 친숙한 '객관적' 지표 못지않게 사회를 이해하는 데 실제적이고 중요하다고 믿는다. 200만 명의 이탈리아인이 파시스트 후보들에게 투표하거나 미국 공중의 절반이 더 이상 정부를 신뢰하지 않는다면, 그들은 외적으로는 보이지 않을 수 있지만 그 나라에서 그해에 생산된 수톤의 강철보다 훨씬 더 중요할 수도 있는 이유 때문에 그렇게 한다.

어떤 변화 과정을 추적하기 위해서는 우리는 일련의 시점에서 독해할 필요가 있다. 고용이 상승하고 있는지 아니면 하락하고 있는지를 판단하기를 원한다면, 우리는 현재의 비율뿐만 아니라 작년과 재작년에 고용이 어떠했는지에 대한 정보도 필요하다. 그리고 우리가 특히 불리한 조건에 있는 것도 바로 이 지점이다. 우리는 서구 공중의 가치 우선순위를 조야하게나마 보여주는 척도를 제공하는 것으로 보이는 수년간의 자료를 가지고 있다. 우리는 단기적인 변화를 검토할 수도 있다. 그러나 기본적인 가치들은 서서히 변하기 때문에 장기적 패턴이 가장 중요할 것이다. 우리가 이용할 수 있는, 장기간을 아우르는 증거는 거의 없다. 우리는 장기적 패턴의 개연적인 모습을 간접적으로만 추단할 수 있을 뿐이다. 그럼에도 불구하고 간접적인 증거들은 변화가 일어나고 있음을 분명하게 보여주는 것으로 보인다. 그리고 만약 변화가 일어나고 **있다**면, 그것은 너무나도 중요해서 무시할 수 없다.

서구 공중 사이에서 일어난 변화가 가져온 몇 가지 결과

만약 변화가 일어나고 있다면, 그 변화는 서구 국가들의 정치에 어떤 영향을 미칠 수 있는가? 우리는 <그림 1-1>의 오른편에 이에 관한 몇 가지 주제를 개관해 두었다. 이를 하나씩 살펴보자.

정치적 쟁점: 개인의 가치 변화는 정치적 쟁점에 대한 사람들의 지향에 영향을 미친다. 만약 물질적 관심이 상대적으로 덜 중요해지면, 산업사회의 계층체계를 반영하는 쟁점들은 그 중요성이 감소할 수 있다. 즉, 이데올로기, 민족성, 라이프스타일 등이 더 중요해질 수 있다. 계급 정치는 신분 정치나 문화 정치 또는 '이상주의적' 정치가 부상함에 따라 쇠퇴할 수도 있다.[9]

현재 자신의 삶에 영향을 미치는 결정 — 그 결정이 학교, 대학, 복지 기관, 사무실, 공장, 교회 어느 곳에서 이루어지든 간에 — 에 참여하고자 하는 요구가 증가하고 있다. 우리는 이러한 변화가 가져온 몇 가지 결과를 개관할 것이다. 만약 그러한 요구가 성공적으로 받아들여진다면, 다양한 제도에서 커다란 변화가 일어날 것이다.

참여의 요구와 함께 다른 유형의 쟁점들도 정치 영역의 쟁점으로 들어오는데, 그러한 쟁점들은 경제적 필요보다는 라이프스타일의 차이로부터 나온다. 그러한 쟁점들로는 환경 보호, 삶의 질, 여성의 역할, 도덕의 재정의, 약물의 용도, 그리고 정치적·비정치적 의사결정에 대한 공중의 보다 광범한 참여 등을 들 수 있다. 이들 쟁점 중에서 전적으로 새로운 것은 거의 없다. 변화하고 있는 것은 그 쟁점들의 양적 중요성이다. 천연자원을 보존하는 문제는 수십 년 동안 정치적 논쟁의 대상이 되어왔다. 그리고 학생들이 존재한 이래로 학생들은 계속해서 정치적으로 행동해 왔다. 그러나 지금까지 주요한 경제적 이해관계에 대해 환경적 이해관계가 승리를 거둔 사례 가운데서 미국이 초음속 여객기를 제안한 것에 대해 거부한 것이나 에너지 부족에 직면하여 해양석유를 시추하고 석탄을 노천채굴하는 것에 대해 끈질기게 반대한 것에 필적할 만한 사례를 찾아보기란 어렵다. 또한 현재 학생이 미국 인구에서 차지하는

---

9) Ann Foner, "The Polity," in Riley et al.(eds.), *Aging*, 115~159를 보라. Seymour M. Lipset, "The Changing Class Structure and Contemporary European Politics," *Daedalus* 93(Winter, 1964), 271~303과 비교해 보라.

비율은 조직 노동이 미국 인구에서 차지하는 비율보다 더 큰데, 이는 전례가 없던 일이다.

정치의 사회적 기반 변화: 이러한 새로운 쟁점들의 등장은 기존 정당들을 딜레마에 빠지게 한다. 만약 기존 정당들이 자신들을 재편하여 새로운 집단에 호소한다면, 그 정당들은 자신들의 기존 지지자들을 잃을 위험이 있다. '새로운 정치'는 강력하게 견지되어 온 전통적 가치 및 규범과 자주 충돌한다. 이는 새로운 정당을 결성하라는 압력을 초래해 왔고, 새로운 가치의 대변자들로 하여금 기존 정당에 영향을 미치거나 기존 정당을 장악하려 하게 만들었다.

산업사회의 초기 국면에서는 형편없는 보수를 받는 대다수의 노동자와 훨씬 높은 소득과 함께 근본적으로 다른 라이프스타일을 가진 비교적 소수의 소유자 및 경영자로 인구가 분할되는 경향이 있었다. 선진산업사회에서는 관리직, 기술직, 사무직, 판매직에 종사하는 사람들의 수가 증가함에 따라 중간계급의 대열이 크게 증가한다. 육체노동자의 수는 상대적으로 줄어들지만, 소득 수준은 상승하고 마음대로 쓸 수 있는 여가시간의 양은 늘어난다. 그 결과 육체노동자 중 많은 수가 전통적인 중간계급의 기준에 비교적 가까운 라이프스타일을 채택할 수 있게 된다. 다양한 관점을 대변하는 다수의 분석가는, 중간계급의 일부가 급진적이 되는 반면 대부분의 노동계급과 중하계급은 점점 더 보수적이 됨에 따라 우리는 사회갈등의 양상이 변화하는 것을 목도하게 될 것이라고 주장해 왔다.[10] 정당 선호와 직업·소득·교육·노동조합원 간의 관계에 대한 데이터는 산업적 패턴의 정치 균열이 결코 사라지지 않았다는 것을 분명하게 보여준다. 그럼에도 불구하고 그 증거는 계급투표가 점차 감소하고 있다는 것 역시 보여준다. 앞으로 좌파 정당은 점점 더 중간계급으로부터 새

---

10) 이를테면 David Apter, *Choice and the Politics of Allocation*(New Haven: Yale University Press, 1971)을 보라.

로운 지지층을 충원하는 반면, 보수 정당들은 부르주아화된 노동계급으로부터 점점 더 지지를 끌어내게 될 것이다.

국가 기관에 대한 지지: 민족주의적 감상이 과거처럼 젊은이들에게 충실하게 전승되지 않고 있다는 것은 분명하다.[11] 정부는 전통적으로 애국적 상징들을 정부 행위의 정당성의 원천으로 이용해 왔다. 그러한 상징들에 대한 대중의 지지가 감소함에 따라, 정부는 더 이상 그러한 자원에 그렇게 쉽게 의존할 수 없게 되었다.

개인의 가치 우선순위에서 그간 일어난 변화는 지난 10년 동안 정부의 성과 및 국가 기관에 대한 만족도가 왜 하락해 왔는지를 얼마간 설명해 줄 수 있다.[12] 정치체계와 경제체계는 전통적인 요구들에 대해서는 상대적으로 잘 부응하는 산출물을 계속해서 생산하지만, 인구의 특정 분파들 사이에서 점점 더 중요해진 여타 다른 욕구 및 요구에 대해서는 적절하게 충족시키지 못하는 것으로 보인다. 가치의 변화가 기존 제도가 부적절하다는 인식과 결합할 경우, 그것은 새로운 그리고 상이한 정치적 투입 수단들을 이용하도록 고무한다. 그러한 수단에는 저항 활동과 새로운 정치운동 및 정치 조직의 형성이 포함된다. 이러한 혁신은 교육의 확대에 의해 촉진된다. 정치 스킬은 이제 더 이상 공식적인 역할이나 법인체의 역할을 담당하는 사람들 사이에 주로 집중되어 있지 않으며, 이전에는 주변적이었던 집단들도 지금은 전례 없는 수준의 조직 스킬을 가지고 참여자로 행위할 수 있다.

반면 다른 집단들은 자신들이 게임의 규칙이라고 믿어온 것을 바꾸는 것에 반대한다. 그들은 기존 제도에 불만을 느끼는데, 그 이유는 기존 제도가 바뀌

---

11) Ronald Inglehart, "An End to European Integration?" *American Political Science Review*, 61, 1(March, 1967), 91~105를 보라.
12) 이러한 사실은 그간 미국의 정치조사에서 입증되어 왔다. Arthur H. Miller, "Political Issues and Trust in Government, 1964-1970," *American Political Science Review*, 68, 3(September, 1974), 951~972를 보라.

어야 하기 때문이 아니라 기존 제도가 예전처럼 작동하지 않기 때문이다. 따라서 새로운 양극화가 진전될 무대가 만들어진다.

많은 공중의 기대가 변화함에 따라, 제도적 장치의 적절성에 대한 공중의 인식도 변화한다. 기업 법인에서부터 정부 자체에 이르기까지 미국의 핵심 기관들이 정당성의 위기(crisis of legitimacy)를 겪고 있는 것으로 보인다. 분명 많은 단기적인 요소 ─ 이를테면 전쟁, 인종차별주의, 특정한 정치적 스캔들을 종식시키는 데서 일어난 진전 또는 진전의 부족과 같은 ─ 가 개입하여 신뢰에 영향을 미친다. 그러나 우리는 신뢰가 영구적으로 저하될 것이라고 내다보지는 않는다. 그러나 가치와 정치 스킬이 변화하고 그 결과 공중이 보다 참여적이고 비판적이 됨에 따라, 국가 기관에 대한 지지에서 드러나는 하락 추세는 서구 공중의 장기적 변화를 나타내는 징후의 하나인 것으로 보인다.

이러한 변화의 결과 중 하나로 아마도 국제 통합에 대해 점점 더 개방적이 될 것이다. 그러나 사회적 정체성을 탐색하는 데서는 반대 방향으로 나아갈 수도 있다. 미국에서 인종적 유대에 대한 관심이 되살아나 왔고, 벨기에와 영국에서는 언어와 문화에 기반한 자율성을 요구하는 목소리가 높아져 왔다. 이러한 추세는 단지 다시 깨어난 교구주의(parochialism)를 반영하는 것이 아니다. 놀랍게도 초국가적 유대와 하위국가적 유대 **모두**에 대한 상대적인 강조가 자주 동일한 개인들 속에 공존한다.

정치 참여 스타일의 변화: 고전적 산업사회의 정치는 대중 정당 및 그와 연관된 운동조직들 ─ 이를테면 구조 면에서 일반적으로 관료제적이고 과두정치적인 노동조합과 교회 관련 단체 ─ 에 바탕을 두고 있었다. 새로 부상하는 문화적 가치는 자발성과 개인의 자기표현을 강조한다. 게다가 교육의 확대는 점점 더 많은 사람이 이전에는 소수의 한정된 정치 엘리트만이 지녔던 정치 스킬을 가지고 엘리트들이 수행하던 역할을 할 수 있게 된다는 것을 의미한다. 객관적 이유와 주관적 이유 둘 다에서 종래의 정당들은 새로운 세력 ─ 이제 엘리트가 주도하는 유형의 조직에 점점 덜 순응하는 것으로 보이는 ― 에 의해 도전받고 있다.

이 뚜렷이 구분되는 새로운 집단의 요구가 기존 구조 내에서 수용되지 않을 경우, 정부 기관에 대한 지지가 약화될 수 있다. 정부 역시 정당과 동일한 딜레마에 직면한다. 통치 엘리트들이 이러한 새로운 움직임에 발맞추어 자신들의 노선을 바꿀 경우, 그들은 그만큼 전통적인 가치에 젖어 있는 집단들로부터 반발을 살 위험이 있다. 정부는 더 이상 과거처럼 민족주의와 애국심에 호소하는 것에 의존할 수 없다. 스킬 수준이 높아짐에 따라, 강력한 국민국가가 존재해야 한다는 것을 전통적으로 정당화했던 국가 안보와 같은 가치가 덜 중시되고 있다.

공중 사이의 불만은 과거 여러 시기보다 오늘날 더 적게 존재할지도 모른다. 그러나 현재 정치적 행위로 이어질 가능성이 가장 큰 **유형**의 불만은 과거의 불만과는 근원이 다른 것으로 보인다. 만약 이것이 사실이라면, 그러한 사회의 정책 입안자들은 어려운 문제에 봉착한다.

10년 전만 해도 한 사회의 지도부가 경제성장을 얼마나 달성했는지 ― 경제성장이 초래할 장기적 결과와는 무관하게 ― 가 그 지도부를 검증하는 핵심적 기준이었다. 그리고 이 검증을 통과할 경우, 지도부는 일반 공중 사이에서 자신의 정당성을 확립하는 데 큰 도움을 받은 것으로 여길 수 있었다. 이러한 안일한 가정은 더 이상 받아들여지지 않는다. 공중의 목표가 바뀌고 있는 것으로 보인다. 정책 입안자들이 전반적인 복지를 증진시키기 위해 노력할 경우, 그들은 점점 더 복리의 주관적인 측면을 고려해야 할 것으로 보인다. 공중이 점점 더 자기표현을 분명히 하고 정치적 식견을 갖추어감에 따라, 정책 입안자들의 선택의 폭은 점점 줄어들 것으로 보인다.

선진 산업사회에서 1960년대 후반과 1970년대 초는 격동의 시기였다. 미국에서는 민권 운동과 베트남 전쟁에 대한 광범위한 반대가 결합되어 이전에는 이따금 공적인 일에 참여했던 분파의 인구들을 각성시켰다. 학교, 정당, 교회, 군대와 같은 기존 기관에 대한 광범위한 도전이 발생하면서 정치적 행위가 새롭고 더 전투적인 형태를 띠었었다. 이제 폭력적인 국면은 지나간 것으로 보인다. 게토 폭동과 대학의 혼란 상태가 정지되고 베트남 전쟁이 끝나면서, 투사들의 경우에도 보다 광범위한 인구 분파들로부터 적극적인 지지를 끌어낼 수 있는 능력이 쇠퇴했다.

극적인 형태의 항의가 감소했음에도 불구하고, 조사들은 주요 기관들에 대한 지지가 계속해서 철회되고 있음을 보여준다. 미국 공중이 연방 정부를 신뢰하는 정도에 대해서는 여러 번 반복해서 측정된 바 있다. 1958년에는 미국 공중의 대표 표본 가운데 압도적 다수가 연방 정부에 대해 긍정적인 의견을 표명했고, 28%만이 대체로 불신하는 태도를 드러냈다. 반면 1970년대 중반경에는 공중의 절대다수가 연방 정부를 불신하는 응답을 했다.[13] 정당에 대한 공중의 태도에서도 유사한 패턴을 볼 수 있다. 이러한 신뢰 저하는 워터게이트 스캔들과 같은 단기적 사건의 영향도 분명하게 반영하지만, 그것은 또한 특정 세대의 형성기 경험에 뿌리를 두고 있는, 그리하여 한 세대가 다른 세대를 대체함에 따라 점차 드러나는 장기적 변화의 한 징후일 수도 있다. 이러한 변화들은 단지 미국에서만 일어나고 있는 것이 아니다. 애국심의 쇠퇴와 핵심 국가 기관에 대한 지지의 감소는 실제로 모든 선진산업 국가의 젊은이들 사이에서 찾아볼 수 있다.

1960년대 후반에 스펙터클한 사건들이 일어나자 허버트 마르쿠제(Herbert Marcuse)의 책과 같은 이론적 저술이나 찰스 라이시(Charles Reich)의 책과 같은 서정적인 저술들이 매스미디어의 소재가 되었다. 그러한 저술들이 전하는

---

13) *The CPS 1974 American National Election Study*(Ann Arbor: ICPR, 1975), Post-Election Codebook, p. 131을 보라. 질문은 다음과 같았다. "당신이 워싱턴 정부가 옳은 일을 한다고 믿는 시간은 어느 정도나 된다고 생각합니까? - 거의 항상, 대부분의 시간에, 또는 단지 가끔." 1974년 가을에 미국 공중의 63%가 "단지 가끔" 또는 "전혀 하지 않는다"라고 대답했다.

메시지는, 대략적으로 말하면, 미국이 그 나름의 문화대혁명(Great Cultural Revolution) 직전에 있다는 것이었다.

1973년경에 대혁명은 끝났다. 1972년에 닉슨(Nixon)이 압승하자, 신문의 일요판들은 반문화(counter-culture)가 죽었고 그것은 아마도 금붕어를 삼키 거나 사람들을 전화 부스에 밀어 넣는 것과 같은 캠퍼스 도락 그 이상이 결코 아니었을 것이라고 선언하고 있었다.

매스미디어가 잘못 판단한 것으로 보인다. 매스미디어는 앞서 그 혁명을 지나치게 강조했던 것에서 드러나듯이, 근본적인 과정에 대한 별다른 논급 없이 그저 국가의 극적인 또는 선정적인 사건에 초점을 맞추는 경향이 있다. 일반 공중의 태도와 가치에 대한 양적 분석은 정치적 위기에 대한 설명들에 비해 재미없는 읽을거리처럼 보이지만, 우리가 정치 위기에 기여하는 장기적 과정을 이해하는 데 도움을 줄 수 있기 때문에 매우 필요한 보완물이다.

이 책에서 우리는 정치변화를 보다 현실주의적으로 평가하기 위해 여론 조 사 데이터를 이용할 것이다. 1970년에 실시된 국가 간 비교조사의 데이터는 당시에 매스미디어에 자주 제시되었던 것보다 문화 변화의 속도를 훨씬 더 온 건하게 평가하고 있는 것으로 지적되었다.[14] 그러나 이 동일한 데이터는 서 구 세계 전역에서 공중의 정치적 역할에 점진적이지만 근본적인 변화가 일어 나고 **있음**을 시사한다.

즉각적으로 뚜렷한 흔적을 남기지 않는 방식으로 정치 방정식이 변하고 있 지만, 그 변화는 하나의 조용한 혁명으로 여겨질 만큼 매우 근본적인 것일 수 도 있다.

---

14) Ronald Inglehart, "The Silent Revolution in Europe: Intergenerational Change in Post-Industrial Societies," *American Political Science Review*, 65, 4(December, 1971), 991~1017을 보라.

제 2 부

가치
변화

제2장

가치 변화의 본질

서구 사회가 탈산업적 발전단계로 진입함에 따라 서구 공중 사이에서 기본적인 가치의 우선순위가 변화하고 있는 것으로 보인다. 이처럼 가치가 변화함에 따라 새로운 쟁점들이 표면화할 가능성이 크다. 가치 변화는 공중의 후보 및 정당 선택에 영향을 미칠 수도 있다. 가치 변화는 궁극적으로는 서구 엘리트들이 채택한 정책을 틀 짓는 데 일조할 것이다.

이 장에서 우리는 가치 우선순위가 변화하고 있음을 보여주는 몇 가지 증거를 살펴보고, 어떤 **유형**의 변화가 발생하고 **있는지**를 탐구한다. 우리는 다음의 질문에 답하려고 노력할 것이다. "탈산업 시대에 어떤 목표가 더 중시될 가능성이 있는가?"

가치 변화의 과정은 사건의 흐름이 연상시키는 것처럼 순간적으로 이루어지는 것이 아니다. 오히려 그 과정은 기본적인 세계관의 변화를 반영하는 것으로 보인다. 가치 변화는 전체 세대 단위들의 형성기 경험에 뿌리를 두고, 아주 점진적이지만 끊임없이 일어나는 것으로 보인다. 우리는 그러한 변화의 징후가 다양한 방식으로 나타나고 있음을 볼 수 있다. 1960년대 후반에 일어난 예기치 못한 학생 반란의 경우에서처럼, 변화는 때로는 폭발적이다. 그러나 우리가 생각하는 바대로 그러한 변화가 기본적이고 장기적인 과정이라면,

보다 표면적으로 드러나는 그러한 소란스러운 사건들에만 의존해서는 서구 공중 사이에서 일어나는 가치 변화의 범위와 성격을 정확하게 포착할 수 없다. 대규모 조사 데이터는 어떤 일이 일어나고 있는지에 대해, 비록 덜 눈에 띄지만 보다 체계적인 지표를 제공한다. 비록 그 증거가 여전히 단편적이기는 하지만, 우리는 이용 가능한 자료를 면밀하게 검토함으로써 몇 가지 극히 중요한 변화가 일어나고 있음을 발견할 수 있다.

가치 변화의 원인: 몇 가지 가정

가치 변화는 왜 일어나는가? 가치 변화는 교육 수준의 상승, 직업구조의 변화, 그리고 점점 더 광범위해지고 유효해지는 커뮤니케이션 네트워크의 발전을 포함한 일단의 사회-경제적 변화와 연결되어 있는 것으로 보인다. 그러나 두 가지 현상이 특히 중요해 보인다.

1. 제2차 세계대전 이후 몇십 년 동안 서구 국가가 경험한 전례 없는 번영. 최근의 경제 침체가 1950년부터 1970년까지 20년 동안 풍요로운 시기로부터 받은 영향을 무효화하지는 못한 것으로 보인다.
2. 전면 전쟁의 부재. 30년 동안 어떤 서구 국가도 침략받지 않았다는 단순한 사실이 지극히 중대한 결과를 가져올 수도 있다.

요컨대 사람들은 안전하고, 먹을 것을 충분히 가지고 있다. 이 두 가지 기본적인 사실은 광범위한 함의를 가진다.

서구 공중의 가치 우선순위가 변화하고 있을 것이라는 우리의 예상은 두 가지 핵심 가설에서 도출된다. 첫째는 사람들은 욕구가 무엇이든 간에 부족하게 공급되는 것에 높은 우선순위를 부여하는 경향이 있다는 것이다. 방금 언급한 두 가지 현상의 결과로, 서구 공중은 수년 동안 예외적으로 높은 수준의 경제적 안전과 신체적 안전을 경험해 왔다. 그 결과 그들은 **다른** 유형의 욕구를 점점 더 중시하기 시작했다.

우리가 이 단순한 설명 도식을 넘어서고자 할 경우, 에이브러햄 매슬로 (Abraham Maslow)의 작업은 특히 주목할 만하다. 왜냐하면 그의 연구는 주어진 조건하에서 가치 변화가 진전될 구체적인 **방향**을 시사하기 때문이다. 매슬로는 사람들은 서로 다른 많은 욕구를 충족시키기 위해 행위하지만 그 욕구들은 생존에 대해 갖는 상대적 긴급성과 위계적 순서에 따라 추구된다고 주장한다.[1] 생리적 욕구의 충족물이 부족하게 공급되는 상태일 때는 생리적 욕구를 충족하는 것에 최고의 우선순위가 부여된다. 신체적인 안전에 대한 욕구는 그다음이다. 신체적 욕구가 갖는 우선순위는 거의 생존에 대한 욕구만큼 높지만, 배고픈 사람은 음식을 얻기 위해 생명의 위험을 무릅쓸 것이다. 한 개인이 일단 신체적 안전과 경제적 안정을 확보하면, 그는 다른 비물질적 목표를 추구하기 시작할 수 있다. 이러한 다른 목표들도 통상적이고 진정한 욕구를 반영하지만, 생존 욕구나 신체적 안전 욕구를 박탈당했을 때는 사람들은 그러한 비물질적 욕구에 주목하지 못할 수도 있다. 그러나 적어도 최소한의 경제적 안전과 신체적 안전이 확보되면 사랑, 소속, 존경에 대한 욕구가 점점 더 중요해지고, 그다음으로 지적 만족 및 심미적 만족과 관련된 일단의 목표

---

[1] Abraham H. Maslow, *Motivation and Personality*(New York: Harper, 1954)를 보라. 매슬로의 이론을 정치분석에 적용하려는 중요한 노력으로는 다음을 보라. James C. Davies, *Human Nature and Politics*(New York: Wiley, 1963); Davies, "The Priority of Human Needs and the Stages of Political Development," unpublished paper; Amitai Etzioni, *The Active Society*(New York: Free Press, 1968), Ch. 21; Robert E. Lane, *Political Thinking and Consciousness*(Chicago: Markham, 1970), Ch. 2. 인간 행동을 일정한 욕구 위계에 따라 이루어지는 목적추구적 활동으로 다소 다르게 분석하는 것으로는 Karl W. Deutsch, *The Nerves of Government*(New York: Free Press, 1963)를 보라.

가 크게 다가온다. 매슬로가 '자기실현 욕구'라고 부른 마지막의 욕구 세트 내에는 어떤 명확한 위계가 존재하지 않는 것으로 보인다. 그러나 여러 증거는 개인이 물질적 욕구와 소속의 욕구를 충족하고 난 다음에라야 마지막 욕구들이 가장 현저하게 부상한다는 것을 보여준다.[2]

사람들은 다양한 욕구를 가지고 있으며, 그중에서 공급이 부족한 욕구에 높은 우선순위를 부여하는 경향이 있다. 이 개념은 경제이론에서 사용되는 소비자의 한계효용 개념과 유사하다. 그러나 이 개념은 똑같이 중요한 또 다른 가설에 의해 보완된다. 그 가설은 바로 사람들은 자신의 형성기에 가치 우선순위가 일단 확립되면 성인의 삶 내내 그 가치 우선순위를 유지하는 경향이 있다는 것이다.

만약 후자의 가설이 옳다면, 우리는 다양한 연령대가 보유한 가치에서 상당한 차이를 발견해야 한다. 사회과학에서 가장 널리 퍼져 있는 개념 중 하나가 일단 유년기와 청년기에 어떤 기본적인 성격이 형성되면 사람들은 성인의 삶 내내 그 성격을 유지하는 경향이 있다는 관념이다. 만약 이 관념이 맞다면, 나이 든 사람들은 자신의 성격 형성기 동안을 지배했던 상대적으로 불안전한 물질적 조건을 반영하는 가치 우선순위를 드러내야 한다. 반면 제2차 세계대전 이후 30여 년간 서구 국가들은 전례 없는 경제성장의 시기를 경험했고, 모든 국가가 침략으로부터 자유로워졌다. 그 결과 우리는 더 젊은 집단이, 특히 제2차 세계대전 이후에 자라난 집단이 경제적 안전과 신체적 안전을 덜 중시할 것이라고 예상할 수 있다.

---

2) Jeanne M. Knutson, *The Human Basis of the Polity: A Psychological Study of Political Men*(Chicago: Aldine, 1972)을 보라. 하지만 알라르트(Allardt)는 욕구들 사이에 어떤 위계가 존재한다는 것에 대해 의문을 제기한다. 그는 소득 수준과 애정과 생명에 대한 주관적 지표 점수 간에 아무런 관계도 발견하지 못한다. 반면에 그의 데이터는 사회적 지지를 받고 있다는 의식이 자기개발을 강조하는 데서 전제조건이 되는 경향이 있음을 보여준다. Erik Allardt, *About Dimensions of Welfare: An Exploratory Analysis of a Comparative Scandinavian Survey*(Helsinki: Research Group for Comparative Sociology, 1973)를 보라.

물론 성인기의 삶 동안에는 기본적인 가치에서 아무런 변화가 일어나지 않는다고 주장한다면, 그것은 터무니없는 일일 것이다. 우리의 요점은 단지 그러한 변화 가능성이 성인이 된 후에는 크게 줄어든다는 것이다. 성인들에게서 재학습이 이루어진다면, 그만큼 연령 집단 간의 차이가 감소하는 경향이 있을 것이다. 게다가 우리는 가장 나이 많은 코호트들 사이에서조차 탈물질주의적 가치(Post-Materialist value)가 전혀 존재하지 않을 것이라고 예상할 수도 없을 것이다. 아마도 역사 도처에 비물질적(non-material) 가치에 최고의 우선순위를 부여하는, 비록 소수이지만 경제적·신체적으로 안전했던 개인들로 구성된 계층이 어쨌거나 존재해 왔을 것이다. 그러나 만약 실제로 가치가 특정 코호트가 성인이 되기 이전 시기 동안에 특정 사회를 지배한 조건을 반영하는 경향이 있다면, 그러한 계층은 가장 나이 많은 코호트들 가운데에서 가장 작은 부분을 차지할 것이다.

같은 이유에 의해 이러한 가치 선호의 분포는 국가별로 예측 가능한 방식으로 다르게 나타날 것이다. 우리는 한 국가의 연령 집단별 가치 차이는 표본이 된 사람들이 생애 동안에 겪은 그 나라의 역사를 반영할 것으로 예상할 수 있다. 이를테면 독일은 그 나라의 각 연령 코호트들이 성인기에 달하기 이전 시기 동안 그들을 지배했던 조건들에서 특히 극단적인 변화를 겪었다. 나이 든 독일인들은 제1차 세계대전 동안에 기아와 살육을 경험했고, 뒤이어 제2차 세계대전 동안에는 극심한 인플레이션, 대공황과 참화, 침략, 그리고 막대한 인명 손실을 겪었다. 독일의 가장 젊은 코호트들은 현재 세계에서 가장 부유한 나라 중 하나인 곳에서 비교적 평화로운 조건 속에서 자랐다. 만약 가치 유형이 자신의 형성기 경험을 반영한다면, 우리는 독일의 나이 든 연령 코호트들과 젊은 코호트들 사이에서 비교적 큰 차이가 발견될 것으로 예상할 수 있다.

영국은 독일과는 정반대의 극단을 대표한다. 제2차 세계대전 이전에 유럽에서 가장 부유한 나라였던 영국은 전쟁 동안 홀로 침략을 면했지만, 그 이후로 경제가 상대적으로 침체해 왔다. 지난 25년 동안 영국의 유럽 이웃들은 영국보다 약 두 배의 경제성장률을 보였다. 유럽 국가들은 차례로 1인당 국민총생산에서 영국을 앞질렀고, 1970년경에 영국은 1인당 부(富)에서 독일에 (그리고 대부분의 다른 유럽공동체 국가들에) 크게 뒤처졌다. 우리는 영국에서 상대적으로 적은 정도의 가치 변화를 발견할 것으로 예상할 수 있다.

가치는 대규모 조사를 통해 측정될 수 있는가?

우리는 이 장에서 이러한 예측들을 하나씩 검증해 볼 것이다. 그러나 그 예측들을 검증하기 위해서는 대규모 공중의 가치 우선순위를 측정할 수 있어야 한다. 이것은 실행 가능한 일인가? 우리는 이와 관련된 어려움을 과소평가해서는 안 된다. 우리는 서구 공중의 가치 우선순위가 변하고 있다고 가정한다. 이는 서구 공중이 유의미한 가치 우선순위 체계를 **가지고** 있다는 것을 전제로 한다. 그러나 경험적 분석은 일반 공중은 자신들의 정치적·사회적 견해를 자주 피상적으로, 그리고 실제로는 임의적으로 표명한다고 시사한다.

이 주제에 관한 고전적인 연구에서 컨버스(Converse)는 일반 공중의 신념체계가 의외로 일관된 구조나 '구속성(constraint)'을 그리 가지지 않는다는 것을 발견했다. 신념이 구속성을 가지지 않는다는 것은 횡단적 분석(cross-sectional analysis)과 시교차적 분석(cross-temporal analysis) 모두에서 나타난다. 즉, 어떤 조사에서는 논리적으로 관련된 항목들에 대한 응답 간에 낮은 상관관계를 보이기도 하고, 패널 조사에서는 첫 번째 조사 시점에서 질문한 특정 항목에 대한 응답과 두 번째 조사 시점에서 질문한 동일한 항목에 대한 응답 간에 낮은 상관관계를 보이기도 한다.[3] 컨버스는 일반 공중의 상당수가 주어진 거의 모든 주제에 대해 어떤 실질적인 태도를 **가지고** 있지 않다고 결론짓는다. 공중에게 자신들의 의견을 물었을 때, 그들은 (아마도 잘 모르는 것처럼 보이고 싶지 않기 때문에) 어떤 견해를 제시할 수도 있지만, 그 견해는 글자 그대로 임의적으로 제시하는 견해이다.[4]

그 주제가 주변적인 공적 관심사에 관한 것일 경우, 이처럼 태도가 구속성을 가지지 않는다고 해도 그것은 특별히 놀랄 만한 일은 아니다. 그러나 그러한 현상이 심지어 가장 뜨거운 정치적 문제와 관련해서 발견되기도 한다. 베트남 전쟁에 대한 의견은 하나의 흥미로운 사례이다. 우리는 미국이 전쟁 개입을 단계적으로 축소하는 것에 찬성했던 미국인들이라면 전쟁 개입을 단계적으로 확대하는 것에 만장일치로 찬성하지 **않을** 것이라고 논리적으로 예상할 수 있을 것이다. 그러나 버바(Verba)와 그의 동료들은 미국 공중을 대상으로 한 조사에서 도출한 단계적 개입 확대 척도와 단계적 개입 축소 척도 사이에서 의외로 그리 크지 않은 부(-)의 상관관계를 발견했다.[5]

---

3) Philip E. Converse, "The Nature of Belief Systems in Mass Publics," in David Apter(ed.), *Ideology and Discontent*(New York: Free Press, 1964), 202~261을 보라. Philip E. Converse, "Attitudes and Non-Attitudes: Continuation of a Dialogue," in Edward R. Tufte(ed.), *The Quantitative Analysis of Social Problems*(Reading, Mass.: Addison-Wesley, 1970)와 비교해 보라.

4) 피어스(Pierce)와 로즈(Rose)는 컨버스의 기법이 태도 표명을 하지 않은 응답자들의 비율을 매우 과대평가한다고 주장해 왔다. 주어진 항목에 대한 응답에서 시교차 상관관계가 낮은 것은 상당 부분 조사의 측정 방법에 내재하는 조야함 때문일 수 있다. 따라서 태도 조사에서 1.00에 접근하는 시교차 상관관계를 **항상** 발견할 수 있다고 가정하는 것은 비현실적이다. 그럼에도 불구하고 개별 표집오차가 무작위적으로 분포되어 있다면, 비록 개별 점수는 정확하지 않더라도 응답의 한계분포는 정확할 것이다. 이를테면 1952년부터 1962년까지 조사연구소(Survey Research Center) 조사에서 정당 일체감의 전반적인 분포는 몇 %포인트 이상 차이가 나지 않았다. 하지만 이 시리즈에 포함된 한 패널 조사에서 응답자의 39%가 1956년에서 1958년 사이에 실제로 자신의 응답을 바꾸었다(이 수치는 두 해 모두에서 정당 일체감을 표명한 사람들만 포함하며, 다른 계산에서는 훨씬 더 높은 전향률이 산출된다). 컨버스는 피어스와 로즈에게 격한 답변서를 썼다. 그러나 양측은 (하나의 사례에서) 인터뷰 대상자들의 80%에 달하는 '임의적' 응답 패턴을 '같은 정도의 개연성을 갖는' 것으로 해석해서는 안 된다는 것에는 동의하는 것으로 보인다. 즉, 측정되지 않은 태도의 성향 때문이든 아니면 단순히 응답 편향(response set) 때문이든 간에, '임의적인' 응답자는 여전히 편향된 동전(biased coin)으로 남아 있다. John C. Pierce and Douglas D. Rose, "Nonattitudes and American Public Opinion: the Examination of a Thesis," *American Political Science Review*, 68, 2(June, 1974), 626~649. Converse, "Comment," *ibid*., 650~660; Pierce and Rose, "Rejoinder," *ibid*., 661~666과 비교해 보라.

우리는 최근의 삶의 질 조사로부터 훨씬 더 주목할 만한 사례를 끌어낼 수 있다. 이 조사는 자기 자신의 삶의 만족도에 관해 세심하게 설계되고 검증된 질문을 같은 조사에서 약 10분의 시간 간격을 두고 두 번 던졌다. 응답 간의 상관관계는 .61이었다.[6] 조사 데이터의 맥락에서 이는 매우 높은 상관관계로, 이는 응답자의 92%가 두 시점에서 7점 척도상의 동일 범주나 인접 범주에 속하는 답변을 했다는 것을 말해준다. 하지만 통계적으로 말하면, 첫 번째 조사 시점의 응답은 단지 10분 후에 이루어진 두 번째 조사 시점의 응답에서 나타나는 분산(variance)의 37%만을 '설명'한다. 만일 이것이 본토 중국과의 외교 관계에 관한 질문이었다면, 누군가는 분산의 100%에 가까운 것을 설명하지 못한 까닭은 정보 제공자 중 많은 사람이 그 문제에 대해 너무나도 빈약한 정보를 가지고 있거나 관심이 없어서 실제로 그것에 대해 어떠한 의견도 가지고 있지 않기 때문이라고 주장할 수도 있다. 그러나 이 경우에 조사에서 물은 것은 모든 사람이 알고 관심을 가지는 주제에 관한 매우 분명하고 단순한 질문이었다. 보통 사람은 중국 정책에 대해서는 어떠한 실제적인 선호도 가지고 있지 않을 수 있지만, 구두가 꽉 끼는지 그렇지 않은지에 대해서는 확실하게 판단할 수 있다.

이러한 불완전한 상관관계는 대중의 태도에 관한 조사 자체에 내재하는 것으로 보인다. 다시 말해 반드시 사람들이 실제적인 태도를 가지고 있지 **않기** 때문은 아니고, 얼마간은 측정상에 오류가 있기 때문이다. 어떤 사람들은 자신이 어떻게 느끼는지를 정확하게 표현하기가 어렵다는 것을 발견한다. 더

---

5) 이 이른바 거울-이미지 태도들(mirror-image attitudes) 간의 상관관계는 -.37이다. 다른 태도 변수들 가운데서 보고된 상관관계는 어떤 것도 .30이 넘지 않았다. Sidney Verba et al., "Public Opinion and the War in Vietnam," *American Political Science Review*, 62, 2(June, 1967), 317~334를 보라. 유사한 발견 결과가 다음에서도 보고되었다. Robert Axelrod, "The Structure of Public Opinion on Policy Issues," *Public Opinion Quarterly*, 31, 1(Spring, 1967), 51~60.

6) Frank M. Andrews and Stephen B. Withey, "Developing Measures of Perceived Life Quality," *Social Indicators Research*, I(1974), 1~26을 보라.

많은 교육을 받은 사람들과 상대적으로 자주 정치를 논하는 사람들에게서는 태도의 구속성이 실제로 더 큰 경향이 있는데, 이러한 사실은 나머지 사람들이 어떤 실제적인 의견을 가질 만큼 주어진 문제에 대해 충분히 생각해 오지 않았다는 것을 보여주는 것일 수 있다. 그러나 그것은 또한 교육을 덜 받은 사람들이 자신의 느낌을 표현하는 데 덜 능숙하다는 사실을 반영하는 것일 수도 있다. 우리가 조사 연구를 통해 관찰하는 것은 때로는 빙산의 일각일 뿐일 수도 있다.

따라서 서구 공중을 대표하는 가치 우선순위의 한 단면을 조사하고자 할 경우, 우리는 그리 큰 기대를 하지 말아야 한다. 우리가 일반 공중 사이에서 잘 표현된 이데올로기 구조를 관찰할 가능성은 그리 크지 않은데, 그 이유는 부분적으로는 우리의 측정 도구가 조야하기 때문일 수도 있다. 누군가의 세계관에 관해 수개월 동안 일련의 심층 인터뷰를 수행한다면 당연히 우리가 한 시간 동안의 조사 인터뷰를 통해 얻을 수 있는 것보다 더 일관성 있는 진술을 끌어낼 수 있을 것이다. 로버트 레인(Robert Lane)은 그러한 조건하에서 일반 시민이 얼마나 일관성 있게 정치적 견해를 표현할 수 있을 것 같은지를 검증했다.[7] 불행하게도 우리의 현재 목적을 달성하는 데 소요되는 심층 인터뷰의 비용은 그러한 시도를 할 엄두도 내지 못할 정도인 것으로 보인다.

여론 조사는 기본적인 태도와 가치를 연구하는 데서 이상적인 도구는 아니다. 그러나 그것은 확실한 이점을 가지고 있다. 여론 조사는 보통 심층 인터뷰를 통해 얻는 것보다 훨씬 더 많은 수의 사례를 제공할 수 있다. 만약 우리가 신뢰할 만한 수준의 세대 간 비교를 하거나 사회적 배경 요소를 통제하기를 원한다면, 많은 사례 수는 필수적이다. 게다가 대규모 조사는 한 사회 전체에

---

7) Robert Lane, *Political Ideology*(New York: Free Press, 1962)를 보라. Lane, "Patterns of Political Belief," in Jeanne M. Knutson(ed.), *Handbook of Political Psychology*(San Francisco: Jossey-Bass, 1973, 83~116과 비교해 보라.

서 무슨 일이 일어나고 있는지를 알고자 하거나 국가 간 관점에서 현상을 분석하고자 할 때 매우 유용한 전국 대표 표본을 제공해 줄 수 있다. 마지막으로, 여론 조사는 많은 목적에서 큰 결함이 없는 것으로 판명되었다. 개별적인 수준에서는 당황할 만한 변이가 있을 수 있지만, 응답의 전체적인 분포는 매우 신뢰할 수 있는 경우가 많다. 투표 성향에 대한 조사는 실제 선거 결과를 예측하고, 소비 태도에 대한 데이터는 경제가 어떻게 움직여 나갈지를 예측한다. 조사 연구에 내재한 무작위 오차(random error)는 스스로 상쇄되는 경향이 있다. 조사 연구는 완벽한 도구는 아니지만, 능숙하게 사용한다면 사회과학이 이용할 수 있는 가장 강력한 도구 중 하나가 될 수 있다.

1970년과 1971년 조사에서 얻은 결과: 4개 항목 가치 지표

여론 조사에서 도출된 증거가 가치 변화 문제를 어떻게 해명하는지를 살펴보자. 다소 예외적인 데이터베이스 하나를 우리의 연구에 이용할 수 있다. 유럽공동체는 1970년과 1971년 두 차례에 걸쳐 프랑스, 서독, 벨기에, 네덜란드, 이탈리아에서 여론 조사를 실시했다. 1970년 조사의 경우에는 영국 데이터도 이용할 수 있다.[8] 이들 조사에는 안전 또는 '물질주의적' 가치 ─ 안보와

---

8) 이 조사들은 유럽공동체의 특별 고문인 자크-르네 라비에(Jacques-Rene Rabier)의 지도하에 계속해서 수행되는 여론 조사 프로그램의 일부였다. 나는 그가 이 자료를 공유할 수 있게 해준 것과 여기에서 분석된 조사가 계획되고 검증되고 실행되고 분석되는 몇 년 동안 여러 제안을 받아들이고 격려해 준 것에 감사한다. 초기의 일련의 현장 조사는 1970년 2월과 3월에 루이 해리스 연구소(Louis Harris Research, Ltd)(런던), 여론조사연구소(Institut für Demoskopie)(알렌스바흐), 국제조사협회(international Research Associates)(브뤼셀), 네덜란드여론연구소(Nederlands Instituut voor de Publieke Opinie)(암스테르담), 프랑스여론연구소(Institut français d'opinion publique)(파리), 통계조사 및 여론분석 연구소(Instituto per le Ricerche Statische e l'Analisi del' opinione Pubblica)(밀라노)에 의해 수행되었다. 각각의 표본 사례 수는 1,975개(영국), 2,021개 (독일), 1,298개(벨기에), 1,230개(네덜란드), 2,046개(프랑스), 1,822개(이탈리아)였다. 유럽공동체 국가들의 조사는 유럽공동체 정보국(European Community Information Service)의 후원을

경제적·정치적 안정 같은 ─ 와 표출적 또는 '탈물질주의적' 가치 중 하나를 선택해야 할 때 개인이 어떤 가치를 가장 상위에 놓을지를 나타내도록 고안된 일련의 질문들이 포함되었다.[9] 우리는 평화와 상대적 번영의 조건하에서 사회화되어 온 사람들이 탈물질주의적 가치를 가지고 있을 가능성이 가장 클 것이라고 가정했다.

15세 이상 인구의 전국 대표 표본들은 다음과 같은 질문을 받았다.

　만약 당신이 다음 사항 중에서 선택해야 한다면, 당신에게 가장 바람직한 것으로 보이는 2개 항목은 무엇입니까?
─ 국가 질서 유지하기
─ 중요한 정치적 결정에서 국민에게 더 많은 발언권 주기
─ 물가 상승과 싸우기
─ 언론 자유 지키기

이 중에서 2개의 항목을 선택하는 것이 허용되었다. 따라서 응답자는 여섯 가지의 가능한 항목 쌍 중에서 하나를 선택할 수 있었다.

이 4개의 항목 중 첫째 항목('질서')을 선택하는 것은 아마도 신체적 안전에

받았다. 훨씬 짧은 설문지를 이용한 영국에서의 조사는 미시간대학교 기금의 후원을 받아 실시되었다. 후자의 설문지가 짧았던 것은 이 목적을 위해 아주 제한된 자금만 사용할 수 있었기 때문이다. 1971년의 현장 조사는 7월에 시장조사협회(Gesellschaft für Marktforschung)(함부르크), 국제조사협회(브뤼셀), 프랑스여론연구소(파리), 데모스코페아(Demoskopea)(밀라노)와 네덜란드 통계재단(Nederlandse Stichting voor Statistiek)(헤이그)에 의해 수행되었다. 각각의 응답자 수는 1,997명, 1,459명, 2,095명, 2,017명, 1,673명이었다.

9) 우리는 이전의 출판물들에서는 '획득적(Acquisitive)'과 '탈부르주아적(Post-Bourgeois)'이라는 용어를 사용하여 이 가치 우선순위 차원에 대한 두 가지 대립 유형을 기술했다. 이들 용어는 가치 변화의 순전히 경제적인 토대를 과대평가하는 경향이 있다. 우리의 분석 틀과 가치 우선순위에 대한 우리의 측정을 조작화하는 방식 모두는 안전 욕구의 중요성에도 똑같이 중요한 역할을 부여한다. '물질주의적'이라는 용어는 경제적 안전과 신체적 안전 **모두**를 함의한다는 점을 상대적으로 더 강조하는 용어로 이해되어야 한다.

대한 우려를 반영할 것이며, 셋째 항목('물가')을 선택하는 것은 아마도 경제적 안정에 높은 우선순위를 두고 있음을 보여줄 것이다. 우리는 이 두 항목 중 하나를 선택한 사람들이 그 둘 가운데 다른 하나의 항목도 선택할 가능성이 상대적으로 클 것으로 예상했다. 다시 말해 경제적 불안전과 신체적 불안전이 함께 가는 경향이 있을 것이라고 예상했다. 이를테면 한 나라가 침략을 당한다면, 경제적 혼란과 인명 손실 모두가 발생할 가능성이 있다. 역으로 경제 쇠퇴는 바이마르 독일의 경우가 그러했던 것처럼 자주 심각한 국내의 무질서와 관련되어 있다.

질서와 경제 안정을 중시하는 경우는 물질주의적 가치 우선순위 세트라고 지칭할 수 있을 것이다. 이와는 대조적으로 자유 언론이나 정치 참여와 관련된 항목을 선택하는 것은 우리가 역시 함께하는 경향이 있을 것으로 예상한 두 가지 탈물질주의적 가치를 중시한다는 것을 반영한다. 따라서 우리는 이 4개 항목의 선택에 기초하여, 응답자를 순수한 물질주의자 유형과 순수한 탈물질주의자 유형, 그리고 그 사이에 있는 네 가지 혼합 범주로 구성되는 여섯 가지 가치 우선순위 유형으로 분류할 수 있다.

이 항목 세트가 1970년에 유럽 6개국에서, 그리고 1971년에는 재차 그들 국가 중 5개국에서 전국 표본을 대상으로 조사되었다. 인터뷰 대상자 가운데서 '물가 상승과 싸우기'를 첫 번째로 선택한 사람들은 '질서 유지하기'를 두 번째로 선택할 가능성이 다른 응답자들보다 적어도 두 배 많았다. 반대로 '언론 자유 지키기'를 첫 번째로 선택한 사람들은 '정부에서의 더 많은 발언권'을 두 번째로 선택할 가능성이 다른 응답자들보다 약 두 배 많았다. 반대로 네 가지의 '엇갈린' 쌍은 함께 선택될 **가능성이** 상대적으로 **적었다**. 그 결과 각 국가 표본의 약 절반은 두 가지의 양극 유형에 속했고, 나머지 절반은 네 가지의 '혼합' 유형에 분포되었다.

1970년과 1971년 조사에는 비슷한 강제 선택 형식을 취한 또 다른 다양한

4개 항목 세트가 포함되어 있었다. 이들 다른 4개 항목 세트의 내부 구조는 어떤 경우에도 이들 4개 항목 사이에서 발견되는 구조와 비교되지 않는다. 그조사 데이터를 놓고 볼 때, 이들 4개 항목 간의 구속성 정도는 상대적으로 강하다. 1970년과 1971년에 서로 다른 6개국에서 실시된 11개 조사 모두에서그러한 패턴이 지속된다는 점에서 그것은 더욱 주목할 만하다.[10]

추가적인 분석을 진행하기 위해 우리가 응답자들을 물질주의자 유형, 탈물질주의자 유형, 혼합 유형으로 분류하는 것은 타당해 보인다. 우리는 이러한범주가 특정 개인들의 가치 우선순위를 반영한다고 가정한다. 그렇지만 실제로 그러할까? 한 정의에 따르면, "가치는 그 수가 더 적고, 보다 일반적이고,더 중심에 위치하고, 더 널리 퍼져 있고, 덜 상황 구속적이고, 수정에 더 저항하고, 아마도 발생적으로는 원초적 경험이나 극적인 경험과 더 많이 결부되어 있을 것이라는 점에서만 태도와 **조작적으로** 구분된다."[11] 만약 이들 항목이 실제로 **가치**를 포착할 수 있게 해준다면, 우리는 그 항목들을 통해 그보다훨씬 더 많은 수의 보다 구체적인 태도들을 예측할 수 있을 것이다. 그리고 우리가 이미 주장했듯이, 특정 연령 코호트의 가치 유형이 어린 시절의 중요한경험과 결부되어 있다는 사실을 반영한다면 시간이 지나더라도 그 가치는 지속되는 경향이 있을 것이다.

먼저 다음과 같은 질문을 검토해 보기로 하자. 물질주의적/탈물질주의적가치 범주는 개인의 인생관의 중심적인 측면을 반영하는 것으로, 개인의 정치적 태도에 널리 영향을 미치는가? 그렇다. 그것도 매우 인상적으로 영향을

---

10) 11개 서로 다른 조사에서의 이들 항목의 상관관계 매트릭스(correlation matrix)는 다음에 제시되어 있다. Ronald Inglehart, "The Nature of Value Change in Post-Industrial Societies," in Leon Lindberg(ed.), *Politics and the Future of Industrial Society*(New York: McKay, 1976), 57~99, Table 1.

11) John P. Robinson and Phillip R. Shaver, *Measures of Social Psychological Attitudes*(Ann Arbor, Michigan: Institute for Social Research, 1969), 410.

미친다. 우리의 가치 유형학은 광범위한 정치적 선호를 나타내는 민감한 지표인 것으로 입증된다.

이를테면 우리는 개인의 가치 유형에 기초하여 1970년 조사의 다음 항목에 대한 응답자의 응답을 아주 정확하게 예측할 수 있다.

> 지난 2년 동안 (응답자의 나라와) 다른 나라들에서 대규모 학생 시위가 있었습니다. 일반적으로 당신은 이에 대해 어떻게 생각합니까?
> — 매우 호의적이다
> — 다소 호의적이다
> — 다소 호의적이지 않다
> — 매우 호의적이지 않다

모든 나라에서 탈물질주의적 짝을 선택한 사람들이 학생 시위에 가장 우호적이다. 전반적으로 그들은 시위에 우호적일 가능성이 물질주의적 응답자보다 4배 이상 크다. 물질주의적 항목과 탈물질주의적 항목을 다양하게 혼합하여 선택하는 사람들은 학생 시위에 대한 태도에서 두 극단 사이에 있다.

우리의 가치 유형은 수많은 다른 태도와도 의미 있는 관계를 보여준다. 이를테면 1971년에 조사된 각 국가에서 탈물질주의자들은 덜 발전된 국가에 경제 원조를 하는 것에 대해 물질주의자들보다 높은 우선순위를 부여할 가능성이 훨씬 더 컸다. 그리고 물질주의자들은 일관되게 국가 위세에 더 높은 우선순위를 부여했다. 이들 5개국 모두에서 이들 항목 각각에 대해 물질주의자와 탈물질주의자 유형은 평균 약 25%포인트의 차이를 보였으며, 혼합 집단은 두 극단 유형 사이에 속해 있었다. 각국의 탈물질주의자들은 또한 물질주의자들보다 여성의 권리에 대해 더 많은 관심을 보였다. 1971년에 조사된 5개국을 종합해 볼 때, 탈물질주의자의 49%가 이 목표를 선택했는데, 이에 비해 물질주의자는 29%만이 그 목표를 선택했다.

응답들은 다양한 민족성에 따라 구속성의 정도에 차이가 있지만, 항목의 기본적인 윤곽은 6개국 모두에서 아주 유사하다.[12] 차원 분석(Dimensional analysis)에서 다양한 태도는 2개의 뚜렷한 군집으로 나뉘는데, 하나는 물질주의적 목표와 연계되어 있고, 다른 하나는 탈물질주의적 목표와 연계되어 있다. 게다가 가치 유형은 사회구조 및 정당 선호와도 뚜렷한 관계 형태를 보인다. 이러한 고도로 구조화된 패턴은 임의적이거나 피상적인 응답으로부터는 거의 나타나지 않을 것이다. 물질주의/탈물질주의 지표는 개인의 인생관의 중심적이고 광범한 측면을 포착해 주는 것으로 보인다. 우리는 물질주의/탈물질주의 지표가 특정한 기본적인 가치의 우선순위를 나타내는 척도를 제공한다고 믿는다.

그러나 이것은 단지 대략적인 척도일 뿐이다. 극도로 간추린 네 가지 기본 목표의 순위에 기초한 이 척도는 보다 광범한 관련 가치들에 기초한 다항목 척도를 개발하기 위한 첫걸음으로 보아야 한다. 4개 항목은 1개 항목보다 더 나은 척도를 제공한다. 그리고 적절하게 설계된 많은 일련의 질문은 현재의 단순한 도구보다 더 정확한 척도를 제공할 것이다. 비록 불완전하기는 하지만, 우리는 물질주의적/탈물질주의적 테마와 관련된 광범위한 일련의 선호를 포착할 수 있는 척도를 가지고 있다. 따라서 우리는 가치 변화에 관한 우리의 가설을 검증할 수 있는 위치에 있다.

우리의 첫 번째 예측은 나이 든 사람들이 젊은이들보다 물질주의적 가치를

---

12) 우리가 실시한 조사 모두에서 독일 공중의 응답은 상대적으로 높은 구속성을 보여준다. 그리고 그들은 또한 정치적 관심의 수준이 상대적으로 높다고 보고한다. 반면 영국 공중의 응답은 가장 낮은 구속성을 보여주지만, 그들은 자신의 정치적 관심의 수준이 특히 낮다고 보고하지는 않는다. 이것은 영국에서는 가치 변화가 아직 그다지 현저하지 않다는 견해와 일치한다. 이러한 결과가 설문지를 잘못 번역한 데서 기인하는 것으로 보기는 어렵다. 그 항목들은 원래 영어로 쓰였다. 하지만 그 항목들은 영어를 사용하는 공중 사이에서 그리 유효하지 않았던 것으로 보인다.

〈표 2-1〉 연령 코호트별 가치 유형: 1970년과 1971년 조사를 결합한 데이터(물질주의자와 탈물질주의자의 비율)

단위: %

1971년 조사 코호트의 연령 범위	독일			벨기에			이탈리아			프랑스			네덜란드			영국*		
	물질	탈물질	N	물질	탈물질	N	물질	탈물질	N	물질	탈물질	N	물질	탈물질	N	물질	탈물질	N
16~25세	22	22	(544)	20	26	(487)	28	21	(754)	25	20	(754)	26	20	(770)	29	13	(508)
26~35세	36	14	(895)	29	16	(429)	37	13	(650)	38	13	(726)	25	14	(696)	28	10	(680)
36~45세	47	9	(768)	29	16	(473)	39	9	(735)	40	12	(697)	38	11	(717)	31	8	(556)
46~55세	47	7	(663)	30	11	(378)	46	6	(710)	43	10	(649)	34	12	(547)	35	6	(796)
56~65세	58	4	(593)	36	9	(409)	48	6	(571)	50	5	(533)	39	7	(455)	41	6	(662)
66세 이상	55	4	(474)	46	5	(474)	55	3	(400)	52	3	(700)	52	5	(324)	47	4	(748)
가장 젊은 집단과 가장 나이든 집단 간의 차이	-33	+19		-26	+21		-27	+18		-27	+17		-19	+15		-18	+9	
전체 차이	52포인트			47포인트			45포인트			44포인트			34포인트			27포인트		

* 영국사회과학연구협의회(British Social Science Research Council)에 의해 1971년에 수행된 조사의 결과에 우리가 조사한 영국 표본으로부터 신출된 결과를 결합한 것이다.

우선시할 가능성이 클 것이고, 역으로 탈물질주의자 유형은 젊은이들 사이에 더 널리 퍼져 있을 것이라는 것이었다. 1970년과 1971년 조사에서 나타나는 연령과 가치 유형 간의 관계는 우리의 기대를 분명하게 뒷받침해 준다. 이를테면 프랑스의 경우에 65세 이상의 연령층에서 탈물질주의자에 비해 물질주의자들이 압도적으로 우세하다. 다시 말해 1970년과 1971년 조사를 결합한 데이터에서 52%가 물질주의자이고, 겨우 3%만이 탈물질주의자이다. 나이든 코호트에서 젊은 코호트로 이동할수록 탈물질주의자 유형의 비율은 증가한다. 가장 젊은 코호트(1971년에 16세에서 24세 사이)에 이르면 이 두 가지 유형은 수적으로 거의 똑같다. 즉, 25%가 물질주의자이고, 20%는 탈물질주의자이다.

다른 5개국에서도 동일한 일반적인 패턴이 나타난다. 모든 사례에서 나이든 연령 코호트들에서는 물질주의자가 탈물질주의적 유형보다 수적으로 크게 우세하지만, 젊은 코호트 쪽으로 갈수록 균형이 탈물질주의자 쪽으로 이동한다.

이 패턴은 중요한 문제를 제기한다. 이 패턴은 우리가 세운 가설대로 역사적 변화를 반영하는 것일 수도 있고, 아니면 라이프 사이클 효과를 반영하는 것일 수도 있다. 생각건대, 젊은이들은 단지 그들이 젊고 책임에서 자유롭고 반항적이고 이상주의적이기 **때문에** 상대적으로 탈물질주의적이 되는 경향이 있을 수도 있다. 사람들은 젊은이들도 나이가 들면 나이 든 집단들과 같은 선호 형태를 가질 것이라고 주장할 수도 있다. 이 가능성을 무시해서는 안 된다. 장기적인 가치 변화가 일어나고 있다는 것을 절대적으로 확신하는 유일한 방법은 한 모집단의 가치를 측정하고 10년 또는 20년을 기다렸다가 그 모집단을 다시 측정하는 것이다. 그런 자료는 드물다. 하지만 다행히도 우리는 신뢰할 만한 간접적인 검증을 통해 이러한 현저한 연령 집단 차이가 세대 간 변화를 반영하는지 아니면 라이프 사이클 효과를 반영하는지를 보다 분명하게 확인할 수 있다.

　연령 집단에 예상되는 패턴과 특정 국가의 역사적 경험을 결부시키는 가설은 매우 흥미로운 사실을 보여줄 수 있는 검증 수단이 될 것이다. 영국인의 라이프 사이클이 독일인이나 프랑스인의 라이프 사이클과 근본적으로 다르다고 기대할 만한 특별한 이유는 전혀 없다. 그러나 이들 국가의 경제적·정치적 역사는 중요한 측면들에서 차이가 **있다**. 특정 국가의 연령 집단 차이가 특정 세대의 형성기 동안을 지배한 조건이 변화한 정도에 상응한다면, 우리는 그러한 차이를 라이프 사이클 효과가 아니라 역사적 변화에 귀속시킬 수 있는 비교적 확실한 근거를 가질 수 있을 것으로 보인다.

　우리는 영국 공중이 상대적으로 적은 정도의 가치 변화를 보여줄 것으로 예상했다. 왜냐하면 영국은 제2차 세계대전의 침략을 혼자만 피했고, 제2차 세계대전 전에는 비교적 부유했지만 그 후로는 상대적으로 낮은 경제성장률을 보였기 때문이다. 신체적 안전 및 경제적 안전과 관련하여 영국에서 일어난 변화는 다른 나라들에서보다 덜 뚜렷했다. 젊은 집단과 나이 든 집단이 형성기에 겪은 조건은 **모든** 대륙 국가에서 영국보다 더 큰 차이를 보이지만, 우리는 독일에서 특히 더 큰 정도의 가치 변화가 나타날 것으로 예상할 수 있다.

　1970년과 1971년 데이터에서 영국은 가치 변화가 가장 적게 일어난 나라로 분명하게 나타난다. 두 가지 가치 유형에서 영국의 가장 젊은 코호트와 가장 나이 든 코호트 간의 차이는 총 27%포인트이다. 반면 독일은 연령 코호트 간의 가치 차이가 가장 큰 나라이다. 독일의 가치 변화량은 총 52%포인트로 영국보다 거의 두 배 더 크다. 나머지 4개국은 이 두 극단 사이에 속하는데, 이들 국가 대부분은 영국 패턴보다는 독일 패턴에 더 가깝다.

　해당 국가의 연령 코호트별 가치 유형의 변화량은 그 국가가 겪은 경제적·정치적 변화의 양에 **상응**하는 것으로 보인다. 만약 이것이 사실이라면, 우리의 가치 유형은 개인의 생애 동안 바뀌는 것에 강하게 저항해야 한다. 특정 연령 코호트의 응답들은 한 세대 전에 또는 그보다도 더 전에 일어난 경험의 흔적을 보여준다.

1972년과 1973년 조사를 통한 추가 검증

1972년과 1973년에 여러 차례에 걸쳐 추가 조사가 실시되었다. 그 결과 앞에서 논의한 국가들에 더하여 여러 다른 나라로부터 데이터를 이용할 수 있게 되었다. 덴마크, 아일랜드, 스위스, 미국이 새로운 사례에 포함되었다.[13] 후자의 나라들의 현대사는 연령 집단별로 발견되는 상대적 가치 변화의 양에 대해 특정한 예상을 할 수 있게 해주는 특징들을 가지고 있다.

방금 서술한 분석에서 독일, 벨기에, 이탈리아, 프랑스는 모든 연령 집단에서 상대적으로 많은 양의 가치 변화를 보였다. 영국은 상대적으로 거의 변화를 보이지 않았다. 우리는 이제 논리적으로 중간 그룹을 구성할 것으로 보이는 네 나라 - 스위스, 덴마크, 네덜란드, 아일랜드 - 를 가지게 되었다. 우리는 이 네 나라가 두 가지 이유에서 중간에 위치할 것으로 예상한다.

1. 이 네 나라 각각에서 가장 나이 든 코호트는 독일, 프랑스, 벨기에, 이탈리아 공중의 해당 코호트보다 제1차 세계대전과 제2차 세계대전의 참화를 덜 경험했다. 스위스는 양차 세계대전 모두에서 중립을 지켰다. 덴마크, 네덜란드, 아일랜드는 이 두 전쟁 중 하나에서 중립을 지켰다. 이로 인해 이들 나라는 그 스펙트럼상에서 영국 쪽 끝 근처에 위치하는 경향이 있을 것

---

13) 우리는 또한 룩셈부르크에서 입수한 1973년 자료도 가지고 있다. 그러나 표본 크기가 작기 때문에(N=330), 연령 집단 분석에 기초한 어떤 결론도 다른 나라의 경우에 비해 신뢰성이 떨어진다. 비교를 위해 룩셈부르크에 대한 연구 결과를 <표 2-2>에 포함시켜 놓았지만, 이 표는 신중하게 해석될 필요가 있다.

이다.

　2. 제2차 세계대전 이후의 시기 동안 이들 4개국의 경제성장률은 '중간'이었다. 다시 말해 독일, 프랑스, 이탈리아의 성장률보다는 낮았지만, 영국의 성장률보다는 눈에 띄게 높았다. 이것 역시 이 4개국을 영국보다는 위에 놓지만 독일, 이탈리아, 프랑스보다는 아래에 위치시키는 경향이 있을 것이다.

　최근의 미국 역사는 많은 면에서 영국의 역사와 비슷하다. 미국은 영국처럼(그리고 유일하게 영국보다 더) 지리적 고립의 이점을 누렸고, 세계대전 동안 침략과 참화를 피했다. 그러나 최근 들어 미국은 비교적 큰 국내외 갈등을 경험했다. 미국은 1973년까지 베트남에서 전쟁을 벌였다. 그 전쟁은 인종 문제, 높은 범죄율과 함께 국내 혼란에 한몫했다. 나이 든 코호트가 형성기를 거치는 동안 미국은 유럽 국가 대부분에 비하면 상대적으로 평온한 안식처였다. 오늘날 그 위치는 역전된 것으로 보인다. 미국에서는 신체적 안전과 관련하여 나이 든 코호트와 젊은 코호트의 형성기 경험 간에 별 차이가 없었으며, 이는 연령 집단별 가치 변화의 양이 상대적으로 적은 것으로 반영되어 나타날 것이다.

　미국은 또 다른 점에서 영국과 닮았다. 미국은 세기의 전환기에 이미 상대적으로 부유했고, 우리가 다루고 있는 다른 나라들보다 훨씬 앞서 있었다. 영국처럼 (그리고 유일하게 영국보다 더) 미국의 전후 경제발전은 다른 서구 국가들에 비해 더디게 진행되었다. 두 세대 이상 동안 미국의 1인당 국민소득은 세계 어느 나라보다도 높았다. 그러나 최근 몇십 년 동안 미국의 성장 속도가 상대적으로 느려졌다. 1975년에 미국은 3위로 떨어졌다.[14) 요약하면, 우리

---

14) 국제개발기구(Agency for International Development)의 수치는 스웨덴과 스위스가 1975년에 미국의 성장 속도를 앞질렀다는 것을 보여준다. 앞서의 논평은 쿠웨이트나 카타르 같은 몇몇 미니

는 미국에서 나이 든 코호트가 상대적으로 탈물질주의적일 것이지만 미국 전체 인구는 아마도 영국을 제외한 다양한 유럽 국가 중 어느 나라보다도 연령 집단별 가치 **변화**가 더 적게 나타날 것으로 예상할 수 있다.

데이터는 이러한 예상을 확인시켜 준다. <표 2-2>는 1972년과 1973년에 조사된 11개 국가 각각에서 나타나는 두 가지 '순수한' 가치 유형의 분포를 보여준다.[15] 복잡한 표를 단순화하기 위해 두 극단의 유형만 제시한다. '물질'이라는 표제가 붙은 열은 각 집단 내의 물질주의자의 비율을 나타내고, '탈물질'이라는 표제가 붙은 열은 탈물질주의자의 비율을 나타낸다(만약 혼합 유형의 비율을 알고 싶다면, 두 극단 유형의 수치를 단순하게 더한 다음 100에서 빼면 된다). 11개국 모두에서 1970년과 1971년에 발견된 것과 동일한 기본 패턴이 나타난다. 즉, 젊은 코호트에서 나이 든 코호트에서보다 탈물질주의자의 비율이 훨씬 더 높고 물질주의자의 비율이 더 낮다. 모든 나라에서 우리는 되풀이해서 이와 동일한 변화의 징후를 발견한다. 그러나 변화의 **비율**은 뚜렷하고 일관되고 예측 가능한 방식으로 나라마다 다르다. 미국 표본은 영국을 제외한 다른 모든 나라보다 적은 가치 변화를 보여준다. 미국의 **가장 나이 든** 코

국가를 고려에서 제외하고 있다. 만약 그 나라들이 포함되었더라면, 미국은 더 낮은 순위를 차지했을 것이다.

15) 스위스의 조사는 스위스 국가기금으로부터 공동 보조금의 지원을 받아 제네바대학교와 취리히 대학교에 의해 실시되었다. 현장 조사는 1972년 1월부터 6월까지 KONSO(바젤)에 의해 수행되었으며, 총 1,917회의 인터뷰가 이루어졌다. 나는 이 데이터를 이용할 수 있게 해준 두산 시단스키(Dusan Sidjanski)와 게르하르트 슈미트첸(Gerhart Schmidtchen)에게 감사한다. 10개의 다른 조사들은 1973년에 실시되었고, 모두 유럽공동체 정보국의 후원을 받았다. 첫 번째 조사는 갤럽연구소(Gallup Organization)(프린스턴)에 의해 3~4월에 수행되었고, N=1,030이었다. 유럽공동체 9개 회원국의 공중은 모두 9~10월에 조사되었으며, 각국의 조사 기관과 인터뷰 수는 다음과 같다. 프랑스, 프랑스여론연구소(IFOP), N=2,227; 벨기에, 국제조사협회(INRA), N=1,266; 네덜란드, 네덜란드여론연구소, N=1,464; 독일, 시장조사협회, N=1,957; 이탈리아, 통계조사 및 여론분석 연구소(DOXA), N=1,909; 룩셈부르크, INRA, N=330; 덴마크, 갤럽 시장조사(Gallup Markedsanalyse), N=1,200; 아일랜드, 아일랜드 시장조사(Irish Marketing Surveys), N=1,199; 영국, 사회조사(Social Surveys, Ltd.), N=1,933. 여기서 나는 내가 이 조사들의 설계에 참여하고 데이터를 이용할 수 있게 해준 것에 대해 다시 한번 더 자크-르네 라비에에게 감사를 표하고 싶다. 관심 있는 학자들은 정치조사를 위한 대학 간 컨소시엄으로부터 유럽공동체 조사의 모든 데이터를 얻을 수 있다.

〈표 2-2〉 11개국의 연령 코호트별 가치 유형, 1972~1973년*(1970년 조사에서 사용했던 연령 코호트에 의해 요약된 원래의 네 가지 항목 지수)   단위: %

연령	독일		프랑스		이탈리아		벨기에		아일랜드		네덜란드		덴마크		스위스		룩셈부르크**		미국		영국	
	물질	탈물질	물질	탈물질	물질	탈물질	물질	탈물질	물질	탈물질	물질	탈물질	물질	탈물질	물질	탈물질	물질	탈물질	물질	탈물질	물질	탈물질
19~28세	24	19	22	20	26	16	18	23	24	13	27	14	33	11	27	15	26	19	24	17	27	11
29~38세	39	8	28	17	41	8	20	17	31	9	22	17	34	9	26	17			27	13	33	7
39~48세	46	5	39	9	42	7	22	10	41	6	28	9	47	4	30	15	40	7	34	13	29	6
49~58세	50	5	39	8	48	6	25	10	7	6	40	10	44	5	35	9			32	10	30	7
59~68세	52	7	50	3	49	4	39	3	45	2	41	12	48	4	34	6	44	8	37	6	36	5
69세 이상	62	1	55	2	57	5	39	5	51	4	51	5	58	2	50	6			40	7	37	4
코호트 전체의 차이	56포인트		51포인트		42포인트		39포인트		36포인트		35포인트		34포인트		32포인트		29포인트		26포인트		17포인트	

* 스위스의 데이터는 1972년의 것이다. 미국의 데이터는 1972년 5월, 1972년 11~12월, 1973년 3~4월의 조사 결과를 결합한 것이다.
** 룩셈부르크의 경우 표본의 크기가 작기 때문에 세 개의 연령 집단(19~38세, 39~58세, 59세 이상)으로만 나누었다.

호트는 모든 유럽 국가의 그들 또래보다 더 높은 탈물질주의자 비율을 보이는데, 이는 한때 미국이 누렸던 대단히 특권적인 지위를 반영한다. 그러나 미국의 **가장 젊은** 코호트는 그들 또래의 많은 유럽 사람만큼 빠르게 탈물질주의로 이동하지 않았다.

아일랜드, 네덜란드, 덴마크, 스위스의 사례는 우리가 예상한 대로 중간 그룹을 형성한다. 이들 나라의 가치 변화율은 척도의 중간 범위에 속하는 것으로 보인다. 그리고 독일의 사례들은 척도의 가장 높은 쪽 끝에 위치하고, 영국의 사례들은 그 반대편 끝에 위치했는데, 1970~1971년에도 독일과 영국은 바로 그곳에 자리하고 있었다. 각 나라의 상대적 위치는 상당한 안정성을 보인다. 가치 변화의 양은 각국의 최근 역사를 반영하는 것으로 보인다.

우리는 우리가 번역한 설문지가 우리가 데이터를 가지고 있는 11개국 모두에서 자신의 임무 — 즉, 다양한 목표와 기능적으로 등가를 이루는 항목을 제시하는 임무 — 를 훌륭하게 수행하고 있다고 믿는다. 그러나 국가 간 비교는 항상 얼마간 위험하다. 왜냐하면 [이를테면 '높음/낮음', '긍정적/부정적'을 나누는_옮긴이] 분할점(cutting point)이 언어나 문화에 따라 동일하지 않을 수 있기 때문이다. 따라서 우리는 원점수를 직접 비교하기보다는 주어진 나라 **내에서** 발견되는 패턴 전반을 비교할 것이다. 따라서 우리는 미국 공중의 31%만이 물질주의 범주에 속하는 반면 독일 공중 가운데서는 42%가 물질주의 범주에 속한다는 사실을 강조하지 않았다. 대신에 우리는 미국 표본보다 독일 표본에서 전 연령 집단에 걸쳐 가치에서 훨씬 더 많은 **변화**를 보인다는 사실에 초점을 맞추었다. 전자 방식의 비교는 다양한 언어적·문화적 요소에 의해 왜곡될 수 있다. 반면 후자 방식의 비교는, 잘못의 여지가 전혀 없는 것은 아니지만, 적어도 독일과 미국의 설문지가 그들 각각의 문화 내에 동일한 분할점을 상정하고 있는 것으로 가정하지는 않는다. 이를테면 독일의 물질주의자들이 미국의 물질주의자들에 비해 다소 더 (또는 덜) 물질주의적일 가능성이 있다.

그렇지만 이것이 사실이라고 하더라도, 젊은 독일인들과 나이 든 독일인들 간의 차이가 젊은 미국인들과 나이 든 미국인들 간의 차이보다 더 크다는 것은 분명하다. 요컨대 비록 각국을 절대 수준에 의거하여 비교할 수는 없지만, 우리는 주어진 표본 **내에서** 정확한 2차 비교를 하는 것은 가능하다.

이처럼 우리가 서로 다른 국가에서 나온 조사 데이터를 직접 비교하는 작업은 포기했지만, 각 국가 표본에서 물질주의자와 탈물질주의자의 비율을 간략히 살펴보도록 하자. 왜냐하면 사람들은 적어도 각각의 가치 유형이 어떻게 분포되어 있는지를 대략적으로나마 알고 싶어 할 것이기 때문이다. 게다가 우리에게는 검증해야 할 가설이 있다. 언어적·문화적 등가성의 문제가 있기는 하지만, 우리는 보다 부유한 나라들에서 탈물질주의자들의 비율이 상대적으로 높을 것으로 예상할 수 있다. 하지만 우리가 이미 지적한 바와 같이, 풍요의 달성과 탈물질주의적 가치의 출현 간에는 시간적 격차가 있을 수 있다. 독일과 같이 최근에야 부유해진 나라에서는 공중의 가치가 그 나라의 경제 수준을 반영하기까지는 시간이 좀 걸릴 것이다. <표 2-3>은 관련 데이터를 제시한 것이다.

이 표는 한 가지 중요한 사실을 아주 분명하게 보여준다. 즉, 11개국 모두에서 물질주의자들이 탈물질주의자들을 수적으로 크게 웃돈다는 것이다. 약 2대 1의 비율에서 5대 1 이상까지의 비율로 물질주의자들이 우세하다. 여전히 물질주의자들이 서구 사회를 지배하고 있다. 탈물질주의자들이 거의 물질주의자들만큼이나 많은 경우는 가장 젊은 연령 코호트들에서뿐이다.

부유한 국가들에서 탈물질주의자들의 비율이 상대적으로 높을 것이라는 예상은 거의 분명하게 입증된다. 이들 조사를 수행하던 당시 1인당 국민소득에서 가장 높은 순위에 오른 두 국가, 즉 미국과 스위스는 탈물질주의자 대 물질주의자의 비율에서 2위와 3위를 차지하고 있다. 벨기에가 1위이다. 미국이나 스위스만큼 부유하지는 않지만, 벨기에는 부유한 나라 중 하나이고, 비교

<표 2-3> 국가별 가치 유형의 분포, 1972~1973년*   단위: %

	물질주의자	탈물질주의자	물질주의자 대비 탈물질주의자의 비율
1. 벨기에	25	14	56
2. 네덜란드	31	13	42
3. 미국	31	12	39
4. 스위스	31	12	39
5. 룩셈부르크	35	13	37
6. 프랑스	35	12	34
7. 영국	32	8	25
8. 이탈리아	40	9	23
9. 독일	42	8	19
10. 아일랜드	36	7	19
11. 덴마크	41	7	17

* 1976년 조사에서는 덴마크에서 물질주의자가 37%, 탈물질주의자가 10%인 것으로 나타나는데, 이는 이 표에서의 덴마크의 순위를 여러 등급 끌어올릴 것이다.

적 오랫동안 부유했다. 이는 경제적 변화와 가치 변화 간의 시간 격차 가설의 견지에서 볼 때 중요한 사실일 것이다. 이탈리아와 아일랜드는 가장 가난한 두 나라인데, 이들 나라는 탈물질주의자 대 물질주의자의 비율에서 비교적 낮은 순위를 차지하고 있다. 최근까지 일본은 이들 나라 중 어느 나라보다도 가난했다. 만약 여기에 일본을 포함시킨다면, 일본은 꼴찌를 할 것이다(154쪽을 보라). 덴마크는 가장 낮은 자리를 차지하고 있는데, 이는 설명할 수 없는 변칙적인 사례이다. 덴마크는 1인당 국민소득에서 5위를 차지하고 있는데, 덴마크 공중은 예상보다도 더 분명하게 물질주의적인 것으로 보인다. 그럼에도 불구하고 이러한 이례적 사례를 별개로 하면, 국가 간 패턴은 대체로 예상할 수 있었던 대로이다. 덜 물질주의적인 사고방식은 비교적 오랫동안 번영을 누려온 공중 사이에서 발견되는 경향이 있다.

보다 광범위한 지표에 기초한 가치 척도의 개발

우리의 4개 항목 지표는 사람들의 사고방식에 널리 퍼져 있고 지속되는 어떤 것을 측정하는 척도를 제공하는 것으로 보인다. 그러나 우리는 이 지표의 단점을 간과해서는 안 된다. 가장 심각한 약점은 단 4개 항목에만 기초한다는 단순한 사실이다. 그 결과 단기적인 요소에 지나치게 민감하게 반응하게 할 수도 있다. 이를테면 지표에 포함된 항목 중 하나는 물가 상승에 관한 것이다. 서구 국가들은 최근 몇 년 동안 엄청난 인플레이션을 경험했다. 따라서 '물가 상승과 싸우기'에 높은 우선순위를 부여하는 응답자의 비율이 증가한 것은 근본적인 가치 변화의 결과가 아니라 단지 물가 상승이 현재 매우 심각한 문제이기 때문일 가능성이 더 커 보인다. 우리가 단순히 응답자들에게 물가 상승의 중요성을 **그 자체로** 평가해 달라고 요구한다면, 그러한 유형의 불안정성은 더욱 커질 것이다. 그러나 우리의 지표에서 사람들은 자신이 바라는 **또 다른** 목표들에 견주어 항목들의 순위를 매긴 다음에 특정 항목을 선택하게 되어 있다. 거의 모든 사람이 물가 상승이 1970년보다 1973년에 더 중요한 문제라는 것을 알고 있었다. 그러나 1970년에 '언론 자유'에 '물가 상승'보다 더 높은 순위를 부여한 사람들 모두가 1973년에 이 순위를 기꺼이 바꾸지는 않았을 것이다. 4개 항목은 1개 항목보다 나은 척도를 제공하지만, 보다 광범위한 기반에 기초한 지표는 더욱더 많은 수의 항목으로 위험을 분산시킴으로써, 어떤 특정한 최근 사건에 의해 개인의 점수가 과도하게 왜곡될 가능성을 낮춰 줄 수 있을 것이다. 게다가 보다 광범한 기반을 가진 지표는 조사 연구에서 항상 중요한 문제인 측정 오류의 양을 줄이는 데 도움을 줄 수 있다. 설문 조사에 응답할 때 상당수의 응답자가 '별 생각 없이' 얼마간 피상적으로 답한다. 단일 항목을 통해서는 진정한 태도를 가지고 응답하는 사람과 본질적으로 무의미한 응답을 하는 사람을 구별하기가 어렵다. 그러나 일련의 많은 관련 질문에 대한 일단의 일관된 응답은 아마도 근원적인 진정한 선호를 반영할 것이다.

1973년 조사에서 우리는 개인의 가치 우선순위에 대한 보다 광범한 척도를 개발하고자 했다. 그 결과를 분석하면, 우리는 가치 변화가 일어나고 있는지에 대한 보다 신뢰할 만한 척도를 얻을 수 있을 것이다. 그것은 또한 물질주의 유형과 탈물질주의 유형 각각의 세계관에 대한 보다 상세한 그림을 그릴 수 있게 해줄 것이다.

1973년 조사에서는 원래의 가치 우선순위 지표였던 4개 항목 외에 8개 목표를 추가하여 그 지표를 보완했다. 다음과 같은 질문이 던져졌다.

요즘 무엇이 이 나라의 향후 10년간의 목표가 되어야 하는지를 놓고 많은 이야기가 있습니다. (응답 카드 A를 건네준다.) 이 카드에는 사람마다 다르게 최고 우선순위를 부여할 수 있는 몇 가지 목표가 열거되어 있습니다. 당신은 아래 항목 중에서 어떤 것을 가장 중요하게 생각하는지를 **한 가지** 말해주시겠습니까?

카드 A

A. 높은 경제성장률 유지하기

B. 나라의 강한 국방력 확보하기

C. 직장이나 지역사회에서 일을 결정하는 방식에서 사람들이 더 많은 발언권 가지기

D. 우리의 도시와 시골을 더 아름답게 만들기 위해 노력하기

그럼 그다음으로 가장 중요한 것은 무엇입니까?

(응답 카드 B를 건넨다.) 만약 당신이 하나를 선택해야 한다면, 당신은 이 카드에 있는 것 중에서 어떤 것이 가장 바람직하다고 생각합니까?

카드 B

E. 국가 질서 유지하기

F. 중요한 정치적 결정에서 국민에게 더 많은 발언권 주기

G. 물가 상승과 싸우기

H. 언론 자유 지키기

그럼 당신의 두 번째 선택지는 무엇입니까?

여기에 또 다른 리스트가 있습니다. (응답 카드 C를 건넨다.) 당신이 생각하기에, 다음 중에서 어느 것이 가장 중요합니까?

카드 C

I. 경제를 안정적으로 유지하기

J. 덜 비정하고 더 인간적인 사회로의 진전

K. 범죄와의 전쟁

L. 돈보다 사상이 더 중요한 사회로의 진전

그다음으로 중요한 것은 무엇입니까?

이제 이 세 가지 카드에 열거된 모든 목표를 전부 살펴보고 어떤 것이 **가장** 바람직하다고 생각하는지를 말해줄 수 있습니까? 당신이 선택한 것을 그냥 읽어주십시오.

그리고 그다음으로 가장 바람직한 것은 무엇입니까?

그리고 이 카드들에 제시된 모든 목표 중에서 당신의 관점에서 **가장** 중요하지 **않은** 것은 무엇입니까?

이 일련의 질문을 통해 우리는 12개의 중요한 목표에 대한 상대적인 순위를 얻을 수 있었다. 도입 문장을 통해 질문을 장기적인 시간 틀상에 설정했고, 응답자의 즉각적인 욕구보다는 광범위한 사회적 목표를 선택지로 삼았다.

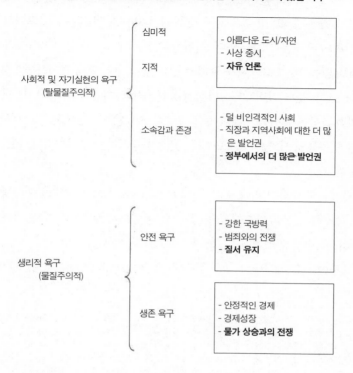

〈그림 2-1〉 1973년 조사에서 사용했던 항목과 그 항목들이 포착하고자 했던 욕구

즉, 우리는 당면한 상황에 대한 사람들의 반응이 아니라 장기적인 중대 관심사를 포착하기를 원했다. 12개 선택지 자체는 매슬로의 욕구 위계를 보다 완전하게 탐구할 수 있도록 설계되었다. <그림 2-1>은 각 항목이 도출하고자 했던 기본 욕구를 나타낸다(원래 지표의 4개 항목은 굵은 글씨로 표기했다). 12개 선택지 가운데 6개 항목은 생리적 또는 물질주의적 욕구를 강조하기 위한 것이었다. 즉, '물가 상승', '경제성장', '안정적인 경제'는 생존 욕구를 겨냥한 것이었고, '질서 유지', '범죄와의 전쟁', '강한 국방력'은 안전 욕구를 겨냥한 것이었다. 나머지 6개 항목은 다양한 탈물질주의적 욕구를 포착하기 위해 고안

되었다.[16] 우리는 후자의 욕구를 잠재적으로 보편적인 것으로 본다. 다시 말해 모든 인간은 존경받고 싶은 욕구, 생득적인 지적 호기심의 욕구, 그리고 심미적 만족의 욕구를 가지고 있다. 사람들은 상황이 그 욕구들을 억누르도록 강요하지 않는 한, 그러한 욕구에 따라 행위할 것이다. 달리 표현하면, "사람은 빵만으로 사는 것이 아니다." 빵이 풍족할 때는 특히 그렇다. 따라서 6개 물질주의적 항목을 중시하는 것이 하나의 군집을 형성하는 경향이 있고 탈물질주의적 항목을 중시하는 것은 또 다른 군집을 형성하는 경향이 있을 것으로 예상된다.

이 가설을 검증하기 위해 우리는 10개국 각각에서 이들 목표의 순위에 대한 통상적인 요인분석을 수행했다.[17] <표 2-4>는 각국에서의 제1요인에 대한 적재값을 나타낸 것이다.

그 결과는 거의 깜짝 놀랄 만한 국가 간 일관성을 보여준다. 각 사례에서 5

---

16) 미국 조사에서는 "우리의 도시와 시골을 더 아름답게 만들기 위해 노력하기" 대신에 "자연을 손상되고 오염되지 않게 보호한다"라는 항목이 사용되었다. 우리가 살펴보듯이, 이 항목 중 어느 것도 의도된 차원을 포착하는 데 특별히 효과적이지 않았다.

17) 이 분석에서 각 항목은 '1'에서 '6'까지의 코드를 부여받은 별개의 변수로 기록되었다. 주어진 항목이 전체 12개 항목 세트 중에서 '가장 바람직한' 항목으로 선택되면 '1'로, 전체에서 2위를 차지하면 '2'로, 전체에서 꼴찌를 차지하면 '6'으로 코드화되었다. 4개 항목의 세트 중에서 첫 번째로 선택되면(그러나 전체 1위나 2위는 아닌) '3'으로 코드화되었다. 4개 항목에서 2위를 차지한 경우는 '4'로 코드화되었다. 상위 순위나 하위 순위로 선택되지 않은 항목은 '5'로 코드화되었다. 우리가 이 경우에 요인분석을 이용하는 것은 관례에서 얼마간 벗어난다. 우리의 변수들은 절대 점수가 아니라 상대적 순위에 기반한다. 이것은 우리의 가설을 조작화하는 데 결정적이지만, 그 항목들이 독립적이지는 않다는 것을 의미한다. 그리고 이러한 소수의 항목 풀을 가지고는 요인 분석을 전혀 할 수 없다. 이를테면 2개 항목만 있을 경우, 첫 번째 항목의 순위가 두 번째 항목의 순위를 결정하여, 두 항목 간에는 자동적으로 -1.0의 상관관계가 산출된다. 3개 항목 풀의 경우, 사람들은 약 .5의 부(-)의 상관관계를 예상할 수 있다. 4개 항목 풀의 경우에도 이 효과는 여전히 중요하다. 다시 말해 첫 번째 항목의 순위는 오직 세 가지 가능성만 남겨두고, 임의적 응답은 4개 항목 **모두** 사이에 약 .3의 부의 상관관계를 산출하기 때문에 4개 항목 중 2개 항목만이 제1요인에 적재될 수 있다. 12개 항목 풀의 경우에 하나의 항목 순위가 다른 항목들의 순위를 결정하는 정도는 심각하지 않다. 여전히 모든 항목이 부의 상관관계를 산출하는 경향이 일부 있다. 이를테면 우리의 순위의 비독립성은 그 항목을 여러 차원으로 분산시켜, 제1요인에 의해 설명될 수 있는 분산 정도를 감소시키는 경향이 있다. 그러나 우리의 경험적 결과가 보여주듯이, 한편에서는 물질주의 항목들이 함께 선택되고 다른 한편에서는 탈물질주의 항목들이 함께 선택되는 경향이 훨씬 더 강하기 때문에 그러한 효과는 제압된다.

〈표 2-4〉 10개국에서의 물질주의-탈물질주의 요인(제1요인)에 대한 가치 우선순위의 적재값)

목표	프랑스 (23%)*	독일 (22%)	미국 (20%)	벨기에 (20%)	룩셈부르크 (20%)	덴마크 (20%)	이탈리아 (20%)	네덜란드 (19%)	영국 (18%)	아일랜드 (17%)
직장에 대한 더 많은 발언권	.636	.562	.451	.472	.659	.604	.599	.568	.611	.636
덜 비인격적인 사회	.592	.675	.627	.532	.558	.566	.553	.451	.498	.393
사상 중시	.499	.498	.508	.562	.476	.577	.577	.539	.482	.453
정부에서의 더 많은 발언권	.400	.483	.423	.478	.434	.464	.566	.514	.506	.572
언론 자유	.486	.575	.409	.564	.527	.330	.499	.338	.210	.401
더 아름다운 도시	.087	.092	.278	.040	-.089	.181	-.100	.141	.197	-.073
물가 상승과의 전쟁	-.305	-.440	-.334	-.511	-.342	-.154	-.386	-.306	-.238	-.395
강력한 국방력	-.498	-.359	-.464	-.324	-.322	-.366	-.326	-.414	-.295	-.375
경제성장	-.412	-.398	-.397	-.297	-.497	-.517	-.245	-.442	-.536	-.152
범죄와의 전쟁	-.457	-.418	-.484	-.417	-.347	-.387	-.490	-.405	-.233	-.465
안정적인 경제	-.441	-.451	-.435	-.407	-.345	-.523	-.322	-.410	-.574	-.202
질서 유지	-.558	-.376	-.491	-.497	-.488	-.440	-.462	-.549	-.346	-.459

*( )안은 각국 표본에서 제1요인에 의해 설명된 총 분산의 백분율이다.

개 항목 — 모든 국가에서 **동일한** 5개 항목 — 이 연속선의 플러스 쪽 끝 근처에 군집한다. 6개 항목 — 다시 모든 국가에서 동일한 6개 항목 — 은 마이너스 쪽 끝 근처으로 모인다. 나머지 항목들은 중간 지점 가까이에 위치한다.

마이너스 쪽 끝으로 군집하는 항목은 6개 물질주의 항목이다. 그리고 6개 탈물질주의적 항목 가운데 5개는 반대 그룹에 속한다. 하나의 단일 항목, 즉 "보다 아름다운 도시"(미국 데이터에서는 "오염으로부터 자연을 보호한다")와 관련한 항목은 어느 범주에도 부합하지 않는다. 이 항목은 확실히 우리의 예상대로 움직이지 않는데, 이것은 우리가 보다 상세하게 탐구해 보아야 할 사실이다. 그러나 나머지 11개 항목은 거의 신기할 정도로 예상에 부응한다. 이들 항목에 대한 응답이 일관성을 보이는 것이 응답 편향과 같은 일반적인 허위 상관관계(spurious correlation) 때문이라고 할 수는 없다. 즉, 그 항목들은 '정확한' 답변에 대한 아무런 단서도 제공하지 않는 '카페테리아 스타일'의 형식으로 질문되었다.

<그림 2-2>는 10개국 전체에서 물질주의/탈물질주의 차원에 대해 각 항목이 갖는 상대적 위치를 도식화한 것이다. 응답의 윤곽은 그러한 항목들이 위계적으로 정렬된 욕구 세트를 포착할 것이라는 가설을 추가적으로 뒷받침해 준다. 응답자들은 그 연속선상에서 물질주의 범위 또는 탈물질주의 범위에 속하는 욕구 세트에 일관되게 집착하는 경향이 있다. 12개 항목 중에서 11개 항목는 각각 물질주의적 우선순위와 탈물질주의적 우선순위를 반영하는 2개의 별개 군집에 속한다(우리는 <그림 2-1>과 이 결과를 비교함으로써 이를 알 수 있다). 심미적 욕구를 포착하기 위해 설계된 항목은 두 군집 중 어느 것과도 부합하지 않는다. 나머지 11개 항목이 동일한 일관성을 가지고 예상된 지점에 자리를 잡**았던** 반면, 이 1개 항목은 10개국 중 어느 나라에서도 .300을 넘는 적재값을 보여주지 못한다. 그 이유는 무엇인가?

그 답은 분명하다. 다시 말해 그 항목은 솔직히 우리가 의도한 대로 심미적

〈그림 2-2〉 물질주의적/탈물질주의적 요인(1973년에 실시된 10개국 조사분석에서 제1요인에 대한 평균 적재값)

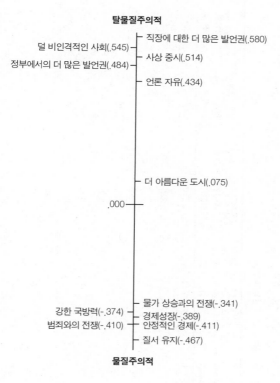

탈물질주의적

덜 비인격적인 사회(.545) ─┬─ 직장에 대한 더 많은 발언권(.580)
　　　　　　　　　　　　　├─ 사상 중시(.514)
정부에서의 더 많은 발언권(.484) ─┤
　　　　　　　　　　　　　├─ 언론 자유(.434)

　　　　　　　　　　　　　├─ 더 아름다운 도시(.075)
　　　　　　　.000 ─┼─

강한 국방력(-.374) ─┬─ 물가 상승과의 전쟁(-.341)
　　　　　　　　　　├─ 경제성장(-.389)
범죄와의 전쟁(-.410) ─┤─ 안정적인 경제(-.411)
　　　　　　　　　　├─ 질서 유지(-.467)

물질주의적

욕구를 불러일으키지는 **않는다.** 그 대신 그 항목은 산업적/반산업적 차원을 포착해 주는 것으로 보인다. 이 차원에 의거할 때, 사람들은 집합적 경제발전을 사람들의 개인적 안전과 상충하는 것으로 인식한다. 그리고 이 항목은 안전의 욕구와 놀랄 만큼 강한 관계를 보여준다. 우리의 분석에서 나온 제2요인을 검토할 때, 이 점은 분명해진다. <표 2-5>에서 볼 수 있듯이, 제2요인을 구성하는 요소에는 제1요인에서 나타나는 주목할 만한 균일성과 대조적으로 국가 간에 상당한 변이가 존재한다. 이러한 국가 간 변이는 각 국가의 발전 수

〈표 2-5〉 10개국에서의 경제 대 환경(제1요인)에 대한 가치 우선순위 항목들의 적재값.)

목표	벨기에 (14%)	프랑스 (13%)	국가(유형 1) 룩셈부르크 (13%)	독일 (12%)	네덜란드 (12%)
더 아름다운 도시	-.621	-.587	-.416	-.606	-.516
범죄와의 전쟁	-.479	-.485	-.501	-.534	-.504
물가 상승과의 전쟁	-.312	-.467	-.494	-.450	-.279
사상 중시	-.056	-.029	-.153	-.133	-.116
질서 유지	-.046	.061	.055	.089	.193
덜 비인격적인 사회	-.029	.054	.238	.059	-.121
직장에 대한 더 많은 발언권	.038	-.011	-.165	-.043	.150
언론 자유	-.047	.079	.062	.055	.208
강한 국방력	.083	.128	.112	.102	.047
정부에서의 더 많은 발언권	.329	.377	.287	.287	.293
안정적인 경제	.564	.466	.418	.448	.597
경제성장	.685	.583	.563	.535	.560

	국가(유형 2)			목표	국가(유형 3)	
목표	영국 (13%)	덴마크 (12%)	미국 (13%)		이탈리아 (12%)	아일랜드 (14%)
더 아름다운 도시	-.508	-.491	-.551*	범죄와의 전쟁	-.567	-.500
질서 유지	-.574	-.498	-.375	물가 상승과의 전쟁	-.429	-.385
언론 자유	-.395	-.407	-.378	강한 국방력	-.023	-.446
강한 국방력	-.139	-.215	-.215	직장에 대한 더 많은 발언권	-.229	-.217
덜 비인격적인 사회	-.259	-.209	-.089	사상 중시	-.107	-.167
사상 중시	-.176	-.055	-.292	더 아름다운 도시	-.127	-.108
범죄와의 전쟁	-.138	-.138	.022	덜 비인격적인 사회	-.002	-.025
경제성장	.109	.306	.202	언론 자유	-.052	.039
안정적인 경제	.314	.320	.239	정부에서의 더 많은 발언권	.261	-.013
물가 상승과의 전쟁	.456	.446	.215	질서 유지	.044	.225
직장에 대한 더 많은 발언권	.398	.284	.574	안정적인 경제	.576	.627
정부에서의 더 많은 발언권	.453	.456	.559	경제성장	.669	.756

* 미국 표본에서 이 적재값은 "자연을 손상되고 오염되지 않게 보호한다"라는 질문에 기초한 것이다.

준을 반영하는 것으로 보인다. 우리가 대상으로 삼은 나라들은 3개의 별개 그룹으로 나누어진다. 첫째 그룹은 독일, 프랑스, 베네룩스 3국으로 구성되고, 둘째 그룹은 영국, 미국, 덴마크로 구성되며, 셋째 그룹은 아일랜드와 이탈리아로 구성된다. 이 셋째 그룹이 특히 흥미롭다. 앞의 두 그룹에서 "더 아름다운 도시"는 강한 마이너스 적재값을 보인다. 전체적으로 볼 때도 "더 아름다운 도시"는 제2요인에 대해 적재값이 가장 큰 항목이다. 아일랜드와 이탈리아에서 "더 아름다운 도시"는 이 요인과 매우 약하게 연관되어 있을 뿐이다.

아일랜드와 이탈리아는 공교롭게도 여기서 분석된 10개국 중 가장 가난한 두 나라이다. 인구의 절반 이상이 여전히 농촌에 살고 있는 나라는 이 두 나라뿐이다.[18]

이 둘째 차원의 테마는 집단마다 다르지만, 대략적으로 말하면 도시 산업 사회의 문제에 대한 반발을 포함하는 것으로 보인다. 유형 1의 국가들에서는 "더 아름다운 도시"와 범죄에 대한 관심이 정치적 행동주의 및 경제안정에 대한 강조와 대립한다. 아일랜드와 이탈리아에서는 "더 아름다운 도시와 시골"에 대한 관심이 주요 항목 가운데 존재하지 않는다는 점을 제외하고는 그 패턴이 유형 1과 유사하다. 만약 이 요인에 대한 관심이 도시-산업 문제에 대해 서로 다른 반응을 반영한다면, 경제발전과 도시화가 상대적으로 훨씬 더 진전된 국가들 — 환경에서 아름다움을 **잃게** 된 것에 대해 공중이 상대적으로 민감하게 반응하는 충분히 발전한 국가들 — 에서만 '아름다움'에 대한 관심이 마음속에서 일어나고 있다는 것은 의미심장해 보인다. 그러한 국가들에서 추함은 도시 문제 — 경제발전의 이면인 것으로 보이는 범죄 및 무질서와 연결된 — 의 불가결한 일부로 인식되기도 한다.

아일랜드나 이탈리아와 같이 더 가난하고 덜 도시화된 사회에서는 경제성

---

18) 이 수치들은 유럽 국가들의 경우 *A Survey of Europe Today* (London: Reader's Digest Association, 1970), 14에서 따온 것이고, 미국의 경우 *Reader's Digest Almanac* (1973), 121에서 따온 것이다.

장이 상대적으로 높게 평가되고 있으며, 경제성장이 환경의 아름다움 — 이 항목은 어떤 경우에도 상대적으로 낮은 우선순위를 부여받는다 — 에 해가 될 수 있다고 느끼는 경향은 약하게만 존재한다. 아일랜드인과 이탈리아인들은 룩셈부르크인을 제외한 다른 어떤 공중보다 '경제성장'에 더 높은 우선순위를 부여하며, 독일인을 제외한 어떤 공중보다도 '아름다운 도시'에 낮은 순위를 부여한다(<표 2-6>을 보라). 아일랜드와 이탈리아에는 반산업적 차원이 존재하지만, 환경의 아름다움에 대한 관심은 의미 있는 역할을 하지 못한다. 다른 8개국에서는 아름다움에 대한 관심이 반산업 징후의 일부를 형성하고 있다. 그러나 우리가 예상하는 바와 같이, 아름다움에 대한 관심은 경제성장 및 경제안정에 대한 강조와 부(-)의 상관관계가 있지만, 안전 욕구에 대한 관심과는 정(+)의 상관관계를 보이는 경향이 있다. 아름다움에 대한 관심의 지위는 애매하다. 상관관계 매트릭스를 살펴보면, "더 아름다운 도시"를 강조하는 것은 "덜 비인격적이고 더 인간적인 사회", "사상이 돈보다 더 중시되는 사회"에 높은 우선순위를 부여하는 것과 정의 상관관계에 있음을 알 수 있다. 그러나 그것은 **또한** "범죄와의 전쟁"에 대해 높은 우선순위를 부여하는 것과도 연관되어 있다. 이처럼 최종 결과는 단지 "아름다운 도시"가 탈물질주의 군집과 전반적으로 연관성이 약하다는 것만을 보여준다.

더 부유하고 더 도시화된 나라들 사이에는 두 가지 형태의 반산업적 차원이 있다. 두 형태 모두에서 신체적 안전의 방어와 아름다움이 경제적 이득과 대립한다. 다시 말해 도시는 안전하지 않기 때문에 아름답지 않은 것으로 여겨진다. 그러나 프랑스, 독일, 베네룩스 3국에서 우세한 유형 1의 경우에 반산업적 반발은 집합적인 경제적 목표에 대항하여 **개인의** 안전을 강조한다. 즉, 그 연속선의 반산업적 끝에서 "아름다움"과 함께 범죄와의 전쟁이 두드러진다. 영국, 덴마크, 미국에서 우세한 유형 2는 보다 정치적인 논조를 띠고 있다. 즉, 역시 널리 퍼져 있는 환경과 경제 간의 대립은 환경 면에서는 공공질서와

〈표 2-6〉 서구 공중의 목표, 1973년(12개 목표 중에서 첫째 또는 둘째로 선택한 목표의 비율)

단위: %

목표	국가									9개 유럽 국가의 평균	미국
	벨기에	프랑스	룩셈부르크	독일	네덜란드	덴마크	영국	아일랜드	이탈리아		
물가 상승과의 전쟁(E)*	52	43	29	44	26	24	50	44	41	39	25
경제성장(E)	19	18	33	24	14	23	29	29	31	24	16
범죄와의 전쟁(S)	21	20	9	21	26	21	17	25	37	22	22
안정적인 경제(E)	12	12	22	39	16	28	25	24	16	22	21
질서 유지(S)	10	21	28	18	18	31	11	16	17	19	20
직장에 대한 더 많은 발언권(B)	18	13	22	12	24	20	15	20	9	17	16
덜 비인격적인 사회(B)	17	28	11	11	26	17	12	8	14	16	12
정부에서의 더 많은 발언권(B)	11	9	19	9	14	8	15	15	11	12	16
언론자유의 보호(A)	17	14	7	11	13	11	11	6	9	11	10
더 아름다운 도시(A)	15	9	7	4	10	7	6	5	3	7	18**
사상 중시(A)	7	11	9	3	10	7	4	3	5	7	8
강한 국방력(S)	2	3	3	5	4	2	6	6	7	4	16

* ( ) 안의 문자는 주어진 목표의 범주를 나타낸다. (E)=경제적, (S)=안전, (B)=소속감, (A)=자아실현
** 미국에서 해당 항목은 "자연을 손상되고 오염되지 않게 보호한다"였다.

자유 언론의 방어에 대한 관심에 의해 강화되고, 경제 면에서는 정치적·사회적 행동주의에 대한 강조에 의해 강화된다. 두 형태 모두에서 "아름다움"은 법질서와 예상치 않았던 연계관계를 보여준다.

전반적으로 볼 때, "더 아름다운 도시와 시골"에 관한 항목은 향수적인 색조를 띠는 경향이 있다. 다시 말해 그 항목은 단지 심미적 이득만이 아니라 더 안전하고 더 느리게 움직이는 사회에 관한 관념을 떠올리게 하는 것으로 보인다. 그리고 탈물질주의적 욕구를 포착하는 것을 목적으로 했던 다른 5개 항목과 달리, 그 항목은 **나이 든** 응답자들에 의해 상대적으로 높은 우선순위를 부여받는 경향이 있다.[19] 종합해 볼 때, "더 아름다운 도시와 시골"에 관한 항목은 어쨌든 보다 발전한 나라들에서는 탈물질주의적 극단 쪽으로 기울어 있다. 그러나 탈물질주의적 항목과의 연계관계는 그 항목이 반산업적 반발을 함축할 수도 있다는 사실로 인해 일반 공중 사이에서 거의 상쇄된다.

돌이켜 보면, 심미적 관심에 대한 우리의 지표가 실제로 탈물질주의 군집의 일부를 형성하지 못한 이유는 쉽게 이해할 수 있어 보인다. 우리의 이론적 틀에 따르면, 심미적 욕구에 대한 강조는 가장 높은 수준의 욕구 만족 중 하나이다. 우리의 조사에 포함된 나라들 대부분은 아직 심미적 욕구 자체가 실제로 공중의 두드러진 관심사의 하나가 될 만큼 풍요로운 수준에는 도달하지 못했다. 우리가 가난한 나라에서 부유한 나라로 이동할수록 환경 항목의 적재값이 증가하며 그 항목이 탈물질주의 군집 쪽으로 이동하는 경향이 있다. 아일랜드와 이탈리아 표본에서 이 항목의 제1요인에 대한 적재값은 마이너스이다.[20] 다른 나라들에서는 적재값이 플러스인데, 가장 부유한 나라인 미국

---

19) 이는 미국에서 사용된 대응 항목에서는 사실이 아니다. "자연을 손상되고 오염되지 않게 보호한다"는 항목은 나이 든 응답자보다는 젊은 응답자들에 의해 상당히 높은 우선순위를 부여받는다. 이 항목은 또한 탈물질주의 군집과 연계되는 경향이 비교적 강하다.

20) 아주 놀랍게도 우리가 아일랜드나 이탈리아보다 꽤 더 부유하고 더 도시화된 룩셈부르크의 데이터를 분석하자, "아름다운 도시" 항목의 물질주의/탈물질주의 요인에 대한 적재값이 약간이

에서는 .300에 근접한다. 물론 보다 풍요롭고 안전한 미래의 어느 시점에서 이 항목이 5개 탈물질주의 항목과 강한 정의 상관관계를 보일 것인가라는 질문은 우리가 지금 답할 수 없는 문제이다. 그러나 이 데이터는 이것이 사실일 수 있음을 시사한다.

현시점에서는 소수의 사람만이 "더 아름다운 도시와 시골"에 높은 우선순위를 부여하고 있다. 이 항목은 유럽공동체 9개국 공중 사이에서 공동 10위를 차지하고 있다. <표 2-6>은 12개 항목 중에서 서구 공중이 선택한 상위 2개 항목의 분포 상황을 보여주는 것이자, 각 공중이 가장 소중하게 여기는 목표를 묘사한 것이기도 하다. 거기에는 매우 흥미로운 몇 가지 국가 간 차이가 나타나 있다. 이를테면 미국 공중은 대부분의 유럽 공중보다 물가 상승과 싸우기와 경제성장 유지하기를 훨씬 덜 중시하는데, 이는 아마도 지난 수십 년 동안 미국인이 누려온 상대적인 경제적 안전을 반영하는 것일 것이다. 반면에 독일 공중은 경제적 안정에 대해 유난히 강한 관심을 가지는 것으로 특징지어지는데, 이러한 태도는 바이마르 시대의 독일에 영향을 준 엄청난 인플레이션과 유난히 혹독했던 대불황이 남긴 오랜 흔적을 반영하는 것일 것이다. 다른 많은 국가 간 변이들도 존재하지만, 몇 가지 공통적인 특징이 특히 눈에 띈다. 아마도 그중 가장 중요한 것은 경제적(또는 '생존') 목표를 다루는 항목이 가장 널리 선택된 4개 항목 중 3개 항목을 구성한다는 사실일 것이다. <표 2-6>에서 그 항목들은 'E'로 표시되어 있다. 게다가 다섯 가지 상위 목표 중 나머지 두 가지는 모두 안전 욕구를 나타내는 지표이다(이는 <표 2-6>에 'S'로 표시되어 있다). 그다음의 세 가지 목표는 소속의 욕구를 나타내는 지표이다('B'로 표시되어 있다). 그리고 표출적 욕구와 지적 욕구를 겨냥한 3개 항목('A'로 표시되어 있다)이 그 뒤를 잇고 있다.

___

기는 하지만 마이너스였다. 하지만 이 사실을 평가할 때, 우리는 룩셈부르크 표본의 크기가 작다는 점을 염두에 두어야 한다.

강조점의 이러한 분포는 우리가 욕구의 위계 개념을 통해 주로 물질주의적 공중 사이에서 일어날 것으로 예상할 수 있는 것과 부합한다. 물질주의적 공중 사이에서는 생존 욕구와 안전의 욕구가 최고의 우선순위를 부여받을 가능성이 가장 큰 반면, 소속의 욕구와 자아실현의 욕구는 가장 적게 중시된다. 그러나 상황적 환경이 그러한 빈도에 영향을 미친다. "강한 국방력"과 관련한 항목은 이 사실을 분명하게 예증한다. 우리는 '안전' 지표의 하나인 그 항목이 전적으로 물질주의적인 공중 사이에서 4위나 5위 또는 6위를 차지할 것으로 선험적으로 예상할 수 있다. 그러나 실제로는 그 항목은 대부분의 유럽 국가들에서 **가장 낮은** 우선순위를 부여받는다. 미국에서는 "강한 국방력" 항목이 12개 항목 중 6위를 차지하면서 상당히 더 크게 중시되고 있다. 제2차 세계대전 이후 30년 사이에 유럽 공중은 **외국**의 위협으로부터의 안전을 놀라울 정도로 덜 중시하게 되었다. 1973년까지만 해도 여전히 전쟁 상태에 놓여 있었던 미국에서만 군사적 우선순위가 꽤 높은 순위를 유지하고 있다.

　전술한 분석은 1970년과 1971년에 사용된 4개 항목 지표를 추가적으로 입증해 준다. 즉, 이 4개 항목 모두는 그 항목들이 포착하고자 한 차원과 경험적으로 잘 부합한다는 것을 보여준다.[21] 그러나 그 항목들에 대한 분석은 또

---

21) 이 항목들은 또한 상당히 우수한 거트먼 척도(Guttman scale)를 형성한다. 우리는 유럽 데이터를 사용하여 요인 적재값과 백분율 분포 모두가 욕구의 위계 모델에서 도출된 기대와 상응하도록 10개 항목을 척도화했다.
　　척도화 가능성(scalability)도 꽤 좋다. 9개국 결합 표본에서 10개 항목은 재현성(reproducibility) 계수가 .88인 거트먼 척도를 형성한다. 이것은 보통 우수한 척도의 기준으로 간주되는 .90 수준보다 약간 낮지만, 이론적으로는 3개 '경제' 항목 가운데서 어떤 특별한 순서도 **예측**할 수 없다는 사실을 고려하면 오히려 높은 편이다. 이를테면 그 항목들이 동일한 욕구를 포착하기 위한 것일 경우, 우리는 3개 항목 가운데서 사람들이 선호하는 순서를 예측할 수 없을 것이다(그러한 예측은 항목 순위를 매기는 데 발생하는 '오류'의 수를 부풀리는 경향이 있다). 우리는 응답자당 최대 2개의 '오류'를 허용했다. 즉, 2개 이상의 응답이 스칼라 패턴(scalar pattern)에 부합하지 않는 경우는 비(非)스칼라 유형으로 분류했다. 우리의 유럽 결합 표본에서는 71%가 스칼라 유형이었다. 그리고 그 항목들의 스칼라 순서는 물질주의자들이 대부분인 모집단에서는 매슬로식 예상에 부합한다. 충족시키기 '가장 쉬운 것'에서부터 '가장 어려운 것'으로 순위 매겨진 물질주의 항목은 다음과 같다.
　　1. 물가 상승과의 전쟁

한 우리로 하여금 원래의 척도를 넘어서 1973년에 사용된 보다 광범위한 항목 풀에 대한 응답에 기초하여 지표를 구성할 수 있게 해준다. 이 새로운 지표에 부여된 점수는 '0'(자신의 선택이 압도적으로 물질주의적인 사람들)부터 '5'(최대수의 탈물질주의적 선택을 한 사람들)까지이다.[22] 우리는 이 4개 항목 지표를 특정한 목적(이를테면 시기별 비교)에 계속해서 사용할 것이다. 우리는 어느 정도 확신을 가지고 그렇게 할 수 있다. 왜냐하면 이 두 척도는 1973년에 조사된 각국에서 .6 또는 .7 수준에서 서로 연관되어 있기 때문이다. 그러나 가능할 때마다 새 지표를 사용할 것이다. 왜냐하면 경험적 검증에 따르면, 새 지표가 원래의 4개 항목 지표보다 다른 태도들을 더 강력하게 예측해 주는 변수라는 것을 일관되게 보여주기 때문이다. 다시 말해 새 지표도 동일한 차원을 포착하지만, 그러한 차원을 더 정확하게 포착하는 것으로 보인다.

마지막으로, 더 광범위한 기반에 기초한 가치 우선순위 지표가 원래 지표

---

2. 경제성장
3. 안정적인 경제
4. 범죄와의 전쟁
5. 질서 유지

달리 말하면, 경험적으로 볼 때 3개 '생존' 항목이 충족시키기 가장 쉽고, 2개 '안전' 항목이 그 뒤를 따른다. 물론 탈물질주의 항목은 물질주의 항목과 정반대의 극성을 가지며, 그러한 경향은 이 분석에서도 그대로 나타났다. 탈물질주의 항목 가운데서는 '소속감' 항목이 충족시키기 가장 쉬웠고, 2개 자아실현 항목이 그 뒤를 따랐다.

이러한 결과는 사람들이 이들 항목에 위계적으로 반응한다는 가설을 뒷받침하는 경향이 있지만, 이것은 매슬로식 모델에 대한 이상적인 검증은 아니다. 이 모델은 환경이 변화함에 따라 전반적인 순서가 바뀔 수 있다는 것을 시사한다. 다시 말해 그 항목들은 오직 물질주의적 사고방식이 여전히 지배하는 경향이 있는 경우에만 척도화될 수 있다.

22) 우리의 물질주의/탈물질주의 가치 우선순위 지표는 두 단계를 거쳐 구성되었다. 첫째 단계에서는 각 응답자의 첫 번째 선택과 두 번째 선택 모두가 '탈물질주의' 항목일 경우 그 응답자는 '+2' 점수를 받았고, 단지 한 항목일 경우에는 '+1' 점수를 받았다. 그다음에 우리는 물질주의 항목에 **가장 낮은** 우선순위를 부여하면, 추가 점수를 주었다("더 아름다운 도시" 또는 "자연을 오염되지 않게 보호한다"는 이 단계에서는 중립적인 것으로 취급했다). 따라서 첫째 단계가 끝날 때 점수는 '0'에서 '3'까지이다. 우리는 그다음에 3개 조 각각의 4개 항목 세트 내에서 선택된 2개의 탈물질주의 항목 각 쌍에 1점을 더했고, 4개 항목 세트 중에서 선택된 물질주의 항목 각 쌍에서 1점을 감했다. 범주의 수가 과도해지는 것을 피하기 위해 마이너스 점수는 '0'으로 코드화했고, '5'점과 '6'점은 합쳤다. 따라서 최종 지표는 '0'(물질주의 극단)부터 '5'(탈물질주의 극단)까지의 점수로 이루어졌다.

<그림 2-3> 연령 집단별 가치 유형*

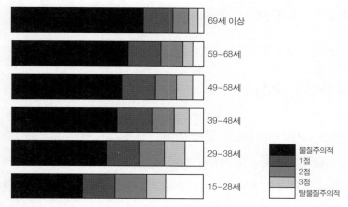

* 유럽공동체 9개국의 결합 표본(1973년). 12개 항목 지표에 기초한 것이다(N=13,484).

보다 나이와 훨씬 더 강한 상관관계를 갖는다는 점에 주목하자. <그림 2-3>
은 유럽 9개국 표본 전체의 연령과 각각의 가치 유형 간의 관계를 보여준
다.[23] 나이 든 응답자에서 젊은 응답자로 갈수록 물질주의의 우위가 현저하

---

23) 여기에서 우리는 이 책의 다른 여러 곳에서와 마찬가지로 유럽공동체 9개국의 결합 표본(pooled
sample)을 사용한다. 당연히 다음과 같은 질문이 제기된다. "결합 표본에 적합한 가중 장치는 무
엇인가?" 한 가지 가능성은 인구에 따라 가중치를 부여하는 것이다. 이 경우 독일 표본은 덴마크
표본의 약 12배, 아일랜드 표본의 약 20배의 가중치를 가진다. 만약 우리가 지역사회 전체 선거에
서 누가 이길지를 예측하려고 한다면, 이 접근방식은 이치에 맞을 것이다. 하지만 다른 많은 목적
을 위해서는 그렇지 않다. 주어진 사회에 대한 지적 관심과 이론적 중요성은 반드시 그 규모에 달
려 있지 않다. 왜 독일의 결과가 덴마크보다 12배나 더 비중 있게 다루어져야 하는가? 어쩌면 각
나라가 똑같아지게 가중치를 부여해야 할지도 모른다. 다시 말해 각각의 사례를 다른 사례들과
동등하게 다루어야 할지도 모른다. 후자의 주장이 호소력이 있지만, 우리는 "한 나라, 한 표" 접근
방식을 약간 수정하기로 했다. 우리는 N이 클수록 결과를 더 신뢰할 수 있다는 점에 근거하여 그
나라의 인터뷰 수에 따라 각 표본에 가중치를 부여했다. 달리 말하면, 우리는 더 이상의 가중치
없이 단지 1만 3,484개의 인터뷰를 단순하게 결합했다. 그 결과 단지 5개의 작은 나라보다 4개의
큰 나라 각각에서 더 많은 수의 인터뷰가 수집되었다는 이유 때문에, 작은 나라들보다 큰 나라들
에 다소 더 큰 가중치가 부여되었다(이 방식이 룩셈부르크에 미친 영향은 특히 큰데, 룩셈부르크
에서는 300개의 인터뷰만 수집되었기 때문이다. 따라서 룩셈부르크는 독일 가중치의 단 15%만
가중되었다). 이 책에서 우리가 '유럽 전체'의 결과를 언급할 때면, 다른 방식으로 명시되지 않은
한, 각 인터뷰에 동일한 가중치를 부여한 9개국의 결합 표본을 사용하고 있음을 의미한다.

게 그리고 계속해서 부식되고 있다. 다시 한번 증거는 가치 변화가 일어나고 있는 과정에 있을 수 있다는 것을 암시한다.

가치 유형과 직업 목표

가치 변화의 정치적 함의를 탐구하기에 앞서 우리는 서구 사회에서 일어나고 있는 가치 변화의 본질에 대한 또 하나의 질문에 답해야 한다. 사람들의 가치 우선순위를 측정하기 위해 사용되는 항목들은 광범위한 사회적 목표를 가리킨다. 이것은 의도적이다. 즉, 우리는 가능한 한 가장 광범위한 관점에서 사람들의 장기적 선호를 포착하기를 원했다. 그러나 우리의 이론은 그러한 선택들이 또한 사람들의 **개인적인** 목표를 반영하는 경향이 있음을 시사한다. 과연 그러한가?

이 가정을 검증하기 위해 우리는 응답자들에게 다음과 같이 질문했다.

여기에 사람들이 자신의 일과 관련하여 일반적으로 고려하는 몇 가지 것이 있습니다. 당신은 개인적으로 어떤 것을 첫 번째로 꼽겠습니까? …… 그리고 그다음으로는 어떤 것을 꼽겠습니까?
— 돈에 대해 아무런 걱정을 하지 않을 정도의 많은 봉급
— 폐업이나 실업의 위험이 없는 안전한 일자리
— 마음이 맞는 사람들과 함께 일하기
— 성취감을 주는 중요한 일에 종사하기

이 질문은 앞에서 다룬 사회적 목표보다 훨씬 더 직접적이고 개인적인 관심사를 언급한다. 첫째와 둘째 선택지는 물질주의적인 개인적 목표, 즉 수입과 안

<표 2-7> 가치 유형별·국가별 사람들의 직업 소망("마음이 맞는 사람" 또는 "성취감"을 첫 번째로 선택한 사람들의 비율)

단위: %

가치 유형	프랑스	벨기에	네덜란드	독일	이탈리아	룩셈부르크	덴마크	아일랜드	영국
물질주의자	34	33	51	26	29	35	60	35	39
점수 = 1	38	33	46	31	40	48	59	41	41
점수 = 2	39	44	59	42	46	32	61	46	43
점수 = 3	47	51	63	55	59	63	64	57	56
점수 = 4	56	59	68	70	60	77	82	55	59
탈물질주의자	70	71	85	89	87	79	86	90	77

전을 강조하기 위한 것이다. 셋째와 넷째 선택지는 매슬로 위계에서 '더 높은 순위'의 욕구를 포착하기 위해 설계되었다. 예상할 수 있듯이, 각각의 쌍은 함께 선택되는 경향이 있다.

우리의 응답자들이 자신의 개인적 선호와는 무관하게 자신의 환경이나 연령 집단에서 유행하는 목표를 단지 입으로만 말하고 있지는 않을까? 분명히 그렇지 않다. 우리는 물질주의/탈물질주의 가치 우선순위에 관한 우리의 광범한 새 지표에 따라 사람들의 직업 목표 교차표를 작성했다. <표 2-7>은 1973년에 조사된 9개국의 결과를 요약한 것이다. 각국에서 물질주의자 응답자들은 "많은 봉급"과 "안전한 일자리"를 선택할 가능성이 상대로 큰 반면, 탈물질주의자들은 "마음이 맞는 사람들과 함께 일하기"와 "성취감"을 선택하는 경향이 있다. 9개국 모두에서 탈물질주의자들은 물질주의자들보다 나중의 두 항목을 선택할 가능성이 두 배 이상 높았다. 그리고 순수한 물질주의 유형에서 네 가지 중간 유형을 거쳐 순수한 탈물질주의 유형으로 갈수록, 거의 예외 없이 '소속'과 '자기실현'의 욕구에 대한 강조가 줄곧 증가한다. <그림 2-4>는 물질주의자에서 탈물질주의자로 갈수록 네 가지 직업 목표 각각에 대한 강조가 변화하고 있음을 보여준다. 즉, 유형 2와 유형 3 사이에 성취

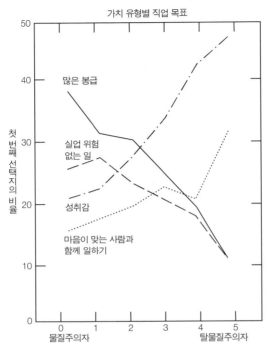

<그림 2-4> 가치 유형별 직업 목표*

가치 유형별 직업 목표

첫 번째 선택지의 비율

많은 봉급

실업 위험 없는 일

성취감

마음이 맞는 사람과 함께 일하기

물질주의자 ← 0 1 2 3 4 5 → 탈물질주의자

* "직업에서 가장 중요한 것" 중에서 첫 번째로 선택한 항목. 1973년 유럽공동체 9개국의 결합 표본에 기초한 것이다(N=13,484).

감이 봉급에 대한 강조를 능가하기 시작하는, 그리고 마음이 맞는 동료 노동자들이 일자리 안전에 대한 강조를 능가하기 시작하는 전환점이 있다. 우리는 앞의 세 가지 유형을 대체로 물질주의자로, 그리고 뒤의 세 가지 유형을 탈물질주의자로 묘사할 수 있다.

　사람들이 사회의 장기적인 목표를 선택하는 방식과 사람들이 자신의 직접적인 개인적 목표를 선택하는 방식은 합치되는 경향이 있다. 이는 탈물질주의자 유형이 점점 더 확산된다면, 고용주에게 지금까지와는 다른 요구를 하게 될 것임을 시사한다. 그리고 이러한 현상이 이미 어느 정도 일어나고 있다는 것을 보여주는 여러 가지 징후가 존재한다. 그러나 서구 사회에서의 가치변화는 다른 많은 함의를 지니는데, 그중 일부는 정치와 훨씬 더 직접적으로 관련되어 있다.

욕구 위계와 지리적 일체감

넛슨(Knutson)은 매슬로가 제시한 욕구의 위계를 이론적·경험적으로 분석하면서, 기본 욕구는 "자신의 자아에 대한 관심"에서부터 "환경(그리고 환경과 관련된 자아)에 대한 관심"에 이르는 연속선을 따라 위치하는 점들로 볼 수 있다고 결론짓는다.[24] 어떤 개인이 생존 욕구와 안전 욕구에만 몰두한다면, 그 또는 그녀는 보다 먼 관심사를 다루는 데 이용할 수 있는 에너지는 거의 가지지 못할 것이다. 따라서 우리는 탈물질주의자 유형이 물질주의자 유형보다 더 넓은 시계(視界)를 가질 것이라는 결론에 이른다. 즉, 탈물질주의자들은 매우 기본적인 의미에서 덜 교구주의적이고 더 코즈모폴리턴적일 것이다.

사람들의 지리적 일체감을 포착하기 위해 우리는 유럽 응답자들에게 다음과 같은 질문을 던졌다.

당신은 다음의 지리적 단위 중에서 어느 하나에 첫 번째로 속해 있다고 생각합니까? …… 그리고 그다음으로는 어디에 소속되어 있다고 생각합니

---

24) Knutson, *Human Basis of Polity*, p. 28. 넛슨은 매슬로의 욕구의 위계에 대한 경험적 검증에 착수하여, 그 위계의 적용 가능성을 확인하는 경향이 있는 증거를 찾아낸다. 그녀의 분석은 통찰력 있고 도발적이지만, 그녀의 데이터 기반은 (나의 데이터처럼) 제한적이다. 그녀의 경우 표본의 크기와 구성에서 아쉬움이 많이 남는다. 나의 경우에는 항목의 수가 더 많았더라면 유용했을 것이다.

까?

　－ 당신이 살고 있는 곳 또는 타운

　－ 당신이 살고 있는 지역 또는 지방

　－ (당신의 나라) 전체

　－ 유럽

　－ 전체 세계

　사람들이 첫 번째로 선택한 것과 두 번째로 선택한 것의 교차표를 살펴보면, 이 항목이 교구주의-코즈모폴리터니즘의 차원을 분명하게 포착해 주는 경향이 있음을 알 수 있다. 즉, 첫 번째 선택이 자신들이 살고 있는 곳이나 타운이었던 사람들은 두 번째 선택으로 자신들의 지역이나 지방을 선택할 가능성이 단연코 가장 컸다. 반대로 전체 세계와 첫 번째로 일체감을 느끼는 사람들은 두 번째 선택에서는 유럽을 거명할 가능성이 가장 컸다. 그리고 자신의 나라와 첫 번째로 일체감을 느끼는 사람들은 자신의 타운과 첫 번째로 일체감을 느낀 사람들보다 자신이 또한 유럽에 속해 있다고 느끼는 경향이 훨씬 더 컸다.

　<그림 2-5>는 전체 유럽공동체에서 국가보다 더 큰 지리적 단위와 일체감을 느끼는 사람들의 가치 유형별 비율을 보여준다. 거기에는 국가 간에 큰 변이가 존재한다. 독일인, 이탈리아인, 네덜란드인은 코즈모폴리턴적 일체감을 느낄 가능성이 가장 크고, 덴마크인과 아일랜드인은 외견상 가장 덜 코즈모폴리턴적인 것으로 보인다.[25] 그러나 특정한 국가 내에서는 탈물질주의자들이 물질주의자들보다 국경을 초월한 일체감을 가질 가능성이 훨씬 더 크다. 이를테면 프랑스에서는 물질주의자들의 오직 20%만이 국민국가 너머의

---

25) 덴마크의 경우 스칸디나비아와의 일체감이 널리 퍼져 있을 수도 있지만, 우리의 질문에 의해서는 포착되지 않는다.

〈그림 2-5〉 가치 유형별 지리적 일체감*

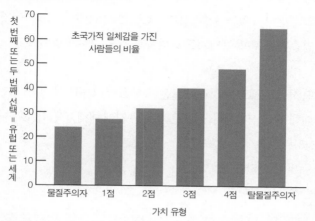

* "내가 첫 번째로 속해 있다고 느끼는 지리적 단위"로 "유럽" 또는 "전체 세계"를 첫 번째 또는 두 번째로 선택한 비율. 1973년 유럽공동체 9개국의 결합 표본에 기초한 것이다(N=13,484).

단위와 일체감을 느끼는 반면, 탈물질주의자들은 64%가 그렇게 느낀다. 정치적 함의는 특히 유럽 국가들에게 중요하다. 만약 탈물질주의적 가치를 우선시하는 방향으로 점진적이지만 지속적으로 가치 전환이 진행되고 **있다면**, 이 과정은 초국가적 통합에 대한 지지를 잠재적으로 강화할 것이다. 그것은 장기적으로 유럽 통합에 우호적인 압력이 될 것이다. 더 긴 시간 관점에서 보면, 이러한 과정은 대서양공동체나 궁극적인 세계정부와 같은 훨씬 더 광범위한 형태의 통합에 유리하게 작용할 것으로 예상할 수 있다. 왜냐하면 탈물질주의자 유형은 자신들이 더 넓은 정치 단위에 속한다고 느낄 가능성이 현저하게 더 높기 때문이다.

탈물질주의자 유형이 코즈모폴리턴적 일체감을 가질 가능성이 더 클 것으로 예견하게 이끈 방식과 동일한 형태의 추론을 통해, 우리는 탈물질주의자들이 혁신 일반에 비교적 개방적일 것으로 예상할 수 있다. 또한 우리는 그들이 주변의 상황보다는 사상에, 그리고 현재를 지배하는 것보다는 시간적으로 비교적 멀리 떨어져 있는 것에 민감할 것으로도 예상할 수 있다. 이것 또한 사실임이 입증된다. 유럽 응답자들은 다음과 같은 질문을 받았다.

> 어떤 사람은 새로운 것과 새로운 사상에 끌리는 반면, 어떤 사람은 그런 것에 대해 더 조심합니다. 당신은 새로운 것에 대해 어떤 태도를 가지고 있습니까?
> — 매우 많이 끌린다
> — 전반적으로 끌린다
> — 경우에 따라 다르다
> — 전반적으로 경계한다
> — 매우 경계한다

탈물질주의자 유형은 물질주의자 유형보다 앞의 두 가지 선택지를 선택할 가능성이 훨씬 더 컸다. 유럽 9개국 표본 전체에서 물질주의자들은 3분의 1만이 새로운 것에 "끌린다" 또는 "매우 많이 끌린다"라고 답했다. 순수한 탈물질주의자 유형에서는 분명한 다수(58%)가 새로운 것에 끌렸다.

가치 유형과 정치적 선호

탈물질주의자들이 혁신에 대해 드러내는 이러한 개방적 태도는 정치 영역으로도 확장되는가? 논리적으로는 탈물질주의자들이 정치적 쟁점에 대해 비교적 변화 지향적인 입장을 취하고 보다 변화 지향적인 정당을 지지할 것으로 예상할 수 있다. 하지만 이러한 예상은 두 가지 사실과 상충된다. 첫째, 탈물질주의자 유형은 상대적으로 풍요한 출신 배경을 가지고 있을 가능성이 크다. 우리의 이론적 틀은 이러한 가정이 사실일 것임을 함축한다. 그리고 우리가 다음 장에서 살펴보듯이, 그러한 경향은 경험적으로 아주 뚜렷하다. 그러나 둘째로, 소득과 직업 지위가 높은 사람들은 보다 **보수적인** 정당을 지지하는 경향이 있다. 이러한 현상은 과거에도 여러 번 입증된 바 있으며, 현재 우리의 조사 데이터는 1972년과 1973년에 조사된 10개국 모두에서 그러한 현상이 여전히 지속되고 있음을 보여준다. 이 두 가지 사실을 종합하면, 탈물질주의자들은 변화 지향적인 집단이기보다는 오히려 보수적인 집단일 수 있다. 혁신에 대해 그들이 일반적으로 보이는 개방적인 태도는 그들의 사회적 배경에 의해 상쇄되는 경향이 있을 수 있다. 탈물질주의자들의 개인적 가치는 그들을 지배하는 중간계급 환경의 영향을 상쇄할 정도로 충분히 강한가?

비록 그 정도가 나라마다 다르기는 하지만, 답은 '그렇다'이다. 예상할 수 있듯이, 특정 국가의 정치적 전통과 제도는 개인의 가치가 그 개인의 정치적 입장에 영향을 미치는 정도를 제한한다. 그럼에도 불구하고 우리 10개국의 탈물질주의자들은 물질주의자 유형보다 정치에서 덜 보수적이고 더 변화 지향적인 자세를 취하고 있는 것으로 보인다.

실제의 고찰에서는 이 점을 입증하기가 다소 어렵다. 어떤 구체적인 쟁점은 국가마다 다소 다른 함의를 가질 가능성이 있다. 게다가 한 사회에서 뜨거운 정치 문제가 될 수 있는 것이 다른 사회에서는 그렇지 않을 수도 있다. 이를테면 인종관계는 미국에서 가장 중요하다. 하지만 덴마크나 이탈리아의 정치에서는 거의 무시해도 좋을 정도이다. 이러한 상황적 차이 때문에, 어떤 주어진 쟁점이 모든 나라에서 공중이 얼마나 변화 지향적인지를 보여주는 동등한 좋은 지표로 작용할 것이라고 기대하는 것은 순진한 일일 것이다. 한 맥락에서 보수주의의 민감한 지표 역할을 하는 것이 다른 환경에서는 심지어 **급진적인** 사고방식과 연결될 수도 있다. 우리의 유럽 국가들 각각에서 대부분의 사람은 자신들의 전반적인 정치적 입장을 요약하는 데 좌파-우파 척도를 이용할 수 있으며, 그 척도상에 기꺼이 자신을 위치시킨다. 이와 유사하게 미국에서는 대부분의 사람들이 "매우 자유주의적"에서 "매우 보수주의적"에 이르는 연속선상의 어느 지점에 자신을 위치시킨다. 이러한 연속선상에 자신을 배치하는 것은 우리가 이들 10개국 공중의 정치적 견해를 합리적으로 비교할 수 있는 방식으로 분류하는 데 도움을 줄 수 있다.[26] 유럽 응답자들은 다음과 같은 질문을 받았다. "정치적인 문제에서 사람들은 '좌파'와 '우파'에 관해 이야기합니다. 당신은 당신의 견해를 이 척도상에서 어디에 위치시키겠습니까? (척도 1을 보여주라 — 답을 묻지 마라)" 응답자들은 한쪽 끝에는 '좌파'라는 단어가, 반대쪽 끝에는 '우파'라는 단어가 적혀 있는 10개의 체크 박스로 나누어진 수평 척도를 건네받았다. 미국에서 응답자들은 선택지가 "매우 자유주의적", "자유주의적", "보수주의적", "매우 보수주의적"이라는 것을 제외하고는 유사한 질문을 받았다. <표 2-8>은 여섯 가지 가치 유형 각각이 그 연속선상에서 '좌파' 쪽 또는 '자유주의적' 쪽에 자신을 위치시킨 비율을 보여준다.[27]

10개국 각각에서 물질주의 가치의 쇠퇴는 "좌파" 정치 또는 "자유주의적"인 정치적 입장에 대한 지지가 상승하는 것과 관련되어 있다. 평균적으로 순수한 물질주의자 유형에 속하는 응답자의 약 46%가 자신을 좌파에 위치시킨 반면, 순수한 탈물질주의자 유형의 경우 80%가 자신을 좌파에 위치시켰다. 관계의 강도는 최고값을 보인 프랑스와 이탈리아에서부터 최저값을 보인 아

---

26) 이를 뒷받침하는 증거로는 Ronald Inglehart and Hans D. Klingemann, "Party Identification, Ideological Preference and the Left-Right Dimension Among Western Publics," in Ian Budge et al.(eds.), *Party Identification and Beyond*(New York: Wiley, 1976), 225~242를 보라.

27) 자신을 좌파/우파 척도상에 위치시킬 수 없는 사람들과 자신을 '중도'라고 기술한 미국인들(하지만 이것은 선택지 중 하나로 제시되지 않았다)은 <표 2-8>에 제시된 백분율의 기수에서 제외되었다.

〈표 2-8〉 가치 유형별 좌파-우파 척도상의 자기 배치(자신을 좌파에 위치시킨 비율)*

단위: %

가치 유형	프랑스	벨기에	네덜란드	독일	이탈리아	룩셈부르크	덴마크	아일랜드	영국	미국
물질주의적	43	53	38	44	64	41	50	36	47	43
점수 = 1	57	49	45	50	73	56	53	39	55	50
점수 = 2	68	49	49	55	75	67	53	42	55	55
점수 = 3	74	51	48	63	84	59	67	43	62	49
점수 = 4	80	57	56	77	89	78	61	53	59	70
탈물질주의적	86	68	72	83	94	80	80	84	76	77

* 미국 표본의 경우 자신을 "자유주의적" 또는 "매우 자유주의적"으로 기술한 비율.

일랜드와 벨기에에 이르기까지 다양하지만, 모든 경우에 순수한 탈물질주의자 유형은 어떤 다른 그룹보다도 더 좌파 쪽에 위치한다.

우리는 여기서 발견한 이러한 사항에 대해 나라별로 세부적으로 논의하지는 않을 것이다. 단지 국가 간 차이는 해당 국가의 정치가 물질주의/탈물질주의 차원에 따라 정렬되는 정도를 반영한다는 점만 제시하고자 한다. 일부 국가에서는 기성 정치에 대한 충성심이 강하게 제도화되어 있고 견고하다. 반면 개인들은 개인적 가치와 거의 무관하게 좌파나 우파에 소속되어 있을 수 있다. 다른 환경에서는 거시 정치의 구조가 비교적 유동적이어서 개인의 가치를 정치적 입장으로 더 쉽게 전환할 수 있다. 게다가 가치 변화의 과정은 모든 사회에서 똑같이 진전되어 있지 않다. 일부 사회에서는 가치 변화 과정이 사회에 큰 영향을 미쳤는가 하면, 다른 사회들에서는 상대적으로 별 영향을 미치지 않았다. 마지막으로, 어떤 경우에는 두 라이벌 정치 집단 중 한 집단이 다른 집단보다 실제로 더 변화 지향적인지를 말하는 것이 쉽지 않다. 양당제에 자주 존재하는 서로 다를 것이 없는 상황을 제외하더라도, 애매모호한 상황이 많이 있을 수 있다. 이를테면 벨기에의 인종적 민족주의 운동은 '좌파'에 위치하는가 아니면 '우파'에 위치하는가? 대부분의 외부자는 아마도 그 운동을 우파라고 생각하겠지만, 그들의 지지자들은 자신들을 전혀 다른 시각으로 보는 경향이 있다. 이러한 이유들 때문에 가치 유형과 좌파-우파 자기 배치 간의 관계가 갖는 **강도**는 나라마다 상당한 차이를 보인다. 이 다양성은 <표 2-8>에 의해 예증된다. 그러나 기본적인 패턴은 10개국 모두에서 동일하다. 즉, 탈물질주의자들은 모든 다른 그룹보다도 더 좌파 쪽에 속한다.

탈물질주의자 유형이 상대적으로 소득과 직업 수준이 높음에도 불구하고, 이 유형은 물질주의자 유형보다 '좌파' 또는 '자유주의적'인 입장과 제휴할 가능성이 훨씬 더 크다. 넓은 의미에서 탈물질주의자들은 정치적 변화를 우호적으로 바라보는 경향이 있다. 가치 유형을 측정하는 데 사용되는 12개 항목 가운데서 탈물질주의자들이 선호하는 항목을 살펴보면, 탈물질주의자들이 어떤 **형태**의 변화를 중시할 가능성이 있는지를 얼마간 짐작할 수 있다.

각각의 가치 유형은 혁신에 대한 태도, 자신의 일, 지리적 일체감, 정치적 선호와 같은 다양한 분야에 걸쳐 독특하고 일관성 있는 세계관을 보여준다. 각각의 세계관의 범위에는 기본적인 차이가 있다. 다시 말해 물질주의자들이 생존 수단에 집중한다면, 탈물질주의자들은 궁극적인 목적에 더 관심이 있다.

가치 변화에 대한 몇 가지 다른 견해

경제적 합리성보다 궁극적인 목적을 중시하는 것은 분명 전혀 새로운 것이 아니다. 역사 내내 예언자들은 다양한 방식으로 이렇게 물어왔다. "만약 어떤 사람이 온 세상을 얻고 영혼을 잃는다면, 그것이 그 사람에게 어떤 이익이 되겠는가?"

보다 학문적인 맥락에서 막스 베버(Max Weber)는 기능적 합리성(functional rationality)과 실질적 합리성(substantive rationality) 간의 충돌에 대해 깊은 관심을 가지고 있었다. 베버는 산업사회가 효율성과 생산성의 가치를 강조하는 것과 서구 문명의 가장 기본적인 가치들의 일부 — 개인의 자율성과 창의성이 갖는 중요성 — 간에 존재하는 기본 모순을 포착했다. 1929년에 카를 만하임(Karl Mannheim)이 다음과 같이 쓸 때, 그에게는 지배적인 세속적 추세가 직접적인 수단 — 무엇보다도 경제적 수단 — 을 점점 더 강조하면서 궁극적인 목표가 분명하게 격하되는 것처럼 보였다. "우리는 정치를 경제로 점차 환원시키는 것 — 거기에는 적어도 하나의 분명한 경향, 즉 과거와 역사적 시간의 관념을 의식적으로 거부하는 경향, 다시 말해 모든 '문화적 이상'을 의식적으로 무시하는 경향이 존재한다 — 을 정치 영역에서 모든 형태의 유토피아주의가 사라져가고 있는 것으로 해석해야 하지 않을까?"[28]

그러나 베버와 만하임이 주목한 추세는 그 자체로 역전되고 있는지도 모른다. 다시 말하지만, 이 같은 생각은 새로운 것이 전혀 아니다. 토마스 만(Thomas Mann)은 부덴브로크(Buddenbrook) 가문을 다룬 자신의 소설에서 물질주의가 지배하는 환경 내에서 탈물질주의 유형이 출현하는 것을 서술하는 것으로 볼 수도 있는 세대 간 변화과정에 대해 묘사한다. 데이비드 리스먼(David Riesman)은 미국의 엘리트들이 '내부 지향적(Inner Directed)' 유형에서 '타자 지향적(Other Directed) 유형으로 바뀌고 있다는 주장을 통해 또 다른 방식으로 유사한 논지를 펼친다.[29] 마르크스(Marx)와 엥겔스(Engels)는 『독일 이데올로기(The German Ideology)』에서 다음과 같이 주장한다. "삶은 다른 무엇보다도 먹고 마시기, 주거지, 의복을 포함한다. 첫 번째 역사적 행위는 이러한 욕구를 충족시키는 것이다. ······ [그러나] 특정한 욕구가 충족되자마자 새로운 욕구가 창출된다."[30] 비록 마르크스와 엥겔스가 일반적으로는 결핍상태를 상정하기는 하지만, 그들은 변화하는 상황이 새로운 목표를 강조하게 할 수 있다는 것을 분명하게 알고 있었다. 더 최근에는 찰스 라이시(Charles Reich)가 미국인들이 기본적인 사고방식에서 변화를 겪고 있다고 주장했는데, "의식 III(Consciousness III)"에 대한 라이시의 서술은 여기서 탐구한 탈물질주의적 사고방식과 얼마간 유사하다.[31] 또한 중요한 차이점들도 있는데, 특히 라이시가 때때로 미국 공중이 거의 하룻밤 사이에 변화하고 있다는 인상

---

28) Karl Mannheim, *Ideology and Utopia*(New York: Harcourt, Brace, 1949), p. 230.
29) Thomas Mann, *Buddenbrooks*(New York: Knopf, 1948)를 보라. Walt W. Rostow, *The Stages of Economic Growth*(New York: Cambridge University Press, 1958)와 비교해 보라. David Riesman et al., *The Lonely Crowd*(New Haven: Yale University Press, 1950)도 보라.
30) Lewis Feuer(ed.), *Marx and Engels: Basic Writings*(Garden City: Anchor, 1959), p. 249를 보라.
31) Charles Reich, *The Greening of America*(New York: Random House, 1970).

을 주는 반면, 우리의 데이터는 우리가 훨씬 더 점진적인 과정을 다루고 있음을 시사한다. 마르크스, 만, 리스먼, 라이시 등의 저작은 통찰력 있어 보이지만, 가치 변화에 관한 그들의 논평은 양적 증거보다 개인적인 감상에 바탕을 두고 있다.

벨과 립셋(Lipset)은 경제적 합리성의 지배가 쇠퇴하는 몇 가지 이유를 구체적으로 제시한다. 벨은 탈산업사회가 산업적 (그리고 농업적) 직업에서 서비스 직업과 '지식 산업'으로 인력이 이동하는 것에 의해 특징지어진다고 주장한다. 후자 부문에 고용된 사람들은 하나의 독특한 세계관을 가지는 경향이 있는데, 그들의 기능은 물질적 제품을 생산하는 것이라기보다는 정보를 처리하고 지식을 생산하는 것이다. 산업 부문에서 겪는 경험은 사람들로 하여금 효율적인 생산과 경제적 파이에 대한 자신의 몫을 극대화하기 위한 노력을 강조하게 한다. 반면에 서비스 직업은 혁신을 지향하게 할 가능성이 더 크다.[32] 게다가 서비스 부문에 종사하는 사람들은 전문화된 경향이 있다. 그들은 특정 기업의 생존 가능성보다 특정 전문직 전체의 가치와 목표에 더 많은 관심을 가진다.

립셋은 앞서 말한 것에 동의하지만, 정규 교육의 중요성을 강조한다. 학자들은 서비스 부문의 다른 어떤 직업보다도 지식을 생산하고 전파하는 데 관심을 가진다. 이러한 사고방식은 학생들에게 전달되고, 엘리트 통신매체를 통해 경제에서 점점 더 중요한 역할을 하는 전문가와 기술자들에게 전달된다. "지식인들의 '반체제 문화(adversary culture)' ─ 즉, 자본주의 사회와 탈자본주의 사회에서 산업과 정치의 소유자 및 통제자들의 기본 가치와 제도에 대한 지식인들의 반대 ─ 는 창의성, 독창성, 그리고 '새로운 발견'을 강조하는, 지식인들이 수행하는 일의 본질에 내재되어 있다."[33]

---

32) Bell, *Coming of Post-Industrial Society* 곳곳을 보라.

33) Seymour Martin Lipset and Richard B. Dobson, "The Intellectual as Critic and Rebel," *Daedalus*,

이처럼 "사회적으로 부동하는 지식인들"의 수가 증가하고 계통적 지위보다는 전문 참모로 고용되는 비율이 증가함에 따라, 사회는 궁극적인 목표를 점점 더 강조하는 경향이 있다.

아주 이상하게도 벨과 립셋은 교육의 성장과 3차 부문이 독특한 가치를 낳는다고 결론내리지만, 둘 다 젊은이들의 급진주의는 주로 라이프 사이클 효과에 기인한다고 주장한다. 따라서 립셋은 다음과 같은 아리스토텔레스(Aristotle)의 주장을 인용한다. 청년들이 "숭고한 관념을 가지고 있는 것은 인생에 의해 아직 좌절을 겪지 않았거나 인생의 필연적 한계를 배우지 못했기 때문이다. 게다가 희망에 차 있는 젊은이들의 성향은 그들로 하여금 자신을 위대한 것과 동등한 것으로 생각하게 만든다. 그리고 그것은 그들이 숭고한 관념을 가지고 있다는 것을 의미한다. 그들은 항상 유용한 행위보다는 고상한 행위를 하기를 원한다. 그들의 삶은 추론보다는 도덕적인 느낌에 의해 규제된다."[34]

세대 간 변화의 가능성을 무시하는 이러한 경향은 전적으로 논리적이지 않다. 왜냐하면 고등교육과 서비스 부문 직업은 세대별 편차가 크고, 더 젊은 코호트들은 고등교육을 받았고 서비스 부문 직업을 가지고 있을 가능성이 훨씬 더 크기 때문이다. 젊은 코호트들은 나이가 더 들면서 낮은 수준의 교육이나 2차 부문 직업으로 되돌아갈 가능성이 없다. 더구나 각 세대가 나이가 들수록 보수적이 된다는 주장의 토대는 경험적으로 의심스럽다. 벨과 립셋 둘 다 의지하는 증거는 몇몇 시점에서 나이 든 집단들이 공화당을 일관적으로 더 강하게 지지했다는 것을 보여주는 일련의 미국 조사들이다. 이 저자들은 이것을 나이가 들면 보수적이 된다는 것을 보여주는 표시로 받아들인다. 즉, 벨과 립

10(Summer, 1972), 137~198을 보라.

34) Aristotle, *The Basic Works of Aristotle*(New York: Random House, 1941), p. 1404; Lipset, "Social Structure and Social Change"(1974년 미국사회학회 연례회의 발표문)에서 인용.

셋은 세대 효과가 개입될 경우 젊은 코호트들 중 일부는 나이 든 사람들의 일부보다도 **더** 공화당 지지자가 될 것이라고 추론한다.[35]

사실 벨과 립셋이 관찰하는 패턴이 세대론적 해석과 완벽하게 부합하기 위해서는 민주당 쪽으로 장기적으로 이동한 정황이 있었어야 한다(이는 현재 많은 증거에 의해 뒷받침되고 있다). 최근에 수행된 보다 상세한 연구들은 최근 몇십 년에 걸친 코호트 분석을 통해 특정 연령 집단의 미국 공중을 추적해 왔다. 그러한 연구들은 이들 집단이 나이가 들면서 더 공화당 지지자가 되거나 더 보수적이 되지 **않았다**는 것을 보여주는 설득력 있는 증거들을 제시한다.[36] 반대로 밀러(Miller)와 레비틴(Levitin)은 최근 몇 년 동안 미국 유권자들의 정치적 가치가 좌파 쪽으로 이동해 왔다고 결론짓는다. 이는 부분적으로 새로운 연령 코호트들이 편입된 것에 기인하지만, 부분적으로는 심지어 나이 든 유권자들 사이에서 더 자유주의적인 태도가 진전된 것에서도 기인한다.[37]

비록 벨과 립셋이 성인 이전 시기의 경험이 세대 간 가치 변화에서 갖는 중요성을 과소평가했을 수도 있지만, 두 사람 모두 이 과정에서 주요 요소들에 주의를 기울였다는 점에는 의심의 여지가 없어 보인다. 우리는 다음 장에서

---

35) Seymour M. Lipset and E. C. Ladd, Jr., "College Generations — From the 1930's to the 1970's," *The Public Interest*, 25(Fall, 1971), 99~113을 보라. 벨은 이 연구를 두 번 인용하고 이 주제에 대한 다른 증거는 전혀 언급하지 않는다. 하지만 립셋은 여러 곳에서 다른 증거를 언급한다. 이 논문에서 립셋은 만하임의 정치 세대 개념에 의거하여 주어진 세대에서 특정한 경향이 어떻게 성하고 쇠하는지를 다룬다. 그러나 세대 변화가 **반드시** 그러한 유형의 성쇠 패턴을 따라 이루어지는 것은 아니다. 몇 세대에 걸쳐 일정한 방향으로 움직이는 것도 아주 가능한 일이다.

36) Norval Glenn and Ted Hefner, "Further Evidence on Aging and Party Identification," *Public Opinion Quarterly*, 36, 1(Spring, 1972), 31~47; Paul R. Abramson, "Generational Change in American Electoral Behavior," *American Political Science Review*, 68, 1(March, 1974), 93~104; Norval Glenn, "Aging and Conservatism," *Annals of the American Academy of Political and Social Science*, 415(September, 1974), 176~186을 보라. Angus E. Campbell et al., *The American Voter* (New York: Wiley, 1960), 155~156; David Butler and Donald Stokes, *Political Change in Britain*, 2d Edition(London: Macmillan, 1974); Paul R. Abramson, *Generational Change in American Politics* (Lexington, Mass.: Lexington Books, 1975)와 비교해 보라.

37) Warren E. Miller and Teresa E. Levitin, *Leadership and Change: New Politics and the American Electorate*(Cambridge, Mass.: Winthrop, 1976)를 보라.

다양한 요소가 갖는 상대적 중요도를 가려내기 위해 노력할 것이다.

탈물질주의자 유형의 존재 자체는 질적 측면에서 보자면 전혀 새로운 것이 아니다. 어떤 의미에서는 태양 아래 새로운 것이란 아무것도 없다. 하지만 새로워 **보이는** 것은 탈물질주의자들의 양적 발생률이다. 가장 젊은 코호트들 가운데서 탈물질주의자들은 거의 물질주의자들만큼 많다. 탈물질주의자들이 다른 유형보다 더 분명하게 자신의 견해를 표현하고 정치에 더 관심이 많다는 점을 감안할 때,[38] 동시대인들 가운데서 탈물질주의자들이 정치적 논의의 논조를 설정하는 경향이 있다. 탈물질주의자들이 한 세대 전체에서 이처럼 수적 우위를 점하는 지점까지 근접하게 된 것은 아마도 역사상 처음일 것이다.

인상적인 일단의 경험적 연구에 기초하는 또 다른 계열의 조사 역시 이와 연관되어 있는 것으로 보인다. 왜냐하면 물질주의자들이 질서를 강조하고 교구주의적인 내향적 관점을 지닌다는 사실이 "권위주의적 퍼스낼리티" 증후군을 떠올리게 하기 때문이다.[39] 그렇다면 물질주의/탈물질주의 현상은 그저 권위주의와 그 반대 유형을 현현하는 것일 뿐인가?

이 조사에 착수할 당시 『권위주의적 퍼스낼리티(The Authoritarian Personality)』라는 책은 우리의 연구에 아주 흥미로운 함의를 지니는 것으로 보였다. 따라서 초기의 국가 간 조사에서 하나의 표준화된 세트의 권위주의 항목들이 민족주의와 국제주의를 조사하는 데 이용되었다. 하지만 그 결과는 실망스러웠다. 차원 분석은 권위주의 항목들이 이론적 논의와 달리 한데로 군집지어지지 않았다는 것을 보여주었다.[40]

---

38) 이 점과 관련한 증거로는 이 책 제11장을 보라.
39) 이 문제를 다룬 문헌은 대단히 많다. 고전적인 저작으로는 Theodor Adorno et al., *The Authoritarian Personality*(New York: Harper, 1950)가 있다. 최근에 이를 재검토하고 있는 것으로는 Fred I. Greenstein, *Personality and Politics*(Chicago: Markham, 1969), 94~119를 보라.
40) 사용된 권위주의 항목의 절반은 응답 편향을 최소화하기 위해 양극단을 거꾸로 배치했다. 아마

그 후의 사전 검사(pilot test)에서도 비슷한 결과가 나왔다. 권위주의 항목들은 상대적으로 서로 약한 관계를 보였다. 그 항목 중 일부는 물질주의/탈물질주의 차원과 밀접한 관련이 있는 것처럼 보였지만, 다른 항목들은 전혀 다른 차원을 표현하는 것으로 보였다. 적어도 지금까지 조작화되어 온 바로는, 권위주의는 물질주의/탈물질주의와 빈약한 경험적 적합성만을 가진다.

권위주의의 이론적 토대가 물질주의/탈물질주의 차원의 토대와 반드시 양립할 수 없는 것은 아니지만, 이 둘 간에는 초점에서 중요한 차이가 있다. 초기의 권위주의 개념은 광범위한 경제적·정치적 환경이 미치는 영향보다 조기 아동 양육 관행이 갖는 정신역학을 강조한다. 반면에 하이먼(Hyman)과 시슬리(Sheatsley)는 원래의 연구를 비판하면서 인지적 설명을 제시한다. 즉, 특정 응답자들, 특히 사회경제적 수준이 낮은 계층의 응답자들은 '권위주의적' 형태가 그들의 성인 생활을 지배하는 조건을 얼마간 정확하게 반영하기 때문에 그러한 형태의 응답을 보일 수도 있다는 것이다.[41] 물질주의적/탈물질주의적 가치의 생성에 대한 우리의 해석은 두 가지 입장의 요소 모두를 포함하고 있다. 우리는 비교적 초기 경험이 갖는 중요성을 강조하지만, 또한 초기 경험을 부모의 훈육 이외의 환경적 요인과 연결시킨다.

원래의 권위주의 가설은 연령 집단 간 차이나 사회계급 간 차이 — 이는 우리가 제3장에서 살펴보듯이, 데이터에서 분명하게 드러난다 — 를 예측하지 못한다. 실제로 권위주의에 관한 연구들은 아이들이 어른들보다 **더** 권위주의적

도 이것 때문에 상관관계가 낮아졌을 것이다. 그러나 양극단을 동일하게 배치한 항목들조차도 나라별로 일관된 패턴을 보여주지 못했다. Ronald Inglehart, "The New Europeans: Inward or Outward Looking?" *International Organization*(Winter, 1970)을 보라. (원래의 연구에서) 권위주의 항목이 측정한 내용의 대부분은 솔직히 응답 편향이었다. Richard Christie, "Authoritarianism Revisited" in Richard Christie and Marie Jahoda(eds.), *Studies in the Scope and Method of "The Authoritarian Personality"*(Glencoe: Free Press, 1954)를 보라.

41) Herbert H. Hyman and Paul B. Sheatsley, "'The Authoritarian Personality': A Methodological Critique," in Christie and Jahoda(eds.), *Studies in Authoritarian Personality*, 50~122를 보라.

인 경향이 있다는 것을 발견했다. 권위주의와 물질주의가 관련되어 있는 한, 이러한 발견은 젊은 사람들이 항상 그리고 본질적으로 나이 든 사람들보다 덜 물질주의적이라는 과도하게 단순화된 관념을 확실하게 약화시키는 경향이 있다.

연령 차이와 계급 차이를 설명하기 위해 권위주의적 퍼스낼리티 가설을 그런 방식으로 해석하는 것이 불가능하지는 않을 것이다. 누군가는 양육 관행이 사회계급에 따라 다르고 시간이 지나면서 바뀌었다고 주장할 수 있다. 그러나 그 경우에는 양육 관행이 **왜** 다르고 **왜** 변했는지를 설명할 필요가 있을 것이다. 아마도 사람들은 그러한 설명을 하기 위해 결국에는 우리의 해석이 의존하는 경제적·정치적 변화를 추적하게 될 것이다. 양육 관행은 중요한 매개 변수일 수도 있지만, 우리는 그것의 사실 여부를 언급하는 데 필요한 정보를 현재 가지고 있지 않다. 어쨌든 욕구 충족 가설은 가치 우선순위 변화를 분석하는 데서 유용한 근거를 제공하는 것으로 보인다.

결론

우리가 지금까지 검토한 조사 결과들은 가치 변화가 선진산업사회의 정치에 많은 방식으로 영향을 미칠 수 있다는 것을 시사한다. 우리는 여기서 몇 가지 함의를 간략하게 요약할 것이다.

우리의 가장 일반적인 결론은 많은 공중이 바라는 목표를 하나의 상수로 간주할 수 없다는 것이다. 형성기를 규정하는 조건의 변화가 사회의 목표를 변화시키는 경향이 있다. 그러나 이러한 변화는 점진적으로 일어난다.

개인의 목표는 성인이 되기 전에 가장 결정적이었던 욕구를 반영하는 것으로 보인다. 따라서 서구에서 번영이 재개될 경우, 특정 유형의 쟁점들이 서구 국가들에서 점점 더 부각될 것으로 예상된다. 소속의 욕구가 경제성장의 정명보다 더 높은 우선순위를 가지기 시작할 것이고, 사회적 평등의 요구가 순전히 경제적 평등에 대한 요구보다 더 두드러질 것이다. 다소 더 점진적으로 이루어지기는 하겠지만, 경제적 이득을 희생하더라도 자신을 표현하는 데 대한 개인의 관심도 증가할 것이다. 우리는 노동자들이 조립라인을 (각 성원이 어떻게 일을 수행할 것인지에 대해 목소리를 낼 수 있는) 보다 작고 보다 자율적인 그룹으로 재편하도록 요구하는 것과 같은 사례 속에서 이미 강조점이 그러한 방식으로 변화하고 있음을 보여주는 증거들을 일부 찾아볼 수 있다. 그러한 요구들이 경제적으로 더 효율적이든 그렇지 않든 간에, 그러한 소그룹은 개인에게 더 큰 소속감을 주는 동시에 자신이 의미 있는 방식으로 참여하고 있다는 의식을 제공하는 것으로 보인다.

위계적으로 구조화된 전통적인 관료제적 형태의 조직에 대한 불만은 사회의 보다 풍요한(그리고 보다 탈물질주의적인) 부문들 사이에서 이미 아주 분명하게 드러나고 있다. 보다 평등주의적인 형태로 의사결정을 해야 한다는 요구는 학교, 지방 정부, 기업에 이미 널리 퍼져 있다. 이러한 요구는 자신이 어떤 조직에 근무하든 간에 그 조직의 완전한 성원이 되고자 하는 욕망과 단순히 하나의 피고용인이 아니라 하나의 사람으로서 자신을 표현하고자 하는 욕망이 점점 더 중시되고 있음을 반영하는 것일 것이다.

가치 유형과 좌파/우파에의 소속감 간의 관계에 대한 우리의 데이터는 정치의 사회적 기반이 재편될 가능성과 관련하여 중요한 함의를 가진다. 서구의 거의 모든 나라에서 전통적으로 좌파 정당에 대한 지지의 대부분은 노동계급으로부터 나왔으며, 중간계급의 대부분은 우파 정당에 투표했다. 그리고 기성 정당에 대한 충성은 이러한 패턴이 1973년에 조사된 모집단들 사이에서 여전히 사실로 입증될 정도로 지속되고 있다. 하지만 대부분의 중간계급 탈물질주의자 유형은 좌파와 일체감을 느끼는 경향을 일관되게 드러내는 반면, 덜 부유한 물질주의자들은 자신을 우파에 위치시킬 가능성이 더 크다. 장기적으로 이것이 친숙한 계급투표 패턴을 무력화하거나 심지어는 역전시킬 수도 있다. 탈물질주의자들이 스스로를 좌파에 속하는 것으로 생각하는 경향이 있다는 단순한 사실이 물론 그들이 좌파 정당에 **투표**할 것이라는 것을 의미하지는 않는다. 많은 다른 요인이 이 방정식에 개입한다. 그러나 사회계급투표를 약화시킬 수 있는 하나의 근본적인 압력이 존재하는 것으로 보인다. 우리는 이 주제를 이후의 장들에서 검토할 것이다.

마지막으로, 가치 변화 과정이 서구 국가들에서 체계 지지(system-support)에 미칠 수 있는 영향에 대해 고찰해 보자. 전통적으로 국민국가들은 대부분 자신이 국내 질서를 유지하고 외국의 적들로부터 자국민들을 보호하는 기능을 한다는 점에 근거하여 자신의 정당성을 주장해 왔다. 국가 안보에 대한 실제적 또는 가상의 위협을 환기시키는 것은 기존 정권에 대한 공중의 지지를 결집시키는 영원한 수단의 하나였다. 군사 기구는 여전히 긍정적인 공적 이미지를 유지하고 있지만, 국방에 부여하는 **우선순위**는 서구 공중 사이에서 현저히 낮은 수준으로 떨어진 것으로 보인다. 민족주의의 핵심 상징 중 하나가 그 힘의 많은 부분을 잃었을 수도 있지만, 탈물질주의적 가치로의 이동이 더 진전되면 국민국가에 대한 지지는 더 약화될 수도 있다.

그러나 문제는 이것에 그치지 않는다. 제2차 세계대전 이후 수십 년 사이에 대부분의 서구 국가는 인상적인 경제성장률을 달성했고, 이는 서구 공중에게 또 다른 핵심적 요구를 충족시키는 경향이 있었다. 서구 정부들은 가장 두드러지는 유형의 요구에 대처하는 방법을 탈물질주의자 유형으로부터 막 배우기 시작했을 뿐이다. 그리고 서구 정부들이 종국적으로 그러한 문제들을 잘 다룰 수 있을지는 분명하지 않다. 탈물질주의적인 공중이 점점 더 증가하면서, 그들은 정부가 적어도 아직까지는 처리할 준비가 잘 되어 있지 않은 문제들을 점점 더 강조하고 나설 것이다. 그것은 정부에 대한 공중의 신뢰를 부식시켜 나갈 것이다. 이 과정은 이미 일부 서구 국가에서 상당히 진행된 것으로 보인다.

서구 정부에게 미래는 어려워 보인다. 만약 서구 정부들이 현재의 경제 문제를 해결하지 못한다면, 그 정부들은 물질주의적 시민들 대다수의 지지를 잃을 위험이 있다. 그러나 재개된 번영도 나름의 위험을 가지고 있다. 다시 말해 재개된 번영 역시 새로운 일단의 도전과 요구를 불러일으킬 가능성이 커 보인다.

제3장

가치 변화의 원인

교육의 다면적 효과

우리는 특정한 개인의 가치 선호를 여러 해에 걸쳐 측정하기 전까지는 세대 간 가치 변화가 일어나고 있는지를 **확신**할 수 없을 것이다. 하지만 지금까지의 간접적인 증거는 세대 간 변화가 일어나고 있음을 강하게 시사한다. 앞장에서 살펴보았듯이, 서로 다른 연령 집단에서 나타나는 가치 우선순위에는 현저한 차이가 있으며, 특정 국가에서 발견되는 연령 집단의 가치 우선순위 패턴은 그 나라의 역사를 반영하는 것으로 보인다.

우리는 이 문제를 또 다른 방법으로 검증할 수 있다. 욕구 충족 가설은 가치 유형의 분포가 **두 가지** 기본 패턴을 보일 것이라고 암시한다. (앞 장에서 검토한) 첫째 패턴은 젊은 코호트들이 나이 든 코호트들보다 덜 물질주의적인 경향이 있다는 것이다. 그러나 경제적 변화가 가치 변화에 기여하는 핵심 요인 중 하나라면, 우리는 또한 각 연령 코호트 **내에서도** 가치 유형의 분포에서 상당한 변이를 발견할 수 있어야 한다. 이들 국가의 전반적인 경제 수준은 현저하게 높아졌지만, 모두가 그 성과를 평등하게 공유해 온 것은 아니다. 우리의 가설이 정확하다면, 주어진 연령 집단 중에서 더 부유한 성원들이 덜 부유한 성원들보다 더 탈물질주의적이어야 한다. 보다 구체적으로는 자신의 형성기에 경제적으로 안전했던 사람들이 탈물질주의적 가치를 우선시할 가능성이 더 클 것이다.

누군가가 자신의 형성기 동안에 자신이 경제적으로 얼마나 안전했는지를 판정하기는 쉽지 않다. 우리의 응답자 중 많은 사람에게서는 관련된 사건들이 30~40년 전에 일어났다. 하지만 **오늘날**에는 누군가의 상대적인 경제 수준을 보여주는 지표를 얻기가 꽤 쉽다. 비육체적 직업에 종사하는 사람들은 일반적으로 육체노동자보다 더 많이 번다. 그리고 농부들은 산업노동자보다 훨씬 덜 버는 경향이 있다. 중간계급 일자리를 가진 사람들은 중간계급 가정 출신인 경향이 있기 때문에, 한 사람의 현재 지위는 성인이 되기 이전 시기 동안의 경제적 지위를 대략적으로 보여주는 지표이기도 하다. 그러나 그 관계는 완벽하지 않다. 아마도 우리 응답자 중 3분의 1은 상승이든 하강이든 세대 간 사회이동을 경험했을 것이다.[1] 그럼에도 불구하고 우리는 중간계급 응답자들이 가장 탈물질주의적일 것이고, 노동계급 응답자들은 덜 탈물질주의적일 것이며, 농가 출신 응답자들은 가장 덜 탈물질주의적일 것이라고 예상할 수 있다.

<표 3-1>은 1970년과 1971년 조사의 데이터(따라서 원래의 4개 항목 가치 지표)를 이용하여 이 예측을 검증한다. 예측은 입증된다. 7개국 각각에서 중간계급 응답자들은 가장 낮은 물질주의자 비율과 가장 높은 탈물질주의자 비율을 보여준다.[2]

차이는 특별히 크지 않다. 영국의 경우 그 차이는 실제로 매우 작다. 영국의 농장 모집단은 너무 적어서 우리의 데이터에서 따로 파악되지 않는다. 또한

---

1) 우리의 1971년 데이터에서 벨기에, 프랑스, 네덜란드의 세대 간 사회이동률은 약 25%이다. 다른 나라들의 비율은 약간 더 높은 것 같다. 사회이동에 대한 몇몇 통계가 제7장에 인용되어 있다.
2) 더 높은 경제 수준과 덜 물질주의적인 태도 간의 연계관계와 관련한 추가 증거로는 Louis Harris, *The Anguish of Change*(New York: Norton, 1973), 36~41을 보라.

〈표 3-1〉 주요 임금소득자의 직업별 가치 유형*

단위: %

	독일			이탈리아			프랑스			네덜란드			벨기에		
	물질	탈물질	N	물질	탈물질	N	물질	탈물질	N	물질	탈물질	N	물질	탈물질	N
중간계급	41	12	(1,778)	27	13	(1,444)	34	16	(1,411)	28	17	(1,306)	26	20	(1,190)
노동계급	45	9	(1,397)	36	11	(936)	41	9	(1,209)	36	10	(768)	36	10	(895)
농민	48	5	(277)	48	6	(473)	45	7	(451)	38	8	(327)	31	11	(213)

	영국			미국		
	물질	탈물질	N	물질	탈물질	N
중간계급	34	8	(551)	18	17	(436)
숙련노동자	34	9	(712)	31	12	(450)
미숙련노동자	40	6	(682)	26	5	(42)

* 유럽 국가의 경우 1970년과 1971년의 결합 데이터, 미국의 경우 1972년 5월 데이터.

영국 중간계급 전체와 노동계급 전체 사이에도 큰 차이가 없다. 단지 숙련노동자와 미숙련노동자를 구분할 때에만 우리는 영국에서 평가할 만한 가치 차이를 발견한다. 그러나 그 차이는 그리 크지 않다. 하지만 영국에서도 그 차이는 우리가 예상한 방향으로 나아가고 있다. 그리고 다른 모든 나라에서 우리의 예상은 그리 확실하지는 않지만 일관된 방식으로 확인된다.

1973년 조사에서 우리는 가족 소득에 관한 자료를 얻을 수 있었다. 이 변수는 또한 가치 유형과 약하지만 일관된 관계를 보여준다. 즉, 고소득자의 경우 탈물질주의적일 가능성이 더 크다. 최저소득 집단과 최고소득 집단 간에는 평균 10%포인트 정도의 차이가 있다.

그러나 우리가 방금 검토한 변수들은 한 사람의 **현재** 경제적 지위를 나타내는 지표들이지 우리가 실제로 관심을 갖는 변수, 즉 '형성기 동안의 풍요'라고 부를 수 있는 것의 지표는 아니다. 우리는 우리가 실제로 알고 싶어 하는 것을 더 정확하게 보여주는 척도를 가지고 있다. 응답자들의 교육 수준은 **응답자가 성장할 때** 그의 가족이 얼마나 잘살았는지를 거의 확실하게 보여주는 보다 정확한 지표이다. 대부분의 사람들에게서 교육은 젊은 시절에, 아니면 심지어는 늦은 유년 시절에 끝이 난다. 이것은 공중의 소수만이 중등교육이나 고등교육을 받는 유럽에서는 특히 사실이다. 중등교육이나 고등교육을 받은 사람들 대부분은 중간계급 가정에서 자란 반면, 그렇지 않은 사람들 대부분은 노동계급이나 농장 출신이었다. 교육 수준과 사회계급 기원 간의 상관관계는 아마도 한 세대 전보다 오늘날 다소 약해졌을 것이지만, 우리 응답자 중 거의 절반은 한 세대 이상 전에 **성장했다**. 교육이 한 사람의 현재 직업보다 '형성기 동안의 풍요'를 보여주는 더 나은 지표일 것이라고 믿는 데에는 강력한 근거가 있다.

따라서 우리는 가치 유형이 직업보다 교육과 더 강하게 연계되어 있을 것으로 예상한다. 우리의 데이터는 이러한 예상을 확실하게 확인시켜 준다. 즉,

교육과 관련된 비율 차이는 직업과 관련된 비율 차이보다 거의 3배나 크다. 대륙 국가들에서는 대학 교육을 받은 사람 중에서 물질주의자가 차지하는 수가 초등학교 교육을 받은 사람 중에서 물질주의자가 차지하는 수의 절반도 되지 않는 반면, 탈물질주의자의 수는 대학 교육을 받은 사람들이 초등학교 교육을 받은 사람보다 약 **5배** 더 많다. 영국과 미국에서는 비록 그 차이가 작기는 하지만 그곳에서조차 차이가 두드러지고 있다. 우리의 1973년 데이터도 마찬가지로 교육과 가치 유형 간의 관계가 **소득**과 가치 유형 간의 관계보다 훨씬 더 강하다는 것을 보여준다. 좀 더 구체적으로 말하면, 10개국 전체에서 감마(gamma) 계수는 전자의 경우 .297이고, 후자의 경우 .080이다.

교육과 가치 유형 간의 연관성은 아주 확연하기 때문에 면밀하게 검토해볼 필요가 있다. 교육은 의심할 바 없이 '형성기 동안의 풍요'를 보여주는 좋은 지표이다. 그러나 교육은 또한 다른 몇 가지 사항, 특히 다음과 같은 것들을 반영한다.

1. 일반적인 인지 발달: 더 많은 교육을 받은 사람들은 만약 교육을 받지 않았더라면 자신들이 가지고 있지 않을 스킬을 더 많이 학습해 왔다.

2. 비공식적인 커뮤니케이션 패턴: 더 많은 교육을 받은 사람들은 교육을 덜 받은 사람들이 만나는 사람들과는 다른 유형의 사람들과 대화하고 다른 유형의 신문을 읽고 다른 유형의 메시지에 노출된다.

3. 명시적 교화: 탈물질주의적 가치들은 학교에서 의도적으로 주입된다고 생각할 수 있다.

먼저 이들 가능성 중 마지막 것을 다루어보자. 교육자들을 당황스럽게 만들 수도 있지만, 이용 가능한 증거를 살펴보면, 놀랍게도 정규 교육은 한 사람의 기본적인 태도에 거의 영향을 미치지 않는 것으로 보인다.[3] 우리는 이 진술에 다음과 같은 단서, 즉 공식적인 교화는 초등학교 이후에 수행될 때 상대적으로 효과가 없는 것으로 보인다는 단서를 달 수 있을 것이다. 초기 단계에서 이루어지는 교화의 효과에 관해서는 알려진 것이 그리 없지만, 아마도 그 효과가 더 클 것이다. 그러나 우리의 데이터는 초등교육을 받은 사람들과 그 이상의 교육을 받은 사람들을 대비시키기 때문에, 만약 그 차이가 어쨌거나 교화에서 기인한다면 반드시 더 높은 수준에서 일어난 교화에 기반할 것이다. 하지만 이것이 우리가 관찰하는 현저하게 큰 가치 차이에 대한 주된 설명이라고 받아들이기는 어려울 것 같다.

앞에서 열거한 첫째 요인과 둘째 요인이 더 중요할 것 같아 보인다. 더 많은 교육을 받은 사람들은 실제로 교육을 덜 받은 사람들과 다른 환경에서 산다. 즉, 더 많은 교육을 받은 사람들은 교육을 덜 받은 사람들이 받는 것과는 다른 메시지를 전달하는 커뮤니케이션 네트워크 내에서 산다. 우리는 이러한 영향들이 더 많은 받은 교육을 사람들을 독특한 방식으로 틀 지을 것이라고 예상할 수 있다. 마찬가지로 더 많은 교육을 받은 사람들은 특정한 스킬, 무엇보다도 추상적인 개념들을 다루는 스킬을 발전시켜 왔다. 그러한 스킬들은 그들로 하여금 새로운 사상과 소원한 대상에 대해 더 쉽게 대처할 수 있게 해줄 것이다. 새로운 것과 소원한 것이 교육을 더 많이 받은 사람들에게는 덜 위험한 것으로 보일 수 있고, 이는 이를테면 탈물질주의자들을 특징짓는 비교적 개방적이고 코즈모폴리턴적인 세계관에 기여할 수 있다.

우리의 데이터는 인지 발달과 커뮤니케이션 변수가 가치 유형에 유의미한 영향을 미친다는 것을 보여준다. 그러나 이 두 요인은 부분적인 설명만을 제

---

3) 이를테면 Kenneth Langton and M. Kent Jennings, "Political Socialization and the High School Civics Curriculum in the United States," *American Political Science Review*, 62, 3(September, 1968), 852~867. Edgar Litt, "Civic Education, Community Norms and Political Indoctrination," in Roberta S. Sigel(ed.), *Learning About Politics*(New York: Random House, 1970), 328~336과 비교해 보라.

공해 준다. 특정 커뮤니케이션 네트워크가 **왜** 독특한 내용을 전달하는지를 이해하기 위해서는 인과연쇄를 보다 깊이 탐구할 필요가 있는데, 가장 중요한 관련 요소 중 하나가 주어진 세대 단위의 형성기 경험인 것으로 보인다. 몇 가지를 통해 예증해 보기로 하자.

교육의 효과 중 하나는 교육받은 사람들이 더 많이 아는 경향이 있다는 것이다. 전혀 놀랍지도 않게 우리의 데이터는 더 나은 교육을 받은 사람들이 교육을 덜 받은 사람들보다 훨씬 더 많은 정보를 가지고 있다는 것을 보여준다. 이를테면 1970년대 초에 만스홀트 플랜(Mansholt Plan)으로 알려진 농업 프로그램은 유럽공동체 전체 국가들의 매스미디어에서 상당한 논란의 대상이 되었다. 1971년 조사(벨기에, 네덜란드, 독일, 프랑스, 이탈리아에서 실시한)에서 우리는 응답자들에게 만스홀트 플랜에 대해 들어본 적이 있는지를 묻고, (만약에 들어본 적이 있다면) 그것에 대해 묘사해 달라고 요청했다. 이들 5개국의 응답자 중 40% 이상이 만스홀트 플랜에 대해 들어본 적이 있는 것으로 나타났다. 우리가 예상할 수 있듯이, 더 나은 교육을 받은 사람들이 교육을 덜 받은 사람들보다 그 플랜에 대해 잘 알고 있을 가능성이 훨씬 더 컸다. 이를 개인의 정보 수준을 대략적으로 보여주는 지표로 삼아보자. 다시 말해 만스홀트 플랜에 대해 들어보지 못한 사람들은 상대적으로 정보 수준이 낮고 들어본 사람들은 상대적으로 정보 수준이 높다고 가정해 보자.

우리의 커뮤니케이션 가설은 더 많은 교육을 받은 사람들이 독특한 가치 선호를 전파할 수 있는 엘리트 커뮤니케이션 네트워크나 '코즈모폴리턴적'인 커뮤니케이션 네트워크와 연계되어 있을 가능성이 상대적으로 크다는 것을 시사한다. 이것이 사실인 한, 더 나은 정보를 가지고 있는 사람은 정보를 덜 가지고 있는 사람과 다른 가치 우선순위를 보일 수 있다. 실제로 그러한가?

분명히 그렇다. 만스홀트 플랜에 대해 들어본 적이 있는 사람들은 그렇지 않은 사람들보다 탈물질주의자일 가능성이 약 2배 컸다. 즉, 우리의 정보 지표는 가치 유형의 차이를 보여주는 다소 효과적인 지표의 하나이다.[4] 그렇다면 가치와 교육의 연계관계는 교육을 더 많이 받은 사람들이 코즈모폴리턴적 커뮤니케이션 네트워크에 더 많이 노출된다는 사실을 그저 반영하는 것일 뿐이지 않을까? 이것은 기여 요인일 수 있지만, (우리 데이터에 의해 그러한 사실이 검증된다고 하더라도) 그 이야기의 일부일 뿐이다. 형성기 동안의 풍요가 중요한 요인으로 작동할 경우, 우리는 **또한** 정보 수준이 낮은 사람들 사이에서조차 교육이 가치 우선순위에 영향을 미칠 것으로 예상할 수 있다. 더 나은 교육을 받은 사람들은 더 부유한 가정 출신인 경향이 있다. 부유한 가정 출신 사람들은 엘리트 커뮤니케이션 네트워크와 접촉하지 **않는다**고 하더라도, 가정 배경으로 인해 교육을 덜 받은 사람들보다 탈물질주의적 가치를 가질 가능성이 더 클 것이다.

<표 3-2>는 이 가설의 검증 결과를 보여준다. 그 패턴이 5개국 각각에서 실제로 동일하기 때문에, 우리는 그 결과를 하나의 단순화된 표로 결합했다. 그리고 그 가설은 확증된 것으로 보인다. 정보 수준이 높을수록 탈물질주의적인 경향이 있다. 그러나 더 많은 교육을 받은 집단은 우리가 정보 수준을 통제할 때조차도 교육을 덜 받은 집단보다 훨씬 더 탈물질주의적이다. 실제로 더 많은 교육을 받은 집단에 속하지만 정보 수준이 **낮은** 사람들조차도 정보 수준이 높지만 교육을 덜 받은 집단보다 유의미하게 더 탈물질주의적이다. 이는 전체 정보 수준이 상대적으로 낮은지(이탈리아 등) 아니면 높은지(네덜란드 등)와 무관하게 5개국 모두에서 사실이다. 전반적으로 교육과 관련된 비율의 차이가 정보와 연계된 비율의 차이보다 약 2배 크다.

사람들은 정보 수준이 탈물질주의 가치의 원인인지 아니면 결과인지를 놓

---

4) 다소 놀랍게도 이 한 가지 질문에 대한 응답이 1970년 조사에서 질문한 2개 항목 — 1970년의 조사에서는 응답자 국가의 총리가 누구인지 알고 있는지와 외무장관이 누구인지 알고 있는지를 물었다 — 에 대한 응답을 결합한 것보다도 더 강력하게 가치 유형을 예측한다.

응답자의 교육 수준	높은 정보 수준			낮은 정보 수준		
	물질	탈물질	N	물질	탈물질	N
초등학교	52	4	(2,522)	43	7	(1,699)
중등학교 또는 그 이상	36	11	(1,849)	30	18	(2,366)

고 논쟁을 벌일 수도 있다. 한편에서는 정보가 상대적으로 풍부한 엘리트 집단에서 탈물질주의적 가치들이 성행하기 때문에 더 많은 정보를 가지고 있는 사람들이 탈물질주의자일 가능성이 더 크다고 주장할 수 있다. 또는 반대로 탈물질주의자들이 덜 교구주의적인 인생관을 가지고 있기 때문에 정치적 사건에 더 주의를 기울인다고 주장할 수도 있다. 다시 말해 탈물질주의자들의 정보 수준이 높은 것은 그들의 가치 **때문**이라고 주장할 수도 있다. 어느 쪽이 사실이든 간에(그리고 아마도 양편의 영향이 조금씩은 있을 것이다), 순수하게 인지적인 측면은 교육과 가치 사이의 연관성을 분명하게 설명해 주지 않는 것으로 보인다. 물론 정보 수준에 대한 더 나은 척도를 고안할 수도 있으며, 그렇게 하기 위한 다양한 시도도 있었다. 우리가 이용한 척도는 그간 탐색된 척도 중에서는 가치와 가장 강력한 연계관계를 보이지만, 가치와 교육 사이의 연관성을 일부만 설명할 뿐 전부를 설명하는 것은 결코 아니다.

　　그러나 우리는 형성기 동안의 풍요와 가치 우선순위 간의 관계를 더 치밀하게 검증할 수 있다. 우리는 1971년의 유럽 조사를 통해 응답자가 젊었을 당시 응답자**아버지**의 교육 수준과 직업에 대한 정보를 얻었다.[5] 우리는 그러한

---

5)　1971년 조사에만 이들 항목이 포함되어 있었기 때문에, 아래에서의 분석은 그 해 조사된 5개국에 한정된다. 우리는 일부 독일 응답자의 경우 응답자의 젊은 시절 아버지의 직업을 묻는 것이 인터뷰에 지장을 주거나 사생활을 침해할 수 있다고 느꼈다. 그리하여 우리는 독일에서는 그 질문을 하지 않았고, 독일 표본 내에서만큼은 응답자의 교육 수준을 근거로 아버지의 사회경제적 지위를 추정해야 했다. 1972년의 스위스 조사에서는 응답자의 부모가 응답자의 젊은 시절에 "매우

데이터를 통해 응답자가 성인이 되기 이전의 시기 동안 경험한 상대적인 경제적 안전의 정도를 추정할 수 있다. 이 정보를 이용할 수 있는 나라에서는 한 사람의 **아버지**의 과거 직업이 **자신**의 현재 직업이나 가장의 현재 직업보다 그 사람의 가치에 대한 더 강한 예측 변수임이 밝혀진다! 우리가 아버지의 직업과 교육을 결합하여 사회경제적 지위에 관한 지표를 만들 때, 우리는 가치 유형에 대한 한층 더 강력한 예측 변수를 얻는다. 그리고 아버지의 사회경제적 지위는 **자신의** 사회경제적 지위 못지않게 가치 유형도 예측한다.[6]

이것은 이례적인 발견이다. 다른 어떤 사람의 특성보다도 **자신**의 사회적 특성이 자신의 태도를 훨씬 더 잘 설명한다는 것은 너무나도 명백해서 논의할 필요도 없다. 이를테면 부모의 정당 선호보다 자신의 정당 일체감이 자신이 어떻게 투표하는지에서 훨씬 더 강력한 예측 변수이다. 그리고 정당 일체감에서 세대 간 연속성 정도가 **높은** 것으로 나타나는데, 이는 예외적인 것이다. 다른 가치와 태도들의 경우에는 부모의 특성은 보통 자식의 태도를 훨씬 더 약하게 예측한다. 게다가 아버지의 직업과 교육에 대해 보고한 것이 응답자 자신의 직업과 교육에 대해 보고한 것보다 훨씬 더 많은 측정 오류로 오염되

잘살았는지", "그럭저럭 살았는지", "겨우 먹고 살기도 어려웠는지"에 대한 질문이 포함되었다. 아버지의 교육 및 직업에 대한 보고와는 대조적으로 이 항목은 가치 유형에 대한 매우 약한 예측 변수로 입증된다. 후자 지표가 상대적으로 빈약한 예측을 하는 이유는 꽤 분명하게 설명되는 것으로 보인다. 그 이유는 그 지표가 가리키는 것이 직업이나 교육보다 훨씬 덜 명확하고 덜 구체적이기 때문이다. 대부분의 사람은 아마도 자신이 젊었을 때 아버지가 어떤 직업을 가지고 있었고 어느 정도의 교육을 받았는지를 적어도 얼마간 정확하게 보고할 수 있을 것이다. 하지만 자신의 부모가 "매우 잘살았다"거나 "그럭저럭 살았다"는 것에 대한 그들의 인식은 다소 모호한 경향이 있는 것으로 보이며, 따라서 그것은 다른 사람들에게는 다른 것을 의미할 수 있다. 이것이 사실이라면, 그 지표는 측정 오차에 의해 심하게 오염되어 약한 예측 변수가 되고 말 것이다.

6) 우리의 사회경제적 지위 지표는 아버지와 응답자 모두에게서 동일한 방식으로 구성되었다. 육체적 직업을 가지고 있고 초등학교 교육 이상을 받지 못한 사람들은 "낮음"으로 범주화되었다. 비육체적 직업을 가지고 있고 중등 또는 대학 교육을 받은 사람들은 "높음"으로 범주화되었다. 서로 다른 조합을 가진 사람들은 "중간"으로 코드화되었다. 응답자들의 사회경제적 지위 지표를 구성하면서, 우리는 응답자의 직업이 아닌 가장의 직업을 사용했다. 이것은 경제적 수준에 대한 보다 정확한 지표를 제공할 것이고, 또한 가치 유형에 대한 보다 강력한 예측 변수를 제공할 것이다.

	아버지의 사회경제적 지위			응답자의 사회경제적 지위		
	물질	탈물질	N	물질	탈물질	N
낮음	45	8	(5,196)	47	6	(2,265)
중간	37	12	(1,740)	39	10	(2,207)
높음	32	18	(1,487)	33	17	(2,532)
	감마 계수 = .170			감마 계수 = .169		

* 데이터는 1971년 유럽 5개국 표본에서 나온 것이다.

어 있다는 것은 거의 확실하다.[7] 따라서 부모의 특성은 심한 결함을 가지고 있다. 즉, 부모의 특성은 더 많은 측정 오류를 포함하고 있는데, 그러한 오류는 그 변수가 설명하는 분산의 양을 축소시키는 경향이 있다. 그럼에도 불구하고 물질주의적 가치 우선순위 또는 탈물질주의적 가치 우선순위의 존재를 설명하는 데서 우리가 부모의 사회경제적 지위를 취하는가 아니면 자식의 사회경제적 지위를 취하는가 하는 것은 별 차이를 만들어내지 않는다. 우리는 그 둘 **중 하나**를 가지고도 자식의 가치를 거의 똑같이 잘 예측할 수 있다!

<표 3-3>은 두 세트의 관계를 비교한다. 다시 한번 더 본질적으로 동일한 패턴이 5개국 각국에 나타나고, 우리는 5개국 모두의 결과를 합쳐서 우리의 표를 단순화했다. 이 표가 보여주듯이, 아버지의 사회경제적 지위와 관련된 비율 차이 및 감마 계수는 응답자 자신의 사회경제적 지위와 관련된 비율 차이 및 감마 계수만큼이나 충분히 크다.

그러나 응답자 가치의 예측 변수로서 부모와 자식이 지닌 다양한 특성 간

---

7) 실제의 부모-자식 쌍에 대한 분석에 기초한 증거로는 M. Kent Jennings and Richard G. Niemi, *The Political Character of Adolescence: The Influence of Families and Schools*(Princeton: Princeton University Press, 1974)를 보라. M. Kent Jennings and Richard G. Niemi, "The Transmission of Political Values from Parent to Child," *American Political Science Review*, 62, 1(March, 1968), 169~184와 비교해 보라.

에는 그 강도에서 하나의 흥미로운 불일치가 존재한다. 응답자의 교육 수준은 **그 자체로** 응답자의 사회경제적 지위 — 교육과 직업을 결합한 것에 기초한 — 보다 가치 유형을 더 강력하게 예측한다. 하지만 응답자 **아버지**의 교육에서는 그렇지 않다. 우리가 교육과 직업을 결합시켜 사회경제적 지위의 지표를 구성할 때 우리의 예측은 향상되었다. 그러므로 우리의 조사에서 가치 유형에 대한 가장 강력한 예측 변수는 응답자의 교육 수준이었다.

두 세트의 변수는 왜 서로 다르게 작용하는 것일까? 우리는 그 답이 응답자 **아버지**의 교육은 거의 전적으로 형성기 동안의 풍요를 나타내는 지표인 반면 응답자 **자신**의 교육은 그의 사회경제적 위치뿐만 아니라 다양한 인지 및 커뮤니케이션 효과도 반영한다는 사실에 있을 것이라고 추측한다. 응답자 아버지가 더 높은 수준의 교육을 받았다는 것이 응답자 자신이 더 많이 알고 있거나 특정한 커뮤니케이션 채널에 노출되어 있다는 것을 함의하지는 않는다. 하지만 응답자 자신의 교육 수준이 더 높을 경우에는 그렇다. 인과 사슬의 더 아래쪽으로 내려가면, 응답자 **자신**의 교육은 현재의 환경으로부터 받는 영향과 뒤섞여 강화되며, 자신의 가치 우선순위를 예측하는 보다 강력한 변수가 된다.

이 문제를 또 다른 관점에서 고찰해 보자. 만약 탈물질주의 가치가 한 사람의 형성기 경험을 반영하는 것이기보다는 교육 자체에 내재된 어떤 것의 결과라면, 교육을 통제할 경우 가치 유형에서 나이와 관련된 변이가 제거될 것이다. 젊은 집단이 나이 든 집단보다 상대적으로 탈물질주의적인 까닭은 단지 젊은 집단이 훨씬 더 나은 교육을 받았기 때문일 수 있다. 최근 수십 년 동안 고등교육에 대한 접근은 엄청나게 증가해 왔다. 서구 국가들 전체에서 가장 젊은 코호트들은 가장 나이 든 코호트들보다 중등교육이나 대학 교육을 받았을 가능성이 세 배 또는 네 배나 된다. 가치의 차이는 더 많은 교육을 받은 것으로부터 기인하는 인지적 변화 때문일 수 있다.

다른 한편 연령 집단별 차이가 역사의 서로 다른 시점에서 경제적 안전과

신체적 안전의 수준이 변화한 것을 반영한다면, 우리는 각 교육 수준 **내에서**
연령 집단별로 상당한 차이를 발견할 것이다. 지난 수십 년 동안 엄청난 변화
가 있었다. 초등학교 교육만 받은 사람들조차도 1950년대와 1960년대에 형
성기를 겪은 사람은 1930년대와 1940년대에 형성기를 겪은 사람보다 훨씬
더 큰 경제적·신체적 안전을 경험했다. 모든 연령 수준에서 더 많은 교육을 받
은 사람은 교육을 덜 받은 사람보다 더 탈물질주의적이었을 것이다. 왜냐하
면 그들의 **상대적인** 경제적 지위가 동시대에 성장한 다른 사람들보다 더 나았
기 때문이다. 그러나 형성기 경험의 차이는 각 연령 집단별로 가치 유형에서
나타나는 커다란 차이에 대해서는 아직 설명하지 못한 채 남겨놓고 있다. 무
엇이 그러한 차이를 만드는지를 살펴보자.

교육을 통제하고 연령별로 국가별 가치를 분석하면, 크고 복잡한 표가 산
출된다. 여기에 그 표를 제시하지는 않을 것이다.[8] 그 표는 7개국 모두에서 본
질적으로 동일한 패턴을 보여주는데, 그 패턴은 우리가 교육을 상수로 삼을
때에도 연령 집단별로 큰 차이를 보여준다. <표 3-4>는 1970년부터 1972
년까지 조사된 7개국의 데이터를 결합하여 그 패턴을 요약한 것이다. 이 표가
분명하게 보여주듯이, 가치 유형은 사람들의 교육 수준을 단순하게 반영하지
않는다. 우리는 또한 탈물질주의적 가치의 등장을 대학 하위문화 ― 보다 조야
하게 표현하면, 캠퍼스에서의 일시적 유행 ― 에 특유한 현상이라고 볼 수도 없다.

탈물질주의 유형은 다른 곳보다 대학 교육을 받은 젊은 코호트들 사이에서
훨씬 더 널리 퍼져 있다. 실제로 대학은 사회에서 탈물질주의자들이 물질주

---

8) 이 국가별 분류를 검토하는 데 관심 있는 사람들은 나의 아래 논문에서 그 표를 발견할 수 있다.
Ronald Inglehart, "The Silent Revolution in Europe: Intergenerational Change in Post-Industrial
Societies," *American Political Science Review*, 65, 4(December, 1971), 1004. 이와 유사하게 유럽 6
개국 각각의 사회경제적 지위를 통제한 다음 연령별로 가치를 분석한 표는 같은 논문의
1002~1003쪽에 제시되어 있다. 그 패턴도 유사하다. 이 표들은 어떤 미국 데이터도 포함하지
않는다. 미국 데이터를 별도로 분석한 경우에도 (우리가 예상할 수 있는 대로) 연령 집단별 차이
가 유럽 대륙 국가들에서보다 약하다는 것을 제외하고는 동일한 기본 패턴을 보여준다.

<표 3-4> 7개국에서 교육을 통제한 연령별 가치*   단위: %

연령	응답자의 교육								
	초등학교			중등학교			대학교		
	물질	탈물질	N	물질	탈물질	N	물질	탈물질	N
16~24세	31	13	(1,139)	23	22	(1,995)	13	39	(429)
25~34세	38	8	(1,839)	30	15	(1,635)	16	37	(362)
35~44세	44	7	(2,169)	33	13	(1,325)	19	31	(259)
45~54세	44	6	(2,119)	34	14	(1,015)	25	20	(165)
55~64세	49	6	(2,175)	37	9	(693)	36	12	(122)
65세 이상	52	4	(2,221)	51	4	(535)	34	12	(123)
가장 젊은 코호트와 가장 나이 든 코호트 간의 차이	+21	-9		+28	-18		+11	-27	

* 1971년과 1972년 유럽 조사에 1972년 5월 미국 조사를 결합한 데이터에 기초한 것이다.

의자들을 수적으로 넘어서는 유일한 부문인 것으로 보인다. 이것은 큰 의미
를 가질 수 있는 사실이다. 파슨스(Parsons)와 플랫(Platt)은 인구의 상당 부분
이 대학에 들어가기 시작할 때 발생하는 '학생층(studentry)' 현상에 관해 이야
기했다.[9] 얼마간 비슷한 방식으로 앨러벡(Allerbeck)도 많은 수의 젊은이들이
대학 공동체 — 더 큰 사회로부터 상대적으로 고립되어 있으면서 자신들의 가치에
상대적으로 공감하는 경향이 있는 성인들과 접촉하는 — 로 모여들 때 일어나는 맥
락 효과의 중요성에 대해 논의해 왔다.[10] 대학 교육을 받은 가장 젊은 코호트
응답자들 가운데서는 탈물질주의자들이 다수파를 구성하는 것도 얼마 남지
않은 일이다. 엘리트 대학에서는 아마도 그들이 다수파일 것이다. 이러한 상
황이 '일탈적' 라이프스타일을 정당화하는 비판적인 대중을 만들어낼지도 모
른다. 사회 전체의 규범과 구별되는 문화적 규범이 학생 하위문화를 지배할

---

9) Talcott Parsons and Gerald M. Platt, "Higher Education and Changing Socialization," in Matilda
    W. Riley et al.(eds.), *Aging and Society*(New York: Russell Sage, 1972), 3, 236~291을 보라.
10) Klaus R. Allerbeck, "Some Structural Conditions for Youth and Student Movements," *International
    Social Science Journal*, 24, 2(1972), 257~270을 보라.

수도 있다. 지식인들은 자신의 견해를 비교적 확실하게 표현하는 경향이 있다. 그리고 대학 환경으로부터 출현하는 비관례적인 행동들은 아주 널리 확산되어 왔다. 더구나 그러한 행동들은 광범한 상업적 이용의 대상이 되어왔다. 책, 기사, 영화, 음반, 그리고 텔레비전 프로그램의 홍수는 1960년대 후반 '반문화(counter-culture)'의 규모를 엄청나게 과장했다. 이는 거의 필연적으로 문화 변화가 일어나고 있다는 생각을 깎아내리려는 경향으로 이어졌다. 그러한 상업적인 일시적 유행은 자주 매혹적이지만, 그것은 근본적인 변화에 대한 신뢰할 만한 지표를 제공하지는 못한다.

만약 우리의 데이터가 적어도 기본 가치의 변화가 어디에서 일어나고 있는지, 그리고 얼마나 빠르게 일어나고 있는지를 대략적으로 알려준다면, 그 모습은 다음과 같을 것으로 보인다.

1. 조사했던 나라들 각각에서 물질주의자들이 여전히 탈물질주의자들보다 수적으로 아주 크게 우세하다.

2. 가치 변화의 과정이 일어나고 **있는** 것으로 보이지만, 그것은 점진적으로 증가하고 있으며 세대 간 교체와 연결되어 있다. 미국이 녹색화(Greening)되고 있기는 하지만, 느리게 녹색화되고 있다.[11]

3. 탈물질주의자들은 주요 사회제도 중 하나에서, 그리고 어쩌면 오직 하나의 제도, 즉 대학에서만 지배적일 수도 있다.

4. 그러나 가치 변화의 과정은 결코 캠퍼스에만 국한되지 않는다. 가치

---

11) 찰스 라이시의 『미국의 녹색화(The Greening of America)』는 통찰력 있는 책이다. 하지만 그 책의 비경험적 접근방식은 어디까지 그리고 얼마나 빨리 변화가 일어나고 있는지를 추정할 수 있는 근거를 제공하지 못했다. 그 변화가 밤새 모든 곳에서 일어났는가, 아니면 단지 예일대에서만 일어났는가? 라이시의 과도한 도취는 그를 비판하는 사람들에게서 훨씬 더 과도한 냉소를 낳았다. 하지만 라이시는 매우 중요한 현상을 직관적으로 얼핏 볼 수 있었다. Reich, *The Greening of America*(New York: Random House, 1970)를 보라.

변화의 과정은 서구 사회에 널리 퍼져 있는 것으로 보인다.

　탈물질주의자들은 젊은 전문가들과 공무원들 사이에서도 수적으로 꽤 많은 것으로 보인다. 탈물질주의자들은 교육을 덜 받은 집단들 사이에서 훨씬 적게 나타나지만, 심지어 그 집단들에서도 세대 간 차이가 분명하게 드러나는 것으로 보인다. 탈물질주의적 가치는 노동계급에도 스며들기 시작했다. 이 현상은 대학 환경에서보다는 덜 가시적이고 덜 진전되어 있지만, 노동계급에서도 일어나고 있다.

　수십 년 동안 유럽 좌파는 노동자들에게 그들의 공장이 운영되는 방식에 대해 더 많은 목소리를 내게 하려고 노력해 왔다. 수년간 얼마간 잊혀 있다가, 이 요구는 최근 새로운 활력을 얻었다. 사회민주당의 한 분파가 노동자협의회의 역할을 대폭 확대하려 하면서, 그러한 요구는 현재 독일 정치에서 가장 뜨거운 이슈 중 하나가 되었다. 심지어 드골주의자들과 같은 우파의 정당들도 이 문제를 자신들의 의제로 삼고자 해왔다. 그리고 노동자들도 그 어느 때보다 의사결정에 참여하는 데 더 많은 관심을 가지는 것으로 보인다.

　미국에서는 '직무 풍부화(job-enrichment)' 프로그램과 '산업 민주주의'에 대한 실험이 빠르게 확산되어 왔다. 그러한 것들은 남성 산업노동자들, 특히 젊은 노동자들이 더 이상 경제적 보상만으로는 만족하지 않는다는 사실을 반영한다. 그들은 더 흥미롭고 의미 있는 일을 요구한다.[12] 실제로 그러한 일은 그들이 스스로 자신의 직무를 틀 지을 기회를 가지는 일, 즉 위계체계의 도구로서 기능하기보다는 자신들의 생각을 표현할 수 있는 기회를 가지는 일을 뜻하는 것으로 보인다. 이러한 사고방식은 현재 미국 노동자 중 소수의 생각만을 특징짓는 것으로 보인다. 기존 생산체계는 과거보다 더 많은 물질적 보상

---

12) 이에 대한 몇 가지 경험적 증거로는 Harold L. Sheppard and Neil Q. Herrick, *Where Have All the Robots Gone?* (New York: Free Press, 1972)을 보라.

을 제공하고 있기 때문에 대다수가 자신들의 직업에 만족하는 것으로 보인다. 그러나 변화의 징후가 광범위하게 나타나고 있으며, 우리의 데이터는 탈물질주의적 요구가 산업에서 점점 더 중요해질 것임을 시사한다. 이러한 요구를 둘러싼 갈등도 고전적인 노사관계 영역에서 일어나고 있지만, 이는 노동자들이 추구하는 목표에서 중요한 변화가 일어나고 있음을 반영한다.

형성기의 경험과 현재의 경제 수준

7개국 모두에서 교육은 가치 유형을 예측하는 강력한 변수이다. 그러나 그 관계는 복잡하다. 즉, 교육은 다양한 방식으로 가치에 영향을 미치는 것으로 보인다. 게다가 교육은 연령 코호트 ― 역시 가치에 독자적인 영향을 미치는 것으로 보이는 ― 와도 관련되어 있다. 우리가 방금 논의한 각 변수의 중요성을 평가하면서, 동시에 다른 변수들의 효과도 검토해 보자.

<그림 3-1>에 제시된 인과 모델은 1971년 데이터의 5개 변수 간의 경험적 관계를 간략하게 요약한 것이다. 이 그림은 각 변수가 다른 변수들에 얼마나 강하게 영향을 미치는지, 그리고 네 가지 배경 변수가 가치 유형에 얼마나 강하게 영향을 미치는지 보여준다. 한 변수에서 다른 변수로의 화살표는 명백한 인과관계를 나타내며, 각 화살표 옆에 있는 수치(베타 계수)는 다른 요인들의 영향을 고려한 **후**에 나타나는 관계의 상대적 강도를 보여준다. 이를테면 '응답자의 교육'에서 '가치 유형'으로 향하는 화살표는 베타 계수가 .122이고, 이는 다른 세 가지 변수를 통제하고 난 후에 교육이 가치 유형에 미치는 효과를 나타낸다. <표 3-5>는 다른 변수들의 효과를 통제하기 **전**의 각 변수 간의 상관관계를 보여준다. 교육과 가치 유형 간의 영차 상관관계(zero-order correlation)는 .269인데, 이는 <그림 3-1>에 제시된 수치보다 상당히 높은

〈그림 3-1〉 가치 유형에 대한 영향*

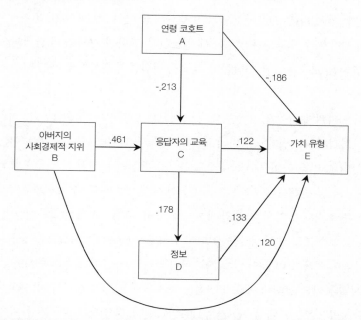

* 유럽 5개국 데이터의 경로 분석(1971). 양극의 가치 유형만 포함한다(N=4,406). 표준화된 부분 회귀계수 (partial regression coefficient)는 각 경로에 대한 것이다. Multiple R=.358.

〈표 3-5〉〈그림 3-1〉의 상관관계 매트릭스*

	연령	정보	응답자의 교육	아버지의 사회경제적 지위
정보	.017			
응답자의 교육	-.311	.192		
아버지의 사회경제적 지위	-.172	.128	.534	
가치 유형	-.242	.169	.269	.234

* 연령을 제외한 모든 변수는 경로 분석의 근저를 이루는 등간 수준 가정을 충족시키기 위해 이분화했다.

수치이다. 교육이 정보 수준과 연계되어 있다는 사실(정보 수준 또한 가치 유형과 연계되어 있다)은 연령이 교육과 가치 유형 둘 다와 상관관계가 있다는 사실처럼 베타 계수의 강도를 낮추는 데 일조한다. 교육과 가치 간의 관계의 일부는 더 나은 교육을 받은 사람들이 더 젊은 사람들인 경향이 있다는 데서 기인한다.

각 인과관계 화살표가 갖는 의미를 해석해 보자. 가장 강한 관계는 아버지의 사회경제적 지위와 응답자의 교육 간의 관계이다(베타 계수=.461). 이는 교육을 더 잘 받은 사람들이 상대적으로 부유한 집안 출신일 가능성이 매우 크다는 사실을 말해준다. 그러나 우리가 이 사실을 통제할 때에도 아버지의 사회경제적 지위와 가치 유형 간에는 여전히 유의미한 연계성이 존재한다. 그 강도를 보여주는 베타 계수는 .120이다. B에서 E로 가는 화살표는 풍요로운 사람들이 교육을 더 많이 받을 가능성이 크다는 사실의 효과를 **무시**한 채 젊은 시절 동안의 상대적 풍요가 직접 가치 유형에 미치는 효과를 나타낸다. 인과관계의 일부는 B에서 C를 거쳐 E로 나아간다. 응답자의 교육은 두 가지 루트에 의해 가치 유형과 연계되는데, 하나는 직접적 루트이고 다른 하나는 간접적 루트이다. 간접적 경로는 C에서 D를 거쳐 E로 간다. 그것은 교육을 더 잘 받은 사람들이 더 많은 정보를 가지고 있거나 독특한 종류의 커뮤니케이션 영향에 노출되기 때문에 탈물질주의자가 될 수 있다는 사실을 반영한다. C에서 E로 가는 직접적인 경로는 더 많은 정보를 가지고 있다는 것과는 관련이 없다. 그 경로는 형성기 동안의 풍요를 반영하는 것으로 해석될 수도 있고, 아니면 **현재**의 풍요의 효과를 나타내는 것일 수도 있다. 아마도 둘 다에서 기인할 것이지만, 현재의 풍요만을 반영한다고 매우 보수적으로 가정해 두기로 하자. 이 사례에서 우리의 모델은 젊은 시절 동안의 상대적 풍요와 성인기의 상대적 풍요가 가치 유형에 미치는 영향 면에서 실제로 동일한 중요성을 가지고 있음을 보여준다(각각의 베타 계수는 .120과 .122이다). 그렇기는 하지만 우리가 이들 효과 모두를 통제했을 때에도, 연령 코호트와 가치 유형 간에는 아주 큰 연계관계가 지속된다. A에서 E로 가는 경로의 베타 계수는 마이너스인데, 이는 연령이 증가함에 따라 탈물질주의자가 되는 경향이 **감소**한다는 사실을 말해준다. 이 화살표가 나타내는 것은 무엇인가? 그것은 많은 것을 반영할 수 있다. 우선 하나는 교육 수준의 차이와는 **별개로** 각 연령 코호트의 서로 다른 형성기 경험을 반영할 수 있다. 아니면 라이프 사이클 효과의 결과일 수도 있다. 앞서의 분석 결과들은 후자의 해석을 얼마간 설득력이 없게 만들지만, 장기간에 걸친 데이터를 검토하기 전까지는 그 해석을 배제할 수 없다. 그렇지만 A에서 E로 가는 화살표가 **전적으로** 라이프 사이클 효과에 기인한다고 하더라도, 우리는 세대 간 가치 변화가 거의 확실하게 진행되고 있다고 결론 내려도 무방할 것이다. 조금만 생각해 보면, 왜 그것이 사실인지를 분명하게 알 수 있다. 이 모델이 보여주듯이, 교육은 가치 유형과 강한 연계성을 가지고 있다. 젊은 코호트들은 나이 든 코호트들보다 훨씬 더 많은 교육을 받았다. 이 치우친 교육 분포는 분명 라이프 사이클 효과가 **아니다.** 젊은이들은 나이가 든다고 해도 **덜** 교육받게 되지 않을 것이다. 오히려 그들은 얼마간 더 교육받을 것이다. 따라서 우리는 더 젊고 더 많은 교육을 받은 집단이 성인 인구에서 더 나이가 많고 덜 교육받은 집단을 대체함에 따라 이들 인구에서 탈물질주의 유형의 비율이 증가하는 것을 발견할 수 있을 것으로 예상할 수 있다.

라이프 사이클 효과는 아마도 A에서 E로 가는 화살표의 강도에 얼마간 기여할 것이지만, 그것이 모든 것을 설명할 가능성은 없어 보인다. 두 가지 다른 요소 ─ 이 두 가지 요소 모두 한 사람의 형성기 경험과 관련되어 있다 ─ 가 아마도 중요할 것이다. 첫째는 형성기 동안의 풍요이다. B에서 E로 가는 화살표는 한 사람이 젊었을 때 경험한 **상대적** 풍요의 효과를 나타내지만, 젊은 연령 코호트 **전체**가 나이 든 코호트들보다 더 부유한 환경에서 자랐다는 사실은 충분하게 고려하지 않는다. 이 점을 예증하기 위해 <표 3-4>로 다시 돌아가보자.[13]

B에서 E로 가는 화살표는 <표 3-4>의 횡렬을 가로지르는 차이, 즉 더 풍요한 배경을 가진 사람들이 같은 연령의 다른 사람들보다 탈물질주의적인 경향이 있다는 사실을 반영한다. A에서 E로 가는 화살표는 **종렬**에서 위와 아래의 차이, 즉 우리가 사회적 배경을 통제할 때조차 젊은 집단이 더 탈물질주의적이라는 사실에 상응한다. 따라서 형성기 동안의 풍요는 A에서 E로 가는 화살표를 통해 흐르는 영향에 중요한 기여를 할 수 있다. 그러나 형성기 동안의 풍요의 변이는 연령 코호트별 차이를 보여주는 방식 중 하나일 뿐이다. 또 다른 중요한 차이는 "형성기의 신체적 안전"으로 기술될 수 있을 것이다. 어떤 연령 집단은 성인이 되기 전의 시기에 침략과 참화를 경험했고, 다른 연령 집단은 평화로운 시기에 성장했다. 이러한 경험은 주어진 연령 코호트들의 태도에 가시적인 흔적을 남기는 것으로 보인다. 이를테면 서유럽 공중 가운데서 제1차 세계대전 이전에 태어난 사람들은 여전히 대부분 독일인들을 믿지 않는다. 반면 젊은 집단들은 대부분 독일인들에게 긍정적인 느낌을 가지고 있다. 유사한 패턴이 러시아 사람에 대한 느낌에도 적용된다. 즉, 젊은 집단은 나이 든 집단보다 러시아 사람들에게 훨씬 더 많은 신뢰를 드러낸다(하지만 전반적인 신뢰의 수준은 독일인들에 대한 신뢰보다 훨씬 낮다). 사람들은 이것이 본질적으로 라이프 사이클 효과라고 주장할 수도 있다. 즉, 젊은이들은 국적과 무관하게 모든 외국인을 본래 더 신뢰한다는 것이다. 그러나 이것은 솔직히 사실이 아니다. 일부 국적(이를테면 미국이나 스위스)에 대한 느낌은 실제로 연령과 그 어떤 상관관계도 보이지 않는다.[14]

　　요컨대 각각의 연령 코호트는 그들이 형성기 동안 경험했던 경제적 안전과

---

13) 엄밀하게 말하면, 물론 우리는 아버지의 사회경제적 지위를 통제한 상태의 연령별 가치 교차표를 참조해야 할 것이다. 그러나 부모의 사회경제적 지위와 자신의 교육 간에는 매우 밀접한 상관관계가 있기 때문에 그 패턴은 <표 3-4>에 제시된 패턴과 거의 차이가 없다.
14) 앞서 언급한 연구 결과는 다양한 외국인에 대한 신뢰를 묻는 일단의 질문을 포함하고 있는 1970년 유럽공동체 조사를 분석한 것에 기초한다.

신체적 안전의 양에서 차이가 있다. 경제적 안전과 신체적 안전 둘 다 연령과 가치 유형 간에 존재하는 비교적 강한 관계에 기여할 수 있다.

우리는 다양한 관점에서 세대 간 가치 변화에 관한 가설을 분석했다. 어떤 한 부분의 증거도 그 자체로는 그런 변화가 일어나고 있다는 것을 증명할 수 없을 것이다. 앞서 검토해 온 모델은 커뮤니케이션 패턴이 중요하다는 것, 그리고 한 사람의 **현재**의 풍요 수준이 세대 간 가치 변화에 얼마간 영향을 미칠 수 있다는 것을 시사한다. 그러나 전체적으로 보면, 증거는 세대 간에 가치 변화가 일어나고 있음을 말해준다.

또 다른 사회적 배경의 영향

우리는 방금 가치 유형에 영향을 미치는 것으로 보이는 이론적으로 중요한 몇몇 사회적 배경 변수들을 살펴보았다. 그러나 종교 가입, 정당 선호, 노동조합원, 성, 국적 등을 포함한 다른 많은 변수도 가치 유형에 상당한 영향을 미친다. 이러한 변수들에 대한 논의가 상대적으로 간략한 것은 우리의 이론적 도식에서 그 변수들이 덜 중심적인 역할을 하고 있고 또 그 변수들과 가치 간의 경험적 연계관계가 일반적으로 연령 코호트와 교육 수준의 효과보다 덜 중요하기 때문이다.

빈번한 교회 출석과 여성의 성 역할 모두는 질서와 경제적 안전을 중시하게 하는 데 기여하는 것으로 보인다. 이러한 발견들이 우리의 가설에서 예기되지는 않았지만, 그러한 발견들은 우리의 가설과 양립할 수 있다. <표 3-6>은 유럽 6개국의 교회 출석과 가치 유형 간의 관계를 예증한다. 교회에 소속된 사람들은 그렇지 않은 사람들보다 물질주의적인 가치를 우선시할 가능성이 더 크다. 한편 교회에 **다니는** 사람 중에서 일 년에 단지 몇 번만 교회에 가

<표 3-6> 교회 출석별 가치 유형: 유럽 6개국, 1970년 단위: %

	물질	탈물질	N
소속되어 있지 않다	22	26	(1,134)
소속되어 있지만 전혀 출석하지 않는다	31	12	(2,077)
1년에 몇 번 출석한다	40	8	(3,733)
적어도 매주 출석한다	38	11	(3,598)

는 사람들이 가장 물질주의적이다. 그리고 그 관계는 얼마간 허위 관계일 수도 있다. 농민 가족은 다른 집단보다 교회에 출석할 가능성이 더 크며, 농업 인구는 전체 인구보다 소득이 낮고 코즈모폴리턴적 커뮤니케이션 채널에 노출되는 비율이 낮다. 그렇기는 하지만 조직화된 종교에 참여하는 것이 전통적 가치 ― 현대 산업사회에서는 **물질주의적** 가치를 의미하는 ― 에 대한 집착을 강화하는 경향이 있음을 보여주는 일부 지표들이 존재한다. 가톨릭교도와 프로테스탄트교도 간의 차이는 덜 중요해 보이고, 종교적인 요인은 유럽보다 미국에서 덜 중요해 보인다. 미국에서는 가톨릭교도의 가치와 프로테스탄트교도의 가치 간에 실제로 아무런 차이가 없다. 반면에 유대인들은 뚜렷한 차이를 보인다(그들은 대부분 탈물질주의적이다). 그러나 유대인들은 미국 인구에서 낮은 비율을 차지하고 있기 때문에 종교적 변수는 전체적으로는 상대적으로 적은 변이만을 설명한다.

<표 3-7>이 예증하듯이, 여성들은 남성들보다 탈물질주의적이 될 가능성이 적다. 성과 연계된 차이의 **방향**은 7개국 모두에서 동일하지만, 여성 물질주의자들의 규모는 프랑스, 벨기에, 이탈리아에서 가장 크고, 미국에서 가장 작다. 우리는 왜 여성이 남성과 다른 가치 우선순위를 가지는지에 대해 사후적으로 다양한 이유를 생각해 볼 수 있다. 적어도 과거에는 여성들은 아주 어릴 때부터 가정을 유지하고 가족을 부양하고 전통적 가치를 보존하는 것을

〈표 3-7〉 서유럽과 미국에서의 성별 가치*   단위: %

	유럽 9개국			미국		
	물질	탈물질	N	물질	탈물질	N
남성	33	13	(15,934)	30	14	(1,456)
여성	41	8	(16,387)	32	9	(1,806)

* 유럽의 수치는 유럽공동체의 1970년, 1971년, 1973년 조사를 결합한 결과에 기초한 것이다. 미국의 수치는
SRC의 1972년 5월 경제 행동 조사, 미시간대학교 정치연구소의 1972년 11월 선거 조사, 유럽공동체의 1973
년 3월 미국 조사 결과에 기초한 것이다.

지향해 왔다. 그리고(적어도 과거에는) 여성들의 사회화의 경우 정치 영역에서
의 자기표현을 덜 강조했다. 그러나 성 역할의 차이가 시간이 지남에 따라 줄
어들고 있음을 보여주는 증거들이 일부 존재한다. 연령별과 성별로 가치의
교차표를 만들어보면, 16세에서 24세 사이의 여성들의 가치 분포가 25세에
서 34세 사이의 남성의 가치 분포와 매우 닮아 있다는 것을 알 수 있다. 마치
여성들이 10년 뒤처진 것처럼 보인다.[15] 그러나 25세에서 34세 사이의 여성
의 가치는 20년의 지체에 해당하는 45세에서 54세 사이의 남성들의 가치와
흡사하다. 동일한 상황이 그다음으로 나이 든 코호트에도 적용된다. 만약 변
화가 일어나고 있는 중이라면, 제2차 세계대전 이전의 여성 코호트들은 남성
코호트들보다 20년 뒤져 있고, 전후 코호트는 단지 10년 뒤져 있다. 미국에서
이러한 차이는 가장 젊은 코호트에서 사라진다.
    이러한 변화의 지표들이 흥미롭기는 하지만, 적어도 서구 국가들에서 성은
가치 유형에 대한 상대적으로 약한 예측 변수이다. 1973년에 사용된 12개의
가치 우선순위 항목 중 6개에서는 남성이 부여한 순위와 여성이 부여한 순위
간에 실제로 아무런 차이도 보이지 않는다(<표 3-8>을 보라). 여성은 남성보

---

15) 물론 누군가는 이를 여성이 남성보다 10년 더 성숙하다는 증거로 볼 수도 있다.

〈표 3-8〉 **성별 가치 우선순위**(1973년 9개국 결합 표본에서 12개 항목 중 주어진 항목을 첫 번째 또는 두 번째로 순위를 매긴 비율) 단위: %

목표	남성	여성	
물가 상승과의 전쟁	35	45	여성이 유의미하게
범죄와의 전쟁	19	26	크게 중시*
보다 아름다운 도시	6	8	
강한 국방력	4	4	
질서 유지	18	17	
덜 비인격적인 사회	16	16	
사상 중시	7	6	
직장에 대한 더 많은 발언권	17	14	
정부에서의 더 많은 발언권	13	10	
안정적인 경제	23	20	
경제성장	27	20	남성이 유의미하게
언론 자유	13	9	크게 중시*

* 유의성 검증(Significance test)은 앞에서 보여준 바와 같이 단순하게 첫 번째 및 두 번째 선택에 기초한 것이 아니라 전 범위의 등급('1'에서 '6'으로 코드화된)에 기초한 것이다. 매우 큰 표본 크기를 고려할 때, 비율 차이는 다소 작지만, 위에 제시된 항목들은 .01 수준에서 유의미한 차이를 보인다.

다 범죄와 물가 상승에 더 신경을 쓰고, 남성은 여성보다 표현의 자유와 전반적인 경제 상태에 더 중점을 둔다. 그 차이는 이해 가능할 것으로 보인다. 여성은 가족 단위에서 전통적으로 주로 구매자의 역할을 했기 때문에 물가 상승에 대해 더 잘 아는 경향이 있는 반면, 주된 임금소득자일 가능성이 더 큰 남성들은 경제성장과 경제성장이 완전 고용에 대해 갖는 함의에 더 관심이 많다. 따라서 남녀 모두 경제 상태에 관심이 있지만, 그들의 관심은 경제의 서로 다른 측면에 집중하는 경향이 있다.

비경제적 영역에서는 남성과 여성 각각과 관련된 문제들에서 그리 크지는 않지만 유의미한 차이가 존재하는데, 그 최종 결과를 놓고 보면 여성이 남성보다 다소 더 물질주의적이다. 여성은 범죄와의 전쟁을 더 중시하는데, 이는 아마도 자신들이 범죄에 더 취약하다고 느끼기 때문일 것이다. 반면 남성은 언론의 자유를 더 중시하는 경향이 있는데, 이는 아마도 정치가 전통적으로 남성의 일로 여겨졌기 때문일 것이다. 프랑스, 벨기에, 이탈리아에서 여성은 제2차 세계대전이 끝날 때까지 투표권조차 얻지 못했다. 그리고 매우 흥미롭게도 이들 국가는 1973년에 조사된 10개국 중에서 성별 가치 유형에서 가장 큰 차이를 보이고 있다.

우연히도 유의미한 성별 차이를 보이는 4개 항목 중 2개가 우리의 원래의 4개 항목의 가치 지표에 포함되어 있었다. 결과적으로 보면, 12개 항목 지표는 원래의 지표보다 성 역할을 덜 민감하게 반영한다. 이것이 바로 대부분의 목적을 위한 조사에서 보다 광범한 지표에 기반한 측정을 선호하는 또 다른 이유이기도 하다.

가치와 다른 세 가지 변수 간의 일반적인 관계는 매우 간략하게 요약될 수 있다. 가치 유형의 분포는 이미 살펴본 바와 같이 국적에 따라 다르다. 그러나 이 장의 대부분에서 우리는 다양한 국가를 다루면서 그 국가들이 마치 하나의 표본을 구성하는 국가들처럼 취급해 왔다. 우리가 그렇게 한 것은 우리가 조사하는 효과가 초국가적인 것처럼 보였기 때문이다. 하지만 유의미한 국가 간 차이가 존재하며, 우리는 제2장에서 그 차이들에 주목한 바 있다. 그러나 가치 변화를 일으키는 기본적인 힘은 대부분의 서구 국가들에서도 비슷하게 작용하는 것으로 보인다.

노동조합원들은 비조합원보다 탈물질주의적일 가능성이 다소 크고, 보수 정당을 지지하는 사람들은 좌파 정당을 지지하는 사람들보다 탈물질주의적일 가능성이 적다. 나아가 노동조합에 소속된 사람들은 좌파 정당을 지지할 가능성이 크다. 각각의 경우에 좌파 기관과의 제휴는 탈물질주의적 가치를 가지는 경향과 연계되어 있다. 가치와 정치적 당파심 간의 관계가 분명 가장 중요하다. 우리는 이 연계관계를 이어지는 장들에서 상세하게 검토할 것이

〈표 3-9〉 7개국 가치 유형의 예측 변수*

가치 유형	에타 계수	베타 계수
교육	.354	.226
연령	.330	.218
정당	.209	.128
교회 출석	.223	.126
직업(가장)	.261	.103
국적	.173	.088
노동조합원	.092	.082
성	.161	.081
		다중 상관 = .496

* 1970년의 유럽 6개국 조사와 1972년 5월의 미국 조사 데이터의 다중분류분석에 기초한 것이다. 양극단의 거치 유형만이 포함되었다(N=5,425).

다. 여기서는 이를 간단하게 언급하고 넘어갈 것인데, 그 이유는 그 관계가 어떤 가치를 가지는 것의 원인이기보다는 주로 **결과**인 것으로 보이기 때문이다. 그럼에도 불구하고 우리가 여기서 이 관계를 검토해야만 하는 까닭은 한 사람의 가치 우선순위가 정당 선호보다도 연령이나 풍요 같은 요인과 더 강하게 연관되어 있다는 것을 납득시켜야 하기 때문이다. 만약 이것이 사실이 아니라면, 탈물질주의적적 가치는 그저 어떤 사람의 정당 선호를 반영하는 것뿐이지 않은가 하는 의구심을 가질 수도 있을 것이다.

<표 3-9>는 1970년 조사된 유럽 6개국 데이터와 1972년에 조사된 미국의 데이터를 사용하여 가치 유형의 예측 변수들을 다변량 분석한 결과이다. 독립 변수들은 그 변수들의 베타 계수 — 우리가 나머지 7개 변수 각각의 효과를 통제한 후 각 변수들이 가치에 얼마나 영향을 미치는지를 측정한 값 — 의 강도에 따라 위에서 아래로 순위가 매겨진다. 에타(eta) 계수는 그러한 효과를 조정하기 **전**의 그 관계의 강도를 보여준다.

다른 변수들 각각을 통제한 결과 응답자의 교육 수준이 가치 유형의 가장

강력한 예측 변수인 것으로 나타난다. 우리가 기억하듯이, 교육 **자체**를 검토했을 때에도 교육은 1971년의 데이터 분석에서 가장 강력한 예측 변수였다. 우리는 다단계 인과연쇄 ─ 교육, 정보, 가치 간의 인과연쇄와 같은 ─ 를 고려하려 하지 않기 때문에, 여기에서도 교육은 역시 가장 높은 베타 계수를 보인다. 그러나 연령 코호트가 교육을 바짝 뒤따른다. 이 두 변수는 가치 유형에 미치는 영향에서 다른 변수들보다 훨씬 앞선 순위를 차지한다. 가치 유형은 실제로 다른 요인보다 상대적 풍요와 코호트 경험에 의해 틀 지어지는 것으로 보인다. 정당이 3위에 위치하지만, 정당의 베타 계수는 연령의 베타변수에 한참 미치지 못하여, 실제로 교회 출석과 같은 비중을 가지는 정도이다. 정당 선호를 가치 유형의 결과라기보다 원인으로 간주해야 하는 것 아닌가 하는 의심이 들기도 한다. 대부분의 경우에 정당의 선택은 아마도 인생에서 한 사람의 가치를 틀 짓는 형성기의 경험보다 더 나중에 이루어질 것이다. 그러나 어린 시절부터 접하기 때문에 가치 유형에 훨씬 더 영향을 미칠 것으로 간주**할 수도** 있는 또 다른 변수가 있다. 그 변수가 바로 **부모**의 정당 선호이다. 그러나 유사한 분석에서 (**자신의** 정당 선호보다) 부모의 정당 선호를 이용할 때, 우리는 부모의 정당 선호가 불과 .069의 베타 계수를 가질 뿐이라는 것을 발견한다. 어떤 사람이 자란 가족의 사회경제적 지위는 그 사람의 가치 유형을 상당히 강하게 예측하는 요인이지만, 가족의 **정치적** 선호는 가치 형성에 비교적 약한 설명만을 제공한다. 어린 시절에 경험한 안전이나 박탈감의 정도가 자신을 기른 부모의 정치적 선호보다 자신의 가치에 더 큰 영향을 미치는 것으로 보인다.

이 분석에서 우리는 한 사람의 현재 사회계급이 갖는 상대적 중요성을 추가적으로 검토하기 위해 직업과 노동조합 가입이라는 변수를 포함시켰다. 그 변수들은 일정한 영향을 미치는 것으로 보이지만, 그 변수들이 갖는 중요성은 분명 부차적이다. 우리가 다른 변수의 효과를 통제할 때, 성 역할의 영향은 상당히 줄어든다. 여성은 남성보다 교회에 정기적으로 출석하고 상대적으로 보수적인 정당을 지지할 가능성이 더 크다. 이들 여성은 또한 교육을 덜 받았고 평균 연령도 약간 더 많다. 이러한 요인들을 조정할 경우, 성 역할의 영향은 별로 남지 않는다.

국적은 이 분석에서 예측 변수로 다루어졌다. 이론적으로도 경험적으로도 국적은 흥미로운 변수이다. 그러나 이 분석에서 국적 자체는 가치 유형에 가장 중요한 영향을 미치는 변수 중 하나가 아니다. 하지만 1973년 데이터에 대한 유사한 분석에서는 국적이 교육 다음으로 가치 유형을 가장 강력하게 예측하는 변수 중 하나로 나타난다. 이처럼 국적이 더 강력한 변수로 나타나는 것은 1973년에 더 많은 국가가 조사되었고, 그리하여 국적별 변이의 범위가 확대되었기 때문일 것이다. 다른 측면들을 살펴보면, 1973년 결과는 <표 3-9>의 결과와 유사하다. 다시 말해 연령, 정당 선호, 교회 출석은 또 다른 중요한 예측 변수들이다. 직업, 노동조합 가입, 성은 1970년 분석에서보다 훨씬 더 약한 예측 변수이다. 게다가 그 패턴도 모든 나라에서 상당히 일관적이다. 즉, 동일한 예측 변수가 다양한 나라 각각에서 중요한 역할을 하는 경향이 있다. 주어진 국가의 역사와 정치 제도는 변화가 얼마나 빨리 일어나는지, 그리고 그 변화가 정치 생활에 어떤 결과를 가져오는지에 중요한 영향을 미친다. 그러나 가치 변동의 원인을 검토해 볼 때, 각각의 국가에서 동일한 기본적인 과정이 작용하고 있는 것으로 보인다.

세대, 라이프 사이클, 교육: 1973년 조사의 증거

1973년 조사 데이터를 바탕으로 한 분석에서 러셀 돌턴(Russell Dalton)은 세대 효과, 라이프스타일 효과, 교육, 경상소득의 상대적 영향을 구분하고자 한다. 그는 연령 코호트를 분석 단위로 이용하여, 8개국의 11개 연령 코호트 별 가치 우선순위의 분산을 설명하는 작업을 한다.[16] 그는 세대 효과를 나타 내는 지표로 주어진 국가의 특정 연령 코호트가 8~12세였던 기간 동안의 1 인당 국내총생산을 사용한다. 돌턴은 다중 회귀 분석을 수행하여 형성기 동 안의 풍요에 관한 이 지표가 그의 가장 강력한 설명 변수라는 것을 발견한다 (가치 유형과의 부분 상관계수는 .47이다). 두 번째로 강력한 가치 예측 변수는 세대 단위의 평균 교육 수준이다(부분 상관계수는 .35이다). 생애주기 효과는 꼴찌에 위치한다(연령과 가치의 부분 상관계수는 -.25이다). 다소 놀랍게도 경상 소득은 다른 변수의 영향을 통제하면 약간의 부가적인 분산만을 설명한다. 사람들은 분명히 경상소득이 한 사람의 가치 우선순위에 영향을 미칠 것이 라고 예상할 것이다. 이 분석에서 경상소득의 부분 상관계수는 단지 .30에 불 과하다.

돌턴의 분석에서 몇 가지 다른 점 또한 주목할 만한 가치가 있다. 아마도 가 장 눈에 띄는 것은 초기 사회화가 나중의 경험을 분명하게 지배한다는 것이 다. 돌턴은 주어진 코호트가 8~12세, 13~17세, 18~22세의 연령대였을 때 그 들을 지배하던 경제 상태를 이용하여 몇 가지 가능한 형성기를 검증했다. 이 들 연령대 중 **가장 어린** 시기가 가치 유형을 가장 강력하게 설명한다. 세대 단 위의 **현재** 소득이 놀라울 정도로 적은 분산을 설명한다는 사실과 관련된 결과 는 우리의 가치 항목에 대한 응답이 현재의 경험보다 어릴 적 경험을 더 많이 반영한다는 것을 시사한다.

돌턴은 또한 포화 효과의 증거를 찾는다. 증가하는 번영의 영향은 더 낮은

---

16) Russell Dalton, "Was There a Revolution? A Note on Generational versus Life Cycle Explanations of Value Differences," *Comparative Political Studies*, 9, 4(January, 1977), 459~473을 보라. 돌턴 은 1973년에 조사된 유럽공동체 7개국의 데이터를 사용한다. 그의 종속 변수는 원래의 4개 항 목 가치 지표인데, 물질주의자 유형은 '1'로, 혼합 유형은 '2'로, 탈물질주의자들은 '3'으로 코드 화되었다.

경제 수준에서 가장 크고 더 높은 경제 수준에 도달할수록 감소한다. 이것은 번영의 주관적 효과가 수확체감의 법칙(law of diminishing return)을 따른다는 견해와 잘 맞아떨어진다. 그러나 그것은 또한 돌턴이 지적한 바와 같이 가치 변화의 과정이 우리의 이전의 분석에서 예상되었던 것보다 훨씬 더 느리게 진행될 가능성이 있다는 것을 시사한다.

돌턴의 분석에서는 또 한 가지 점이 특히 중요해 보인다. 그것은 바로 돌턴이 연령 코호트를 분석 단위로 사용하여 종속 변수와 .79라는 다중 상관계수를 얻는다는 사실이다. 우리가 매우 유사한 세트의 예측 변수(연령, 교육, 소득)를 사용하지만 **개인**을 분석 단위로 하여 **동일한** 세트의 조사를 분석했을 때, 우리가 얻은 다중 상관계수는 단지 .41에 불과하다. 달리 말하면, 돌턴은 우리가 설명한 것보다 가치 유형 분산을 거의 4배나 많이 '설명한다'.

설명력이 이처럼 현저하게 향상된 것은 부분적으로는 돌턴이 특정 세대 단위를 틀 짓는 형성기의 조건을 측정하는 데서 개인 수준의 데이터에서 이용할 수 있는 척도보다 더 나은 척도를 고안해 냈기 때문일 수 있다. 그러나 이것이 완전한 설명일 수는 없다. 왜냐하면 교육 같은 변수조차 개인 수준에서보다 코호트 수준으로 총화되었을 때 가치와의 상관관계가 훨씬 더 강하다는 것을 보여주기 때문이다. 또 다른 유망한 설명은 집합 수준으로 이동하면서 우리가 조사 데이터에서 다소 불가피한 측정 오류를 일부 극복한다는 것이다. 우리가 제2장에서 주장했듯이, 무작위 잡음(random noise)의 일부는 전체 집단의 응답을 총화할 때 상쇄된다.

한 사람의 기본적인 가치는 조사 방법을 통해서는 측정하기 어려우며, 특정 개인의 가치 유형에 대한 우리의 지표는 꽤 많은 양의 오류로 오염될 수 있다. 그럼에도 불구하고 이 발견은 특정 **집단**의 평균 가치 점수에 대한 우리의 추정이 비교적 정확할 수 있음을 시사한다. 조사 데이터는 태도 변수를 측정하기 위해 필요하지만, 역설적으로 그 데이터는 집합 수준에서 가장 신뢰할 수 있는 결과를 제공할 수 있다.

결론

정규 교육, 한 사람의 현재 사회 환경, 그리고 아마도 라이프 사이클 효과 모두는 한 사람의 가치 우선순위를 틀 짓는 데 일조하는 것으로 보인다. 그러나 특정 세대 단위의 형성기 경험이 미치는 영향이 경험적으로뿐만 아니라 이론적으로도 가장 유의미한 변수인 것으로 보인다. 왜냐하면 특정한 환경이 특정 시기에 특정한 가치를 중시하게 한다는 사실은 이러한 선호의 생성을 설명하는 첫 번째 단계일 뿐이기 때문이다. 우리는 특정한 목표가 **왜** 특정한 세대 단위에서는 가장 중요한 것이 되고 다른 세대에서는 그렇지 않은지를 물어야만 한다. 우리가 이에 대한 답을 찾을 때, 서로 다른 역사적 시대에서 일어난 형성기 경험의 변화를 검토하는 것이 매우 적실할 것으로 보인다. 이러한 경험이 미치는 영향은 특정 개인을 둘러싼 커뮤니케이션 네트워크에 의해 매개된다. 그러나 소통되는 **내용**은 시간이 지남에 따라 변할 수 있다. 이 두 가지 요인 모두 아주 중요하다.

게다가 우리는 세대 간 가치 변화가 형성기 경험의 다른 변화들과는 아주 **별개로** 일어나고 있다고 결론지어도 무방할 것이다. 왜냐하면 돌턴의 분석과 우리의 분석이 보여주듯이, 교육은 가치 유형과 유의미한 연계관계를 가지고 있기 때문이다. 그리고 서로 다른 교육 수준은 각 연령 코호트의 구조적 특징이다. 즉, 젊은 세대들이 나이 든 세대들보다 훨씬 더 높은 교육을 받고 있으며, 이러한 관계는 시간이 지나도 변하지 않을 것이다. 따라서 코호트 경험에서의 차이와 교육 수준에서의 차이는 **둘 다** 기본적인 가치 우선순위의 변화를 촉진할 것이다.

직업구조에서 계속 진행되고 있는 변화는 이 과정을 강화시키는 것으로 보인다. 우리의 데이터는 베버, 만하임, 벨, 립셋이 발전시킨 테제를 지지하는 경향이 있다. 즉, 전문가들은 실제로 다른 직업군보다 훨씬 더 탈물질주의적인 가치를 가지는 경향이 있다. 서비스 분야의 성장과 전문화는 교육 수준의 상승 및 보다 코즈모폴리턴적인 커뮤니케이션 패턴 쪽으로의 이동과 밀접하게 연관되어 있다. 그러나 우리가 서로 다른 연령 코호트가 가지고 있는 가치 사이에서 관찰하는 차이는 전문가들과 "사회적으로 부동하는 지식인들"이 사회에서 점점 더 부상하고 있다는 사실에만 돌릴 수 있는 것이 아니다. 우리는 노동 경험의 성격 변화에 대한 이러한 통찰을 욕구 충족 수준의 변화에 따른 심리적 적응이라는 개념으로 보완할 필요가 있어 보인다. 왜냐하면 **특정** 직업 집단이 드러내는 가치 우선순위에서도 세대 간에 현저한 차이가 존재하기 때문이다. 그러나 우리는 실제로 모든 계층 — 전문가이든 관리자이든, 육체적 직업이든 비육체적 직업이든, 또는 고학력자이든 저학력자이든 간에 — 에 영향을 미치는 널리 퍼져 있는 하나의 패턴을 발견한다. 그러한 패턴은 사회구조의 변화 효과와 라이프 사이클 효과가 중첩된 결과인가? 어느 정도는 그럴 수도 있다. 그러나 국가 간 변이의 패턴은 실제로 연령별 차이를 전적으로 젊음과 나이 듦 자체의 효과에 돌릴 수 없게 한다. 왜냐하면 연령별 차이는 전반적인 경제적·신체적 안전의 수준에서 최근에 역사적 변화를 비교적 크게 경험한 국가들 내에서는 현저하게 크고, 상대적으로 역사적 변화를 적게 경험한 국가들에서는 비교적 그리 크지 않기 때문이다.

이러한 변화 중 어떤 것도 가역 불가능하지는 않다. 그러나 그러한 변화의 효과가 무력화되려면, 전반적인 경제적 안전과 교육 수준이 급격히 하락해야 할 것이다. 교육 확대가 **중단**되는 것만으로는 충분하지 않다. 이를테면 현재 유권자로 진입하고 있는 젊은 코호트들은 죽어가는 사람들보다 훨씬 더 높은 수준의 교육을 받고 있기 때문에, 만약 고등교육을 받는 비율이 현재의 수준에서 영구히 동결되더라도, 유권자 전체의 교육 수준은 적어도 20년 동안 계속 상승할 것이다. 가치 변화의 장기적 과정을 멈추기 위해서는 정치 영역에 진입하는 코호트들이 더 이상 죽어가는 코호트들보다 탈물질주의자가 될 수 없을 정도로 경제와 교육이 충분히 오랫동안 침체해야 할 것이다.

제4장

가치 우선순위의 안정성과 변화

앞서의 장들에서 제시한 증거들은 가치 유형의 분포 방식이 점진적으로 세
대 간 변화를 겪고 있다는 것을 보여준다. 또한 그러한 가치 유형들은 사회경
제적 환경의 단기적 파동으로 인해 발생하는 변화에 영향을 받지 않는다는 것
을 시사한다. 이 두 가지 점은 똑같이 중요하다. 만약 장기적인 경험이 단기적
인 힘들 앞에서 적어도 일정 정도로 안정성을 가지지 못한다면, 그 어떤 장기
적 경향도 현재의 조건으로 인해 완전히 침잠되어 버릴 것이다.

우리는 아직 장기적인 가치 변화를 직접 측정할 수는 없지만, 단기적인 변
화의 지표들은 찾아**볼 수** 있다. 그렇게 하면서, 우리는 두 가지 형태의 단기적
변이, 즉 (1) 개인 수준에서 일어나는 변화와 (2) 집합 수준에서 일어나는 변화
를 구별해 볼 필요가 있다.

개인 수준에서의 변화

패널 조사 데이터는 일반적으로 개인 수준의 변화를 측정하는 데 바람직한
것으로 간주된다. 이용할 수 있는 패널 데이터는 많지 않다. 그러나 원래의 4

개 항목 가치 우선순위 질문이 1973년 5월에, 그리고 1974년 5월에 다시 자를란트(Saarland)에서 실시된 독일 패널 조사에 포함되어 있었다.[1] 두 시점에서 총 1,307명과 인터뷰를 했다. 이들 응답자를 세 가지 범주(물질주의 범주, 탈물질주의 범주, 혼합 범주)로 분류할 경우, 우리는 1974년에 다시 인터뷰한 응답자 중 61%가 1973년과 동일한 범주에 자신을 위치시키고 있다는 것을 발견한다. 당시는 경제 환경이 크게 변화한 시기였지만, 39%라는 이동 비율(자신의 입장을 바꾼 비율)은 충격적인 것이다. 일부 응답에서는 실제로 그것보다 더 높은 안정성을 보인다. 이를테면 표본의 68%가 1973년과 1974년에 동일한 정당 선호를 드러냈다(정당은 기독교민주당, 자유민주당, 사회민주당, 무당파 네 그룹으로 범주화되었다). 이론적으로 보면, 가치 우선순위는 자신의 세계관에서 정당 선호보다 훨씬 더 중심적인 위치를 차지하며, 따라서 시간이 지남에 따라 더 큰 안정성을 보여야 한다. 그러나 현실적으로 말하면, 가치 지표가 덜 안정성을 보인다는 것은 놀랄 만한 일은 아니다. 사람들은 자신의 기본적인 가치를 분명하게 표현해 줄 것을 좀처럼 요구받지 않는다. 그러나 사람들은 자신이 평생 공화당원이거나 민주당원이라는 것을 반복해서 스스로 선언하며, 그러한 라벨은 수많은 집단적 유대와 사회적 압력에 의해 고정된다.

표본의 39%가 하나의 가치 유형에서 다른 가치 유형으로 이동했다는 사실은 뿌리 깊은 가치가 존재하지 않는다는 사실을 보여주는 것이기보다는 측정

---

1) 나는 자를란트 조사 결과에 접근할 수 있게 해주고 나를 대신하여 많은 분석을 수행해 준 만하임 대학교 조사·방법·분석 센터(Zentrum für Umfragen, Methoden und Analysen)의 막스 카세(Max Kaase)에게 큰 빚을 지고 있다. 자를란트는 이들 항목의 안정성을 검증하기에 이상적인 환경이 아니라는 것이 밝혀졌다. 왜냐하면 이 모집단이 스펙트럼의 물질주의자 끝 쪽으로 심하게 치우쳐 있기 때문이다. 1973년에는 자를란트 사람들의 5%만이, 그리고 1974년에는 3% 미만이 탈물질주의자들이었다. 이 수준은 서구에서 통상적으로 발견되는 비율에 훨씬 못 미치지만, 자르 주(州)가 독일에서 가장 가난한 지역이라는 사실과 부합한다. 탈물질주의자들은 자르 주에서는 드문, 거의 비정상적인 특이한 사람으로 보인다. 이러한 특이성이 결코 카세 표본의 일반적인 유용성을 감소시키지는 않지만, 시간이 지남에 따른 가치 안정성을 평가하는 기준으로 그 표본을 사용하는 것을 분명하게 제약한다.

상의 문제를 반영하는 것일 수도 있다. 왜냐하면 자를란트 패널에서 가치 유형의 안정성은 교육을 덜 받고 정치에 관심이 가장 적은 사람들 사이에서 가장 약한 것으로 나타나기 때문이다. 반면 교육을 더 많이 받고 정치에 관심이 있는 사람들 사이에서는 안정성이 확실히 더 큰 것으로 나타난다. 아마도 그들이 자신의 의견과 가치를 분명하게 표현할 수 있는 재능을 더 가지고 있기 때문일 것이다. 이 조사에 따르면, 주어진 시점에서 태도에 가장 크게 구속받는 집단이 시간이 **지나**더라도 역시 태도에 가장 크게 구속받았다.

우리의 4개 항목 지표가 한 사람의 기본 가치를 측정하는 척도로 불완전하다는 것은 분명하다. 하지만 우리는 그 항목들이 두 조사에 포함된 대부분의 다른 항목들보다 시간이 지나더라도 더 큰 안정성을 보인다는 점에 주목해야 한다. 자를란트 조사는 1973년과 1974년 모두에서 29개의 기본적인 태도에 대해 동일한 질문을 했다. 그 가운데 5개는 가치 지표보다 유의미하게 더 높은 안정성을 보였다. 안정성이 높은 것부터 나열하면, 그 항목들은 정당 선호, 좌파-우파 척도상의 자기 배치, 두 가지 '정치적 효능감' 항목, 결혼 전 순결에 대한 질문의 순서로 이어진다. 정치적 당파성은 많은 공중 사이에서 유난히 안정적인 지향을 드러내는 것으로 반복해서 밝혀졌으며, 좌파-우파의 자기 배치는 정치적 당파성과 밀접하게 관련되어 있다.[2] 한 사람의 효능감과 성행위에 대한 사고방식은 일반적으로 그 사람이 지닌 기본적인 성격 구조의 일부로 간주된다. 오직 이 항목들만이 가치 지표보다 변화에 더 저항하는 것으로 증명되었다.

다른 한편 많은 일련의 태도들은 시간이 지남에 따라 **덜** 안정성을 보였다. 낙태, 음란물, 학생 저항, 반대자들을 위한 언론의 자유, 공산주의가 위험한지

---

2) Ronald Inglehart and Hans D. Klingemann, "Party Identification, Ideological Preference and the Left-Right Dimension Among Western Publies," in Ian Budge et al.(eds.), *Party Identification and Beyond*(New York: Wiley, 1976), 243~273을 보라.

의 여부, 독일의 사회질서가 불공정한지의 여부, 열심히 일하면 성공하는지의 여부, 대기업이 너무 강력한지의 여부에 대한 태도가 그러했다. 이것들은 표면적으로만 중요한 주제가 결코 아니며, 사람들은 당연히 그러한 주제들이 개인의 태도 구조에 꽤 깊게 뿌리내리고 있을 것으로 예상할 것이다. 가치 지표가 그중에서 어느 것보다도 더 큰 안정성을 보였다.

하지만 우리의 가치 지표가 개인 수준에서의 총 안정성에 크게 뒤진다는 것은 여전히 사실이다. 이는 우리에게 태도 연구에서 항목 간에 또는 시점 간에 높은 수준의 구속성을 기대하는 것은 비현실적이라는 이전의 논평을 상기시킨다. 그럼에도 불구하고 개별 측정 오류가 무작위적으로 분포되어 있는 경우 비록 개별 점수는 아니더라도 응답의 한계 분포는 정확할 수 있다. 이를테면 미시간대학교 조사연구소 조사에서 정당 일체감의 전반적 분포를 살펴보면, 1952년부터 1962년까지 10년 동안 몇 %포인트 이상 차이가 나는 경우는 전혀 없었다. 하지만 그 시리즈에 포함된 한 패널 조사에서는 실제로 1956년에서 1958년 사이에 응답자의 39%가 자신들의 응답을 바꿨다.[3]

12개 항목의 새 가치 지표는 시간이 지남에 따라 자를란트 연구에서 사용된 4개 항목 지표보다 더 큰 안정성을 보일 수도 있다. 왜냐하면 새 지표가 일반적으로 원래의 4개 항목 지표가 보여준 것보다 더 큰 태도 구속성을 보여주기 때문이다. 유럽 9개국 전체에서 이 새 지표는 좌파-우파 자기 배치 분산의 1.5배, 그리고 직업 목표 분산의 거의 2배를 '설명한다'. 만약 보다 광범위한 기반을 가진 지표가 태도 전반에 걸쳐 더 큰 구속성을 보인다면, 그것은 **시대**를 초월하여 더 큰 구속력을 보여줄 수도 있을 것이다. 하지만 실제로 그러할지의 여부는 앞으로의 연구 결과를 기다려보아야 알 수 있을 것이다.

---

3) John C. Pierce and Douglas D. Rose, "Nonattitudes and American Public Opinion: The Examination of a Thesis," *American Political Science Review*, 68, 2(June, 1974), 631을 보라. 앞서 인용한 39%에는 두 해 모두에 정당 일체감을 표명한 사람들만이 포함되어 있다. 다른 계산들은 훨씬 더 높은 이동 수치를 산출한다.

집합적 변화: 1970~1976년의 경우

자를란트 패널 데이터는 개인 수준에서의 가치 유형에 상당한 정도의 단기적 파동이 존재한다는 것을 분명하게 보여준다. 그러나 그중에서 어느 정도가 태도의 체계적 변화를 나타내는 것인지, 그리고 어느 정도가 무작위적 파동 또는 측정 오류로 인한 것인지는 명확하지 않다. 대부분의 파동이 진정한 태도 변화가 아니라 '무작위적 잡음'에 해당한다는 것은 충분히 상상할 수 있다.

다른 한편 우리가 1973년 5월과 1974년 5월 사이에 자를란트 응답자들 사이에서 지극히 진정한 몇몇 태도 변화를 발견했을 것이라고 예상할 수 있는 충분한 이유들도 존재한다. 그 두 해 사이에 끼어 있는 시기는 경제 환경이 심각하게 악화된 시기 중 하나였다. 즉, 당시는 1973년 후반 아랍의 석유 수출 금지 조치로 인해 급성 인플레이션이 심해져서 산업 생산이 쇠퇴하고 실업이 증가했던 시기였다. 우리는 당연히 그러한 상황에서 물질주의적인 관심을 더 중시하는 쪽으로 전환이 일어났을 것으로 예상할 수 있다. 문제는 우리가 그러한 단기적인 힘에 귀속시킬 수 있는 체계적 전환을 발견할 수 있는가 하는 것이다.

자를란트 데이터에서 얻을 수 있는 해답은 부분적이다. 그 데이터는 체계적 전환은 거의 보여주지 않는다. 표본 전체에서 1973년부터 1974년까지 물질주의자의 비율이 약간 증가하고 탈물질주의자의 비율은 약간 감소했을 뿐이고, 총합은 단지 몇 %포인트에 불과하다.

하지만 집합적 변화를 검토하기 위해서는 우리의 서로 다른 국가 표본으로 돌아가야 한다. 그 표본은 시간과 공간 측면에서 더 광범한 데이터베이스를 제공하는데, 이 데이터는 1970년 초, 1973년 가을, 1976년 후반에 4개 항목 가치 지표를 통해 6개국에서 거의 7년에 걸쳐 수집되었다.

서유럽 전역에서 1970년 초는 고도 번영과 완전 고용의 시기였다. 20년 동안 거의 중단 없이 경제가 확장되었다. 그러나 1971년에서 1975년 사이의 기간은 인플레이션이 극히 심각했던 시기였다. 1973년에 물가는 1960년대 동안보다 거의 네 배 비율로 오르고 있었다. 1973년에 석유 수출금지 조치가 내려진 후에 대규모 경기침체가 발생했다. 실질소득은 감소했고, 실업은 급격히 증가했으며, 경제성장은 중단되었다. 이러한 요소들은 서구 공중의 태도에 분명하게 영향을 미쳤다. 매년 12월에 독일 공중의 국가 표본은 "당신은 새해를 희망과 함께 맞이합니까, 아니면 두려움과 함께 맞이합니까?"라는 질문을 받는다. 우리의 첫 번째 조사가 실시되기 직전인 1969년 12월에 공중의 자신감은 거의 최고치에 달했다. 다시 말해 공중의 63%가 희망을 느꼈다. 그 후 몇 년 동안 자신감이 현저하게 저하했다. 1973년 12월경에는 표본으로 추출된 사람 중 단지 30%만이 희망을 표현했다. 독일 공중 사이에서 자신감은 1950년 이후 최저점에 달했다.[4] 미국 소비자의 자신감 역시 1974년 초에 사상 최저 수준에 도달했다.[5] 이 자신감의 붕괴는 널리 퍼져 있었다. 1974년에 이탈리아 공중 가운데 84%가 지난해 동안 경제 상황이 더 나빠졌다고 느낀 반면, 5%만이 좋아졌다고 느꼈다. 네덜란드, 벨기에, 프랑스에서도 전망은 거의 똑같이 우울했다.[6]

그러한 조건이 오랫동안 지속된다면 우리는 서구 공중이 점점 더 물질주의적이 될 것으로 예상하게 될 것이다. 하지만 문제는 "그러한 조건이 **얼마나** 오래 지속되는가?"이다. 만약 우리의 항목들이 실제로 개인이 가진 기본적 가치

---

4) Institut für Demoskopie, annual greeting card(Allensbach, December, 1973).
5) *ISR Newsletter*, 2, 2(Summer, 1974), 2를 보라. 마찬가지로 1973년 12월 신들링거 소비자 신뢰 지수(Sindlinger Consumer Confidence Index) — 소득 수준, 직업 안전성, 사업 여건과 관련된 미국 공중의 기대에 기초한 지수 — 도 25년여 만에 가장 비관적인 전망을 보였다.
6) Commission of the European Communities, "Information Memo: Results of the Sixth Survey on Consumers' Views of the Economic Situation"(Brussels: April, 1974)을 보라.

〈표 4-1〉 시간에 따른 가치 유형 분포의 변화(1970년 2~3월, 1973년 9~10월, 1976년 조사에서 이용한 4개 항목에 기초함)   단위: %

	영국			독일			프랑스		
	1970	1973	1976	1970	1973	1976	1970	1973	1976
물질주의자	36	32	31	43	42	41	38	35	41
탈물질주의자	8	8	8	10	8	11	11	12	12

	이탈리아			벨기에			네덜란드		
	1970	1973	1976	1970	1973	1976	1970	1973	1976
물질주의자	35	40	41	32	25	30	30	31	32
탈물질주의자	13	9	11	14	14	14	17	13	14

출처: 유럽공동체 조사. 1976년 데이터는 이 책이 인쇄되는 동안 수집된 관계로 이 장에서만 언급했다.

우선순위를 포착해 준다면, 그 항목들은 단기적인 힘에 크게 영향 받지 않아야 한다.

1970년부터의 데이터를 가지고 있는 6개국의 가치 유형 분포에서 나타나는 변화를 검토해 보자(<표 4-1>을 보라). 1970년부터 1976년까지 탈물질주의자들의 분포에서는 극적인 감소의 조짐이 보이지 않는다. 이탈리아와 네덜란드에서는 약간 감소를 보이고, 영국과 벨기에에서는 변화가 없으며, 독일과 프랑스에서는 약간 **증가**했다. 6개국 가운데 4개국에서 물질주의자들의 비율이 증가하지만, 이 시기 동안 관찰된 소비자 신뢰도에서 나타난 재앙적인 변화와 비교하면, 순 변화는 믿을 수 없을 만큼 적어 보인다.

우리의 두 가지 핵심 가설 중 하나는 젊은 사람들이 상대적으로 더 융통성이 있다는 것이다. 따라서 우리는 그들이 나이 든 집단보다 더 많은 변화를 보여줄 것으로 기대한다. <표 4-2>가 보여주듯이, 우리가 발견한 것이 바로 그것이다. 6개국 전체 중에서 가치 유형의 **전반적** 분포는 1970년부터 1976년까지 실제로 변화가 없었다. 그러나 이 최종 결과는 서로 크게 상쇄되는 두 가지 근원적인 과정을 은폐한다. (1) 가장 젊은 범주에서는 물질주의자가 5%

〈표 4-2〉 1970년에서 1976년까지의 연령 집단별 가치 변화(이전의 표에서 보여준 유럽 6개국의 결합 결과)

단위: %

연령	1970		1973		1976	
	물질	탈물질	물질	탈물질	물질	탈물질
15~24세	20	24	21	20	25	20
25~34세	31	13	28	13	29	16
35~44세	35	12	35	9	35	11
45~54세	36	9	39	7	39	8
55~64세	45	7	43	6	47	6
65세 이상	48	3	45	4	52	5
전체	35	12	34	10	37	12

더 증가하고 탈물질주의자가 4% 감소하여, 9%포인트가 물질주의로 순 이동했다. 가설대로 젊은이들이 현재 상태에 가장 영향을 많이 받는 것으로 보인다. (2) 그다음으로 가장 젊은 범주에서는 반대 방향으로 이동했다! 이 범주는 이전에는 전적으로 1945년 이전에 태어난 사람들로 구성되었었지만, 1976년경에는 인구가 교체됨에 따라 전후 세대의 많은 사람이 이 대열로 진입했다. 비록 이 사람들이 경기 후퇴를 겪으면서 스스로 얼마간 더 물질주의자가 되었지만, 그들의 코호트는 원래 자신들이 대체한 코호트보다 훨씬 덜 물질주의적이었기 때문에 인구 교체 과정이 경기 후퇴가 그 연령 범주에 미친 영향을 상쇄하고도 남았다. 다시 말해 이 코호트는 탈물질주의적 극단 쪽으로 5%포인트의 순 이동을 보여준다. 4개의 나이 든 집단에서는 경기 후퇴로 인한 변화가 상대적으로 없었다.

<그림 4-1>은 이러한 가치 이동을 그래프 형태로 보여준다. 세로 차원은 탈물질주의자 비율과 물질주의자 비율 간의 차이에 기초한다. 탈물질주의자가 물질주의자보다 많으면 플러스이고, 물질주의자가 더 많으면 마이너스이다. 앞에서 지적한 바와 같이, 1970년은 제2차 세계대전이 끝나기 전에 태어

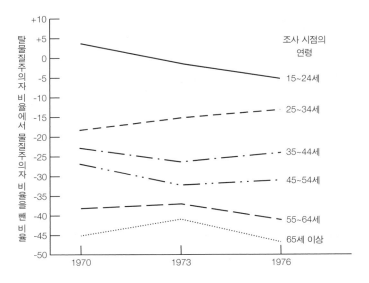

* 6개국 결합 표본의 결과에 기초한 것이다.

난 사람들(따라서 1970년에는 25세 이상인 사람들)과 그 이후에 태어난 사람들을 나누는 중대한 분수령의 하나였다. 이 분수령은 〈그림 4-1〉에서 뚜렷하게 나타나는데, 여기서 우리는 1970년에 가장 젊은 두 집단 사이에서 22%포인트의 격차를 발견한다. 우리는 이 격차가 전후 세대의 형성기 경험과 모든 나이 든 집단의 형성기 경험 간의 주요한 차이에서 기인한다고 주장했다. 그러나 물론 이 격차가 단순히 라이프 사이클 효과에서 기인한다고 주장할 **수도** 있다. 다시 말해 사람들은 20대 중반에 결혼하고, 아이를 갖기 시작하고, 물질주의적인 사고방식이 '터를 잡는다'. 만약 이 라이프 사이클 설명이 정확하다면, 우리는 1976년에 25세인 사람들에게서도 비슷한 격차가 발견될 것으로 예상할 수 있다. 그러나 〈그림 4-1〉이 보여주듯이, 우리는 그런 종류의 격차를 전혀 발견하지 못한다. 1945년에 태어난 사람들은 1976년경에 31살이었다. 그리고 1976년에는 가장 젊은 두 집단 간의 격차가 단지 8%포인트로 줄어들었다. 그러나 동시에 34세와 35세 사이에서 11%포인트로 격차가 벌어졌는데, **이** 차이는 당시에 가장 큰 가치 격차였다. 제2차 세계대전이라는 분수령이 전후 세대를 따라 30대 초반까지 이어지고 있었던 것은 아닐까? 그것은 실제로 사실인 것으로 보인다. 고정된 연령 범주별 대신에 출생연도에 따라 응답자를 분류하면, 우리는 **세 시점 모두**에서 가장 큰 격차(결코 13%포인트 이하로는 떨어지지 않는다)를 1945년 또는 그 이전에 태어난 사람들과 그 이후에 태어난 사람들 사이에서 찾을 수 있다. 이 분수령은 라이프 사이클 효과보다는 역사적 변화 때문일 것임이 틀림없다.

미래에 대한 투영은 항상 불확실하다. 그러나 탈물질주의자들의 수를 크게 줄이려면 분명 유례없는 규모의 재앙이 필요할 것이다. 만약 탈물질주의자들의 전반적인 분포가 1930년대 이후 최악의 경제후퇴로 인해 줄어들지 않고 일정하게 유지된다면, 번영의 부활과 함께 인구 교체에 기반한 상승 추세가 다시 발효될 것으로 보인다.

다른 출처들에서 얻은 시계열 데이터

우리는 변화가 일어나고 있는지의 여부를 확증하는 작업을 수행할 때마다 시계열 데이터의 필요성을 거듭 강조해 왔다. 지금까지 우리는 기껏해야 몇 년 동안의 가치 변화를 추적할 수 있었다. 그러나 독일 공중의 경우에는 20년 이상에 걸친 가치 우선순위를 보여주는 몇 가지 데이터를 이용할 수 있다. 1947년에 던진 질문은 우리가 비교 관점에서 문제를 바라볼 수 있게 해준다. 서독의 한 대표 표본은 다음과 같은 질문을 받았다. "다음의 두 가지 정부 형태 중에서 당신은 개인적으로 어떤 형태의 정부를 선택할 것입니까? 다시 말해 사람들에게 경제적 안전과 좋은 삶을 살 수 있는 기회를 제공하는 정부입니까, 아니면 언론, 선거권, 출판, 종교의 자유를 보장하는 정부입니까?" 62%가 경제적 안전을 제공하는 정부를 선호한다고 답한 반면, 26%는 자유를 보장하는 정부를 선호했다(나머지는 아무런 의견도 가지고 있지 않았다).[7] 미국에서 동일한 질문을 받았을 때, 83%가 자유를 선택했고, 21%는 경제적 안전을 선택했다.[8]

국가 간의 뚜렷한 차이는 놀랄 만하다. 압도적 다수의 독일인이 경제적 가치를 선택한 반면, 압도적 다수의 미국인은 표출적 가치를 선택했다. 그리고 이러한 선택과 두 국민이 살고 있던 환경 간의 관계는 명백하다. 독일의 도시들은 완전히 파괴되었고, 기아가 만연했다. 미국은 안전하고 풍요로웠다.

1949년에도 독일 국민은 비슷한 항목을 질문받았고, 그 질문은 1970년까지 간격을 두고 반복되었다. 그 질문은 이러했다. "당신은 다음 네 가지 자유 중에서 개인적으로 무엇을 가장 중요하다고 생각합니까? — 언론의 자유, 예배의 자유, 공포로부터의 자유, 결핍으로부터의 자유." 우리의 물질주의/탈물질주의 항목과 마찬가지로, 이 질문은 개인에게 긍정적으로 평가된 일련의 목표들 가운데서 자신의 우선순위를 표할 것을 강요한다. 그리고 대부분의 독일인은 "언론의 자유"나 "결핍으로부터의 자유" 중 하나를 선택했기 때문에 그 질문은 유사한 차원을 포착해 주는 것으로 보인다.

1949년에 독일에서는 "결핍으로부터의 자유"가 큰 차이로 수위로 선택되었다. 독일의 회복은 이제 막 시작되고 있었다. 그러나 그 뒤에 이어진 시기는

---

7) OMGUS Report 74, October 27, 1947. Sidney Verba, "Germany: The Remaking of Political Culture," in Lucian Pye and Sidney Verba(eds.), *Political Culture and Political Development* (Princeton: Princeton University Press, 1965), 131~154에서 인용.

8) NORC *Opinion News*, August 1, 1948. Verba, "Germany"에서 인용.

경제 기적(Wirtschaftswunder)의 시기였다. 그 나라는 거의 믿을 수 없는 속도로 빈곤에서 벗어나서 번영으로 나아갔다. 1954년에도 "결핍으로부터의 자유"는 여전히 다른 어떤 선택지보다 근소하게 앞섰지만, 1958년경에는 "언론의 자유"가 앞서 나갔다. 1970년에는 "언론의 자유"가 다른 모든 선택지를 합친 것보다도 더 많은 사람에 의해 선택되었다.[9] 거의 의심할 여지없이, 독일 인구의 가치 우선순위에서 나타난 이러한 변화는 그들의 경제적 환경의 변화를 반영한다. 그리고 경제적 변화와 가치 변화 간에는 연령과 관련하여 지체가 존재한다는 것을 보여주는 강력한 지표들이 존재한다. 1962년에 16세에서 25세 사이였던 독일인 가운데서 58%가 "언론의 자유"를 선택했다. 이 수치는 나이 든 집단으로 갈수록 계속 감소하여, 65세 이상의 독일인 가운데서는 34%라는 최저치에 달했다.[10] 여기서도 우리는 세대 변화의 지표를 발견한다. 그러나 이 경우에 시대 효과는 (1970~1976년 동안처럼 세대 효과를 무력화하는 것이 아니라) 세대 효과를 **강화**하는 경향이 있다. 왜냐하면 1949년부터 1970년까지는 전체 변화의 규모가 너무나도 커서, 다양한 연령 코호트 – 젊은 코호트와 나이 든 코호트 모두 – 가 나이가 들면서 경제적 안전에 관심을 **덜** 가질 수밖에 없었기 때문이다.

베이커(Baker), 돌턴, 힐데브란트(Hildebrandt)는 독일 조사 데이터를 정교하게 2차 분석하면서 1961년, 1965년, 1969년, 1972년에 독일 공중이 가장 중요한 것으로 평가한 쟁점들을 검토했다.[11] 그들은 하위 지위 집단들에 비

---

9) Arnold J. Heidenheimer, *The Governments of Germany*, 3rd ed.(New York: Crowell, 1971), 105에서 인용.

10) 이들 수치는 EMNID *Pressedienst*에서 나온 것으로, *Encounter*, 22, 4(April, 1964), 53에서 인용했다. 나는 코호트 분석을 위해 이전 연도들의 원 데이터를 추적하려고 시도했으나, 그 데이터는 분실되어 찾을 수 없었다. 그것은 조사 데이터 보관소가 수행하는 중요한 역할을 보여주는 하나의 슬픈 삽화였다.

11) Kendall L. Baker, Russell Dalton and Kai Hildebrandt, *Transitions in German Politics*(근간)을 보라. Baker et al., "The Residue of History: Politicization in Post-War Germany"[1976년 5월, 덴버(Denver)에서 개최된 서구사회과학대회(Western Social Science Convention)에서 발표된 논문]도

해 상위 지위 집단들이 그러하듯이, 젊은 연령 코호트가 나이 든 집단보다 탈물질주의적 유형의 쟁점을 훨씬 더 중시하고 있음을 발견한다. 그들은 또한 물질주의적 쟁점들이 쇠퇴했다는 점과 탈물질주의적 쟁점들이 1961년부터 1972년까지 더욱 부상해 왔다는 점을 발견한다. 이 시기는 독일 대학에서 반문화가 출현하기 훨씬 전에 시작된다. 우리는 이러한 강조점의 전환을 대학에 기반을 둔 문화 엘리트들을 단순하게 모방한 데서 기인하는 것으로만 볼 수는 없다.

일본은 깜짝 놀랄 만한 경제적·사회적 변화를 경험한 또 다른 나라이다. 그리고 일본 공중의 가치 우선순위에 관한 20년간의 시계열 데이터가 존재한다. 영국의 관찰자들은 자국에서 기본적인 무언가가 바뀌었다는 것에 회의적인 경향이 있는 반면, 일본의 정치문화에 대한 권위자들은 일본에 큰 변화가 **있었다**는 것에 동의하는 것으로 보인다. 이를테면 리처드슨(Richardson)은 일본 공중의 정치체계에 대한 태도와 정치참여 수준에서 상당한 세대 간 차이를 보여주는 증거들을 발견한다.[12)]

이케(Ike)는 구체적으로 일본인들이 물질주의적 우선순위에서 탈물질주의적 우선순위로 옮겨갔는지의 문제를 다루어 왔다. 왜냐하면 우리의 가설은 현저한 경제발전을 경험한 사회를 예측하는 것일 수 있기 때문이다. 이 가설을 검증하기 위해, 그는 1953년, 1958년, 1963년, 1968년에 실시된 조사에서 일본의 '국민성(National Character)' 데이터에 대해 코호트 분석을 수행했다.[13)] 이케는 젊은 세대가 나이 든 세대들보다 더 소유욕이 적고 자유를 중시하는 경향이 있는 등 세대교체가 실제로 일어나고 있다고 결론짓는다. 그러

보라.

12) Bradley M. Richardson, *The Political Culture of Japan*(Berkeley: University of California Press, 1974), 189~228을 보라.

13) Nobutaka Ike, "Economic Growth and Intergenerational Change in Japan," *American Political Science Review*, 67, 4(December, 1973), 1194~1203을 보라.

나 그의 조사결과는 또한 가치 변화 과정이 서구 환경과 비서구 환경에서 다소 다르게 작동할 수 있음을 시사한다. 왜냐하면 생리학적 욕구는 보편적이지만 우리가 그 욕구를 넘어설 때 가장 중시하는 욕구는 문화적 맥락에 의해 영향을 받을 수 있기 때문이다. 이를테면 서구에서는 일반적으로 소속의 욕구가 탈물질주의적 욕구 중에서 가장 절박한 욕구를 대표할 수 있다. 왜냐하면 현대 서구사회는 집단에 소속되는 것을 희생하면서까지 개인적으로 경제적 성취를 이루는 것을 극히 중시해 왔기 때문이다. 그러나 일본처럼 문화 형태가 다른 사회에서는 소속의 욕구가 충족되거나 심지어는 과도하게 충족되고 있다고 할 수도 있다. 어쨌든 이케는 일본 문화의 변화 중에서 가장 중요한 것은 개인을 집단에 지나치게 예속시키는 것 — 이는 일본 전통 양식에 뿌리를 두고 있는 것일 수도 있다 — 에 반발하여 더 큰 '개별화(individuation)'를 향해 나아가는 세대 간 이동이라고 주장한다. 만약 이것이 사실이라면, 일본에서의 탈물질주의자들은 그에 비례하여 소속을 덜 중시하고 존경과 자아실현을 더 중시할 수도 있다.

가치 변화의 과정이 일본에서 독특한 성격을 지니고 있을 수 있지만, 가치 변화는 분명하게 일어나고 **있으**며 탈물질주의 방향으로 나아가고 있다. 이케의 연구 이후 국민성 조사는 1953년에서부터 1973년까지 더 확대되어 수행되었다. 그러한 조사들은 이케가 물질주의적 가치라고 여기는 것의 연속적인 부식과 그가 탈물질주의적 응답으로 바라본 것의 현저한 증가를 보여준다. "돈이나 명성에 대해 신경 쓰지 않고 자신의 취향에 맞는 삶을 산다"라는 항목을 자신들의 삶의 목표로 선택한 일본 공중의 비율은 1953년부터 1973년까지 서서히 그렇지만 꾸준히 증가하고 있다. 보다 구체적으로는 이 목표를 선택한 사람들의 비율은 21%에서 39%로 증가했다. 사카모토(Sakamoto)는 20년이라는 기간 동안 주어진 연령 집단들을 추적한 후에 다음과 같이 결론 짓는다. "의견에서의 변화가 일어난 까닭은 특정 세대의 사람들이 20년이라는 기간 동안 자신들의 의견을 바꾸었기 때문이 아니었다. 오히려 젊은 세대의 사람들이 그러한 새로운 의견을 가지고 사회로 들어왔다."[14] 이들 자료에 대한 또 다른 분석에서 스즈키(Suzuki)도 비슷한 결론에 도달했다.

앞의 연구들은 서구에서 사용되는 물질주의/탈물질주의 항목과 적절하게 상응하는 것으로 보이는 많은 질문을 포함하고 있는 풍부한 종단적 데이터베이스를 바탕으로 한 것이었다. 그러나 우리의 원래 4개 항목 가치 우선순위 시리즈가 일본에서 실제로 복제되어 이용된 것은 1972년 조사였다.[15] 1972년 조사 결과에 대한 와타누키(Watanuki)의 분석은 일본 패턴이 대부분의 측면에서 서구에서 발견되는 유형과 유사하다는 것을 확인시켜 준다. 하지만 동시에 와타누키의 분석은 주어진 국가의 문화가 미치는 영향에 대한 증거를 추가적으로 제공한다.[16] 우리의 가설이 시사하듯이, 일본은 어떤 서구 국가보다 물질주의자의 비율이 높고 탈물질주의자의 비율이 낮다. 각각의 수치는 44%와 5%이다. 일본은 최근까지 우리가 연구한 어느 서구 국가보다 경제 수준이 낮았기 때문에 이는 충분히 예상할 수 있는 것이었다. 비록 일본인들이 지금은 일부 유럽 공중보다 더 높은 생활수준을 누리고 있지만, 일본인 중 많은 사람이 서구 기준으로는 심각한 경제적 결핍 상황에서 성장했다. 그러나 이 국가 간 차이를 전적으로 경제사의 효과로만 돌릴 수는 없다. 왜냐하면 와타누키의 결과는 서구보다 일본에서 성 역할이 더 중요한 역할을 한다는 것도

---

14) Yosiyuki Sakamoto, "A Study of the Japanese National Character — Part V: Fifth Nation-Wide Survey," *Annals of the Institute for Statistical Mathematics*(Tokyo: Institute for Statistical Mathematics, 1975), 33을 보라. 그리고 Tatsuzo Suzuki, "Changing Japanese Values: An Analysis of National Surveys"[제25회 아시아학회(Association for Asian Studies) 연례총회에서 발표된 논문]와 비교해 보라.

15) 이 조사는 공정선거홍보협회(Association for Promoting Fair Elections)의 후원하에 1972년 12월에 현장 조사가 수행되었다. 총 2,468건의 인터뷰가 일본 인구의 무작위 표본에 의해 실행되었다.

16) Joji Watanuki, "Japanese Politics: Changes, Continuities and Unknowns"(Tokyo: Sophia University Institute of International Relations, 1973)(mimeo)를 보라.

<표 4-3> 일본에서의 연령별과 성별 가치 유형, 1972년*(원래의 4개 항목 가치 지표에 의거하여 순수
유형으로 분류된 비율)   단위: %

	남성				여성		
연령	물질	탈물질	N		물질	탈물질	N
20~24세	23	21	(57)		35	5	(113)
25~29세	29	17	(189)		41	6	(152)
30~39세	28	8	(212)		44		(289)
40~49세	45		(188)		50	4	(222)
50~59세	48	5	(155)		57	3	(129)
60세 이상	50	3	(154)		72	2	(83)
코호트 전체의 총 차이	45포인트				40포인트		

* Joji Watanuki, "Japanese Politics: Changes, Continuities and Unknowns"(Tokyo: Sophia University
Institute of International Relations, 1973, mimeo), Table A. 비율은 이 책의 다른 곳에서처럼 백분율 기반에
서 결측 데이터(missing data)를 제거한 다음 다시 계산되었다.

보여주기 때문이다. 우리의 서구 표본 각각에서 여성은 남성보다 얼마간 덜
탈물질주의적이지만, 그 차이는 일반적으로 3 대 2 정도의 비율이다. 일본에
서는 성과 연관된 차이가 더 크고 더 지속적인 것으로 보인다. 일본 여성 가운
데서 탈물질주의 유형의 비율은 일본 남성 가운데서 탈물질주의 유형의 비율
의 채 **절반**도 되지 않는다. 게다가 서구의 가장 젊은 집단에서는 이러한 차이
가 사라지고 있는 경향이 있는 반면, 일본에서는 가장 젊은 집단에서도 이러
한 차이가 사라지지 않고 있다. <표 4-3>에서 볼 수 있듯이, 가장 젊은 일본
남성 코호트 가운데서 탈물질주의자들은 거의 물질주의자들만큼 수적으로
많다. 가장 젊은 **여성** 코호트 가운데서 물질주의자들은 탈물질주의자들보다
7배 많으며, 그들은 해당 남성 코호트의 4분의 1도 되지 않는다. 어느 서구 국
가도 이 같은 정도의 극단적인 성비를 보이지는 않는다. 일본의 환경에서 여
성 성 역할은 탈물질주의 가치가 발전하는 데서 강력한 억제 효과를 가지는
것으로 보인다.[17]

연령 코호트와 가치 유형의 관계는 일본이 서구사회와 유사한 세대 간 가치 변화 과정을 겪고 있을 수 있음을 시사하지만, 여성은 남성과 상당한 거리를 두고 뒤에 지체되어 있다. 일본 남성 사이에서 발견된 패턴과 서구 공중 사이에서 발견되는 패턴을 비교해 보면, 두 패턴은 얼마간 비슷하다. 일본 남성 코호트 전체의 비율 차이는 45%포인트에 달하는데, 이는 영국이나 미국 공중 사이에서 발견된 것보다 상당히 크다(<표 2-2>에서 볼 수 있듯이, 영국과 미국에서의 수치는 각각 17%포인트와 26%포인트이다). 실제로 (<표 4-3>의 연령 범주와 유사한 연령 범주를 이용하여) 남성만을 비교해 보면, 명백한 세대 간 변화량에서 일본은 우리의 서구 11개국 중에서 9개국보다 앞자리에 위치한다(독일과 프랑스만이 더 큰 연령별 차이를 보여준다). 다시 한번 우리는 최근에 비교적 급격한 역사적 변화를 경험한 나라들이 상대적으로 큰 세대 간 가치 차이를 보인다는 것을 발견한다.

일본의 결과는 또 다른 중요한 측면에서 서구의 결과와 비슷하다. 즉, 일본의 탈물질주의자들은 물질주의자들보다 좌파를 지지할 가능성이 훨씬 더 크다. 와타누키는 물질주의자 유형 가운데서 65%가 집권 자유민주당을 지지하고 있으며, 탈물질주의자들 가운데서는 33%만이 그렇게 한다고 보고했다. 이처럼 대조점과 유사점이 흥미롭게 결합되어 있다. 즉, 일본에서는 성 역할이 더 큰 중요성을 지닌다는 점에서 대조적이고, 일본에서도 서구에서와 마찬가지로 물질주의 가치에서 탈물질주의 가치로 크게 이동하고 있다는 점에서 유사하며, 그 결과 역시 유사해 보인다.

---

17) 성 역할은 또한 일본 여성들이 사회에 대해 그 어떤 의견을 표현하는 것도 방해하는 것으로 보인다. 이 효과는 나이 든 코호트들 사이에서 특히 뚜렷하다. 50세 이상의 사람들 가운데서 25%의 남성이 물질주의/탈물질주의 질문에 아무런 대답도 하지 않았다. 이 수치는 젊은 남성에 비하면 높지만, 같은 연령대의 여성과 비교하면 낮다. 그 연령대의 여성은 41%가 응답을 하지 않았다.

대학에서의 가치 변화

1960년대 후반의 학생 행동주의는 단지 청년 특유의 반항심이 흥미롭지만 일시적으로 배출된 것에 불과했는가? 그렇게 치부하는 것은 경솔한 짓일 것이다. 특정한 종류의 정치적 행동주의를 유지하는 데 필요한 높은 수준의 에너지는 젊은이들의 특징일 수 있다. 그러나 그러한 행동주의의 이면에 있는 에너지의 양뿐만 아니라 운동의 **목표**도 중요하며, 청년 운동이 추구하는 목표도 다소 의미심장한 방식으로 바뀌어온 것으로 보인다. 여기서도 독일의 경우가 특히 인상적이다.

뢰벤베르크(Loewenberg)는 젊은이들이 본질적으로 그들의 연장자들보다 더 좌파적이거나 자유주의적이라는 관념을 통렬하게 논박한다. 뢰벤베르크에 따르면, 바이마르 공화국 말기에 나치가 권좌에 오른 것은 대체로 나치가 **젊은** 유권자들 — 그중 많은 수가 그 시기 동안에 처음으로 투표하기 시작했다 — 에게서 엄청난 인기가 있었기 때문이었다. 나치의 매력은 중하계급이나 룸펜 프롤레타리아 청년들에게만 국한되지 않았다. 나치당이 전국적인 규모로 권력을 장악하기 몇 년 전에 수많은 독일 대학의 학생 선거에서 나치 후보자들이 절대 다수표를 얻었다. 뢰벤베르크는 젊은 유권자들 사이에서 나치가 성공을 거둔 이유를 제1차 세계대전 동안 어린 시절을 보낸 연령 코호트가 겪은 독특한 형성기 경험에서 찾는다. 이 경험은 일반적으로 아버지의 부재를 기아에 가까운 극심한 굶주림과 결합시켰다.[18]

우리가 1930년대 독일과 이탈리아 학생운동이 지닌 우파적·권위주의적인 측면을 다시 늘어놓을 필요는 없다. 비록 널리 인식되고 있지는 않지만, 그 당시에 **프랑스** 학생들 사이에서 정치적 행동주의를 지배한 추동력 역시 그 성

---

18) Peter Loewenberg, "The Psychohistorical Origins of the Nazi Youth Cohort," *The American Historical Review*, 77, 1(December, 1971), 1456~1503을 보라.

격상 현저히 우파적이었다. 프랑스 학생들이 가장 결정적으로 정치에 개입한 것은 1934년이었는데, 당시에 제3공화국을 거의 전복시킨 일련의 폭동에 인적 자원을 제공한 것은 군주제주의적 청년들과 유사 파시스트 청년들(그들 중 상당수는 대학 출신이었다)이었다.

대서양의 미국 쪽에서는 세대 간 차이가 덜 극단적이다. 그러나 20년 또는 30년 전에 엘리트 캠퍼스들을 지배한 규범이 공화당과 동일시되는 규범에 가까웠던 것은 분명해 보인다.[19] 지금은 이들 환경에서 동조의 압력이 민주당 쪽으로 기울어 있다는 것도 마찬가지로 분명하다.

오늘날 캠퍼스는 상대적으로 조용하다. 그러나 저항은 진공상태에서 일어나는 것이 아니다. 저항은 사람들 내부의 가치로부터 생겨날 수도 있지만, 그들이 살고 있는 외부 체계에 의해 제약받으며, 또 외부 세계의 문제와 관련되어 있다. 개인이 자신의 가치에 따라 행동하기 위해서는 관련 쟁점이 문제가 되어야 하며, 개인이 정치체계를 자신의 목표에 부합하게 만들 수 있는 가능성을 얼마간 인식해야 한다. 베트남 쟁점이 사라지고 정치적 효능감이 쇠퇴한 것(또는 심지어는 행동주의가 역효과를 냈다는 느낌)이 학생 하위문화에서 정치적 행동주의가 쇠퇴하는 데 한몫한 것으로 보인다. 게다가 최근의 경기 쇠퇴가 탈물질주의 현상을 약화시키는 결과를 초래할 것으로 예상할 수 있다. 그렇지만 1960년대 후반에 정치적 행동주의와 연계되었던 특정한 근본적 가치들은 행동주의 자체가 쇠퇴하고 있음에도 불구하고 더 널리 확산되어 온 것으로 보인다. 미국 젊은이들에 대한 일련의 조사는 이와 관련된 증거를 제공한다. 얀켈로비치(Yankelovich)는 그 조사 결과를 분석하면서 두 가지 대조되

---

19) 베닝턴(Bennington)은 흥미로운 예외였지만, 하나의 예외일 뿐이다. 1950년대와 1960년대 초반의 예일대 정치문화에 대해서는 Robert Lane, *Political Thinking and Consciousness*(Chicago: Markham, 1969)를 보라. 10년 후에 제시된 이와 날카롭게 대조되는 견해로는 Kenneth Keniston, *Young Radicals: Notes on Uncommitted Youth*(New York: Harcourt, Brace, and World, 1968) 또는 Reich, *Greening of America*를 보라.

는 변화 패턴을 발견한다.

한편에서 얀켈로비치는 정치적 행동주의에서 **벗어나는** 추세를 발견한다. 이를테면 캠퍼스 급진주의가 증대하고 있다고 생각하는 비율이 1970년에 67%에서 1971년에 34%로 떨어졌고, 1971년에는 학생들의 61%가 1년 전보다 자신들이 자신의 사생활과 관심사에 더 많이 관여하고 있다고 말했다.

다른 한편 그 데이터는 일, 돈, 섹스, 권위, 종교, 약물 등과 관련된 '새로운' 문화적 가치를 수용하는 경향이 증가하고 있음을 보여준다. "열심히 일하면 항상 보람이 있을 것이다"라는 믿음은 학생 하위문화에서 놀라울 정도로 급격히 줄어들어, 1968년에 69%를 지지받다가 1971년에는 39%로 떨어졌다. 비록 더 서서히 일어나고 있지만, 비대학 청년들 사이에서도 동일한 추세를 목격할 수 있다. 1969년에 이 집단의 79%가 근면의 가치를 믿었다면, 1973년에는 그 수치가 56%로 떨어졌다. 두 집단 모두에서 돈에 대한 강조를 덜 환영할 것이라고 말하는 비율이 점점 증가했다. 1968년에는 대학 청년의 65%가 그렇게 말했고, 1973년에는 그 비율이 80%로 높아졌다. 비대학생 청년들의 경우에는 그 수치가 54%와 74%였다. 다른 한편 학생들은 이 시기 동안 일자리 안정을 더 크게 강조하기 시작했다. 이는 의심할 바 없이 1973년의 극도로 빡빡해진 고용시장을 반영하는 것이다. 마지막으로, 애국심이 매우 중요한 가치라고 느끼는 비율도 두 집단 모두에서 급격하게 감소했다. 1969년에는 대학생의 35%가 애국심을 강조했다면, 1973년에는 19%만이 애국심을 강조했다. 비대학생 청년층에서도 이 수치가 60%에서 40%로 떨어졌다.[20]

다양한 출처에서 나온 증거들은 선진산업사회에서 가치 변화가 일어나고 있음을 보여준다. 이러한 변화에서 불가피한 것은 없다. 그러한 변화는 특정

---

20) Daniel Yankelovich, *The Changing Values on Campus*(New York: Washington Square Press, 1973), 39~41을 보라. Yankelovich, *Changing Youth Values in the 1970's*(New York: JDR 3rd Fund, 1974)도 참조하라.

한 조건들에서 기인하는 것으로 보이며, 그러한 조건들이 존재하는 한 계속될 것으로 예상할 수 있다. 풍요의 증대가 젊은 코호트들 사이에서 탈물질주의자들이 상대적으로 많이 출현하게 하는 데 기여했다면, 번영의 소멸은 탈물질주의자들의 소멸을 초래할 것으로 예상할 수도 있을 것이다. 그리고 이글을 쓰고 있는 지금 서구세계는 제2차 세계대전 이후 가장 심각한 경제위기를 겪고 있다. 광범위한 경제 불안전 — 또는 이들 국가를 침략하는 전쟁 — 이 다시 찾아온다면, 탈물질주의 현상으로 이어진 조건들이 종식될 수도 있을 것이다. 가치 변화의 과정이 현재와 반대 방향으로 진행될 수도 있다. 우리는 그가능성을 배제할 수 없다. 일부 관찰자들은 1950년부터 1970년까지의 번영은 정상궤도를 벗어난 예외였고, 서구사회는 현재 장기적인 경제 쇠퇴기에접어들고 있다고 주장한다. 만약 그것이 사실이라면, 우리는 실제로 탈물질주의자의 비율이 감소할 것이라고 예상할 수 있을 것이다. 가장 젊고 가장 잘변하는 코호트에 집중되어 있는 탈물질주의자 대열은 아마도(나이 들고 덜 유연한 코호트에 집중되어 있는) 물질주의자 대열보다 단기적인 힘에 더 취약할것이다. 그러면 탈물질주의 현상 및 이와 관련된 쟁점과 저항 유형은 1960년대 후반에 있었던, 흥미를 끄는 역사적 사건으로 기억될지도 모른다.

아니면 우리는 수십 년간 더 지속되다가 경제 붕괴로 이어지는 번영의 르네상스를 목격할 수도 있을 것이다(이것이 『성장의 한계(The Limits to Growth)』가제시한 기본 전망이다).[21] 이 경우에 우리는 결국 오늘날을 지배하는 연령과 가치 유형 간의 관계와 **정반대**되는 관계를 발견하게 될 것이다. 즉, 나이 든 코호트는 지나간 탈물질주의 시대의 흔적을 드러내는 반면, 젊은 코호트는 물질주의적이고 돈에 집착하는 야만인들로 그 모습을 드러내기 시작할 것이다.

그러나 선진산업사회가 과거에 위기를 극복한 것처럼 현재의 경제위기에

---

21) Donella Meadows et al., *The Limits to Growth*(New York: Universe, 1972)를 보라.

대한 해결책을 찾아낼 가능성도 있어 보인다. 그 해결책은 원료의 기하급수적 소비를 반드시 수반하지는 않지만, 다만 인구의 전부 또는 대부분에게 경제적 안전과 신체적 안전을 보장하는 유형일 것이다. 만약 이것이 사실이라면, 우리는 탈물질주의자들의 비율이 장기적으로 증가할 것으로 기대할 수 있을 것이며, 이는 서구 국가들의 정치에 독특한 사고방식과 우선순위를 가져다줄 것이다.

가치, 객관적 욕구, 그리고 주관적인 삶의 질

서론

인간은 무엇에서 만족을 느끼는지에 대한 고찰은 오랜 역사를 가지고 있다. 가장 단순하고 외견상 가장 그럴듯해 보이는 가설 중 하나는 플라톤(Plato)에 의해 제기되었다. 그것은 바로 물질적으로 잘사는 사람이 만족할 가능성이 큰 반면 가난한 사람은 불만을 가지는 경향이 있고 이는 정치 불안의 한 원인이라는 것이었다. 그러나 일찍이 드 토크빌(de Tocqueville)은 일견 역설적이기는 하지만 프랑스혁명은 최대 빈곤의 시점이 **아니라** 상대적 번영의 시기에 일어났다는 점에 주목했다.

객관적 조건과 주관적 만족 간에 일대일 대응 관계를 가정하는 경향은 이같은 관찰에 의해 의심받았으나 결코 사라지지는 않았다. 1950년대와 1960년대 초반 동안에는 이데올로기와 첨예한 정치 갈등이 쇠퇴할 것이라는 믿음을 뒷받침하는 핵심 관념 중 하나가 사람들이 많이 가질수록 더 많이 만족한다는 가정이었다. 경제적 복지 수준이 높아지면 공중의 만족 수준도 높아질 것이라고 상정하는 것은 온당해 보였다.

하지만 1960년대 후반경에 우리가 무언가를 잘못 알고 있다는 것이 분명

해졌다. 복지경제학의 전통적인 원리가 작동하지 않는 것으로 보였다. 1957
년에서 1973년 사이에 미국 공중의 실질소득이 매우 현저하게 증가했지만,
보고된 바에 따르면 그들의 행복 수준은 실제로 약간 떨어졌다.[1] 모든 측정된
객관적 지표들이 보여주듯이, 서구 공중이 그처럼 많은 물질적 복지를 누린
적이 이전에는 전혀 없었다. 하지만 1930년대 이후로 그렇게 많은 불만이 표
출된 적도 없었다. 이러한 상황은 지금은 친숙한 경제 지표 외에도 주관적인
웰빙을 이해하고 측정하는 것이 필요하다는 의식을 증가시켰다.

환경, 열망, 가치, 그리고 만족도: 몇 가지 가설

최근 몇 년간 사회지표 조사가 놀랄 만큼 꽃을 피워왔다. 구린(Gurin)과 베로
프(Veroff)와 펠드(Feld)의 연구,[2] 캔트릴(Cantril)의 연구,[3] 브래드번(Bradburn)
의 연구[4] 등 선구적 연구에 근거하여 삶의 (인지된) 질에 대한 주요 조사들이
미국과 적어도 십여 개의 서로 다른 서구 국가에서 수행되어 왔다.

이 연구들은 여러 점에서 성과를 거두어 왔다. 그러나 현재의 목적에서 가
장 흥미로운 결과는 분명하게 드러나지는 않지만 다양한 조사에서 반복해
서 나타나는 하나의 발견이다. 그것은 바로 주어진 사회 내의 서로 다른 집
단 간에는 전반적인 삶의 만족도(Overall Life Satisfaction)에서 놀랄 정도로

1) Angus E. Campbell et al., *The Quality of American Life: Perceptions, Evaluations and Satisfactions*
   (New York: Russell Sage, 1976)를 보라. James A. Davis, "Does Economic Growth Improve the
   Human Lot? Yes, Indeed, About .0005 per Year"[1975년 9월 8~11일 영국 케임브리지에서 열린
   '주관적 삶의 질 지표에 관한 국제회의(International Conference on Subjective Indicators of the
   Quality of Life)'에서 발표된 논문] 및 Otis Dudley Duncan, "Does Money Buy Satisfaction?" *Social
   Indicators Research*, 2(1975), 267~274도 참조하라.
2) Gerald Gurin et al., *Americans View Their Mental Health*(New York: Basic Books, 1960).
3) Hadley Cantril, *The Pattern of Human Concerns*(New Brunswick: Rutgers University Press, 1965).
4) Norman Bradburn, *The Structure of Psychological Well-Being*(Chicago: Aldine Press, 1969).

별 차이가 없다는 사실이다. 이를테면 미국 데이터에 대한 분석에서 앤드루스(Andrews)와 위디(Withey)는 세심하게 검증된 전반적인 삶의 만족도 지표에서 연령, 성, 인종, 소득, 교육, 직업의 결합 효과가 분산의 8%만을 설명한다는 것을 발견한다.[5]

예상할 수 있듯이, 부자는 가난한 사람보다 자신들의 **소득**에 더 만족하고, 고학력자는 교육을 덜 받은 사람보다 자신들의 **교육**에 더 만족한다. 그러나 그 차이는 예상할 수 있는 것보다 작다. 그리고 한 사람의 삶 **전체**에 대한 만족도를 분석했을 때, 소득 — 거의 모든 나라에서 사회적 배경을 가장 강력하게 예측하는 변수인 — 조차도 전체 만족도와 그리 크지 않은 관계를 보인다.

상황이 크게 다른 집단들에서도 한 사람의 삶 **전체**에 대한 만족도가 왜 그리 다르지 않은가? 전반적인 삶의 만족도라는 것이 지니는 전체를 아우르는 성격 자체가 하나의 중요한 기여 요인으로 작동할 수도 있다. 왜냐하면 앤드루스와 위디가 설득력 있게 증명하듯이, 한 사람의 삶 전체에 대한 만족도는 부가적(additive)이기 때문이다. 즉, 삶 전체에 대한 만족도는 한 사람이 다양한 영역(소득, 주거, 여가 활동, 가족생활 등)에서 느끼는 만족의 정도를 주어진 영역이 갖는 상대적 중요성에 따라 가중하여 총합한 것이기 때문이다. 한 영역에서의 만족은 다른 영역에서의 만족과 함께 가는 경향이 뚜렷하게 존재하지만, 완벽한 상관관계를 보이지는 않는다. 그리하여 한 영역에서 느끼는 만족이 때때로 다른 영역에서 느끼는 불만을 보충하기도 한다. 이를테면 한 사람이 가족생활에서 느끼는 만족은 전반적인 삶의 만족도에서 가장 중요한 요소 중 하나이지만, 그것은 대체로 수입과 관련이 없기도 하다. 이 사실은 소득과 만족도 간의 상관관계를 약화시키는 경향이 있다. 소득과 전반적인 만족도 간의 관계가 특히 강하지 않을 수도 있다. 그렇지만 다른 사회적 범주 대부

---

5) Frank M. Andrews and Stephen B. Withey, *Social Indicators of Well-Being in America*(New York: Plenum, 1976)를 보라.

분과 만족도 간의 관계는 그보다도 훨씬 더 약하다.

영역별 만족도를 평균 내는 것이 집단별 만족도 차이를 줄일 수도 있다. 그러나 다른 과정이 훨씬 더 중요해 보인다. 캠벨, 컨버스, 그리고 로저스(Rodgers)는 또한 미국 데이터를 분석하여 사회적 배경 변수와 만족도 간에서 놀랄 정도로 약한 관계를 발견하고, 흥미로운 설명 모델을 제시한다. 그들은 삶의 어떤 특정한 측면에 대한 한 사람의 주관적인 만족은 그 사람의 **열망 수준**과 그 사람이 **인지한 상황** 간의 격차를 반영하지만 열망 수준은 삶의 조건의 변화에 맞추어 점차 **조정된다**고 주장한다. 만약 이것이 사실이라면, 이들 집단의 성원들이 상당히 안정적**이라면**, 주어진 사회 집단의 주관적 만족 수준들 사이에서 큰 차이를 발견할 수 있을 것 같지 않다. 왜냐하면 안정된 집단들은 결국에는 자신들의 열망 수준을 각각의 외부 상황에 맞추어 조정할 시간을 가질 것이기 때문이다.

집단 간의 이러한 낮은 분산 패턴은 유전적 또는 귀속적 특징에 의해 정의된 집단에 가장 잘 들어맞을 것이다. 왜냐하면 그러한 특징들은 어떤 특정한 개인의 특히 변치 않는 속성이기 때문이다. 성원 자격이 계속 변화하는 사회적 범주 — 특히 범주의 변화와 만족 수준의 변화가 동시에 일어나는 경향이 있는 범주 — 에서는 그러한 패턴이 항상 나타나지 **않을** 것이다. 이를테면 한 사람의 소득 수준은 짧은 시기 동안에도 크게 변화할 수 있고, 소득이 변할 때 그 개인은 하나의 소득 범주에서 다른 범주로, **그리고** 하나의 만족 수준에서 다른 만족 수준으로 동시에 이동할 가능성이 크다. 그 결과 상승 (또는 하향) 이동하는 공중에 속하는 사람들은 두 변수 **모두**에서 뚜렷하게 높은 (또는 낮은) 수준을 보이는 경향이 있을 것이다. 따라서 우리는 만족도와 **소득** 사이에서 비교적 강한 상관관계를 발견할 것으로 예상할 수 있다. 교육은 소득보다 대부분의 태도를 더 잘 예측한다. 그러나 교육은 분명히 주어진 개인의 보다 변치 않는 속성이며, 전반적인 삶의 만족도와 더 약한 관계를 보일 것이다. 한 사람의 성은 아마도 우리가 가지고 있는 국가 간 데이터에서 가장 불변하는 특성일 것이다. 따라서 일반적으로 우리는 여성이 직면하는 다양한 불이익에도 불구하고 성별 만족 수준에서 최소한의 변이를 발견할 것으로 예상할 수 있다.

이러한 예상은 얼핏 보기에 반직관적인 것으로 보일 수도 있다. 왜냐하면 모두가 **알고 있다**시피, 사람은 자신이 원하는 것을 얻었을 때 그것을 얻기 전보다 더 만족하기 때문이다. 주관적 만족이 외부 환경에 대한 반응임이 **틀림없다**는 것도 분명해 보일 것이다. 실제로 적어도 단기적으로는 그렇다. 불모의 사막에서 길을 잃은 사람은 마침내 오아시스에 도달했을 때 틀림없이 기뻐할 것이다. 그렇지만 몇 주 또는 몇 달이 지난 후에도 충분한 물 공급이 그를 계속해서 기쁘게 할 것이라고 예상할 수 있는가? 아마도 거의 그렇지 않을 것이다. 아마도 누군가는 물 공급을 당연한 것으로 받아들이고 다른 것들에 대해 걱정하기 시작할 것이다. 그리고 **항상** 물이 풍부한 환경에서 살아왔던 사람들에게 물은 실제로 가치 없는 것으로 보일 수도 있기 때문에 이용할 수 있는 물의 양은 주관적인 삶의 질(Subjective Quality of Life)과는 관계가 없을 것이다.

따라서 주관적 만족 수준의 차이는 외부 조건의 절대적 **수준**보다 시간의 경과에 따른 **변화**에 영향을 받는다. 모든 큰 표본 내에서는 아주 다양한 만족 수준이 발견되는데, 이는 일부 사람들은 최근에 자신의 기대를 넘어서는 경험을 한 반면 다른 사람들은 기대에 미치지 못하는 경험을 했다는 사실을 반영한다. 욕구가 갑자기 충족되면 사람들은 만족감이 고조되는 것을 느끼지만, 시간이 지나면 자신의 상황을 당연하게 여기기 시작한다. 다시 말해 열망과 객관적 상황이 균형을 이룬다. 곰곰이 생각해 보면, 인간이 제 기능을 수행하기 위해서는 그러한 메커니즘이 분명히 필요할 것으로 보인다. 만약 그렇지 않다면, 주어진 목표를 달성할 경우 충분히 만족스러운 정지 상태에 이르게 될 것이다.

인간은 목표 추구적인 유기체이다. 인간은 생물학적 생존을 추구한다는 점에서는 다른 동물들과 유사하지만, 적응 능력이 뛰어나고 광범위한 비생리학적 목표를 추구한다는 점에서 다른 동물들과 다르다. 인간은 적도에서부터 북극에서까지, 그리고 해저에서부터 달 표면에서까지 생존할 수 있다. 인간이 추구하는 목적은 음식과 산소에서부터 지식과 아름다움에 이르기까지 다양하다. 인류는 매우 다양한 조건에서 자신의 목표를 추구하며, 역설적으로이 엄청나게 다양한 활동은 내적 항상성의 욕구(drive for inner homeostasis)에의해 조절된다. 다른 동물들과 마찬가지로, 인간은 체내에 물을 일정한 비율을 유지하려고 하며, 혈액 내에 산소와 당분을 일정한 비율로 유지하려고 한다. 이러한 내부 균형이 깨지면, 인간은 때로는 필사적으로 환경 속에 자신을 재위치시키거나 환경을 변화시켜 균형을 바로잡기 위해 분투한다.

인간의 비물질적인 목표 역시 유사한 방식으로 추구되는 것으로 보인다. 거기서는 생리학적 항상성(physiological homeostasis)을 유지하는 것은 더 이상 하나의 문제가 아니다. 그러나 덜 의식적인 수준에서 쾌락과 고통의 감각이 사람들을 생리학적 생존으로 이끄는 데 도움을 주는 것과 마찬가지로, 한사람의 심리적 만족감이나 불만족감은 인간의 다양한 욕구를 의식적으로 추구하는 데에도 일조한다. 물질적 또는 비물질적 욕구의 충족은 주관적 만족감을 낳지만, 그 만족감은 제한된 시간 동안만 지속된다. 주어진 욕구들이 안전하고 지속적인 방식으로 충족되는 환경에서는 그러한 욕구의 중요성은 감소하고 불만족의 새로운 원천들이 중요해진다. 그 결과 장기적으로는 한 사람의 전반적인 주관적인 만족감은 항상성을 향하는 경향이 있다.

모든 사람이 행복, 만족, 또는 전반적인 만족감을 추구하지만, 그러한 목표들을 달성하기란 쉽지 않다. 왜냐하면 전반적인 만족감은 하나의 실체가 아니라 계속해서 움직이는 하나의 균형이기 때문이다. 하지만 사람들은 주어진 순간에 일반적으로 만족스럽다거나 불만족스럽다는 것을 알고 **있으**며, 그러한 느낌을 보고할 수 있다. 그러한 보고들을 분석한 결과에 따르면, 만족은 부가적이다. 즉, 한 사람이 느끼는 전반적인 만족감은 특정 개인이 자신에게 중요한 모든 영역에서 자신이 느끼는 만족감 각각에 가중치를 두어 평균 낸 것이다. 그러나 그 가중치는 개인마다 그리고 문화마다 다르다. 전반적인 만족감은 최적의 생리적 조건을 획득하는 것으로부터 자동적으로 생겨나는 것이 아니다. 어쨌든 간에 인간은 단지 하나의 동물이 아니며, 고차원의 광범위한 목표들을 가지고 있다. 모든 사회에는 사회적·지적·심미적 욕구가 존재하는 것으로 보인다. 생존 추구에서 한숨 돌리고 나면, 사람들은 예술과 의식(儀式)을 창조하고, 우주에 대해 설명하고자 한다. 다양한 욕구가 지닌 상대적 중요성은 의심의 여지없이 물리적 환경에 의해 영향을 받지만, 그것이 물리적 환경만으로 결정되는 것은 아니다.

다양한 욕구들이 조정되는 과정은 복잡하다. 왜냐하면 욕구 또는 열망이라는 한편과 그것의 충족이라는 다른 한편 간의 균형은 계속해서 깨지고 재조정되기 때문이다. 특정한 욕구가 충족되는 것은 강렬한 즐거움을 가져다줄 수도 있다. 그러나 주어진 욕구를 얼마나 오랫동안 그리고 강렬하게 추구해 왔는지에 따라 사람들은 며칠, 몇 달, 또는 몇 년 안에 더 많은 것을 열망하거나, 또는 다른 어떤 것을 열망한다.

그렇다면 사람들은 동일한 것을 더 많이 열망하는 것과 다른 목표로 옮겨 가는 것 중에서 어느 쪽으로 나아가는가? 이 둘을 구별하는 것이 중요하다. 왜냐하면 두 가지 유형의 반응은 상당히 다른 함의를 지니며, 서로 다른 시간 프레임을 가지는 것으로 보이기 때문이다. 한편에서 우리는 열망을 양적으로 조정한다. 그러한 조정은 즉각 일어나지는 않는다. 캠벨과 그의 동료들은 열망 수준은 "느리고 다소 긴 시간을 걸쳐서"만 조정된다고 결론짓는다.[6] 그럼

---

6)   Campbell et al., *Quality of American Life*, 209.

에도 불구하고 증거는 특정한 개인들이 자신들의 상황에 맞추어 자신들의 열망을 조정할 수 있고 또 조정한다는 것을 보여준다. 즉, 사람들은 번영과 함께 자신들의 열망을 끌어올리고, 그리고 역경과 함께 자신들의 열망을 (다소 좀 더 천천히) 아래로 끌어내린다. 캠벨과 그의 동료들에 따르면, 사람들은 생애 과정을 거치면서 열망과 외부 환경 간을 점차 더 잘 조화시키는 경향이 있다. 그 결과 그들의 미국 공중 표본 가운데서는 가장 나이 많은 응답자들이 가장 만족하는 연령 집단이다.

이러한 점진적인 양적 변화 과정도 상당한 시간을 요하기는 하지만, 다른 과정, 즉 한 가지 유형의 목표에서 다른 유형의 목표로 질적 전환을 하는 과정은 훨씬 더 느리게 진전되는 것으로 보인다. 일단 성인기에 도달하면, 특정 개인의 열망은 특정한 유형의 목표와 단단하게 연결되기도 한다. 어떤 사람이 다른 유형의 목표나 다른 삶의 방식으로 자신의 시선을 돌리는 것보다는 더 많은 소득이나 더 큰 집으로 눈을 높이는 것이 더 쉬워 보인다. 가치 우선순위의 주요한 변화는 하나의 사회에서 일어날 수도 있지만, 주로 세대 간 인구 교체의 결과로 발생하는 것으로 보인다.

따라서 경제적 환경과 사회적 환경의 변화는 다음과 같은 서로 다른 세 가지 형태로 영향을 미칠 수 있으며, 그것들 각각은 그 나름의 시간 틀을 가지고 있다.

1. 한 사람의 객관적 상황에서 일어나는 변화는 단기적으로 즉각적인 만족감을 주거나 불만족감을 유발할 수 있다.

2. 일정 기간 지속되는 변화는 주어진 영역에서 개인의 열망 수준을 점진적으로 끌어올리거나 끌어내린다.

3. 아주 오랜 기간 지속되는 변화는 세대 간 가치 변화로 이어질 수 있으며, 그 결과 서로 다른 영역들이 주어진 사회의 인구들에 의해 최우선순위

를 부여받게 된다.

이러한 서로 다른 과정이 존재한다는 것은 한 사회를 지배하는 주관적 만족의 수준과 관련하여 중요한 함의를 지닌다. 이것은 객관적 복지 지표와 주관적 만족 지표 간에 단순한 일대일의 대응 관계를 발견할 가능성이 크지 않다는 것을 시사한다. 단기적 변화의 즉각적인 영향은 "가지면 가질수록 기분이 좋아진다"라는 말에 따라 작동하겠지만, 다른 두 과정에 의해 상쇄되는 경향이 있을 수 있다. 왜냐하면 열망 수준을 조정하는 것은(상대적으로 높은 객관적 복지에 의해 유발되었을 수도 있는) 상대적으로 높은 만족감을 상당 정도 중화시킬 수 있기 때문이다.

가치 우선순위의 변화는 객관적 복지와 주관적 만족 사이에 여전히 큰 불일치를 낳을 수도 있다. 가치 우선순위의 변화는 객관적 복지 지표에서 상위권에 위치하는 집단이 하위권에 위치하는 집단보다 실제로 **덜** 만족하는 상황까지도 만들어낼 수 있다. 이를테면 고소득 집단이 경제적 영역보다 비경제적 영역을 더 많이 강조하는 독특한 가치 우선순위를 가지고 있는 경우나, 고소득 집단이 저소득 집단보다 **자신들의** 최우선순위 영역의 상태에 덜 **만족하는** 경우에 그런 상황이 발생할 수 있다. 이처럼 객관적 조건과 주관적 만족 간의 통상적인 관계가 전도되는 것은 단지 이론적으로만 가능한 것이 아니라 실제로도 일어나고 있는 것으로 보인다. 우리가 뒤에서 살펴보듯이, 탈물질주의자들은 소득, 교육, 직업 지위 등에서 평균보다 훨씬 높은 곳에 위치함에도 불구하고, 자신들의 삶의 많은 측면에서 상대적으로 **낮은** 수준의 만족도를 드러내는 경향이 있다.

우리는 이러한 역균형화(counter-balancing) 과정 때문에 통상적으로 특정 국가 내에서 안정적인 사회적 범주 전반에 걸친 전반적인 만족 수준은 그리 큰 차이를 보이지 않을 것으로 예상할 수 있다. 물론 단기적인 변이는 발생할 것이다. 특정 순간에 어떤 사람들은 평소보다 나아지는 반면, 어떤 사람들은 더 나빠진다. 그러나 대규모 집단을 비교할 경우 단기 변동의 효과가 상쇄되어 버릴 가능성이 크다. 이것은 **모든** 단기적 변이의 효과가 일종의 브라운 운동 (Brownian Movement) ─ 개인 수준에서는 그 효과가 눈에 보이지만 그로 인해 결과가 달라지지는 않는 ─ 속에서 사라지고 만다는 것을 의미하는가? 결코 그렇지 않다. 우리는 한 **집단**에 속한 사람들 모두의 만족 수준을 갑자기 끌어올리거나 끌어내리는, 드물지만 강렬한 어떤 사건들을 쉽게 생각해 낼 수 있다. 전쟁이나 경제 불황, 정치적 붕괴와 같이 가장 쉽게 떠오르는 그러한 사건들은 국가 전체 또는 심지어 몇몇 국가에 영향을 미치기도 한다. 따라서 그 사건들은 한 해에서 다음 해까지 특정 국가 사람들의 만족 수준에 큰 변화를 일으킬 수도 있고, 한 나라와 다른 나라 사이에 큰 차이를 가져올 수도 있다. 그러나 특정 국가의 단면 내에서는 사회 집단 간에 변이가 거의 발견되지 않을 수도 있다.

우리는 통상적으로 주어진 국가들 내에서 전반적인 만족 수준의 차이가 그리 크지 않다는 것을 발견하게 될 것이다. 그러나 이 패턴을 하나의 철칙으로 간주해서는 안 된다는 점을 급히 덧붙이고자 한다. 그것은 단지 상대적으로 가능한 상태의 하나일 뿐이다. 왜냐하면 경제적 또는 정치적 재앙의 효과는 때때로 심하게 편향되기 때문이다. 그러한 사건은 한 국가의 모든 사람의 전반적인 만족 수준을 떨어뜨리는 경향이 있지만, 만약 그 영향이 극도로 편향된다면 일부 집단의 만족 수준은 다른 집단보다 훨씬 급격히 떨어질 수밖에 없기 때문에, 집단 간에 큰 차이가 생겨날 수 있다. 심지어 사람들은 하나의 대규모 집단에서는 전반적인 만족 수준을 **끌어올리는** 반면 다른 대규모 집단에서는 만족 수준을 **떨어뜨릴** 것으로 예상되는 주요 사건들도 생각해 낼 수 있다. 이를테면 공화당 대통령 후보의 승리는 모든 공화당원을 환호하게 하고 모든 민주당원을 실망시킬 수도 있을 것이다. 대부분의 사람의 삶에서 정치가 통상적으로 주변적인 역할을 한다는 점을 고려하면, 그러한 사건은 한 사람의 전반적인 만족 수준에 주변적인 영향만을 미칠 수도 있다. 그러나 이 예를 극단으로 밀고 나가서, 내전에서 한 집단이 다른 집단에게 이제 막 승리한 상황을 상상해 보자. 우리는 승리한 집단이 전체 만족도에서 더 높은 수준을 나타낼 것으로 예상할 수 있는가? 분명히 그렇다. 그러한 상황하에서 우리는 주어진 국가 내에서 집단 간에 매우 큰 규모의 만족도 차이를 예견할 수 있을 것이다. 우리의 요점은 단지 그러한 상황은 대부분의 주요한 변화보다 훨씬 덜 빈번하게 발생한다는 것이다. 대부분의 중대한 변화는 주어진 지역이나 국가의 대부분의 사람에게 유사한 영향을 미친다. 이를테면 호경기(또는 불경기)는 부자와 가난한 사람 모두에게, 프로테스탄트 교도와 가톨릭교도 모두에게, 남성과 여성 모두에게 유리한(또는 불리한) 변화를 가져온다. 각 집단의 절대적 지위는 여전히 크게 다르지만, 그들은 같은 방향으로 움직이며, 주관적 만족도를 틀 짓는 데 결정적인 것으로 보이는 것도 바로 그러한 **변화**이다.

앞서 제시한 가설들은 상대적 박탈(relative deprivation)에 관한 문헌과 부분적으로 모순되는 것처럼 보일 수도 있다. 상대적 박탈감은 집단 간 변이를 최소화하는 모든 경향에 역으로 작동하지 않을까? '상대적 박탈'이라는 용어는 다양한 방식으로 사용되어 왔다. 미국 군인에 관한 고전적인 연구에서는[7] 군인들은 **상대적** 박탈감을 경험하지 않는다면 아주 상당한 정도의 객관적 박탈을 견뎌내고 좋은 사기를 유지할 수 있다는 취지의 연구 결과가 제시되었다. 거기서 결정적인 요인은 적어도 어떤 사람이 자신의 준거집단(reference group)만큼 대우를 받았는가 하는 점인 것으로 보인다. 그러나 군인은 다소 특별한 사례이다. 사병들은 예외적으로 획일적인 규범과 조건하에서, 그리고 보다 이질적인 외부 세계로부터 상대적으로 고립되어 유달리 서로 밀접하게 접촉하며 살고 있다. 이러한 상황하에서 준거집단 비교는 특히 현저하

---

7) Samuel Stouffer et al., *The American Soldier*(Princeton: Princeton University Press, 1949)를 보라.

고 강렬하다. 보다 최근의 연구(민간 표본에 근거한)에서는 '상대적 박탈'이라
는 용어를 계속해서 사용하고 있지만, 그 용어에 새로운 의미를 부여하고 있
다. 이 문헌은 준거집단 비교를 강조하는 대신에 시점별 비교와 추상적인 규
범 및 기대와의 비교가 갖는 중요성을 강조해 왔다. 개인들은 현재 자신들의
형편과 자신들의 과거의 상태 또는 자신들의 미래에 대한 기대를 비교한다.[8]
통시적 비교의 측면에서 만족이나 불만족을 설명하려는 노력은 다양한 형태
를 취해왔다. 캔트릴(Cantril)은 자신의 실제 성취 수준에 대한 사람들의 인식
과 자신이 상상할 수 있는 최상의 상황 간의 불일치 정도를 측정했다.[9] 다른
분석가들은 인지된 성과와 사람들이 당연히 자격이 있다고 느끼는 수준 간
의 불일치[10] 및 인식된 성취 수준 대 열망 수준 간의 불일치에 초점을 맞추었
다.[11]

　우리의 해석은 후자 유형의 비교를 강조한다. 그럼에도 불구하고 준거집단
비교도 아마도 일정한 영향을 미칠 것이다. 자신의 열망을 자신의 상황에 맞
게 조정하는 것은 결코 완벽하지 않다. 소득이 낮고 교육 수준이 낮은 사람들
은 객관적으로 더 형편이 나은 사람들보다 자신의 소득과 교육에 대해 덜 만
족**한다**. 그러나 우리가 살펴보듯이, 차이는 예상할 수 있는 것보다 더 작다.
그리고 다른 영역들과 평균을 내면, 소득과 교육이 전반적인 삶의 만족도에
미치는 영향은 훨씬 더 적어진다.

---

8) 이 접근방식의 사례로는 James C. Davies, "Toward a Theory of Revolution," *American Sociological
Review*, 6, 1(February), 5~19를 보라.
9) Hadley Cantril, *Pattern of Concerns*를 보라. Don R. Bowen et al., "Deprivation, Mobility and
Orientation toward Protest of the Urban Poor," in Louis H. Masotti and Don R. Bowen(eds.), *Riots
and Rebellion: Civil Violence in the Urban Community*(Beverly Hills: Sage, 1968)와 Joel D. Aberbach
and Jack L. Walker, "Political Trust and Racial Ideology," *American Political Science Review*, 64,
3(September, 1970), 1199~1219도 참조하라.
10) Bradburn, *Structure of Well-Being*; Ted Gurr, *Why Men Rebel*(Princeton: Princeton University Press,
1970)을 보라.
11) Campbell et al., *Quality of American Life*를 보라.

이제 방금 개관한 생각들을 요약해 보자. 우리는 다음과 같이 가정한다.

1. 한 사람의 전반적인 삶의 만족도는 각 영역이 특정 개인에게 갖는 중요성에 의해 가중된, 삶의 다양한 측면 각각에 대해 특정 개인이 느끼는 만족의 총합으로 볼 수 있다. 만족은 한 영역에서 다른 영역으로 일반화되는 경향이 있지만, 단지 제한된 범위에서만 그렇다.

2. 삶의 특정한 측면에 대한 한 사람의 만족은 다음 두 가지 간의 간극의 크기에 의해 결정된다.
a. 자신의 현재 상황에 대한 인식
b. 자신의 열망 수준

3. 열망은 자신의 환경에 맞게 조정되는 경향이 있다. 사람들은 다음의 두 가지 방식으로 열망을 조정한다.
a. 사람들은 열망 **수준**을 위 또는 아래로 이동시킴으로써, 즉 **동일한** 것을 더 또는 덜 열망함으로써 열망을 조정한다. 한 사람의 열망은 번영과 함께 상승하고 역경과 함께 하락하지만, 그 과정은 점진적이어서 조정이 좀처럼 완벽하지는 않다.
b. 사람들은 삶의 다양한 측면에 부여하는 **가중치**를 변화시킴으로써, 다시 말해 가치 우선순위를 변화시킴으로써 열망을 조정한다. 이 과정은 물질적 조건과 주관적 만족 간의 통상적인 관계를 중화하거나 심지어 전도함으로써 특정한 가치 우선순위를 가진 집단이 객관적으로 덜 유리한 위치에 있는 것으로 보이는 다른 집단보다 덜 만족하게 만들 수도 있다. 가치 우선순위 변화와 관련된 시간 지체(time lags)는 매우 클 것으로 보이며, 이는 아마도 세대 간 인구 교체와 관련되어 있을 것이다.

4. 따라서 어떤 특정한 문화 내에서 전반적인 주관적 만족도는 통상적으로는 안정적인 사회 범주 전반에 걸쳐 크지 않은 변이만을 보일 것이다.

a. 단기적인 효과는 상쇄되는 경향이 있다. 왜냐하면 모든 더 큰 사회적 범주 내에서 최근에 이례적으로 유리한 개인적 경험을 한 사람들은 최근에 이례적으로 불리한 개인적 경험을 한 사람들에 의해 상쇄될 가능성이 있기 때문이다.

b. 구조적인 차이는 객관적 상황 속에서 열망 수준과 가치가 **장기적** 차이에 맞추어 점차 조정된다는 사실에 의해 상쇄되는 경향이 있다.

5. 그럼에도 불구하고 우리는 만족 수준에서 상대적으로 큰 **국가 간** 차이를 발견할 수도 있다.

a. 하나의 국가가 하나의 독특한 문화적 단위를 구성할 경우, 그 국가는 다른 문화의 성원들과 비교하여 가치와 기대에서 상대적 동질성을 드러낼 수 있다. 서로 다른 문화가 특정한 영역에 서로 다른 가중치를 부여할 수 있기 때문에, 만족 수준은 비슷한 외부 환경에 처해 있는 사회들 사이에서도 크게 다를 수도 있다.

b. 게다가 서로 다른 사회의 사람들은 **서로 다른** 상황에 처하는 경향이 있다. 국경은 여전히 사회경제적 경험의 핵심 단위를 규정한다. 단기적 변화의 영향은 종종 다른 사회적 범주보다는 국적에 따라 더 극명하게 구별지어진다.

전반적인 삶의 만족도: 집단 간 낮은 변이 가설의 검증

우리의 가설은 주어진 국가들 내에서 다양한 사회집단의 전반적인 삶의 만

〈표 5-1〉 삶 전체에 대해 "매우 만족한다"라고 답한 사람들의 가족 소득별 비율, 1973년(9개국 결합 표본)

단위: %

소득(월)	비율	N
200달러 이하	28	(1,618)
200~399달러	24	(2,665)
400~599달러	29	(2,640)
600~799달러	30	(l,695)
800~999달러	31	(1,428)
1,000달러 이상	37	(824)

족도 수준에서 그리 크지 않은 차이만을 발견할 가능성이 크다는 것을 함의한다. 이 예측은 얼마나 정확한가? 9개국의 실제 데이터를 검토해 보자.

1973년에 실시된 유럽 공동체 조사에서는 삶의 여러 가지 중요한 측면 및 삶 전체에 대해 사람들이 얼마나 만족하고 있는지와 관련하여 모든 국가에 표준화된 일련의 질문을 했다. <표 5-1>은 9개국 결합 표본에서 자신의 삶 전체에 대해 "매우 만족한다"라고 응답한 사람들의 비율을 보여준다. 최저 소득집단에서 최고 소득집단으로 갈수록 만족도가 얼마간 증가하지만, 그 변화는 극적이지 않다. 구체적으로는 9%포인트 증가한다. 이처럼 변화의 크기가 그리 크지 않은 것은 우리가 단순하게 표현하기 위해 9개국의 데이터를 통합했다는 사실과는 아무런 관계가 없다. 국가별 결과를 따로 검토했을 경우에도 동일한 패턴이 나타난다.

<표 5-1>은 하나의 사회적 배경 변수(소득)와 하나의 만족도 척도(삶 전체) 간의 관계에 대한 구체적인 생각을 보여준다. 가설대로, 관계가 다소 약하다는 것이 증명된다. 이 발견은 어떤 별개의 우연한 사건을 반영하는 것인가, 아니면 일반적인 패턴인가? 이 질문에 답하기 위해 우리는 9개국 각각에서 이용할 수 있는 모든 주관적 만족도 지표와 많은 일련의 사회적 배경 특성 간의 관

계를 살펴보았다. 우리는 <표 5-1>이 실제로 일반적인 패턴을 보여준다는 것을 발견했다. 이 사실을 입증하기 위해 우리는 광범위한 다양한 항목에 기초한 주관적 만족도 지표와 전체 배경 변수 세트 간의 관계를 다변량 분석을 통해 각 배경 변수의 효과를 통제하며 검토할 것이다.

이를 위해 우리가 해야 하는 첫 번째 작업은 만족과 관련한 우리의 다양한 질문에 대한 응답들이 경험적으로 상관되는 방식을 분석하는 것이다. 만약 그러한 분석을 하지 않으면, 우리는 만족 지수를 산출하기 위해 개인의 응답들을 총합하면서 오렌지에 사과를 더하는 우를 범할 수도 있다. 1973년의 조사는 12개의 서로 다른 영역에서 각 응답자가 느끼는 만족 정도에 관해 물었다.[12] <표 5-2>는 그러한 질문들에 대한 응답에 대해 요인분석을 한 결과를 보여주는 것이다. 다시 한번 더 방대한 분량의 자료를 요약적으로 보여주기 위해 우리는 유럽 9개국의 표본을 결합하여 분석한 다음에 그 결과를 제시할 것이다.

이들 항목은 2개의 주요 군집으로 나뉜다. 제1요인은 전반적인 만족도 차원을 분명하게 포착해 준다. 그중에서 적재값이 가장 높은 항목은 적재값이 .722인 "삶 전체"에 대한 만족도이다. 그러나 12개 영역 모두가 이 요인에 적어도 .400의 적재값을 가진다. 그 패턴은 만족도는 부가적이며 "삶 전체"에 대한 만족도는 다양한 다른 영역의 응답들을 요약적으로 보여준다는 앤드루

---

12) 질문에 사용된 문구는 다음과 같다. "나는 당신이 당신의 현재 상황의 특정 측면에 대해 어떻게 생각하는지 묻고 싶습니다. 내가 여러 가지 측면을 소리 내어 읽어드리겠습니다. 그러면 당신은 그것들 각각에 대해서 매우 만족하는지, 얼마간 만족하는지, 별로 만족하지 않는지, 전혀 만족하지 않는지를 말해주시면 좋겠습니다." 응답자들은 다음과 같은 사항과 관련하여 질문을 받았다. "살고 있는 집이나 아파트 또는 장소, 소득, (주부로서의, 직장에서의, 학교에서의) 일, 자녀 교육, 여가(여가시간), 아프거나 일할 수 없을 때 받게 될 사회복지 급여, 일반적인 다른 사람과의 관계, 우리가 오늘날 (영국에서) 살고 있는 종류의 사회, 세대 간의 관계, (영국에서) 민주주의가 작동하는 방식." 그다음에 응답자들은 다음과 같은 질문을 받았다. "전체적으로 볼 때, 당신은 당신이 살아가는 삶에 매우 만족합니까, 얼마간 만족합니까, 별로 만족하지 않습니까, 아니면 전혀 만족하지 않습니까?" 마지막으로, 응답자들은 다음과 같은 질문을 받았다. "일반적으로 말해서 당신은 응당 받아야 할 존경을 받고 있다고 생각합니까, 그렇지 않다고 생각합니까?"

<표 5-2> 유럽 9개국의 주관적 만족의 차원, 1973년(통상적인 요인분석에서 적재값 .300 이상)

제1요인: 전반적인 만족도 (분산의 32%를 설명)		제2요인: 사회정치적 만족도 (분산의 10%를 설명)	
삶 전체	.722	(영국에서의) 민주주의 작동방식	.625
여가시간	.622	우리가 살고 있는 종류의 사회	.580
개인 소득	.616	세대 간 관계	.393
(직장, 집, 학교에서의) 일	.613	(직장, 집, 학교에서의) 일	-.342
우리가 살고 있는 종류의 사회	.577		
다른 사람과의 관계	.572		
우리가 살고 있는 집, 아파트	.551		
자녀 교육	.538		
(영국에서의) 민주주의 작동방식	.518		
세대 간 관계	.486		
사회복지 급여	.479		
사람들로부터 받는 존경	.406		

스와 위디가 도달한 결론을 뒷받침하는 경향이 있다.

만족은 한 영역에서의 만족이 다른 영역에서의 만족으로 상당한 정도로 일반화되는 것으로 보인다. 왜냐하면 모든 이변량 상관관계(bivariate correlation)가 정(+)의 관계(그것도 대부분의 경우에서 다소 강한 관계)를 보이기 때문이다. 따라서 제1요인만으로도 이들 항목 간의 총 분산의 32%를 설명한다. 이는 상당한 양이다. 하지만 그러한 설명 양의 일부가 응답 편향 때문이라는 것에는 의심의 여지가 없다(이들 항목은 강제 선택 형식으로 질문된 것이 아니라 균일한 연속체 형식으로 질문되었다). 만약 당신이 한 영역에서 만족하면, 그것이 다른 영역에서의 당신의 점수를 끌어올리는 경향이 있다는 것은 분명하다.

국가별 요인분석 또한 수행되었다. 국가마다 매우 유사한 패턴이 나타났고, 이는 그 질문들이 9개 국가 전체에 걸쳐 유사한 의미를 가지고 있다는 것을 시사한다. 각국에서도 항목이 2개의 군집으로 나누어지는데, 그 중 첫 번째 군집은 두 번째 군집보다 약 세 배나 많은 분산을 설명한다. 우리는 모든 국가에서 더 큰 군집을 이루고 있는 이 첫 번째 군집을(<표 5-2>에 제시된 것과 마찬가지로) 전반적인 삶의 만족도 그룹으로 기술할 수 있다.

두 번째 군집에서는 두 가지 다른 영역 ― "우리가 사는 종류의 사회"와 "(영국, 프랑스 등에서의) 민주주의 작동방식" ― 에 대한 만족도가 가장 두드러진다. 이 두 영역에 대한 만족도는 한 사람의 전반적인 삶의 만족과 정(+)의 상관관계에 있지만, 그 연계성은 다른 영역에 비해 약하다. 이 사회정치적 만족도(우리는 이 군집을 이렇게 칭할 것이다)는 상대적으로 자율적인 삶의 질적 측면으로, 독자적인 방식으로 변한다. 한 가지 더 지적하면, 우리의 유럽 9개국 공중은 전반적인 삶의 만족도 군집의 항목에서는 주로 긍정적인 응답을 보이는 반면, 사회정치적 만족도와 관련해서는 "만족하지 않는다"라는 응답의 수가 "만족한다"라는 응답의 수보다 실제로 더 많다.

이 분석은 우리로 하여금 주관적 만족도의 다소 다른 두 가지 측면을 포착할 수 있는 두 그룹의 항목을 식별할 수 있게 해준다. 이 항목들은 국가별로도 거의 동일한 방식으로 함께 군집을 이룬다. 우리는 주어진 군집의 항목들에 대한 사람들의 응답을 결합하여 삶의 구체적인 광범한 측면에 대한 만족도를 측정할 수 있을 것으로 보인다. 우리는 <표 5-2>의 제1요인에 대해 가장 높은 적재값을 가지는 4개 항목에 대한 응답을 총합하여 전반적인 삶의 만족도 지표를 구성했다. 점수는 '1점'(4개 항목 모두에 대해 "매우 불만족한다")부터 '13점'(4개 항목 모두에 대해 "매우 만족한다")까지 다양하다. 우리는 1972년 5월에 조사연구소(Survey Research Center)가 실시한 미국 공중의 소비자 태도 조사에 포함된 거의 동일한 일단의 항목을 이용하여 유사한 지표를 구성했다.[13] 우리는 이 지표를 우리의 종속 변수로 사용해서 다음의 사회적 배경 변

---

13) 이 조사에 대해 기술하고 있는 것으로는 Burkhard Strumpel(ed.), *Economic Means for Human Needs* (Ann Arbor: Institute for Social Research, 1976)의 부록을 보라. 나는 이들 데이터를 나와 공유해

수와 관련하여 상대적인 만족도를 '설명'하려고 노력했다. 연령, 성, 소득, 직업, 교육, 종교 교파, 교회 출석, 정당 일체감, 정치적 정보, 노동조합 가입 여부, 지역, 응답자가 사는 지역사회의 크기, 모국어(벨기에에서), 인종(미국에서), 가치 유형이 바로 그것들이다.

우리는 앞의 변수들을 다중분류분석(Multiple Classification Analyse: MCA)에서 전반적인 만족도를 예측하는 변수로 사용했다.[14] 이 분석의 결과는 <표 5-1>에서 받은 인상을 확인해 준다. 유럽 국가들과 미국 모두에서 우리의 일련의 사회적 배경 변수들은 주관적 만족도에서 상대적으로 적은 분산을 설명한다. <표 5-3>에서 볼 수 있듯이, 우리 9개국 모두에서 사회적 배경 변수들이 만족도 분산을 설명하는 양의 평균 수치는 10%에 불과하며, 국가별 수치는 최저 8%에서 최고 13%까지 다양하다. 이 수치는 놀라울 정도로 낮다. 이에 비해 동일한 일단의 배경 변수들은 9개국에서 정당 일체감 분산을 평균 30% 설명하며, 특정 사례에서 그 수치는 49%까지 올라간다. <표 5-3>은 우리의 조사 결과를 보다 넓게 바라보기 위해 세 가지 다른 종속 변수를 사용하여 유사한 분석을 실시한 결과도 보여준다. 투표 성향, 가치 우선순위, 좌파-우파 척도(또는 미국에서의 자유주의-보수주의 척도)상의 자기 배치와 관련하여, 우리의 예측 변수는 우리의 전반적인 만족도 지표보다 두 배 또는 세 배나 많은 분산을 설명한다. 요컨대 우리의 분석에 포함된 사회적 특성 모두에서 만족도가 상대적으로 일정하게 유지되는 경향이 있다.

연령, 성, 소득, 교육 등에 따른 만족도 차이가 그리 존재하지 않는다는 것은 다양한 설명이 가능할 것으로 보인다. 이를테면 우리의 항목들이 주관적

준 스트럼펠(Strumpel), 그리고 프랭크 앤드루스(Frank Andrews)와 스티븐 위디(Stephen Withey)에게 빚을 지고 있다.

14) 우리는 이 목적을 위해 OSIRIS II 다중분류분석 프로그램을 이용했다. John A. Sonquist, *Multivariate Model Building: The Validation of a Research Strategy*(Ann Arbor: Institute for Social Research, 1970)를 보라.

국가	좌파-우파 척도상의 자기 배치	정당 일체감	투표 성향	가치 우선순위	전반적인 삶의 만족도
프랑스	51	37	28	35	12
네덜란드	41	43	35	22	10
벨기에	16	49	43	23	12
이탈리아	58	25	25	24	10
덴마크	35	28	23	28	11
영국	45	25	26	12	13
독일	31	27	23	28	8
아일랜드	10	2	4	15	12
미국	8	37	27	17	6
모든 국가 평균	33	30	26	23	10

* 이 분석에서는 표본의 크기가 적절하지 않아 룩셈부르크를 제외했다.

인 만족도를 그리 잘 측정하지 못할 수도 있다. 그러나 여기서 채택된 항목들 대부분은 이전의 연구에서 철저하게 검증되고 타당성을 입증받은 것들이다. 또 다른 사람들은 여기서 측정하는 태도가 실제로 존재하지 않는다고 설명할 수도 있다. 사람들은 자신이 거의 알지 못하거나 거의 신경 쓰지 않는 질문에 응답할 때는 때때로 무의미한 대답을 다소 임의로 하기도 한다. 그러한 응답은 사회적 배경 특성과 무의미한 관계를 보여주는 경향이 있을 것이다. 그러나 사람들은 자신의 소득, 여가, 일, 그리고 전반적인 삶에 만족하는지의 여부를 확실히 알고 있고 그것에 신경을 쓸 것이 틀림없다. 다시 말해 이들 질문은 그들과 직접 관련되어 있는 목전의 관심사이다. 어떤 질문이 응답자에게 동 떨어진 것이거나 중요하지 않은 것으로 보인다는 것을 보여주는 지표 중 하나가 바로 비정상적으로 높은 무응답률이다. 무응답률은 때로는 표본의 30%까지 달한다. 그러나 여기서 소득, 여가, 일과 관련된 무응답률은 평균은 4% 미만이었고, 삶 전체와 관련된 무응답률은 평균 1%도 되지 않을 정도로 극히 **낮았다**. 집단 간 차이가 실제로 상대적으로 작을 것으로 보이며, 이는 조정 과정이 일어나고 있다는 것을 함의한다.

그렇지만 우리는 여전히 **일부** 분산을 설명할 수 있다. 어떤 변수가 그 분산을 설명하는가? <표 5-4>는 9개국 결합 표본의 다중분류분석에 포함된 여러 사회 집단의 평균 만족도 점수를 보여준다. 이 표는 흥미로운 사실을 밝혀준다. 국적을 예측 변수로 사용할 때, 국적은 다른 변수보다 더 많은 분산을 설명한다. 국적은 실제로 우리의 다른 변수들을 **모두** 합친 것보다 더 많은 분산을 설명해 준다. 그것만으로도 총 분산의 13%를 설명한다. <표 5-4>에서 볼 수 있듯이, 평균 만족도 점수는 이탈리아 공중에서 '7.1'이라는 낮은 점수부터 덴마크 공중에서 '10.4'라는 높은 점수까지 다양하게 나타난다. 이러한 국가 간 차이는 상당하고 대단히 흥미롭다. 우리는 다음 장에서 이를 좀 더 자세히 살펴볼 것이다. 여기서 우리는 단지 국가가 삶의 질을 연구하는 데서 핵심적인 분석 단위인 것으로 보인다는 점만을 지적할 것이다.

국적 다음으로는 가족 소득이 만족도 점수를 두 번째로 강력하게 예측하는 변수임이 입증되는데, 이는 소득과 같이 상대적으로 유동하는 특성이 성(性)과 같은 고정된 특성보다 변이와 더 크게 연관되어 있을 것이라는 우리의 가설과 일치한다. 후자와 관련하여 우리가 성별 만족도 수준에서 글자 그대로 **그 어떤** 변화도 발견하지 못한다는 것에 주목하자. 이와 유사하게 우리는 탈물질주의자들이 상대적으로 소득이 높은 경향이 있음에도 불구하고 가치 유형과 만족 간에는 거의 아무런 관계가 없다는 것을 발견한다. 다른 어떤 변수들도 만족 수준에서 집단 간에 큰 차이를 보여주지 않는다. 교육, 직업, 정당 선호도는 얼마간 영향을 미치는 것으로 보이지만, 소득과 연계된 영향보다는 상당히 약하다. 소득조차도 전반적인 만족도 수준을 설명하는 데 그리 크지 않은 기여만을 한다. 소득이 월 200달러 이하인 사람부터 월 800달러 이상인

<표 5-4> 유럽 9개국의 사회적 배경별 전반적 만족도 점수, 1973년(전반적 만족도 지수의 평균 점수)*

국적		가족 소득(월)		교육(응답자가 학교를 떠난 나이)		가치 유형	
덴마크	10.4 (1,171)	200달러 이하	8.2 (1,579)	15세 이하	8.5 (7,091)	물질주의자	8.8 (6,765)
네덜란드	9.9 (1,388)	200~399달러	8.3 (2,582)	16~19세	9.1 (4,295)	점수 = 1	8.9 (2,338)
벨기에	9.9 (1,214)	400~599달러	8.8 (2,586)	20세 이상	9.2 (1,610)	점수 = 2	9.0 (1,742)
룩셈부르크	9.8 (300)	600~799달러	9.1 (0,658)			점수 = 3	8.9 (1,106)
아일랜드	9.5 (1,171)	600달러 이상	9.4 (2,368)	성			
영국	8.8 (1,904)	미국인	9.0 (2,232)	남성	8.8 (6,294)		
독일	8.2 (1,894)			여성	8.8 (6,699)		
프랑스	8.1 (2,122)						
이탈리아	7.1 (1,832)						

연령		가장의 직업		교회 출석		정당 일체감	
						응답자가 가장 가깝게 느끼는 정당	
15-19세	8.8 (1,013)	비육체적 직업	9.1 (4,617)	1주일에 적어도 한 번	9.0 (4,136)	우파	9.1 (3,573)
20-24세	8.8 (0,394)	농장	8.6 (1,014)	1년에 적어도 몇 번	8.7 (4,406)	없음, 중도	8.8 (5,339)
25-34세	8.8 (2,496)	육체적 직업	8.6 (4,634)	전혀 가지 않음	8.7 (4,427)	좌파	8.6 (4,084)
35-44세	8.7 (2,390)	은퇴자, 주부	8.6 (2,731)				
45-54세	8.8 (2,140)						
55-64세	8.9 (1,759)						
65세 이상	9.0 (1,801)						

* 13점(최고점)은 개인이 자신의 소득, 일, 여가, 전체 삶에 "매우 만족한다"는 것을 나타낸다. 1점은 응답자가 4개 항목 모두에 "매우 불만족한다"는 것을 나타낸다. 7점은 중간이다. 총 표본의 평균은 8.80이다. ( )안의 수치는 주어진 평균 점수가 기초한 사례 수를 나타낸다.

사람까지에서 만족 수준의 차이는 불과 1.2점이다. 이는 표준편차의 절반에도 약간 미치지 못한다. 어느 나라에서도 소득은 총 분산의 3% 내지 4% 이상을 설명하지 못한다.

유럽공동체 8개국과 미국의 데이터에 기초한 우리의 발견은 주어진 사회의 모든 사회적 범주에서 전반적인 주관적 만족도는 장기적으로 일정하게 유지되는 경향이 있다는 가설과 일치한다. 알라르트(Allardt)도 북유럽 4개국 데이터를 분석하고 나서, 다음과 같이 유사하게 보고한다. "만족도를······ 직업, 교육, 성, 연령 등과 같은 공통적인 배경 변수와 관련하여 측정할 때 놀라운 하나의 사실이 드러난다. 각국 내에서의 전반적인 만족 수준은 사회적 특성에 의해 정의된 모든 범주에서 놀라울 정도로 한결같은 경향이 있는 것으로 보인다."[15] 번영, 위세, 자아표현의 기회는 이들 범주에 불균등하게 분포되어 있다. 하지만 우리는 전반적인 만족 수준에서 범주별 변이가 극히 적다는 것을 발견한다.

이 현상은 직관적으로는 이해하기 쉽지 않다. 모든 사람은 여성이 남성보다 더 적은 돈을 벌고 다양한 불이익에 시달린다는 것을 알고 있다. 하지만 남성과 여성의 전반적인 주관적 만족 수준은 동일한 것으로 보인다. 모든 사람은 미국에서 흑인의 객관적 조건이 백인의 조건보다 상당히 나쁘다는 것을 알고 있다. 하지만 백인과 흑인의 전반적인 만족 수준은 그리 크게 다르지 않다. 후자의 발견은 정말로 놀라운 것이다. 그러나 그러한 사실은 여기에서뿐만 아니라 몇몇 다른 미국 조사에서도 입증되어 왔다.[16] 훨씬 더 놀랍게도, 최근의 한 연구에 따르면, 심각한 신체적 핸디캡 ― 근육 질환, 마비, 사지 상실 또는

---

15) Erik Allardt, "The Question of Interchangeability of Objective and Subjective Social Indicators of Well-Being"(1976년 8월 16~24일 에든버러에서 개최된 국제정치학회 학술대회에서 발표된 논문)을 보라.

16) Andrews and Withey, *Social Indicators*와 Campbell et al., *Quality of American Life*를 보라.

시각 상실 — 을 가진 사람들도 주관적 만족 수준에서 다른 사람들과 큰 차이를 보이지 않는다.[17] 놀라운 것으로 보일 수도 있지만, 이는 우리의 가설과 일치한다. 다시 말해 전반적인 주관적 만족도는 주어진 문화 내의 모든 사회적 범주에서 별 차이를 보이지 않는 경향이 있다.

변화와 만족도

우리는 주관적 만족이 절대적 욕구 충족의 수준에 의해서보다는 최근의 **변화**에 의해 영향을 받는다고 주장했다. 물론 이 가설을 확실하게 검증하기 위해서는 상당한 양의 종단적인 데이터베이스가 필요할 것이다. 그러나 1973년 조사의 일부 항목은 우리로 하여금 유사 종단적인 검증을 할 수 있게 해준다. 우리의 응답자들은 다음과 같은 질문을 받았다.

5년 전의 삶을 돌이켜 볼 때, 당신은 현재의 삶이 어떻다고 말할 수 있습니까?
— 5년 전보다 현재 더 만족한다
— 5년 전보다 현재 덜 만족한다
— 전혀 변화가 없다

다변량 분석에 이 항목을 추가할 경우, 우리는 이 항목이 전반적인 만족 수준을 얼마간 잘 설명한다는 것을 발견한다. 이 항목은 (국적을 제외하면) 그 어떤 사회적 배경 변수보다도 훨씬 더 강력한 예측 변수이다. 우리의 새로운

---

17) Paul Cameron, "Social Stereotypes: Three Faces of Happiness," *Psychology Today* (August, 1974), 62~64를 보라.

MCA 모델은 이제 전반적인 만족도에서 분산의 29%를 설명한다. 이는 국가별 분석에서 사회적 배경 변수들만으로 설명되는 것보다 거의 세 배 많은 것이다.

최근에 삶이 향상되었다는 인식과 전반적인 만족도 간의 연관성은 그리 놀랄 만한 것이 아니다. 응답 편향이 이러한 관계의 일부를 설명할 수도 있다. 현재 아주 만족하는 사람들은 아마도 최근의 발전을 장밋빛으로 바라보는 경향이 있을 것이다. 그러나 그 관계가 결코 동어반복적인 것은 아니다. 왜냐하면 **최근의** 변화에 대한 사람들의 인식은 **미래의** 향상에 대한 사람들의 기대를 예측하기보다는 현재의 만족도를 훨씬 더 강력하게 예측하는 변수이기 때문이다. 그리고 미래에 대한 기대라는 변수는 적어도 응답 편향에 똑같이 취약할 것이다. 현재의 만족은 실제 경험에 준거하지만, 미래에 대한 기대는 대체로 현재의 일반적인 느낌에 의존할 것이 틀림없다. 앞에서 인용한 질문에 이어 다음과 같이 질문되었다.

당신은 앞으로 5년 동안 당신의 일상의 조건이 나아질 것이라고 생각합니까, 아니면 그렇지 않을 것이라고 생각합니까?
— 많이 나아질 것이다
— 조금 나아질 것이다
— 나아지지 않을 것이다

<표 5-5>는 **최근의** 변화에 대한 인식 및 **미래의** 변화에 대한 기대에 따른 만족도 변화를 나타낸 것이다. 우리는 전자의 변수에서 1.7포인트, 후자의 변수에서 단지 .8포인트의 차이를 발견한다(아주 흥미롭게도 후자의 경우에 가장 불만족하는 집단은 미래에 대한 기대치가 낮은 집단이 아니라 미래에 대해 확신하지 못하는 집단이다). 9개국 전체에서 최근의 변화에 대한 인식이 미래의 향상에

<표 5-5> 최근의 변화에 대한 인식과 미래의 변화에 대한 기대에 따른 전반적인 만족도(전반적인 만족도 지표에 근거한 평균 점수)

최근의 변화에 대한 인식에 근거하여		
5년 전보다 현재 더 만족한다	9.3	(5,526)
전혀 변화 없다	9.1	(4,242)
5년 전보다 현재 덜 만족한다	7.6	(2,963)
미래의 변화에 대한 기대에 근거하여		
앞으로 5년 동안 많이 나아질 것이다	9.1	(1,891)
앞으로 5년 동안 조금 나아질 것이다	8.7	(4,555)
앞으로 5년 동안 나아지지 않을 것이다	8.5	(4,549)
모르겠다	8.3	(2,001)

대한 기대보다 분산의 세 배 이상을 설명한다. 최근의 단기적인 변화는 한 사람의 전반적인 만족도를 틀 짓는 데서 중요하고 독자적인 역할을 하는 것으로 보인다.

단기적 변화의 효과에 대한 우리의 데이터는 신중히 고려되어야 한다. 최근의 변화에 대한 사람들의 보고는 일련의 시점에서 우리가 그것을 직접 측정하는 것보다 신뢰성이 떨어진다. 그러나 우리의 데이터는 확실히 개인 내에서의 종단적 비교에 기초하여 상대적 박탈감의 중요성을 강조해 온 이론가들의 주장을 뒷받침하는 경향이 있다. 우리의 발견은 상대적 박탈감이 다른 집단과의 횡단적 비교로부터 발생할 수 있다는 해석과 모순되지는 않지만, 다른 집단이 개인의 열망 수준에 미치는 영향은 상대적으로 약해 보인다. 일반적으로 한 사람의 열망 수준은 동일 사회의 다른 집단의 성취보다는 한 사람의 개인적인 경험에 의해 틀 지어지는 것으로 보인다.

가치 우선순위와 주관적 만족

우리의 발견은 열망 수준이 점차 외부 조건에 맞추어 조정된다는 가설을 뒷받침하는 경향이 있다. 그리고 종단적인 개인 내 비교는 주관적 만족을 틀 짓는 데서 핵심적인 역할을 한다. 유리한 변화가 열망을 앞지를 경우 사람들은 만족감을 경험한다.

우리는 지금까지 한 사회를 지배하는 열망의 **성격**이 장기적으로 변화할 수 있다는 것에 대해서는 거의 관심을 기울이지 않았다. 그러한 변화는 매우 중요한 함의를 지닐 수 있다. 사람들의 가치 변화가 새로운 목표를 중시하기 때문일 경우, 주어진 '유리한' 변화 과정이 그 사람들 사이에서 더 이상 만족감을 산출하지 않을 수도 있다. 게다가 서로 다른 집단이 서로 다른 가치 우선순위를 가지고 있는 경우, 한 집단을 만족시키는 일단의 조건들이 다른 집단들을 상대적으로 불만족한 상태에 머물게 할 수도 있다. 따라서 외부 조건, 가치, 주관적 만족 간의 상호작용은 복잡하고 때로는 역설적이다.

앨런 마시(Alan Marsh)의 최근 연구는 이 복잡성을 예증한다.[18] 마시는 우리의 원래의 4개 항목 가치 지표를 포함하고 있는 1971년의 영국 조사를 분석하여, 탈물질주의자들은 물질주의자들보다 자신의 물질적 조건에 더 높은 수준의 만족감을 드러내지 않는다는 것을 발견했다. 이 사실은 결코 쉽게 이해할 수 있는 것이 아니다. 왜냐하면 탈물질주의자들은 실제로 더 높은 수준의 소득과 교육, 그리고 더 나은 직업을 가지고 있기 때문이다. 언뜻 보기에는 이 발견이 욕구 위계 개념에 기초한 모든 해석과 모순되는 것처럼 보일 수도 있다. 왜냐하면 우리는 탈물질주의자들이 독특한 목표를 가지는 것은 그들의

---

18) Alan Marsh, "'The 'Silent Revolution,' Value Priorities and the Quality of Life in Britain," *American Political Science Review*, 69, 2(March, 1975), 21~30을 보라. 이 글은 나의 다음 논문에 대한 비평이다. Ronald Inglehart, "The Silent Revolution in Europe: Intergenerational Change in Post-Industrial Societies," *American Political Science Review*, 65, 4(December, 1971), 991~1017.

저차원의 욕구가 상대적으로 잘 충족되었기 때문이라고 주장해 왔기 때문이다. 그렇다면 그들이 소득, 주거, 일자리, 건강 등에 대해 비교적 큰 만족도를 드러내야 하는 것 아닌가?

우리가 살펴보아 왔듯이, 대답은 '아니다'이다. 탈물질주의자들이 그러할 것이라는 가정은 (이해할 수는 있지만) 중대한 오류에 근거한다. 즉, 그 가정은 외부 욕구에 대한 만족과 주관적 만족감을 구분하지 않고 있다. 최근의 많은 일단의 증거는 둘 간의 관계가 놀랄 정도로 느슨하다는 것을 보여주며, 따라서 그 둘을 등치시키는 경향은 큰 오해를 불러일으킬 수도 있다. 그럼에도 불구하고 '만족(satisfaction)'이라는 단어는 일반적으로 둘 다를 가리키는 말로 쓰이는데, 마시는 아마도 두 가지를 무의식적으로 동일시하는 것으로 보인다. 최근 몇 년간의 사건과 연구들이 이와 관련하여 우리에게 무언가를 가르쳐주었다면, 그것은 사람들이 객관적으로 매우 부유하면서도 주관적으로는 매우 불만족할 수도 있다는 것이다. 어떻게 이런 일이 일어나는지를 살펴보자.

욕구 위계 개념은 인간이 생리학적 생존에 가장 중요한 것부터 시작해서 다소 예측 가능한 순서로 목표를 하나씩 차례로 추구한다고 시사한다. 즉, 주어진 욕구가 충족되면 다른 '더 높은 서열'의 욕구를 추구하기 위해 나아가는 경향이 있다는 것이다. 브레히트(Brecht)의 표현을 빌리면, "일단 먹고 나야 도덕을 찾는다(Erst Kommt das Fressen, dann Kommt die Moral)." 경제적 안전과 신체적 안전에 대한 욕구를 충족한 사람들이 그러한 영역에 대해 상대적으로 큰 **주관적** 만족을 드러낼 가능성이 있다고 (마시가 가정하는 것처럼) 가정하는 것은 타당해 보일 수도 있다. 그러나 그들이 실제로 그러**한가**? 욕구 위계 모델에 따르면, 주어진 일련의 객관적 욕구를 충족시킨 사람들은 시간이 지나면서 자신들의 우선순위를 변경시켜 다른 욕구를 추구하는 데 더 큰 주의를 기울일 것이지만, 그렇다고 해서 그들이 반드시 '더 낮은 서열'의 영역에 대해 상대적으로 큰 **주관적** 만족을 드러내는 것은 아니다. 매슬로는 다음과 같이 진술한다. "내가 관찰한 것은 욕구 충족은 단지 일시적인 행복을 낳을 뿐이고, 그 행복은 다시 다른 그리고 (아마도) 더 높은 불만에 의해 대체되는 경향이 있다는 것이다."[19] 주어진 욕구를 충족시키는 것은 단기적으로는 주관적 만족을 증가시키지만, 장기적으로는 그렇지 않다. 세대 간 가치 변화에 대한 나의 가설은 아주 명백히 장기적인 효과와 관련되어 있다. 나의 가설은 탈물질주의적 가치 우선순위가 오랜 시기 동안 — 구체적으로는 형성기 내내 — 경제적·물리적 안전을 경험한 사람들 사이에서 주로 발견될 것이라는 점을 함축한다. 요컨대 탈물질주의자들이 탈물질주의적인 까닭은 상대적으로 유리한 물질적 조건으로부터 상대적으로 큰 주관적 만족을 얻지 **못하기** 때문이다.

마시의 비판은 서구 사회에서 가치 변화의 본질을 명확히 하는 데 도움을 준다. 그가 지적했듯이, 젊은 연령 코호트들 가운데서 많은 탈물질주의적 소수가 등장하는 것은 본질적으로 더 고상하고 더 이타적인 세대의 출현을 반영하는 것이 아니다. 다른 모든 사람과 마찬가지로, 그들도 자신에게 가장 중요한 욕구를 추구하고 있는 것이다. 다른 점은 탈물질주의자들은 이전 세대들이 가장 강조했던 가치들과는 **다른** 가치를 극대화하기 위해 노력하고 있다는 사실에 있다. 마시에 따르면, 탈물질주의자들은 변화 지향적인 이데올로기를 지지하고 좌파를 지지하는 것 속에서 자기 또래 집단의 칭찬과 존경을 받으려고 노력하는 것뿐이며, 그들의 행동은 과격파 성향(Radical Chic)에 대한 욕망에 지나지 않는다. 아마도 이 해석은 비록 전체는 아니지만, 지금까지 일어나고 있는 일의 일부를 포착하고 있으며, 그것은 우리의 해석이 기반하고 있는 매슬로식 모델의 함의와 전적으로 일치한다. 매슬로에 따르면, 소속감과 타인의 존경에 대한 욕구는 바로 생존과 신체적 안전에 대한 욕구가 보장되었을 때 강조될 것으로 **예상**할 수 있는 것이다. 적어도 탈물질주의자 중 **일부**는 자

---

19) Abraham H. Maslow, *Motivation and Personality*, 2nd edition(New York: Harper & Row, 1970), 15.

부심이나 자기실현에 대한 욕구 ― 이는 실제로는 이타적인 행동과 구별하기 어려울 수도 있다 ― 에 의해 동기를 부여받고 있을 가능성이 있다. 하지만 우리가 그러한 가능성을 전적으로 무시한다고 하더라도, 마시의 연구 결과는 매슬로식 해석을 훼손하기보다는 지지하는 것으로 보인다.[20]

가장 중요한 것은 마시가 광범위한 함의를 가지는 사실을 강조했다는 점이다. 비록 탈물질주의자들의 독특한 가치 우선순위가 형성기 동안 상대적으로 높은 수준의 객관적 욕구 충족에서 기인할 수 있지만, 그렇다고 해도 그들이 높은 수준의 주관적 만족을 보이지는 **않는다**. 오히려 탈물질주의자들은 선진 산업사회의 비경제적 결점에 대해 상대적으로 민감하게 반응하며, 다른 집단보다 삶의 많은 측면에 대해 다소 **낮은** 수준의 만족을 보이는 경향이 있다.

처음에는 이 발견이 놀라운 것으로 보일 수도 있다. 왜 탈물질주의자들은 더 높은 만족 수준을 보이지 않는가? 매슬로의 욕구 위계에 대한 사려 깊은 논의에서 하라네(Haranne)와 알라르트는 그러한 현상이 갖는 함의 중 하나를 지적한다. 그것은 바로 자신들의 낮은 서열의 욕구를 (객관적으로) 충족시킨 사람들은 자신들의 높은 서열의 욕구 중 일부에 대해서는 상대적으로 **불만족**스러워할 것이라는 것이다.[21] 이 같은 결과가 예상되는 경우는 문제의 집단이 자신들의 가치 우선순위를 변경하고 보다 높은 서열의 욕구 영역에서 더 많은 것을 요구할 때뿐이다. 하라네와 알라르트는 개인의 가치 우선순위에 대한 그 어떤 척도도 가지고 있지 않다. 따라서 그들은 물질적 욕구에 대한 만족도가 높지만 더 높은 서열의 욕구에는 만족하지 않는 집단을 식별할 수 없다. 그러나 만약 우리의 해석이 정확하다면, 탈물질주의자들은 하라네와 알라르트

---

20) 마시의 주장에 대한 상세한 분석과 논박으로는 Ronald Inglehart, "Values, Objective Needs and Subjective Satisfaction among Western Publics," *Comparative Political Studies*(January, 1977), 429~458을 보라.

21) Markku Haranne and Erik Allardt, *Attitudes Toward Modernity and Modernization: An Appraisal of an Empirical Study*(Helsinki: University of Helsinki Press, 1974), 63~71을 보라.

의 묘사와 맞아떨어질 것이다. 이 집단은 물질적 복지 수준이 높아서 대체로 물질적 복지를 당연한 것으로 여긴다. 그 결과 탈물질주의자들은 삶의 비물질적인 측면을 한층 더 중시한다. 물질주의적 다수 ─ 이들은 높은 수준의 물질적 복지가 삶의 다른 모든 측면에 유리한 효과를 가져다줄 것으로 생각한다 ─ 와 대조적으로, 탈물질주의자들은 보다 높은 서열의 특정 영역에 대한 만족 수준이 상대적으로 **낮을** 수도 있다.

이를 뒷받침하는 증거가 존재하는가? <표 5-2>에 제시된 차원 분석은 두 가지 광범위한 유형의 만족도 ─ '전반적인 만족도'와 '사회정치적 만족도' ─ 를 보여준다. 사회정치적 만족도 차원이 포착하는 것이 바로 우리가 물질주의자들의 만족 수준이 탈물질주의자들의 만족 수준과 다를 것으로 예상할 수 있는 유형의 영역이다. 우선, 사회정치적 만족도 차원의 항목 그룹은 광범위한 '전반적인 만족도' 그룹보다 작은 군집을 형성한다. 따라서 이 항목 그룹에 대한 응답은 다른 응답들과 평균을 내는 과정에서 '전반적인 만족도' 그룹의 항목들보다 그 효과가 약화되는 경향이 있을 것이다. '사회정치적 만족도' 그룹이 훨씬 큰 군집이 지닌 관성으로부터 상대적으로 벗어나 있기 때문에, 우리는 '사회정치적 만족도'가 상이한 가치를 가진 집단들에 차별적으로 영향을 미치는 단기적 힘에 의해 더 많은 영향을 받을 것으로 예상할 수 있다. 게다가 그러한 항목들의 **내용**이 응답자들에게 서로 다른 유형의 응답을 하게 할 가능성이 있다. 탈물질주의들은 그들의 성격상 아마도 첫 번째 군집에서 강조된 것과 같은 즉각적인 개인적 욕구에 덜 몰두하고, 사회문제에 더 민감하게 반응할 것이다. 그리고 이론적으로 보면, 그들은 다른 가치 유형들이 강조하는 것과는 다른 기준에 따라 사회적 성과를 평가한다. 탈물질주의자들이 다른 집단보다 정부와 사회적 성과에 대해 반드시 덜 만족해야 하는 이론적인 이유는 전혀 없지만, 우리는 그들이 모든 서구 국가에서 소수를 구성하고 있다는 것을 알고 있다. 최근에야 상당한 숫자로 부상한 비교적 작은 집단인 탈물질주의자들은 주로 물질주의적 목표를 지향하는 사회에서 살고 있다. 따라서 그들은 사회에서 자주 압도당할 가능성이 꽤 크다.

마지막으로, 우리가 앞서 제시했듯이, 정치 영역은 하나의 전체로서의 전체 집단들이 자신의 환경 속에서 아주 차별화된 변화를 경험하기도 하는 영역이다. 이를테면 1973년에 실시한 우리의 영국 조사에서 보수당을 지지했던 사람들은 다른 어떤 정당을 지지했던 사람들보다 더 높은 수준의 정치적 만족 수준을 보였다. 이는 우파 정당 지지자들이 좌파에 우호적인 사람들보다 더 만족하는 보다 광범위한 만족 패턴과 일치했다. 그러나 보수당이 당시에 집권당이었다는 점도 반영된 것으로 보인다. 좌파가 집권한 독일에서는 사회민주당 유권자들이 다른 어느 집단보다 정치적으로 더 만족했다. 그리고 1975년의 한 조사는 노동당이 집권한 후 그 지지자들의 정치적 만족 수준이 영국의 다른 어떤 유권자들보다 더 높았다는 것을 보여준다.

사회정치적 만족도는 물질주의자들보다 탈물질주의자들에게서 더 현저한가? 우리는 만약 물질적 욕구가 장기적으로 충족된다면 다른 욕구들도 전반적인 주관적 만족 수준과 점점 더 관련되게 된다고 주장했다. 따라서 물질주의적 가치 유형과 탈물질주의적 가치 유형의 **전반적인** 만족 수준 간에는 실제로 차이를 보이지 않는다. 그러나 전반적인 만족도의 다양한 **구성요소**는 두 집단에게 똑같이 중요하지 않을 수 있다.

각 가치 유형별로 만족 수준에 대해 별도의 요인분석을 해보면, 전반적인 만족도 구성요소별로 차이가 있음이 분명하게 나타난다. 이 요인분석에서도 <표 5-2>의 경우와 같이 모든 항목이 다소 높은 적재값을 가진다. 즉, 전 영역에서 만족도가 일반화되는 경향이 아주 강하다. 게다가 한 사람의 '삶 전체'에 대한 만족은 물질주의자 하위 표본과 탈물질주의자 하위 표본 모두에서 제1요인에 대해 가장 적재값이 높은 항목으로 나타난다. 이 요인은 두 표본 모두에서 전반적인 만족도를 포착해 준다. 그러나 이 지점을 넘어서면, 두 가지 뚜렷한 패턴이 나타난다. 물질주의자들 가운데서 직업, 여가시간, 소득에 대한 만족은 그다음으로 적재값이 가장 많은 3개 항목이다. 이 항목들은 전반적인 만족도와 가장 밀접하게 연계되어 있는 영역이다. 반면 탈물질주의자들 가운데서는 "우리가 살고 있는 종류의 사회"가 두 번째로 적재값이 많은 항목이고, "자녀 교육", "여가시간", "민주주의 작동방식"이 그 뒤를 잇는다. 사회적 영역과 정치적 영역에서 일어나는 일은 물질주의자들보다 탈물질주의자들의 전반적인 만족도에 더 큰 영향을 미치는 것으로 보인다.

객관적 소득과 자신의 삶 전체에 대한 만족 간의 관계도 각각의 가치 유형별로 아주 다른 패턴을 보인다. 소득은 탈물질주의자들보다 물질주의자들의 전반적인 만족 수준에 더 많은 영향을 미친다. 우리의 9개국 전체 표본 중 순수한 물질주의 유형에서 실제 가족 소득과 전반적인 삶의 만족도 간의 연관성은 감마 .130을 보여주고, 탈물질주의자들 가운데서는 매우 약한 **부**(-)의 관계(감마=-.002)를 보여준다.[22] <표 5-6>은 두 양극단 가치 유형에서 자신의 삶 전체에 "매우 만족한다"라는 비율을 소득별로 보여준다. 물질주의자들 가운데서는 가족 소득이 높아질수록 전반적인 만족도가 증가한다. 탈물질주의자들 가운데서는 명확한 패턴이 없는데, 가장 가난한 집단은 가장 부유한 집단보다 **더** 만족한다. 이러한 패턴은 각국의 조사에서 다시 나타난다. 즉, 물질주의자들 가운데서는 항상 소득과 전반적인 삶의 만족도 사이에 정(+)의 관계가 있다. 탈물질주의자들 가운데서는 연계가 일관되게 더 약한데, 실제로 우리는 9개국 중 4개국에서 **부**(-)의 관계를 발견한다.

우리는 탈물질주의자들이 상대적으로 자국의 사회적·정치적 삶에 불만족할 가능성이 크다고 가정했다. <그림 5-1>이 예증하듯이, 탈물질주의 가치

---

22) 이들 계수는 가족소득 및 "자신의 삶 전체"에 대한 만족과 관련한 항목의 관계에 기초한다. 가치 유형은 12개 항목 지표로 측정되었다. 그러므로 '순수' 유형은 6개 범주 중 양극단에 있는 그룹이다. 물질주의자와 탈물질주의자 각각의 N은 5,533과 543이다.

<표 5-6> 삶 전체에 대한 물질주의자와 탈물질주의자의 가족 소득별 만족도(유럽 결합 표본 사이에서 "매우 만족한다"라는 응답의 비율) 단위: %

가족 소득(월)	물질주의자		탈물질주의자	
200달러 이하	27	(933)	33	(55)
200~399달러	26	(1,397)	16	(111)
400~599달러	30	(1,297)	20	(102)
600~799달러	31	(787)	23	(120)
800~999달러	31	(728)	24	(98)
1,000달러 이상	40	(391)	23	(57)

가 정치적 삶에 대한 불만족과 연계되는 경향이 전반적으로 뚜렷하다. 소득이나 자신의 삶 전체에 대한 만족은 가치 유형과 별 관계가 없지만, 가치와 정치적 만족 간의 연관성은 상당하다. 유럽공동체 9개국 전체에서 순수 물질주의자 유형의 51%가 자국에서 민주주의가 작동하는 방식에 대해 "만족"하거나 "매우 만족"하고 있는 반면, 탈물질주의자들은 29%만이 만족하고 있다.

정치적 삶에 대한 불만족은 탈물질주의적 가치에 **내재되어** 있지 않다. 하지만 <그림 5-2>에서 볼 수 있듯이, 관계의 강도는 국가별로 크게 다르다. 그림에 제시된 8개국 중 7개국에서 탈물질주의자 집단은 어떤 다른 집단들보다 덜 만족하고 있으며, 때로는 그 차이가 크다. 그러나 탈물질주의자들이 특별히 불만족하지 않는 하나의 이탈 사례(덴마크)가 존재한다. 탈물질주의자들은 자신들의 정치 기관이 거둔 성과에 실망할 가능성이 크다. 그러나 그들이 실망하는 정치 기관은 나라마다 다르다. 그리고 어떤 주어진 시점에 한 나라에서는 상대적으로 보수적인 세력이 권력을 잡고 있는 반면, 다른 나라에서는 상대적으로 진보적인 세력이 권력을 잡고 있기도 하다. 따라서 사람들은 그 연속선의 물질주의 쪽 끝에서도, 그리고 탈물질주의 쪽 끝에서도 강한 정치적 불만족을 발견할 수 있다.

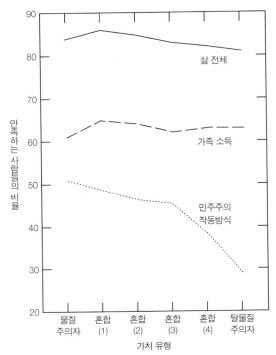

〈그림 5-1〉 가치 유형별 세 가지 영역에서의 만족도: 유럽, 1973년*

* 1973년도 유럽공동체 9개국의 결합 표본에서 "만족한다" 또는 "매우 만족한다"라는 응답의 비율. 결측 데이터
는 비율 기수에서 제외되었다.

　　의심할 것 없이, 이 사실을 보여주는 가장 두드러지는 실례가 바로 이탈리
아 네오파시스트당이다. 이 당의 지지자들은 우리가 1973년에 자료를 가지
고 있던 52개 정당 중에서 다른 어떤 유권자들보다 물질주의 극단에 더 심하
게 치우쳐 있다. 동시에 그들은 52개 집단 중에서 정치적으로 가장 **적게** 만족
하고 있었다. 네오파시스트당은 만족하지 않는 물질주의 집단의 유일한 사례
가 아니다. 덴마크는 사회민주당이 오랫동안 통치하면서 세계에서 가장 선진

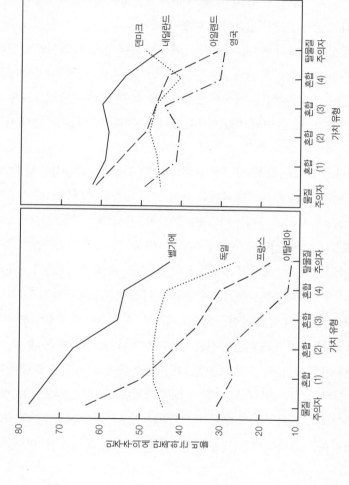

〈그림 5-2〉 가치 유형별 정치적 만족도*

* 자국에서의 민주주의 작동방식에 대해 "만족한다" 또는 "매우 만족한다"라는 응답의 비율.

제5장 가치, 객관적 욕구, 그리고 주관적인 삶의 질 197

적인 (그리고 비용이 많이 드는) 복지국가 중 하나로 제도화되었다. 덴마크에서는 다소 푸자드주의적[Poujadist; 푸자드주의는 프랑스의 서점 주인 피에르 푸자드(Pierre Poujade)가 제창한 운동으로, 소상인의 이익을 보호하는 보수적 반동주의 운동을 말한다_옮긴이]인 '진보당(Progress Party)'이 물질주의적이지만 상대적으로 만족하지 않는 유권자 집단의 또 다른 사례이다.

정치적 불만은 가치 연속선의 양쪽 끝에서 발견될 수 있다. 하지만 전체적인 경향은 분명하다. 다시 말해 탈물질주의자들 가운데서 불만이 가장 팽배하다. 대체로 물질주의적인 사회에서 상대적으로 소수인 탈물질주의자들은 자신의 가치와 자신을 둘러싸고 있는 사회 간의 불일치를 인식하기가 상대적으로 쉽다.

"우리가 살고 있는 사회"에 대한 만족감은 "민주주의가 작동하는 방식"에 대한 만족감과 상당히 유사한 패턴을 보여준다. 이 차원에 대한 보다 신뢰할 만한 분석을 하기 위해 우리는 이 두 항목에 대한 응답에 기초하여 '사회정치적 만족도' 지표를 구성했다.[23] 그런 다음에 우리는 그 지표를 종속 변수로 사용하여 각국 표본과 유럽공동체 9개국의 결합 표본에 대해 <표 5-4>에 제시한 것과 유사한 다중분류분석을 수행했다. 이 분석의 결과는 <표 5-7>에 제시되어 있다. 다시 한번 국적은 만족도에 대한 가장 강력한 예측 변수이다. 그러나 다른 측면에서 그 패턴은 전반적인 만족도 점수를 지배하는 패턴과는 상당히 다르다. 우선, 평균 점수는 약간 **마이너스** 쪽에 있다. 유럽 공중은 자신의 삶 전체(그리고 특히 물질적 측면)에 대해 대체로 만족하는 것으로 보이지만, 사회적 삶과 정치적 삶에 대해서는 만족하기보다 불만족하는 경우가 더 많다. 더 나아가 소득에 따른 사회정치적 만족도에서도 실제로 차이가 없다.

---

23) 이 지수는 두 항목에 대한 각 개인의 만족 수준을 단순히 총합하여 '1'점(두 항목 모두에 대해 "매우 불만족한다")부터 '7'점(두 항목 모두에 대해 "매우 만족한다")에 이르는 점수를 가진 지수를 산출한 것이다.

전반적인 만족도와 관련하여 우리가 발견했던 것과 대조적으로, 상위 소득집단이 하위 소득집단보다 더 만족하지도 않는다. 직업에서도 마찬가지이다. 실제로 비육체적 직업에 종사하는 사람들은 가장 높은 **전반적인** 만족도를 보이면서도 **사회정치적** 만족도에서는 가장 낮은 만족도를 보인다.

우리는 소득과의 관계나 직업과의 관계를 약화시키거나 전도시키는 것을 설명하는 데 도움이 되는 한 가지 사실을 이미 지적했다. 탈물질주의자들(소득과 직업이 더 좋은 사람들)은 물질주의자들에 비해 확실히 덜 만족한다. 물질주의자들의 사회정치적 만족도 평균 점수는 4.0으로, 이는 만족과 불만족 사이의 중간 점수이다. 중간에 있는 가치 유형들의 만족 수준은 점차 낮아져서, 탈물질주의적 극단에 이르면 그 집단의 평균 점수는 3.2점이다. 탈물질주의자들은 9개국 중 8개국에서 일반 공중보다 덜 만족하며, 이탈리아 일반 공중만이 탈물질주의자보다 더 낮은 수준으로 만족한다. 우리의 다변량 분석은 가치 유형이 사회정치적 만족도를 두 번째로 강력하게 예측하는 변수라는 것을 보여준다. 오직 국적만이 <표 5-7>에 제시된 예측 변수들 가운데서 더 많은 분산을 설명한다. 전반적인 만족도에서와 마찬가지로, 이 분석에서 설명되는 총 분산의 비율은 높지 않다. 그 비율은 단지 12%에 불과하다. 앞에서 제시했듯이, 아마도 조정 과정이 만족도 평가에서 변이를 줄일 것이다. 그럼에도 불구하고 가치와 사회정치적 만족도 간의 관계는 의심의 여지없이 유의미하다. 그리고 비록 환경에 따라 크게 다르기는 하지만, 이 분석은 그 관계가 허위 관계가 아니라는 것을 보여준다. 즉, 소득, 교육, 연령, 정당 등의 효과를 조정한 후에도, 우리는 특정 국가 내에서 가치가 어떤 다른 설명 변수보다 더 많은 분산을 설명한다는 것을 발견한다.

마시가 발견한 바와 같이, 탈물질주의자들은 자신의 삶 또는 심지어 자신의 소득에 대해 물질주의자들보다 더 많이 만족하지 않는다. 그들은 심지어 때때로 물질주의자들보다 약간 덜 만족하는데, 이는 부분적으로는 더 높은

〈표 5-7〉 유럽 9개국의 사회적 배경별 사회정치적 만족도(정치적 만족도 지수의 평균 점수: 최대치=7.0)*

국적			가족 소득(월)			교육(응답자가 학교를 떠난 나이)			가치 유형		
벨기에	4.6	(1,253)	200달러 이하	3.9	(1,616)	15세 이하	3.9	(7,212)	물질주의자	4.0	(2,338)
룩셈부르크	4.6	(323)	200-399달러	3.8	(2,639)	16-19세	4.0	(4,379)	점수 = 1	3.9	(1,742)
아일랜드	4.3	(1,198)	400-599달러	3.9	(2,644)	20세 이상	3.7	(1,674)	점수 = 2	3.7	(1,106)
네덜란드	4.1	(1,423)	600-799달러	4.0	(1,700)				점수 = 3	3.5	(740)
덴마크	4.0	(1,199)	800달러 이상	3.9	(2,414)	성			점수 = 4	3.2	(673)
독일	4.0	(1,946)	응답 거부, 미확인	4.0	(2,329)	남성	3.8	(6,514)	탈물질주의자		
영국	3.8	(1,931)				여성	4.0	(6,823)			
프랑스	3.7	(2,166)									
이탈리아	3.1	(1,903)									

연령			가장의 직업			교회 출석			정당 일체감		
									응답자가 가장 가깝게 느끼는 정당		
15-24세	3.8	(3,619)	농장	4.2	(1,055)	일주일에 한 번 이상	4.0	(685)	우파	4.0	(3,677)
25-34세	3.9	(2,448)	은퇴자, 주부	3.9	(2,806)	주 1회	4.1	(3,599)	없음, 중도	3.9	(5,475)
35-44세	3.9	(2,273)	육체적 직업	3.9	(4,741)	연간 몇 번	3.9	(4,512)	좌파	3.8	(4,190)
45-54세	3.9	(1,913)	비육체적 직업	3.8	(4,740)	전혀 가지 않음	3.7	(4,546)			
55-64세	3.9	(1,771)									
65세 이상	4.1	(1,176)									

* 이 지수에서 7.0점은 개인이 "오늘 우리가 (영국에서) 살고 있는 종류의 사회"와 "(영국에서) 민주주의가 작동하는 방식"에 "매우 만족한다"라는 것을 나타낸다. 1.0점은 개인이 둘 다에 "매우 불만족한다"라는 것을 나타낸다. 4.0점은 중간을 나타낸다.

경제적 기대가 그들의 보다 높은 객관적인 수준의 효과를 상쇄하기 때문이다. 그러나 탈물질주의자들이 만족도를 측정하는 기준에서 그 강조점을 소득이 주관적 만족도와 거의 관계를 가지지 않는 지점으로 옮긴 것도 마찬가지로 중요한 것으로 보인다. 반대로 그들 국가의 정치적·사회적 삶은 그들의 전반적인 만족도에서 상대적으로 중요한 구성요소이고 부정적으로 평가받는 경향이 있다.

결론

전반적인 주관적 만족도는 사회집단 간에 놀랄 정도로 거의 차이가 없다. 외견상 부(-)의 관계인 것처럼 보이는 이러한 발견은 실제로는 인간의 엄청난 적응 및 변화 능력을 반영하는 것임이 틀림없다. 왜냐하면 높은 만족 수준은 본래 오래가지 못하는 것으로 나타나기 때문이다. 외부 조건이 유리하게 변화하는 것은 개인의 만족 수준을 높일 수 있지만, 장기적으로는 증가하는 열망 속에서 (그리고 훨씬 더 장기적으로는 가치의 변화 속에서) 그 효과가 중화되는 경향이 있다.

증대된 번영이 단기적인 만족감을 불러일으킬 수도 있지만, 개인은 점차 자신의 열망 수준을 자신의 외부 상황에 맞게 조정한다. 그리고 얼마간의 시간이 흐른 후에 사람들은 주어진 번영의 수준을 당연한 것으로 여기고 더 많은 것을 열망한다. 따라서 안정적인 성원들로 이루어진 집단들 사이에서 물질적 복지상의 구조적 차이는 주관적인 만족에서 놀랄 만큼 작은 차이만을 낳는다. 게다가 특정한 욕구를 박탈당한 적이 전혀 없는 세대 단위들은 질적으로 다른 목표를 강조하기 위해 자신들의 가치 우선순위를 분명하게 변경한다. 그러한 집단에서는 물질적 욕구가 상대적으로 높은 수준으로 충족된다고 하더라도, 만약 그들이 가장 높게 평가된 목표를 추구하는 과정에서 좌절을 경험할 경우 그들은 실제로 상대적으로 **낮은** 수준의 전반적인 만족도를 드러낼 수 있다.

따라서 탈물질주의자들이 삶 전체에 대해 또는 심지어 삶의 물질적인 측면에 대해서도 상대적으로 높은 수준의 주관적 만족감을 보이지 않는다는 것은 단지 외견상의 역설일 뿐이다. 왜냐하면 바로 그 정의상 이 집단은 독특한 가치 우선순위를 가지고 있기 때문이다. 탈물질주의자들은 다른 집단보다 물질적 복지를 덜 중시하고 사회의 질적 측면을 더 중시한다.

1970년대를 지배하던 상황하에서 탈물질주의자들은 물질주의자들보다도 낮은 수준의 사회정치적 만족도를 보이는 경향이 있었다. 이 사실이 함축하는 것은 광범위할 수 있다. 산업사회 초기 시대에는 정치적 불만이 대체로 물질적 조건에 기원을 두고 있었고 저소득 집단에 집중되었을 수도 있다. 하지만 우리의 발견은 상대적으로 부유한 탈물질주의자들이 현재 정치적 불만을 선도하는 중심지가 될 수도 있음을 시사한다. 부분적으로는 이러한 발전의 결과, 사회정치적 불만은 더 이상 주로 노동계급에 집중되지 않았다. 비육체적 직업에 종사하는 사람들은 전반적인 만족도는 가장 높은 반면 사회정치적 만족도는 **가장 낮다**. 따라서 중간계급의 탈물질주의적 요소는 좌파 정당에 새로운 지지 기반을 제공하여 정치적 저항의 핵심 잠재력이 될 수 있다.

저항은 불만으로부터 자동적으로 나오는 것이 아니다. 저항은 실천에 옮겨지기에 앞서 적절한 조직, 지도자, 쟁점, 스킬, 그리고 효능감을 요구한다. 1970년대 중반에 서구 국가들에서는 정치적 저항이 침체되어 있었다. 그러나 정치적 **불만**이 사라진 것은 결코 아니었다. 불만의 무게중심이 새로운 사회적 기반으로 이동한 것은 분명하지만, 불만은 여전히 널리 퍼져 있었다.

제6장

주관적 만족도: 문화 간·시점 간 변이

앞 장에서 우리는 한 사람의 삶 전체에 대한 만족도가 특정 문화의 사회적 범주에 따라 일정하게 유지되는 경향이 있다고 가정했다. 그리고 증거들은 이 가정을 뒷받침한다. 그러나 '특정 문화의'라는 한정 어구가 극히 중요하다. 왜냐하면 '전반적인 삶의 만족도'는 특정 국가 **내에서는** 집단별로 그리 크지 않은 변이를 보이지만, 국가별로는 상당한 변이를 보이기 때문이다.

객관적 복지의 국가 간 차이

상상컨대 이러한 국가 간 변이를 설명할 수 있는 방법은 많이 있을 것이다. 가장 분명하게 가능한 것 중 하나가(그리고 직관적으로 설득력 있어 보이는 것 중 하나가) 특정 국가들이 서로 다른 수준의 주관적 만족감을 보이는 것은 단지 그들 국가가 다른 국가들보다 더 부유하기 때문이라는 것이다. 다시 말해 그 국가의 주민이 더 높은 소득, 더 좋은 주거, 더 나은 의료보호, 더 쾌적한 기후 등을 향유한다는 것이다. 요컨대 더 나은 객관적 조건들이 직접적으로 더 많은 주관적 만족감을 낳는다는 것이다.

그러나 국가 간 차이에 대한 이러한 유혹적인 단순한 설명은, 앞에서 개인 수준에서의 삶의 만족도 차이를 설명하는 데 극히 부적절하다고 입증한 설명 모델과 사실상 동일하다. 객관적 조건은 개인의 삶의 만족도에 영향을 미친다. 그러나 그 관계는 (비록 중요한 시차가 있기는 하지만) 내적 열망과 가치 ― 스스로 변화할 수 있는 ― 에 의해 결정적인 방식으로 틀 지어진다. 조금만 생각해보더라도 객관적으로 결정된 모델이 국가 간 차이에 대한 적절한 설명을 제공할 것 같지 않다는 것은 분명하다.

　　실제로 이탈리아 공중은 전반적인 삶의 만족도에서 가장 낮은 순위를 차지하고 있고, 이탈리아는 우리 표본에서 가장 가난하고 가장 문제가 많은 나라 중 하나이다. 여기까지는 이 모델이 유망해 보인다. 그러나 이 지점을 넘어서면 우리는 엄청난 모순과 마주친다. 아일랜드는 이탈리아보다 더 가난하다. 그리고 우리가 조사했을 당시 아일랜드인들은 우리가 조사한 나라 가운데서 가장 낮은 1인당 소득으로 생활하고 있었을 뿐만 아니라 가장 높은 인플레이션율(이탈리아만큼 높은)과 가장 높은 실업률(이탈리아보다 높은)을 겪고 있었다. 이것 외에도 북아일랜드는 실질적인 내전 상태에 있었다.[1] 하지만 아일랜드 공중(그리고 북아일랜드 공중 역시!)은 이탈리아인, 프랑스인, 독일인, 영국인보다 훨씬 상위에 위치하는, 상대적으로 높은 수준의 전반적인 만족도를 보여준다. 반대로 덴마크인들(실업률은 높지만 1인당 국민소득이 두 번째로 높은)은 가장 만족하는 공중이었다. 그러나 독일인들(9개국 중 1인당 국민소득이 가

---

1)　유럽공동체 조사는 1975년에 처음으로 북아일랜드뿐만 아니라 영국연방의 나머지 지역에서도 데이터를 수집했다. 더욱이 북아일랜드는 그 지역의 의견을 아주 정확하게 평가할 수 있게 해주는 충분한 사례를 제공하기 위해 과잉표집되었다(N=300). 모든 인터뷰가 영어로 진행되었지만, 북아일랜드의 만족 수준은 그레이트브리튼의 만족 수준보다 아일랜드 공화국의 만족 수준에 더 가까웠다. 앞서 지적했듯이, 아일랜드 공중은 '전반적인 삶의 만족도'에서 놀라울 정도로 높은 순위를 차지했지만, 북아일랜드 공중은 이 특성에서 자신들의 남부 이웃들보다 약간 더 높은 순위를 차지했다. 북아일랜드는 1973년에는 조사되지 않았기 때문에 <표 6-3>에 포함되지 않았다. 만약 조사되었다면, 평균 '16.04'점으로 56개 지역 중 10위를 차지했을 것이다.

장 높고 전반적인 경제적 성과가 현저하게 좋은)은 전반적 만족도에서 9개국 중 7
위를 차지했다. 이스털린(Easterlin)은 캔트릴의 국가 간 데이터 분석에 근거
하여 유사한 연구 결과를 보고한다. 그는 국가들 사이에서 소득과 행복 수준
간에 정(+)의 연관성을 거의 발견하지 못한다.[2]

우리는 문턱 효과(threshold effect)가 관여되어 있을 수 있다고 의심한다. 1
인당 연간 수입이 100달러 정도이고 수백만 명의 사람이 말 그대로 굶주리고
있는 인도와 같은 극도로 궁핍한 사회에서는 전반적인 삶의 만족도가 매우 낮
을 수 있다. 그러나 최저 생활수준을 넘어설수록 경제적 요인들은 아마도 전
반적인 만족도 및 행복과는 덜 관련 있을 것이다. 유럽공동체 국가 **모두**는 1
인당 소득이 인도보다 적어도 15배 이상 높다. 이들 국가 중 일부는 다른 국가
들보다 덜 부유하지만, 최저 생활수준을 훨씬 상회하고 있다. 따라서 산업화
된 서구 내에서 관찰된 국가 간 삶의 만족 수준을 객관적 복지를 직접적으로
반영하는 것으로 해석하는 것은 실제로 가능하지 않다. 국가 간 차이는 장기
적인 문화적 요인의 영향을 반영하는 것인가? 아니면 표집 오류(sampling
error) 탓으로 돌릴 수 있는 일시적인 우연한 사건에 지나지 않는 것을 반영하
는 것인가?

우리가 우연한 패턴을 다루고 있는지 아니면 심층적인 패턴을 다루고 있는
지를 판단하기 위해서는 시계열 데이터가 필요한데, 우리는 다행히도 그러한
데이터를 얼마간 이용할 수 있다.[3] <그림 6-1>은 유럽공동체 9개국을 대상

---

2) Richard A. Easterlin, "Does Economic Growth Improve the Human Lot? Some Empirical
    Evidence," in Paul A. David and Melvin W. Reder(eds.), *Nations and Households in Economic Growth*
    (New York: Academic Press, 1974), 89, 126을 보라.
3) 유럽공동체는 여론을 정기적으로 읽어내기 위한 프로그램의 일환으로 1975년 5월과 1975년
    10~11월에 9개국 조사를 후원했다. 이 일련의 조사에서는 룩셈부르크(N=300)를 제외한 유럽
    공동체 국가들 각각에서 1,000회가 약간 넘는 인터뷰가 실시되었다. 그리고 앞에서 지적한 바와
    같이 영국 표본은 북아일랜드에서 실시된 300회의 추가 인터뷰에 의해 보충되었다. 현장 조사는
    IFOP(프랑스), 네덜란드여론연구소(NIPO-Netherlands), DOXA(이탈리아), 아일랜드마케팅서
    베이스(Irish Marketing Surveys)(아일랜드), 갤럽시장분석(Gallup Markedsanalyse)(덴마크),

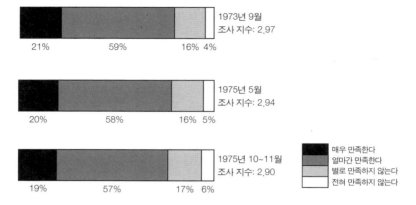

〈그림 6-1〉 세 시점에서 유럽공동체 9개국을 결합한 전반적인 삶의 만족도*

1973년 9월
조사 지수: 2.97
21%   59%   16% 4%

1975년 5월
조사 지수: 2.94
20%   58%   16% 5%

1975년 10~11월
조사 지수: 2.90
19%   57%   17% 6%

■ 매우 만족한다
■ 얼마간 만족한다
□ 별로 만족하지 않는다
□ 전혀 만족하지 않는다

* 만족 지수는 삶 전체에 대한 만족도에 대한 질문에서 "매우 만족한다"는 4점, "얼마간 만족한다"는 3점, "별로 만족하지 않는다"는 2점, "전혀 만족하지 않는다"는 1점으로 점수를 매겨 계산했다.

으로 세 시점에서 실시한 조사에서 "자신의 삶 전체"에 대한 만족도와 관련한 질문의 응답을 보여준다. 이 패턴은(비록 2년에 걸쳐 매우 점진적으로, 그리고 거의 빙하처럼 느리게 아래로 움직이고 있지만) 9개국 전체에서 극도로 높은 안정성을 보여준다. "매우 만족한다"라는 비율은 21%에서 20%로, 그리고 다음에는 19%로 이동하고, 이에 상응하여 "매우 불만족한다"의 비율이 증가한다. 각 시점에서의 네 가지 응답 범주는 이러한 하향 추세를 반영하는 가중 지수로 요약된다. 그 지수는 1973년 9월에는 2.97, 1975년 5월에는 2.94, 1975년 10~11월에는 2.90이다.

이 세 시점을 거치는 동안 주어진 국가의 상대적 위치는 얼마나 안정적인가? <그림 6-2>는 방금 기술한 지표를 이용하여 주어진 국가의 응답 패턴을

INRA(벨기에와 룩셈부르크), 갤럽여론조사(주)(Gallup Polls, Ltd)(영국), 엠니트연구소 (EMNID-Institut)(독일)에 의해 수행되었다.

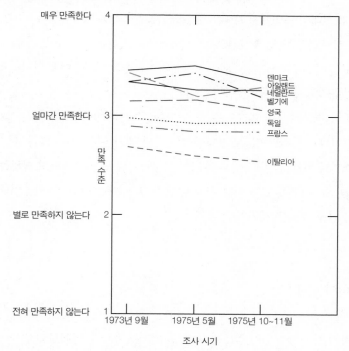

〈그림 6-2〉 유럽공동체에서 보다 큰 8개국의 전반적인 삶의 만족감*

* 만족 수준은 〈그림 6-1〉에서와 같이 계산된 해당 국가의 평균 만족 지수에 기초한다. 지수 4.00은 주어진 표본의 모든 사람이 자신의 삶 전체에 대해 "매우 만족한다"라고 응답한 것을 나타나고, 지수 1.00은 모든 사람이 "매우 불만족한다"라고 응답한 것을 의미한다.

압축적으로 보여준다.[4] 절대적 위치와 상대적 위치 모두의 안정성은 모든 국가에서 극히 높다. 1975년 5월에 벨기에 표본이 약간 위쪽으로 동요한 반면 아일랜드 표본이 약간 아래쪽으로 동요한 것을 제외하면, 8개국 모두의 순위

---

4) 룩셈부르크의 결과는 다른 어떤 큰 나라들보다도 큰 파동을 보여준다. 이는 룩셈부르크에서 수집된 인터뷰의 수가 적기 때문이다(각 시점에서 약 300회). 따라서 룩셈부르크는 <그림 6-2>에 묘사되어 있지 않다. 이 비교적 신뢰할 수 없는 표본조차도 룩셈부르크는 덴마크 수준과 영국 수준 사이에서 상당히 좁은 범위를 오르내린다.

는 세 시점 모두에서 동일하다. 보다 큰 4개국 가운데서는 어떠한 순위 변동
도 없다. 절대적 측면에서 보면, 8개국 공중 모두는 1975년 가을에는 1973년
9월에 비해 조금 덜 만족했지만, 모든 사례에서 변화는 작았다. 국가 간 차이
는 우연한 사건을 반영하는 것이 아니라 각국 공중의 실제적이고 현저하게 심
층적인 속성을 반영하는 것임이 틀림없다.

그렇다면 그 속성의 본질은 무엇인가? 프랑스인과 이탈리아인들은 실제로
덴마크인과 아일랜드인들보다 자신들의 삶에 덜 만족하는가? 아니면 단순히
프랑스인과 이탈리아인들이 다른 나라 사람들보다 덜 만족한다고 **말하는** 경
향이 얼마간 만연해 있는 것인가? 아니면 우리가 설문지 번역이 만들어낸 인
공물을 다루고 있는 것인가?

언어와 만족도

후자의 가능성을 먼저 검토해 보자. 한 언어에서 다른 언어로의 번역이 완
벽한 등치를 이루는 경우는 드물기 때문에, 서로 다른 언어로 조사가 수행된
경우에 국가 간 절대 응답 수준을 비교하는 것은 항상 다소 위험하다. 주관적
만족도는 다른 사회적 특징들과 마찬가지로 국적별로 일정하게 유지되는 경
향이 있지만, 특히 **측정**은 국가 간 기준에 의해 왜곡되기 쉽다고 생각할 수 있
다. 이를테면 "tres satisfait"는 "very satisfied" 또는 "sehr zuf rieden" 또는
"molto soddisfatto"와 아주 다른 어떤 것을 의미할 수도 있다. 이것은 있을 수
있는 일이다. 그러나 이용 가능한 증거들은 국가 간 차이가 번역이 만들어낸
인공물이 **아니라**는 것을 보여준다.

우리의 벨기에 인터뷰 중에서 절반 정도가 프랑스어로, 나머지 절반은 네
덜란드어로 진행되었다는 사실로부터 이를 입증하는 하나의 증거가 도출된

다. 프랑스어를 쓰는 벨기에인들은 프랑스 전체의 만족 수준보다 높을 뿐만 아니라 프랑스 내 어떤 **지역**보다 높은 만족 수준을 보이는 것으로 나타났다. 프랑스어를 사용하는 벨기에 사람들과 플라망어를 사용하는 벨기에 사람들 모두가 프랑스 사람들보다 자신들의 삶에 더 만족한다. 따라서 경계선은 언어적 국경보다는 국가적 국경을 따르는 것으로 보인다.

1972년에 실시된 스위스의 조사는 독일어, 프랑스어, 이탈리아어로 인터뷰가 진행되었기 때문에 훨씬 더 풍부한 비교의 근거가 된다. 스위스에서 제시된 질문들은 유럽공동체에서 사용되는 질문들과 동일하지 않았고, 자신의 삶 전체에 대해 만족하는 정도를 묻는 질문도 포함되지 않았다. 그러나 스위스 질문 중 일부는 다른 곳에서 질문된 것과 거의 비슷하며, 따라서 대략적인 비교를 가능하게 해준다. 이를테면 스위스와 유럽공동체 모두에서 우리의 응답자들은 자신의 소득에 얼마나 만족하는지를 묻는 질문을 받았다. 스위스 설문지에는 "매우 만족한다", "얼마간 만족한다", "만족한다", "별로 만족하지 않는다", "전혀 만족하지 않는다"라는 대안이 포함되었다. 유럽공동체 설문지에서는 앞의 두 가지와 나중의 두 가지 대안만을 제시했다. 만약 우리가 "만족한다"가 기본적으로 긍정적인 응답인 반면, "별로 만족하지 않는다"와 "전혀 만족하지 않는다"라는 선택지는 부정적인 응답으로 함께 묶을 수 있다고 가정한다면, 우리는 사용된 거의 모든 언어가 하나 이상의 국가에서 사용되었기 때문에 국가 간 비교를 할 수 있다. <표 6-1>은 그 결과를 보여주는 것이다. 독일어를 사용하는 스위스인들은 독일인 전체보다, 그리고 독일의 어떤 **지역**의 응답자보다 훨씬 높은 순위를 차지한다. 이와 유사하게 프랑스어를 사용하는 스위스인들은 어떤 지역의 프랑스인보다 훨씬 더 높은 순위를 차지한다. 이탈리아어를 사용하는 스위스인들은 이탈리아인보다 훨씬 높은 순위를 차지한다. 이탈리아인들의 낮은 순위는 "soddisfatto"가 "satisfied"보다 쉽게 만족할 수 없는 절단점을 가리킨다는 가설에 귀속시킬

<표 6-1> 서유럽의 소득별 만족감("별로 만족하지 않는다" 또는 "전혀 만족하지 않는다"라고 응답한 비율)*

단위: %

국가(인터뷰가 진행된 언어)	비율
스위스(독일어)	11
네덜란드	16
벨기에(네덜란드)	16
스위스(프랑스어)	18
덴마크	19
스위스(이탈리아어)	25
벨기에(프랑스어)	28
룩셈부르크(독일 방언)	31
아일랜드(영어)	37
독일	41
영국	43
프랑스	45
이탈리아	53

* 스위스에서 소득에 관한 질문에는 다음과 같은 다섯 가지 선택지가 있었다. "매우 만족한다", "얼마간 만족한다", "만족한다", "별로 만족하지 않는다", "전혀 만족하지 않는다". 유럽공동체 국가들에서는 단지 처음의 2개 범주와 나중의 2개 범주만 제시되었기 때문에, 스위스에서 얻은 "만족한다"라는 답변은 이 표의 목적을 위해 긍정적인 응답으로 취급되었다. 공용어가 하나 이상인 국가들의 경우 인터뷰가 진행된 언어를 괄호 안에 제시했다. 스위스의 데이터는 1972년 조사에서, 다른 나라들의 데이터는 1973년 조사에서 나온 것이다.

수 없다. 왜냐하면 이탈리아어를 사용하는 스위스인들은 영어로 인터뷰한 아일랜드인과 영국인 모두보다 훨씬 높은 순위를 차지하고 있기 때문이다. 게다가 작은 나라들에 살고 있는 9개 집단 모두는 4개의 큰 나라의 각각의 주민들보다 높은 순위에 위치한다. 하지만 주어진 언어가 응답을 하향 또는 상향으로 편향시키는 경향이 있을 수 있다는 가설은 일부 뒷받침되는 것으로 보인다. 왜냐하면 큰 나라 중에서 이탈리아인들이 가장 낮은 순위를 차지하고 독일인들이 가장 높은 순위를 차지하는 것처럼, 이탈리아어를 사용하는 스위스인의 경우 자국인들보다 상당히 낮은 순위를 차지하는 반면 독일어를 사용하는 스위스인의 경우 자국인들보다 상위에 위치하기 때문이다. 그렇다면 우리는 (국적을 상수로 하여) 본래 "gar nicht zuff rieden"하기보다 "per niente soddisfatto"하기가 더 쉽다고 결론지을 수 있는가? 그렇게 결론짓는 것은 성급한 일일 것이다. 왜냐하면 공교롭게도 이탈리아어를 사용하는 스위스 지역은 독일어를 사용하는 스위스 지역보다 경제적으로 덜 발전되어 있고, 이탈리아어를 사용하는 스위스인은 우리가 인터뷰한 독일어를 사용하는 스위스인보다 평균 수입이 상당히 낮기 때문이다. 자신의 소득에 대한 만족도가 자신의 실제 소득과 관련 있기 때문에, 각각의 언어에 내재되어 있는 어떤 것보다도 소득이 이탈리아어를 사용하는 스위스인들이 <표 6-1>에서 상대적으로 낮은 순위를 차지하는 이유를 더 잘 설명할 것이다.

또 다른 일단의 비교가 우리가 수수께끼를 푸는 데 도움을 줄지도 모른다. 앞의 질문에서 인터뷰한 각 개인은 **자신의** 소득에 대해 묻는 질문을 받았다. 이제 우리는 주어진 국가에서 인터뷰한 모든 사람이 **동일한** 자극에 반응하도록 요청받은 질문, 즉 그 나라가 운영되는 방식에 대한 질문으로 눈을 돌려보자. 스위스에서 물은 질문은 여기서도 유럽공동체에서 물은 질문과 동일하지 않지만, 이번에는 스위스와 유럽공동체에서 동일한 4개 응답 범주를 제시했다. 스위스에서는 "당신은 스위스 정부가 국가를 운영하는 방식을 어떻게 생각합니까? 매우 만족합니까, 다소 만족합니까, 별로 만족하지 않습니까, 전혀 만족하지 않습니까?"라고 질문했다. 유럽공동체에서 응답자들은 "(자국에서) 민주주의가 작동하는 방식"에 대해 얼마나 만족하는가를 묻는 질문을 받았다. 선택지는 "매우 만족한다", "얼마간 만족한다", "별로 만족하지 않는다", "전혀 만족하지 않는다"였다. 스위스와 유럽공동체 모두에서 정치적 만족도에 앞서 자신의 주거, 일, 소득 등에 대한 만족도와 관련한 일련의 항목에 대해 질문했다. 이들 항목에 대한 응답에서 이탈리아어를 사용하는 스위스인들은 독일어를 사용하는 스위스인들보다 **더** 많이 만족하는 것으로 나타났다. 실제로 그들은 13개 집단 중에서 가장 많이 만족한다. 그러나 스위스의 세 집단 **모**

〈표 6-2〉 서유럽에서의 정치적 만족도("얼마간 만족한다" 또는 "매우 만족한다"라는 응답의 비율)

단위: %

국가(인터뷰가 진행된 언어)	비율
스위스(이탈리아어)	79
스위스(프랑스어)	70
스위스(독일어)	68
벨기에(네덜란드어)	63
벨기에(프랑스어)	62
아일랜드(영어)	55
룩셈부르크(독일 방언)	52
네덜란드	52
덴마크	45
독일	44
영국	43
프랑스	41
이탈리아	27

* (모든 나라에서) 제시된 선택지는 "매우 만족한다", "얼마간 만족한다", "별로 만족하지 않는다", "전혀 만족하지 않는다"이다.

두는 다른 집단 중 어느 집단보다 상위에 위치한다. 그리고 벨기에의 두 집단 모두도 나머지 집단 중 어느 집단보다 상위에 위치한다. 언어보다는 국적이 이 비교에서 결정적인 변수라는 것이 증명되며, 국가 간 차이가 사용된 언어에서 비롯된다고 믿을 이유는 전혀 없다.

지역 정치문화와 만족도

전반적인 삶의 만족도의 수준이 서로 다른 것은 어떤 특정한 언어보다는 주어진 지리적 또는 정치적 단위와 연관되어 있는 것으로 보인다. 만약 그렇다면, 주어진 정치 단위와 연관된 가장 중요한 제도 중 하나인 정당의 효과를 검토해 보자.

프랑스와 이탈리아는 삶의 만족도에서 가장 낮은 순위에 위치하는 두 나라이며, 이 두 나라는 서유럽에서 지금까지 가장 큰 공산당을 가지고 있다. 이 사실이 이들 국가의 낮은 만족 수준을 설명할 수 있는가?

이는 어떤 단순하고 직접적인 방식으로는 설명할 수 없다. 우리가 모든 공산당 지지자들을 우리의 표본에서 제외시키더라도, 프랑스와 이탈리아의 나머지 응답자들은 **여전히** 다른 어떤 공중보다 전반적인 삶의 만족도에서 낮은 순위를 차지하고 있다. 강력한 공산당식 교화가 불만족으로 이어질 경우, 그 효과는 매우 확산적일 것으로 보인다. 그것은 공산주의자들에게뿐만 아니라 비공산주의자들에게도(그리고 심지어는 반공산주의자들에게까지) 영향을 미친다. 우리는 이 요소들을 완전히 제거할 수 없다. 왜냐하면 강력한 공산당의 존재는 수년 동안 정치 영역의 모든 부분에서 불만의 **표출**을 정당화하는 경향이 있었을 수도 있기 때문이다. 따라서 이들 공중이 어떤 다른 국적의 사람들보다 실제로 덜 만족한 것은 아닐 수도 있다. 그들은 단지 자신들의 상태에 대해 **말할** 준비가 더 많이 되어 있을 뿐일지도 모른다.

후자의 가설은 반증하기 어렵지만, 대부분의 분석가들은 아마도 공산당에 대한 광범위한 지지를 만족보다는 불만족에 귀속시킬 것이다. 그리고 실제로 1976년 이탈리아 선거에서는 공산당 지지가 증가하기에 앞서 정치적 불만족이 고조되어 있었다(231쪽을 보라).

와일리(Wylie), 밴필드(Banfield), 그리고 태로(Tarrow)는 남부 프랑스와 남부 이탈리아의 지역 정치문화에 관한 고전적 연구에서 이러한 하위문화들이 광범한 불신과 비관주의에 의해 특징지어진다고 결론 내렸다.[5] 그러한 속성

---

5) L. Wylie, *Village in the Vancluse*(Cambridge: Harvard University Press, 1957); Edward C. Banfield, *The Moral Basis of a Backward Society*(Glencoe: Free Press, 1958); Sidney Tarrow, *Peasant Communism in Southern Italy*(New Haven: Yale University Press, 1967)를 보라.

들이 주관적 만족도와 등치될 수는 없지만 관련되어 있을 수는 있다. 만약 그렇다면, 우리의 데이터는 이들 저자가 도달한 결론을 확인하는 경향이 있을 것이다. 왜냐하면 남부 이탈리아는 9개국의 다른 어떤 지역보다 전반적인 만족도 순위가 낮으며(그다음으로 높은 곳이 시칠리아와 사르디니아이다), 남동부 프랑스와 남서부 프랑스는 파리 지역을 제외한 프랑스의 다른 어느 지역보다 그 순위가 낮기 때문이다.

게다가 와일리, 밴필드, 태로 등이 주장하듯이, 전반적인 만족도의 수준이 서로 다른 것은 주어진 지리적 단위들이 지닌 한결 같은 속성인 것으로 보인다. 응답자가 거주하는 지역, 지방, 또는 주는 전반적인 만족도를 예측하는 비교적 좋은 변수인 것으로 입증된다. 국가별 분석에서는 오직 소득만이 설명 변수로서 지역보다 상위에 위치하며, 주어진 지리적 단위는 시간대별로 인상적인 정도로 일관되게 독특하게 높거나 낮은 수준의 전반적인 만족도를 보여준다. <표 6-3>은 유럽공동체 내의 55개의 서로 다른 지리적 단위가 1973년 9월과 1975년 5월에 차지한 상대적 지위를 보여준다.[6]

1973년에 전반적인 삶의 만족도 측면에서 1위를 차지한 지역은 네덜란드의 드렌테 지방이었고, 덴마크의 유틀란트 반도가 2위였던 반면, 우리가 믿을 만한 데이터를 가지고 있는 55개 지역 가운데서 최하위는 이탈리아 남부가 차지했다. 1975년에도 이 세 지역은 정확히 같은 자리를 차지했다. 즉, 드렌테가 1위, 유틀란트가 2위, 남부 이탈리아가 꼴찌였다. 1973년에 가장 높은 순위에 오른 15개 지역 중에서 9개 지역이 1975년에도 상위 15위 안에 들어 있었다. 안정성은 척도의 반대쪽 끝에서 훨씬 더 인상적이다. 1973년에 최하

---

6) <표 6-3>에 제시된 1975년 점수는 '자신의 삶 전체'에 대한 만족과 관련한 두 가지 질문에 대한 응답에 기초하는데, 이 응답은 신뢰도를 높이기 위해 결합되었다. 첫 번째 질문은 1973년에 사용된 질문과 동일했다. 두 번째 질문은 인터뷰에서 상당히 나중에 질문되었는데, "매우 만족한다"에서 "전적으로 불만족한다"로 이어지는 11점의 의미변별척도(semantic differential scale)를 사용했다.

〈표 6-3〉 지역별 삶 전체에 대한 만족도, 1973년과 1975년*

	1973년**			1975년***	
순위	국가: 지역 또는 지방	평균 점수	순위	국가: 지역 또는 지방	평균 점수
1	네덜란드: 드렌테	3.58	1	네덜란드: 드렌테	17.00
2	덴마크: 유틀란트	3.56	2	덴마크: 유틀란트	16.94
3	벨기에: 림부르크	3.54	3	벨기에: 안트베르펀	16.81
4	네덜란드: 오버레이설	3.54	4	덴마크: 셰일란트	16.70
5	덴마크: 푸넨	3.52	5	네덜란드: 프리슬란트	16.57
6	아일랜드: 더블린	3.51	6	벨기에: 림부르크	16.36
7	네덜란드: 프리슬란트	3.48	7	아일랜드: 먼스터	16.31
8	네덜란드: 북부라반트	3.48	8	네덜란드: 제이란트	16.28
9	벨기에: 동플랑드르	3.48	9	아일랜드: 렌스터	16.24
10	벨기에: 안트베르펀	3.46	10	벨기에: 서플랑드르	15.96
11	벨기에: 흐로닝겐	3.46	11	네덜란드: 오버레이설	15.85
12	아일랜드: 먼스터	3.40	12	네덜란드: 위트레흐트	15.85
13	벨기에: 서플랑드르	3.40	13	벨기에: 브라반트	15.82
14	아일랜드: 렌스터	3.40	14	영국: 이스트 미들랜즈	15.78
15	네덜란드: 헬데를란트	3.39	15	아일랜드: 코노트-얼스터	15.76
16	영국: 요크셔, 험버사이드	3.37	16	벨기에: 에노	15.60
17	덴마크: 셰일란트	3.35	17	벨기에: 나무르	15.60
18	네덜란드: 위트레흐트	3.35	18	네덜란드: 흐로닝겐	15.59
19	네덜란드: 제이란트	3.35	19	네덜란드: 북부라반트	15.54

	1973년**			1975년***	
순위	국가: 지역 또는 지방	평균 점수	순위	국가: 지역 또는 지방	평균 점수
20	네덜란드: 남홀란트	3.32	20	덴마크: 푸넨	15.42
21	벨기에: 리에주	3.28	21	영국: 남서부	15.31
22	룩셈부르크	3.27	22	네덜란드: 헬데를란트	15.29
23	벨기에: 브라반트	3.25	23	독일: 슐레스비히홀스타인	15.28
24	영국: 이스트 미들랜즈	3.25	24	영국: 요크셔, 험버사이드	15.26
25	네덜란드: 림부르크	3.25	25	영국: 런던과 남동부	15.21
26	벨기에: 에노	3.20	26	아일랜드: 더블린	15.12
27	네덜란드: 북홀란트	3.19	27	벨기에: 리에주	15.01
28	벨기에: 나무르	3.19	28	영국: 스코틀랜드와 웨일즈	14.89
29	영국: 스코틀랜드와 웨일즈	3.17	29	네덜란드: 림부르크	14.88
30	아일랜드: 코노트-얼스터	3.17	30	네덜란드: 북홀란트	14.80
31	영국: 런던과 남동부	3.16	31	네덜란드: 남홀란트	14.79
32	영국: 북부	3.16	32	룩셈부르크	14.60
33	영국: 웨스트미들랜즈	3.14	33	독일: 니더작센	14.56
34	프랑스: 알자스로렌	3.12	34	영국: 북부	14.55
35	독일: 함부르크와 브레멘	3.11	35	영국: 웨스트미들랜즈	14.54
36	독일: 슐레스비히홀스타인	3.09	36	영국: 북서부	14.51
37	영국: 남서부	3.06	37	벨기에: 동플랑드르	14.43
38	독일: 노르트라인베스트팔렌	3.05	38	독일: 헤센	14.27
39	독일: 니더작센	3.03	39	프랑스: 알자스로렌	13.84
40	독일: 헤센	3.03	40	독일: 노르트라인베스트팔렌	13.82

순위	1973년** 국가: 지역 또는 지방	평균 점수	순위	1975년*** 국가: 지역 또는 지방	평균 점수
41	영국: 북서부	2.99	41	독일: 바이에른	13.75
42	프랑스: 북서부	2.99	42	독일: 바덴뷔르템베르크	13.70
43	독일: 바이에른	2.96	43	프랑스: 북서부	13.59
44	독일: 바덴뷔르템베르크	2.96	44	독일: 라인-팔츠	13.38
45	프랑스: 북부, 파드칼레	2.96	45	프랑스: 북부, 파드칼레	13.37
46	프랑스: 남동부	2.96	46	프랑스: 남동부	13.27
47	프랑스: 파리 분지	2.94	47	프랑스: 파리 분지	13.03
48	프랑스: 남서부	2.92	48	프랑스: 수도 파리	13.03
49	이탈리아: 북동부	2.88	49	프랑스: 남서부	13.00
50	독일: 라인-팔츠	2.87	50	이탈리아: 북동부	12.89
51	이탈리아: 북서부	2.78	51	독일: 함부르크와 브레멘	12.72
52	프랑스: 수도 파리	2.77	52	이탈리아: 북서부	12.51
53	이탈리아: 중부	2.71	53	이탈리아: 도서 지역	12.23
54	이탈리아: 도서 지역	2.56	54	이탈리아: 중부	12.19
55	이탈리아: 남부	2.54	55	이탈리아: 남부	10.63

* 1975년 조사에서 이용된 이월랜드 지역들은 1973년 조사에서 이용된 지역과 대략적으로만 비교할 수 있다. 여러 경우에서 사례 수가 적은 지리적 단위들은 다른 단위와 결합되었다. 이를테면 브레멘은 함부르크와, 헤셀츠는 스크롤랜드와, 동앵글리아는 런던과 남동부 단위와 결합되었다.

** 1973년 조사의 경우, 평균 점수는 1점(매우 불만족한다)부터 4점(매우 만족한다)까지의 척도에 기초한 것이다.

*** 1975년 조사의 경우, 평균 점수는 1점(매우 불만족한다)부터 20점(매우 만족한다)까지의 지표의 기초한 것이다.

위를 기록한 11개 지역 중에서 9개 지역이 1975년에도 **정확히** 동일한 순위를 차지했고, 1개 지역은 이전 순위에 근접한 순위를 차지했다.

이러한 놀라운 안정성은 부분적으로는 주어진 국가들이 변화 없이 실제로 자신들의 상대적 위치를 지키고 있다는 사실에서 기인할 수도 있다. 그러나 주어진 국가들 **내**에서도 상당한 안정성을 보인다. 이를테면 네덜란드의 경우 드렌테, 프리슬란트, 오버레이설은 1973년과 1975년 모두에서 순위가 가장 높은 4개 지방 가운데 위치하는 반면, 북홀란트, 남홀란트, 림부르크는 두 해 모두에서 순위가 가장 낮은 3개의 지역이다(이들 지역은 순위표에서 멀리 떨어져서 55개 지역 가운데서 중간 지점에 자리한다). 이상하게도 벨기에의 림부르크 지역 — 이 지역은 같은 이름의 네덜란드 지방과 인접하고 언어와 종교도 유사하다 — 은 두 해 모두에서 벨기에 지방 가운데 순위가 **가장 높은** 2개의 지방 중 하나이며, 같은 이름의 네덜란드 지방보다 1973년에는 23위, 1975년에는 24위 높은 순위를 차지하고 있다. 영국에서는 요크셔와 험버사이드, 이스트 미들랜즈, 남동부가 두 해 모두 순위가 가장 높은 네 지역 중에서 3개 지역을 차지하고 있다. 이와 유사하게 독일에서도 슐레스비히홀스타인, 니더작센, 노르트라인베스트팔렌이 두 해 모두 상위 4개 지역 중에서 3개 지역을 차지하고 있다. 이탈리아에서는 북동부와 북서부 지역이 두 시점 모두 각각 1, 2위를 차지하고 있다. 그리고 프랑스에서는 7개 지역이 두 시점 모두 실제로 동일한 순위를 차지하고 있으며, 유일한 변화는 1973년에 6위와 7위였던 지역이 1975년에 서로 자리를 바꾼 것뿐이다.

프랑스 지역은 정치적 경계가 언어의 국경을 가로지르는 또 다른 흥미로운 사례를 포함하고 있다. 알자스로렌에서는 인구의 상당 부분이 독일어를 모국어로 사용한다. 프랑스어로 인터뷰가 진행되었지만, 이 지역은 프랑스의 다른 어느 지역보다 더 높은 만족 수준을 드러낸다. 하지만 알자스로렌의 비교적 높은 만족 수준을 그 지역이 독일과 갖는 문화적인 유대에 귀속시킬 수 있을지는 불확실하다. 왜냐하면 이 지역은 또한 만족 수준에서 인접한 독일 지역보다 현저하게 높으며, 독일 전체보다도 높은 순위를 차지하고 있기 때문이다. 독일에도 한 가지 놀랄 만한 변칙적 사례가 포함되어 있다. 함부르크와 브레멘은 1973년에 독일 지역 중에서 1위를 차지했지만, 1975년에는 꼴찌를 기록했다. 그러나 그 지역은 독일에 포함된 지역 중에서 인구가 가장 덜 조밀한 단위이고, 그 결과 인터뷰의 수가 다른 주들에 비해 더 적어 신뢰성이 낮다.

<표 6-3> 전체와 관련하여 우리는 주어진 지역에서 수행한 인터뷰의 수가 주어진 국가에서 수행한 인터뷰 수의 한 단편일 뿐이라는 점을 반드시 염두에 두어야 한다. 따라서 이 경우 총합 수준이 낮고 오차범위는 더 넓다는 점을 감안하면, 국가 **내**에서의 순위 안정성은 국가 **간** 안정성만큼이나 인상적이다.

우리는 이들 지역에서 전반적인 만족 수준과 경제 수준 간에 분명한 연계 관계를(국가 수준에서도 그랬듯이) 전혀 찾아볼 수 없다. 남부 이탈리아는 가장 가난한 지역 중 하나이며, 두 해 모두 최하위를 기록하고 있다. 그러나 드렌테는 중간 정도의 번영을 누릴 뿐인 나라에서 가장 가난한 지방이지만, 만족도에서 두 해 모두 **1위**를 차지하고 있다. 반대로 수도 파리는 단연코 프랑스에서 가장 부유한 지역이지만 주관적 만족도는 상대적으로 낮은 편이다. 우리는 여기서 관찰된 패턴에 대해 어떠한 단순하고 분명한 설명도 발견하지 못한다. 그 패턴은 아마도 역사, 사회적 맥락, 그리고 현재의 경제적 변화의 상호작용을 반영하고 있을 것이다.

주어진 국가들 — 그리고 주어진 지방의 지역들 — 의 상대적으로 안정적인 특징들이 그러한 생태학적 단위에 살고 있는 사람들이 표명하는 삶의 만족 수준에 영향을 미친다고 결론지어도 무방할 것으로 보인다. 그러나 하나의 완전한 설명을 위해서는 아마도 주어진 국가나 지역에 사는 사람들의 1인당 소득,

주거, 생활비와 같은 것에서뿐만 아니라 삶의 다양한 비경제적 측면에서도 최근에 일어난 **변화**에 대한 데이터가 필요할 것이다. 현재로서는 그러한 분석을 위해 이용할 수 있는 적절한 데이터가 존재하지 않는다. 생태학적 데이터와 조사 데이터를 결합하는 추가 연구가 이루어진다면, 지리적 단위별로 주관적 만족도에서 차이를 만들어내는 근원적인 이유를 이해하는 데 도움이 될 수 있을 것이다. 그것은 대단히 가치 있는 일일 것으로 보인다.

규모와 만족도

국가 간 만족도 차이는 우리가 거의 언급하지 않았지만 아마도 독자에게 흥미를 불러일으킬 것으로 보이는 놀라운 특징을 보여준다. 그것은 바로 실제로 모든 경우에 작은 나라들이 큰 나라들보다 더 높은 만족도를 보인다는 것이다. 더 작은 나라들의 공중이 더 큰 나라들의 공중보다 더 높은 순위를 차지하고 있다는 주목할 만한 일관성은 작은 정체(政體)에서의 삶이 더 큰 정체에서의 삶보다 더 만족스러울 수 있다는 것을 시사한다. 그러나 작다는 것 자체가 답은 아니다. 일단 4개의 '큰' 나라와 6개의 '작은' 나라로 둘로 나누어 관찰해 보면, 규모와 만족도 간에는 아무런 관계가 없다. 스위스는 덴마크나 아일랜드보다 더 많은 인구를 가지고 있고 룩셈부르크에 비하면 확실한 거인이지만, 경제적 만족도와 정치적 만족도 모두에서 그 나라들보다 상위에 위치하는 것으로 보인다. 마찬가지로 독일은 4개의 '큰' 국가 중에서 가장 크지만, 두 종류의 만족도 모두에서 가장 높은(그리고 '작은' 국가들보다 조금 낮은) 순위를 차지하고 있다. 게다가 미국은 프랑스나 독일보다 몇 배 더 크다. 하지만 미국 공중은 비교적 만족하는 것으로 보인다. 직접적으로 비교 가능한 데이터를 미국에서 입수할 수 없지만 대략적으로 비교해 보면, 미국 공중은 **적어도**

독일 공중만큼 만족하고 있으며 아마도 몇몇 더 작은 국가들의 공중만큼 높은 순위를 차지하고 있는 것으로 보인다.

방금 검토한 데이터를 살펴보면, (앞에서 이분화한) '큰' 나라가 아닌 '작은' 나라에서 사는 것과 상대적 만족도 간에는 1.00의 상관관계가 존재한다. 그러나 유감스럽게도 우리가 영원한 진리를 발견한 것은 아닐 것이다. 벨기에 사람들이 자국이 이웃 국가들 사이에 끼어 불운한 전쟁터가 되었던 제1차 세계대전 동안 비교적 높은 만족감을 보고했을 것이라고 가정하는 것은 신뢰받기 어렵다. 미국이나 영국 같은 더 크지만 덜 황폐화된 국가들의 국민은 그 당시에 더 높은 만족 수준을 보였을 가능성이 클 것으로 보인다. 사람들은 제2차 세계대전부터 인도차이나 전쟁까지에서 그러한 가설적 사례들을 더 들 수 있을 것이다. 비록 데이터는 빈약하지만, 작은 나라들이 특정한 조건하에서는 특정한 이점을 누릴 수 있지만 반드시 부러울 만한 위치에 있는 것은 아니라는 것은 상식에 속한다.

1948년에 수행된 국가 간 조사의 일부 데이터는 이 점을 예증하는 데 도움을 준다.[7] 이 연구는 25년 이상이 지난 후에 유럽공동체가 조사한 국가 중 몇 나라를 포함하고 있었고, 전반적인 삶의 만족도의 대략적인 지표로 받아들일 수 있는 질문을 포함하고 있었다. 그 질문은 "당신은 당신이 현재 삶을 꾸려나가는 방식에 얼마나 만족합니까?"라는 것이었다. 그 질문에 바로 앞서 던진 질문들은 일자리 안전, 세계 평화에 대한 전망, 그리고 인간의 본성에 관한 것이었다. 이러한 맥락에서 볼 때, 이 항목은 다소 일반적인 성격의 만족감을 언급하는 것으로 보인다. <표 6-4>는 유럽공동체 5개국, 노르웨이, 미국에서 얻은 이 질문에 대한 응답을 보여준다. 이 표에서 알 수 있듯이, 영국과 미국 모두는 네덜란드보다 더 높은 만족도를 보여준다. 하지만 네덜란드는 그중

---

7)   William Buchanan and Hadley Cantril, *How Nations See Each Other*(Urbana: University of Illinois Press, 1953)를 보라.

〈표 6-4〉 서구 7개국의 전반적인 만족 수준, 1948년 여름*   단위: %

"당신은 당신이 현재 삶을 꾸려나가는 방식에 얼마나 만족합니까?"						
	노르웨이	미국	영국	네덜란드	독일	이탈리아	프랑스
매우 만족한다	21	15	12	8	2	5	2
나쁘지 않다	68	58	54	56	53	47	32
불만족한다	10	27	34	35	45	48	66

* 독일의 표본은 영국 점령 지역에서만 추출되었다. 수치는 William Buchanan and Hadley Cantril, *How Nations See Each Other* (Urbana: University of Illinois Press, 1953), 135~213에 제시된 데이터에 기초한 것이다.

어느 나라보다도 훨씬 작다.

이 발견은 단순하고 전혀 놀랄 만한 것이 아니다. 영국과 미국은 둘 다 〈표 6-4〉의 다른 나라들 모두를 최근에 괴롭혔던 침략과 점령의 트라우마를 피했다. 대륙에서는 제2차 세계대전의 참해가 아직 회복되지 않았다. 참화와 빈곤은 여전히 널리 퍼져 있었다. 이 데이터는 작은 나라의 국민이 큰 나라의 국민보다 덜 만족할 수 **있다**는 것을 보여준다. 그리고 만약 이것이 사실이 아니라면, 오히려 그게 놀라운 일일 것이다.

그러나 동시에 〈표 6-4〉는 1970년대에 발견된 패턴과 놀랄 만한 정도의 **연속성**을 보여준다. 확실히 불만족의 **절대적** 수준은 한 세대 후보다 1948년에 훨씬 더 높았다. 1948년에 일반적으로 "불만족한다"라고 말한 비율은 우리의 최근 조사보다 약 두 배 또는 세 배 많았다. 그러나 주어진 국가들의 **상대적** 위치는 여전히 얼마간 비슷하다.

이탈리아인과 프랑스인은 서로 자리를 바꾸지만 두 시기 모두에서 하위권에 위치한다. 독일인들은 1948년에 (그 전년도만 해도 그들 중 많은 사람이 말 그대로 굶주리고 있었고, 도시는 폐허 상태였고, 그 땅이 외국 군대에 의해 점령되어 있었음에도 불구하고) 1970년대와 마찬가지로 그 두 국가 바로 위 순위를 차지했다. 우리가 지적했던 것처럼, 네덜란드는 1948년에 영국보다 순위가 낮았다.

그러나 이를 제외하면, 영국은 유럽의 4개의 '큰' 나라 중에서 가장 만족하는 국가로서의 자리를 지키고 있었다. 마지막으로, 1948년과 1975년 사이에는 추측성 비약에 의존하지만 또 하나의 유사성이 있을 수 있다. (문화적 유사성과 제2차 세계대전의 유사한 경험에 근거하여) 1948년에 노르웨이 공중이 만약 덴마크인들이 조사의 대상이었더라면 보여주었을 것과 유사한 만족 수준을 보였다고 가정해 보자. 이렇게 가정할 경우, 한 세대 후에 덴마크인들이 그랬던 것처럼, 노르웨이인들이 이 특정 리스트의 상위에 있다는 것은 흥미로운 우연의 일치 이상의 것이다. 그러나 우리가 노르웨이인들을 덴마크인들의 대리인으로 볼 수 있는지와는 무관하게, 전체적으로 볼 때 절대적 수준에서는 오르내림이 있지만 상대적 위치에서는 일정한 안정성이 존재하는 것으로 보인다. 그러한 안정성은 아마도 문화적 요인들에서 기인할 것이다.

또 다른 종류의 증거는 작은 나라들의 주관적인 삶의 질이 큰 나라들보다 항상 그리고 반드시 더 높은 것은 아니라는 것을 보여준다. 1975년 5월에 실시된 유럽공동체 조사는 각 응답자들에게 다음과 같이 물었다. "당신은 모든 것을 종합하여 요즘의 상황을 어떻게 말할 수 있습니까? 당신은 요즘 매우 행복합니까, 얼마간 행복합니까, 아니면 그다지 행복하지 않습니까?" 행복이 전반적인 삶의 만족도와 동일한 것은 아니다. '만족'은 합당한 기대에 견주어 내린, 자신의 상황에 대한 합리적인 평가를 의미한다. '행복'은 존재의 절대적인 상태, 즉 보다 감정적이고 덜 인지적인 어떤 것을 의미한다. 그럼에도 불구하고 행복과 **전반적인** 만족은 개념적으로 상당히 중첩되며, 이 둘은 경험적으로 병행하는 경향이 강하다. 1975년 5월의 조사는 이 둘 모두에 관한 질문을 포함하고 있었는데, 이 두 항목에 대한 응답은 9개국 모두에서 약 .6 수준의 상관관계를 보였다. <표 6-5>는 유럽공동체 9개국 공중이 보고한 행복 수준과 그에 앞서 미국에서 이루어진 동일한 질문에 대한 응답을 보여준다.

보고된 행복 수준을 살펴보면, 유럽 9개국은 전반적인 삶의 만족도와 관련

〈표 6-5〉 10개 서구 국가에서 보고된 공중의 행복 수준*

	덴마크	벨기에	네덜란드	미국	룩셈부르크	영국	독일	아일랜드	프랑스	이탈리아
매우 행복하다	41	37	33	24	26	22	12	17	16	6
얼마간 행복하다	52	54	57	67	52	51	66	54	56	49
그다지 행복하지 않다	7	10	11	9	22	27	22	30	28	45

* 미국의 수치는 1972년에 SRC가 실시한 두 조사의 평균에 기초한 것이다. Campbell, Converse and Rodgers, *The Perceived Quality of Life*, Ch. 2에서 인용했다. 유럽 데이터는 1975년 5월에 실시한 유럽공동체 조사에서 나온 것이다.

하여 보여주었던 것과 거의 동일한 순위를 보여준다. 하지만 한 가지 예외가 눈에 띈다. 아일랜드 사람들은 전반적인 삶의 만족도에서 2위였던 반면, 보고된 행복 수준에서는 8위로 떨어졌다(여기서도 다시 북아일랜드의 응답자들은 영국인이기보다는 아일랜드인인 것처럼 행동한다. 만약 하나의 별개 국가로 취급했더라면, 북아일랜드는 전반적인 삶의 만족도에서는 2위를, 행복 수준에서는 6위를 차지했을 것이다).[8] 물론 이렇게 하락함에 따라 아일랜드인들은 객관적인 물질적 상황과 관련하여 예상되는 순위에 훨씬 더 가까이 위치하게 된다(하지만 아일랜드인들은 아직도 그들이 위치해야 하는 곳보다 더 높은 순위를 차지하고 있을 것이다). 행복이 만족보다 더 절대적인 상태이고 장기적인 기대와 거의 무관하게 측정되는 경향이 있다면, 이것이 1975년에 아일랜드인들이 만족도는 높으면서도 행복도는 상대적으로 낮았던 이유를 설명해 줄 수 있을 것이다.

1965년에 실시된, <표6-5>의 5개국이 포함된 국가 간 조사에서도 비슷한 문구의 질문이 던져졌다.[9] 가장 행복한 나라부터 가장 덜 행복한 나라까지 순위를 매기면, 영국, 미국, 서독, 프랑스, 이탈리아 순이었다. 영국과 미국이 서로 위치를 바꾼 것을 제외하면, 1975년의 순위도 1965년의 순위 그대로이다.

<표6-5>에서 나타나는 국가 간 차이는 벨기에인, 덴마크인, 네덜란드인이 실제로 독일인, 이탈리아인, 프랑스인보다 더 행복하다는 것을 의미하는가? 아니면 벨기에인, 덴마크인, 네덜란드인으로 하여금 더 만족하고 행복하다고 **말하**도록 항상 유도하는 어떤 보이지 않는 요인이 작동하고 있을 뿐인

---

8) 내가 스위스에서 확인한 유일한 관련 자료를 여기에 포함시킬 경우, 스위스는 덴마크보다 조금 앞선 1위를 차지한다. 이는 물론 전반적인 삶의 만족도에 대한 우리의 데이터와 전적으로 일치하는데, 이것은 또한 스위스인들이 가장 만족하는 공중이라는 것을 보여준다. 하지만 스위스의 데이터는 <표 6-4>의 데이터보다 10년 먼저 수집되었다. 분명 상황이 바뀌었을 수도 있지만, 그 데이터는 스위스인 가운데서 42%가 "매우 행복하다", 52%가 "행복하다", 6%가 "별로 행복하지 않다"라고 답했음을 보여준다. Denis de Rougemont, *La Suisse: L'Histoire d'un Peuple Heureux*(Paris: Hachette, 1965), 172에서 인용.
9) 캔트릴의 세계조사 III의 분석에 기초한 것이다. Easterlin, "Economic Growth," 107에서 인용.

것은 아닐까?

이것은 학술적인 문제이다. 이 보이지 않는 요인이 존재한다고 하더라도, 우리는 정의상 그 요인을 측정할 수 없다(하지만 향후 연구가 국가 간 차이에 대해 얼마간 완벽한 실제적 설명을 해낼 수 있을지도 모른다). 어쨌거나 우리가 다루고 있는 것은 주어진 문화의 뿌리 깊은 특징들로, 그것은 중요한 정치적 함의를 지닐 수 있을 것으로 보인다.

<표 6-5>는 작은 나라의 공중이 큰 나라의 공중보다 더 만족한다는 일반적인 규칙에 대한 또 다른 예외를 보여준다. 그러나 여기서조차 이 규칙은 대부분의 국가의 경우에 여전히 타당하다. 다시 말해 아일랜드는 하나의 예외적인 사례이다.

달(Dahl)과 터프티(Tufte)는 한 국가의 민주화와 민주주의의 유지에 관해 전망하면서 나라의 크고 작음이 갖는 장단점을 깊이 탐구했다.[10] 그들은 시민의 효력(citizen effectiveness)과 체계의 능력(system capacity)이라는 한 쌍의 목표를 달성하는 데 최적인 어떤 단일 유형의 단위는 존재하지 않는다고 결론지었다. 다시 말해 더 작은 나라들은 그 나라의 결정에 시민들이 실제로 참여할 수 있는 기회를 더 많이 제공할 수 있지만, 그 나라에서 **일어나는** 일은 대체로 다른 더 큰 나라들의 결정에 의해 결정된다.

그러나 **현재의** 상황에서 유럽의 작은 나라들의 공중은 두 세계의 장점을 모두 누릴 수도 있다. 그들은 운 좋게도 초강대국 간의 지역적 교착상태와 유럽공동체의 성장으로 인해 평화를 제공받는 국제적 틀 안에서 살고 있다. 그리고 유럽공동체는 또한 정체감의 상실 없이 큰 경제단위에 접근할 수 있게 해주었다. 최선의 제도는 아마도 스위스의 주(canton)들의 운영방식 ─ 의사결정이 지역 당국에 최대한 분산되지만 핵심적인 재정 및 평화 유지 기능은 중앙 기관

---

10) Robert A. Dahl and Edward R. Tufte, *Size and Democracy*(Stanford: Stanford University Press, 1974)를 보라.

들이 유지하는 ─ 을 얼마간 모델로 삼는 느슨하게 연합된 유럽일 것이다.

사회정치적 만족 수준의 변화

우리가 시간의 경과에 따라, 그리고 꽤 오랜 시간에 걸쳐 전반적인 만족 수준을 추적해 볼 때, 그리고 심지어 우리의 초점을 전반적인 삶의 만족도에서 덜 인지적인 속성, 즉 행복으로 옮겨 살펴볼 때도 다양한 국가들의 상대적 위치는 상당한 정도의 안정성을 보인다.

이러한 안정성은 흥미로운데, 왜냐하면 그러한 안정성은 아직 제대로 포착하지는 못했지만 거기에는 잠재적으로 중요한 어떤 특성 ─ 주어진 국가의 정치문화에 깊이 얽매어 있는 것으로 보이는 ─ 이 존재한다는 것을 말해주기 때문이다. 그러나 동시에 그러한 안정성에는 뭔가 당혹스러운 측면이 존재한다. 왜냐하면 국가 간 패턴이 각 공중이 살고 있는 독특한 경제적 환경과 별 관계가 없다는 것은 이치에 맞지 않아 보이기 때문이다. 다시 말해 이들 공중의 주관적인 경험이 현재의 조건에 그처럼 영향을 받지 않는다는 것은 반직관적인 것으로 보인다.

우리가 앞 장에서 살펴보았듯이, 자신의 사회와 정치체제에 대한 만족도는 전반적인 삶의 만족도 군집과 구별되는 제2의 기본적인 차원이다. 그리고 이 둘째 유형의 주관적 만족도는 장기적인 문화적 요인에 의해 별반 제약받지 않는 것으로 보인다. 사회정치적 만족도는 비교적 짧은 기간에도 각국이 차지하는 상대적 위치에서 큰 변화를 보이기도 하며, 그러한 변화는 식견 있는 관찰자들이 예상하는 방향을 취하기 때문에 직관적으로도 이해할 수 있을 정도이다. 따라서 주관적 만족도의 두 가지 주요 차원은 시간이 지남에 따라 서로 대조되는 패턴을 보여준다. 다시 말하면, 한편에서는 다양한 국가의 상대적

<표 6-6> 응답자의 국가에서의 "민주주의 작동방식"에 대한 만족도, 1973년과 1975년*

	1973년(4점 척도)			1975년(11점 척도)	
순위	국가	평균 점수	순위	국가	평균 점수
1	벨기에	2.70	1	독일	6.26
2	룩셈부르크	2.66	2	룩셈부르크	6.09
3	네덜란드	2.56	3	벨기에	6.03
4	아일랜드	2.49	4	덴마크	5.76
5	독일	2.38	5	네덜란드	5.67
6	덴마크	2.35	6	아일랜드	5.11
7	프랑스	2.33	7	프랑스	4.80
8	영국	2.32	8	영국	4.66
9	이탈리아	1.99	9	이탈리아	2.83

* 1973년의 평균 점수는 1점("매우 불만족한다")에서 4점("매우 만족한다")까지 이어지는 척도에 기초한 것이다.
1975년의 평균 점수는 0점("매우 불만족한다")에서 10점("매우 만족한다")까지 이어지는 척도에 기초한 것이다.

위치가 놀라울 정도로 (거의 당황할 정도로) 안정적이고, 현재 조건과 거의 어떤 관계도 보이지 않는다. 다른 한편에서는 국가의 상대적 위치가 쉽게 해석할 수 있는 방식으로 현재의 사건들에 따라 달라지는 것으로 보인다. 1973년과 1975년의 정치적 만족도 수준을 두 번째 유형의 패턴의 예로 검토해 보자. <표 6-6>은 관련 자료를 제시한 것이다. 여기에서도 우리는 상당한 정도의 안정감을 발견한다. 그러나 거기에는 또한 상당한 변화도 존재하는데, 실제로 깜짝 놀랄 만한 자리 이동도 하나 포함되어 있다. 독일의 경우가 바로 그러하다.

우리의 **전반적인** 삶의 만족도에 관한 모든 측정에서 독일 공중은 다른 4개의 '큰' 유럽 국가의 공중과 함께 척도의 낮은 쪽 끝에 위치했다. 독일인들은 프랑스인과 이탈리아인들보다 확실히 훨씬 높은 순위를 차지했지만, 그들은 전반적인 삶의 만족도 군집과 연결된 모든 영역에서 5개의 '작은' 국가의 공중 아래쪽에 위치했다. 이를테면 독일인들은 유럽공동체에서 1인당 소득이 가장 높았음에도 불구하고 자신들의 소득에 대한 만족도에서조차 6위를 차지했다.

사회정치적 차원은 다른 이야기를 해준다. 정치문화에 대한 획기적인 비교 연구에서 앨먼드(Almond)와 버바는 1959년에 영국 공중이 특히 자신들의 정치체계에 대해 자랑스러워한다는 것을 발견했다. "당신이 이 나라에 대해 가장 자랑스러워하는 것은 무엇입니까?"라는 질문에 영국 표본의 46%가 자신들의 정치제도를 언급하여 큰 차이로 1위를 차지했다. 반면 독일인들은 7%만이 자신들의 정치제도를 언급했는데, 그 순위는 7위였다.[11] 자부심과 만족감은 동일하지 않지만, 영국인들은 정치적 **만족도**에서도 더 높은 수준을 드러냈을 것이라고 가정해도 무방할 것으로 보인다.

그랬다고 하더라도, 이 관계는 1973년경에는 이미 변해 있었다. 몇십 년간의 국가적 쇠퇴와 결단성 없는 정부를 겪은 이후, 영국인들의 정치적 만족도 순위는 낮아졌다. 반면에 독일인들의 순위는 상대적으로 높아져서 영국인들보다 약간 높았고, 심지어 작은 나라 중 한 나라보다도 앞섰다. 1973년에서 1975년 사이에 독일인들은 5위에서 1위로 도약하며 격차를 크게 벌렸다. 전후 시대의 버림받은 민족이 마침내 자존심을 되찾았다. 이러한 상대적 웰빙감은 정치적 영역에만 국한되지 않았다. <표 6-7>에서 볼 수 있듯이, 독일은 "오늘 우리가 살고 있는 종류의 사회"에 대한 만족감과 관련한 질문의 응답에서 룩셈부르크를 제외한 모든 국가 중에서 1위를 차지했다. 독일을 "유럽에서 가장 성공적인 사회"로 본 것은 ≪타임(Time)≫뿐만이 아니었다.[12]

1973년부터 1975년까지 독일이 보여준 놀랄 만한 순위 상승은 그 자체로

---

11) Gabriel A. Almond and Sidney Verba, *The Civic Culture: Political Attitudes and Democracy in Five Nations*(Princeton: Princeton University Press, 1963), 102를 보라.

12) "유럽의 가장 성공한 사회(Europe's Most Successful Society)"라는 표제로 독일을 커버스토리로 다룬 *Time*(International Edition), May 12, 1975를 보라.

<표 6-7> "오늘날 우리가 살고 있는 종류의 사회"에 대한 만족도, 1973년과 1975년

1973년(4점 척도)			1975년(11점 척도)		
순위	국가	평균 점수	순위	국가	평균 점수
1	벨기에	2.91	1	룩셈부르크	6.56
2	룩셈부르크	2.88	2	독일	6.42
3	아일랜드	2.78	3	벨기에	6.37
4	덴마크	2.68	4	아일랜드	6.02
5	독일	2.61	5	덴마크	5.88
6	네덜란드	2.56	6	네덜란드	5.55
7	영국	2.48	7	영국	5.14
8	프랑스	2.33	8	프랑스	4.68
9	이탈리아	2.13	9	이탈리아	3.31

도 놀라운 일이 아니다. 이는 독일의 이웃 국가들이 연간 12%에서 15%의 물가상승률을 겪고 있는 동안 독일의 물가상승률은 상대적으로 완만한 6%였다는 사실과 완전히 일치한다. 즉, 독일인들은 실제로 구매력에서 순이익을 얻었다. 이웃 국가들의 실업률은 12%에 달했지만, 독일의 실업률은 5% 아래에 머물렀다. 대부분의 유럽 국가들은 급등하는 유가에 자극을 받아 놀랄 정도로 큰 국제수지 적자가 발생했지만, 독일은 큰 흑자를 보이고 있었다.

반대로 아일랜드(그리고 북아일랜드)의 공중은 경제적·정치적 어려움에 직면하여 예상대로 행동했다. 아일랜드 공화국은 정치적 만족도에서 4위에서 6위로 떨어졌다. 북아일랜드는 1973년에는 조사되지 않았지만 1975년의 평균 점수는 3.00으로, 이탈리아를 제외한 <표 6-6>의 어느 나라에도 훨씬 못 미쳤다. 이탈리아인들은 자신들을 통치하거나 질서를 유지할 수 없어 보이는 정부 아래서 치솟는 인플레이션, 끝없는 파업, 정치적 폭력에 시달리고 있었다. 이러한 조건들은 1973년부터 1975년까지 계속되었지만, 1973년에 이탈리아인들은 **이미** 정치적 만족도에서 다른 어떤 국가보다 낮은 순위를 기록하고 있었다. 그들의 상대적 위치는 더 낮은 위치로 떨어질 수 없었다. 비록 1973년과 1975년에 서로 다른 척도가 사용되었지만, 이 두 해에 등가를 이루는 **절대적** 수준을 대략적으로 추정할 수 있다.[13] 이들 절대적 수준을 비교해 본 결과, 1973년부터 1975년까지 유럽공동체 9개국 가운데 2개국을 제외한 모든 국가에서 정치적 만족도가 떨어졌고, 이탈리아에서는 하락 폭이 그 어느 나라보다 컸다. 덴마크에서는 거의 변화가 없었다. 반면 독일에서는 정치적 만족도가 그리 높지는 않지만 분명하게 상승했음을 보여주었다.

이러한 변화 중 어느 것도 정보에 밝은 관찰자들을 놀라게 하지 않을 것이다. 독일의 상대적 위치가 아주 놀랄 만큼 상승한 것조차도 다양한 공중이 대부분의 각국 정부가 자신들의 업무를 제대로 수행하지 못하는 반면 독일 체계는 다소 잘 작동하고 있다는 것을 알고 있었다는 가정과 완벽하게 일치한다.

---

13) 비록 질문의 문구는 바뀌지 않았지만, 방법론적 이유에서 1975년에는 1973년에 사용된 4점 척도 대신 11점 척도를 사용했다. 그러나 1975년 5월에 전반적인 삶의 만족도에 관한 질문은 두 가지 포맷 **모두**로 질문되었다. 경험적으로는 우리의 9개국 각각에서 4점 척도로 측정된 삶의 만족 수준은 2.40의 상수를 곱하면 11점 척도에 의해 산출된 삶의 만족 점수와 사실상 동일하다는 것이 입증되었다. 우리는 이 방법을 이용하여 1973년의 4점 척도 삶의 만족도 점수를 11점 척도의 등가치로 변환할 수 있다. 그 점수들은 1975년의 11점 척도에 상응하는 점수보다 약간 높은 것으로 밝혀졌다. 4점 척도 점수들과의 비교가 보여주듯이, 1973년에서 1975년 사이에 실제로 삶의 만족도가 약간 낮아졌기 때문에, 이는 **당연하다**. 우리는 이 방법을 이용하여 1973년에 측정한 만족도 변수 각각에 상응하는 11점 척도 등가치를 계산하고, 그 결과들을 1975년의 해당 데이터와 비교했다. 전반적인 삶의 만족도 항목의 군집들은 (일반적으로 하향하는 방향으로의) 단지 작은 변화만을 보여준다. 두 가지 사회정치적 만족도 항목은 상당히 큰 변화를 보여준다. <표 6-6>에 제시된 1973년 정치적 만족도 점수의 11점 등가치는 다음과 같다.

	1973년 점수	1973년에서 1975년까지의 변화
벨기에	6.49	-.46
룩셈부르크	6.39	-.30
네덜란드	6.15	-.47
아일랜드	5.98	-.77
독일	5.72	+.54
덴마크	5.64	+.12
프랑스	5.60	-.80
영국	5.57	-.91
이탈리아	4.78	-1.95

하지만 역설적인 것은 다양한 공중이 마치 자신들이 당시의 상황에 대해 식견을 가지고 이성적인 판단을 하는 것처럼 행동하고 나서 그러한 판단을 사회정치적 만족도의 평가에만 적용했다는 사실이다. 전반적인 삶의 만족도와 관련해서는 장기적인 문화적 요인이 다양한 국가의 상대적인 위치에 계속해서 지배적인 영향을 미치는 것으로 보인다.

우리가 주어진 국가의 **경제적** 성과가 왜 일부 국가에서는 사회정치적 만족도가 올라갔지만 대부분의 나라에서는 떨어졌는지를 상당 부분 설명해 주는 것으로 보인다는 것을 고려하면, 이는 훨씬 더 놀랄 만한 일이다. 하지만 소득, 직업, 그리고 삶의 다른 경제적 측면에 대한 만족도는 사회정치적 만족도와 연관되지 **않고**, 오히려 전반적인 삶의 만족도 항목의 군집에 속한다. 그리고 이 군집의 다른 항목들과 마찬가지로, 소득 만족도도 국가 위치에 커다란 안정성을 부여한다. 1973년과 1975년 모두에서 다양한 국가의 순위는 사실상 <그림 6-2>에 제시된 삶의 만족감 패턴과 실제로 동일한 상태를 유지했다.

요컨대 사회정치적 만족도와 관련한 증거들을 검토해 볼 때, 전반적인 만족도 차원에서 국가 순위가 훨씬 더 안정적임을 알 수 있다. 왜냐하면 주어진 국가의 만족 수준이 현재의 상태에 따라 달라질 **수 있다**는 것은 분명하기 때문이다. 다시 말해 일반 공중은 중요한 경제적·정치적 사건들을 인식**하고** 그것에 기반하여 그러한 사건들에 반응한다. 만약 이것이 사실이라면, 우리가 관찰해 온 연속성이 유지되는 경우 전반적인 만족도와 연관된 문화적 요소들이 실제로 강력하게 작동하고 있음이 틀림없다.

마찬가지로 사회정치적 만족도와 관련하여 공중이 현재의 상태에 대해 논리적이고 예측 가능한 방식으로 반응하는 것으로 보인다는 사실은 많은 공중이 합리적으로 행동할 것이라는 믿음을 회복하는 데 도움을 준다. 공중은 현재의 사회경제적 상태를 알고 있고 그러한 상태의 공적과 책임을 당국자에게 돌리는 능력을 가지고 있는 것으로 **보인다**.

<표 6-8>은 이 점수와 관련한 몇 가지 증거를 제시한 것이다. 이 표는 현재 특정 국가에서 집권하고 있는 정당이나 그 정당의 지지자들이 비집권 정당 지지자들보다 실제로 항상 높은 사회정치적 만족도 점수를 보인다는 사실을 보여준다. <표 6-8>에는 각 연도마다 40개의 정당이 열거되어 있다. 1973년에 가장 만족도가 높은 20개의 유권자군 중에서 13개 유권자군이 집권당 지지자였고, 가장 만족하지 않는 20개 정당 중에서는 단지 3개 정당만이 집권당이었다. 1975년에도 유사한 패턴이 나타났다. 리스트의 상위 20개 정당 중에서는 12개 정당이 집권당이었고, 하위 20개 정당 중에서는 단지 4개 정당만이 집권당이었다. 몇몇 사례에서는 해당 정당이 1973년과 1975년 조사 사이에 실권했다. 벨기에 사회당과 영국 보수당이 그러한 경우이다. 두 경우 모두에서 실권한 정당의 만족도 점수는 집권했거나 계속해서 집권한 정당에 비해 하락했다.

물론 이 현상에 대해서는 두 가지 서로 다른 설명이 있을 수 있다. 첫째는 집권당 지지자들이 상대적으로 만족하는 까닭은 단지 자신들의 정당이 집권하고 있기 **때문**이라는 것이다. 둘째는 집권당에 불만인 사람들은 집권당에 등을 돌리고 야당에 지지를 보낸다는 것이다. 아마도 두 요인은 일정한 역할을 할 것이다. 이 두 요인의 상대적 중요성을 결정하기 위해서는 패널 조사 데이터가 필요할 것이다.

결론

우리의 연구 결과가 갖는 함의들은 어떤 의미에서는 비관적이다. 다시 말해 분명 어떤 정부도 국민을 영원히 행복하게 할 수는 없다. 가장 계몽된 정책조차도 전반적인 삶의 만족도에 제한적으로만 영향을 미칠 수 있고, 그러한

〈표 6-8〉 정당별 "자국 민주주의의 작동방식"에 대한 만족도, 1973년과 1975년("매우 불만족한다"에서 "매우 만족한다"까지의 평균 점수에 의한 순위)"

순위	1973년 10월 국가	정당	평균 점수	순위	1975년 5월 국가	정당	평균 점수
1	네덜란드**	가톨릭 인민당	3.33	1	독일**	사회민주당	6.62
2	프랑스**	드골당	3.21	2	벨기에**	사회기독당	6.51
3	네덜란드**	사회당	2.98	3	덴마크	급진당	6.48
4	벨기에**	사회기독당	2.97	4	독일**	자유민주당	6.27
5	네덜란드**	기독기독당	2.94	5	독일	기독교민주당	6.26
6	벨기에	프랑어권 민족당	2.94	6	벨기에	자유당	6.15
7	벨기에**	사회당	2.90	7	프랑스**	드골당	6.14
8	네덜란드	반혁명당	2.87	8	덴마크	보수당	6.13
9	벨기에	자유당	2.79	9	덴마크**	사회민주당	6.10
10	아일랜드**	통일아일랜드당	2.74	10	네덜란드**	사회당	6.09
11	프랑스	개혁운동	2.70	11	덴마크	자유당	6.02
12	네덜란드	자유당	2.69	12	네덜란드	기독역사당	5.93
13	영국**	보수당	2.67	13	벨기에**	프랑스어권 민족당	5.92
14	덴마크**	사회민주당	2.65	14	프랑스**	개혁운동	5.86
15	네덜란드**	1966년 민주당, 급진당, 평화사회당	2.64	15	벨기에	사회당	5.84
16	독일**	사회민주당	2.62	16	네덜란드*	1966년 민주당, 급진당, 평화사회당	5.81
17	아일랜드	아일랜드 공화당	2.55	17	네덜란드**	가톨릭 인민당	5.78
18	프랑스	사회당	2.52	18	네덜란드**	반혁명당	5.66
19	아일랜드**	노동당	2.50	19	벨기에	플랑드르 민족당	5.61
20	독일**	자유민주당	2.46	20	아일랜드**	통일아일랜드당	5.57

	국가	정당	
21	벨기에	플랑드르 민족당	2.41
22	덴마크	자유당	2.41
23	덴마크	급진당	2.40
24	이탈리아*	기독교민주당	2.31
25	영국	노동당	2.29
26	덴마크	사회주의인민당	2.28
27	영국	자유당	2.25
28	덴마크	보수당	2.24
29	프랑스	좌파급진당	2.22
30	독일	기독교민주당	2.20
31	영국	스코틀랜드-웨일즈 민족당	2.06
32	프랑스	공산당	2.06
33	덴마크	진보당	2.06
34	이탈리아**	사회민주당	1.97
35	이탈리아**	자유당	1.93
36	이탈리아	사회당	1.92
37	이탈리아	공화당	1.77
38	프랑스	통일사회당	1.65
39	이탈리아	공산당	1.63
40	이탈리아	네오파시스트당	1.47

	국가	정당	
21	아일랜드	공화당	5.47
22	네덜란드	자유당	5.32
23	덴마크	사회주의인민당	5.21
24	덴마크	진보당	5.19
25	영국**	노동당	5.01
26	프랑스	좌파급진당	4.85
27	영국	자유당	4.17
28	영국	보수당	4.41
29	아일랜드**	노동당	4.36
30	이탈리아**	기독교민주당	4.19
31	프랑스	사회당	4.14
32	영국	스코틀랜드-웨일즈 민족당	4.11
33	이탈리아**	공화당	3.52
34	프랑스	공산당	3.40
35	이탈리아	사회민주당	2.80
36	이탈리아	사회당	2.51
37	이탈리아	네오파시스트당	2.36
38	이탈리아	자유당	2.26
39	프랑스	통일사회당	1.92
40	이탈리아	공산당	1.77

* 1973년에는 4점 척도가 사용되었고, 그 척도에서 1점은 "매우 불만족한다"를 나타내고, 4점은 "매우 만족한다"를 나타낸다. 1975년 5월에는 11점 척도가 사용되었고, 그 척도에서 0점은 "매우 불만족한다"를 나타내고, 10점은 "매우 만족한다"를 나타낸다.
** 조사 당시의 집권당을 표시한 것이다.

만족감 또한 제한된 시간 동안만 지속된다. 그러나 만족 수준과 반란을 일으키고자 하는 사람들의 의향 사이에서 일반적으로 발견되는 이러한 낮은 또는 비교적 낮은 상관관계가 많은 공중이 사회경제적 환경에 무감각하거나 그러한 환경에 느리게 반응한다는 증거로 받아들여질 수는 없다. 반대로 **사회정치적** 만족도에 관한 우리의 데이터가 시사하듯이, 서구 공중은 사회경제적 상태를 잘 알고 있으며, 그러한 상태에 대한 공과를 완벽하게 평가할 능력을 가지고 있다. 전반적인 만족도 측정에서 발견되는 낮은 상관관계는 사회경제적 상태가 장기적인 문화적 요소를 비롯한 많은 요소 가운데서 하나에 불과할 뿐이라는 사실을 반영한다.

어떤 정부도 국민을 영원히 행복하게 할 수 없다. 장기적으로는 성공을 거둔 각각의 체제도 자신의 무덤을 판다. 즉, 새로운 욕구가 부상하여 새로운 요구와 새로운 유형의 불만을 낳는다. 그러나 궁극적으로 이것은 다행스러운 상황일 수도 있다. 불만이 없는 사회는 죽은 사람처럼 경직된 얼어붙은 사회가 될 것이다.

제 3 부

정치적
균열

제7장

산업사회에서의 정치적 균열

서론

서구 사회에서는 점진적이지만 심층적이고 광범위한 가치 변화 과정이 일어나고 있는 것으로 보인다. 이것은 대중의 정치 행동에 대해 어떤 함의를 가지는가? 아니 오히려 어떤 사람들은 가치 변화 과정이 대체 무슨 의미를 **가지느냐**고 물을지도 모른다.

많은 일단의 경험적 연구에 비추어 볼 때, 개인의 가치 우선순위가 개인의 투표 방식에 많은 영향을 미칠 것이라고 **예상**하는 것조차 비현실적으로 보일 수도 있다. 투표 행동에 관한 획기적인 연구들은 사회적 배경 변수(그리고 특히 정당 일체감)가 선거 선택에 유력한 영향을 미치는 정도를 강조해 왔다. 세습한 정치적 충성심과 사회적 환경으로 설명하지 못하는 부분은 대체로 쟁점보다는 후보자에 대한 인식(또는 오해)에 기인할 수도 있다.[1] 정치적 **태도**가

---

1) Paul F. Lazarsfeld et al., *The People's Choice: How the Voter Makes Up His Mind in a Presidential Campaign*(New York: Columbia University Press, 1944); Bernard Berelson et al., *Voting: A Study of Opinion Formation in a Presidential Campaign*(Chicago: University of Chicago Press, 1954); Angus E. Campbell et al., *The American Voter*(New York: Wiley, 1960); Donald E. Stokes, "Some Dynamic Elements of Contests for the Presidency," *American Political Science Review*, 60, 1(March,

상대적으로 작은 역할을 하는 것은 많은 공중에게서 정치적 태도가 모호하고 구조화되지 않은 것처럼 보이고 시간적으로 안정성을 결여하고 있다는 사실에서 기인할 수도 있다.[2] 투표 행동과 쟁점 선호 간에 연관성이 거의 없다면, 우리는 투표 행동과 자신의 기본적인 가치 간에는 훨씬 더 약한 관계만 있을 것으로 예상할 수 있다.

물질주의적 가치는 질서 유지와 경제적 이익 지키기에 대한 비교적 강한 애착을 반영한다. 탈물질주의적 가치는 개인의 자기표현 및 보다 참여적이고 덜 위계적인 사회의 달성을 강조한다. 서구 국가들은 지난 몇십 년 동안 경제성장에 성공해 왔지만, 탈물질주의적 목표를 달성하는 데에는 상대적으로 거의 관심을 기울이지 않았다. 따라서 우리는 물질주의자들이 기성의 질서를 지지할 가능성이 더 크고, 탈물질주의자들은 상대적으로 변화 지향적일 것으로 예상할 수 있다.

다른 한편 물질주의자들은 전통적으로 좌파를 지지해 온 저소득 집단에서 충원되는 경향이 있는 반면, 탈물질주의자들은 주로 중간계급 가족 ― 일반적으로 보수 정당을 지지해 왔을 가능성이 더 큰 ― 출신인 경향이 있다. 사회계급 배경은 탈물질주의적 가치가 변화 지향적인 정당에 대한 지지와 연계되는 경향을 중화시킬 수도 있다. 게다가 평균소득 수준은 상승한 반면, 상대적인 **몫**에서는 거의 변화가 없었다. 만약 공중이 수준보다 몫을 더 중요한 것으로 인식한다면, 경제성장은 전통적인 투표 패턴에 거의 영향을 미치지 않았을 것이다.

게다가 정치적 행동은 진공상태에서 일어나는 것이 아니다. 그것은 한 사람이 사는 정치적 맥락에 의해 결정적으로 틀 지어진다. 공중이 상대적으로

1966), 19~28을 보라.

2) Philip E. Converse, "The Nature of Belief Systems in Mass Publics," in David E. Apter(ed.), *Ideology and Discontent*(New York: Free Press, 1964), 202~261을 보라.

강한 정책 선호를 드러내고 잠재적으로 정책 투표를 할 수 있을 때조차(이는 미국에서 점점 더 사실이 되어가고 있는 것으로 보인다) 주요 정당의 후보자들이 주요 쟁점에 대해 구별할 수 없는 입장을 취하기 때문에 공중은 정책 투표를 할 수 없을 수도 있다. 공중에게 제시된 대안 간에 감지할 수 있는 정책적 차이가 존재하지 않는다면, 공중의 투표 행동은 가치나 태도에 크게 영향을 받지 않을 수도 있다. 이러한 이유 때문에 사람들이 미국의 베트남 개입에 대해 취한 입장은 1968년에 사람들이 닉슨(Nixon)에게 투표할 것인지 아니면 험프리(Humphrey)에게 투표할 것인지에 거의 영향을 주지 않았다. 반면 1972년에는 맥거번(McGovern)과 닉슨의 입장 간에 분명한 차이가 있었고, 두 후보가 경쟁하는 쟁점에 대해 미국 유권자들이 느끼는 방식과 그 유권자들이 투표하는 방식 간에는 강한 관계가 있었다.[3]

개인이 자신의 가치에 따라 행위할 기회를 가지기 위해서는 유력한 정당 중 적어도 일부 정당이라도 관련 차원에 대해 주목할 만한 차이가 있는 입장을 취해야 한다. 아무리 가치를 강렬하게 견지한다고 하더라도 정치 엘리트들이 진정한 선택지를 제공하지 않는다면, 개인은 새로운 정당을 조직하거나 기존의 정당을 인수하는 막중한 과제를 떠맡지 않는 한, 좌절감을 느끼는 것

---

3) Benjamin I. Page and Richard A. Brody, "Policy Voting and the Electoral Process: The Vietnam War Issue," *American Political Science Review*, 66, 3(September, 1972), 979~995를 보라. 관련 증거로는 Herbert F. Weisberg and Jerrold G. Rusk, "Dimensions of Candidate Evaluation," *American Political Science Review*, 64, 4(December, 1970), 1167~1185를 보라. 많은 학자가 1960년대 동안에 쟁점 투표(issue voting)가 점점 더 중요해졌다고 주장한다. 이러한 문헌 중 탁월한 것으로 다음의 것이 있다. Gerald M. Pomper, "From Confusion to Clarity: Issues and American Voters, 1956-1968," *American Political Science Review*, 66, 2(June, 1972), 415~428; idem, "Rejoinder," *ibid.*, 466~467; Richard W. Boyd, "Popular Control of Public Policy: A Normal Vote Analysis of the 1968 Election," *ibid.*, 429~449; idem, "Rejoinder," *ibid.*, 468~470; Richard A. Brody and Benjamin I. Page, "Comment," *ibid.*, 450~458; John H. Kessel, "Comment," *ibid.*, 459~465. 밀러와 그의 동료들은 1972년 미국 대통령 선거에서 쟁점 투표가 유달리 중요했다는 것을 보여주는 설득력 있는 증거를 제시한다. Arthur H. Miller et al., "A Majority Party in Disarray: Policy Polarization in the 1972 Election," *American Political Science Review*, 70, 3(September, 1976), 753~758을 보라.

외에는 할 수 있는 것이 거의 없다.

정치 엘리트와 제도적 제약에 아무런 문제도 없다고 잠시 가정해 두자. 물질주의적/탈물질주의적 차원에 대한 한 사람의 선호가 여전히 자신의 표를 틀 짓는 데 영향을 미치는 유일한 요소는 아니다. 선거 때의 결정은 개인이 태어난 환경에 의해 이미 상당 정도 결정되어 있다. 사람들은 부모로부터 정당 일체감을 물려받는 경우가 많다. 몇몇 국가의 증거는 이것이 한 사람이 투표하는 방식에 강력한 영향을 미칠 수 있다는 것을 보여준다.[4] 우리의 데이터는 아주 다양한 국가 환경에서 세대에서 세대로 전달되는 정당 선호가 현저한 역할을 한다는 것을 확인시켜 준다.

그러나 부모가 뿌리 깊은 정당 일체감을 전달하는 데 실패한다고 하더라도 여러 가지 배경 요인이 투표에 영향을 미칠 수 있다. 발전론적 관점에서 이들 변수는 다음과 같은 세 가지 표제로 분류될 수 있다.

1. **'전산업적' 변수**: 이를테면 종교, 언어 집단, 인종과 같은 것. 이 변수들은 다소 귀속적이다. 이 특성들은 대개 거의 변화 없이 세대에서 세대로 전달된다.

2. **'산업적' 변수**: 소득, 직업, 교육, 노동조합원과 같은 산업적 계급갈등 패턴의 근저를 이루는 요인들. 아들의 직업은 아버지의 직업과 유사한 경향이 있지만, 교육 수준과 직업은 귀속적 지위가 아니라 성취적 지위를 반영한다. 세대 간 변화는 전산업적 변수에 의해서보다 산업적 변수에 의해 훨씬 더 자주 일어난다.

3. **'탈산업적' 변수**: 이 변수는 개인 수준의 가치, 특히 탈경제적 욕구에 기초한 가치들을 나타낸다. 다른 두 가지 유형의 변수에 비해 이들 가치의 선호

---

4) David Butler and Donald Stokes, *Political Change in Britain*(New York: St. Martin's, 1969); Angus Campbell et al., *American Voter*; M. Kent Jennings and Richard Niemi, "The Transmission of Political Values from Parent to Child," *American Political Science Review*, 62, 1(March, 1968), 169~184를 보라.

는 제도적 형태를 취할 가능성이 적다. 하지만 만약 그러한 가치들이 특정 개인에게 깊이 내면화되면, 그 가치들은 장기적인 정치적 균열을 예측할 수 있는 패턴의 기반이 될 수 있다. 우리의 가치 우선순위 지표는 이러한 정치적 갈등의 차원을 포착하기 위한 것이다.

앞의 두 가지 유형의 균열이 갖는 중요성은 널리 인식되어 왔다. 록칸(Rokkan), 립셋, 로즈(Rose), 그리고 달과 그의 동료들은 산업화에 앞서 발생한 일련의 역사적 위기를 분석해 왔으며, 이것은 우리가 현대 정치적 균열에서 발견하는 많은 것의 패턴을 설정해 왔다.[5] 그들은 종교적·언어적·지역적인 정치적 차이가 시간이 지나서도 지속되고 있음을 강조한다.

서구에서 산업사회의 발전은 선거권을 가진 노동계급의 출현으로 이어졌고, 그들은 자신의 이익을 놓고 소유주 및 경영자와 대립한다. 이 주제에 관한 문헌은 엄청나게 많다. 산업사회의 정치는 상당 정도 사회계급 갈등을 축으로 하여 전개되어 왔다. 그러니까 소득과 직업에서 하위를 차지하는 집단들은 현상(現狀)을 옹호하는 경향이 있는 중간계급과 상층계급에 대항하여 변화를 지향하는 정당 또는 좌파 정당에 투표하는 경향이 있었다.

탈산업적 균열의 본질은 (분명한 이유에서) 덜 분명하게 이해된다. 우리는 탈산업사회의 정치가 점점 더 귀속적 균열이나 사회계급에 기반한 균열보다는 개인의 라이프스타일의 선호와 가치에 의해 동기지어질 것이라고 느낀다.

인종 및 계급에 기반한 친숙한 변수와 함께 개인의 가치 우선순위를 분석적 수준에 위치시키는 것은 처음에는 이상하게 보일 수도 있다. 한 사람의 가치는 무형의 것으로, 사회과학의 기법에 의해 측정되기 전까지는 눈에 보이지 않는

5) Seymour M. Lipset and Stein Rokkan, "Cleavage Structures, Party Systems and Voter Alignments," in Lipset and Rokkan(eds.), *Party Systems and Voter Alignments*(New York: Free Press, 1967); Rokkan, *Citizens, Elections and Parties*(Oslo: Universitetsforlaget, 1970); Robert Dahl(ed.), *Political Oppositions in Western Democracies*(New Haven: Yale University Press, 1966); Richard Rose(ed.), *Comparative Electoral Behavior*(New York: Free Press, 1974)를 보라.

다. 그러나 사회계급과 같은 변수 **역시** 분석적 구성물, 즉 초기 및 계속 진행되는 다양한 경험의 결과를 요약하기 위해 사용하는 약칭 용어라는 것을 기억하자. 그러한 변수들 또한 적절한 도구에 의해 측정되기 전까지는 무형의 것일 수 있다.

확실히 종교와 사회계급은 교회나 노동조합과 같이 겉으로 드러나 보이는 제도적 유대에 의해 강화되는 경향이 있는 반면, 전통적인 관료제도에 대한 상대적 **반감**은 탈물질주의자의 특징 중 하나인 것으로 보인다. 그럼에도 불구하고 어떤 기본적인 가치의 순위는 유용한 예측 변수의 역할을 하기에 충분할 만큼 뿌리 깊고 오래 지속될 수 있다. 공식적인 제도적 유대가 없더라도 그러한 가치들은 정당 일체감처럼 한 국가의 사회구조의 일부로 간주되기에 충분할 만큼 지속적일 수 있다.

한 사람의 가치 유형이 투표 행동에 영향을 미치는가? 이에 대한 답변은 '때때로'라는 신중하게 단서 조건을 단 것이어야 할 것이다. 선거 결과에는 그 결과를 지배하는 어떤 불변의 경향은 없다. 근본적인 경향이 있을 수도 있겠지만, 우리는 가치가 사회의 하부구조의 변화에 미치는 영향에 대해서는 확률론적 진술만 할 수 있다. 왜냐하면 엘리트들이 하는 일이 매우 중요하기 때문이다. 드골(De Gaulle)이나 아이젠하워(Eisenhower)의 등장 — 또는 주요한 전쟁의 발발 — 은 결과에 엄청난 영향을 미칠 수 있다. 게다가 선거 행동의 특정한 패턴은 이미 잘 확립되어 있고 시간이 지나더라도 상당한 지속성을 보여주어 왔다. 그 패턴들이 개인의 가치가 투표로 변환되는 것을 가로막을 수도 있다.

가치 변화의 영향은 제도적·사회적 제약에 의해 제한되지만, 다른 조건이 동등할 경우 가치 변화가 미칠 수 있는 장기적 영향에 대해 과감하게 몇 가지 일반화를 시도해 보자. 우리는 사회가 점점 더 탈물질주의적이 되어감에 따라 경제적 쟁점보다 라이프스타일 쟁점이 더 중요한 정치적 문제로 부상할 것으로 예상할 수 있다. 이와 함께 좌파와 우파의 정치적 의미에 변화가 일어날 것이며, 따라서 우리는 정치적 당파성의 사회적 기반에서도 근본적인 변화가 있을 것으로 예견할 수 있다.

모든 나라에서 탈물질주의적 개인들을 가장 현저하게 특징짓는 것 중 하나가 바로 그들이 주로 사회의 보다 풍요한 층으로부터 충원된다는 사실이다. 하지만 그들은 좌파 정당에 치우쳐서 투표하는 경향이 있다. 반대로 물질주의 유형은 저소득 집단 출신인 경향이 있지만, 더 보수적인 정당에 투표할 가능성이 더 크다.

사람들은 가치가 정당 선호에 미치는 것으로 보이는 영향을 허위관계라고 생각할 수도 있다. 어떤 사람들은 어차피 보수당에 투표했을 노동계급 응답자들만이 물질주의적 가치를 표출하는 다양한 이유를 상상할 수도 있다. 어쩌면 우리의 가치 지표는 이를테면 정치적으로 보수적인 가족 출신의 노동자들을 식별하는 데에만 기여할 뿐일 수도 있다. 아니면 어떤 사람들이 전통적인 가치**와** 보수 정당을 선호하는 것은 단지 종교적 유대 때문일 수도 있다. 이러한 가능성들을 다루기 위해서는 다변량 분석이 요구된다.

그러나 만약 가치와 정당 선호의 관계가 허위관계가 **아니**라면, 그것은 노동계급과 좌파, 그리고 중간계급과 우파의 전통적인 제휴를 점차 중화(또는 심지어는 전도)시킬 수도 있다. 우리는 그러한 과정이 지난 20년 또는 30년 동안에 일어나고 **있었다**고 가정한다.

결정적인 변화는 오랜 시간 동안 일어난 변화를 관찰함으로써만 발견할 수 있다. 그러나 우리는 개인의 가치 우선순위가 선거 선택에 중요한 영향을 미치는지를 밝히기 위해 현재 이용할 수 있는 데이터를 다른 변수들의 영향을 통제하면서 검토할 것이다. 이것이 사실로 입증되려면, 물질주의/탈물질주의 축에 근거한 인구의 양극화가 사회계급투표의 발생률을 감소시키는 경향이 있어야 한다. 그러면 정치적 균열의 산업적 기반은 점차 감소할 것이다. 우리는 전산업적 균열의 중요성 역시 감소할 것이지만, (나중에 개진할 이유 때문에) 산업적 균열보다는 느린 속도로 감소할 것으로 예상할 수 있다.

당분간은 산업적 균열과 전산업적 균열 모두가 여전히 매우 중요할 것이다. 실제로 산업적 균열과 전산업적 균열은 비록 모든 상황에서는 아니지만 대부분의 상황에서 계속해서 정치적 균열을 지배하고 있다. 우리는 이 세 가지 유형의 변수 각각이 좌파-우파 투표에 어떠한 영향을 미치는지를 검토할 것이다. 서로 다른 많은 나라 사이에서 발견되는 패턴들은 우리가 탈산업사회에서 기대할 수 있는 종류의 정치적 갈등들과 관련하여 몇 가지 단서를 제공할 수 있을 것이다. 그러나 이 분석을 진행하기에 앞서 여기서 검토할 8개국 각각과 관련하여 우리의 종속 변수, 즉 좌파-우파 투표를 정의할 필요가 있다.[6]

좌파와 우파를 구별하는 방법

가치가 투표에 미치는 영향에 대한 분석은 "왜 개인은 다른 정당이 아닌 특정한 정당에 투표하는가?"라고 질문한다. 미국에서 이 질문은 비교적 단순하다. 즉, 사람들은 "왜 그 또는 그녀는 민주당이 아닌 공화당에 투표했는가?"라고 묻는다. 그러나 1972년 선거에서 14개의 서로 다른 정당이 의석을 차지한 네덜란드 같은 사회에서는 "왜 그는 가톨릭당이 아닌 노동당에 투표했는가? 또는 왜 급진당에 투표했는가? 또는 근본주의 칼뱅당에 투표했는가? 또는 평화사회당에 투표했는가?" 등등으로 물었을 것이다. 한 체계에 14개의 정당이 있는 그곳에는 비교해야 하는 정당의 짝이 91개나 된다. 이 질문을 관리 가능한 크기로 줄이기 위해 다당제에서는 "왜 그는 종교적인 정당 중 하나가 아닌

---

6) 1973년 조사에서는 특정 배경 변수(이를테면 부모의 정당 선호)가 포함되지 않았기 때문에 이 절에서 우리는 1970년부터 1972년까지 조사된 8개국의 데이터에 근거할 것이다. 따라서 우리는 나중에 개발된 12개 항목 지표가 아닌 원래의 4개 항목 가치 지표를 사용할 수밖에 없다. 비록 전자가 투표 선호를 얼마간 더 강력하게 예측하는 변수이기는 하지만, 기본 패턴에서는 유사하다.

사회주의 정당 중 하나에 투표했는가?"라고 묻는 경향이 있다. 아니면 훨씬 더 광범위하게 "왜 그는 우파가 아닌 좌파에 투표했는가?"라고 묻기도 한다. 이러한 광범위한 라벨은 필연적으로 약간의 정확성을 희생시키지만 유익한 기능을 한다. 좌파와 우파의 의미는 나라마다 다소 다를 수 있고, 우리가 앞서 시사했듯이, 해당 국가 내에서도 시간이 지남에 따라 바뀔 수도 있다. 대략적으로 말하면, 좌파라는 용어는 변화 지향적인 정치세력을 일컬으며, 우파라는 용어는 기존의 사회정치적 패턴을 유지하고자 하는 세력을 가리킨다. 좀 더 구체적으로 말하면, 좌파는 일반적으로 평등주의적인 방향으로의 변화를 함의한다. 그리고 산업사회의 정치에서 좌파는 무엇보다도 더 많은 **경제적 평등**을 지칭하는 경향이 있다.

좌파-우파 차원은 관례적인 요인 분석에서의 제1요인과 비교될 수 있다. 즉, 그것은 공중이 정당들의 차이를 판단하는 데 도움을 주는 유용한 데이터 정리(data-reduction) 장치이다. 스위스 정치에 대한 최근의 한 연구에서는 요인 분석을 통해 11개 주요 스위스 정당에 대한 선호 순위가 산출되었다.[7] 이러한 선호의 근저를 이루는 제1요인은 실제로 응답자가 좌파-우파 척도상에 배치한 자기 위치와 강한 상관관계를 가지고 있었다. 10개국의 데이터를 분석한 결과, 대부분의 경우에 개인의 정당 선호는 자신이 좌파-우파 척도에 스스로를 위치시킨 지점과 밀접한 관련이 있는 것으로 나타났다.[8] 좌파-우파 차원이 설명하는 분산의 비율 — 그리고 중요한 부가적 차원의 수 — 은 의심할 바 없이 국가마다 그리고 시점마다 다르다. 그러나 좌파-우파 차원은 복잡한 현실을 가장 근접하게 보여주는 유용한 변수인 것으로 보인다.

---

7) Ronald Inglehart and Dusan Sidjanski, "The Left, the Right, the Establishment and the Swiss Electorate," in Ian Budge et al.(eds.), *Party Identification and Beyond*(New York: Wiley, 1976)를 보라.

8) Ronald Inglehart and Hans D. Klingemann, "Party Identification, Ideological Preference and the Left-Right Dimension Among Western Publics," in Ian Budge et al., *Party Identification*을 보라.

잔다(Janda)는 50개국의 정당 정치에 관한 3,500개 이상의 문서에 기초하여 정당들이 견해를 달리하는 주요 쟁점들의 상세한 목록을 작성하고 실제로 각 정당이 취하는 입장을 코드화하는 작업에 착수했다. 그의 코딩 도식에 따르면, 좌파 정당들은 생산수단의 정부 소유, 경제계획에서의 정부의 주요한 역할, 부의 재분배, 공적 비용에 근거한 확장적인 사회복지 프로그램, 서구 블록보다는 동양 블록과의 제휴, 사회의 세속화, 군비 지출의 확대, 외국의 통제로부터의 독립, 초국적 통합, 국민통합, 참정권의 확대, 시민권의 보호에 비교적 호의적인 경향이 있다.[9] 26개 정당이 실제로 이들 쟁점에 대해 취한 입장에 관한 잔다의 요인 분석은 이들 쟁점 중에서 앞의 6개 쟁점만이 좌파-우파라는 단일 차원과 높은 상관관계를 가지고 있음을 보여준다. 즉, 이들 요소의 적재값은 생산수단의 정부 소유 .91에서부터 사회의 세속화 .68까지 다양하다. 종교에 대한 정당의 지지 또는 반대 입장은 다른 일부 쟁점에 비해 좌파-우파 차원과 그리 높지 않은 상관관계를 보이지만, 그것은 좌파-우파 차원의 한 측면으로 간주될 수 있다. 다른 쟁점들은 좌파-우파 차원과의 관계가 상대적으로 약하다. 군비 지출의 확대에 대한 지지는 좌파보다는 우파와 연결된 것으로 나타났지만, 연관성은 그리 크지 않다. 그리고 시민권의 보호 역시 약한 부(-)의 극성을 보인다. 잔다의 코딩은 1957년부터 1962년까지의 기간을 토대로 하고 있지만, 일반적으로는 적어도 거대 기성 정당과 관련해서는 오늘날까지도 상당한 타당성을 가지는 것으로 보인다.

정당 구별이 모호하지 않은 세계에서는 다음과 같은 경우에 좌파-우파 투표가 일어날 수 있다.

1. 특정한 정당들이 좌파의 모든 정책을 지지하고, 다른 정당들은 그 정책

---

9) Kenneth Janda, *A Conceptual Framework for the Comparative Analysis of Political Parties*(Beverly Hills: Sage Professional Papers in Comparative Politics, 1970), 96~98; Janda, "Measuring Issue Orientations of Parties Across Nations"(Evanston: International Comparative Political Parties Project, 1970[mimeo])를 보라.

에 반대할 때.

2. 그러한 변화를 이행하는 것이 좌파 정당 모두의 지배적인 목표일 때. 따라서 좌파 정당들이 우파의 정당들보다 좌파의 다른 정당들과 동맹할 가능성이 클 때.

3. 유권자들이 그러한 정책 차이를 인식하고, 그러한 정책에 찬성 또는 반대하기 **때문에** 투표할 때.

이러한 정연하고 논리적이며 단일차원적인 세계에서 투표자는 좌파-우파 연속선상에서 자신의 입장에 가장 가까운 정당을 지지할 것이다. 만약 투표자가 자신의 표를 이동시킨다고 하더라도 그는 가까운 정당 중 하나에 표를 던질 것이다.

하지만 불행하게도 현실 세계는 이렇게 단순하지 않다. 조사 데이터는 1950년대에 미국의 선거 선택에서 어떤 하나의 주요한 차원을 식별하는 것이 불가능했다는 것을 보여준다. 하지만 남북전쟁 이전 시기에는 어쩌면 스톡스(Stokes)의 표현으로 "강력한 이데올로기적 초점"이 **있었**을 수도 있다.[10] 그러나 1950년대의 단조로운 정치에서 1960년대 후반과 1970년대 초에 상대적으로 이데올로기적인 정치로 바뀌면서 좌파 대 우파(또는 자유주의 정당 대 보수주의 정당)의 개념을 미국 정치에 더욱 적용할 수 있게 된 것으로 보인다.[11] 마찬가지로 프랑스 정당은 제3공화국과 제4공화국 동안에 2개의 뚜렷한 주요 축 — 하나는 종교와 관련되어 있고 다른 하나는 사회계급과 관련되어 있는 — 을 따라 분열되어 있었다는 점도 자주 지적되어 왔다. 드골 대통령 재임 시기 동안에는 드골파/반드골파라는 단 하나의 차원이 프랑스의 정치적 삶을 지배하는 경향이 있었다.

---

10) Donald E. Stokes, "Spatial Models of Party Competition," in Angus E. Campbell et al., *Elections and the Political Order*(New York: Wiley, 1966), 161~179를 보라.

11) Arthur Miller et al., "Majority Party in Disarray"를 보라.

어떤 단일 차원도 서구 국가들의 정당 간 차이의 모든 것을 완전히 설명할 수 없다는 것을 인정하지만, 우리는 그럼에도 불구하고 그러한 설명에 가까이 가기 위한 노력의 일환으로 <표 7-1>처럼 그 차이들을 두 가지 광범위한 범주(몇몇 하위범주와 함께)에 따라 분류해 볼 수 있다.[12] 이 표는 다양한 나라들의 주어진 정당 간에 대략적인 유사성이 존재한다는 것을 시사하기 위한 것이자, 또한 이들 정당의 상대적 힘을 보여주기 위한 것이다.

식견 있는 관찰자라면, 많은 사람이 이들 정당을 좌에서 우로 배치하는 방식과 관련한 세부 사항 모두에 동의하지는 않을 것이다. 어떤 사람들은 이를테면 신좌파가 현재 공산당이 일반적으로 비판하는 것보다도 더 기성 사회를 근본적으로 비판한다는 점에 근거하여 신좌파가 사실상 공산당의 **좌파**라고 주장할 수도 있다. 논란이 있을 수 있는 경우에는 우리는 다당제하의 **유권자들**이 특정 정당을 인식하는 방식에 관한 가용한 정보에 의거하여 이 표에 나열된 정당들을 분류했다.[13] 유권자의 인식이 현실에 뒤질 수도 있지만, 유권자의 인식은 선거 선택에서 분명히 중요한 요소 중 하나이다.

좌파-우파 분류에 대한 몇 가지 대안이 제시되어 왔는데, 그 대안들은 주어진 체계의 중요한 특징들을 강조한다. 이를테면 사르토리(Sartori)는 "체계/반체계" 정당이라는 이분법의 중요성을 지적한다.[14] 이 이분법은 이탈리아 공

---

12) 여기서 우리는 덴마크나 아일랜드의 정치적 균열에 대해서는 분석하지 않을 것이다. 우리가 이용할 수 있는 (1973년 조사의) 데이터에 우리의 핵심 변수 중 하나 — 부모의 정치적 선호 — 가 포함되어 있지 않기 때문이다. 룩셈부르크도 사례 수가 너무 적어 분석에서 제외했다.

13) 다음을 보라. Emeric Deutsch et al., *Les Families Politiques Aujourd'hui en France*(Paris: Minuit, 1966); Samuel H. Barnes and Roy Pierce, "Public Opinion and Political Preferences in France and Italy," *Midwest Journal of Political Science*, 15, 4(November, 1971), 643~660; Hans Klingemann, "Testing the Left-Right Continuum on a Sample of German Voters," *Comparative Political Studies*, 5, 1(April, 1972), 93~106; A.-P. Frognier, "Distances entre partis et clivages en Belgique," *Res Publica*, 2(1973), 291~312; Inglehart and Klingemann, "Party Identification."

14) Giovanni Sartori, "European Political Parties: The Case of Polarized Pluralism," in Joseph LaPalombara and Myron Weiner(eds.), *Political Parties and Political Development*(Princeton: Princeton University Press, 1966), 137~176을 보라.

〈표 7-1〉 8개국 정당의 지형

국가	좌파			중도	우파		
	공산당	신좌파	중도 좌파	중도	중도 우파	우파	급진 우파
영국 (1974년 10월 투표)			노동당 39%	자유당 18%	보수당 36%		
서독 (1976년 투표)			사회민주당 43%	자유민주당 8%	기독교민주당 49%		
프랑스 (1973년 투표, 1차)	공산당 21%	통일사회당 3%	사회당 19%	개혁운동 12%	드골연합 38%		
이탈리아 (1976년 투표)	공산당 34%	급진당 1%	사회당 10% 사회민주당 3%	공화당 3%	기독교민주당 39%	자유당 1%	네오파시스트당 6%
벨기에* (1974년 투표)	공산당 3%		사회당 27%	자유당 15%	사회기독당 32%		
네덜란드 (1972년 투표)		급진당 5% 1966년 민주당 4%	노동당 26%	민주사회당 (1970년)	기독당 18% 2개 프로테스탄트 정당 14%	자유당 14%	농민당 2% 프로테스탄트 우파 정당 4%
스위스 (1975년 투표)	공산당 2%		사회당 27%	독립당 6%	급진당 22% 기독당 23%	인민당 10% 자유당 2%	국민행동 3% 공화주의운동 3%
미국 (1976년 투표) ( )안은 정당 일체감			민주당 51% (민주당 I.D.=42%)	(무소속 I.D.=37%)	공화당 49% (공화당 I.D.=21%)		

* 벨기에에서 치러진 1974년 선거에서 플랑드르 민족주의 집단과 프랑스어권 민족주의 집단은 21%의 표를 얻었다. 우리는 그들을 이 표에 위치시키려고 시도하지 않았다.

산당, 프롤레타리아사회당, 네오파시스트당이 기존 제도하에서 개혁을 이루기 위한 노력을 전혀 하지 않고 체계를 완전히 타도하고자 한다는 점에 근거하여 그러한 정당들을 후자의 범주에 함께 배치시킬 수도 있다. 마찬가지로 누군가는 프랑스 정치에서 실제로 중요한 균열선은 공산당(아마도 통일사회당과 함께)이라는 한편과 기존 제도 안에서 기꺼이 일할 것처럼 보이는 다른 정당들이라는 다른 한편 사이에 있다고 주장할 수도 있다. 분명히 이 체계/반체계 이분법은 이탈리아와 프랑스에서 중요한 균열선 중 하나이다. 그러나 이 균열선은 다른 나라에서는 덜 중요해 보인다. 이 구분을 적용하면, 대부분의 경우에 거의 대다수의 유권자와 아주 소수의 반체계 유권자들을 대비시키게 될 것이다.

하지만 체계 정당과 반체계 정당 사이의 간극은 결코 사라지지 않았다. 1976년 현재 공산당은 냉전이 시작된 이후 어떤 주요 서구 국가에서도 정부 연합에 참여하지 않았다(하지만 이제 공산당은 연합에 참여하는 방향으로 나아가고 있는 것으로 보인다). 1973년 총선거에서 프랑스 공산당과 사회당은 '좌파 연합'을 결성했다. 그러나 엘리트 수준에서는 두 정당을 연결하는 공통의 강령과 선거전략이 존재했음에도 불구하고, 1차 투표에서 사회당에 투표할 계획이었던 사람 중 약 절반이 2차 투표에서 공산당 후보에게 투표하지 **않을** 것이라고 말했다.[15] 1974년 대통령 선거에서 공산당과 사회당은 사회당원인 공동 후보를 지지했고, 선거에서 거의 승리할 뻔했다. 그러나 포르투갈에서 공산 쿠데타가 무산된 후 좌파의 양대 정당 간의 협력이 불안해졌다.

그럼에도 불구하고 해당 유권자의 수라는 측면에서 보면, 체계/반체계 이분법은 서구 국가들에서 지배적인 정치적 균열선이 아니다. 그 균열선이 가장 중요해 보이는 프랑스와 이탈리아에서조차 오늘날 공산당이 과연 반체계

---

15) 《엑스프레스(L'Express)》 1973년 1월 8일 자에 인용된 IFOP 조사.

정당**인지**가 매우 의심스럽다. 공산당은 최근 들어 점점 온건한 노선을 채택해 왔는데, 특히 이탈리아 공산당은 자신들이 집권하더라도 대의민주주의의 주요 제도들을 타도하지 않겠다는 주장을 강조하고 있다. 1960년대 중반 이후 프랑스 공산당은 다른 좌파 정당들과 다소 효과적인 선거 동맹을 맺어왔다. 1968년의 위기에서 공산당 엘리트들은 혁명가로 활약하지 않았다. 아이러니하게도 공산당을 혁명당이라고 주장한 사람은 드골주의자들이었고, 오히려 공산당 지도자들은 진지하고 품위 있는 태도를 부각시키기 위해 노력했다. 그들은 영국 노동당의 강령보다 훨씬 더 급진적이지 않은 강령을 내세우며 최근의 선거 운동에서 그러한 이미지를 계속해서 계발해 왔다.

좌파-우파 도식에 대한 또 다른 대안(또는 보충물)은 록칸과 립셋이 강조하는 '영토적-문화적' 차원이다.[16] 특히 벨기에에는 좌파-우파 대비 외에도 중요한 영토적 균열이 존재한다. 플랑드르어를 사용하는 하위문화와 프랑스어를 사용하는 하위문화 각각에 뿌리를 둔 민족주의 정당들이 최근 몇 년 동안 인상적인 활력을 보여주었다. 이들 정당은 불과 10여 년 전만 하더라도 거의 무시할 수 있었던 수준에서 성장을 거듭하여, 1970년대 초에 실시된 벨기에 투표에서는 21%를 득표했다. 이들 정당을 좌파나 우파로 분류하는 것은 아마도 격렬한 반론을 야기할 것이다. 이들 정당은 특정한 영토적·문화적 기반과 연계되어 있지만, 사르토리의 '반체계' 정당의 특별한 사례로 간주될 수도 있다. 벨기에에서 이들 정당은 때때로 다른 나라들의 다양한 공산당보다도 더 직접적인 방식으로 기본적인 정치제도들을 위협해 왔다.[17]

---

16) Lipset and Rokkan, "Cleavage Structures," 9~13을 보라. Rokkan, *Citizens*도 참조하라. 영토적-문화적 차원은 균열의 두 가지 주요 축 중 하나로 인식되는데, 다른 하나의 축은 '기능적' 균열이다. 이 후자는 다른 사람들이 좌파-우파 차원이라고 부르는 것과 대체로 동일하다.

17) Martin O. Heisler, "Institutionalizing Societal Cleavages in a Cooptive Polity," in Heisler(ed.), *Politics in Europe: Structures and Processes in Some Postindustrial Democracies*(New York: McKay, 1974)를 보라.

다음의 분석은 주로 8개국 각각의 좌파 정당과 우파 정당의 구분에 기초할 것이지만, <표7-1>의 모든 세부 사항이 옳다고 가정하지는 않는다. 우리의 분석은 훨씬 더 단순한 가정에 의존한다. 이를테면 프랑스에서는 공산당, 사회당, 급진당이라는 한편과 드골연합이라는 다른 한편 간에 큰 차이가 있다. 달리 말해 우리의 분석은 두 세트의 정당 간의 이분법에 근거할 것이다. 우리가 이 두 세트의 정당에 라벨을 붙이는 방식에 대해 동의할 필요는 없다. 독자들은 두 그룹 간에 중요한 차이가 있다는 것에 동의하는 한, 그 두 그룹을 '자유주의 정당 대 보수주의 정당'으로, 아니면 '그룹1 대 그룹2'로 바라봐도 무방하다. '좌파'와 '우파'라는 용어가 널리 퍼져 있는 친숙한 용어이기 때문에 (그리고 여전히 의미 있는 용어로 남아 있기 때문에), 우리는 이분법의 양측을 묘사하기 위해 좌파와 우파라는 용어를 사용할 것이다. 이러한 방식으로 조작화한다고 해서, 우리가 특정 국가의 정치적 갈등을 단일차원적인 것으로 가정할 필요는 없다. 경험적으로는 거의 모든 차원이 왜 사람들이 이 두 가지 주요한 대안 사이에서 선택하는지를 설명하는 데 유용할 수 있다. 우리는 두 가지 이유에서 우리의 종속 변수를 이분화했다.

1. 국가 간 비교를 편리하게 하기 위해서이다. 종속 변수를 이렇게 이분화함으로써, 우리는 노동계급, 중간계급, 가톨릭 신도, 프로테스탄트 신도 및 여타 유형의 응답자가 우파 또는 좌파에 투표하는 비율을 집단별로 단일 수치로 제시할 수 있다. 우리가 8개국 각국의 많은 정당 ─ 심지어는 정당이 14개나 되는 나라까지 ─ 을 다루고 있기 때문에, 만약 각 나라의 각각의 사회집단별로 각 정당의 득표율을 제시한다면, 우리는 세부 사항에 압도당하고 말 것이다. 우리가 이렇게 단순화함으로써 불가피하게 일부 정보를 잃어버릴 수밖에 없지만, 상황이 이를 정당화해 준다.

2. 다변량 분석 ─ 우리는 이를 제9장에서 수행할 것이다 ─ 을 위한 기술적·이론적 고려는 우리에게 이분법화할 것을 요구한다. 대안적으로 우리는 이를테

면 프랑스의 경우에 드골당을 1로, 독립공화당을 2로, 중도 정당을 3으로, 급진당을 4로, 사회당을 5로, 공산당을 6으로, 그리고 통합사회당을 7로 코드화할 수도 있다. 이것은 모든 정당의 근저를 이루는 하나의 차원이 존재한다는 것 ─ 그리고 사회당은 드골당보다 정확히 다섯 배 '좌파적'이며, 독립공화당보다 두 배 반 더 '좌파적'이라는 것 ─ 을 함의한다. 그러나 그러한 가정은 지지될 수 없을 것이다.

이분화의 어려움은 나라마다 다르다. 몇몇 경우에는 이분화가 아주 쉽다. '양당제'에는 분명하고 자연스러운 이분법이 존재한다. 양당제 국가 모두에는 실제로 2개 이상의 정당이 존재하지만, 세 나라(영국, 서독, 미국)에서 두 주요 정당이 최근의 대부분의 전국 선거에서 표의 약 4분의 3을 차지했다. 우리의 이분법은 이러한 경우에서 단지 2개의 주요 정당만을 대비시킨다.

나머지 5개국은 다당제이고, 두 정당을 합쳐도 75%의 표를 얻지 못한다. 이 5개국 중 4개국에서는, 비록 중도 정당에서는 어느 정도의 모호성이 있기는 하지만, 그럼에도 불구하고 이분화에 대한 꽤 명확한 근거가 존재한다. 프랑스에는 정부와 야당 간에 꽤 분명한 경계가 존재하는데, 그 경계는 <표 7-1>에서 나타나듯이 우리의 좌파-우파 이분법과 일치한다. 조사 당시 중도 정당들은 정부와 야당으로 나뉘어 있었는데, ('양당제'에서 제3당들의 경우에서처럼) 그 지지자들은 분석에서 제외되었다.[18] 이러한 이분법화는 공산당이 드골당보다는 사회당이나 통일사회당과 더 가깝다는 것을 함의**한다**. 이 가정에 대해서는 비록 모두는 아니지만 대부분의 관찰자가 의심의 여지없이 받아들일 것이다. 이들 정당의 지도자와 유권자들도 이 이분법을 받아들이는 것으로 보인다. 드골연합이 제5공화국 내내 상당한 수준의 응집력을 보여왔다

---

18) 좀 더 정확히 말하면, 1971년 조사에서 중도파 응답자들은 정부 쪽에 있는 파와 야당 쪽에 있는 파 중 어느 파를 지지하느냐는 질문을 받았고, 그 답변에 따라 우리의 이분법에 포함되었다. 1970년에는 이러한 구분이 이루어지지 않았고, 중도파는 애매함을 이유로 우리의 이분법에서 제외되었다. 급진파는 좌파로 분류되었다.

면, 좌파 정당들은 지난 몇 차례 실시된 전국 선거에서 일련의 유대를 제도화하기 시작했다. 우리는 네덜란드에서는 (<표 7-1>에서 볼 수 있듯이) 좌파 정당들을 하나로 묶었는데, 이는 자유당과 교파 정당에 기초한 연합세력 — 이들은 1960년대 후반과 1970년대 초반에 집권했다 — 과 좌파 정당을 대비시키기 위한 것이다. 얼마 전만 하더라도 사람들은 종교 관련 정당들을 세속 정당과 대비하여 하나로 묶고 자유당 — 경제 문제에 대해 보수적인 — 을 좌파와 함께 묶는 것을 고려했을 것이다. 최근에 네덜란드 좌파는 자신을 대안 정부로 제도화하는 방향으로 움직여왔다. 여기서 좌파와 우파의 구분은 다른 어떤 구분보다 더 의미 있어 보인다.

이탈리아의 상황은 문제의 소지가 많다. 우리의 1970년 조사 당시에는 기독민주당이 공화당, 사회당, 사회민주당과 연합하여 집권하고 있었다. 1972년 선거 이후 기독민주당은 자유당과 사회민주당과 연합했으며, 공화당은 새 정부를 지지했지만 그 정부에 참여하지는 않았다. 우리가 알다시피, 이탈리아 사례에서 연합 파트너십은 이분법을 적용할 수 있는 명확한 지표가 되지 못한다. 이탈리아 정당들은 전통적인 좌파와 우파의 경계를 넘나들며 이동하고 있다. 게다가 이탈리아는 체계/반체계 이분법이 특별한 힘을 가지는 것으로 보이는 나라이다. 공산당이 '체계' 정당으로 나아가고 있다는 것을 인정한다고 하더라도, 네오파시스트당이나 MSI(이탈리아 사회운동)와 같은 극우파 정당이 여전히 남아 있다. 사람들은 네오파시스트당은 나머지 이탈리아 우파와 묶이기보다는 별개의 정치세력으로 취급되어야 한다고 아주 설득력 있게 주장할 수도 있다.[19] 그러나 문제는 이탈리아 정치에서 좌파와 우파가 어디에서 시작되느냐 하는 것이다. 누군가는 공화당을 좌파에 포함시키자는 꽤

---

19) 여기서 보고된 분석 외에도 나는 우파에서 MSI를 제외한 이탈리아 데이터에 대해 병렬 분석 (parallel analysis)을 실행했다. MSI 지지자가 상대적으로 소수이기 때문에, 그 결과는 보다 광범위한 좌파-우파 이분법에 근거한 분석 결과와 근본적으로 다르지 않다.

괜찮은 주장을 할 수도 있다. 반면에 누군가는 공화당의 정책과 과거의 행동에 근거하여, 공화당은 물론 사회민주당도 '실제로' 우파에 속한다고 주장할 수도 있다. 이 문제에 직면하여, 우리는 이탈리아 유권자들의 인식에 따라 정당을 이분화했다. 이탈리아 투표자는 사회민주당, 사회당, 프롤레타리아사회당, 공산당을 좌파 정당으로, 다른 정당들을 좌파-우파 연속선의 우파 쪽 절반에 위치하는 것으로 **본다**. 게다가 어떤 사람이 이 연속선상에 배치시키는 자신의 위치는 그 사람의 정책 선호 및 정당 선택과 연계되어 있는 경향이 있다.[20] 따라서 우리의 이분법은(<표 7-1>에서 보듯이) 좌파 정당을 다른 모든 정당과 대비시킨다.

벨기에의 경우는 한층 더 골치 아프다. 양대 정당인 사회기독당과 사회당은 한때 '좌파-우파 양당 이분법'의 근거로 여겨졌을지도 모른다. 1958년까지만 해도 이 두 정당은 전체 표의 85%를 얻었다. 그러나 두 정당의 표는 최근 몇 년간 감소해서 1974년 선거에서 전체 표의 61%로 떨어졌다. 게다가 보다 포괄적이면서도 여전히 의미 있는 이분법을 구성하기 위해 어떤 정당들이 그 두 정당과 함께 묶여야 하는지도 쉽게 판단할 수 없다. 자유당이 사회기독당과 묶여서 좌파-우파 이분법을 형성할 가능성도 생각해 볼 수 있지만, 그것은 여전히 유권자의 상당한 부분 — 언어적 민족주의 정당에 투표하는 유권자들 — 을 배제하게 될 것이다. 이들 민족주의 정당은 3개의 주요 전통적인 정당 중 어느 하나와 함께 자연적인 단위를 형성하기가 거의 불가능하다. 이들 정당의 자민족중심적 경향은 그 정당들을 우파에 위치시키도록 유혹할 수도 있다. 웨일(Weil)은 이들을 '초보수주의적(ultra-conservative)'이라고 기술하며, 어떤 의미에서 그러한 정당들은 결국 친나치가 된 제2차 세계대전 이전의 렉스

---

20) Samuel H. Barnes, "Left-Right and the Italian Voter," *Comparative Political Studies*, 42(July, 1971), 157~175를 보라. Barnes and Pierce, "Public Opinion" 및 Inglehart and Klingemann, "Party Identification"을 참조하라.

당(Rexist Party)의 후예라는 사실을 강조한다.[21] 하지만 오늘날 이들 집단은 자신들을 해방 정당으로 내세우고, 좌파의 수사를 사용하며, 의심할 여지없이 변화 지향적이다. 따라서 누군가는 그 집단들을 좌파에 배치하는 것도 고려할 수 있다. 다른 복잡한 문제로는 플랑드르어를 사용하는 정당과 프랑스어를 사용하는 정당 간에 상당한 차이가 있다는 점을 들 수 있다. 후자는 부분적으로 전자에 대한 반발의 산물이다. 벨기에 정당들을 포괄적이면서도 일관성 있는 방식으로 이분화할 수는 없어 보인다. 우리의 해결책은 타협이었다. 벨기에의 경우에 '좌파-우파' 이분법은 단지 두 주요 정당의 유권자들을 대비시킬 뿐이다. 물론 이것은 유권자의 많은 부분을 분석에서 배제한다. 그림을 완성하는 데 도움이 되도록, 우리는 또한 어떤 개인이 전통적인 정당 중 하나가 아닌 인종적 민족주의 정당에 투표하는 이유를 설명하기 위해 고안된 병렬분석(parallel analysis)도 실시할 것이다.

스위스의 경우에서는 앞서 인용한 분석에서 독립동맹 — 이 경우는 이 차원의 중간 지점에 거의 정확하게 위치되어 분석에서 제외되었다 — 과 스위스공화주의운동과 국민행동 — 이 둘은 대부분의 관찰자들이 극우에 위치시킬 수 있는 작은 외국인 반대 정당이다 — 을 제외한 모든 정당을 좌파-우파라는 지배적인 차원에 의미 있게 위치시킬 수 있다는 것이 밝혀졌다. 후자의 두 정당에 대한 지지는 좌파-우파라는 주요 축과는 전혀 다른 또 다른 차원을 보여준다. 벨기에의 인종적 민족주의 정당들처럼, 이 두 정당은 따로 분석되어야 하며, 따라서 우리의 좌파-우파 투표 분석에서 제외되었다.[22]

---

21) Gordon L. Weil, *The Benelux Nations: The Politics of Small-Country Democracies*(New York: Holt, Rinehart, and Winston, 1970), 100~108을 보라.
22) 스위스 정치의 두 가지 주요 차원과 국민행동 및 스위스공화주의운동의 역할에 대한 해석으로는 Inglehart and Sidjanski, "Left, Right"를 보라.

가족 전통과 산업적인 정치적 균열: 몇 가지 영차 관계

우리는 개인들이 왜 특정 종류의 정당에 투표하는지, 보다 구체적으로는 그 또는 그녀의 가치 우선순위가 선택에 영향을 미치는지를 이해하기 위해 다양한 분석 기법을 사용할 것이다. 우리의 첫 번째 분석 단계는 단순 교차표를 이용하여 사회적 배경과 투표의 관계를 검토하는 것이다. 우리는 그러한 많은 교차표들을 검토하여 그러한 기본적인 관계들에 대한 상세한 일람표를 만듦으로써 다변량 분석의 결과에 요약될 훨씬 더 복잡한 패턴을 포착할 수 있게 할 것이다.

유럽 표본 각국의 응답자들은 다음과 같은 질문을 받았다. "내일 총선거가 있다면, 당신은 어느 정당에 투표할 가능성이 가장 큽니까?"[23] 다당제에서는 앞에서 제시한 것과 같이 그 응답을 이분화했다.

미국에서는 두 가지 다른 질문을 했는데, 하나는 정당 일체감과 관련된 질문이었고, 다른 하나는 1972년 대통령 선거에서 응답자가 실제로 누구에게 투표했는지에 관한 질문이었다. 두 질문 모두 유용할 것으로 보인다. 하나는 장기적인 정당 충성심을 보여주는 기준 지표로 이용될 것이고, 다른 하나는 1972년의 특수한 상황에서 실제의 행동을 측정하는 척도로 이용될 것이다. 미국 응답자들은 먼저 "일반적으로 말해서 당신은 스스로를 공화당원이라고 생각합니까, 민주당원이라고 생각합니까, 무당파라고 생각합니까, 아니면 또 다른 정당의 지지자라고 생각합니까?"라는 질문을 받았다. 이들 미국 표본은 또한 1972년 선거에서 투표했는지를 질문받았고, 투표했다면 다음과 같은 질문을 받았다. "당신은 대통령 선거에서 누구에게 투표했습니까?"

우리의 응답자들은 또한 **부모**가 특정 정당을 선호했다면 그 정당이 무엇이

---

23) 스위스 응답자들은 자신의 정당 선호 정도에 따라 11개 주요 정당에 대해 1위에서 꼴찌까지 순위를 매겨달라고 요청받았다.

었는지를 묻는 질문을 받았다.[24] 부모의 정당 선호를 보고할 수 있는 비율에서는 국가 간에 중요한 차이가 있었다. 그 비율은 미국과 영국에서 가장 높았는데, 전체 표본의 75% 이상이 부모의 정치적 선호를 보고했다. 벨기에와 네덜란드에서도 그 비율이 꽤 높았는데, 60~65%가 보고했다. 이탈리아와 프랑스의 경우 그 비율이 낮았는데, 그 수치는 각각 56%와 53%였다. 서독에서는 그 비율이 현저히 낮았는데, 단지 38%만이 부모의 정치적 선호를 보고했다.

이 국가 간 패턴에서 특별히 놀라운 것은 없다. 영국과 미국은 2개 정당만이 지배하는 정당체계를 비교적 오래전에 확립했다. 그러한 체계에서는 누군가의 부모가 특정 정당 라벨과 일관되게 연관되어 있을 가능성이 더 클 것이다. 프랑스의 현재 정당체계는 1958년에 드골이 집권한 이후에야 등장했다. 그 이전까지 프랑스의 우파와 중도파는 정치적 스펙트럼상에서 변화를 거듭했다. 따라서 아마도 안정적인 정당 선호를 **가진** 부모들은 거의 없을 것이다. 이탈리아와 독일 모두는 정당 간의 자유 경쟁이 중단되었던 파시스트 통치의 시기를 겪었는데, 독일에서는 부모가 나치당과 연관되어 있었다면 부모의 정치적 가입에 관해서는 알고자 하지 말아야 한다는 압력을 특히 강하게 받고 있다.

이러한 국가 간 차이는 부모로부터 물려받은 정치적 선호에 의해 영향을 받을 수 있는 정도에 분명하게 영향을 미친다. 그러나 <표 7-2>에서 볼 수 있듯이, 7개국 모두에서 부모의 선호와 자신의 투표 성향 간에는 명확한 관계

---

24) 미국에서 질문의 문구는 다음과 같았다. "당신의 기억에 당신의 아버지는 당신의 성장기에 정치에 관심이 아주 많았습니까, 얼마간 관심이 있었습니까, 아니면 별로 관심이 없었습니까?" (대답이 "모르겠다"가 아니라면 다음과 같은 질문이 이어졌다.) "아버지는 자신을 대체로 민주당원이라고 생각했습니까, 공화당원이라고 생각했습니까, 무당파라고 생각했습니까, 아니면 다른 어떤 당의 지지자라고 생각했습니까?" (어머니와 관련해서도 동일한 질문을 했다.) 유럽 국가들에서는 다음과 같이 질문되었다. "당신은 부모님이 어떤 특정 정당을 선호했는지 알고 있습니까?" (대답이 '그렇다'일 경우 다음과 같은 질문이 이어졌다.) "부모님은 어떤 정당을 선호했습니까?" 이 질문은 과거를 지칭했지만, 독일과 이탈리아에서는 파시스트 시대와 관련된 문제들 때문에 우리는 응답자의 과거에서 그 질문을 구체적인 시대와 결부시킬 수 없었다.

〈표 7-2〉 부모의 지지 정당별 투표 성향*(우파 정당 선호 비율)   단위: %

영국			독일		
노동당	30	(567)	사회민주당	6	(232)
부모의 선호 모름	56	(426)	자유민주당	25	(8)
자유당	63	(111)	부모의 선호 모름	47	(906)
보수당	86	(410)	기독교민주당	64	(290)

프랑스			이탈리아		
좌파	17	(336)	좌파	18	(226)
중도	18	(28)	모름	61	(554)
모름	51	(624)	극우파	82	(68)
우파	82	(305)	기독교민주당, PRI, 자유당	86	(374)

네덜란드			벨기에		
좌파	11	(262)	사회당과 공산당	7	(116)
모름	42	(414)	자유당	50	(16)
교파, 자유당	72	(454)	모름	62	(241)
			기독사회당	90	(250)

미국: 정당 일체감			미국: 1972년 투표		
민주당	17	(1,575)	민주당	57	(1,362)
모름	34	(427)	모름	61	(257)
무당파, 혼합	45	(75)	무당파, 혼합	70	(150)
공화당	76	(756)	공화당	81	(789)

* 유럽 국가들의 수치는 1970년 유럽공동체 조사에 기초한 것이다. 정당 일체감에 대한 미국의 수치는 사회조사 연구소의 1972년 5월 옴니버스 조사, 정치연구소의 1972년 선거 조사, 1973년 3월의 유럽공동체 조사에 기초한 것이다. 미국의 1972년 투표는 두 번째 조사에만 기초한 것이다. 이 변수는 스위스 데이터에서는 이용할 수 없었다.

가 있다. 독일과 이탈리아에서도 그 효과는 아주 중요해 보인다. 우리는(그 질문을 했던) 1970년경에는 45세 미만의 모든 응답자가 적어도 자신들의 청년기와 유년기의 **일부**를 전후 시대에 보냈다는 것을 유념해야 한다. 그러나 더 나이 든 사람들조차 그들이 보고한 부모의 선호가 투표 성향에 측정 가능한 영향을 미치는 것으로 보인다.

부모로부터 전승된 정치적 선호가 7개국 모두에서 선거 선택을 틀 짓는 데서 핵심적인 역할을 할 것으로 보인다. 우리는 우리의 분석 내내 이 가능성에 주의를 기울일 것이다. 잠시 산업적 범주의 변수들을 검토해 보기로 하자.

사회계급은 오랫동안 정치적 행동에 주요한 영향을 미치는 것 ─ 어쩌면 핵심적인 영향을 미치는 것 ─ 으로 간주되어 왔다. 립셋은 많은 나라로부터 얻은 많은 일단의 조사 결과들을 다음과 같은 논평으로 요약했다. "정당 지지와 관련한 가장 인상적인 하나의 단일한 사실은 거의 모든 경제 선진국에서 저소득 집단은 좌파 정당에 주로 투표하는 반면 고소득 집단은 우파 정당에 주로 투표한다는 것이다."[25] 그는 보다 최근에는 "유럽 대부분에서 [계급투표는 아니지만] 계급과 연계된 정치투쟁의 강도가 줄어들었다"라고 결론지었다.[26] 현대 유럽의 노동계급의 투표 패턴을 비교해 보면, 네덜란드와 독일을 제외하고는 좌파 정당들이 노동계급투표의 약 3분의 2 이상을 획득했다(이는 1930년대 대공황 당시보다 훨씬 더 높은 비율이다).[27] 이와 유사하게 앨퍼드(Alford)는 영국, 호주, 미국, 캐나다에서 1936년부터 1962년까지 실시된 총 33개의 조사를 토대로 직업과 정당 투표의 관계를 분석한 후 거의 모든 경우에 육체노동자들이 비육체노동자들보다 좌파 정당에 투표할 가능성이 더 크다는 것을 발견했다. 그는 좌파에 투표하는 육체노동 응답자 비율에서 좌파에 투표하는 비육체노동 응답자 비율을 단순하게 빼는 방식으로 '계급투표 지수'를 계산했다. 계급투표의 평균 지수는 캐나다의 +8에서 영국의 +40까지 다양했다.

25) Seymour M. Lipset, *Political Man: The Social Bases of Politics*(Garden City: Doubleday, 1960), 223~224.
26) Seymour M. Lipset, *Revolution and Counter-Revolution: Change and Persistence in Social Structures* (New York: Basic Books, 1968), 215.
27) *Ibid.*, 223. 앞에서 지적했듯이, 립셋은 또한 문화적 변수와 영토적 변수의 중요성에 상당한 관심을 기울였다.

미국은 평균 지수가 +16이었다.[28] 캠벨과 그의 동료들은 계급 양극화가 대공황 세대에서 가장 높고 나이 든 연령집단과 젊은 연령집단 모두에서 낮다는 것을 보여주는 증거를 제시했다.[29] 따라서 누군가는 사회계급투표가 점차 사라질 것으로 예상할 수도 있다. 앨퍼드는 자신의 증거에 근거하여 다음과 같이 주장하며 이 해석을 논박했다. "제2차 세계대전 이후의 번영에도 불구하고, 그리고 아이젠하워(Eisenhower) 시대 동안 일어난 우파로의 이동에도 불구하고, 1930년대 이후 미국 정치의 계급 기반에는 실제적인 변화가 전혀 없었다."[30] 보다 최근에 해밀턴(Hamilton)도 비슷한 결론에 도달했다. 그는 미국에서 사회계급투표는 전혀 약화되지 않았다고 말한다.[31]

우리의 가설은 이것이 얼마 전까지는 사실이었을 수도 있지만 오늘날과 가까운 미래에는 사실일 가능성이 적다는 것을 암시한다. 우리의 데이터를 살펴보자. <표 7-3>은 사회계급(가장의 직업에 의해 제시된)과 투표 간의 관계를 보여준다.

사회계급과 투표 성향 또는 정당 선호도 간에는 분명하고 일관된 영차(零次, zero-order) 관계가 존재한다. 모든 나라에서 육체적 직업을 가진 사람들(그리고 그 가족)은 화이트칼라 배경 출신의 사람들보다 좌파에 투표할 가능성이 더 크다. 어떤 경우에는 그 관계가 아주 강력하다. 이를테면 영국의 경우 노동계급과 중간계급 간에는 좌파에 투표할 가능성에서 34%포인트의 차이가 있다(즉, 앨퍼드 계급투표 지수가 +34이다). 영국은 사회계급투표가 결코 신화가 아니라는 사실을 예증해 준다. 어떤 환경에서는 중간계급이 우파에 압도적으로 투표하는 반면, 노동계급의 절대다수가 좌파에 투표한다. 스위스 역시

---

28) Robert R. Alford, *Party and Society: The Anglo-American Democracies*(Chicago: Rand McNally, 1963)를 보라.
29) Campbell et al., *American Voter*, 356~361.
30) Alford, *Party and Society*, 226.
31) Richard Hamilton, *Class and Politics in the United States*(New York: Wiley, 1972)를 보라.

〈표 7-3〉 사회계급과 정치 참여*(우파 정당에 대한 지지 비율)

단위: %

	영국		독일		프랑스	
중간계급	78	(442)	50	(1,208)	50	(467)
노동계급	44	(1,066)	37	(1,039)	35	(419)
앨퍼드 지수	+34		+13		+15	
농민			64	(120)	67	(148)
	이탈리아		네덜란드		벨기에	
중간계급	63	(758)	55	(985)	70	(468)
노동계급	48	(524)	40	(541)	54	(502)
앨퍼드 지수	+15		+15		+16	
농민	67	(272)	78	(149)	90	(114)
	스위스		미국: 정당 일체감		미국: 1972년 투표	
중간계급	74	(581)	44	(1,565)	67	(1,382)
노동계급	53	(395)	29	(1,401)	59	(842)
앨퍼드 지수	+21		+15		+8	
농민	93	(123)	53	(168)	79	(117)

* 사회계급은 가장의 직업에 기초한 것이다. 비육체적 직업에 종사하는 사람들은 중간계급으로 범주화되고, 육체적 직업에 종사하는 사람들은 농민을 제외하면 노동계급으로 간주된다. 앨퍼드 지수는 앞의 중간계급 집단과 노동계급 집단 사이에서 좌파에 투표한 비율의 단순 차이이다. 1970년과 1971년 유럽공동체 조사의 경우 1971년 조사 데이터를 사용할 수 없었다(를 제외한 모든 국가의 경우 이 표의 하나로 결합되었다. 스웨덴 데이터는 제네바대학교와 취리히대학교가 1972년에 실시한 조사에서 나온 것이다. 정당 일체감에 대한 미국 데이터는 사회조사연구소의 1972년 5월 옴니버스 조사, 정치연구소의 1972년 선거 조사, 1973년 유럽공동체 조사에 기초한 것이다. 미국의 1972년 투표는 두 번째 조사에만 기초한 것이다. 이 출처들은 따로 언급된 것을 제외하고는 이 장에서 아래에 제시되는 표준이 되는 토대를 이루는 것이기도 하다.

+21이라는 다소 인상적인 계급투표 지수를 보여준다.

그러나 나머지 6개국에서는 사회계급투표 경향이 훨씬 약하다. 그중 5개
국에서는 계급투표 지수가 +13에서 +16까지로, 영국 수치의 절반밖에 되지
않는다. 여섯 번째 나라인 미국에서는 계급**투표** 지수가 (정당 일체감과는 대조
적으로) 영국 지수의 4분의 1에도 못 미친다. 영국이 상대적으로 높은 계급투
표 비율을 보이는 까닭은 단지 영국이 최근 상대적으로 느린 경제변화를 겪었
기 때문이라고 결론 내리고 싶을 수도 있다. 하지만 현실은 결코 그렇게 단순
하지 않다. 영국의 높은 계급투표 비율은 적어도 몇십 년 전으로, 어쩌면 노동
계급이 처음으로 완전한 선거권을 가지게 된 시대로까지 거슬러 올라가는 것
으로 보인다. 스칸디나비아의 국가들 — 훨씬 더 높은 계급투표 비율을 보이는 —
과 마찬가지로, 영국은 대립적인 종교적 분열이 존재하지 않기 때문에 주로
계급 노선을 따라 양극화될 수 있었다. 어쩌면 영국의 느린 경제변화 속도보
다 상대적으로 널리 퍼져 있고 뿌리 깊은 정당 충성심이 계급 양극화를 유지
하는 데서 더 중요했을 수도 있다.

그럼에도 불구하고 증거들은 10년이나 20년 전만 해도 계급투표가 1970
년대보다 훨씬 더 강력하고 널리 퍼져 있었다는 것을 보여준다. 우리가 영국
에서 얻는 계급투표 지수는 앨퍼드가 보고한 평균 수치보다 다소 작다. 그리
고 미국의 지수는 앨퍼드의 평균값 크기의 절반밖에 되지 않는다. 1972년의
미국 계급투표 지수와 응답자의 정당 **일체감** 의식에 기초한 비슷한 지수를 비
교해 보면, 사회계급투표가 감소했다는 인상이 더욱 강화된다. 정당 일체감
은 일반적인 제휴 의식을 나타내며, 이것은 자신의 가족 성향에 의해 주입되
어 왔을 수도 있다. 정당 일체감은 현재의 투표 성향을 반드시 나타내는 것도
아니다(이는 1972년 선거의 결과에서 매우 분명하게 드러났다). 정당 일체감에 기
초한 앨퍼드 지수는 +15로, 이는 앨퍼드가 1936년부터 1960년까지에서 얻
은 평균 계급투표 지수와 거의 같을 만큼 크다. 노동계급과 좌파, 중간계급과

우파를 연계시키는 이러한 전통적인 유대가 지속되고 있음에도 불구하고, 1972년의 실제 **투표**에 근거한 지수는 +8에 불과했다.

글렌(Glenn)과 에이브럼슨(Abramson)이 독자적으로 분석한 일단의 대규모 시계열 데이터는 미국에서 계급투표가 장기적으로 쇠퇴해 왔다는 것을 꽤 결정적으로 입증하고 있다.[32] 이러한 추세는 계속 하강하는 직선의 형태를 띠지는 않았다. 아이젠하워 시절 동안에는 약 +11이라는 낮은 지점까지 일시적으로 떨어졌다가 그다음 두 번의 선거에서는 다소 상승했다. 그러나 장기적인 패턴은 분명하다. 계급투표 지수는 1936년부터 1948년까지는 평균 약 +18이었으나 1972년에는 +8 또는 그 이하로 떨어졌다. 보다 중요한 것은 그러한 추세가 뿌리 깊은 것으로 보인다는 점이다. 에이브럼슨과 글렌 모두는 코호트 분석에 기초하여 그 패턴이 세대 변화를 반영한다고 결론짓는다. 특정한 사회계급투표 비율이 특정한 연령 코호트 내에서는 시간이 지나도 지속되는 것으로 보인다. 그 비율은 나이 든 집단들 사이에서는 높은 수준을 유지하지만, 젊은 집단들 사이에서는 낮거나 무시할 수 있는 수준이다. 실제로 1968년에 이 두 저자는 미국의 가장 젊은 연령 코호트 사이에서 아주 적은 **부(-)**의 계급투표 지수를 감지했고, 1972년에 에이브럼슨은 자신의 가장 젊은 **두** 코호트에서 부의 지수를 발견했다.[33] 우리는 정당들이 전략을 바꿈에 따라, 그리고 민주당이 1972년의 참패에서 회복함에 따라 향후의 선거에서도 그러한 등락은 계속될 것으로 예상할 수 있다. 그러나 그러한 동요도 아마 미국 정치에서는

---

32) Norval D. Glenn, "Class and Party Support in the United States: Recent and Emerging Trends," *Public Opinion Quarterly*, 37, 1(Spring, 1973), 1~20; Paul R. Abramson, "Generational Change in American Electoral Behavior," *American Political Science Review*, 68, 1(March, 1974), 93~105를 보라. Abramson, *Generational Change in American Politics*(Lexington, Mass: Lexington Books, 1975)도 보라.

33) Abramson, *Generational Change*, 35를 보라. 게다가 나이 든 코호트들 사이에서는 사회계급과 정당 일체감 간의 관계가 여전히 비교적 강했지만, 1972년에 처음 투표한 사람들 사이에서는 그러한 변수 간에 어떠한 상관관계도 없었다. *Ibid.*, 52를 보라.

이제 부차적인 중요성을 가지는 한 변수의 등락일 뿐일 것이다.

똑같이 신뢰할 만한 데이터를 대부분의 유럽 국가에서 이용할 수는 없지만, 우리가 가지고 있는 데이터는 비슷한 이야기를 해준다. 골드소프(Goldthorpe) 와 그의 동료들은 영국에서는 계급 갈등이 감소하고 있지 않다고 주장했는데, 상대적인 의미에서는 그들의 주장이 옳다. 즉, 영국에서의 감소는 다른 나라 보다 작았다. 그러나 최근의 증거는 영국에서조차 계급 갈등이 감소했다는 것 을 보여준다.[34]

이러한 발견들을 앨퍼드, 해밀턴 등이 다수의 조사를 주의 깊게 분석한 후 도달한 결론과 어떻게 조화시킬 수 있을까? 나는 그 답이 (그들의 데이터가 가 장 최신의 것조차 1964년에 나온 것인 반면) 그러한 변화가 상대적으로 최근에 일어났다는 사실에 있다고 말하고 싶다.

1930년대에는 경제적 쟁점이 그 이전이나 이후보다 더 두드러졌고 사회 계급 갈등이 더 강렬했다고 가정해 보자.[35] **만약** 사회계급투표가 감소하는 중이라면 상대적으로 차분하고 번창했던 1950년대 동안에 감소했을 것이라 고 결론짓는 것은 언뜻 보기에 논리적으로 보일 것이다. 그러나 앨퍼드, 립셋 등이 조사한 증거는 그런 쇠퇴를 전혀 보여주지 않았다. 반대로 유럽과 미국 모두에서는 사회계급투표 지수가 실제로 1930년대보다 1950년대에 **더 높 게** 나타났던 것으로 보인다. 그러나 1950년대경에 계급투표가 줄어들었을 것이라는 기대는 사람들이 변화된 경제 환경에 거의 **즉각적으로** 반응할 것이 라는 암묵적인 가정에 근거한다. 이 가정은 상당히 그럴듯해 보이지만, 증거

---

34) David Butler and Donald E. Stokes, *Political Change in Britain*, 2nd ed.(New York: St. Martin's, 1974), 139~154를 보라.

35) W. 필립스 시블리(W. Phillips Shively)는 최근에 실행한 분석에서 1936년 이전에는 미국의 사회 계급투표 비율이 상대적으로 낮았지만, 그해에 저소득 집단을 민주당과 연결시키고 고소득 집단 을 공화당과 연결시키는 변화가 일어났다고 지적한다. 그의 연구 결과는 '뉴딜 세대(generation of the New Deal)'라는 개념을 새롭게 뒷받침해 준다. Shively, "A Reinterpretation of the New Deal Realignment," *Public Opinion Quarterly*, 35, 4(Winter, 1971~1972), 621~624를 보라.

와 모순된다. 이 시기 동안 비교적 소수의 개인이 자신들의 정당 일체감을 바꾼 것으로 보인다. 미국 유권자들의 다수가 공화당에서 민주당으로 이동한 것은 거의 전적으로 인구 교체에서 기인했는데, 그 영향은 그러한 변화를 촉발시킨 역사적 사건 이후 수십 년이 지나도록 완전히 드러나지 않았다. 비슷한 이유에서 대공황 이후 한참이 지나서야 사회계급투표 발생률이 절정에 달했다. 사회계급투표는 눈앞의 상황만 반영하는 것이 아니라, 한 사람의 형성기를 지배한 정치적·경제적 상황도 반영한다. 대공황기와 대침체기에 사회화된 연령 코호트들은 1950년대까지 유권자로 완전히 편입되지 않았다. 그때에 이르러서야 자신들의 연장자보다 계급적으로 **덜** 양극화된 코호트들이 유권자로 진입하기 시작했다. 인구 교체 과정은 다시 한번 역사적 사건의 발생과 그 사건이 유권자들에게 미치는 영향이 표출되는 것 사이에 상당한 지체를 가져왔다.

　미국에서 사회계급투표가 점차 감소하고 있다는 증거는 꽤 확고하다. 하지만 우리는 앞으로 더 많은 기복이 있으리라고 예상할 수 있다. 아이젠하워의 카리스마가 더 이상 하나의 요인이 되지 않은 후 계급투표 비율이 부분적으로 회복되었던 것과 마찬가지로, 1972년의 선거는 비정상적인 현상으로 보아야 할 것이다. 최근 역사에서 그렇게 많은 미국인이 자신의 정당 일체감 의식에 반하여 투표한 적은 전혀 없었다. 비록 앨퍼드가 발견한 수준까지는 아니지만, 우리는 단기적인 힘들이 가까운 장래에 계급투표 비율을 끌어올릴 것으로 예상할 수도 있다. 게다가 만약 최근 수십 년의 번영이 경제적 쟁점을 덜 부각시켰다면, 1973년부터 1975년까지의 대침체가 그 쟁점을 적어도 부분적으로나마 다시 부상시켰을 것이라고 예상할 수 있을 것이다. 우리가 필요한 데이터를 가지고 있는 유럽 6개국에서 확인한 1970년과 1971년의 계급투표 비율과 1973년과 1975년의 계급투표 비율을 비교해 보자. <표 7-4>는 1973년과 1975년 조사의 계급별 투표를 그 이전 시기와 이후 시기 모두의 앨

<표 7-4> 사회계급과 정치적 당파성, 1973~1975년*(가장의 직업별 우파 정당에 대한 지지 비율)

단위: %

	영국	독일	프랑스
중간계급	68 (545)	49 (803)	47 (914)
노동계급	33 (839)	35 (648)	28 (663)
앨퍼드 지수	+35 (+34)**	+14 (+13)	+19 (+15)

	이탈리아	네덜란드	벨기에
중간계급	54 (650)	57 (721)	65 (324)
노동계급	40 (545)	36 (518)	55 (425)
앨퍼드 지수	+14 (+15)**	+21 (+15)	+10 (+16)

* 1973년과 1975년 5월 유럽공동체 조사의 결합 데이터에 기초한 것이다. 표본은 합리적으로 신뢰할 수 있는 계급투표 지수를 제공하기 위해 병합되었다.

** 1970년에서 1971년까지의 계급투표 지수는 1973년에서 1975년까지의 지수의 오른쪽 ( ) 안에 제시했다.

퍼드 지수와 함께 보여준다. 우리는 6개국 가운데 4개국에서 계급투표 지수
가 이전 시기보다 이후 시기에 더 높다는 것을 발견했다. 하지만 계급투표 지
수가 상당히 상승한 것은 네덜란드와 프랑스뿐이고, 두 나라(벨기에와 이탈리
아)에서는 지수가 실제로 **하락**했다. 전반적으로 대침체의 영향은 예상된 방
향으로 작용하는 것으로 보이지만, 그 결과는 그리 크지 않다. 이러한 패턴의
불일치는 최근의 변화가 사회계급투표로의 전반적인 회귀보다는 지역적 상
황을 반영한다는 것을 시사한다.

지금까지의 우리의 분석은 가장의 직업을 사회계급의 지표로 이용했다. 솔
직히 말해 어쩌면 우리는 계급 갈등의 실제 기반을 측정하는 데 실패했을지도
모른다. 많은 숙련 육체노동자들은 이제 하급 화이트칼라 피고용자들보다 상
당히 더 많은 돈을 벌고 있다. 후자는 프롤레타리아의 일부를 구성한다고 주
장되어 왔다. 아마도 오늘날 가장 중요한 정치적 균열은 저임금 노동자들(육
체적 직업과 비육체적 직업 모두)과 고임금을 받는 사람들(육체적 직업이든 비육
체적 직업이든 간에) 사이에 있을 것이다. 만약 우리가 직업보다는 소득에 따라
우리의 데이터를 분석할 경우, 더 강한 계급 균열의 증거를 발견할 수 있을까?
<표 7-5>는 8개국 중 6개국의 소득과 투표 성향 간의 관계를 보여준다.[36]
일반적으로 소득과 투표 간의 관계는 직업과 투표 간의 관계보다 더 강하지
않다. 실제로 독일, 프랑스, 이탈리아에서는 최하위 소득 집단이 가장 **보수적**
인 것으로 보인다! 이런 역설적인 발견은 대체로 노인과 농가는 소득이 낮은
경향이 있고 그들이 우파 정당을 지지하는 경향이 있다는 사실에 기인한다.
그러나 소득은 직업보다 계급투표에 더 강력한 증거를 제공하지 못하는 것으
로 보인다.

교육은 사회계급의 또 다른 중요한 지표이다. 교육과 투표의 관계는 <표

---

36) 소득에 관한 데이터는 1971년 유럽 조사에서만 입수되었다. 영국에서는 그해에 조사가 이루어
지지 않았다.

〈표 7-5〉 가족 소득별 투표 성향*(우파 정당에 대한 지지 비율)

단위: %

독일			프랑스			이탈리아		
250달러 이하(월)	54	(157)	160달러 이하(월)	52	(183)	200달러 이하(월)	70	(310)
250~320달러	48	(204)	160~350달러	42	(520)	200~300달러	58	(323)
320~400달러	47	(266)	350~500달러	44	(242)	300~420달러	60	(195)
400~475달러	52	(217)	500~600달러	41	(164)	420~580달러	61	(82)
475달러 이상	50	(366)	600달러 이상	49	(96)	580달러 이상	70	(40)
네덜란드			벨기에					
170달러 이하(월)	57	(75)	160달러 이하(월)	70	(119)			
170~270달러	55	(120)	160~250달러	57	(155)			
270~370달러	62	(231)	250~350달러	58	(143)			
370~530달러	68	(247)	350~500달러	68	(80)			
530달러 이상	72	(184)	500달러 이상	82	(38)			
미국: 정당 일체감			미국: 1972년 투표					
333달러 이하(월)	33	(706)	333달러 이하(월)	58	(364)			
333~833달러	31	(1,561)	333~833달러	60	(831)			
833달러 이상	43	(1,675)	833달러 이상	69	(1,482)			

* 유럽 데이터는 1971년 조사에서만 나온 것이다. 미국 데이터는 〈표 7-3〉의 출처와 동일하다.

〈표 7-6〉 교육별 정당 선호, 1970년과 1971년(우파 정당에 대한 지지 비율)   단위: %

영국			독일			프랑스		
초등학교	49	(1,125)	초등학교	50	(2,161)	초등학교	47	(1,380)
중등학교	77	(274)	중등학교	55	(452)	중등학교	50	(954)
대학교	63	(65)	대학교	33	(124)	대학교	43	(263)

이탈리아			네덜란드			벨기에		
초등학교	63	(1,531)	초등학교	53	(1,282)	초등학교	62	(811)
중등학교	63	(428)	중등학교	54	(842)	중등학교	66	(353)
대학교	67	(205)	대학교	61	(138)	대학교	80	(63)

스위스			미국: 정당 일체감			미국: 1972년 투표		
초등학교	63	(526)	초등학교	32	(967)	초등학교	62	(436)
중등학교	73	(582)	중등학교	35	(2,038)	중등학교	68	(1,360)
대학교	73	(6끼)	대학교	43	(1,077)	대학교	63	(915)

7-6>에 제시되어 있다. 여기서도 우리는 비선형적인(curvilinear) 관계를 발견한다. 영국, 서독, 프랑스, 미국에서 교육을 가장 많이 받은 집단은 중등학교 교육을 받은 집단보다 우파에 투표할 가능성이 **적었다**. 프랑스에서 이 집단은 실제로 세 가지 범주 모두 중에서 가장 **좌파** 지향적이다.[37] 8개국 모두에서 응답자의 교육은 가장의 직업보다 유의미하게 클 정도로 정당 선호와 연계되어 있는 것으로는 보이지 않는다.

---

37) 많은 관찰자가 (특히 프랑스에서의) 학생 급진주의의 원인을 대규모 학생 봉기가 일어난 1968년 경에 프랑스에서 대학 교육을 받은 사람들의 고용 기회가 심각하게 악화되었다는 사실에서 찾아왔다. 이것이 불안에 한몫했을지는 모르지만, 충분한 설명이라고 할 수는 없다. 가장 급진적인 학생들은 아주 자주 학문적으로 가장 성공한 학생들과 가족 배경이 가장 좋은 학생들 — 정확하게는 실업이나 불완전 고용을 두려워할 이유가 가장 적은 학생들 — 가운데서 나왔다. 그럼에도 불구하고 그들이 또래 집단의 경제적 상황에 대한 공포 때문에 급진적인 변화를 추구했을 수도 있지만, 그것은 전통적인 계급 갈등의 근거를 이루는 동기와는 아주 다른 유형의 동기이다. 고용 시장의 쇠퇴가 학생 급진주의를 낳았다는 해석은 미국에 적용할 때 설득력이 훨씬 더 떨어진다. 미국에서는 박사학위 수요가 대단히 많았던 시기 동안에 학생 급진주의가 부상했고, 고용시장이 붕괴된 시기 동안에는 학생 급진주의가 쇠퇴했다.

<표 7-7> 노동조합 또는 직업조합 가입 여부별 정당 선호(우파 정당에 대한 지지 비율)　　단위: %

영국			독일			프랑스		
조합원	41	(367)	조합원	27	(591)	조합원	31	(635)
비조합원	60	(1,147)	비조합원	51	(2,236)	비조합원	51	(2,062)

이탈리아			네덜란드			벨기에		
조합원	51	(289)	조합원	43	(465)	조합원	62	(374)
비조합원	64	(1,884)	비조합원	57	(1,822)	비조합원	69	(860)

스위스			미국: 정당 일체감			미국: 1972년 투표		
조합원	43	(133)	가족이 조합원	26	(953)	가족이 조합원	58	(712)
비조합원	71	(1,042)	비조합원	40	(3,092)	비조합원	68	(1,991)

그림을 완성하기 위해 산업사회에서 계급 갈등의 또 다른 중요한 변수 중 하나로 간주되는 노동조합 가입 여부에 대해 살펴보자. <표 7-7>은 이 변수가 우리의 7개국 각각에서 투표 성향과 어떻게 관련되어 있는지를 보여준다. 노동조합과의 제휴가 좌파 정당에 대한 지지와 연관되어 있다는 것은 반복적으로 입증되어 왔다.[38] <표 7-7>의 데이터는 이러한 연구 결과들을 그저 확인해 줄 뿐이다. 8개국 모두에서 노동조합 가입은 좌파에 대한 선호와 연계되어 있고, 경우에 따라서는 그 관계가 아주 강력하다. 노동조합은 산업적인 정치적 균열 패턴을 제도적으로 강화해 주는 주요한 요인이다. 그럼에도 불구하고 그 관계가 쇠퇴하고 있을 수도 있다고 믿을 만한 이유가 있다. 미국에서는 노동조합 가입과 민주당 지지 간의 연계성은 1972년보다 1948년부터 1956년까지 훨씬 더 강했다.[39] 게다가 대부분의 서구 국가에서는 노동조합

---

38) 다음을 보라. Campbell et al., *American Voter*, 301~332; Butler and Stokes, *Political Change in Britain*, 151~170; Klaus Liepelt, "The Infra-Structure of Party Support in Germany and Austria," in Mattei Dogan and Richard Rose(eds.), *European Politics: A Reader*(Boston: Little, Brown, 1971), 183~201; Morris Janowitz and David R. Segal, "Social Cleavage and Party Affiliation: Germany, Great Britain and the United States," *American Journal of Sociology*, 72, 6(May, 1967), 601~618.

원으로 구성된 노동인구의 비율이 한동안 감소해 왔다.

직업, 소득, 교육, 노동조합 가입에 대한 우리의 데이터는 산업적인 정치적 균열의 패턴이 결코 사라지지 않았다는 것을 분명하게 보여준다. 그럼에도 불구하고, 그러한 패턴의 중요성은 아마도 감소**하고** 있을 것이다. 거기에는 두 가지 주요한 이유가 있다. 첫째, 노동계급은 한 세대 전보다 변화 지향적인 정당에 투표할 유인을 덜 느끼고 있다. 둘째, 중간계급의 증가하는 분파가 변화 지향적인 정당에 투표할 유인을 **더** 많이 느끼고 있다. 첫 번째 논거를 뒷받침하는 몇 가지 증거를 검토해 보자.

산업사회의 초기 국면에서는 인구가 수많은 가난한 저임금 노동자 대중과 고소득자이며 라이프스타일이 근본적으로 다른 상대적으로 소수의 소유자와 경영자로 양분되는 경향이 있다.[40] 선진산업사회에서는 관리직, 기술직, 사무직, 영업직 종사자의 수가 증가함에 따라 중간계급의 대열이 크게 증가한다. 반면 육체노동자의 상대적인 수는 감소하지만, 그들의 소득 수준은 상승하고 그들이 마음대로 사용할 수 있는 여가시간이 증가하여 그들 중 많은 사람이 전통적인 중간계급 기준에 비교적 가까운 라이프스타일을 채택할 수 있다.

많은 비판을 받은 '중간층 다수(middle majority)' 이론은 이 과정이 진행될수록 계급 갈등이 감소하고 정당의 차이가 줄어들 것이라고 주장했다. 립셋이 자주 인용되고 논란이 되는 논문에서 지적했듯이, "하지만 장기적으로는 현실과 자신들의 상황 정의의 모순으로 인해, 그리고 더 이상 존재하지 않을 상황과 관련하여 요구되는 행위의 부적절성 때문에 본질적으로 이데올로기

---

39) 이전 시기에 대한 데이터는 Campbell et al., *American Voter*, 302를 보라.

40) 그러한 사회 대부분에는 농민도 상당수 존재하지만, 그들은 마르크스주의 이론의 관점에서 보든 경험적으로 보든 간에 산업사회의 주요한 사회 갈등에서 주변적인 위치를 차지하는 경향이 있다.

에 기반하는 정치에 남아 있는 토대도 계속해서 감소할 것이다."[41] 1950년대와 1960년대 초 동안 에런(Aron), 벨, 케니스톤(Keniston), 마르쿠제(Marcuse)와 같은 서로 다른 관점을 가진 저자들이 서로 다른 정도로 동의하거나 당혹해하면서 이데올로기적 갈등의 감소에 주목했다. 이 토론에 함축된 것이 바로 급진적인 저항 운동은 노동계급에**만** 근거할 수 있다는 가정이었다. 이 가정은 그 후 '이데올로기의 종언(End of Ideology)' 논쟁에서 계속되는 혼란의 한 원천이 되었다. 급진주의를 낳은 또 다른 기반들(이를테면 젊은 중간계급과 학생)은 거의 고려되지 않았다. 다시 말해 그들이 보수적이거나 무관심하리라는 것은 당연한 것으로 간주되었다. 마르쿠제가 진술했듯이, "언제 어디서나 학생의 압도적 다수는 보수적이고 심지어 반동적이기까지 하다."[42] 그러므로 노동계급이 더 이상 급진적이지 않다면, 우리는 필연적으로 '이데올로기의 종언'에 도달할 수밖에 없었다.

만약 앞의 표현이 정치와 관련된 세계관에 기반한 모든 갈등의 종말을 암시하는 것으로 해석된다면, 지난 10년을 살아온 사람이라면 누구나 틀림없이 알고 있을 것처럼, 그 진단은 분명하게 틀렸다. 그러나 좁은 의미로는 '중간층 다수' 테제의 함의는 옳았다. 여전히 수많은 갈등이 존재하고, 그중 많은 것은 이데올로기적이다. 그러나 그러한 갈등들은 중간계급에 대항하는 전통적인 노동계급의 갈등은 **아니다**. 저항은 다른 원천과 다른 동기에서 나온다. 노동계급은 더 이상 혁명세력이 아니다. 1970년 조사의 데이터는 이를 뒷받침

---

41) Seymour M. Lipset, "The Changing Class Structure and Contemporary European Politics," *Daedalus*, 93, 1(Winter, 1964), 271~303. 또한 Robert E. Lane, "The Politics of Consensus in an Age of Affluence," *American Political Science Review*, 59, 4(December, 1965), 874~895도 보라. 이 해석에 대해 제시된 많은 강력한 비판 중에서 탁월한 것으로는 Joseph LaPalombara, "Decline of Ideology: A Dissent and an Interpretation," *American Political Science Review*, 60, 1(March, 1966), 5~16을 보라. 보다 최근에 립셋은 다음의 글에서 그러한 주장들에 대한 자신의 입장을 요약하고 있다. Lipset, "Ideology and No End: The Controversy Till Now," *Encounter*, 39, 6(December, 1972), 17~24.

42) Marcuse, ≪르 몽드(Le Monde)≫와의 인터뷰(1968년 4월 11일).

〈표 7-8〉 중간 다수: 국가별 경제적 자기 인식의 분포*(자신을 "부유하다", "가난하다", 또는 "중간이다"라고 평가한 비율)

단위: %

자기평가	독일		벨기에		프랑스		네덜란드		이탈리아	
가난하다	1	(21)	1	(18)	3	(56)	5	(55)	2	(26)
	2	(36)	3	(39)	3	(89)	3	(36)	7	(89)
중간이다	94		91		89		86		78	
	14	(289)	24	(306)	36	(735)	32	(356)	13	(160)
	33	(671)	27	(355)	32	(657)	26	(290)	45	(547)
	47	(950)	40	(512)	21	(424)	28	(311)	20	(247)
	2	(44)	3	(42)	2	(42)	2	(23)	11	(138)
부유하다	1	(3)	.1	(9)	.4.	(8)	4	(50)	1	(13)

* 이 데이터는 1970년 유럽공동체 조사에서 나온 것이다. 다른 국가들에서는 비교 가능한 데이터를 이용할 수 없다.

해 준다.

5개국의 응답자들은 자신들의 가족의 경제적 위치를 부유함부터 가난함까지 7점 척도로 평가해 달라는 요청을 받았다. 이것은 <표 7-5>에 나타난 실제 가족 소득에 대한 데이터와 대조적으로 **주관적인** 경제적 위치를 측정한 것이다. 어떤 면에서 보면, 그 결과는 정치가 경제적으로 결정된다는 관념을 <표 7-5>의 데이터보다 더 크게 뒷받침한다. 자신을 가난하거나 경제적 스펙트럼상의 최하위권에 가깝다고 보는 사람들은 좌파에 투표할 가능성이 매우 큰 반면, 자신을 부자라고 생각하는 사람들은 우파에 투표할 가능성이 크다. 그러나 단지 비교적 소수만이 자신을 어느 한쪽 극단에 속하는 것으로 **본다**. 대다수는 자신을 중간 지점 또는 그와 인접한 두 지점 중 하나에 위치시킨다(<표 7-8>을 보라). 자기 정의에 의거한 이 '중간층 다수'는 이탈리아에서 가장 적다. 그럼에도 불구하고 이탈리아에서 이 중간층 다수는 전체 표본의 78%에 달한다. 다른 나라들에서는 중간층 다수가 86%에서 94%에 이른다. 많은 유럽인은, 심지어는 객관적인 기준으로 볼 때 빈곤층이 가장 많은 이탈리아에서조차, 스스로 자신이 가난하다고 생각하지 않는다. 이러한 인식은 동일한 사회에서 자신과 다른 사람들을 비교한 것이 아니라 오늘날 자신의 경제적 상황과 얼마 전 자신의 경제적 상황을 비교한 것에 기초한 것일 수 있다. 왜냐하면 소득의 상대적 분배가 최근 몇 년간 눈에 띄게 더 평등해지지는 않았기 때문이다. 그러나 절대적인 수준의 소득은 증가했고, 따라서 유럽인과 미국인의 대다수는 자신이 과거보다 물질적으로 더 잘살고 있다고 생각하는 것으로 보인다.[43]

---

43) Reader's Digest Association, *A Survey of Europe Today*(London: Reader's Digest, 1970), 166~167 을 보라. 유럽 6개국에 대한 우리의 조사 데이터는 1963년과 1969년 모두에서 거의 대다수가 자신이 5년 전보다 더 나은 삶을 살고 있다고 느꼈다는 것을 보여준다. 스캐몬(Scammon)과 와튼버그(Wattenberg)는 미국의 관련 증거를 제시한다. 그들은 1949년부터 1969년까지 일, 가족 소득, 주택에 만족한다고 응답한 미국인들의 비율이 상당히 증가했음을 보여주는 갤럽 조사를 인용한

'이데올로기의 종언' 논쟁은 얼마간 잘못된 대안에 기초하고 있다. 한편에서는 소득 **수준** 상승의 중요성을 강조하고, 다른 한편에서는 소득 **분배**의 지속되는 불평등을 강조한다. 그리고 다른 변수가 거의 배제된 채로 하나의 변수가 강조된다. 게다가 경험적 분석이 규범적 분석과 혼동되는 경향이 있다. 극단적으로는 '중간층 다수' 이론가들은 보다 평등주의적인 소득 분배에 **반대**한다는 의혹을 받기도 한다. 도덕적으로 말하면, 평등주의적인 분배가 아마도 유일하게 중요한 것일 것이다. 그러나 경험으로 볼 때, 소득 **수준** 또한 중요해 보인다. 내가 보기에, 현실에 대한 어떠한 인식도 유해할 수는 없으며, 모든 현실 인식이 효과적인 사회변화 프로그램을 구축하는 데 극히 중요하다.

상대적인 측면에서 보더라도 서유럽 노동계급은 한 가지 면에서는 잘살고 있다고 느낄 만한 이유가 있다. 이탈리아를 제외한 이들 국가 모두에서는 현재 육체 미숙련 직업의 높은 비율이 외국인 노동자에 의해 채워지고 있다. 서유럽 국가들은 수백만 명의 스페인인, 포르투갈인, 알제리인, 인도인, 터키인, 그리스인, 유고슬라비아인 등을 자신들의 경제에 끌어들여왔다. 이러한 나라들 각각에서 가장 임금이 낮고 경제적으로 불안전한 집단은 외국인 노동자들로 이루어져 있다. 그들은 투표권이 없고, 그 결과 계급투표에 대한 어떤 분석에서도 모습을 드러내지 않는다.

다. 1969년경에는 자신의 일에 88%가 만족했고, 가족 소득에 67%가 만족했으며, 주거에는 80%가 만족했다. Richard M. Scammon and Ben J. Wattenberg, *The Real Majority*(New York: Coward McCann, 1970), 102를 보라. 프랭크 E. 마이어스(Frank E. Myers)는 **절대적** 수준이 아니라 **상대적** 소득 분배가 중요하다고 주장한다. 즉, 상대적 수준이 크게 변하지 않았기 때문에 노동계급은 여전히 불만족한 채로 남아 있고, 따라서 급진적 변화에 호의적일 것이라는 것이다. Myers, "Social Class and Political Change in Western Industrial Systems," *Comparative Politics*, 2, 2(April, 1970), 389~412를 보라. 풍요의 증가가 반드시 사회적 갈등의 종식을 가져오는 것은 아니라는 마이어스의 주장은 분명히 옳다. 그러나 앞서 언급한 증거는 상대적 수준이 유일한 중요한 변수는 아니라는 것을 강력하게 시사한다. 절대적 소득 수준은 만족 수준에 중요한 영향을 미칠 수 있으며, 그리고 **누가** 저항하는지, 그리고 그들이 **무엇**에 저항하는지에도 중요한 영향을 미칠 수 있다.

우리의 예상은 서구 국가들의 노동계급은 더 이상 급진적인 사회변화를 바라지 않는다는 것이다. 우리의 설문 조사의 한 항목은 이 가설을 검증할 수 있게 해준다. 1970년 유럽공동체 조사와 1972년 스위스 조사에는 다음과 같은 항목이 포함되어 있었다.

이 카드에는 우리가 살고 있는 사회에 대한 세 가지 기본적인 태도가 진술되어 있습니다. 어떤 것이 당신의 견해에 가장 가까운지를 말해주시겠습니까?
1. 우리는 혁명적인 행위를 통해 우리 사회의 조직 전체를 변화시켜야 한다.
2. 우리는 이지적인 개혁을 통해 우리 사회를 점진적으로 개선해야 한다.
3. 우리는 모든 전복적인 세력에 용감하게 맞서 현재의 사회를 수호해야 한다.

이 질문은 1973년 미국 조사에서도 변형된 형태로 포함되어 있었다. 선택지는 다음과 같았다.
1. 우리는 우리의 사회 전체를 근본적으로 변화시켜야 한다.
2. 우리는 점진적인 개혁을 통해 우리 사회를 개선해야 한다.
3. 우리는 현재의 사회가 훼손되지 않도록 수호해야 한다.

<표 7-9>는 우리가 데이터를 가지고 있는 7개국에서 이 항목에 대해 응답한 내용을 보여준다. 다시 한번 우리는 중간층 다수가 대규모임을 보여주는 증거를 발견한다. 유럽 응답자 중 4분의 3 이상과 미국인들의 분명한 다수는 점진적 개혁을 선호한다. 이와 유사한 패턴은 우리가 이들 공중에게 좌파-우파 척도(또는 미국에서는 자유주의-보수주의 척도)에 자신을 위치시켜 달라고 요구할 때도 나타난다. 확실한 다수가 자신을 중앙 범위에 위치시키고 있

〈표 7-9〉 사회계급별 현재의 사회, 점진적 개혁, 혁명적 변화에 대한 지지*

단위: %

독일

	현재의 사회	점진적 개혁	혁명적 변화	N
중간계급	17	80	2	(699)
노동계급	22	76	2	(725)
농민	24	74	2	(170)

이탈리아

	현재의 사회	점진적 개혁	혁명적 변화	N
중간계급	9	82	9	(654)
노동계급	11	81	9	(392)
농민	15	80	6	(206)

벨기에

	현재의 사회	점진적 개혁	혁명적 변화	N
중간계급	11	85	4	(522)
노동계급	20	76	4	(370)
농민	24	75	2	(55)

스위스

	현재의 사회	점진적 개혁	혁명적 변화	N
중간계급	23	75	2	(857)
노동계급	32	65	2	(547)
농민	46	54	1	(127)

프랑스

	현재의 사회	점진적 개혁	혁명적 변화	N
중간계급	9	84	7	(737)
노동계급	15	79	6	(605)
농민	13	84	4	(223)

네덜란드

	현재의 사회	점진적 개혁	혁명적 변화	N
중간계급	13	81	6	(722)
노동계급	17	75	9	(330)
농민	27	65	9	(71)

미국

	현재의 사회	점진적 개혁	혁명적 변화	N
중간계급	28	63	9	(603)
노동계급	28	59	13	(682)
농민	40	55	5	(88)

* 유럽 데이터는 1970년 유럽공동체 조사에서 나온 것이고, 미국 데이터는 1973년 조사에서 나온 것이다. 영국 데이터는 이용할 수 없었다.

다.[44] 우리가 제5장에서 보았듯이, 육체적 직업을 가진 사람들은 비육체적 직업에 종사하는 사람들보다 사회적·정치적 삶에 대해 불만족을 덜 드러낸다. 여기서도 유사한 패턴이 나타난다. 노동계급과 중간계급 응답자들은 혁명적 또는 급진적 대안을 거의 동등한 비율로 지지하지만, 어떤 한 집단의 8분의 1 이상이 그 대안을 선호하는 나라는 없다. 7개국 중 6개국에서 노동자들은 중간계급보다도 현 사회를 결연하게 수호하는 것을 선호할 가능성이 **더** 크다! 만약 사회변화에 대한 지지 또는 반대가 좌파-우파 차원의 본질이라면, 노동계급은 그러한 태도에서 중간계급 못지않게 보수적인 것으로 보인다. 노동계급이 여전히 좌파에 **투표**할 가능성이 더 큰 것은 주로 전통적인 정당 충성심 때문이라고 생각할 수도 있어 보인다. 이것이 사실이라면, 시간이 지날수록 계급투표가 점차 감소할 것으로 예상할 수 있을 것이다.

우리가 앞에서 지적했듯이, 1970년에 영국에서 입수한 계급투표 지수는 1943년부터 1962년까지의 데이터를 이용하여 앨퍼드가 발견한 수치보다 다소 낮은 수준이며, 1972년 미국의 지수는 앨퍼드의 수치보다 훨씬 낮다. 다른 6개국에 대한 시계열 데이터는 아주 부족한 상태이다. 전국 여론 조사는 미국에서보다 10년 정도 늦게 실시되기 시작했다. 앨퍼드는 이들 다른 나라의 계급투표 지수를 계산하지 않았지만, 우리는 레이파르트(Lijphart)의 연구에서 1956년부터 1959년까지의 시기 동안 이루어진 계급투표의 규모를 파악할 수 있다. 레이파르트는 독일, 프랑스, 이탈리아, 네덜란드, 벨기에, 스위스에서 +24의 평균 계급투표 지수를 얻는다.[45] 1970년부터 1972년까지의

---

44) 이를테면 미국에서는 1972년 정치연구소 선거 조사에서 인터뷰한 사람들 가운데서 72%가 자신을 7개 블록으로 구성된 자유주의-보수주의 척도의 3개 중앙 공간 중 하나에 위치시켰다. 다양한 유럽 공중이 1973년에 어떻게 분포되었는지에 대한 자세한 내용은 Inglehart and Klingemann, "Party Identification"을 보라.

45) 우리는 단일 조사에서 얻은 계급투표 지수를 너무 많이 강조하는 것에 대해 신중을 기할 필요가 있다. 앨퍼드는 여러 번의 조사에서 얻은 결과의 평균에 근거하여 매우 신중하게 자신의 분석을 진행했다. 표집오차는 전국 조사의 전체 결과에서는 얼마 안 되는 %포인트에 불과할 수 있지만,

우리의 조사 결과를 결합한 결과, 같은 6개국의 평균 계급투표 지수는 +16으로 나타난다. 다시 말해 1950년대의 계급투표 지수는 1970년대 초반보다 1.5배 정도 더 높았다.

독일에서는 비교적 양호한 시계열 데이터베이스를 이용할 수 있다. 이들 데이터에 의거하여 이루어진, 정치변화에 대한 한 매혹적인 분석에서 베이커, 돌턴, 힐데브란트는 독일의 사회계급투표 지수가 1953년 +30에서 1972년 +17로 하락했다는 것을 발견한다.[46] 이러한 하락의 일부는 의심의 여지없이 거시정치적 사건, 특히 1959년에 사회민주당이 채택한 중도 프로그램에 기인한다. 그러나 이러한 감소가 단순히 그러한 정책 전환의 결과인 것만으로는 보이지 않는다. 우선, 1959년 직후에는 계급투표에서 특히 두드러진 감소가 일어나지 않았다(1969년에 가장 큰 하락이 일어났다). 다른 하나는 계급투표의 감소는 엘리트 위치에서 일어나는 변화에 대한 즉각적인 대응보다 세대교체를 더 많이 반영하는 것으로 보인다. 왜냐하면 여러 저자가 증명하듯이, 나이 든 독일인 코호트들 사이에서는 계급투표의 감소가 실제로 전혀 일어나지 않았기 때문이다. 시간이 지남에 따라 계급투표가 감소한 것은 오직 전후 독일인 연령 코호트들 사이에서뿐이었고, 그러한 현상은 이제 거의 사라졌다.

그 결과를 직업 범주별로 세분화했을 때 표집오차는 (훌륭한 표본에서조차) 수 %포인트에 달할 수 있다. 게다가 계급투표 지수는 그러한 2개 범주의 투표 패턴을 **비교**함으로써 얻는다. 표집오차가 두 범주에서 반대 방향으로 편향된 결과가 나올 가능성은 희박하지만, 실제 값(true value)에서 무려 10~12점에 이르는 계급투표 지수를 얻을 수 있었다. 따라서 우리는 이 시점별 비교를 위해 레이파르트의 6개 표본에서 나온 평균 지수를 보고한다. 레이파르트의 데이터는 1956년 프랑스에서 이례적으로 낮게 산출된 계급투표 지수 +15를 포함하고 있다. 1947년의 지수 +31과 1955년의 지수 +25는 Duncan MacRae, Jr., Parliament, *Parties and Society in France; 1946-1958* (New York: St. Martin's, 1967), 257~258에서 얻었다. 그리고 Lipset, *Political Man*, 164의 데이터에서 1958년의 지수 +29를 산출했다.

46) Kendall L. Baker, Russell J. Dalton and Kai Hildebrandt, "Political Affiliations: Transition in the Basis of German Partisanship"(1975년 4월 7~12일 런던에서 열린 유럽정치연구컨소시엄 세션에서 발표된 논문)을 보라. Baker, Dalton and Hildebrandt, *Transitions in German Politics*(근간)도 참고하라.

에이브럼슨은 또 다른 일단의 자료에 의지하여, 비록 영국에서는 그렇지 않지만 프랑스, 독일, 이탈리아에서는 계급투표가 감소하고 있다고 주장한다.[47] 우리는 (어쩌면) 영국을 제외하고 이 장에서 다룬 8개국 각각에서 계급균열이 감소하고 있다고 결론 내릴 수 있을 것이다.

사회계급 양극화가 줄어들고 있을 수도 있다는 생각은 정통 마르크스주의자들에 의해 열광적으로 받아들여지는 경향이 있다(이러한 열광은 천년왕국이 도래하지 않을 것이라는 보고에 대해 근본주의적 기독교인들이 가질 법한 것이다). 그러나 탈산업사회에서 강력한 사회계급투표는 좌파에게 파멸을 가져온다. 한 세대 전만 해도 모든 육체노동자가 계급 노선을 따라 투표한다면 좌파가 확실히 승리하리라는 것은 많은 나라에서 사실이었다. 그러나 인구 중 블루칼라의 비율이 꾸준히 줄어들고 있다. 즉, 수년 동안 미국에서 블루칼라 노동자들은 화이트칼라 노동자들에게 수적으로 밀리고 있다. 1980년경에는 대부분의 서유럽에서도 이것이 사실일 것이다. 따라서 좌파가 선거에서 승리하고자 한다면 노동계급의 기반을 넘어서야**만** 한다. 중간계급에서 비교적 큰 탈물질주의적 분파가 출현한 것은 (만약 좌파가 자신의 전통적인 기반을 소외시키지 않으면서도 채 신흥 집단에 호소할 수 있다면) 좌파에게 새로운 기회를 제공할 것이다.

47) Paul R. Abramson, "Social Class and Political Change in Western Europe: A Cross-National Longitudinal Analysis," *Comparative Political Studies*, 4, 2(July, 1971), 131~155를 보라.

제8장

전산업적인 정치적 균열과 탈산업적인 정치적 균열

전산업적인 정치적 균열*

만약 계급 연계 투표가 감소하고 있다면, 상식적으로 볼 때 전산업적 변수에 기초한 투표 패턴은 더욱 빠르게 감소해야 한다. 특수주의보다는 보편주의가, 귀속적 지위보다는 성취적 지위가 현대 정치체제의 특징으로 널리 간주되고 있다. 법적-합리적 스타일의 권위에 의해 특징지어지는 것으로 여겨지는 사회에서는 종교, 인종 및 여타 민족적 유대는 정치적 균열의 기반이 되지 못하거나 그것의 기반으로는 부적절해 보인다. 특히 종교는 종교개혁 이후 정치 갈등의 중요한 토대 중 하나가 되어왔지만, 20세기 동안에 종교적 쟁점은 그 강도 면에서 약화되어 왔다. 게다가 지난 10년 동안 대부분의 서구 국가에서 교회 출석은 급격히 감소해 왔다. 우리는 종교가 정치적 행동에 미치는 영향도 유사한 방식으로 줄어들어 왔을 것으로 예상할 수 있다.

실제로 종교의 영향력이 쇠퇴했음을 보여주는 증거들이 일부 존재한다. 네덜란드에서는 종교 정당에 투표하는 비율이 최근 몇 년간 현저하게 낮아졌다.

---

* 이 절제목은 옮긴이가 추가한 것이다.

1922년에는 네덜란드 유권자의 59%가 프로테스탄트 또는 가톨릭교회와 연계된 정당에 투표했다. 종교적 투표는 수십 년 동안 매우 안정적이었으며, 1963년까지만 해도 그 수치는 52%였다. 1972년 선거경에는 36%까지 떨어졌다. 벨기에에서도 사회기독당의 득표율은 1958년 47%에서 1974년 34%로 최근 비슷한 감소세를 보여왔다.

프랑스에서는 1946년 6월 선거에서 교회가 후원하는 대중공화주의운동(Popular Republican Movement)이 28%를 득표하여 당시 프랑스 정당 중 가장 큰 정당이 되었다. 1956년경에 그 당의 득표율은 전체의 11%로 줄어들었고, 1967년에 그 당은 해체되었다. 반면 독일과 이탈리아에서는 종교 정당에 대한 투표가 상당히 안정적이었다. 두 나라 모두에서 1976년에 기독교민주당에 투표한 비율은 25년 전과 거의 같았다. 그러나 이러한 안정의 근저에는 앞으로 득표율이 감소할 수 있음을 보여주는 징후들이 자리하고 있다. 즉, 두 나라 모두에서 교회 출석이 감소하고 있다. 슈미트첸(Schmidtchen)은 젊은 독일인들 사이에서 교회 출석률이 현저하게 낮으며, 그것은 (생애 주기 내내 지속되는 것으로 보이는) 세속적인 가치의 존재와 연관되어 있다는 것을 발견한다. 그리고 반스(Barnes)는 나이 든 이탈리아인들과 비교하여 젊은 이탈리아인들 사이에서 성직자에 대한 우호적인 태도가 급격히 감소하고 있다는 것을 발견한다.[1]

가브리엘 앨먼드는 종교에 기반한 정치문화를 전산업적 유물이라고, 즉 "19세기에 중간계급이 정치문화를 철저하게 세속화시키는 데 실패"했기 때

---

1) Gerhard Schmidtchen, *Zwischen Kirche und Gesellschaft*(Freiburg: Herder Verlag, 1972)와 Samuel H. Barnes, "Religion and Class in Italian Electoral Behavior," in Richard Rose(ed.), *Electoral Behavior: A Comparative Handbook*(New York: Free Press, 1974), 171~225를 보라. 미국에서 종교심이 세대 간에 감소하고 있음을 보여주는 증거는 다음에서 찾아볼 수 있다. M. Kent Jennings and Richard G. Niemi, "Continuity and Change in Political Orientations," *American Political Science Review*, 69, 4(December, 1975), 1316~1335.

문에 지속적으로 "표출되고 있는 낡은 문화"라고 말해왔다.[2]

종교적인 요인은 시대를 훨씬 뛰어넘어 지속되어 온 것으로 보인다. 종교적인 요인이 사라지면, 계급 노선을 따라 양극화가 급격히 증가할 것으로 예상할 수 있다. 그렇다면 현재 일어나고 있는 가치와 관습의 변화는 서구 정치문화의 세속화가 마침내 완성되고 있음을 보여주는 것인가?

답은 분명히 '아니다'이다. 적어도 지금까지는 아니다. 역설적으로 보일 수도 있지만, 전산업적 균열은 산업적인 정치적 균열보다 더 지속되는 것으로 보인다. 그것은 두 가지 주요한 이유 때문이다. 첫째는 가족이 산업적 특성보다 일정한 전산업적 특성을 더욱 충실하게 자손에게 전달하는 경향이 있기 때문이고, 둘째는 가치 변화가 두 가지 균열 유형 각각과 갖는 관계 때문이다. 이들 이유 각각을 차례로 살펴보자.

우리가 살펴보았듯이, 부모가 지지했던 정당은 개인이 어떻게 투표하는지를 알려주는 매우 강력한 예측 변수인 것으로 보인다. 잠시 동안 (1) 계급 연계 쟁점, 종교적 쟁점, 인종적 쟁점 모두가 오늘날 투표에 전혀 영향을 미치지 않으며 (2) 좌파 정당과 우파 정당 중에서 개인의 선택은 전적으로 가족에게서 물려받은 선호에 의해 틀 지어진다고 가정해 보자. 이 두 가지 가정은 당연히 우리가 다른 모든 사람과 함께 거부하게 될 가정이다. 그러나 이러한 가정은 우리로 하여금 정치적 행동에 영향을 미치는 하나의 중요한 요인을 분명하게 살펴볼 수 있게 해준다.

이러한 가정에 의해 지배되는 세계에서는 계급 연계적 유형의 변수와 전산업적 유형의 변수가 정당 선호와 함께 세대에서 세대로 전승될 경우 두 변수 모두는 투표 행동과 여전히 상관되어 있을 것이다. 그러나 서로 다른 특성은

2) Gabriel Almond, "Comparative Political Systems," *Journal of Politics*, 18, 3(August, 1956), 391~409. Roy C. Macridis and Bernard E. Brown(eds.), *Comparative Politics: Notes and Readings*, 4th ed.(Homewood, Ill.; Dorsey, 1972)에도 재수록되어 있다.

서로 다른 정도로 충실하게 세대에서 세대로 전달되는 경향이 있고, 산업적 특성은 대부분의 전산업적 특성보다 훨씬 더 적게 전승되는 것으로 보인다.

사회계급은 세습되는 경향이 있지만, 사회이동에 의해 그 경향은 약화된다. 미국에서는 1962년에 남성 인구 중에서 24%가 자신은 중간계급에 속하지만 아버지는 노동계급 직업을 가지고 있었다. 그리고 10%는 자신은 노동계급이지만 중간계급 아버지를 두고 있었다.[3] 영국에서는 사회이동의 비율이 다소 낮아 보인다. 1963년에 버틀러(Butler)와 스톡스가 인터뷰한 사람 중에서 28%가 세대 간 사회이동(그중 21%가 상승이동, 7%가 하강이동)을 경험했다.[4] 일부 유럽 환경에서는 세대 간 이동률이 미국보다 훨씬 더 높은 것으로 보인다.[5] 마찬가지로 최근 수십 년간의 엄청난 교육 확대에 비추어 볼 때, 상당히 많은 수의 아이들의 교육 수준이 부모의 교육 수준보다 더 높을 것임이 틀림없다.

비록 우리가 전산업적인 정치적 균열의 특성이 세대 간에 전승되는 비율에 관한 데이터를 가지고 있지 않지만, 일정한 일반화를 하더라도 무방할 것으로 보인다. 인종과 언어 집단 같은 특성은 의심할 여지없이 사회계급보다 훨씬 더 충실하게 전승된다. 인종과 언어의 경우 부모와 자식 간의 상관관계는 아마도 대부분의 국가에서 1.00에 접근할 것이다. 종교적 특성은 다소 더 복잡한 양태를 띤다. 실제로 하나의 교파에서 다른 교파로 실제로 개종하는 일은 상당히 드물 수 있지만, 그저 종교 생활 참여를 중단하는 일은 꽤 널

---

3) Peter Blau and Otis Dudley Duncan, *The American Occupational Structure*(New York: Wiley, 1967), 496을 보라.
4) Paul R. Abramson, "Intergenerational Social Mobility and Electoral Choice," *American Political Science Review*, 66, 4(December, 1972), 1291~1294을 보라. (주관적 기준과 객관적 기준에 기초하여) 사회이동을 보다 엄격하게 적용한 다음의 연구에서 얻은 이동률은 훨씬 더 낮다. Butler and Stokes, *Political Change in Britain*.
5) Roger Girod, *Mobilité Sociale: Faits établis et problèmes ouverts*(Geneva and Paris: Droz, 1971), 52~53을 보라.

리 퍼져 있는 것으로 보인다. 많은 서구 국가에서 최근 몇 년간 교회 출석률이 감소해 왔다. 그러나 일반적으로 종교적 유대는 비교적 일찍 주입되는 경향이 있고, 경제적 지위에 근거한 제휴보다 더 오래 지속될 수 있는 전합리적(pre-rational) 근거를 가지고 있다. 게다가 부모들은 일반적으로 자식에게 부모의 종교 패턴을 고수하도록 권고하는 반면, 노동계급 부모들은 자식에게 부모의 경제적 지위에서 '상승'이동을 하도록 고무하는 경우가 많다. 그러므로 교파는 아마도 사회계급보다 훨씬 더 충실하게 부모에게서 자식에게로 전승될 것이다. 아마 적어도 아주 최근까지는 교회 출석(또는 불출석)에서도 마찬가지의 일이 벌어지고 있었을 것이다.

하지만 우리는 특정한 **다른** 전산업적 특성들은 세대 간 전승률이 상대적으로 낮다는 것을 인정해야 한다. 립셋과 록칸은 정치적 균열의 두 가지 주요 축 중 하나로 '영토적-문화적' 차이에 대해 말한다.[6] 이 영토적-문화적 차원의 문화적 측면은 세대에서 세대로 전해질 가능성이 높겠지만, 영토적 측면은 그럴 가능성이 훨씬 낮을 것이다. 지난 몇십 년 동안 서구 국가들에서 많은 지리적 이동이 일어났다. 독일과 프랑스에서 세대 간 지리적 이동은 아마도 사회 이동만큼이나 흔할 것이다.[7] 그리고 만약 성을 정치적 균열의 전산업적 기반으로 간주하면, 세대간 전승의 측면에서 성은 인종과 정반대의 극단에 위치한다. 부모의 성과 자식의 성 간의 관계는 .00이다. 만일 우리의 전산업적 변수와 산업적 변수가 세대 간 전승의 충실도에 따라 순위가 매겨진다면, 그 변수들의 순서는 다음과 같을 것이다.

---

6) Seymour M. Lipset and Stein Rokkan, "Cleavage Structures."
7) 우리의 1971년 조사는 독일과 프랑스 모두에서 적어도 인구의 3분의 1이 자신이 태어난 지역에 더 이상 살지 않는다는 것을 보여준다. 여기서 지역은 독일의 경우 주(州)를, 프랑스의 경우 계획지역(regions de programme)(브리트니, 부르고뉴, 로렌 같은)을 가리킨다. 이 수치는 벨기에, 네덜란드, 이탈리아에서 14%에서 26%까지 다양했다.

인종

언어 집단

교파

교회 출석

응답자의 거주지역

산업적 분열 변수

성

현대의 선거 행동이 가족에게서 물려받은 선호에 전적으로 기초할 경우, 이들 순위는 각각의 변수가 정당 선호와 얼마나 강하게 연관되어 있는지를 나타낼 것이다. 이를테면 사회계급이 교파보다 낮은 정도로 충실하게 전승된다면, 한 세대 전에는 사회계급과 교파 둘 다 정당 선호와 동등하게 강한 상관관계를 가지고 있었다고 가정하더라도, 이제 사회계급은 교파보다 정당 선호와 더 약한 상관관계를 보여줄 것이다. <그림 8-1>은 이 점을 단순 인과 모델로 도해한 것이다. 이 그림은 계급과 종교가 1세대에서는 정당 선호와 .5의 상관관계를 가졌지만, 2세대(1세대의 자식들)에게는 각각 .4와 .9의 상관관계로 전달된다고 가정한다. 2세대에서는 교파가 정당 선호와 사회계급보다 두 배 이상 강한 연계를 가질 것이다.

전술한 모델이 상정한 가정은 현실과 부합하지 않는다. 현재의 쟁점들도 사람들의 투표 방식에 영향을 **미친다**. 그리고 경제적 쟁점은 종교적 쟁점보다 훨씬 더 광범위한 영향을 미치고 두드러질 것으로 보인다. 따라서 모델에 제시된 효과를 약화시킬 것이다. 게다가 세대 간 사회이동을 경험하는 사람 중 일부 ― 비록 대부분은 아닐 것으로 보이지만 ― 는 자신들의 새로운 환경을 지배하는 정당으로 옮겨간다.[8] 마지막으로, 이 모델은 세대 간 가치 변화가 정치적 선호에 영향을 미칠 가능성을 전혀 고려하지 않고 있다.

〈그림 8-1〉 사회계급, 정당 선호, 교파의 세대 간 전승

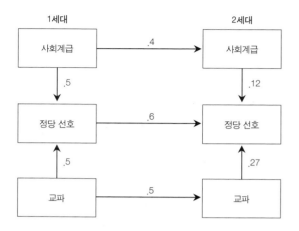

물질주의/탈물질주의 가치 차원의 출현 역시 정치적 선택에 영향을 미칠 **것이다.** 그러나 이 차원은 산업적인 유형의 균열과 전산업적인 유형의 균열에 아주 다른 영향을 미칠 수 있다. 그것은 앞서 개관한 이유 때문에 전자의 균열을 중화하는 경향이 있을 수 있다. 다시 말해 탈물질주의자 유형은 주로 중간계급으로부터 충원되지만, 좌파 정당에 압도적으로 투표할 가능성이 크다. 이 과정은 중간계급 배경과 우파 정당 지지 간의 연관성을 줄이는 방식으로 작동한다.

탈산업적 균열의 기반이 출현한다고 해서 그것이 반드시 전산업적 균열에

---

8) 영국은 자신이 속한 계급의 정당에 동조하라는 압력이 가장 큰 나라인 것으로 보일 수 있다. 그러나 폴 에이브럼슨은 버틀러와 스톡스의 영국 데이터에 대한 자신의 2차 분석에서 부모가 보수당 지지자이고 하강이동을 한 응답자의 대다수와 노동당 배경에 상승이동을 한 응답자의 대다수가 새로운 환경에서 가족의 정당 선호를 유지했다는 것을 보여준다. 부모가 자유당 지지자인 응답자의 대부분은 가족의 정당 선호를 유지하지 않았는데, 그것은 이동 여부와 상관없이 그러했다. 에이브럼슨은 버틀러와 스톡스의 사회이동 비율에 대해 동의하지 않지만, 전술한 결과에 대해서까지 동의하지 않는 것은 아니다. Abramson, "Intergenerational Social Mobility"를 보라.

도 동일한 영향을 미치는 것은 아니다. 실제로 종교적 균열로 인해 때로는 그 반대가 사실일 수도 있다. 탈물질주의자 유형은 종교적 참여가 낮은 사람들로부터 더 많이 충원되는 경향이 있지만, 이 집단은 **이미** 좌파에 투표하는 경향이 있다. 반대로 기성 종교에 가장 강하게 제휴하고 있는 사람들은 우파에 투표하는 경향이 있으며, 전통적인 가치와 라이프스타일을 고수한다. 따라서 탈물질주의적 반문화의 출현은 종교와 선거 행동의 상관관계까지 일시적으로 강화시킬 수도 있다. 따라서 탈산업적 균열의 증가가 산업적 균열처럼 본질적으로 전산업적 균열을 상쇄하는 경향이 있는 것은 아니다.

이상의 이유들 때문에 우리는 탈산업적 단계에 진입하는 사회에서조차 전산업적 변수들이 정치적 행동과 비교적 강한 관계를 유지할 것으로 예상할 수 있다. 그 증거 중 일부를 살펴보기로 하자.

로즈와 어윈(Urwin)은 정당을 분석 단위로 사용하여 자신들이 연구한 76개 정당 중에서 35개 정당이 종교와 '결속력을 가지고' 있는 반면 33개 정당만이 사회계급과 '결속력을 가지고' 있다는 점을 발견했다. 그들은 "계급이 아닌 종교가 오늘날 서구 세계에서 정당의 주요한 사회적 기반"이라고 결론짓는다.[9]

우리의 조사 데이터는 교파와 교회 출석 빈도 모두가 정당 선호와 강하게 관련되어 있다는 것을 보여준다(<표 8-1>과 <표 8-2>를 보라). 대부분의 국가에서 (<표 7-3>과 <표 8-1>을 비교할 때 알 수 있듯이) 종교와 연계된 비율

---

9) Richard Rose and Derek Urwin, "Social Cohesion, Political Parties and Strains in Regimes," *Comparative Political Studies*, 2, 1(April, 1969), 7~67을 보라. 여기서 사용되는 '결속력(cohesion)'의 정의는 사례에 따라 다르다. 대부분의 경우에 특정 정당 지지자의 적어도 3분의 2 이상이 동일한 특성을 공유한다는 것을 의미한다. 저자들은 또한 두 가지 다른 변수, 즉 '공동체 의식(communalism)'과 지역을 검토했는데, 8개 정당이 그러한 특정 각각과 결속력을 가지고 있다는 것을 발견했다. 로즈와 어윈은 개인보다는 정당을 분석의 단위로 사용하는데, 그 접근방식이 초래한 하나의 결과가 바로 네덜란드의 작은 정당인 농민의 당(Farmer's Party)이 그 나라의 노동당 또는 미국의 민주당과 같은 비중을 부여받는다는 것이다. 그럼에도 불구하고 그들의 기본 결론은 옳은 것으로 보인다.

〈표 8-1〉 교파별 정당 선호(우파 정당에 대한 지지 비율)　　　　　　　　　　　단위: %

영국			독일			프랑스		
비국교도	52	(535)	무교	20	(108)	무교	11	(3030
국교도	57	(961)	프로테스탄트	37	(1,388)	프로테스탄트, 기타	47	(157)
			가톨릭	63	(1,212)	가톨릭	52	(2,179)

이탈리아			네덜란드			벨기에		
무교	17	(188)	무교	25	(754)	무교	11	(165)
가톨릭	66	(1,964)	자유주의적 칼뱅파	57	(540)	가톨릭	73	(1,059)
			가톨릭	73	(766)			
			근본주의적 칼뱅파	89	(214)			

스위스			미국: 정당 일체감			미국: 1972년 투표		
무교	36	(33)	유대교	12	(107)	유대교	36	(75)
프로테스탄트	63	(602)	가톨릭	23	(991)	가톨릭	61	(719)
가톨릭	78	(518)	프로테스탄트	43	(2,706)	프로테스탄트	70	(1,774)

차이가 사회계급과 연계된 비율 차이보다 더 크다. 영국은 이 패턴에서 분명한 하나의 예외이다. 반면 서독에서는 가톨릭 신자의 63%와 프로테스탄트 신자의 단 37%만이 기독교민주당을 지지하고 있어, 26%포인트의 차이가 난다. <표 7-3>에 나타난 노동계급과 중간계급 간의 차이는 이 차이의 단지 절반이었다.

프랑스, 이탈리아, 벨기에에서는 인구의 압도적 다수가 로마 가톨릭 신자이다. 따라서 교파 간의 차이를 논하는 것은 별 의미가 없다. 그러나 실천적인 가톨릭 신자와 비실천적인 가톨릭 신자 또는 무신론자 간의 차이는 상당히 인상적인 경향이 있다(<표 8-2>를 보라). 8개국 모두에서 교회에 정기적으로 출석하는 사람들은 좀처럼 또는 거의 출석하지 않는 사람들보다 우파 정당에 투표할 가능성이 훨씬 더 크다. 미국에서는 가톨릭 신자들이 전통적으로 민주당과 연계되어 있고 교회 출석률이 비교적 높다는 사실에도 **불구하고**, 이

<표 8-2> 교회 출석 빈도별 정당 선호*(우파 정당에 대한 지지 비율)　　　　　단위: %

영국			독일			프랑스		
출석하지 않음	49	(530)	출석하지 않음	27	(800)	출석하지 않음	31	(1,061)
월 1회 이하 출석	57	(769)	월 1회 이하 출석	42	(1,149)	월 1회 이하 출석	55	(955)
주 1회 출석	58	(142)	주 1회 출석	73	(6)	주 1회 출석	68	(523)
주 1회 이상 출석	73	(63)	주 1회 이상 출석	90	(93)	주 1회 이상 출석	74	(62)

이탈리아			네덜란드			벨기에		
출석하지 않음	28	(382)	출석하지 않음	37	(959)	출석하지 않음	28	(353)
월 1회 이하 출석	53	(686)	월 1회 이하 출석	55	(393)	월 1회 이하 출석	52	(214)
주 1회 출석	79	(845)	주 1회 출석	81	(770)	주 1회 출석	87	(581)
주 1회 이상출석	92	(260)	주 1회 이상 출석	92	(64)	주 1회 이상 출석	97	(95)

스위스			미국: 정당 일체감			미국: 1972년 투표		
출석하지 않음	48	(149)	출석하지 않음	34	(277)	출석하지 않음	53	(263)
드물게 출석	61	(272)	월 1회 이하 출석	37	(736)	월 1회 이하 출석	63	(634)
때때로 출석	67	(319)	거의 매주 출석	41	(197)	거의 매주 출석	66	(206)
거의 매주 출석	74	(166)	매주 출석	36	(500)	매주 출석	72	(478)
주 1회 출석	88	(242)						

* 유럽의 데이터는 1970년과 1971년의 유럽공동체 조사에서 나온 것이고, 미국 데이터는 정치연구소의 1972년 선거 조사에서 나온 것이다.

것은 사실이다.

　한 가지 발견이 계급 갈등 이론의 측면에서 눈에 띄며 다소 놀랍다. 영국은 종교적 균열이 그리 크지 않은 나라이지만, 이들 국가 가운데서 사회계급 양극화 수준이 단연코 가장 높은 나라이다. 하지만 최근 몇 년간 영국의 정치 생활은 계급투표 지수가 두 번째로 높은 나라인 스위스를 제외한 다른 어떤 나라보다 덜 폭력적이었다. 비슷한 패턴이 스칸디나비아의 국가들을 특징짓는다. 그 나라들은 종교적 균열이 상대적으로 그리 크지 않지만, 사회계급 양극화가 심지어 영국보다도 훨씬 더 높은 수준이고, 이들 국가 역시 비교적 합의 정치로 특징지어진다. 로즈와 어윈은 정치적 균열이 사회계급에 기초한 국가들에서는 상대적으로 체제의 긴장이 낮을 가능성이 크다고 결론짓는다. 정치가 종교적 균열이나 다른 인종적 균열을 기반으로 한 경우에는 체제의 긴장이 높은 경향이 있다. 로즈와 어윈은 경제적 논란은 "일반적으로 돈의 측면에서 표출되기" 때문에 이것이 사실인 경향이 있다고 주장한다. "돈은 경제적 이익의 배분을 점증적으로 조정하기 위해 무한히 세분할 수 있는 연속 변수이다. 요컨대 돈은 매우 쉽게 협상할 수 있는 것이다."[10] 반면 종교적 주장들은 비협상적인 경향이 있다. 종교적 갈등은 이분법적이고 도덕적인 측면에서 인식될 가능성이 더 크다. 어느 하나는 옳거나 틀리고, 선이거나 악이다. 이러한 문제들과 관련되면, 북아일랜드에서의 갈등이 증명하듯이, 영국인들조차 모질고 제어할 수 없는 분쟁에 완전히 휘말릴 수 있다.

우리는 한 가지 중요한 단서 조건을 달아 이 분석에 동의할 것이다. 그 단서 조건은 바로 경제적 갈등이 **오늘날에는** 서구 세계에서 비교적 쉽게 해결될 수 있지만, 그동안 항상 그렇지는 않았었다는 것이다. 경제적 결핍 상태하에서는 자신의 생존 자체를 위태롭게 하지 않고는 양보할 수 없을 수도 있다. 과거에는 책략을 사용할 수 있는 여지가 훨씬 더 좁았다. 19세기 중반까지만 해도 식량 폭동은 서유럽에서 정치적 저항의 주요한 형태였다. 식량 폭동은 20세기까지 스페인과 이탈리아 정치에서 계속해서 중요한 역할을 했다.[11] 생존은 쉽게 협상할 수 있는 것이 **아니다.** 경제에 기반한 갈등을 (적어도 **오늘날에는**) 상대적으로 쉽게 협상할 수 있다는 생각에는 다음과 같은 한 가지 불안한 함의가 포함되어 있다. 그것은 바로 개인의 가치 우선순위에 기초한 갈등은 이와 동일한 점증적 성격을 가지지 않는다는 것이다. 종교적인 갈등처럼, 그러

---

10) Rose and Urwin, "Social Cohesion," 39. 또한 Richard Rose, *Governing without Consensus: An Irish Perspective*(Boston: Beacon, 1971)도 보라. 립셋과 록칸도 유사한 주장을 한다. Lipset and Rokkan, *op cit.*, 6을 보라.

11) Charles Tilly, "Food Supply and Public Order in Modern Europe," in Charles Tilly(ed.), *The Formation of National States in Western Europe*(Princeton: Princeton University Press, 1975)을 보라.

한 갈등은 도덕적인 어조를 띠는 경향이 있다. 만약 가치 우선순위에 기초한 갈등이 탈산업사회에서 점점 더 중요한 역할을 할 가능성이 크다면, 우리는 풍요로운 시대에 합의의 정치와 멀어질 수도 있다. 이데올로기적 갈등은 여전히 남아 있을 가능성이 크고, 아마도 반대되는 관점에 대한 관용도 **줄어들** 것이다.

종교적인 균열에 대해 방금 말한 것은 인종 갈등과 공동체 갈등에도 동일하게 적용되는 것으로 보인다. 현 발전단계에서는 그러한 갈등들이 사회계급에 기초한 갈등보다 훨씬 더 분열적인 정치적 갈등을 야기할 수도 있다. <표 8-3>은 벨기에, 스위스, 미국 각각에서 언어 집단과 정치적 선호, 그리고 인종과 정치적 선호 간의 관계를 보여준다. 벨기에와 미국에서는 그러한 전산업적 특징과 관련된 비율 차이가 사회계급과 관련된 비율 차이보다 훨씬 더 크다. 플랑드르 사람들은 왈론 사람들보다 사회기독교당에 투표할 가능성이 거의 두 배 높다. 그리고 백인은 흑인보다 공화당에 투표할 가능성이 세 배 이상 컸다. 이러한 차이들은 매우 광범위하게 논의되고 있기 때문에 추가적인 논급은 거의 필요하지 않아 보인다. 우리의 데이터는 이러한 차이들이 매우 중요하고 지속적이라는 것을 다시 한번 더 확인시켜 줄 뿐이다. 스위스는 주목할 만한 이탈 사례이다. 스위스는 지역, 주, 또는 연방 수준에서 어떤 한 집단의 지배를 피하면서도 특정 지역을 수적으로 지배하는 집단에 최대한의 자율성을 제공하도록 의식적으로 설계된 일단의 제도들을 통해 복잡한 언어적·종교적 균열을 최소화해 왔다.[12] 우리는 현재의 연구에서 이러한 독특한 제도에 대해서는 논의하지 않을 것이다. 그러나 스위스에서**조차** 언어적 차이가 당파적 선호에서 나타나는 차이와 상당히 연관되어 있다는 것은 주목할 만하다.

---

12) 스위스의 의사결정 패턴에 대한 통찰로는 Jurg Steiner, *Amicable Agreement versus Majority Rule: Conflict Resolution in Switzerland*(Chapel Hill: University of North Carolina Press, 1974)를 보라.

〈표 8-3〉 언어 집단과 인종별 정치적 선호: 벨기에, 스위스, 미국　　　　　　　　　단위: %

벨기에(사회기독교당에 대한 지지 비율)		
모국어가 프랑스어인 사람	42	(223)
모국어가 플랑드르어인 사람	75	(402)
스위스(우파 정당에 대한 지지 비율)		
모국어가 프랑스어인 사람	56	(246)
모국어가 이탈리아어인 사람	68	(63)
모국어가 독일어인 사람	72	(855)

미국(공화당에 대한 지지 비율)					
정당 일체감			1972년 투표		
흑인	8	(414)	흑인	16	(222)
백인	41	(3,518)	백인	70	(2,466)

　　영토적 균열은 립셋과 록칸이 논의한 핵심적인 전산업적 변수 중 하나이지만, 그것이 한때 가졌던 것과 동일한 강도로 현대 세대에 전달되지는 않는 것으로 보인다. 불과 10여 년 전만 해도 프랑스를 2개의 큰 지역으로 나눌 수 있었는데, 그중 한 지역은 주로 좌파에 투표하는 경향이 있었고, 또 다른 한 지역은 대대로 지속되어 온 패턴대로 주로 우파에 투표하는 경향이 있었다. 프랑스 정치에는 여전히 상당한 지역적 차이가 존재하지만, 그 차이의 중요성은 현저하게 줄어들었다.

　　전자통신혁명으로 인해 1960년대 동안에 대부분의 프랑스 가정은 텔레비전을 보유하게 되었고, 그리하여 공중은 정치적 견해와 정보를 전달하기 위해 지역 **유명인사**들에게 덜 의존할 수 있게 된 것으로 보인다. 즉, 사람들은 텔레비전 화면을 통해 파리에서 무슨 일이 일어나고 있는지를 보며, 인쇄 매체로는 불가능했던 직접적이고 개인적인 커뮤니케이션을 하고 있다고 느낀다. 이러한 발달은 상당한 양의 지리적 이동에 의해 강화되었다. 18세기에는 한 농민이 자신이 태어난 곳에서 10마일 이상을 여행하지 않고 평생을 살아가는

〈표 8-4〉 지역과 언어 집단별 정치적 선호   단위: %

벨기에(기독교사회당에 대한 지지 비율)		
4개 왈론 지역	45	(341)
브라반트(혼합 지역)	57	(219)
4개 플랑드르 지역	75	(683)

미국(공화당에 대한 지지 비율)					
정당 일체감			1972년 투표		
중서부	45	(1,096)	중서부	67	(836)
북동부	39	(919)	북동부	60	(689)
서부	37	(684)	서부	63	(464)
남부	28	(1,293)	남부	69	(729)

것은 꽤 흔한 일이었다. 오늘날에는 상대적으로 빨리 멀리까지 여행할 수 있는데, 이것이 지역적 정치문화의 중요성을 감소시키는 것으로 보인다.

우리는 각국의 투표 패턴을 지역별로 분석하지는 않을 것이다. 선거 통계는 우리의 조사 데이터가 제공할 수 있는 것보다 더 정밀하게 투표 패턴을 보여준다. 그러나 지역적 차이가 여전히 가장 중요해 보이는 두 나라와 관련한 몇 가지 발견을 제시하는 것은 가치 있을 것으로 보인다. 그 두 나라가 바로 언어적 균열과 인종적 균열이 가장 심한 벨기에와 미국이다.

<표 8-4>가 보여주듯이, 벨기에에는 지역에 따라 큰 정치적 차이가 존재하며, 그것은 플랑드르-왈론의 인종적 균열과 밀접하게 일치한다. 왈론 지구에는 기독교사회당에 주로 투표하는 지역도 있고 그 반대 지역도 있다. 그런데도 벨기에에서 지역적 균열이 지속되는 것은 인종적 균열의 효과가 강화되고 있기 때문이라고 말해도 무방할 것으로 보인다.

마찬가지로 미국의 지역적 균열은 인종적 요인에 의해 많은 영향을 받아왔다. 남부는 공화당 지지자의 비율이 현저히 낮다는 이유에서 미국의 나머지 지역과 구분된다. 이는 남북전쟁 시대로까지 거슬러 올라가는 제휴 양상이

다. 그러나 이 패턴은 변하고 있다. 현재 대다수의 흑인이 남부 이외의 지역에서 살고 있으며, 공화당은 더 이상 노예해방 정당으로 인식되지 않는다. 1972년 선거에서 남부는 공화당 대통령 후보에게 **가장** 많은 표를 던진 지역이었다. 정당 일체감 또한 결국에는 바뀔 것으로 보인다. 하지만 1976년 선거가 예증하듯이, 이 유형의 변화는 매우 점진적으로 일어나는 것으로 보인다.

얼마간 자의적이기는 하지만 하나의 변수가 전산업적 범주에 추가될 수 있을 것이다. 그 변수가 바로 성이다. 성적 균열은 논의에서 빠질 수 없을 만큼 중요하며, 두말할 필요도 없이 산업적 균열에 선행한다. 게다가 오늘날 우리가 발견하는 성 차이의 패턴은 여성의 전산업적 역할 — 여성이 사회변화를 목표로 하는 운동에 참여하는 것을 일반적으로 단념시켰던 역할 — 을 반영하는 것으로 보인다. <표 8-5>에서 볼 수 있듯이, 성은 투표와 일관적이고 (어떤 경우에는) 명확한 관계를 가지고 있다. 8개국 중 7개국에서 여성은 남성보다 우파 정당을 지지할 가능성이 더 크다. 프랑스에서의 성별 차이는 현재 특별히 큰 것 같지는 않아 보이지만, 제5공화국의 초기 시기 동안 성은 투표의 가장 강력한 예측 변수 중 하나였다. 즉, 여성은 남성보다 훨씬 더 드골을 지지했다.

우리는 한 나라의 경제발전 수준에 따라 성별 차이의 크기가 달라질 것으로 예상할 수 있다. 전산업사회에서 경제적 생산은 순전히 근력에 의존하며, 이러한 측면에서 성별 차이는 상대적으로 크다. 그리고 여성의 역할은 남성의 역할과 확연히 구별되는 경향이 있다.[13] 산업사회에서 (그리고 탈산업사회에서는 여전히 더더욱) 성과는 지적 자질에 더 크게 의존한다. 다시 말해 한 사회의 성 역할 기대가 기술적·경제적 변화에 뒤처지는 경우를 제외하고는 성

---

13) 전산업사회의 구체적인 유형 간에도 중요한 차이가 있다. 수렵채집사회와 농업사회 모두에서 여성의 지위는 남성의 지위보다 훨씬 낮은 경향이 있다. 하지만 단순한 원시농경사회에서는 여성이 주요 공급자로서, 다른 전산업사회에서보다 단연 더 높은 지위를 차지하는 경향이 있다. Gerhard Lenski, *Power and Privilege: A Theory of Social Stratification*(New York: McGraw-Hill, 1966)을 보라.

	영국			독일			프랑스	
남성	50	(699)	남성	40	(1,328)	남성	44	(1,321)
여성	59	(810)	여성	53	(1,532)	여성	51	(1,280)

	이탈리아			네덜란드			벨기에	
남성	56	(1,096)	남성	53	(1,221)	남성	60	(624)
여성	70	(1,077)	여성	55	(1,069)	여성	64	(617)

	스위스			미국: 정당 일체감			미국: 1972년 투표	
남성	66	(637)	남성	37	(1,670)	남성	68	(1,245)
여성	70	(535)	여성	37	(2,322)	여성	63	(1,473)

별 차이는 중요하지 않다. 우리는 물론 성별 차이가 한 나라의 **현재** 경제발전 수준을 반영할 것이라고 기대하지는 않을 것이다. 성별 차이는 평균 응답자들의 형성기 동안을 지배한 수준을 반영할 것이다. 즉, 표본 전체를 넣고 보면 성별 차이는 대략 한 세대 전을 지배했던 조건과 상응할 것이다.

각국의 성별 차이의 크기는 실제로 이러한 예상과 부합하는 것으로 보인다. 성별 차이는 한 세대 전에 확실히 가장 덜 발달한 나라였던 이탈리아에서 가장 크고, 오랫동안 경제적으로 가장 발달한 나라인 미국에서 가장 작다. 실제로 우리의 데이터는 미국의 1972년 대통령 선거에서 일반적인 양극성이 **전도**되었을 수도 있다는 것을 보여준다. 다시 말해 당시에는 여성이 남성보다 민주당 후보에게 투표할 가능성이 분명히 더 컸다.

우리는 한 사회가 선진산업단계에 도달할수록 정치에서 나타나는 성별 차이가 줄어드는 경향이 있다고 결론 내릴 수 있을 것이다. 또는 누군가는 우리의 데이터를 넘어 이러한 국가 간 패턴에 대해 여성이 좌파로 지속적으로 이동하고 있음을 반영하는 것이라고 해석할 수도 있다. 과거에는 여성이 남성보다 보수적이었다면, 탈산업사회에서는 여성이 좌파에 투표할 가능성이 더 클 수 있다. 여성의 상대적 보수주의는 아마도 사라지는 중일 것이다.

탈산업적인 정치적 균열

앞서 제시한 증거에 근거하여 우리는 전산업적 변수와 산업적 변수 **모두**가 정치적 선택에 영향을 미친다고 결론 내릴 수 있다. 문제는 "어느 정도 영향을 미치는가?" 하는 것이다. 지금까지 우리는 정당 선호를 한 번에 하나의 변수씩 교차 분석하는 것에 그침으로써 다른 변수들을 통제하고자 하는 노력을 하지 않았다. 우리가 다변량 분석을 수행하기 전까지는 주어진 변수가 실제로 투표에 얼마나 큰 영향을 미치는지를 말하기가 어려울 것이다.

그러나 다변량 분석을 수행하기에 앞서, 우리는 세 번째 유형의 변수를 살펴보아야 할 것이다. 그 변수가 바로 우리가 투표에 독특한 탈산업적 영향을 미칠 것으로 가정한 가치 지표이다. 물론 이 지표는 개인의 가치 우선순위를 측정하는 잠정적인 방법일 뿐이다. 우리가 정치적으로 적합한 가치 우선순위를 측정하는 확실한 방법으로 간주될 수 있는 도구를 가지기 위해서는 광범위한 추가적 조사가 필요할 것이다. 그럼에도 불구하고 네 가지 목표의 순위에 기초한 이 단순한 지표는 개인의 사고방식의 광범위한 측면을 포착해 주는 것으로 보인다. 이 물질주의/탈물질주의 지표가 미치는 겉으로 드러난 영향을 검토해 보기로 하자. 물론 우리는 탈물질주의적 가치가 좌파에 투표하는 데 영향을 미칠 것이라고 가정한다. 가치 유형과 투표 성향 간의 관계는 <표 8-6>에 제시되어 있다.[14] 그 결과는 우리의 예상을 확인시켜 주는 것으로 보

---

14) 물질주의자와 탈물질주의자가 각각의 꽤 큰 정당에 투표하는 비율 또는 그들의 정치적 성향과 관련한 보다 상세한 표는 이 장의 말미에 부록으로 제시되어 있다. [그러나 실제로는 이 책 어디에도 이 부록은 실려 있지 않다._옮긴이]

〈표 8-6〉 가치 우선순위별 정당 선호*(우파 정당에 대한 지지 비율)   단위: %

영국			독일			프랑스		
탈물질주의자	50	(115)	탈물질주의자	30	(256)	탈물질주의자	18	(299)
혼합	52	(835)	혼합	46	(1,181)	혼합	48	(1,236)
물질주의자	60	(533)	물질주의자	53	(1,168)	물질주의자	61	(1,019)

이탈리아			네덜란드			벨기에		
탈물질주의자	45	(263)	탈물질주의자	34	(330)	탈물질주의자	52	(125)
혼합	57	(1,023)	혼합	56	(1,199)	혼합	63	(556)
물질주의자	73	(888)	물질주의자	62	(720)	물질주의자	68	(403)

스위스			미국: 공화당과의 일체감			미국: 1972년 투표		
탈물질주의자	56	(125)	탈물질주의자	27	(275)	탈물질주의자	41	(193)
혼합	67	(626)	혼합	39	(1,600)	혼합	63	(978)
물질주의자	74	(348)	물질주의자	39	(911)	물질주의자	76	(655)

* 원래의 4개 항목 가치 지수에 기초한 것이다.

이고, 국가 간에도 매우 일관적이다. 8개국 모두에는 정연하고 단조로운 패턴이 존재한다. 즉, 물질주의자들은 좌파 정당에 투표할 가능성이 **가장 작으며**, 탈물질주의자들이 그렇게 할 가능성이 **가장 크다**. 혼합 유형(이론적으로는 양가적인)은 두 극단 사이에 위치한다.

영국 표본에서의 차이는 상대적으로 그리 크지 않은데, 이는 최근 몇 년 동안 영국에서는 경제적으로뿐만 아니라 정치적으로도 상황이 다소 느리게 변했다는 인상을 강화한다. 정당 선호에 관한 한, 물질주의자와 탈물질주의자가 보수 정당을 지지하는 비율의 차이는 불과 10%포인트에 지나지 않는다. 물론 이 차이가 무의미한 것은 아니다. 이 차이는 우리가 막 검토해 온 다른 백분율 차이보다 크다. 그러나 이 차이는 우리가 다른 특정 국가들과 비교 가능한 교차표에서 발견한 차이에 의해 작아 보인다.

벨기에와 스위스는 가치가 좌파-우파 투표에 미치는 겉으로 드러난 영향에서 영국과 가장 가깝다. 즉, 벨기에와 스위스의 탈물질주의자는 물질주의자보다 각각 16%포인트, 18%포인트 더 좌파에 투표할 가능성이 크다. 독일은 차이가 더 크다. 사회민주당은 탈물질주의자들 사이에서 23%포인트 앞섰고, 기독교민주당은 물질주의자들 사이에서 그 몫만큼 더 많은 표를 얻었다. 이탈리아와 네덜란드에서는 좌파에 투표할 가능성에서 두 극단의 가치 유형 간에 28%포인트의 차이가 있다.

프랑스는 우리의 유럽 국가 중에서 영국과는 정반대 극단에 있다. 드골연합을 지지하는 물질주의자와 탈물질주의자 간에는 무려 43%포인트의 차이가 있다! 혼합 유형은 좌파와 우파 사이에서 거의 대등하게 균형을 잡고 있다. 대다수의 물질주의자들은 드골당을 선호하지만, 탈물질주의자 중에서는 5명 중 1명 이하가 드골당을 지지한다. 프랑스 유권자들은 개인의 가치 우선순위에 따라 이례적일 정도로 양극화되어 있다. 우리가 제10장에서 논의할 이유 때문에, 1968년 5~6월의 위기가 물질주의자들로 하여금 우파를, 그리고 탈물질주의자들로 하여금 좌파를 지지하게 만들어 이러한 양극화를 가속화했을지도 모른다. 만약 그랬다면, 그 패턴은 1970년대까지 지속되었을 것이다.

광범하고 안정적인 정당 일체감이 존재함에도 불구하고(하지만 정당 일체감은 가치 유형과 약하게 연관되어 있을 뿐이다), 미국은 가치 유형과 1972년 대통령 투표 사이에서 강한 연계관계를 보여주었다. 탈물질주의자들은 35%포인트 차이로 맥거번에게 투표했을 가능성이 더 컸다. 가치가 투표에 미치는 영향이 미국보다 더 큰 곳은 오직 프랑스뿐이었다.

가치와 투표의 연관성에 대한 우리의 예상은 지금까지 충분히 확인되었다. 즉, 이 둘 간에는 분명하고 단조롭고 종종 강한 관계가 존재한다. 다시 말해 탈물질주의자들은 모든 나라에서 좌파에 우호적이다. 미국에서의 정당 **일체감**과 관련시킬 경우 이 패턴은 무너진다. 가치 유형 간의 차이는 훨씬 더 약하고, 혼합 유형은 물질주의자들만큼이나 공화당 지지자일 가능성이 있다. 이 발견은 가치 변화의 역할에 대한 우리의 해석을 훼손하기는커녕 강화한다. 왜냐하면 우리는 가치 유형을 **변화**의 잠재적 추동력으로, 그리고 비교적 최근에 중요성을 획득한 요인으로 간주하기 때문이다. 반면에 정당 일체감은 **과거** 경험의 축적된 잔여물과 (개인이 태어나기 전에 일어났을 수도 있는 사건들에 의해 틀 지어진) 가족 전통을 반영하는 것으로 여겨진다. 정당 일체감과 가치 간의 상대적으로 약한 (그리고 불규칙한) 관계는 유권자들이 '항상' 이들 노선을 따라 양극화되지는 않는다는 것을 시사한다. 가치 균열은 실제로 비교적 최근의 일이다.

전체적으로 볼 때, 가치와 투표 성향 간의 관계는 인상적이다. 우리는 그 관계를 정치적 당파성의 기반을 변화시키는 한 원천으로 바라본다. 이 해석은 얼마나 설득력이 있는가? 우리가 방금 관찰한 관계는 어쩌면 허위관계일 수도 있다. 다시 말해 어떤 제3의 변수가 특정 개인에게 존재하는 탈물질주의적 가치와 좌파 정치 선호 **모두**를 설명할 수도 있다. 그러한 허위 연관의 가능한 원인 중에서 가족의 정치적 배경이 가장 유력한 후보인 것으로 보인다. 우리는 가족 배경이 정당 선호에 강력한 영향을 미친다는 것을 알고 있다. 그것은 또한 가치 유형과도 관련되어 있다. <표 8-6>에 제시된 데이터는 어쩌면 특정한 가정이 자식들에게 자유주의적 가치**와** 좌파 정당에 대한 선호를 심어준다는 것을 보여주는 것일 수도 있다.

우리는 대략적인 다변량 분석에서 가족의 정치적 배경과 몇 가지 다른 변수의 영향을 통제할 것이다. 그렇지만 이들 세 가지 주요 변수가 서로에게 어떻게 영향을 미치는지를 예증하기 위해 부모의 정당 선호를 통제하고 가치와 투표 간의 관계를 검토해 보자. 단순화를 위해 우리는 영국과 프랑스라는 두 극단적인 사례만 분석할 것이다. <표 8-7>에서 볼 수 있듯이, 우리가 가족의 정치적 배경을 통제할 때조차 물질주의적 응답자들의 투표 성향과 탈물질주의적 응답자들의 투표 성향 간에는 상당한 차이가 지속된다. 가치가 미치

<표 8-7> 가치 유형별 세대 간 정당 이동*(보수당과 드골당에 대한 지지 비율)   단위: %

영국				
가치 유형	부모가 노동당 지지		부모가 보수당 지지	
물질주의자	33	(185)	86	(171)
탈물질주의자	23	(47)	78	(31)
차이	+10		+8	

프랑스				
가치 유형	부모가 '좌파' 지지: 공산당, 사회당		부모가 '우파' 지지: 독립당, 대중공화주의운동, 드골당	
물질주의자	29	(106)	85	(131)
탈물질주의자	6	(52)	19	(57)
차이	+23		+66	

* 1970년 유럽공동체 조사에 기초한 것이다.

는 명백한 영향은 영국의 경우에는 여전히 그리 크지 않지만, 사라지지는 않는다. 그리고 프랑스의 경우에는 그 영향이 현저하게 크다.[15]

<표 8-7>은 가치가 정당 선호에서 발생하는 세대 간 변화에 미치는 영향을 보여주는 흥미로운 예증으로 독해될 수 있었다. 이러한 관점에서 표를 살펴보면, 두 가지 점이 분명하게 드러난다.

1. 영국에서는 대부분의 응답자가 자신들의 부모가 노동당 지지자였다면 노동당을 계속해서 지지했고, 자신들의 부모가 보수당 지지자였다면 보수당을 계속해서 지지했다. 그러나 정당을 바꾼 사람들 가운데서는 가치가 일정한 차이를 만들어**낸** 것으로 보였다. 즉, 탈물질주의자 유형은 좌파로 이동할

---

15) <표 8-7>에서 사례 수가 상대적으로 적은 것은 1970년에만 부모의 정치적 배경을 물었기 때문이다. 따라서 이 표는 1970년 표본 중에서 자신의 정당 선호를 보고하고 물질주의자 또는 탈물질주의자 유형 중 하나에 속하며 부모가 선호하는 정당을 **가지고** 있는 경우(응답자가 부모의 정당선호를 **알고** 있고 부모가 선호하는 정당이 자유당 또는 중도 정당이 아닌 경우)만을 대상으로 한다.

가능성이 더 크고, 물질주의자들은 우파로 이동할 가능성이 더 크다.

　2. 프랑스에서도 세대 간 연속성이 지배적이었지만, 영국보다 훨씬 더 많은 이동이 있었다. 실제로 우파를 지지하는 가정에서 자란 탈물질주의자들 가운데서 **대다수**가 우파를 버렸다. 우리의 데이터에 따르면, 이 집단의 81%가 부모의 정치적 성향에서 벗어났고, 단지 19%만이 여전히 우파를 지지했다. 탈물질주의자들의 이러한 이동을 부모에 대한 반항으로 설명할 수 없다는 것은 분명해 보이는데, 왜냐하면 좌파 가족에서 자란 사람들은 놀랄 정도의 **충성** 비율을 보였기 때문이다. 이들 중 94%는 좌파를 계속해서 지지했고 6%만이 우파로 옮겨갔다. 탈물질주의자들 가운데서 좌파가 증가한 것은 물질주의자들 사이에서 드골파가 증가한 것에 의해 대체로 상쇄되었다. 그러나 이 데이터에 따르면, 세대 간 이동은 (사회계급보다는) 가치 우선순위에 따라 정치적 선택이 양극화되는 정도를 크게 증가시켰다.

　전체적인 패턴은 분명해 보인다. 탈물질주의적 가치의 존재는 좌파 전통에서 성장한 사람의 경우에는 좌파에 대한 충성심을 여전히 유지하는 경향과 연관되어 있으며, 상대적으로 보수적인 환경에서 자란 사람들 사이에서는 좌파로 **이동**하는 경향과 연관되어 있다. 제닝스(Jennings)와 니미(Niemi)는 (우리의 데이터와 같은) 기억 데이터(recall data)가 부모의 정치적 선호와 자식의 정치적 선호 간의 일관성 정도를 과장하는 경향이 있을 수 있다는 것을 발견했다.[16] 부모의 정당 선호에 대한 자식의 보고는 상당히 정확한 것 같지만, 기억에 착오가 있는 경우에는 일관성이 있는 쪽을 선택하는 경향이 있다. 이 발견은 오히려 우리의 데이터가 세대 간 정당 이동이 일어나는 정도를 **과소평가**할 수 있다는 것을 함의한다.

---

16) M. Kent Jennings and Richard G. Niemi, "The Transmission of Political Values from Parent to Child," *American Political Science Review*, 62, 1(March, 1968), 169~184를 보라.

우리는 지금까지 일련의 전체 배경 변수와 (좌파와 우파의 이분법에 반영되어 있는) 정당 선택 간의 영차 관계를 검토해 왔다. 그러나 우리는 아직까지 체계/반체계 균열 또는 지역적·문화적 균열의 관점에서 당파적 선택을 검토하지 않았다. 이러한 균열은 순전히 양적인 측면에서는 좌파·우파 차원보다 덜 중요한 경향이 있다. 다시 말해 상대적으로 소수의 투표자만이 반체계 정당이나 지역적·문화적 정당을 지지한다. 그렇지만 우리는 다른 관점들에서 분석한 내용이 가치 변화가 탈산업적 정치에 미치는 영향을 이해하는 데 도움이 될 수 있다는 점을 무시해서는 안 된다. 전통적인 좌파·우파 차원이 내포하는 함의는 대체로 경제적이다. 하지만 새로 부상하고 있는 탈물질주의자 집단은 주로 라이프스타일 쟁점에 관심을 가지는 것으로 보이며, 라이프스타일 쟁점은 특히 다른 유형의 균열과 관련이 있을 수 있다. 좌파와 우파 외에 다른 균열들이 확실히 중요한 나라인 벨기에로 우리의 관심을 돌려보자.

지역적·문화적 균열: 플랑드르 민족주의 정당과 왈론 민족주의 정당

우리는 지금까지 벨기에 데이터를 분석하면서 다른 나라들에서와 마찬가지로 좌파·우파 이분법에 초점을 맞추어 왔다. 그러나 벨기에는 예외적인 사례이다. 이런 이분법을 적용하면 유권자의 대단히 높은 비율이 고려 대상에서 제외된다. 벨기에에서는 1971년 투표에서 무려 21%가 플랑드르어 또는 프랑스어를 사용하는 언어적 민족주의 정당에 투표했다. 게다가 이 유권자들은 이론적 관점에서 특히 흥미롭다. 이 투표 양태는 전산업적 균열을 반영한다. 다른 나라에서는 귀속적 균열의 중요성이 감소하고 있거나 기껏해야 안정세를 유지하는 것처럼 보이는 반면, 벨기에에서는 (미국에서의 인종처럼) 전산업적인 균열이 점점 더 두드러져 왔다. 게다가 우리가 관례적인 정의를 사용한다면, 그러한 정당들에 좌파-우파 차원을 적용하기도 매우 어렵다. 신좌파 정당들의 위치 역시 애매할 수 있지만, 대부분의 관찰자는 적어도 그러한 정당들이 좌파 어딘가에 속한다는 것에 동의할 것이다. 마찬가지로 누군가는 네오파시스트당이나 국가민주당(National Democrats)을 자국에서 기독교민주당과 함께 묶는 것의 정당성에 대해 의문을 제기할 수도 있지만, 모든 사람은 실제로는 그 정당들이 우파 정당이라는 것에 동의할 것이다. 인종적 민족주의자들은 솔직히 우리의 주요 차원에 부합하지 않는 것으로 보인다. 누군가는 이들 민족주의 집단과 전통적인 벨기에 정당들 간의 대비를 체계/반체계 또는 영토적-문화적 균열을 반영하는 것으로 바라볼 수도 있다.

프랑스어를 사용하는 집단과 플랑드르어를 사용하는 집단 간의 갈등은 벨기에 역사에서 깊은 뿌리를 가지고 있다. 일찍이 1815년부터 이 나라의 사회-경제적 엘리트들은 대부분 프랑스어를 사용했는데, 이는 부분적으로는 20년간 프랑스의 통치를 받은 결과였다. 그 해에 15년간의 네덜란드 지배가 시작되었지만, 벨기에의 독립과 함께, 네덜란드어와 네덜란드어의 변형인 플랑드르어는 행정부, 법원, 군대, 중등학교, 그리고 대학에서 배제되었다. 프랑스어에 능통하지 못하면, 그 사람은 사회적 상승 이동이 사실상 불가능해졌다. 플랑드르 사람들이 벨기에 인구의 대다수를 차지하고 있음에도 불구하고, 19세기 내내 그리고 20세기까지 사업, 산업, 공적 삶이 프랑스어 사용자들에 의해 완전히 지배되었다.

플랑드르어를 사용하는 공동체의 성원이라는 사실은 여전히 사회적 지위가 낮다는 것을 함의하고 있다. 심지어는 최근 몇 년 동안에도 브뤼셀 지역의 플랑드르 가정은 프랑스어를 배워서 왈론 공동체의 '일원이 되는' 경향이 있었다. 수십 년 동안 이것은 언어 경계상으로 플랑드르 쪽에 위치하는 브뤼셀을 주로 프랑스어를 사용하는 주요 도시로 만드는 데 한몫했다.

프랑스어를 사용하는 지역(왈로니아)은 19세기 전반에 벨기에에서 산업혁명이 일어난 후 그 나라에서 확실히 더 부유한 지역이었다. 그러나 최근 몇 년 동안 플랑드르어를 사용하는 지역이 급속히 발전하여 마침내 1960년대에 왈로니아를 능가했다. 산업화되고 번영한 플랑드르의 출현과 함께 플랑드르 민족주의 운동이 급속히 세력을 확장하기 시작했다. 현재의 플랑드르 민족연합(Flemish Volksunie)은 이미 이룩한 경제적 이익에 상응하는 사회적 평등을 추구하는 하나의 해방 운동단체로 볼 수 있다. 프랑스어 사용자들의 민족주의 운동은 보다 최근에 중요한 세력으로 부상해 왔는데, 이는 부분적으로는 플랑드르 민족주의자들의 행위가 지나치다고 생각하고 그것에 대해 반발한 결과였다. 우리의 1970년 조사 당시에 플랑드르 사람들과 왈론 사람들은 거의 똑같이 민족주의 정당을 지지할 가능성이 컸다. 이처럼 모국어가 사람들이 **어떤** 유형의 인종적 민족주의 정당을 지지할지를 결정하는 것은 분명하지만, 모국어는 사람들이 민족주의 정당을 지지하는지의 **여부**를 예측하는 데서는 약한 변수이다. <표 8-8>에서 알 수 있듯이, 인종적 민족주의자들의 배경 특성을 살펴볼 때, 다음과 같은 몇 가지 사실이 유의미해 보인다.

1. 이들 민족주의 정당에 대한 지지는 주로 청년 극단주의나 반항의 결과가 아니다. 민족주의 정당들은 노년층보다 청년층으로부터 더 높은 지지를 받는다. 그러나 지지는 모든 연령 집단에 걸쳐 퍼져 있다. 이들 지지자의 대다수는 35세 이상이다. 게다가 소수의 민족주의자만이 부모가 민족주의 운동의 지지자였지만, 그 패턴은 청년 반항의 형태이기보다는 세대 간 **연속성**의 하나이며, 인종적 민족주의자의 자식들은 다른 정치적 배경을 가진 사람들보다 민족주의 정당을 지지할 가능성이 훨씬 더 크다.

2. 인종적 민족주의는 주로 중간계급 현상인 것으로 보인다. 상당수의 노동자와 농민이 이들 정당을 지지하고 있지만, 그러한 정당의 득표는 대부분 중간계급에서 나온 것으로 보인다. 이것은 플랑드르 운동과 왈론 운동 모두

<표 8-8> 벨기에 민족주의 정당들의 사회적 기반*(플랑드르 민족주의 정당과 왈론 민족주의 정당에 대한 지지 비율)

단위: %

부모의 정당				가치 우선순위		
좌파	5	(136)		물질주의자	9	(275)
기독교	13	(314)		혼합	12	(462)
자유당	12	(58)		탈물질주의자	35	(131)
모름	17	(365)				
민족주의 정당	81	(21)				

가장의 직업			연령			교육		
중간계급	23	(385)	16~24세	29	(158)	초등학교	8	(413)
노동계급	8	(308)	25~34세	11	(149)	중등학교	20	(380)
농민	9	(54)	35~44세	16	(164)	대학교	27	(86)
은퇴자, 비활동	10	(147)	45~54세	14	(133)			
			55~64세	12	(133)			
			65세 이상	7	(157)			

교회 출석				노동조합 가입		
출석하지 않음	14	(250)		조합원	11	(294)
월 1회 이하	14	(163)		비조합원	17	(599)
주 1회	17	(415)				
주 1회 이상	7	(66)				

* 1970년 유럽공동체 조사에 기초한 것이다.

에 적용된다.

3. 비록 인종적 민족주의가 중간계급 기반을 가지고 있지만, 그것은 분명 대학 내의 유행에 불과한 것이 아니다. 거기에는 그들 정당이 받은 만큼의 표를 제공할 대학생들이 존재하지 않는다. 대학생들은 자주 이러한 운동의 가장 두드러진 옹호자였지만, 대학 교육을 받은 사람들은 인종적 민족주의자들 사이에서 과잉대표되어 있다. 그러나 그들은 민족주의 유권자들의 작은 소수를 구성한다.

4. 인종적 민족주의자들은 주요 기성 제도와 긴밀하게 제휴하고 있지 않은

사람들 사이에서 충원되는 것으로 보이지만, 그 패턴은 다소 모호하다. 한편으로는 그들은 노동조합원이 될 가능성이 낮아 보이며, (인종적 민족주의자들의 자식들을 제외하고는) 정당 선호와 관련하여 부모의 명확한 신호를 받지 못했을 가능성이 크다. 다른 한편으로는 인종적 민족주의자들은 교회 출석률이 꽤 높지만, 교회와의 유대가 가장 강한 사람들에 속할 것 같지는 **않다**.

5. 탈물질주의적 가치 우선순위를 가진 사람들 가운데서 인종적 민족주의자들이 크게 과잉대표되어 있다. 그들은 탈물질주의자들 사이에서 물질주의자들보다 3배 이상 많다. 이러한 경향은 왈론 민족주의자들보다 플랑드르 민족주의자들에게 더 잘 적용되지만, 두 집단 모두에서 사실이다. 전자는 탈물질주의자들 사이에서 2 대 1의 비율로 과잉대표되고, 후자는 5 대 1의 비율로 과잉대표되고 있다!

우리는 이들 정당이 **본질적으로** 탈물질주의적이라고 묘사할 수 없었다. 이들 정당은 전통적 원천으로부터 지지받고 있다. 다시 말해 전쟁 이전의 민족주의자들의 후손, 지역 정치문화, 그리고 물질주의적 가치를 우선시하는 개인들이 이들 정당의 주요한 지지 기반을 이룬다. 하지만 탈물질주의자들의 상당수가 이들 정당을 지지하는 것도 분명하다.

이러한 발견은 인종적 민족주의 운동이 왜 그렇게 분류하기 어려운지 — 왜 일부 관찰자들이 이 운동과 전쟁 이전 시대의 원형적 파시스트 운동의 역사적 연계성을 강조하며 그 운동을 반동적이고 자민족중심적인 것으로 보는 반면, 다른 사람들은 한편 또는 다른 한편(또는 양쪽 모두)을 해방운동으로 보는지 — 를 설명하는 데 도움이 될 수 있다.

이 데이터를 독해하는 하나의 방법은 탈물질주의자 유형이 극좌파 또는 극우파 **중 하나**로 전환할 수 있다는 것일 것이다. 이 가능성은 중요한 함의를 지니며, 우리는 그 가능성을 가볍게 다루어서는 안 된다. 그러나 이 해석의 타당성은 의심스럽다. 현대 인종적 민족주의 운동과 전쟁 이전의 준파시스트 운동 간의 연속성의 정도는 매우 미미하다. 즉, 이전의 운동들은 현재의 플랑드르 정당과 왈론 정당이 부활하기 전에 거의 소멸했다. 게다가 공동체에 대한 그들의 강조는 교구적인 자민족중심주의가 아니라 특수한 문화적 양식 내에서의 자아표현의 욕구를 반영하는 것으로 보인다. 이들 정당은 권위주의적인 퍼스낼리티 유형의 자민족중심주의적 특성을 드러내지 **않는다**. 우리는 유럽 통합에 대한 지지와 관련된 일련의 질문을 했는데, 인종적 민족주의자들은 전통적인 3당의 지지자보다 국제적 통합에 **더** 호의적인 것으로 나타났다. 다시 한번 프랑스어를 사용하는 민족주의자들과 플랑드르어를 사용하는 민족주의자들 사이에는 정도의 차이가 있다. 전자는 사고방식에서 전통적인 정당을 지지하는 사람들보다 약간 더 유럽적일 뿐이지만, 후자는 상당히 두드러지게 더 유럽적이다. 그러나 두 집단은 같은 방향으로 일탈한다. 벨기에의 인종적 민족주의가 비록 낡고 때로는 실망스러운 모습으로 나타나기는 하지만, 그것은 새로운 형태의 공동체주의이다. 아마도 그것은 점점 더 탈물질주의적인 성격을 띠어갈 것이다.

그리고 역설적으로 보일 수도 있지만, 플랑드르 민족주의자와 왈론 민족주의자들 모두는 변화 지향적이며, 이런 의미에서 좌파에 위치한다. "어떻게 정면으로 대립하는 것으로 보이는 두 운동이 **모두** 좌파에 있을 수 있는가?"라는 의문이 즉각 제기된다. 부분적으로는 그 답변은 그 두 운동이 완전히 상반되는 것이 **아니**라는 것이다. 두 운동의 목표는 얼마간 유사하며, 두 운동은 그러한 목표를 달성하기 위한 수단의 한 가지 주요한 측면에 동의한다. 즉, 두 운동은 각각의 공동체를 위해 더 많은 자율성을 가지고자 한다. 다른 측면에서는, 좌파의 다른 파벌들이 자주 그러하듯이, 두 운동은 자신들의 목표를 달성하는 방법과 관련하여 현저한 차이를 가지고 있다.

문화적 해방을 위한 투쟁은 플랑드르 민족주의자들의 주요한 목표 중 하나이다. 그들은 심히 취약한 집단 중 하나였으며, 따라서 평등의 실현을 추구해 왔다. 플랑드르 사람들의 중요한 요구 중 하나는 그 나라의 플랑드르 지역에 살고 있으면서 프랑스어를 사용하는 어린이들이 학교에서 프랑스어를 사용하는 것을 허용해서는 안 된다는 것이었다. 한동안 이것은 실제로 법에 의해 금지되어 있었다. 이 조치는 플랑드르에 프랑스 문화가 더 이상 침투하는 것을 막기 위한 것이었다. 플랑드르 말을 사용하는 어린이와 왈론 말을 사용하는 어린이가 같은 학교에 다니게 하려는 욕구는 중요하게 고려되지 않았다. 반대로 플랑드르 사람들의 또 다른 요구는 공교롭게도 언어적 국경으로부터 몇 마일 떨어진 플랑드르에 위치해 있으면서 이중 국어를 사용하는 주요 대학교에서 프랑스어를 사용하는 모든 학생을 추방하라는 것이었다.

누가 억압하는 사람이고 누가 억압받는 사람인지를 말하는 것은 항상 쉬운 일이 아니다. 프랑스어를 사용하는 벨기에 사람들은 플랑드르 말을 사용하는 사람들보다 수적으로 적었고, 브뤼셀 지역을 제외하고는 더 가난한 경향이 있다. 양자의 관점이 너무나도 달라서 양측 **모두**에서 자신을 해방운동으로 바라볼 수 있다. 벨기에의 민족주의 집단들은 탈산업사회 내에서 가능한 (어쩌면 훨씬 더 가능할 것 같은) 비극적 분열의 사례이다. 플랑드르 민족주의자들과 왈론 민족주의자들은 새로운 좌파를 대표하는데, 왜냐하면 그들의 우려가 주로 경제적이라기보다는 문화적이기 때문이다. 실제로 오늘날의 민족주의자들은 문화적 자율성을 획득하기 위해 아주 큰 경제적 희생을 치를 준비가 되어 있는 것으로 보인다.

그리고 그들은 최근에 우파보다는 좌파를 대표하는데, 이는 그들이 문화적 전통주의보다는 문화적 변화를 지향하기 때문이다. 즉, 그들은 안전의 욕구보다는 자아표현의 욕구를 충족시키려 하고 있다. 누군가는 이에 대해 탈물질주의자들은 질서에 낮은 우선순위를 부여하고 따라서 그들은 우파 정당이든 좌파 정당이든 간에 반체계 정당이라면 **어떤** 정당도 기꺼이 지지하는 경향이 있다고(그 간명함 때문에) 아주 단순하게 설명하고 싶은 생각이 들지도 모른다. 그러나 이것은 경험적으로 사실이 아닌 것으로 보인다. 반체계 우파의 정당들은 이탈리아와 독일 모두에 존재하지만, 탈물질주의자 유형은 그중 어느 정당도 지지하지 않을 것으로 보인다. 이를테면 이탈리아에서 네오파시스트당은 물질주의자로부터 11%의 지지를 받는 반면 탈물질주의자로부터 단 3%의 지지만 받았다. 1960년대 후반, 다소 신나치주의적인 정당인 국가민주당은 독일 유권자들 사이에서 상당히 세력을 확장하는 것으로 보였다. 1970년과 1971년경에 국가민주당에 대한 지지가 매우 낮은 수준으로 떨어졌고, 따라서 우리의 표본에서 그 사례의 수는 적다. 그러나 우리의 데이터는 2%가 약간 넘는 물질주의자들이 국가민주당을 지지한 반면 탈물질주의자들 중에서는 겨우 1%만 그들을 지지했다는 것을 보여준다.

내가 보기에, 오늘날 벨기에의 인종적 민족주의 집단들은 문화적 변화를 지향하는 좌파 정당이다. 이처럼 그들은 신좌파의 일부를 구성하고 보수 정당과 충돌할 뿐만 아니라 특정한 조건하에서는 기성의 좌파 정당과도 충돌하는 경향이 있다.

인종적 민족주의와 탈산업적 좌파

산업사회에서 좌파 정당들은(심지어 필요하다면 개인의 자유에 대한 정부의 개입을 증가시키면서까지) 무엇보다도 **경제적** 평등을 지향하는 방향으로의 변화를 추구해 왔다.

탈산업적 좌파는(심지어 필요하다면 추가적인 경제 확장을 희생하면서까지) 개인의 자기 발전을 강조함으로써 자신을 다른 정당과 구별한다. 따라서 산업적 좌파와 탈산업적 좌파의 목표는 본질적으로 양립할 수 없는 것은 아니지만 때로는 서로 충돌할 수 있다. 산업적 좌파가 경제적 평등을 증대시키고자 했던 주된 이유 중 하나는 경제적 평등이 노동계급에게 더 높은 경제 수준을 가져다줄 것이기 때문이었다. 그러나 경제성장 **역시** 불평등을 초래하는 데 한몫할 수 있으며, 따라서 탈산업적 좌파는 경제성장에 상대적으로 낮은 우선순위를 부여하는 경향이 있다. 실제로 경제성장이 삶의 질 저하를 초래하는 것으로 보일 경우, 신좌파는 자주 성장에 **반대한다**. 이러한 서로 다른 목표들이 부득이 병치될 때, 두 좌파는 충돌해 왔다.

산업적 좌파는 일반적으로 상당한 정도의 조직 규율과 위계질서를 실제적인 정치변화와 경제적 진보에 필요한 것으로 받아들여왔다. 개인의 자기표현을 보다 지향하는 탈산업 좌파는 당 관료들을 기관의 하수인이나 스탈린주의의 사생아로 보는 경향이 있다. 정부를 의심하는 탈산업 좌파는 합리적 관료제의 규범보다 개인주의**와** 공동체주의 모두에 훨씬 더 공감한다. 개인은 얼마간은 개인을 위해 태어난다. 탈산업적 좌파는 평등주의를 강조하면서도 개인에게 표준화된 양식이 아닌 다양한 라이프스타일 속에서 자신을 표현할 수 있게 해주는 것에 특히 관심을 가지는 것으로 보인다. 그러므로 사람들은 급진적인 새로운 반문화의 일부로 살거나 또는 전통적인 특수 문화의 일부로 사는 것을 선택할 수 있다.

잔다의 코드화 도식에 따르면, 좌파는 국가적 통합의 증대를 지지하는 경향이 있다. 벨기에의 인종적 민족주의자들은 명백히 국가적 통합을 중시하지 **않는다**. 여기서 그들은 다시 신좌파의 일부를 이루며, 중앙의 정치 당국으로부터의 자율성을 강조할 가능성이 크다.

특정한 조건하에서 탈물질주의자들은 특히 반체계 정당을 지지할 가능성이 커 보인다. 왜냐하면 그러한 정당이 지닌 중요한 잠재적 기능의 하나가 소속의 욕구를 충족시키는 것일 수 있기 때문이다. 우리가 주어진 맥락에서 특정한 운동이 지향하는 명시적 목표가 갖는 중요성을 인정하고 강조하지만,

자신들의 환경과 근본적으로 대립하는 반체계 운동이 그 성원들에게 소속감을 제공할 수 있다는 것 또한 중요하다. 대규모의 익명의 사회에서 그러한 운동은 주변 사회로부터 그 운동을 고립시키는 적대감 때문에 더욱 더 긴밀하게 결합된 소공동체가 될 수 있다. 소속의 욕구가 그러한 운동의 중요한 구성요소일 경우에 그 운동의 이데올로기적 내용도 크게 달라질 수 있다. 그러한 운동은 플랑드르 운동일 수도 있고, 왈론 운동일 수도 있고, 아니면 신좌파 운동일 수도 있다.

수많은 서구 국가에서 최근 몇 년 동안 새로운 종류의 좌파를 대표하는 정당과 운동이 출현해 왔다. 그들에게 적용된 다양한 라벨 중에서 '신좌파'라는 표현이 널리 통용되었지만, 그 용어 역시 본질적으로 진부화될 수밖에 없는 운명에 처해 있었다. 영원히 새로운 것은 없다. 하지만 우리는 그러한 운동들에도 실제로 독특한 무언가가 있었다고 믿는다. 무엇보다도 그 운동은 탈물질주의적 목표에 의해 고무되고 탈물질주의적인 유권자들 가운데서 충원되는 경향이 있다. 신좌파에 대한 지지가 특히 물질주의/탈물질주의 차원에 따라 양극화될 가능성이 **있는가**? 우리가 이 질문에 답할 수 있을지는 신좌파를 어떻게 정의하는지에 달려 있다. 프랑스에서는 1968년 5월과 6월의 위기에서 통합사회당이 신좌파의 정치적 구현물로 등장했다. 통합사회당은 5월 폭동을 지지해 온 유일한 대규모 정당이었다. 오늘날 일부 프랑스 좌파들은 이 정당을 매우 진부한 낡은 정당으로 여긴다. 그들은 **진정한** 신좌파는 통합사회당의 좌파에 대항하는 다양한 분파들과 함께 시작된다고 주장할 것이다. 신좌파에 대한 이러한 정의를 받아들이기 어려운 까닭은 문제의 집단에 대한 지지가 너무 적어서 전국 표본에서 눈에 띄지 않기 때문이다. 많은 사람이 그러하듯이, 통합사회당을 기꺼이 신좌파 정당으로 간주**한다면**, 우리는 그 질문에 답할 수 있다. 비록 이 정당은 우리의 프랑스 표본에서 물질주의자들로부터 단 2%의 지지만 받았지만, 탈물질주의자들은 무려 24%가 그 정당을 지

〈표 8-9〉 가치 유형별 신좌파 정당과 인종적 민족주의 정당에 대한 지지*　　　　　　　　단위: %

가치 유형	프랑스		이탈리아	
	통합사회당	N	프롤레타리아사회당	N
물질주의자	2	(1,072)	1	(888)
탈물질주의자	24	(324)	7	(263)

가치 유형	네덜란드		벨기에	
	급진당 + 1966년 민주당	N	인종적 민족주의 정당	N
물질주의자	9	(720)	9	(508)
탈물질주의자	27	(330)	29	(236)

* 1970년과 1971년의 유럽공동체 조사 데이터를 결합한 것이다.

지했다(<표 8-9>를 보라).

　각각의 가치 유형은 신좌파 또는 탈산업적 좌파를 지지하는 정도에서 크게 다르다. 이에 비해 프랑스 좌파의 다른 정당들은 탈물질주의자들 사이에서 상대적으로 적은 이득만을 누리고 있다. 즉, 그 정당들은 탈물질주의자들 사이에서 물질주의자들 사이에서보다 14%포인트 더 많은 지지를 받고 있을 뿐이다. 얼마간 신좌파적 색채를 지니고 있다고 말할 수 있는 다른 3개의 정당, 즉 이탈리아의 프롤레타리아사회당, 네덜란드의 급진당과 1966년 민주당에 대한 지지에서도 유사한 패턴이 적용된다. 이 두 나라에서 탈물질주의자들은 다른 좌파 정당들보다 훨씬 더 많은 정도로 신좌파 정당을 선호한다.[17] 그 패턴은 우리가 벨기에의 인종적 민족주의 정당들을 검토하면서 발견한 패턴과 비슷하다.

---

17) 하지만 이탈리아의 경우 공산당 역시 탈물질주의적 유권자들 내에서 얼마간 지지를 받고 있는 것으로 보인다. 즉, 이탈리아 공산당과 이탈리아 프롤레타리아사회주의통합당을 합치면 물질주의자들의 7%, 탈물질주의자 집단의 30%로부터 지지를 받고 있다(나머지 두 사회주의 정당은 물질주의자들보다 탈물질주의자 집단으로부터 약간 더 많은 지지를 받을 뿐이다). 따라서 우리의 이탈리아 표본의 응답자들은 이탈리아 공산당에 대해 거의 신좌파 정당인 것처럼 반응하는 것으로 보인다. 이는 프랑스 공산당에 대한 지지가 이와 유사한 패턴을 보이지 **않는다**는 점에서 흥미로운 발견이다. 사람들은 프랑스 공산당이 5월 폭동과 절연함으로써 탈물질주의자들의 지지를 스스로 차단한 것은 아닐까 생각하기도 한다.

우리의 결론은 오늘날의 급진적인 정치적 반대는 전통적인 좌파-우파 차원에 따른 균열보다 물질주의/탈물질주의 차원에 따른 차이에서 발생할 가능성이 더 크다는 것이다. 이탈리아에는 반체계 우파와 반체계 좌파 모두가 존재하며, 그들의 지지 기반은 가치 우선순위 차원의 양쪽 끝에 집중되는 경향이 있다. 오늘날의 반체계 정당은 경제적 차이보다 문화적 차이에 더 뿌리를 두고 있다.

가치 변화 과정은 일정한 비선형적 형태(curvilinearity)를 취할 것으로 보인다. 신좌파는 강력한 정부보다는 개인의 자기 발전을 강조하고 경제적 합리성보다는 공동체적 생활방식의 가치를 강조한다는 점에서 고전적 우파와 닮아 있다. 우리가 앞서 전산업적 균열들이 그 중요성을 점차 잃어가고 있다고 시사했지만, 어떤 의미에서 그것은 너무나도 광범한 일반화였다. 대부분의 나라에서는 지역주의가 그 중요성을 잃어버린 것으로 보이고, 제도화된 종교가 점차 쇠퇴해 가는 것으로 보인다. 그러나 탈물질주의자들은 경제적·과학적 합리성을 격하시키는 동시에 절대적인 것을 추구한다는 점에서 전산업적 사고 패턴과 얼마간 유사하다. 최근 종교적 또는 유사 종교적 공동체에 대한 관심이 부활한 것과 부족적 유대를 되살리거나 발전시키려는 노력이 일고 있는 것은 법적·합리적인 유대보다는 귀속적 유대에 대한 강한 갈망을 나타내는 것일 수도 있다. 이 비선형적 측면이 과장되어서는 안 된다. 많은 면에서 탈물질주의적 가치는 새롭다. 이를테면 탈물질주의적 가치는 여성의 역할과 관련하여 새롭고, 그 가치가 글로벌한 관점인 동시에 부족적인 관점인 경향이 있다는 점에서도 새롭다. 그럼에도 불구하고 탈물질주의자들 사이에서는 전산업적 가치들이 부분적으로 재출현하고 있는 것으로 보인다.

이쯤 되면, 누군가가 "구좌파와 신좌파의 근본적인 차이에 비추어볼 때, 좌파 개념과 우파 개념이 계속해서 어떤 의미를 지니고 있기나 한 것인가?"라고 묻는 것도 당연할 것이다. 두 좌파가 평등주의적 방향으로의 사회변화에 대한 관심사를 공통으로 강조할 경우 좌파와 우파 개념은 의미를 지닌다. 구좌파와 신좌파 간의 분기도 심대하지만, 그 둘은 연결될 수도 있다. 독일 사회민주당은 두 세력이 매우 빠른 변화를 겪고 있는 사회에서조차 한 정당에서 함께할 수 있다는 사실을 잘 보여주고 있다. 독일 사회민주당의 전통적인 기반과 신좌파 진영 간에는 긴장이 격심했지만, 당 지도부 사이에서 이상주의, 타협, 그리고 확고부동함이 적절하게 혼합되면서 당의 결속력을 유지하고 몇 가지 중요한 성과를 거둘 수 있었다.

탈물질주의자 유형은 구좌파보다 신좌파에 훨씬 더 끌리는 것으로 보이지만 상대적으로 둘 **모두**에 공감하며, 물질주의적 좌파의 목표들이 탈물질주의자들의 목표들과 근본적으로 양립할 수 없는 것은 아니다.

제9장

정치적 균열에 대한 다변량 분석

지금까지 우리는 당파적 선택과 다양한 배경 변수 간의 관계를 전반적으로 개관해 왔다. 그렇지만 우리의 분석은 단순한 백분율 표, 그것도 대체로 투표 성향과 다른 한 변수 간의 관계를 보여주는 표에 전적으로 기초해 왔다. 이 표들은 이를테면 교육을 많이 받은 사람들이 우파 정당을 선호하는 정도를 우리에게 말해준다. 그러나 그 표들은 그것 자체만으로는 무엇이 한 개인이 우파 또는 좌파에 투표하게 하는지에 대해 어떤 결정적인 것도 말해주지 않는다. 왜냐하면 높은 수준의 교육, 높은 소득, 그리고 중간계급 직업은 모두 함께 가는 경향이 있기 때문이다. 게다가 그것들 모두는 탈물질주의적 가치와 연관되어 있는 경향이 있다. 주어진 변수가 실제로 정당 선택에 영향을 미치는지를 보다 명확하게 인식하기 위해서는 우리는 다변량 분석을 수행해야 한다.

우리는 이 목적을 위해 두 가지 보완적인 컴퓨터 프로그램, 즉 자동 상호작용 탐지(Automatic Interaction Detection: AID) 기법과 다중분류분석(MCA)을 사용할 것이다.

AID 절차는 주어진 예측 변수(종교, 교육, 직업, 연령, 성 등)가 종속 변수(정당 선호)의 분산을 '설명'하는 상대적 능력에 기초하여, 조사 표본을 계속해서 작은 그룹으로 분할한다.[1] 이러한 형태의 분석은 주어진 예측 변수의 효과가 부가적인지 아니면 상호작용적인지를 알아보는 데 특히 유용하다.

우리의 8개국에 대한 AID 결과물을 검토해 보면, 상호작용 효과가 상대적으로 그리 중요하지 않은 것으로 나타난다. 이것은 우리의 기대에 어긋나는 발견이지만 중요한 발견이다. 왜냐하면 지위 불일치 이론(status inconsistency theory)은 2개 또는 그 이상의 변수 간의 상호작용이 정당 선택을 틀 짓는 데서 중요한 역할을 할 수 있다고 시사하기 때문이다. 우리의 AID 분석은 좌파(또는 우파)를 불균형하게 지지하는 집단의 사례가 있기는 하지만 상호작용 효과는 거의 없다는 것을 보여준다. 지위 불일치 모델에 따라 약간의 상호작용이 있는 소수의 경우에도 그 효과는 너무 약해서 표집 오류에서 기인한다고 보더라도 무방할 정도이다. 이러한 결과는 지위 불일치에 의해 설명되는 것은 거의 없다는(그리고 비록 있다고 하더라도 각각의 변수의 영향에 귀속시킬 수 있는 것 이상을 설명하지는 않는다는) 최근의 일련의 연구 결과를 확인해 준다.[2] 일단의 예측 변수들이 본질적으로 부가적이라는 것을 전제로 하여, 우리는 보다 결정적인 형태의 분석, 즉 다중분류분석(MCA)으로 나아갈 수 있다.

MCA는 더미 변수 다중 회귀의 한 형태로 간주될 수 있다. AID와 마찬가지로 MCA 기법은 예측 변수에 대한 비계량적(non-metric) 가정에 기초한다. 그러나 AID는 단지 주어진 분해 시점에서 정당 선호에 대한 가장 강력한 예측 변수에 근거하여 주요 균열선들을 보여준다면, MCA는 표본 **전체**에서의 각 예측 변수의 설명력을 보여준다.

MCA 결과물은 각 예측 변수에 대해 두 가지의 유용한 통계치를 제공한다. 첫째는 에타 계수인데, 이는 주어진 예측 변수가 정당 선호의 변이를 얼

---

1) AID 분석에 대한 보다 완전한 기술에 대해서는 John A. Sonquist and James N. Morgan, *The Detection of Interaction Effects*(Ann Arbor: Institute for Social Research, 1964)를 보라.

2) 이 주제에 대한 탁월한 해석으로는 David Segal, *Society and Politics: Uniformity and Diversity in Modern Democracy*(Glenview, Ill.: Scott, Foresman, 1974), 91~97을 보라.

마나 설명할 수 있는지를 나타내는 지표이다. 둘째는 베타 계수로, 이는 다른 모든 예측 변수의 효과를 **통제**할 때 주어진 예측 변수가 여전히 변이의 유의미한 부분을 설명할 수 있는지를 나타낸다. 결과물은 또한 일단의 예측 변수 전체에 의해 종속 변수의 변이를 얼마나 설명할 수 있는지를 구체적으로 명시한다.[3]

<표 9-1>은 8개국 각각에 대한 MCA 분석의 결과를 보여준다. 예측 변수들은 베타 계수의 상대적 강도의 순위에 따라 위에서 아래로 배치되었다. 표의 각국에 그어진 점선은 주어진 예측 변수가 다른 변수들의 영향을 고려할 경우 정당 선호에 무시할 수 있는 영향을 미치는 것으로 간주되는 임계값 이하임을 나타낸다. 우리는 (다소 임의적으로) 이 임계값을 베타 계수 0.075 이하로 설정했다. 에타 계수와 베타 계수의 차이는 종종 크다. 따라서 특정 예측 변수들이 정당 선호와 상당히 강한 영차 관계를 가지고 있다고 하더라도 다른 변수를 고려할 경우 그 관계가 거의 사라질 수도 있다.

여기서 우리의 중심적인 관심은 가치가 정당 선택에 어떤 영향을 미치는 가 하는 것이다. 우리는 다변량 분석에 연령과 교육을 포함시키고 있는데, 이는 어떤 의미에서는 과잉 통제이다. 우리의 이론은 이 두 변수가 가치 유형과 강하게 연관되어 있을 것임을 시사하고 있으며, 8개국의 데이터는 그러한 관계가 존재**한다**는 것을 분명하게 보여준다. 그러므로 우리가 교육을 통제할 때, 우리는 상당 부분 개인의 가치 유형을 통제하고 있는 것이다. 우리가 연령과 교육 모두를 통제할 때, 가치 유형의 분산이 크게 감소했고, 그 결과 베타 계수에 반영되는 가치 유형의 설명력도 감소했다. 가치 변화가 정당 선호에 영향을 미친다면, 연령과 교육은 정당 선택과 비교적 강한 상관관계를 **보여야** 한다.

---

3) John A. Sonquist, *Multivariate Model Building: The Validation of a Search Strategy* (Ann Arbor: Institute for Social Research, 1970)를 보라.

〈표 9-1〉 가산 모델에서 정당 선호 예측 변수의 각국별 상대적 강도*

	변수	에타 계수(영차 관계)	베타 계수(부분 관계)
영국	부모의 정당	.448	.375
	사회계급	.322	.196
	교회 출석	.124	.103
	교파	.049	.084
	교육	.212	.081
	지역	.174	.076
	노동조합 가입	.164	.075
	가치 우선순위	.092	.071**
	연령 코호트	.048	.044
	성	.093	.033
독일	부모의 정당	.364	.258
	교회 출석	.381	.241
	교파	.289	.140
	가장의 직업	.188	.105
	연령 코호트	.175	.104
	노동조합 가입	.201	.101
	경제적 자기 인식	.105	.089
	가치 우선순위	.174	.087
	주	.141	.085
	교육	.081	.074**
	타운의 규모	.144	.070
	성	.132	.033
프랑스	부모의 정당	.463	.349
	가치 우선순위	.368	.265
	교회 출석	.363	.133
	가장의 직업	.173	.115
	경제적 자기 인식	.127	.111
	연령 코호트	.113	.102
	직업조합 가입	.148	.101
	지역	.161	.086
	교파	.287	.062
	타운의 규모	.103	.046
	성	.054	.041
	교육	.040	.033
이탈리아	부모의 정당	.492	.405
	교회 출석	.415	.341
	가치 우선순위	.276	.121
	교파	.227	.119
	경제적 자기 인식	.133	.115
	연령 코호트	.165	.086
	가장의 직업	.181	.067

	변수	에타 계수(영차 관계)	베타 계수(부분 관계)
	지역	.130	.057
	타운의 규모	.040	.026
	교육	.023	.022
	노동조합 가입	.100	.010
	성	.146	.010
	부모의 정당	.479	.309
	교회 출석	.486	.253
	교파	.456	.165
	연령	.164	.155
	가치 우선순위	.250	.145
네덜란드	경제적 자기 인식	.140	.105
	교육	.075	.090
	가장의 직업	.171	.087
	노동조합 가입	.068	.050
	지방	.146	.049
	성	.050	.027
	타운의 규모	.110	.021
	교회 출석	.672	.397
	부모의 정당	.620	.344
	지방	.393	.183
	타운의 규모	.369	.103
	가장의 직업	.196	.090
	교파	.491	.086
벨기에	가치 우선순위	.199	.082
	플랑드르 대 왈론	.334	.073
	노동조합 가입	.152	.039
	경제적 자기 인식	.207	.033
	연령 코호트	.059	.030
	교육	.092	.016
	성	.068	.002
	교회 출석	.272	.200
	주관적 사회계급	.183	.198
	가장의 직업	.271	.197
	교파	.210	.157
스위스	노동조합 가입	.232	.126
	가치 우선순위	.141	.111
	언어	.149	.110
	연령	.079	.084
	교육	.103	.045
	성	.057	.017
벨기에 (민족주의	부모의 정당	.307	.250
	가치 우선순위	.264	.190

변수	에타 계수(영차 관계)	베타 계수(부분 관계)
지방	.173	.157
가장의 직업	.202	.115
연령	.199	.104
교회 출석	.072	.080
노동조합원	.075	.076
경제적 자기 인식	.132	.070
교육	.185	.054
타운의 규모	.075	.054
성	.043	.037
플랑드르 대 왈론	.039	.027

정당들)
벨기에
(민족주의 정당들)

1. 정치적 일체감(다중분류분석)		
부모의 정당	.494	.409
교파	.190	.190
인종	.225	.175
가족이 노동조합원	.146	.130
교회 출석	.079	.117
응답자가 살고 있는 지역	.145	.109
가족 소득	.122	.104
가장의 직업	.158	.102
가치 우선순위	.164	.101
연령	.121	.101
교육	.124	.095
성	.032	.060
지역사회의 규모	.109	.027
2. 1972년 투표		
인종	.311	.281
부모의 정당	.282	.224
가치 우선순위	.273	.202
교파	.222	.147
연령	.160	.122
지역	.095	.104
지역사회의 규모	.166	.097
교회 출석	.162	.087
성	.060	.074
가족이 노동조합원	.086	.068
가족 소득	.113	.065
가장의 직업	.075	.050
교육	.044	.044

미국

* 1970년 유럽공동체 조사 데이터에 기초한 것이다.
** 다른 변수의 영향을 통제하고 베타 값이 .075보다 낮은 변수는 정당 선호에 무시할 수 있는 영향을 미치는 것으로 간주된다. 그러한 변수를 **모두** 모델에서 제거하면, 일반적으로 설명되는 분산의 비율이 3%포인트 미만으로 감소한다.

불행하게도 우리의 분석의 단순함 때문에 연령과 교육은 강력하지만 모호한 변수들이다. 이를테면 연령은 라이프 사이클 효과뿐만 아니라 우리가 관심을 가지는 세대 효과도 보여줄 수 있다. 교육은 인지 발달과 커뮤니케이션 네트워크뿐만 아니라 부모가 얼마나 부유했는지도 반영할 수 있다. 우리의 다변량 분석에는 연령과 교육이 예측 변수에 포함되어 있다. 이는 가치 우선순위가 정당 선택에 미치는 영향을 보수적으로 추정하게 한다.

국가별 MCA 결과를 간단하게 살펴보자. 영국에서 가치와 투표 성향의 관계는 무시해도 좋을 정도이고, 독일에서는 영차 관계가 상당함에도 불구하고 우리가 다른 변수의 영향을 통제할 때에는 가치와 투표 성향의 관계가 그리 크지 않다. 우리의 스위스 자료는 가치 유형이 정당 선택에 상당한 영향을 미친다고 시사하지만, 스위스의 결과는 다른 나라의 결과와 완전하게 비교할 수 없다. 우리는 스위스에서 가장 강력한 설명 변수 중 하나(부모의 정당)를 이용할 수 없었다. 부모의 정당을 포함시킬 경우 가치 우선순위의 베타 계수는 더 낮은 수준으로 감소했을 것이다. 영차 연계관계는 상대적으로 **낮다**. 벨기에에서 개인의 가치 우선순위는 전통적인 좌파-우파 차원에 따른 개인의 선택에는 상대적으로 별 영향을 미치지 않지만, 전통적인 정당 중 하나에 투표할지 아니면 민족주의 정당 중 하나에 투표할지를 결정하는 데서는 매우 중요하다.

네덜란드와 이탈리아에서 한 사람의 가치 우선순위는 좌파 또는 우파 정당을 선택하는 데 매우 중요한 영향을 미치는 것으로 보인다. 그 국가들의 파편화된 정당체계가 그러한 상황을 조장할 수도 있다. 왜냐하면 두 나라 모두에서 다양한 소규모 정당들 — 이탈리아에서는 프롤레타리아사회당과 네오파시스트당, 네덜란드에서는 급진당과 1966년 민주당 — 이 등장하여 물질주의/탈물질주의 연속선상의 각 집단에 제각기 호소하고 있기 때문이다. 이 두 나라에서 좌파-우파 차원은 물질주의자/탈물질주의자 차원과 부합하도록 얼마간 수정되었다.

프랑스에 대해 동등한 분석을 할 때, 우리는 거기서 영국과 현저히 대비되는 패턴을 발견한다. 영국에서 무시할 수 있는 역할을 하는 가치 우선순위가 우리의 프랑스 표본에서는 부모의 영향 다음 순위를 차지한다. 종교도 역시 중요하다. 실제로 종교의 에타 계수는 가치 우선순위와 연관된 에타 계수만큼 강하다. 이는 가족의 정치적 전통이 투표에 영향을 미치는 가장 중요한 단일 요인이라는 사실을 반영하고 있으며, 이러한 패턴이 세습된 결과 프랑스의 잘 알려진 성직자파/반성직자파 분열은 투표와 강력한 영차 관계를 유지하고 있다. 그러나 그 분열의 근원은 당시의 것에서 비롯되었다기보다는 세습된 것인 것으로 보인다. 우리가 부모의 정치적 선호를 통제할 때, 종교는 투표에 미치는 영향에서 개인의 가치 우선순위보다 훨씬 약하다는 것이 입증된다. 한 사람의 가치는 또한 다양한 계급 연계 변수보다도 정치적 선호에 현저하게 더 큰 영향을 미치는 것으로 보인다.

제5공화국하의 프랑스에서는 새로운 정당체계가 발전되었다. 프랑스의 최대 정당(드골당과 그들의 동맹자들)의 최근 상황과 세습된 정당들에 대한 충성심의 상대적 약화는 프랑스의 지배적인 좌파-우파 이분법과 탈산업적 균열이 왜 다른 어느 나라보다도 더 잘 맞아떨어지는지를 설명하는 데 도움을 줄 것이다.

우리가 세습된 정치적 충성심이 특히 강한 미국에 관심을 기울일 때, 세습된 정치적 선호와 현대의 영향은 특히 날카롭게 구분된다. 가치 우선순위가 정당 **일체감**에 미치는 영향은 (무시할 수 있는 정도는 아니지만) 상대적으로 약하다. 이것이 바로 정당 일체감을 전통적 유대를 반영하는 것으로 바라볼 때, 우리가 예상할 수 있는 것이다. 가족 유산은 단연코 정당 일체감의 가장 강력한 예측 변수이며, 교파나 인종이 그 뒤를 잇는다. 사회계급 변수, 지역, 교회 출석이 그다음이고, 가치 우선순위는 한참 뒷자리(9위)에 위치한다.

우리가 1972년 미국 대통령 선거에서 사람들이 실제로 투표한 방식에 미친 영향을 검토하면, 전혀 다른 그림이 나타난다. 인종은 투표의 가장 강력한 예측 변수이다. 흑인들이 유권자의 10% 미만을 차지했지만, 그들은 맥거번 득표의 거의 4분의 1을 공급했다. 부모의 정당 선호는 거의 모든 나라에서 투표의 가장 강력한 예측 변수였고, 미국에서는 정당 **일체감**을 가장 강력하게 예측하는 변수였다. 그러나 1972년의 선거는 예외적인 선거였다. 그 선거에서는 분명하게 다른 철학을 대변하는 후보들이 진정한 선택지를 제공했다. 많은 수의 유권자가 자신들의 전통적인 정당 충성심을 버리고 떠났다. 많은 유권자가 자신의 부모가 지지했던 정당에 반하여 투표했다. 1972년에 부모의 정당은 투표 예측 변수 순위에서 2위로 떨어졌고, 가치 유형은 2위에 매우 근접한 3위였다.

주어진 변수에 대한 에타 계수와 베타 계수의 크기를 비교함으로써, 우리는 그 변수와 정당 선호 간의 영차 관계가 어느 정도나 다른 변수의 효과에서 기인하는 것인지를 알 수 있다. 이를테면 영국에 대한 표에서 우리는 사회계급이 정당 선호와 .322의 영차 관계를 가지고 있다는 것을 알 수 있다. 이 영차 관계는 우리가 다른 변수들을 통제할 때 여전히 다소 강한 연계관계인 .196까지 감소한다. 반면 에타 계수가 .212인 교육은 우리가 다른 변수를 통제할 때 베타 계수가 0.081로 떨어진다. 영국에서 사회계급과 정당 선호 간의 연관성은 상당 부분 중간계급 영국인들이 중간계급 지위와 보수 정당 선호 모두를 부모로부터 물려받을 가능성이 크다는 사실에 의해 설명될 수 있다. 그렇기는 하지만, 사람들은 사회계급 환경 ─ 가족 전통과 **무관하게** 노동당(그 사람이 노동계급이라면) 또는 보수당(그 사람이 중간계급이라면)에 투표하도록 영향을 미치는 ─ 으로부터도 다소 강한 신호를 받았다. 반면 교육은 영국의 정당 선호와 다소 강한 영차 관계를 가지고 있지만, 그것은 주로 교육 자체에서 기인하는 것이 아니라 교육을 더 많이 받은 사람일수록 보수당 지지 가정에서 자라났고 중간계급 환경에서 살고 있을 가능성이 크다는 사실에서 기인한다. 영국에서 가치 우선순위는 (우리가 <표 8-6>에서 살펴본 것과 같이) 정당 선호와 상대적으로 약한 영차 관계를 가진다. 이 관계는 다른 변수를 통제할 때 무시할 수 있는 정도이다. 성과 연령도 마찬가지이다.

우리의 독일 표본에서 나타나는 패턴도 얼마간 유사하다. 부모의 영향력은 영국에서보다 (또는 우리가 조사한 다른 모든 나라에서보다) 약하지만, 그럼에도 불구하고 1위를 차지하고 있다. 독일에서 종교의 영향은 영국보다 훨씬 더 중요하다. 실제로 종교의 영향은 부모의 정당만큼이나 중요하다. 가장의 직업과 노동조합 가입 여부 모두가 정당 선택에 상당히 독립적으로 영향을 미치지만, 사회계급의 영향은 상당히 약하다. 영국과 독일에서는 가족 배경, 사회계급, 종교가 정당 선호에서의 분산을 대부분 설명한다. 우리는 벨기에에서는 다소 다른 모습을 발견한다. 즉, 전산업적 균열이 벨기에를 분명하게 지배하고 있다. 누군가가 기독교사회당을 지지하는지 아니면 사회당을 지지하는지는 주로 그 사람이 교회와 얼마나 밀접하게 연계되어 있는지에 달려 있다. 그러나 지역적 균열 또한 중요하다. 이 지역적 균열은 벨기에가 2개의 주요 언어 집단을 가지고 있다는 사실과 밀접하게 관련되어 있지만, 그것은 진정한 지역적 균열**이다**. 프랑스어를 사용하는 사람들은 플랑드르어를 사용하는 사람들보다 좌파에 투표할 가능성이 훨씬 더 크지만, 거주 지역이 모국어보다 정당 선호의 훨씬 **더 강력한** 예측 변수이다. 여기에는 생태학적 효과가 작용하고 있는 것으로 보인다. 플랑드르 지역에 주로 살면서 플랑드르어를 사용하는 사람들은 왈로니아에 살면서 플랑드르어를 사용하는 사람들보다 기독교사회당을 지지할 가능성이 훨씬 크다. 그 결과 모국어와 정당 선호 간에는 강한 영차 관계가 있지만, 우리가 지역을 통제할 때 그 강도는 크게 감소한다.

우리의 8개국 가운데서는 미국과 벨기에에서만이 진정한 지역적 차이가 여전히 중요한 역할을 하고 있다. 이상하게도 우리가 조사한 나라 중에서 가장 큰 나라와 가장 작은 나라가 지역주의의 영향을 가장 많이 받는 두 나라이다. 정당 선호에서 나타나는 뚜렷한 지역적 차이는 다른 나라에도 존재한다. 이를테면 바이에른에서는 독일의 나머지 지역보다 훨씬 더 기독교민주당을 지지한다. 이러한 차이는 바이에른에 로마 가톨릭 신자가 압도적으로 많고 농민(기독교민주당을 선호하는 범주)이 상대적으로 많은 반면 노동조합에 가입한 노동자와 교회에 다니지 않는 사람(사회민주당을 선호하는 범주)이 상대적으로 적다는 사실에서 기인하는 것일 수 있다. 다변량 분석에서는 지역적 차이의 (비록 전부는 아니지만) 많은 부분이 사라진다. 그리 크지 않은 생태학적 효과만이 지속되고 있다. 지역적 균열의 역할이 감소하고 있는 것은 전자통신이 거의 동시적으로 이루어지고 지리적 이동이 상당히 자유로운 시대에는 물리적 거리 자체가 더 이상 그다지 중요하지 않다는 것을 보여주는 것일 수도 있다.

우리는 다변량 분석을 통해 매우 중요한 함의를 지니는 가설을 검증할 수 있다. 탈물질주의자들은 단지 그들이 상대적으로 젊기 때문에 좌파에 투표하는 경향이 있는가, 아니면 투표에 영향을 미치는 것은 가치 **그 자체**인가? 만약 가치 유형이 정치적 선택에 영향을 미친다면, 서로 다른 연령 집단이 상이한 가치를 가지는 경향이 있는 한, 연령 **또한** 정당 선호와 상관관계가 있을 것이다. 특히 가치 변화가 급격했던 나라들에서는 유력 정당들이 물질주의/탈물질주의 차원에 대해 서로 대립되는 입장을 취할 경우 연령의 예측력이 크게 높아질 수 있다. 그러나 연령은 각 가치 유형이 인구에 더 고르게 분포됨에 따라 점차 사라질 수 있는 일시적인 균열의 기반일 수 있다. 연령과 가치 유형의 관계가 비교적 약한 미국과 같은 나라에서는 가치가 연령보다 투표에 훨씬 더 큰 영향을 미칠 수도 있다.

다변량 분석의 결과는 연령보다는 가치 유형 자체가 핵심적인 영향을 미친다는 것을 시사한다. 독일은 예외적인 것으로 보인다. 각각의 베타 계수의 크기를 비교해 보면, 독일에서는 연령 그 자체가 가치 유형보다 더 큰 영향을 미치는 것으로 보인다. 하지만 독일에서조차 연령의 영향을 조정할 경우 가치 유형은 상당히 독자적인 영향을 미치는 것으로 보인다. 네덜란드에서 연령 변수의 효과를 조정하면 가치의 영향은 연령과 거의 동일한 것으로 나타난다. 다른 6개국에서는 가치 유형이 연령보다 상당히 더 큰 영향을 미치는 것으로 보인다. 미국에서는 연령 그 자체는 가치 유형보다 **훨씬** 더 약한 설명 변수이다. 1972년 선거에서 연령과 투표의 관계는 뉴딜 개편 이후 어느 대통령 선거 때보다 강했지만, 이 현상은 라이프 사이클 효과를 반영하기보다는 1972년 선거에서 유독 강했던 **가치** 양극화를 반영하는 것으로 보인다.

<표 9-1>에는 그 밖의 아주 다양한 결과가 포함되어 있다. 우리는 그 결과들 모두를 언급하지는 않을 것이다. 전술한 분석에서 나타나는 패턴을 요약하기 위해 투표에 가장 큰 영향을 미치는 정치적 균열의 유형에 따라 우리의 8개국을 분류해 보자.

부모에게서 물려받은 정당 선호가 모든 나라에서 핵심적인 영향을 미치고 있다. 부모에게서 물려받은 정당 선호는 매우 중요하지만, 그것이 편재하기 때문에 우리가 국가들을 구분하는 데에는 도움이 되지 않는다. 게다가 부모에게서 물려받은 정당 선호는 과거와 연속성을 유지하는 힘으로 작동한다. 우리가 변화에 관심을 둘 경우, 우리는 다른 변수들 — 어떤 주어진 시점에서는 가족 전통보다 덜 강력할 수 있지만 장기적으로는 중요한 변화를 가져올 수도 있는 영향력들 — 에 관심을 집중해야 한다. 따라서 우리의 유형학은 세 가지 범주 — 산업적, 전산업적, 탈산업적 — 로 분류되는 다른 변수들에 기초한다.

<표 9-2>는 이 세 가지 범주의 변수 각각의 상대적 중요성을 요약한 것이다. 유럽 공동체 국가들의 경우에 이 표는 1973년의 조사 데이터에 기초한다. 우리는 새로운 데이터베이스를 이용하여 이 장의 앞부분에서 제시한 다변량 분석을 반복했다. 그 결과는 두 시점에서 매우 유사하며, 실제로 거의 서로 바

〈표 9-2〉 11개국에서의 좌파-우파 투표의 예측 변수, 1972~1973년(MCA 분석에서 산출된 베타 계수의 강도에 따른 상위 5개 예측 변수)

1. 가치 유형이 '전산업적' 변수에 이어 두 번째 순위를 차지하지만 어떤 '산업적' 변수보다 상위에 있다

순위	미국	프랑스	이탈리아	네덜란드
1	인종	교회 출석	교회 출석	교회 출석
2	가치	가치	가치	가치
3	교파	가장의 직업	노동조합원	소득
4	연령	경제적 만족	지역	교육
5	지역	소득	연령	경제적 만족

2. 가치 유형은 제3의 중요성을 가진다

순위	산업적 균열이 지배적이다			탈산업적 균열이 지배적이다		
	영국	덴마크	독일	아일랜드	벨기에	스위스
1	노동조합원	가장의 직업	교회 출석	지역	교회 출석	교회 출석
2	지역	교회 출석	가장의 직업	교회 출석	교파	가장의 직업
3	경제적 만족	교육	교파	가치	지역	교파
4	교파	타인의 규모	연령	연령	가치	노동조합원
5	가치	소득	지역	경제적 만족	노동조합	가치

꾸어 사용할 수 있을 정도이다. 미국과 스위스의 경우에는 1972년과 1973년
의 데이터에 계속해서 의존한다.

영국과 덴마크는 고전적 패턴의 산업적 균열이 지배하는 유일한 나라들이
다. 전산업적 변수는 부차적인 역할을 하며, 탈산업적 균열은 아직 무시할 수
있을 정도의 영향을 미친다.

다른 모든 나라에서는 전산업적 균열 – 그리고 많은 경우에는 탈산업적 균열
역시 – 이 우리의 다양한 사회계급 지표 모두보다 상위에 있다. 이 분야의 많
은 문헌으로 미루어 볼 때, 이 발견은 거의 예상하지 못했을 것이다. 어떤 **다른**
유형의 경제적 변수가 더 강력한 예측 변수를 제공할 수 있을까? 어쩌면 시걸
(Segal)과 노크(Knoke)는 직업 범주가 신용 시장에서의 위치나 상품 시장에서
의 위치보다 정당 선택과 더 약한 관계를 가진다는 것을 발견할 것이다. 즉, 신
용 지향적이고 소비 지향적인 경제에서는 그러한 시장들이 생산 수단에 대한
관계보다 더 중요해질 수도 있다.[4] 따라서 사회계급의 대안적 지표들이 정치
행위에 대해 얼마간 강력한 예측을 해줄 수도 있다. 그러나 그 지표들이 산업
적 균열 변수의 설명력을 크게 높여주지는 못할 것으로 보인다. 왜냐하면 시
걸과 노크는 자신들의 경제계급 지표 중 그 **어느 것도** 종교, 인종, 지역이 제공
하는 것만큼 정당 선택을 강력하게 예측해 주지 **않는다**는 것을 발견하기 때문
이다.

우리가 분석한 국가들에서는 전산업적 균열이 오늘날까지도 그 풍경을 지
배하고 있는 것으로 보인다. 대부분의 경우에 그러한 전산업적 영향은 부모
에게서 물려받은 단서들을 무력화시키기보다는 강화하는 작용을 한다. 이것
은 우리의 탈산업적 변수에는 똑같이 적용되지 않는다.

하지만 이들 나라 모두에서 탈산업적 유형의 균열은 상당한 영향을 미치는

---

4) David R. Segal and David Knoke, "Political Partisanship: Its Social and Economic Bases in the
United States," *America Journal of Economics and Sociology*, 29, 3(July, 1970), 253~262를 보라.

것으로 보인다. 독일, 스위스, 아일랜드, 벨기에에서는(전통적인 좌파-우파 관점에서 분석한 때처럼) 개인의 가치 우선순위가 전산업적 변수와 산업적 변수 모두보다 약하다. 우리가 벨기에에 대해 체계 정당과 반체계 정당 간의 이분법에 기초하여 수행한 보완적 분석에서는 가치 지표가 **1위**를 차지했다. 만약 우리가 반체계 우파와 반체계 좌파 간의 이분법에 기초하여 이탈리아 데이터를 분석했다면, 아마도 비슷한 결과가 나왔을 것이다(우리는 관련 응답자의 수가 적기 때문에 그렇게 하지 않았다). 이탈리아, 네덜란드, 프랑스, 미국에서는 탈산업적 범주가 전산업적 변수에 이어 2위에 위치하지만, 산업적 계급 갈등 지표보다는 분명하게 앞에 있다. 미국에서는 개인의 가치 유형이 투표에 특히 결정적인 영향을 미쳤다. 미국을 특징짓는 뿌리 깊은 당파적 충성심에도 불구하고, 가치는 유일하게 인종 다음으로 2위를, 그것도 1위와 매우 가까운 2위를 차지했다. 프랑스는 가치가 정치적 당파성에 미치는 영향이 가장 큰 나라이다. 프랑스에서는 1970~1971년 데이터에서와 마찬가지로, 종교와 가치는 투표 성향과 거의 동일할 정도로 직접적인 관계를 가지고 있다. 그러나 종교가 과거의 정치를 반영하는 반면 가치는 현재의 쟁점과 관련되기 때문에, 우리가 부모의 선호를 통제할 때 가치 유형이 더 중요하다는 것이 증명된다. 하지만 1973년 데이터는 우리가 그러한 통제를 하는 것을 허용하지 않는다.

우리의 초기의 발견은 경제적 안전과 신체적 안전이 유권자들 사이에서 탈물질주의자의 비율을 증가시킬 것이라고 시사한다. 그리고 우리가 이미 살펴본 바와 같이, 탈물질주의자들은 좌파에 투표하는 경향이 있다. 이것은 경제 성장이 좌파에 투표하는 비율을 자동적으로 그리고 끝없이 증가시킬 것으로 예상할 수 있다는 것을 의미하는가? 물론 그렇지 않다. 정당 일체감조차도 투표와 1.00의 상관관계를 가지지 않으며, 가치와 투표의 관계는 정당 일체감과 투표 간의 관계보다 훨씬 덜 직접적이다. 증거들은 가치 우선순위가 선거 행동에 유의미한 영향을 **미친다**는 것을 보여주지만, 이 사실은 주어진 정당체계에서 실시된 특정한 선거의 맥락에서 해석되어야 한다. 새로운 가치 분포의 출현은 그 자체로 주어진 특정 국가의 정당과 후보자들로 하여금 새로운 세력에 대응하여 자신의 상대적인 입장을 바꾸도록 자극할 수 있다. 그것은 심지어 좌파와 우파(또는 정당 공간의 다른 차원들)의 의미를 재정의하게 할 수도 있다.

1972년 미국 대통령 선거는 이를 보여주는 하나의 사례이다. 그해에 '좌파' 정당으로 가는 표의 비율이 전례 없는 낮은 수치로 줄어들었다. 하지만 이는 분명 새로운 가치의 영향이 **증가**하는 것과 관련된 민주당 내부의 균열로 인한 것이었다. 밀러(Miller)와 레비틴(Levitin)의 분석에 따르면, 1972년 선거와 관련된 세력들에 대한 예리한 분석에서 1972년에 미국 공중의 **표**가 우파 쪽으로 급격히 이동하여 닉슨이 압승을 거두었을 때조차 공중의 근원적인 정치적 가치는 **좌파** 쪽으로 이동하고 있었다. 흑인에 대한 평등한 대우, 사회에서의 여성의 역할, 가난한 사람들에 대한 사회의 책임, 베트남에 대한 개입 등과 같은 핵심 쟁점에 대해 미국 유권자들은 세대교체의 결과 점차 더 자유주의적이 되고 있었다. 밀러와 레비틴은 다음과 같이 결론지었다. "유권자들이 새로운 정치(New Politics)의 가치와 쟁점에 대해 응답하지 않았다거나 기껏해야 새로운 정치에 대해 보수적으로 반발하는 쪽으로 나아갔다는 대중의 인상과는 대조적으로, 이 책은 1970년부터 1972년 사이에 공중의 감상이 새로운 정치와 신좌파 테제를 지지하는 방식으로 좌파 쪽으로 급격히 이동했다는 사실을 입증하고 있다."[5]

1972년 선거의 결과는 미국 공중이 이데올로기적으로 변화했다기보다는 민주당 후보가 저지른 일련의 전략적 실수를 반영하는 것으로 보인다. <그

---

5) Warren E. Miller and Teresa E. Levitin, *The New Liberals: Political Leadership and Generational Change in American Politics*(Cambridge, Mass.: Winthrop, 1976)의 서론에서 인용. Arthur H. Miller et al., "A Majority Party in Disarray: Policy Polarization in the 1972 Election," *American Political Science Review*, 70, 3(September, 1976), 753~778을 참조하라.

〈그림 9-1〉 미국 평균 투표자가 인식한 평균 유권자 및 두 대통령 후보의 쟁점 위치, 1968년과 1972년*

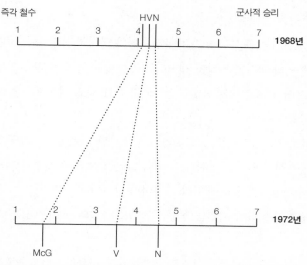

* 'V'는 미국 공중이 '즉각 철수'에 대한 지지부터 '군사적 승리'라는 목표에 대한 지지로 이어지는 베트남 정책 선호 척도상에 스스로 설정한 자기 위치의 평균을 나타낸다. 'N'은 닉슨의 위치, 'H'는 험프리(Humphrey)의 위치, 'McG'는 맥거번(McGovern)의 위치를 나타낸다. Miller, Miller, Raine, and Brown, *op. cit.*를 개작했다.

림 9-1>은 무슨 일이 일어났는지를 예증한다. 이 그림은 그 선거 캠페인에서 가장 극적인 쟁점 중 하나였던 베트남에 대한 개입을 놓고 매파와 비둘기파가 벌인 갈등에 기초하고 있지만, 여기서 보이는 패턴은 다른 많은 주요 쟁점에도 적용된다. 미국 공중이 인식하기에, 닉슨 대통령의 베트남에 대한 입장은 1968년부터 1972년까지 거의 변하지 않았다. 그러나 미국 공중 전체의 태도는 연속선상의 매파 쪽에 약간 치우쳐 있던 위치에서 중간 지점의 비둘기파 쪽 위치로 눈에 띄게 이동했다. 이것 자체는 맥거번에게 유리했을 것이다. 그러나 (공중이 인식하는 바와 같이) 맥거번의 입장은 비둘기파 극단주의자의 입장이었는데, 그것은 대통령의 입장보다 중앙 투표자로부터 훨씬 더 멀리 떨어져 있었다. 그 결과(이 쟁점과 여러 가지 다른 주요 쟁점들에 대한 결과)는 최종적으로는 닉슨에 대한 강한 선호로 나타났다.

1972년 선거는 한 사람의 가치 우선순위와 명백히 관련 있는 일련의 쟁점에 대해 분명하게 다른 입장을 제시하는 후보들 가운데 한 명을 선택하는 것이었다. 그러나 그 선택지는 탈물질주의자 쪽에 필요 이상으로 불리하게 제시되어 있었다.

개인의 가치 우선순위는 <표 9-2>에 제시된 10개국 중 8개국의 투표에 상당한 독자적인 영향을 미친다. 그러나 그 영향은 기존 제도와 엘리트의 전략에 의해 제약받는 방식에 따라 나라마다 다르다.

가치 변화가 투표에 미치는 영향은 적어도 다음의 네 가지 요인에 의해 제한된다.

1. 기존 정당과의 일체감이 널리 퍼져 있고 깊이 뿌리를 두고 있는 정도.
2. 기성 정당 지도자들이 가장 부각된 현대 정치적 쟁점에 대해 취하는 입장. 그들의 입장이 감지할 수 있을 정도로 다르지 않다면, 개인의 가치는 의미가 없다.
3. 체계 내의 정당의 수. 대체로 새로운 세력에게는 큰 정당보다 작은 정당을 장악하는 것이 더 쉬울 것이다. 많은 정당이 존재하는 것은 특정 이데올로기를 표현할 수 있는 더 많은 진입지점을 제공한다.
4. 주어진 국가의 경제발전 수준 및 비율과 가치 변화.

<표 9-3>은 개인의 가치 우선순위에 따라 투표가 양극화되는 정도와 정당체계 간의 관계를 요약한 것이다. 엘리트의 전술은 해마다 바뀌는데, 이는 우리가 방금 살펴본 것처럼 결과에 큰 영향을 미칠 수 있다. 그럼에도 불구하

〈표 9-3〉 탈산업적 균열과 정당체계의 중요성

가치에 따른 투표의 양극화가 높다(1972~1973년)		
프랑스	다당제(7)*	1958년부터
이탈리아	다당제(7)	1946년부터
네덜란드	다당제(14)	전쟁 이전 시기에 기원했지만, 1967년 이후 종교 정당이 현저하게 쇠퇴했다.
미국	2½당제	1860년대부터. 1972년에 민주당이 좌파에 의해 점령되었다.

가치에 따른 투표의 양극화가 낮다(1972~1973년)		
영국	2½당제	전쟁 이전 시기부터
독일	2½당제	1949년부터. 1966~1969년에 대연합
아일랜드	2½당제	전쟁 이전 시기부터
룩셈부르크	다당제(4)	전쟁 이전 시기부터
덴마크	다당제(5)	전쟁 이전 시기부터
벨기에	다당제(7)	인종적 민족주의 정당의 부상에 의해 전복된 1958년까지만 해도 실제로 2½당제였다. 인종적 민족주의 정당은 좌파-우파 코드화에 포함되지 않지만, 개인의 가치 우선순위에 따라 강하게 양극화된다.
스위스	다당제(11)	이론상으로 그렇다. 실제로는 1943년 이후 동일 연합에 의해 거의 계속해서 지배되어 왔다.

* ( ) 안의 수는 의회에 진출한 정당의 수를 의미한다.

고 1970년대 초에는 가치 우선순위가 '양당제'(또는 2½당제)에서 공중이 투표
하는 방식에 상대적으로 적은 영향을 미치는 경향이 일반적이었다. 가치의
영향이 강한 곳에는 대개 다수의 정당이 존재했다. 하지만 다당제가 탈산업
적 노선에 따라 자동적으로 재양극화를 낳지는 않는다. 그렇게 되기 위해서
는 우선, 진정한 다원주의가 존재해야 한다. 다당제는 유권자들이 이용할 수
있는 대안의 수를 증가시키기 때문에 탈산업적 균열의 출현을 촉진한다. 따
라서 상당히 적격하고 신뢰할 수 있는 후보가 탈산업적 쟁점에 대해 뚜렷한
입장을 취할 가능성이 있다. 그러나 물론 항상 그렇지는 않다. 스위스에는 정
당이 많지만, 눈에 보이는 것보다 훨씬 덜 다원주의적이다. 가장 중요한 5개
정당이 1943년 이후 통치 카르텔을 형성하여 거의 계속해서 집권해 오고 있

다. 이 연합을 구성하고 있는 각 당은 주요 정책 쟁점에 대해 일반적으로 공통의 입장을 취한다. 이것이 스위스 정치 생활에 놀랄 만한 안정성을 가져다주기는 하지만, 좀처럼 공중에게 대안의 수를 최대한으로 제시하지는 못한다.

그러나 공중에게 다양한 대안을 제공하는 것이 전부는 아니다. 공중 또한 새로운 대안들에 대응할 수 있어야 한다. 공중이 특정 정당에 이미 헌신하고 있는 한, 특색 있는 정책을 내놓는 것은 헛된 일일 수도 있다. 따라서 <표 9-3>에서 알 수 있듯이, 가치는 오랫동안 확립되어 온 정당체계에서보다 새로운 정당체계에서 더 큰 영향을 미치는 경향이 있다.

미국은 여전히 하나의 일탈 사례로 남아 있다. 그럼에도 불구하고 유달리 역사적 뿌리가 깊은 '양당제'를 가진 미국 공중은 1972년에 가치 유형에 따라 고도로 양극화되었다. 이는 **단지** 주요 정당의 수와 그 정당의 연령만 따지는 것으로는 한 나라의 정치 생활을 해석할 수 없다는 사실을 잘 보여준다. 그것들은 의심의 여지없이 중요한 요인들이다. 그러나 특정 지도자들의 전술 또한 무시할 수 없다.

대체로 우리는 (영국과 미국의 정당체계처럼) 오랫동안 확립되고 깊이 뿌리내린 정당체계가 앞에서 기술한 재편 과정에 상대적으로 더 저항할 것으로 예상할 수 있다. 이와 유사하게 상대적으로 **빠른** 경제적·사회적 변화를 겪고 있는 나라들은 상대적 침체를 겪고 있는 나라들보다 이러한 재편 과정을 더 빨리 겪을 것이다. 끝으로, 기성 정당들이 탈산업적 쟁점 차원에 대해 상반되는 입장을 취하는 국가들에서는 기성의 정당들이 이 차원을 너도나도 채택하는 국가들에서보다 정치지형이 계급에 기반한 편성에서 가치에 기반한 편성으로 보다 급속하게 전환될 것이다. 우리의 연구가 다룬 국가들 가운데서 영국은 모든 조건이 재편을 **느리게** 하는 데 한몫하는 유형에 가장 가까운 이상형적 사례의 하나이다. 영국은 기성 정당에 대한 충성심의 역사적 뿌리가 깊고 경제성장과 가치 변화가 모두 상대적으로 더딘 편이며, 중요한 정치적 쟁점에 대해 비슷한 중도적 입장을 취하는 경향이 있는 2개의 주요 정당을 가지고 있다.[6] 프랑스는 네 가지 측면 모두에서 정반대의 이상형을 제공하는 사례에 근접한다. 영국과 프랑스 두 나라가 가치가 정당 선택에 관련되는 정도에서 정반대의 극단을 대표한다는 것은 흥미롭다.

가치의 영향은 구조적 제약조건 및 전술적 제약조건들에 의해 매개된다. 그러나 이러한 제약 내에서 가치 우선순위의 변화가 선진산업사회에서 정치 갈등의 사회적 기반을 점차 다시 틀 짓고 있는 것으로 보인다.

---

6) 유럽공동시장에 가입하는 문제는 하나의 부분적인 예외였다. 노동당은 한때 유럽공동시장에 가입하는 것에 반대했고 이 문제를 놓고 여전히 분열되어 있지만, 1975년 이후에는 두 주요 정당 모두가 가입을 공식적으로 지지해 왔다.

제10장

탈물질주의적 현상

1960년대 후반 동안에 선진산업사회 곳곳에서 새로운 정치가 등장했다. 그것은 역사적으로 선례가 없던 일은 아니었다. 몇몇 사례가 있다. 그러나 새로운 정치는 두 가지 측면에서 기존의 패턴과는 크게 달랐다. 그것은 새로운 쟁점들을 강조했고(실제로 그것은 혼란스러운 방식으로 새로운 사회의 비전을 모색하고 있는 것처럼 보였다), 저항의 사회적 기반에서 일어난 변화를 반영했다.

풍요로운 가운데서도 저항은 일어났고, 변화를 요구하는 집단은 더 이상 경제적으로 박탈당한 사람들이 아니라 상당한 정도로 풍요한 사람들이었다. 고도 번영의 시기에 새로운 형태의 저항이 출현한 것은 순전히 우연의 일치가 아니었다. 경제 붕괴가 1930년대에 좌파로 관심을 돌리게 했을지 모르지만, 장기간의 풍요와 신체적 안전은 1960년대 후반과 1970년 초에 새로운 좌파를 등장시켰다. 이러한 저항의 물결은 1970년대 중반경에 가라앉았다. 아주 아이러니하게도 경제 위축의 시기에 정치는 상대적으로 평온했다. 영국은 이러한 패턴에서 현저하게 예외적인 나라의 하나이다. 영국은 학생 저항의 물결 속에서는 여전히 상대적으로 조용했지만, 1970년대에 그곳에서 계급 대립의 정치가 다소 빠르게 부활했다.

이 장에서 우리는 1960년대 후반과 1970년대 초반의 정치를 회고적으로 바라볼 것이다. 우리는 가장 곁에 있는 미국의 사례를 다룰 것이다. 그러나 미국은 정치적 격변을 겪은 유일한 나라가 결코 아니다. 우리는 전쟁 중이 아니거나 인종 갈등에 휘말리지 않은 나라들에서도 아주 유사한 상황을 발견한다. 우리의 목표는 보편적인 패턴과 특정 시간 및 장소와 연관된 현상을 구별하는 것이다. 그렇게 하기 위해서는 다른 선진산업사회의 사건들을 재검토하는 것이 유용할 것이다. 왜냐하면 우리가 특정 국가들에서 발생한 사건들의 기저에서 특정한 공통의 힘이 작용하고 있음을 발견할 수도 있기 때문이다.

기본 테마를 탐구하는 데서는 프랑스 사례의 역사가 특히 유용해 보인다. 미국이나 독일 같은 나라에서는 여러 번에 걸쳐 여러 곳에 분산되고 흩어져 있던 과정이 프랑스에서는 상대적으로 짧지만 현저히 격렬했던 하나의 위기에 집중되었다. 프랑스 공중의 관심은 새로운 정치가 제기한 질문들에 쏠려 있었다. 위기가 절정에 달했을 때, 프랑스는 마치 내전 직전에 있는 것처럼 보였다. 프랑스 공중은 엄청난 자기성찰을 하고 있었고, 새로운 노선을 따라 다시 크게 양극화되고 있었다.

이 최근 시대의 주요 사건들과 분위기를 되살리기 위해 노력해 보자.

미국과 서독에서의 새로운 정치

1968년 미국 대통령 선거에 앞서 스펙터클하고 자주 폭력적인 극적 사건이 발생했다. 그 가운데서 상원의원 유진 매카시(Eugene McCarthy)가 (적어도 상징적으로는) 급진적인 변화를 요구하는 운동을 주도하고 있었다. 그의 무리는 주로 중상계급의 젊은 성원들, 특히 대학생들로 구성되었다. 비록 시카고 민주당 전당대회에서 반대 분자들이 밀려났지만, 그것은 그들이 현직 대통령이 대선 출마를 실제로 포기하게 하기에 충분할 만큼 일련의 충격을 가한 후였다.

4년 후에 더 광범위하지만 다소 비슷한 연합이 한 걸음 더 나아가서 실제로 민주당의 대통령 후보 지명권을 손에 넣었다. 젊고 잘 교육받은 핵심적인 투사 집단은 다양한 새로운 전술을 사용하여 보다 경험 많은 보스와 킹메이커들 ― 그중 많은 사람은 자신들의 주요한 적이 태어나기도 전부터 권력을 장악하고 있었다 ― 의 손에서 그 나라 최대 정당의 통제권을 빼앗았다. 이어진 선거에서 공화당 후보가 압도적인 승리를 거두었고, 많은 맥거번 지지자들이 깊은 환멸감을 느꼈다. 그럼에도 불구하고 그들은 놀라운 쿠데타를 성사시켰다. 그리고 그 선거 결과는 이전의 패턴과는 크게 다른 모습을 보여주었다.

우선, 연령이 정치적 균열의 중요한 기반이 되었다. 액설로드(Axelrod)의 지적대로, "이전에는 누군가와의 연합에서도 일원이 되지 못했던 젊은이들이 1972년 민주당 연합에서는 큰 몫을 했다. 1952년 이후부터 당시까지 각 선거에서 30세 미만 인구는 민주당 표의 13~15%를 차지하는 데 그쳤지만, 1972년에는 그들이 민주당 표의 무려 32%를 차지했다. …… 1952년 이후 3%를 넘지 못했던 그들의 민주당 충성도가 1972년 12%로 높아졌다."[1]

1968년부터 1972년까지 일어난 또 다른 변화는 사회계급의 역할과 관련되어 있다. 립셋은 1940년대와 1950년대에 저소득 집단은 주로 좌파에 투표했고 고소득 집단은 주로 우파 정당에 투표했다는 사실을 인상적으로 입증했다.[2] 이와 유사하게 앨퍼드는 영어를 사용하는 민주주의 국가에서 육체노동자들은 비육체적 직업에 종사하는 사람들보다 좌파를 지지할 가능성이 훨씬 더 크다는 증거를 제시한다. 1952년부터 1962년까지 미국 공중은 평균 +16의 계급투표 지수를 보였다.[3]

---

1) Robert Axelrod, "Communication," *American Political Science Review*, 68, 2(June, 1974), 717~720.
2) Seymour M. Lipset, *Political Man*(Garden City: Doubleday, 1960), 223~224.
3) 앨퍼드 지수는 '좌파' 정당에 투표하는 육체노동자의 비율에서 '좌파' 정당에 투표하는 비육체 노동자의 비율을 빼서 계산한 것이다. Alford, *Party and Society: The Anglo-Saxon Democracies* (Chicago: Rand McNally, 1963)를 보라.

1968년 대통령 선거운동에서는 보수적 또는 심지어 반동적이라고 지칭할 수 있는 제3당 후보가 등장했다. 조지 월리스(George Wallace)가 남부의 지지 기반을 시작으로 하여 북부의 추종자들을 구축했는데, 그러한 후보는 20세기에 전례가 없었으며, 그 세력은 한때 민주당의 공식 후보만큼이나 통상적인 민주당 표를 얻을 정도로 위협적이었다. 남부에서의 그에 대한 지지는 대체로 전통적인 것으로 간주할 수 있지만, 월리스가 북부를 잠식해 들어간 것은 분명히 '법과 질서'에 대한 그의 강력한 입장에 기반한 것이었다. 어떤 의미에서 그는 기성 질서를 옹호하는 사람이었지만, 그에 대한 지지는 경제적으로 가장 특권 있는 계층에서 나온 것이 아니라 주로 백인 노동계급에서 나온 것이었다. 이 선거운동 기간에 수집된 조사 데이터는 계급투표가 감소하고 있음을 보여준다. 비록 조직화된 노동자들의 격정적인 노력으로 인해 선거운동 막바지에 많은 수의 노동조합원이 험프리에게로 돌아갔지만, 민주당에 투표한 이 집단의 비율은 뉴딜 시작 이후 가장 낮았다.[4] 감소한 표의 대부분은 조지 월리스에게로 갔다. 계급투표 지수는 1964년의 약 +15에서 1968년의 약 +11로 약 4포인트 하락했다.[5]

월리스의 선거운동은 1972년 암살 미수로 중단되었지만, 그의 유권자들은 민주당 진영으로 복귀하지 않았다. 1972년에는 쟁점의 영향이 기성 정당 충성도의 영향보다 더 강했는데, 이것은 미국 풍경에서 예외적인 현상이었다. 이전의 월리스 유권자들 대부분은 공화당 후보를 지지하는 쪽으로 이동했다.[6] 그리고 계급투표 지수는 1968년 수준보다 3포인트 떨어졌다.[7]

---

4)   The Republican National Committee, *The 1968 Elections*(Washington, D.C., 1969), 216에서 인용한 Gallup report of December, 1968을 보라.
5)   계급투표 지수는 미시간대학교 SRC/CPS가 수행한 1964년과 1968년의 선거 조사 데이터에 기초한 것이다. 계급투표의 장기적 추세에 대한 논의로는 Paul R. Abramson, "Generational Change in American Electoral Behavior," *American Political Science Review*, 68, 1(March, 1974), 93~105를 보라.
6)   Arthur H. Miller et al., "A Majority Party in Disarray: Political Polarization in the 1972 Election,"

1968년과 1972년의 미국 대통령 선거와 관련된 가장 중요한 요소 중 일부 — 특히 베트남 전쟁과 민권 투쟁 — 는 분명히 예외적이었고 미국에 특수한 것이었다.[8] 다른 서구 국가들은 전쟁 상태에 있지 않았고 미국에서 발견되는 정도의 인종적 이질성을 가지고 있지 않다. 하지만 증거들은 이 시대에 미국 정치에서 드러난 중요한 구성요소들이 경제적으로 발전한 사회에서 광범위하게 퍼져 있는 현상을 반영한다는 것을 보여준다. 저항의 동학은 독일, 프랑스 및 다른 서구 국가들에서도 매우 유사했다.

이 시기 동안에 서독 중등학교와 대학교의 학생들 — 주로 중간계급 출신의 — 은 미국 학생들과 비슷한 행동 패턴을 보였다. 1968년에 17세에서 26세 사이의 2,500명의 남학생들을 대상으로 한 조사에서는 인터뷰한 학생 중 32%만이 현재의 독일 정당체계에 만족한다고 분명하게 말한 반면, 60%는 다른 정당에 투표하고 싶다고 말했다. 또한 3분의 1 이상의 학생은 유일하게 현존하는 중요한 좌파 정당인 사회민주당의 좌파에 투표하고 싶다고 말했다. 전체 유권자 사이에서 선두였던 정당(기독교민주당)은 학생 사이에서는 **3위**를 차지했다.[9]

학생들 자체가 좌파로 기울어지면서, 독일 학생 행동주의는 미국에서 목

American Political Science Review, 70, 3(September, 1976), 753~778을 보라.

7) 앞의 제7장을 보라.

8) 미국 사례에서 많은 불만족이 경제적 측면에서 상대적으로 박탈된 집단에 집중되어 있지만, 우리는 흑인 민권 옹호자들의 동기와 그들을 지지하는 백인 동조자들의 동기를 구분해야 한다. 찰스 해밀턴(Charles Hamilton)은 전자의 행동을 주로 '도구적인(instrumental)' 것으로, 후자의 행동을 대체로 '정의적인(expressive)' 것으로 특징지었다. Seymour M. Lipset, "The Activists: A Profile," *The Public Interest*, 13(Fall, 1968), 39~52에서 인용.

9) *EMNID-Informationen* number 8/9(August-September, 1968)를 보라. 독일 학생들은 계속해서 좌파 쪽으로 기울어지고 있다. 1973년부터 1974년까지 4,000명의 학생에게 "당신의 견해와 가장 가까운 정당은 어떤 당입니까?"라는 질문을 했다. 표본의 45%가 사회민주당을 선택한 반면, 기독교민주당은 다시 3위를 차지했고(14%만이 기독교민주당을 선택했다), 5%는 공산당을 지명했으며, 16%는 기존 정당 중 어느 것도 자신의 견해를 대변하지 않는다고 말했다. "Studenten: Jeder Dritte Resigniert," *Der Spiegel*, July 8, 1974, 98에 인용된 인프라테스트(Infratest)의 조사를 보라.

도했던 것과 얼마간 유사하게 우파의 반발에 한몫한 것으로 보인다. 학생 시위자들과 경찰 간에 일련의 충돌이 발생했다(그중에서 가장 중요한 것이 브레멘, 뉘른베르크, 서베를린에서의 충돌이었다). 이러한 충돌은 보수적인 스프링거(Springer) 출판 제국에서부터 이란의 왕과 베트남 전쟁에 이르기까지 다양한 대상에 대한 저항을 반영했다. 그러한 충돌들은 분명히 학생들에 대한 (점진적이기는 하지만 점점 증가하는) 반발을 부추겼다. 쾰른에서 시위가 있은 후인 1966년 11월에는 서독 성인 인구의 8%만이 경찰이 학생 시위자들에 대해 "너무 관대하다"고 생각한다고 말했다. 1968년 2월의 한 조사에서는 독일 성인 응답자의 15%가 경찰이 브레멘의 시위자들에게 "너무 관대하다"고 말했다. 일련의 대규모의 파괴적인 시위가 있은 후인 1968년 5월에 실시한 한 조사에 따르면, 독일 성인의 32%가 경찰이 "너무 관대하다"고 느꼈고, 34%는 경찰이 적절하게 행동한다고 느꼈으며, 17%만이 "너무 가혹하다"고 느꼈다. 젊은 집단과 상층 사회경제적 집단은 나이 든 집단과 저소득 집단보다 시위에 더 호의적이었다.[10] 서독 노동자들은 시위하는 학생 급진주의자들을 공격하다가 몇 차례나 제지당했다.

신나치주의적인 민족민주당(National Democratic Party: NPD)은 1960년대 후반에 잠시 동안 주 선거에서 최대 15~20%를 득표하며 선거에서 놀라운 진전을 이루고 있었다. 이 정당의 부상은 폭력적인 학생 시위가 확산되면서 고무되었던 것으로 보인다. NPD 지도자들은 분명히 학생들의 반발에 대한 반대를 자신들에 대한 지지의 유망한 원천의 하나로 바라보았다. 그들의 1969년 선거운동은 주로 학생들에 반대하는 것을 향해 있었으며, 그들의 슬로건은 낯익은 문구인 "법과 질서의 수호(Sicherheit in Recht und Ordnung)"였다. NPD 지지자들의 대다수는 노동계급 직업을 가지고 있었다. **전통적인** 중

---

10) *EMNW-Informationen*, number 7(June, 1968)을 보라.

간계급의 분파들(소상인과 장인) 또한 NPD 지지자들 사이에서 과잉대표되고 있었다. 그러나 **근대** 중간계급(대기업에서 성공한 사람이나 고용되어 있는 사람들)은 NPD 지지자 대열에서 과소대표되고 있었다.[11]

독일에서 파시스트당이 복귀하는 것이 아닌가 하는 공포는 과장된 것으로 판명되었다. 나치 시대의 교훈은 잊히지 않았다. 사회민주당은 자신들의 청년사회당파와 전통적 지지 기반 간의 완전한 결별을 가까스로 피했고, 1969년 선거 결과 권력을 장악했다. NPD는 1969년에 의회에서 대표권을 획득하는 데 필요한 5%의 문턱을 넘지 못했고, 그들의 지지도는 점점 줄어들었다.

독일에서 NPD에 대한 지지가 상승한 것과 미국에서 조지 월리스에 대한 지지가 상승한 것에는 다소 놀랄 만한 유사성이 존재한다. 1968년에 드골에 의해 승리를 거둔 **새로운** 세력에서도 그와 유사한 특성이 분명하게 나타난다.

프랑스에서의 1968년 5월 봉기

프랑스에서도 탈물질주의적 현상은 유례없이 분명하게 그 모습을 드러냈다. 1965년경부터 1972년에 이르기까지 미국, 독일, 이탈리아, 네덜란드, 스웨덴, 일본, 그리고 대부분의 선진산업 국가에서도 청년 저항 및 여타 형태의 새로운 정치가 간헐적으로 분출했다. 프랑스의 독특한 제도와 구조는 그러한 징후들이 표면화되는 것을 억제하는 경향이 있었다. 그러나 그 징후들이 표면화되었을 때, 그 결과는 더 크고 더 집중적으로 폭발하여 온 나라가 마비되었다.

프랑스의 격변은 거의 모든 사람에게 놀라움으로 다가왔다. 드골 대통령은

---

11) Ronald lnglehart, "Revolutionnarisme Post-Bourgeois en France, en Allemagne et aux Etats-Unis," *Il Politico*, 36, 2(July, 1971), 216~217을 보라.

1968년 신년사에서 프랑스가 (일부 이웃들과는 달리) 차분하고 안정되어 보이고 앞으로도 여전히 그러할 것 같다는 사실과 관련하여 프랑스 국민과 자신을 자랑스러워했다. 낭테르에 있는 신설 대학에서 남자들이 여자 기숙사를 방문할 수 있는지와 관련된 사소한 문제들이 분명히 있었지만, 심각한 것은 아니었다.

1968년 초에 몇 달 동안 그 학교 학생들은 더 시끄러워졌고, 자신들의 회합을 열기 위해 정규 수업을 거부했다. 그들은 3월에 잠시 행정건물을 점거했다. 4월에는 대학에서 반제국주의 강좌를 열자는 제안을 놓고 격렬한 논쟁을 벌였으며, 학장은 결국 대학을 일시적으로 폐쇄하기로 결정했다.

5월 3일에 수백 명의 학생이 낭테르의 폐쇄와 8명의 학생 지도자들에 대해 예정되어 되어 퇴학 결정에 저항하기 위해 소르본(프랑스 대학체계의 중심점)의 안마당에 모였다. 경찰이 출동했고, 싸움이 벌어져 수천 명의 학생이 참여하는 전투로 번졌다. 그 후 며칠 동안 작은 전투가 계속되었다. 공공건물이 점거되었고, 파리 학생 구역에 바리케이드를 설치하기 위해 자동차들이 길 건너로 끌어내어졌다. 경찰은 바리케이드로 돌진했다가 돌멩이에 격퇴당했다. 경찰은 다시 공격하여 돌파하고 학생들을 곤봉으로 때려눕히며 무력을 과시했다. 하지만 이는 여론에 충격을 주었다. 일주일 만에 프랑스 전역으로 위기가 확산되었다. 교육 조합과 노동조합은 정부의 '잔인한 진압'을 규탄했고, 5월 13일 총파업을 요구했다.

그 파업은 프랑스에서 사상 최대 규모였다. 그리고 노동계 지도자들은 자신들이 추종자들에게 뒤처져 있다는 것을 거듭 발견했다. 5월 14일에는 형식적인 연대 제스처에 만족하지 않는 젊은 노동자들이 낭테르 근처의 대형 항공기 공장을 점거하고 경영자를 감금했다. 다음 날 다른 많은 주요 공장에서도 이 패턴이 반복되었고, 공장들은 여전히 점거되어 있었다. 5월 16일에는 모든 르노 공장이 파업에 들어갔다. 연좌 농성 파업은 화학 및 공학 산업 전반으로 확산되었다. 기차와 지하철이 멈춰 섰고, 우체국도 기능이 정지되었다. 5월 셋째 주까지 수백만 명의 노동자가 파업에 들어갔다. 교사, 의사, 건축가, 공무원, 젊은 간부들도 파업에 동참했다. 항공노선은 비행을 중단했고, 라디오와 텔레비전 노동자들도 파업에 들어갔다. 파업에 참여하지 않은 사람 중 많은 수가 운송 수단이 없기 때문에 출근하지 못했다. 프랑스가 마비되었다.

그러나 수많은 대담이 이어졌고, 책과 팸플릿이 엄청나게 쏟아져 나왔다. 파리는 불굴의 노동자들이 거만한 자본가, 잔혹한 경찰관, 또는 희화화된 드골에 맞서 불끈 쥔 주먹을 들어 올리고 있는 모습을 그린 포스터로 뒤덮였다. 포스터가 없는 벽에는 구호로 뒤덮였다. 그중 일부 구호는 마르크스(Marx), 레닌(Marx), 또는 마오(Mao)로부터 인용한 것이지만, 많은 것은 당시 일어나고 있던 일에 대한 개인의 반발을 담은 독창적인 표현이었다.

금하는 것은 금지되어 있다.
모든 나라의 백만장자들이여, 단결하라. 바람이 바뀌고 있다.
꿈이 현실이다.
동지여 무장하라!
상상에서 권력으로.
과장하는 것은 발명을 시작하는 것이다.
엘리베이터를 타지 말고, 권력을 장악하라.
1968년에 자유로워진다는 것은 참여하는 것이다.
고관들은 당신 안에 있다.
할 말이 있는데 뭔지 모르겠다.

점거한 대학, 공장, 사무실 건물 등에서는 그 기업이나 사회 전체를 어떻게 재편할 것인지에 대한 논의가 끊이지 않았다. 거리에서는 낯선 사람들이 서로에게 말을 걸었다. 정부가 다니엘 콘-벤디트(Daniel Cohn-Bendit)(독일 국적의 유대인계 학생 지도자)의 프랑스 귀환을 금지하려고 하자, 10만 명의 학생들이 "우리는 모두 독일의 유대인이다!"라고 외치며 거리를 행진했다. 공기 중에는 도취감이 감돌고 있었다.

그 도취감은 모두에게 일반적이지는 않았다. 바리케이드가 파리의 학생 구역을 봉쇄했다. 국가에 대한 공공연한 반항 속에서 수많은 유명한 공공건물이 점거되었다. 삼색기가 내려지고 혁명의 붉은 깃발이나 무정부주의의 검은 깃발로 대체되었다. 식료품점과 은행은 운영되고 있었다. 위기 직후에 이루어진 한 조사는 "절대다수의 프랑스 공중이 실제로 내전이 일어날지도 모른다고 생각했다"는 것을 보여준다. 공포가 분위기를 바꾸기 시작했다.

조직 노동자의 지도부와 정부는 14%의 임금 인상을 포함하여 다양한 사회 개혁에 합의했다. 5월 29일에 드골 대통령은 6시간 동안 사라졌다. 그는 동부 프랑스와 독일에서 프랑스 군부 지휘관들과 상의하고 있었으며, 필요하면 그들의 지원을 받을 수 있을 것이라고 확신하고 있었다. 다음날 드골은 라디오로 프랑스 공중에게 연설하면서 6월에 총선거가 실시될 것이라고 발표했다. 그는 국민에게 '시민 행동'을 조직하여 정부가 정부 전복과 '전체주의적 공산주의'에 맞서 투쟁하는 데 도움을 줄 것을 호소했다. 드골의 연설 직후 처음으로 드골파들은 샹젤리제를 향해 행진하며 대규모 시위를 벌였다. 하원의원 선거가 6월 23일과 30일에 치러졌다. 결과는 드골파의 압도적인 승리였다.

1968년 프랑스 선거의 결과

1968년 프랑스 선거는 주요한 사회적 격변이 선거 행태에 미치는 영향을 연구할 수 있는 드문 기회를 제공한다. 그에 앞선 입법부 선거는 1967년에 치러졌다. 1968년 선거는 5월과 6월의 격변에 대응하여 요구되어, 그 직후에 치러졌다. 전례 없을 정도로 프랑스 공중은 그 선거를 촉발한 위기를 알고 있었고, 그 위기에 관여했다. 이 경우에 우리는 통상적인 경우에서보다 훨씬 더 확실하게 특정한 일련의 사건을 표를 이동시킨 원인으로 지적할 수 있다.

지배적인 패턴은 계속되었다. 대부분의 사람은 1968년에도 1967년과 같은 정당에 투표했다. 그럼에도 불구하고 대량의 표가 이동했다. 약 5분의 1의 유권자들이 당을 바꾸었고, 상당수의 투표자들이 우파뿐만 아니라 좌파로도 이동했다. 선거는 유권자들의 양극화를 반영했다. 그렇다면 그러한 양극화는 어떤 성격을 지니는가?

원래 우리의 예상은 당시에 널리 받아들여지고 있던 모델에 기초한 것이었다. 아주 간략하게 진술하면, 우리의 가설은 한 사회에서 가장 박탈당한 집단이 급진적인 변화를 가장 열렬하게 환영하고, 반대로 기존의 질서하에서 가장 많은 재산을 소유하고 있는 계급은 사회혁명을 연상시키는 격변에 가장 저항할 것이라는 것이었다. 이 가설은 우리에게 계급 노선에 기초하는 정치적 양극화를 예상하게 했다. 다시 말해 우리는 노동계급은 사회변화에 대한 호소에 반응하여 좌파로 이동하는 반면 중간계급은 드골 정권과 기성 질서를 지지하는 우파로 이동할 것으로 예상했다.

하원 선거는 1967년 선거 이후 보여온 패턴과는 극적으로 달랐다. 투표 통계에 따르면, 좌파 정당들이 1967년 투표에서 약 5%를 잃었고, 중도 정당은 자신들의 표에서 5분의 1 이상을 잃었다. 동시에 드골 연합의 득표는 (그들이 전해에는 근소한 차이로 통제했던) 의회에서 대다수를 차지할 만큼 증가했다. 드골당의 승리는 중도 정당 지지자들(대부분 중간계급)이 드골당 쪽으로 이동했기 때문인 것으로 인식된다. 이는 앞에서 개관한 가설과 잘 들어맞는 해석이다. 즉, 겁먹은 부르주아지가 노동자들에 맞서서 결속하면서 사회계급의 양극화가 초래되었다고 추정되었다.[12]

2차 투표 후 즉시 수집된 조사 데이터의 분석은 이 해석에 대해 심각한 의
문을 제기한다.[13] 이 데이터는 중도 정당이 쇠퇴한 것은 부르주아들이 드골
아래에 집결했기 때문이 **아니**라는 사실을 보여준다. 이전에 중도 정당에 투
표했던 사람 중에서 좌파로 이동한 사람들도 우파로 이동한 사람들만큼이나
많았다.[14] 이는 이전의 좌파 정당 투표자 가운데 놀랄 만큼 많은 수가 드골연
합으로 옮겨갔다는 사실을 은폐하는 경향이 있었다. 실제로 이전의 공산당과
사회당 투표자들이 중도 정당 투표자들보다도 드골당 표가 증가하는 데 더 큰
몫을 했다는 것은 분명하다.

연령 집단을 통제하고 사회계급과 투표의 관계를 직접 고찰할 경우, 우리

---

12) 이를테면 François Goguel, "Les Elections Legislatives des 23 et 30 Juin, 1968," *Revue Française de
Science Politique, 18, 5(October, 1968), 837~853을 보라. 1968년 드골당이 승리한 것에 대해 겁
먹은 중간계급이 우파로 결집한 결과로 보는 이러한 해석은 관례가 된 것으로 보인다. 1973년 3
월 선거에 관한 배경 기사에서 ≪뉴욕타임스(New York Times)≫는 이러한 해석을 기정사실로
보도했다.

13) 다음의 분석은 16세 이상의 프랑스 주민에 대한 전국 대표 조사(N=1,902)에 근거한다. 현장 작
업은 1968년 7월 1일부터 1주일 동안 프랑스여론연구소에 의해 수행되었다.
 표 이동에 관한 우리의 측정은 응답자가 1967년과 1968년에 각각 어느 정당에 투표했는지를
묻는 두 가지 질문에 대한 응답에 기초한다. 응답자가 자신의 표를 회상하는 경우에 일반적으로
다양한 왜곡이 발생할 수 있다. 우선 '밴드웨건(bandwagon)' 효과 — 승리한 쪽에 투표한 것으로
보고되는 표가 과장되는 경향 — 가 빈번하게 발생한다. 게다가 어떻게 투표했는가에 대한 응답
자의 기억은 (1년 전에 투표했음에도 불구하고) 인지적 일관성에 대한 압력에 의해 왜곡되는 경
향이 있다. 특히 응답자가 강하게 헌신했다면, 우리는 과거의 투표를 현재의 입장과 일치시키기
위해 과거의 투표에 대한 보고를 수정하려는 경향이 있을 것으로 예상할 수 있다. 따라서 표 **이동**
(특히 승자 쪽으로의 이동)은 과소보고될 수 있다. 그럼에도 불구하고 상당한 양의 표 이동이 보
고되었다는 것은 우리에게 다소 위안이 된다. 프랑스에서는 공산당에 대한 투표가 과소보고되
는 경향이 지속되고 있다는 사실 때문에 문제가 더욱 복잡해진다. 아직도 프랑스 공산당의 정치
적 고립의 정도와 공산당을 둘러싼 의혹 때문에, 공산당 지지자 중 많은 사람이 (보통 중간계급
인) 면접자에게 자신의 선택을 공개하기를 꺼린다.
 이러한 요인들 모두가 표 이동에 대한 우리의 측정의 신뢰도를 떨어뜨리는 요소로 작용한다.
게다가 대부분의 투표자가 1968년에도 1967년과 동일한 정당에 계속해서 투표했다. 그 결과 보
고된 표 이동의 사례 수는 상대적으로 적으며(우리 표본의 약 5분의 1), 따라서 이 하위 표본의 신
뢰성은 떨어진다. 따라서 우리는 보고된 표 **이동**에 대한 분석만 제시하는 것이 아니라 (훨씬 더
크고 아마도 보고되지 않은 이동 사례들이 포함되어 있을) 전체 표본 내에서 1968년 투표에 영향
을 준 요인들과 관련된 증거도 제시할 것이다. 여기서 나타나는 특정 패턴들은 측정 시의 표집 오
류에 의한 것일 수도 있다는 의심을 최소화하기에 충분할 만큼 매우 뚜렷해 보인다.

14) 우리의 표본 가운데서 1967년에 민주당에 투표했던 사람 중 11%가 1968년 좌파로 이동했고(이
들 중 절반 가까이는 통합사회당으로 이동했다), 12%는 드골연합으로 이동했다.

〈표 10-1〉 1968년 사회계급별·연령 집단별 좌파 대비 드골당에 투표한 비율* 단위: %

	21~39세		45세 이상	
노동계급	50	(402)	57	(358)
현대 중간계급	59	(339)	67	(264)
전통적인 중간계급	74	(58)	85	(99)
농민	81	(142)	78	(235)
은퇴자, 비활동자			74	(411)

* 이 표와 이어지는 표들에서 우리는 두 그룹의 정당, 즉 드골당 및 그 동맹자인 독립공화당과 좌파 정당들(공산당, 좌파연합, 통합사회당)을 이분화한다. 진보와 현대민주주의(Progress and Modern Democracy)라는 중도 정당을 지지하는 사람들은 그 정당에 대한 표가 모호하다는 이유에서(이는 정부에 대해 명확하게 지지하는 것도 명확하게 반대하는 것도 아니라는 것을 의미한다) 백분율에서 제외되었다. 프랑스여론연구소의 사전 선거조사 D 101과 나의 사후 선거 조사를 결합한 데이터에 기초했다. 사회계급 범주는 가장의 직업에 기초했다.

는 1968년 선거가 기본적으로 계급 갈등 과정을 반영하지 않았다는 인상을 더욱 강하게 받는다. 〈표 10-1〉에서 볼 수 있듯이, 노동계급은 계속해서 다른 사회집단보다 좌파 정당에 더 많이 투표하고 있었다. 이것은 상당 정도 초기 사회화의 지속적인 영향을 반영하는 것으로 보인다. 1968년에도 프랑스인들은 자신들의 아버지가 선호하던 정당을 지지하는 경향이 뚜렷했다. 그러나 〈표 10-1〉은 1968년 선거의 또 다른 중요한 측면을 보여준다. 즉, 많은 수의 프랑스 노동계급의 표가 좌파보다 드골연합에 갔다! 이미 1960년대 초에 노동계급 드골당 표의 존재가 주목을 받았었다. 이를테면 도건(Dogan)은 1962년 국민투표에서 프랑스 산업노동자의 약 40%가 드골당의 입장을 지지한다는 것을 발견했다.[15] 하지만 이 사실을 보다 넓게 바라보기 위해서는

---

15) Mattei Dogan, "Le Vote ouvrier en France: Analyse ecologique des elections de 1962," *Revue française de Sociologie*, 6, 4(October-December, 1965), 435~471을 보라. Dogan, "Political Cleavage and Social Stratification in France and Italy," in Seymour M. Lipset, *Party Systems and Voter Alignments*(New York: Free Press, 1967), 129~195도 참조하라.
　　다른 저술가들은 반대의 생각을 펼쳐왔다. 이를테면 봉(Bon)과 부르니에(Burnier)는 프랑스 맥락에서 최근 현대 중간계급의 하층 — 기술자, 중간 관리자 등 — 은 사회의 지휘소로부터 상대적으로 멀리 떨어져 있기 때문에 좌파 정당 지지의 잠재적인 비축지 역할을 한다고 주장했다. Frederic Bon and Michel-Antoine Burnier, *Les Nouveaux intellectuels* (Paris: Cujas, 1966)를 보라. 이

우리는 드골이 그 국민투표에서 총투표의 62%를 얻었다는 것을 기억해야 한다. 노동자 가운데 드골파 소수집단이 존재한다는 것도 분명히 의미심장하지만, 드골 측에서 보면 노동계급은 여전히 심히 과소대표되고 있었다.

드골당은 1962년 국민투표 때보다 적은 표 차이로 승리를 거두었지만, 1968년 선거는 드골당 후보가 공산당 후보보다 노동계급의 표를 더 많이 얻은 첫 선거였다. 사회계급 갈등에 관한 전통적인 수사가 널리 퍼져 있던 당시에 노동자들 사이에서 드골파의 증가는 실제로 의미 있는 것이었다.

반대로 <표 10-1>의 또 다른 측면 역시 중요하다. 그것은 바로 현대 중간계급의 성원들이 좌파에 상대적으로 높은 수준의 지지를 보냈다는 것이다. 이 지지는 연령과 밀접하게 관련되어 있다. 그중에서도 현대 중간계급의 젊은 성원들이 노동계급의 나이 든 성원들만큼이나 높은 비율로 자신들의 표를 좌파에 주었다. 다시 말하지만, 이러한 발견은 전적으로 새로운 것이 아니다. 다시 말해 젊은 투표자들이 나이 든 투표자들보다 드골당을 덜 지지하는 경향은 1960년대 내내 지적되어 왔다. 그러나 당시까지는 연령 변수가 그리 중요하지 않았다. 1962년부터 1965년까지의 조사 데이터에 대한 다양한 분석은 드골당에 대한 상대적 지지에서 가장 젊은 연령 집단과 가장 나이 든 연령 집단 간에 수%포인트의 차이가 있음을 보여준다. 그러나 연령 차이는 성 차이와 같은 요인에 의해 가려져버렸다(여성은 남성보다 특히 더 드골당을 지지했다). 1968년에 연령 변수는 성 변수보다 훨씬 더 강력한 투표 예측 변수였으며, 무려 사회계급만큼이나 중요했다. 우리의 응답자들을 10살 단위 연령 집단으로 분류하면, 우리는 나이 든 집단으로 이동할수록 드골당 표가 꾸준히 증가하는 것을 볼 수 있다. 드골당은 70대 유권자들 사이에서는 3 대 1의 우세를

책의 설명 근거(따라서 그러한 설명이 갖는 함의)는 우리의 근거와 다소 다르다. 우리는 보다 높은 사회적 수준 역시 **적어도** 동일하게 좌파의 유망한 충원 영역이라고 주장할 것이다. 우리의 데이터는 이러한 주장을 뒷받침하는 것처럼 보인다.

〈표 10-2〉 **연령을 통제한 교육 수준별 투표, 1968년**(이분화된 상태에서 드골당에 투표한 비율) 단위: %

교육에 의해 나타낸 사회계급	21~39세		40세 이상	
노동계급과 중하계급(초등학교 또는 중학교 교육)	53	(209)	63	(490)
중중계급(기술학교 또는 고등학교 교육)	54	(145)	72	(117)
중상계급(대학교 교육)	39	(44)	69	(35)

누렸지만, 20대 투표에서는 소수의 표만을 얻었다. 1968년의 위기는 계급 갈등 이상의 세대 갈등이었다. 표 이동이 발생한 정도와 관련하여 전자가 아니라 후자가 강조되었다.

우리가 직업 범주가 아닌 응답자들의 **교육**을 사회계급의 지표로 사용할 경우, 우리는 서로 다른 연령 집단 가운데서 계급의 역할이 훨씬 더 현저하게 전도되었음을 발견한다(<표 10-2> 참조). '중중계급'과 '노동계급'을 비교하면 우리는 40세 이상 응답자들 사이에서 실제로 +18이라는 정(+)의 앨퍼드 지수를 얻을 수 있는데, 이는 전통적인 예상과 부합하는 정상적인 극성이다. 우리는 젊은 집단 가운데서 실제로 부(-)의 지수를 얻게 될 것이다. 연령과 연관되어 나타나는 차이는 단지 젊은 집단들의 교육 수준이 높기 때문만은 분명 아니다. 교육의 효과는 나이 든 세대와 젊은 세대 사이에서 **역전**되고 있는 것으로 보인다.

<표 10-1>로 돌아가면, 우리는 전통적인 중간계급이 현대 중간계급보다 좌파를 훨씬 적게 지지한다는 것을 볼 수 있다. 즉, 전통적인 중간계급의 나이 든 성원들은 특히 마치 계급 갈등이 쟁점인 것처럼 투표했고, 자신들의 이익을 보호하려는 의도를 보였다. 그러나 수적으로 점점 더 많아지고 더 번창하고 있는 현대 중간계급(특히 그 계급의 젊은 성원들)은 프랑스가 프롤레타리아 혁명이 일어나기 직전에 처해 있다고 주장되었던 것을 고려하면 놀랄 정도로 많은 몫의 표를 좌파 정당들에 주었다.

누군가는 1968년까지 프랑스 공산당과 좌파연합은 거의 혁명 정당이 아니었기 때문에 중간계급의 좌파 일반에 대한 지지는 큰 의미가 없었다고 주장할 수도 있다. 우리는 프랑스 좌파가 혁명 정당이 아니라는 주장을 부인하지 않을 것이다. 특히 프랑스 공산당이 한 세대 또는 두 세대 전에는 러시아식 혁명을 약속했기 때문에 지지를 받았을지도 모르지만, 1968년에는 분명 그렇지 않았다. 공산당과 좌파연합 모두는 폭력적인 저항 행위를 비난했으며, 자신들이 선거 이외의 수단을 통해 권력을 장악하려 한다는 인상을 주지 않기 위해 많은 노력을 기울였다. 따라서 사람들은 중간계급의 성원들이 두 주요 좌파 정당에 투표하는 것은 그 두 정당이 본질적으로는 보수적 세력으로 활동하고 있었기 때문이라고 주장할 수 있었다.

이 반론은 어느 정도의 진실을 포함하고 있으며, 우리로 하여금 상대적으로 명확한 방식으로 위기의 동학을 반영하는 두 집단에 관심을 가지게 한다. 드골당을 **새로** 지지하는 쪽으로 이동한 사람들이라는 한편과 1968년에 통합사회당에 투표한 사람들이라는 다른 한편이 바로 그들이다.

통합사회당은 5월 폭동을 공개적으로, 그리고 그 위기가 끝날 때까지 지지한 유일한 정당이었다. 통합사회당은 그러한 입장을 취한 탓에 일정한 대가를 치렀다. 1967년에 통합사회당에 투표한 사람들의 무려 3분의 1이 1968년에 통합사회당을 버렸다. 반면 통합사회당은 많은 새로운 당원을 얻었다. 1968년에 통합사회당에 투표한 사람 중 약 절반이 새로운 지지자였다. 통합사회당이 비록 전체 표의 약 4%를 얻는 데 불과했지만, 그 유권자들은 특히 흥미롭다. 왜냐하면 통합사회당에 대한 투표는 다른 어느 정당에 대한 투표보다 훨씬 더 분명한 방식으로 5월 폭동을 지지하는 표를 상징했기 때문이다.

따라서 통합사회당 유권자가 1967년에는 대략 동일한 수의 노동계급과 중간계급 투표자로 구성되었다가 1968년에는 압도적 다수의 중간계급 투표자와 4분의 1도 채 안 되는 노동계급 지지자로 구성되는 형태로 바뀐 것은 의미심장해 보인다. 다른 사회적 범주에서 통합사회당을 지지한 투표자들은 단지 소수에 불과했다. 1967년부터 1968년까지 통일사회당 표의 증가분 중 많은 부분이 현대 중간계급의 젊은 성원들 사이에서 만들어졌다면, 손실분 중 많은 부분은 나이 든 노동자들 가운데서 나온 것이었다.

공화국 수호를 위한 드골연합(Gaullist Union for Defense of the Republic: UDR)에 들어오고 나간 표 이동은 통합사회당에서 일어난 일의 거울 이미지였다. 1968년에는 UDR을 지지하는 흐름이 전반적으로 강했음에도 불구하고, 그 당은 현대 중간계급의 젊은이들 가운데서 **순손실**을 입었다. 이 범주에서 40세 미만 응답자 중에서 UDR에 투표한 비율은 1967년에 41%였던 반면, 1968년에는 32%였다. UDR은 1967년과 1968년 사이에 다른 모든 집단에서는 표가 증가했다. 노동계급은 그 규모가 상대적으로 크기 때문에 드골당의 증가분에서 수적으로 가장 중요했다.

혁명적 계급 갈등으로 알려진 사건에서는 예상과는 반대되는 결과가 나왔다. 경제적으로 가장 혜택 받은 층의 젊은 코호트들이 혁명에 찬성하는 쪽으로의 순 이동을 보였다. 노동자들은 (중간계급의 쇠퇴하는 분파들과 함께) 기존 질서 세력을 지지했다.

위기의 영향: 폭력에 대한 공포와 새로운 질서에 대한 호소

프랑스에서도 독일과 미국처럼 1960년대 후반의 정치는 저항의 사회적 기반이 변화했음을 반영했다. 결정적인 문제는 **왜** 다양한 사회집단이 그렇게 행동했는가 하는 것이다.

1968년의 위기는 두 가지 대조적인 반응을 불러일으켰고, 이 위기는 이전의 정당 선호와 중첩되면서 개인들로 하여금 자신들의 지지를 우파 또는 좌파로 이동하게 했다. 한편에서는 폭력에 대한 공포가 널리 퍼져 있었다. 우리 표본의 대다수가 내전이 발발할지도 모른다고 생각한다고 말했다. 다른 한편에서는 일부 단체들이 5월 폭동을 통해 더 나은 사회가 출현할 수도 있다는 희망을 품었다.

5월과 6월에는 기사, 팸플릿, 포스터들이 쏟아져 나왔다. 그중 많은 것이 전통적인 마르크스주의자나 무정부주의자들의 용어로 표현되었지만, '참여'라는 테마 또한 자주 강조했다. 참여라는 용어의 의미는 그 폭이 넓지만, 저항자들에게 참여는 대규모 관료조직에 내재된 비인격적이고 위계적인 권위관계를 통해서가 아니라 따뜻하고 인격적인 대면적 상호작용을 기반으로 하여 의사결정이 이루어지는 보다 인간적이고 덜 위계적인 사회질서를 함의하는 것으로 보였다.

폭력에 대한 반발은 분명히 선거에 더 큰 순 영향을 미쳤지만, 우리는 5월 폭동이 인구의 상당 부분에게 매우 긍정적인 의미를 가진다는 것을 기억해야 한다.

시민 폭력에 대한 공포가 널리 퍼져 있었다. 인터뷰에 응한 사람 중 58%는 5월과 6월의 파업과 시위가 내전으로 이어질 수도 있다고 생각한다고 말했다. 이 공포는 그들이 투표하는 방식과 강하게 연결되어 있었다. 내전에 대한 두려움을 표명한 사람들 가운데 73%가 법과 질서를 옹호하는 드골연합에(드골파의 슬로건대로 "합법성의 틀 내에서의 개혁을 위하여") 투표했다. 내전의 위협에 겁먹지 않은 사람들의 경우 31%만이 드골파에 투표했다. 반드골파 시위자들은 실제로 사람에게 거의 폭력을 가하지 않았지만, "마지막 관료의 창자로 마지막 자본가의 목을 졸라 죽인다"라는 말이 많이 돌았다. 그 말은 단지 수사에 불과할 뿐이었지만, 그리고 거의 모든 저항자가 실제로 그러한 일을 기도한 적이 없었지만, 나이 든 세대의 많은 사람에게 심각하게 받아들여졌다.

내전에 대한 공포는 단지 친드골파가 내세우는 논거의 일부에 불과한 것이 아닌 것으로 보였다. 그 공포는 드골당의 동조자들뿐만 아니라 통상적으로 야당에 투표한 많은 사람에 의해서도 표출되었다. 그러나 개인의 가족 배경은 5월 사건에 대한 그 사람의 해석을 틀 짓는 것으로 보였다. 좌파의 환경에서 자란 사람들은 우파를 지지하는 가족에서 자란 사람들보다 내전의 위험을 인지할 가능성이 상당히 적었다. 1968년 선거에서의 투표는 얼마간은 두 가지 핵심적인 힘, 즉 현재의 위기로 인해 야기된 공포와 초기 가족 사회화 속에서 형성된 전(前) 정치적 성향 간의 싸움의 결과로 생겨난 것으로 볼 수도 있었다. 두 힘이 같은 방향으로 작동했을 때, 선거 결과는 완전히 일방적이었다(<표 10-3>을 보라). 자신의 아버지가 좌파 정당에 투표했다고 보고하는 동시에 내전의 위험성을 전혀 인식하지 못했다고 보고한 사람들 가운데서 우파 정당에 투표한 사람은 13%에 불과했던 반면, 아버지가 우파였고 내전을 두려워했다고 보고한 사람들은 압도적으로 우파에 투표했다(95%). 아버지의 입장이 확실하지 않거나 위험성에 대해 불확실하게 답한 사람들은 중간에 위치했다.

이 두 변수에 대한 지식만으로도 우리는 1968년에 한 개인이 행한 투표를 꽤 강력하게 예측할 수 있다. 이에 비해 직업, 소득, 교육, 종교적 관행, 노동조합 가입, 성과 같은 표준 변수는 상대적으로 중요하지 않다(이 변수들은 투표의 분산을 기껏해야 앞에서 언급한 두 변수 중 어느 것의 절반밖에 설명하지 못한다). 그렇지만 인과적 과정을 조금 더 추적해 보자. 내전에 대한 공포 자체가 드골당에 대한 투표로 이어질 필요는 없다. 개인이 현재의 위기에 대해 어떻게 반응하든 간에, 그 사람은 먼저 정치적으로 적절한 어떤 결론을 내릴 것이 틀림없다. 때마침 내전에 대한 공포가 많은 사람으로 하여금 드골을 그러한 상황에 대처하는 데 필요한 정치적 지도자로 보게 했다. 1968년 6월 분위기에서 우리 표본의 상당수는 "프랑스는 재난을 피하기 위해 언제나 드골과 같은 강력한 지도자가 필요할 것이다"라는 진술에 동의했다. 두말할 필요도 없이, 이 진

〈표 10-3〉 현재의 위험 인식과 가족의 정치적 전통별 투표 성향, 1968년(이분화된 상태에서 드골당에 투표한 비율)

단위: %

내전의 위험이 있다고 생각합니까?	부모: 좌파		부모의 정당 선호 모름		부모: 중도		부모: 우파	
그렇다, 모른다	13	(116)	46	(193)	42	(55)	76	(49)
아니다	48	(115)	72	(301)	80	(96)	95	(115)

술에 대한 동의는 1968년의 투표와 매우 밀접하게 관련되어 있었다.

노동계급 응답자들은 좌파 가족 출신일 가능성이 상대적으로 높았다. 그러나 좀 전에 기술한 가족 사회화의 영향에도 **불구하고**, 노동계급 응답자들은 현대 중간계급의 성원들보다 내전의 위험을 느꼈을 가능성이 더 컸다. 우리는 이 발견이 현대 중간계급과 비교했을 때 노동자들 사이에 더 높은 안전과 경제적 안전에 대한 욕구가 존재한다는 사실을 반영하는 것은 아닌가 하는 생각을 한다.

프랑스 사회의 전통적인 부문, 즉 전통적인 중간계급과 농민들은 내전을 가장 두려워했다. 전통적인 중간계급이 이에 대해 강하게 반응한다는 것은 놀랄 만한 일이 아니다. 소규모 사업자는 시민적 무질서에 특히 취약하다. 하지만 농민들도 거의 동등한 정도의 불안감을 느꼈다. 대부분의 폭력은 도시, 특히 파리에서 발생했다. 사람들은 물리적으로 멀리 떨어져 있는 농민들은 상대적으로 안전하다고 느낄 것이라고 예상할 수 있다. 그러나 농촌 인구의 더 큰 위협감은 바로 자신들의 고립에 의해 고조되었을 수도 있다. 위기가 최고조에 달했을 때, 농민들은 통상적인 커뮤니케이션 채널과 대체로 단절되어 있었다. 농민들은 큰 위기가 프랑스를 마비시켰다는 것을 알고 있었고, 폭력적인 대결이 발생하고 있다는 것도 알고 있었지만, 자세한 것은 알 수 없었다. 그들의 상상력 또는 소문이 그 윤곽을 채웠을 것이고, 그들은 분명히 혁명적 수사들을 액면 그대로 받아들였을 것이다. 대다수의 농촌 유권자들은 내전이 발발할지 모른다는 것에 대해 두려워했다. 즉, 그들은 1967년에 이미 드골당 지지자가 아니었더라도 드골당 지지자로 옮겨갈 가능성이 매우 컸다.

젊은 코호트들은 나이 든 코호트들보다 내전의 위험을 인지했을 가능성이 적었다. 그리 많지 않은 젊은이들만이 내전의 위험을 인식했다. 이 항목의 연령별 차이는 실제 투표와 관련된 항목의 연령별 차이에 비해 현저하게 작다. 젊은 연령 집단들 사이에서 드골당에 대한 투표가 적었던 까닭은 그들이 5월과 6월의 사건에서 심각한 위험을 인지하는 경향이 덜하기 때문이라는 설명은 단지 제한적인 정도로만 가능하다. 게다가 드골당을 덜 지지하는 그들의 성향은 심지어 우리가 내전의 위험에 대한 인식을 통제할 때조차 여전히 드러난다. 젊은 투표자들은 당시에 일어나고 있던 일에서 위험을 목격했을 가능성이 적었을 뿐만 아니라 그들의 상황 인식과 **무관하게** 좌파에게 더 우호적이었다. 5월 폭동의 **긍정적**인 측면이 젊은 코호트들에게 상대적으로 더 강한 호소력을 지녔던 것으로 보인다.

"프랑스는 언제나 드골과 같은 강력한 지도자가 필요할 것이다"라는 생각을 수용하는지 아니면 거부하는지가 실제 투표와 더 밀접하게 연관되어 있었고, 그러한 생각의 수용 여부는 내전의 위험에 대한 인식보다는 가족 배경에 의해 더 큰 영향을 받고 있었다. 노동계급 성원들이 현대 중간계급 성원들보다 그처럼 노골적으로 친드골적인 진술을 지지할 준비가 더 잘되어 있다는 점에서, 앞의 질문에 대한 응답은 우리의 가장 중요한 이 두 집단이 수행하는 사회계급의 역할을 전도시키고 있는가? 그 대답은 <표 10-4>가 증명하듯이 '그렇다'이다. 만약 전통적인 정당 충성도에 제약받지 않고 그러한 태도에 기초해서만 투표가 이루어졌더라면, 우리는 실제로 존재했던 정(+)의 계급투표 지수가 아닌 명백한 **부**(-)의 계급투표 지수를 발견했을 것이다. 5월 폭동에 대한 반응에서 프랑스 노동계급은 기존 질서를 압도적으로 지지하는 현대 중간계급(또는 중간계급 전체) 우파의 입장을 취했다. 은퇴자와 농민은 다시 한번

〈표 10-4〉 "프랑스는 혼란을 피하기 위해 언제나 드골과 같은 강력한 지도자가 필요할 것이다"라는 진술에 대한 직업별 동의 정도(응답자들 가운데서 "동의한다" 또는 "강하게 동의한다"라고 답한 비율) 단위: %

현대 중간계급	57	(472)	계급투표 지수 = - 7
노동계급	64	(615)	
전통적인 중간계급	65	(113)	
은퇴자	73	(299)	
농민	79	(262)	

한층 더 우파 쪽에 가 있었다. 이와는 대조적으로 중간계급은 이 항목에 대한 자신의 반응에서 자신의 전통적인 정치적 행동이 시사했던 것보다 훨씬 덜 드골당을 지지했다. 이러한 발견들을 이해하기 위해서는 5월 폭동에 참여하는 것이 주는 심리적 보상을 검토해 볼 필요가 있다.

1968년의 파업과 시위에는 학생과 노동자뿐만 아니라 이례적으로 다양한 사회집단이 널리 참여했다. 실제로 우리의 응답자 중 무려 20%가 특정한 형태의 저항 활동에 참여했다고 보고했다. 수적으로는 노동자들이 가장 중요한 집단이었지만, 많은 수의 젊은 경영자, 전문가, 화이트칼라 피고용자들이 이 운동의 열기에 사로잡혔다. 5월 저항 활동에 참여한 사람들은 인간적인 직접 접촉과 연대의 보람을 느꼈다. 저항에 참여했던 사람들이 가장 자주 언급했던 회상 중 하나는 "사람들과 서로 이야기했다"는 사실이었다. 갑자기 장벽이 무너졌고, 노동자들은 자신들의 공장에서 주인이 되었고, 피고용자들은 **지지자들**과 동등한 자격으로 이야기를 나누었고, 낯선 사람들이 버스에서 서로에게 말을 걸었다. 짧은 기간 동안 전례 없는 일들이 일어났으며, 세상이 지금과는 달라질 것이라는 느낌이 들었다. 이러한 열광은 사회의 현대적 부문 ─ 안정성은 가장 크지만 동시에 가장 심하게 관료제화된 부문 ─ 의 젊은 성원들 사이에서 가장 강렬했던 것으로 보인다. 갑자기 익명의 다수가 인민이 되었다.

5월 폭동에 대한 지지는 처음에는 근대적 부문의 주요한 집단, 즉 중간계급과 산업적 노동계급 둘 다로부터 나왔다. 그러나 두 집단은 분명히 서로 다른 가치를 참여 동기로 하고 있었다. 정부에 맞서 모종의 행위를 한 사람들을 식별하여 우리는 "당신은 무엇을 얻기를 바랐습니까?"라고 물었다. 우리는 각 응답자에게 개방형 예비조사에서 선택된 12개의 목표 리스트 중 세 가지를 선택할 것을 요구했다. 우리는 제한된 경제적 이익과 관련된 동기를 포착해 줄 것으로 보이는 다수의 항목은 물론, 사회에 대한 특정한 종류의 급진적인 재구조화를 언급하는, 그리하여 소속의 욕구와 정의적 동기 — 도구적 동기와 대비되는 것으로서의 — 를 끌어낼 수 있는 다수의 항목을 포함시키고자 했다.

노동계급 응답자(N=205)의 62%가 한결같이 경제적 목표들만을 꼽았는데, 그들이 우선적으로 선택한 네 가지 항목은 '임금 인상', '일자리 안전', '사회보장제도의 변경' 취소, '퇴직 연령' 단축이었다. 같은 질문에 대해 중간계급 응답자는 30%만이 이 범주에 속하는 동기를 선택했다. 중간계급 응답자 대부분은 혼합된 응답을 했지만, 16%는 자신들이 전적으로 근본적인 정치적 또는 사회경제적 변화를 바라기 때문에 행동했음을 시사하는 대답을 했다(이 패턴은 노동계급 응답자 가운데서는 단지 2%에서만 발견되었다). 우리가 '급진적'이라고 간주한 주요 선택지는 (순서대로) '정부와 정치의 변화', '노동운동과 학생운동에 대한 지지', '기업의 결정과 경영에의 참여', '자본주의의 종식'이었다. 전체적으로 볼 때, 중간계급 참가자들이 꼽은 '급진적' 동기 항목의 개수는 평균 1.15개(N=168)였다. 노동자 계급 참가자의 경우 그 평균은 .51개(N=205)였다.[16]

마찬가지로 참가자들 가운데서 젊은 코호트와 나이 든 코호트 간에도 동기에서 차이가 났다. 즉, 젊은 세대가 나이 든 코호트보다 '급진적' 또는 정의적

---

16) 중간계급 응답자들이 열거한 '급진적' 동기의 수가 더 많은 것은 단순히 그 집단이 더 많은 항목에 답했기 때문에 발생한 인위적인 결과가 아니다. 각 응답자는 선택지 목록에서 세 가지를 선택할 것을 요구받았으나, 참가자 중 세 가지를 다 선택한 사람은 거의 없었다. 그리고 그들은 현재의 분석에서 제외되었다.

〈표 10-5〉 저항 참여자가 꼽은 급진적 동기 항목 개수의 연령별·직업별 평균(참여자에 한함)

연령 집단	노동계급		중간계급	
10대	.78	(32)	1.34	(32)
20대	.60	(57)	1.25	(69)
30대	.35	(48)	1.06	(49)
40대	.32	(28)	.96	(26)
50대	.60	(30)	.93	(14)
60대 이상	.10	(10)	.89	(10)

참여 동기를 보고할 가능성이 훨씬 더 컸다.

　연령과 가장의 직업 모두를 통제할 경우, 규칙적인 수열이 나타난다. 젊은 중간계급 집단이 그 지향상 단연코 가장 '급진적'이며, 젊은 노동계급 응답자들은 나이 든 노동계급 응답자들보다 상당히 더 급진적이다. 그러나 심지어 나이 든 중간계급 참가자들조차도 젊은 노동계급 참가자들보다 더 '급진적인' 동기에서 참여한 것으로 보인다. 그리고 나이 든 노동자들 가운데서 '급진적' 동기는 거의 찾아볼 수 없다(〈표 10-5〉를 보라).

　투표에서 표의 이동이 발생한 경우, 다양한 저항 활동에 참여한 것이 드골 연합에서 여러 야당으로 표가 이동한 것과 연계되어 있을 것으로 예상할 수 있다. 그 이유는 다음과 같다. (1) 저항 활동에의 적극적인 참여는 개인들로 하여금 반드골당적 분위기가 강한 집단의 다른 성원들과 소통하게 했다. (2) 적극적인 참여는 강렬한 집단 상호작용과 소속감을 제공했다. 이러한 심리적 뒷받침 때문인지 참가자들은 비참가자들보다 내전의 위험을 인지할 가능성이 훨씬 적었다.[17] 하지만 이러한 활동의 **영향**은 노동계급 저항자들에게보다

---

[17] 저항 참가자라는 우리의 하위 표본에서 내전의 위험에 관한 질문에 답한 사람들의 거의 절반 (47%)이 내전의 위험이 있었다는 것을 부인한 반면(N=366), 비참여자들의 경우 27%만이 같은 답변을 했다(N=1,263). 정부에 대항하여 직접 행동을 한 일부 집단 내에서는 비교적 강한 상호작용이 이루어졌다. 이러한 상호작용이 무질서로 인해 야기되었을 수도 있는 공포를 없애주는

중간계급 배경을 가진 참가자들에게 훨씬 더 컸다. 1967년부터 1968년에 자신의 지지 정당을 바꾼 중간계급 참여자들의 경우 3 대 1의 차이로 좌파로 이동했다. 저항 활동의 영향을 받았을 때조차 노동계급 참가자들은 단지 근소한 차이로 좌파로 이동했다. 저항 활동 참여가 주는 심리적 보상은 그들에게는 덜 중요했고, 5월 폭동의 부정적인 측면이 그만큼 더 큰 비중을 차지했다.

참여가 서로 다른 연령 코호트에 미치는 영향에서도 유사한 패턴이 나타났다. 젊은 참가자들(40세 이하의 사람들)조차도 어느 시점에 저항 활동에 참여했던 경험이 있었음에도 불구하고 **드골파** 쪽으로 이동했다.

이처럼 5월 폭동에 참여한 동기는 연령과 계급에 따라 달랐을 뿐만 아니라, 그러한 참여의 결과 역시 뚜렷하게 대비된다. 나이 든 집단과 노동계급 집단은 원래 그 운동을 지지하게 했던 목표를 넘어서는 사태가 일어나는 것처럼 보이자, 그것에 반발하는 경향을 드러냈다. 반면 젊은 중간계급은 위기 내내 지지했고, 선거 때에도 계속해서 지지했다.

서로 다른 기본 가치에 기초하고 있었기 때문에, 학생 운동가들과 파업 노동자들 간의 동맹은 깨지게 되어 있었다. 학생 지도자들이 수사(修辭)와 현실을 혼동하는 경향이 있었기 때문에 더욱더 그랬다. 다니엘 콘-벤디트는 이렇게 말했다. "소비사회는 폭력적인 죽음을 맞이해야 마땅하다. 우리는 지루해서 죽을 위험을 감수해야 굶어 죽지 않을 것임을 확신하는 세계를 거부한다."[18] 그러나 파업 노동자들, 특히 나이 든 노동자들은 배고픔의 위험이 영원히 사라졌다는 것을 그리 확신할 수 없었다. 소비사회는 그들이 막 진입한 세계였고, 그들에게는 실로 매우 매력적으로 보였다.

5월 폭동의 초기 단계에서는 여론이 학생 저항자들에게 아주 유리하게 전

동지애와 안전감을 가져다준 것은 분명하다. 그럼에도 불구하고 전체 저항자의 무려 절반이 내전의 위험을 인식**했다**는 것은 주목할 만하다.

18) *Le Monde*, May 14, 1968에서 인용.

개되었다.[19] 이 상황은 5월 10일 밤 저항자들이 카르티에라탱(Latin Quarter)에 바리케이드를 쳐서 막대한 재산 피해를 입히고 많은 수의 자동차를 불태운 이후 급격히 악화되었다. 학생 운동가들에게 르노와 시트로엥을 불태우는 것은 진정한 가치가 없는 것을 소비하는 것에 대한 반발을 상징하는 하나의 극적인 제스처였다. 그러나 지난 10년 동안 프랑스 노동자의 절반 정도가 처음으로 자동차를 손에 넣었다. 그들에게 자동차 방화는 충격적이고 무도한 소행이었다. 우리의 조사는 선거가 끝날 무렵에는 프랑스 공중의 절대다수가 비교적 질서정연한 노동조합 시위자들에게는 여전히 호의적이었음에도 불구하고 학생 시위에 대해서는 불만을 표시했다는 것을 보여준다.[20]

저항운동은 분명히 프랑스 사회 대부분의 사람의 공감을 받으면서 시작되었지만, 세대와 계급 노선에 따른 분열에는 취약했다. 현대 중간계급의 젊은 성원들이 '참여' 이데올로기에 상대적으로 강하게 매료되었던 반면, 노동자들은 전통적인 경제적 이익에 더 관심을 가졌다. 여러 사건이 최근에 얻은 경제적 이득을 위협하는 것으로 보이자, 노동자들은 지지를 철회했고, 그들 중 많은 사람, 특히 나이 든 사람들은 친드골파적 반발에 한몫했다.

하지만 그들이 새로운 하원에 엄청난 다수의 드골파들을 진입시킨 바로 그 순간에도 실제로는 프랑스 유권자 중 소수만이 드골의 정책에 만족하고 있었다. 우리의 표본은 "당신은 지난 몇 년간의 드골 장군의 정책에 만족합니까, 아니면 불만족합니까?"라는 질문을 받았다. 45%만이 이 질문에 긍정적인 답

---

19) 경찰과 학생들 간의 갈등이 증가하고 나서 몇 주 후인 1968년 5월 8일에 실시된 IFOP 조사에 따르면, 파리 주민 표본의 61%가 "현재의 학생 시위가 정당한 불만을 표출한다"라고 느꼈고, 단지 16%만이 시위에 반대했다. 후속 IFOP 조사는 5월 14일경에 학생 시위에 반대하는 사람들이 파리에서 37%(프랑스 전체에서는 44%)로 급증했음을 보여준다. 학생 시위에 대한 불만은 그 후에도 계속해서 증가했다.

20) 우리의 응답자들 가운데서 54%가 학생 시위에 반대 의견을 표명했고, 여전히 우호적인 사람은 31%에 불과했다. 동시에 동일 응답자 중 다수인 46%가 노동조합 시위에 호의적이었고, 노동조합 시위에 반대하는 사람은 단 33%였다.

변을 했다. 하지만 같은 응답자 중 무려 65%가 동시에 "프랑스는 무질서를 피하기 위해 언제나 드골과 같은 강력한 지도자가 필요할 것이다"라는 진술을 지지했다. (드골이 큰 위기를 극복한 직후에조차) 그의 정책에 대해 찬성을 표하지 않았을 하나의 결정적인 중간 집단은 그럼에도 불구하고 드골이 시민 폭력에 맞설 필요가 있다고 느꼈다. 드골은 보다 극단적인 저항자들의 과도한 행위로 인해 1968년에 구출된 것으로 보인다. 프랑스 정치의 익숙한 진자가 다시 한번 더 불만에서 폭동을 거쳐 혁명적인 열정으로, 공포로, 그리고 그다음에는 그것에 대한 반발 속에서 다시 권위주의적인 통치로 선회했다. 이번에는 그 사건들이 두 달이라는 기간으로 압축되었다.

드골(때로는 자신의 지배력을 상실한 것처럼 보였던)과 비교해 볼 때, 퐁피두(Pompidou)는 위기 동안 다소 냉정하게 직무를 수행함으로써 정부 내에서 드골에 필적하는 위세 및 (공중 여론조사에 반영되어 있는 바와 같이) 드골보다도 상당히 더 높은 인기를 누렸다. 장군의 관점에서 볼 때 해결책은 분명했다. 즉, 퐁피두는 제거되어야만 했다. 퐁피두는 자신이 승리를 도운 선거 직후에 해임되었다.

지난 2년 동안 드골은 프랑스 여론의 지배적인 선호를 거스르는 여러 가지 조치를 취했다. 대다수의 프랑스 공중은 아랍·이스라엘 분쟁에서 드골이 보인 입장, 핵전력에 대한 그의 지출, 그의 나토 탈퇴, 그의 사회보장정책, 공동시장에 영국이 가입하는 데 대한 그의 거부, 퀘벡의 분리 독립에 대한 그의 요구 모두에 분노하고 유감을 표명했다. 그럼에도 불구하고 드골만이 그 모든 것보다도 더 가치 있는 것 — 즉, 정치적·경제적 안정 — 을 제공할 수 있는 능력을 소유하고 있는 것처럼 보이는 동안은 그에 대한 전반적인 지지 수준은 여전히 높았다. 1968년 5월의 사건들은 드골조차도 정치적·경제적 안정을 반드시 제공할 수는 없다는 것과 (다른 한편으로는) 다른 지도자들도 똑같이 유능할 수 있다는 것을 보여주었다.

드골은 프랑스에서 없어서는 안 될 인물로서의 자신의 독점적인 지위를 상실했다. 드골이 국민투표를 요구했던 1969년 4월경에는 공포 분위기가 크게 가라앉아 있었다. 이번에는 더 이상 드골과 혁명 간의 선택이 아니라 드골과 일부 온건한 후계자 간의 선택인 것으로 보였다. 유권자의 작지만 결정적인 일부가 편을 바꾸었고, 드골의 시대가 끝났다.[21]

결론

프랑스의 1968년 위기는 수많은 다양한 문헌을 낳았다. 그 다양한 생각의 일부를 전달하기 위해, 그 다양한 해석을 8개의 표제하에 범주화하고 있는 하나의 목록을 간단하게 여기에 적시해 두기로 하자.[22] 이를테면 5월 폭동은 다음과 같이 인식될 수 있다. (1) 프랑스 공산당 또는 좌파 분파 집단들이 실패한 정권을 장악하고자 한 시도, 또는 CIA가 반드골파의 책략에 따라 벌인 선동, (2) 고등교육 체계의 과밀화와 경직성, 사회에서 학생들이 차지하는 주변적 지위, 또는 취업 시장의 위축에 따른 경제적 성공 전망의 쇠퇴 등에서 기인한 대학의 위기, (3) 청년 반란의 분출(어쩌면 아버지 살해 욕망에서 비롯된 것일 수도

---

21) 1968년에 나타난 연령과 계급 추세는 드골이 몰락한 뒤에도 계속해서 이어졌다. 현대 중간계급의 지지를 더욱더 상실한 것이 1969년 국민투표가 부결되는 데 일조했다. 투표자의 53%가 그 개헌안을 거부했고, 경영자나 전문가가 가장인 가족 중에서는 압도적 다수인 70%가 개헌안에 반대했다. 육체노동자와 농민은 국민투표에서 거의 반반으로 나뉘었고, 은퇴자와 미망인(그리고 나이 든 코호트 전반)은 많은 지지를 보냈다. Alain Lancelot and Pierre Weill, "L'evolution politique des Electeurs Français de fevrier à juin 1969," *Revue Française de Science Politique*, 20, 2(April, 1970), 249~281을 보라.
  아주 흥미롭게도 드골이 국민투표가 부결되면 자신이 공직에서 은퇴할 것임을 분명히 하고 나자 여론조사에서 부정적인 다수가 나타나기 시작했다.
22) Phillippe Béneton and Jean Touchard, "Les interpretations de la crise de mai-juin 1968," *Revue Française de Science Politique*, 20, 3(June, 1970), 503~544를 보라. 이 글은 (비록 프랑스에서 출간된 문헌들에 초점을 맞추고 있기는 하지만) 초기 문헌들을 탁월하게 리뷰하고 있다.

있는) 또는 거대한 사이코드라마, (4) 문명의 위기, 즉 특정 유형의 사회에 대항하는 폭동, (5) '전문가'와 '기술관료' 간의 새로운 형태의 계급 갈등, (6) 전통적인 계급 갈등, (7) 제5공화국의 제도 또는 좌파에 대한 실제적인 대안의 부재에서 기인한 정치적 위기, 그리고 (8) 거의 우연적인 사건들의 연쇄반응.

후속 간행물들은 추가적인 설명들을 제시했는데, 그중 많은 것이 유용해 보인다.[23] 우리는 여기서 이 방대한 일단의 분석을 검토하지는 않을 것이다. 왜냐하면 우리의 목적은 위기에 대한 명확한 해석을 제시하는 것이 아니기 때문이다. 대신에 우리는 이들 사건과 폭넓게 연관되어 있을 수 있는 한 가지 요소에 초점을 맞추고자 한다.

미국, 독일, 프랑스에서 1960년대 후반의 정치는 다음과 같은 특징을 공유하고 있다. (1) 사회변화가 노동계급보다는 중간계급에 기반하여 제창되는 경향이 있었다. (2) 연령 균열이 실제로 사회계급 균열만큼 중요해졌다. (3) 비경제적 쟁점이 현저하게 부각되었다.

이들 특징은 서로 연관되어 있다. 경제가 장기간 동안 거의 중단 없이 성장한 이후, 정치적 균열의 주요 축이 경제적 쟁점에서 라이프스타일 쟁점으로 이동하기 시작하면서 사회변화에 가장 많은 관심을 가지는 유권자층도 바뀌었다. 수확체감의 법칙에 따라 경제적 이득이 상대적으로 덜 중요하게 되었고, 이는 특히 심각한 경제적 박탈을 경험한 적이 없는 사회계급에게 더더욱

---

23) 최근 출간된 주요한 문헌들로는 다음의 것이 있다. Adrien Dansette, *Mai 1968*(Paris: Pion, 1971); André Fontaine, *La Guerre Civile Froide*(Paris: Fayard, 1969); Daniel Singer, *Prelude to Revolution*(New York: Hill and Wang, 1970); Bernard E. Brown, "The French Experience of Modernization," in Roy Macridis and Bernard Brown(eds.), *Comparative Politics: Notes and Readings*, 4th ed.(Homewood, Ill.: Dorsey, 1972), 442~460; Philip E. Converse and Roy Pierce, "Die Mai-Unruhen in Frankreich—Ausmass und Konsequenzen," in Klaus R. Allerbeck and Leopold Rosenmayr(eds.), *Aufstand der Jugend? Neue Aspekte der Jugendsoziologie*(Munich: Juventa, 1971), 108~137; A. Belden Fields, "The Revolution Betrayed: The French Student Revolt of May-June, 1968," in Seymour M. Lipset and Phillip G. Altbach(eds.), *Students in Revolt*(Boston: Houghton-Mifflin, 1969), 127~166; Melvin Seeman, "The Signals of '68: Alienation in Pre-Crisis France," *American Sociological Review*, 37, 4(August, 1972), 385~402.

그랬다.[24] 이러한 변화는 다양한 방식으로 설명될 수 있다. 이를테면 도이치(Deutsch)는 인간은 목적 추구적인 유기체(goal-seeking organism)이지만 일단 주어진 단계에서 만족하면 새로운 유형의 목표를 추구하는 것으로 점차 주의를 옮겨간다고 말한다.[25] 사회의 상당 부분(비록 아직 소수이지만)에서는 경제적 이득이 더 이상 가장 시급한 것으로 보이지 않았다.

그 결과 강조점이 새로운 정치적 목표로 이동하는 것을 우리는 탈물질주의적 현상이라고 부를 수 있을 것이다. 경제적으로 안전한 젊은 집단의 경우에 새로운 항목이 아젠다의 최상위에 위치한다. 그중에서도 산업사회에 내재된 탈인간화 경향과 맞서 싸우기 위한 노력은 높은 우선순위를 차지한다. 그것은 국내의 풍경과 국제 정치 모두에서 위계적 관계에 대항하는 싸움이었다.

이것은 과밀하고 시대에 뒤떨어지고 경직화된 대학들이 당시 사태의 하나의 요인이 아니었다거나, 노동계급의 삶의 질, 인종적 부정의, 또는 베트남 전쟁의 잔혹성이 중요하지 않다고 말하는 것이 아니다. 반대로 그것들은 저항이 맞서 싸우고자 했던 진정한 병폐들이었다. 하지만 우리의 분석은 또 다른 인과 수준에 초점을 맞추고 있다. 우리의 분석은 장기적 힘이 특정 집단들로 하여금 그러한 문제에 유달리 **민감하게** 만들었다는 것을 시사한다.

여기서 논의된 세 나라 각각에서 (그리고 다른 많은 나라에서도 역시) 탈물질주의적 현상은 결국 탈물질주의에 대한 반발을 낳았다. 그러한 반발이 급진적인 사회변화에 대한 요구를 제압했고, 그리하여 탈물질주의자들은 패배감과 실의감에 **빠졌다**. 적어도 당분간은 물질주의자들의 사고방식이 여전히 훨씬 더 널리 퍼져 있게 될 것이다.

---

24) 학생 폭동이 취업 기회의 감소를 반영했다는 생각은 근본 원인이라기보다는 하나의 합리화일 수도 있다. 가장 전도 유망한 이력을 가진 재능 있는 학생들이 가장 급진적인 경향이 있었다. 게다가 미국에서 학생 급진주의는 대학 졸업자에 대한 수요가 높은 황금기에 절정에 달했고, 취업시장이 급격히 위축되자 쇠퇴했다.

25) Deutsch, *The Nerves of Government*(New York: Free Press, 1963)를 보라.

립셋은 중간계급의 쇠퇴하는 분파들이 종종 반동적 운동에 기반을 제공한 다고 지적해 왔다. 그는 바이마르 독일에서 나치당의 초기 세력의 많은 부분 이 소기업인들 사이에서 충원되었다는 증거를 인용한다. 프랑스의 푸자드주 의(Poujadism)와 1950년대 미국의 매카시즘(McCarthyism)은 이러한 지지 기 반에 크게 의존하고 있던 것으로 묘사된다.[26]

그러나 (립셋이 강조하듯이) **전통적인** 중간계급(자영 장인과 소기업인)과 **현 대** 중간계급(대기업에서 비육체적 직업에 종사하는 사람들과 사회의 현대적인 부 문에 서비스하는 전문가들)을 구별하는 것이 중요하다. 초기 발전 단계에서는 장인과 가게 주인들이 중간계급의 대부분을 차지했다. 그러나 오늘날 근대화 된 경제에서는 다른 집단들이 중간계급의 대다수를 구성하고 있다. 그들은 전통적인 중간계급보다 교육, 소득, 사회적 지위의 수준이 더 높을 뿐만 아니 라 독특한 정치 행동 패턴도 가지고 있다. 전통적인 중간계급은 재산권과 질 서를 수호하는 것에 관한 '부르주아적' 관심을 보유하고 있을 가능성이 상대 적으로 커 보인다. 전통적인 중간계급은 질서 유지에 특히 개인적이고 민감 한 이해관계를 가지고 있다. 제너럴모터스(General Motors: GM) 공장이 피해 를 입으면, GM 경영자가 직접적으로 고통을 받을 가능성은 적다. 하지만 작 은 가게가 부서지면, 그 가게는 다시는 문을 열지 못할 수도 있다. 반면에 GM

---

26) Lipset, "Fascism-Left, Right and Center," in *Political Man*(New York: Doubleday, 1969)을 보라. Karl D. Bracher, *Die Auflösüng Der Weimarer Republik*(Stuttgart and Dusseldorf: Ring Verlag, 1954)도 참조하라. 보다 최근에 카를 오레스커(Karl O'Lessker)는 이 해석을 논박해 왔다. 그는 (1930년 선거에서) 나치 세력이 처음에 대약진하는 데 가장 중요했던 사람들은 주로 이전에 투 표를 하지 않은 사람들이었고, 이전에 보수적인 민족주의 정당인 DNVP에 투표했던 사람들이 두 번째로 중요했으며, (비가톨릭) 중간계급이 세 번째로 중요했다고 결론짓는다. 그는 1932년 선거에서는 나치가 비가톨릭 중간계급 가운데서 가장 많은 지지를 얻었다는 데에 동의한다. 오 레스커의 주장은 그가 이용한 데이터의 유형(집합적 투표 통계) 때문에 명확하게 판단하기는 어 렵지만 흥미롭다. O'Lessker, "Who Voted for Hitler? A New Look at the Class Basis of Nazism," *The American Journal of Sociology*, 74, I(July, 1968), 62~69를 보라. Philips Shively, "Voting Stability and the Nature of Party Attachments in the Weimar Republic," *American Political Science Review*, 66, 4(December, 1972), 1203~1225도 보라.

경영자 역할의 추상적이고 관료적인 성격은 그 경영자를 전통적인 중간계급의 구체적이고 대면적인 세계에서는 덜 중요할 수도 있는 불만의 희생자로 만들기도 한다.

전통적인 중간계급은 여전히 잠재적으로 반동적일 수 있지만, 그들의 수가 크게 줄어들었기 때문에 기존의 질서를 수호하려는 어떤 큰 운동은 노동계급에 크게 의지하지 않으면 안 되게 되었다. 동시에 육체적인 직업에서는 그러한 운동의 기반이 되기에 충분할 정도로 많은 사람이 이미 기존 질서의 수호와 관련한 이해관계와 '부르주아적' 심성을 지니고 있었다. 반면 현대 중간계급은 재산의 수호와 질서 유지에 그다지 관심을 가지지 않는다는 것을 보여주는 징후들이 나타나고 있다. 앞으로는 1950년대 초의 매카시즘보다는 오히려 1960년대 후반의 매카시즘과 같은 현상 속에서 중간계급 급진주의가 현시될 가능성이 더 커 보인다.

1960년대 후반에는 종래의 정치와 새로운 정치가 혼란스럽게 섞여 있었다. 탈물질주의자들은 자신들을 좌파로 보았지만, 그들은 구좌파와 항상 화합하지는 않는 신좌파였다. 프랑스에서 일어났던 사건들의 패턴은 독일이나 미국에서 일어났던 사건들과는 현저하게 다른 몇 가지 특징을 포함하고 있었다. 프랑스에서는 위기가 집중되어 더 짧지만 더 격렬하게 폭발했다. 그 강도가 더 격렬했던 이유 중 하나는 프랑스에서는 위기의 초기 단계부터 노동자들이 학생들과 **합류**했기 때문이었다.

네 가지 요인이 프랑스의 독특한 패턴을 설명하는 데 도움을 준다. 첫째, 프랑스혁명(그리고 그것을 계승한 수많은 혁명)의 유산이 혁명의 상징들에 일정 정도의 정당성과 일련의 긍정적인 암시들을 제공해 왔다. 이는 대부분의 다른 서구 국가들은 결여하고 있는 것이다. 둘째, 크고 강력하게 조직화된 공산당이 상당한 부분의 노동계급에게서 혁명의 신화가 살아남아 그들에게 상당한 의미를 지닐 수 있게 해주었다. 셋째 요인은 프랑스 사회와 정치의 극단적인 중앙집권화이다. 텔레비전, 신문, 그리고 다른 형태의 통신 기관들이 파리에 크게 집중되어 있을 뿐만 아니라 단일 국가의 정치 조직과 아주 가까이에 위치해 있고, 프랑스 학생들 대다수가 쉽게 접근할 수 있는 범위에 있다. 이에 비해 미국은 엄청나게 분산되어 있다. 버클리나 앤아버, 케임브리지에서 일어난 사건이 다른 캠퍼스들에 영향을 미치기는 하지만, 뉴욕이나 워싱턴에는 뒤늦게 또는 산발적으로 영향을 미치는 경향이 있다. 넷째 요인은 셋째 요인과 관련이 있다. 드골 장군은 자신의 독특한 권위와 예외적인 권력 집중 때문에 오랜 시간 동안 대부분의 형태의 저항을 억누르거나 무시할 수 있었다. 그러나 공중의 불만이 마침내 배출구를 찾았을 때, 그 결과는 폭발적이었다.

프랑스에서도 다른 나라와 마찬가지로 노동자와 나이 든 시민들의 근본적인 우선순위가 젊은 급진주의자들의 우선순위와 다르다는 것이 증명되었다. 젊은 급진주의자들은 단지 경제적 이익의 보다 공평한 분배를 추구하는 데 그치지 않고 경제적 이익을 희생하더라도 우애와 개인의 자기표현이 중시되는 사회를 추구했다. 게다가 그들은 위계적인 사회관계를 거부했는데, 이는 엄격하게 규율화된 정당과 노동조합에 기초하는 기성 좌파 지도자들의 조직화 요구와 조화를 이루기가 어려웠다. 위기가 최고조로 치닫자, 둘 간에 우선순위가 다르다는 것이 분명하게 드러났고 혁명 연합은 분열되었다.

우리가 지금까지 검토한 증거는 가치 변화의 과정이 일어나고 있을 수도 있다는 것을 암시한다. 장기적인 기여 요인 중 몇 가지를 검토해 보자.

문명사의 대부분 동안 대다수 인간 존재의 지배적인 관심사는 생존의 문제였다. 따라서 거칠지만 의미 있는 이분법이 두 가지 종류의 정치적 동기, 즉 경제적인 정치적 동기와 비경제적인 정치적 동기 사이에 만들어질 수 있다. 이에 근거하여 한 사회의 경제발전 수준과 그 사회의 국내 정치 스타일 간의 일반적인 관계를 가정할 수 있을 것으로 보인다. 인간은 순수한 농업사회에서는 경제를 통제할 힘을 거의 가지고 있지 않았기 때문에 경제적 요인을 주어진 것으로, 즉 운명 또는 신의 뜻에 따른 결과로 간주하는 경향이 있다. 산업화되고 있는 사회에서는 인간의 잠재력이 경제 문제를 해결할 수 있다고 점점 더 인식하고, 경제적 목표 달성을 점점 더 강조한다. 정치적 갈등이 경제적 축으로 이동한다. '경제인(economic man)'이라는 이상형은 어쩌면 과도기적 산업화 과정에서 산업 선장(Captain of Industry)에게서 가장 근접하게 실현되었을지도 모른다.[27] '풍요한' 사회에서는 경제적 생존이 다시 당연한 것으로 간주될 수도 있지만, 농업사회와는 정반대의 이유에서 그러할 수도 있다. 다시 말해 풍요한 사회에서는 경제적 요인이 통제되고 있는 것처럼 보일 수도 있다.

산업사회에서는 점점 더 많은 사람이 위계적으로 구조화·격식화된 공장이나 사무실 내에서 조직화되고, 그들의 관계는 비인격적인 관료적 규칙에 의해 지배된다. 이러한 유형의 조직은 대규모 기업을 가능하게 만들고, 생산성의 증대를 낳기도 한다. 또한 경제적 고려가 무엇보다 우선시될 경우 대다수가 그 경제적 고려에 동반되는 비인격화와 익명성을 기꺼이 받아들일 수도 있다. 그러나 우리의 데이터가 시사하듯이, 현재의 청년 코호트들이 경제적 안전을 당연한 것으로 간주하는 큰 분파를 포함하고 있을 경우, 우리는 그들이 소속의 욕구를 더 중시할 것으로 예상할 수 있다. 특히 활동가들이 자신들의 주변 환경과의 갈등 속에서 단합되어 있을 경우, 특정 형태의 저항 활동에 참여하는 것은 이러한 욕구를 충족시켜 줄 수 있다.[28]

---

27) 물론 이것은 주어진 사회의 지배적인 가치체계를 과도하게 단순화한 도식이다. 경제발전 이외의 요소들이 이 상황에 개입할 것이고, 경제발전 속도 자체도 피드백 관계 속에서 지배적인 가치에 의해 영향을 받을 것이다. 이를테면 데이비드 매클랜드(David McClelland)는 한 국가의 성취욕구 ― 그 나라의 문학에서 성취와 관련하여 표현된 욕구 ― 를 역사의 다양한 단계에서 이룩한 경제적 성과와 관련지어 왔다. 만약 우리가 대중 문학을 특정 세대의 사회화를 틀 짓는 데 영향을 미치는 것을 나타내는 지표 중 하나로 바라본다면, 매클랜드가 발견한 관계는 오히려 우리의 설명 도식과 잘 들어맞는다. 다시 말하면, 표현된 성취 욕구의 변화는 약 한 세대를 앞서 경제적 생산의 성취를 예측한다. McClelland, *The Achieving Society*(Princeton: Princeton University Press, 1961)를 보라.
28) 물론 이러한 욕구가 반드시 정치와 관련된 형태로 표현되지는 않는다. 그러한 욕구는 또한 내세적인 교파에 참여함으로써 충족될 수도 있다. 이러한 경향은 현재 증대하고 있는 것으로 보인다.

우리는 5월 폭동에 적극적으로 참여한 것이 수행한 중요한 역할을 이미 지적했다. 폭동이 불러일으킨 공포가 널리 퍼져 있었음에도 불구하고, 참여를 통해 사회적 연대감을 얻은 사람들에게 참여는 매우 긍정적인 경험이 되었다. 이와 유사하게 현대의 저항 테마 중 하나로 '참여'가 강조되는 것은 하나의 정치적 동기로서의 참여의 욕구가 갖는 중요성이 증가하고 있음을 반영하는 것일 수도 있다. 참여가 소속의 욕구에 의해 유발되는 한, 주어진 불만이 해소되거나 덜 중요해지더라도 행동주의가 반드시 사라지지는 않을 것이다. 다시 말해 이 경우에는 행동주의가 집단 단결을 위한 구심점을 제공하는, 그리고 경제적 성취가 더 이상 가져다주지 않는 목적의식을 제공하는 다른 쟁점들로 이동할 것이다. 이를테면 미국의 학생 저항운동은 민권을 강조하면서 시작되어 그다음에는 베트남 전쟁으로 이동했으며, 최근에는 오염, 인구 과잉, 자연 약탈에 대한 개혁운동으로 이동했다.

탈물질주의자들은 자신을 미래의 정치적 쟁점에 대해 상대적으로 민감하게 만드는 시각을 가지고 있을 수도 있다. 이런 의미에서 사람들은 탈물질주의자들을 예언자적 소수로 바라볼 수도 있다. 그러나 이러한 해석은 경제적 안전의 증대를 당연한 것으로 간주하는 한에서만 타당하다. 만약 우리의 해석이 옳다면, 산업사회의 파멸이나 쇠퇴는 어쩌면 실리주의적 세대의 출현으로 이어질지도 모른다.

반대로 사람들은 지속적인 경제 확장과 함께 탈물질주의적 급진주의의 충원 기반이 확대될 것으로 예상할 수도 있다. 급진주의자들이 생산 지향적인 관료제적 사회에 내재된 문제에 반발할 경우, 갈등은 주변적인 양보로 해결될 것 같지 않다. 탈물질주의적 사고방식의 확산은 사회의 근본적인 재구조화를 수반할 것이다.

제 4 부

인지적
동원

제11장

서구 공중 사이에서의 인지적 동원과 정치 참여

서구 공중 사이에서 두 가지 기본적인 변화가 일어나고 있다. 하나는 인지적인 것이고, 다른 하나는 평가적인 것이다. 그리고 이 둘은 똑같이 중요한 것으로 보인다. 우리는 가치 우선순위 변화의 성격과 결과에 대해 얼마간 상세히 논의해 왔다. 이제 우리의 관심을 우리가 '인지적 동원(Cognitive Mobilization)'이라고 부를 또 다른 과정으로 돌려보자.

서구 공중은 정치 참여의 잠재력을 점점 더 발전시키고 있다. 이러한 변화는 많은 공중이 단순히 투표와 같은 전통적인 활동에 더 높은 참여율을 보일 뿐만 아니라 그들이 질적으로 다른 수준에서 정치 과정에 개입할 수도 있다는 것을 함의한다. 그들은 의사 결정권자를 선출하는 데서만 목소리를 내는 것이 아니라 자신들이 주요 의사**결정**에 점점 더 많이 참여할 수 있기를 요구할 가능성이 크다. 두 과정은 서로를 강화하는 경향이 있다. 즉, 변화는 서구 공중의 목표에서뿐만 아니라 그들이 그 목표를 추구하는 방식에서도 일어나고 있다. 이러한 변화는 기성 정당, 노동조합, 전문 단체들에 중요한 함의를 지닌다. 왜냐하면 대중정치가 점점 더 엘리트 지도적이기보다는 엘리트 도전적이 되는 경향이 있기 때문이다. 이러한 변화의 근원은 엘리트와 대중 간의 정치적 스킬의 균형에서 변화가 일어나고 있다는 사실에 있다.

비록 교육이 더 광범한 근원적 과정의 한 측면에 불과하기는 하지만, 교육 통계는 아마도 이러한 변화를 보여주는 가장 명확한 지표를 제공할 것이다. 1920년에 17세가 된 미국인들 가운데서 단지 17%만이 고등학교를 졸업했다. 1930년에는 비교 대상 집단에서 그 수치가 29%였고, 1960년에는 65%, 1970년에는 거의 80%였다. 이러한 수치들이 보여주듯이, 중등교육을 받는 비율은 엄청나게 증가했다. 하지만 고등교육의 확대는 훨씬 더 인상적이었다. 1920년부터 1970년까지 미국 인구는 거의 두 배가 되었지만, 대학 학위는 1970년에 1920년에 비해 16배 이상 수여되었다. 이러한 패턴은 서구 선진국들 전반에서 일반적인 현상이었다. 유럽공동체의 9개국 모두에서 20세에서 24세까지의 인구 가운데서 고등교육을 받고 있는 사람들의 비율은 1950년에서 1965년까지 적어도 두 배 이상 증가했다. 유럽공동체의 추정에 따르면, 1980년경에 고등교육을 받는 비율이 1950년에 비해 적어도 3배 이상 높아질 것이며, 일부 국가는 4배 또는 5배 증가할 것이라고 한다. 최근 미국에서 고등교육을 받는 비율의 증가는 안정되어 있다(그 비율은 이미 유럽공동체의 어떤 국가보다도 거의 3배 높다). 이는 미국이 포화 수준에 도달했음을 시사하는 것일 수도 있고, 아니면 일시적인 상황일 수도 있다. 그러나 우리가 고등교육 비율의 증가폭이 정체하는 현상을 영구적일 것으로 보더라도, 미국 유권자들의 평균 교육 수준은 수십 년 동안 계속해서 실질적으로 상승할 것이다. 왜냐하면 나이 많고 저학력인 연령 집단이 사망하면서 고학력의 젊은 연령 집단으로 대체되기 때문이다. 1900년에 태어난 집단 가운데서는 약 5만 4,000명이 학위를 가지고 있었다면, 1950년에 태어난 집단에서는 거의 100만 명이 학위를 가지고 있다.

교육 수준의 상승효과는 아마도 전자 매체의 보급에 의해 강화될 것이다. 전자 매체는 정규 교육을 많이 받지 않은 사람들에게도 정치적 정보를 전달해

준다. 라디오와 텔레비전은 멀리 떨어진 곳의 정치적 사건들을 가까운 곳에서 발생한 것처럼 생생하게 보이게 만든다(텔레비전은 한층 더 그렇게 한다). 미국에서는 1950년대에 텔레비전이 전역에 보급되었지만, 유럽에서 텔레비전이 일반 가정의 일부가 된 것은 1960년대에 들어서였다. 1963년부터 1969년까지의 짧은 기간 동안 프랑스 가정의 텔레비전 보유율은 27%에서 69%로 증가했다. 이 시기 동안 이탈리아의 수치도 거의 동일하다. 그곳에서는 텔레비전 보유율이 29%에서 69%로 증가했다. 서독에서는 41%에서 82%로 증가했으며, 더 일찍부터 보급된 영국에서는 82%에서 92%로 증가했다.[1] 오늘날 서구 국가들에서 텔레비전은 거의 대중화되어 있다. 다른 요소들과 함께, 텔레비전은 사회로 하여금 멀리 떨어져 있는 지역들에 정보를 전례 없이 신속하게 전파할 수 있게 해준다.

농업 인구의 급격한 감소는 물리적으로 고립된 사람들의 수를 감소시키고 있으며, 그리하여 교육과 국가의 정치에 관한 정보에 더 쉽게 접근하는 데 일조하고 있다. 1960년대에 농업에 종사하는 프랑스 인구의 비율은 거의 절반으로 떨어졌다. 프랑스, 이탈리아, 독일, 베네룩스 국가에서는 농민의 수가 1970년에 약 1,000만 명에서 1980년에는 약 500만 명으로 감소할 것으로 예상된다.

우리가 이러한 변화들에 관심을 가지는 이유는 그 변화들이 인지적 동원 과정에 기여하기 때문이다. 인지적 동원 과정의 본질은 정치적인 추상적 관념들을 조작하여 공간적 또는 시간적으로 멀리 떨어져 있는 활동을 조정하는 데 필요한 스킬을 발전시키는 것이다. 그러한 스킬이 없다면, 사람들은 얼마간 근대 국민국가의 정치 생활 바깥에 머물러 있을 수밖에 없게 된다. 그 결과 그러한 스킬의 분포에서 일어난 역사적 변화는 정치적으로 적합한 공중을 규

---

1) 4개국 수치는 모두 Reader's Digest Association, *A Survey of Europe Today*(London: Reader's Digest, 1970), 104에서 따온 것이다.

정하는 데서 주요한 요인이 되어왔다. 이 과정의 몇 가지 주요 단계를 검토해 보자.

정치적 스킬의 변화하는 균형

초기 정치공동체 — 부족 국가 또는 도시 국가 — 에서는 실제로 모든 사람이 정치에 참여하는 데 필요한 스킬을 가지고 있었다. 정치적 커뮤니케이션은 구두(口頭)로 이루어졌고, 직접 알고 있는 사람이나 사물에 관한 것이었다. 그러한 공동체는 비교적 민주적일 수 있었고(때로는 실제로 민주적이었다), 의사 결정은 모든 성인 남성(그리고 때로는 성인 여성)이 자신의 목소리를 내는 회의를 통해 이루어질 수 있었다.

전문화된 행정 스킬의 발전은 광대한 정치공동체 — 상대적으로 광범위한 지역에 걸쳐 거주하는 수천 명이 아니라 수백만 명을 통치하는 국가 — 를 설립할 수 있게 하는 데 일조했다.

물론 행정 스킬은 단지 한 가지 요인일 뿐이었다. 향상된 농업 기법 또한 중요했다. 왜냐하면 그것이 전문화된 군사 및 행정 엘리트를 지원하는 데 필요한 경제 잉여를 제공했기 때문이다. 새로운 규모의 정치는 특별한 스킬들을 필요로 했고, 그중에서도 읽고 쓰는 능력은 결정적인 요소의 하나였다. 구두 커뮤니케이션은 더 이상 적절하지 않았다. 메시지를 먼 거리에서 주고받아야 했고, 인간의 기억만으로는 더 이상 특정 지역의 과세 기반이나 그 지역에서 모집할 수 있는 병무 인력과 같은 세부 사항을 보존할 수 없었다. 즉, 서면 기록이 필요했다. 그리고 개인적인 충성심 사슬로는 거대한 제국을 하나로 묶어놓을 수 없었으며, 따라서 추상적인 상징에 기초하여 정당화된 신화들을 정교화하여 전파해야만 했다.[2]

정치공동체는 인구와 자원 기반을 확대하여 자신을 확장할 수 있었고, 그 것은 장기적으로는 더 작은 경쟁자들을 소멸시켰다. 그러나 그러한 능력의 확대에는 대가가 따랐다. 전국 수준의 정치는 일반 시민의 이해력을 넘어서 는 것이었다. 특화된 스킬을 가진 엘리트들 — 성직자나 관리, 또는 왕가의 성원 — 이 다양한 조정 기능을 수행하기 위해 일반 주민들로부터 분화되었다. 이 들 엘리트는 수적으로 적었다. 대체로 자급 농업에 기초한 경제에서는 소수 의 사람만이 읽고 쓰는 능력, 행정 스킬, 그리고 (자주) 일반인들이 사용하는 자국어와 구별되는 코즈모폴리턴 언어를 유창하게 구사하는 능력을 발전시 키는 데 필요한 자유 시간을 가질 수 있었다. 따라서 정치 발전의 초기 단계에 서는 먼 곳에서 일어나는 정치에 대처하는 데 필요한 전문 훈련을 받지 못한 전체 주민과 소수의 지배계급 간에 간극이 더 커지는 경향이 있었다. 국가 정 치에 관한 한, 대중은 부적절해졌다.

경제발전, 그리고 특히 산업화가 더욱 진전됨에 따라 정치 스킬의 불균형 을 시정함으로써 엘리트와 대중 간의 간극을 좁힐 수 있게 되었다. 러너 (Lerner)는 '교구민'에서 '코즈모폴리턴'으로의 변신에 대해 매혹적인 설명을 해왔다.[3] 그는 중동의 여러 국가의 조사 데이터를 이용하여 개인이 도시화되 고 읽고 쓸 수 있게 되고 대중 매체에 노출되고 그 결과 자신을 자신의 마을이 나 부족이라는 교구적 세계보다는 광대한 정치공동체와 연관시킬 수 있게 되 면서 발생하는 심리적 변화를 추적한다. 도이치는 '사회적 동원'에 대한 분석 을 통해 그러한 변화에 대한 또 다른 통찰을 제시한다.[4] 사회적 동원 과정은

2) Gerhard Lenski, *Power and Privilege: A Theory of Social Stratification*(New York: McGraw-Hill, 1966)을 보라.

3) Daniel Lerner, *The Passing of Traditional Society*(New York: Free Press, 1958)를 보라.

4) Karl W. Deutsch, "Social Mobilization and Political Development," *American Political Science Review*, 55, 3(September, 1961), 493~514를 보라. Karl W. Deutsch, *Nationalism and Social Communication*(Cambridge, Mass.: M.I.T. Press, 1966)도 보라.

사람들이 신체적·지적 고립으로부터 벗어날 때, 그리고 옛 전통, 직업, 거주지로부터 벗어날 때 시작된다. 그들은 점차 근대 조직과 광범위한 커뮤니케이션 네트워크에 통합된다. 즉, 그들은 구두 커뮤니케이션의 범위를 넘어 자신들의 지평을 넓히고, 점점 더 국가 정치와 접촉하게 된다.

사회적 동원은 광범위한 과정이다. 서구 국가들은 도시화, 기본적인 산업화, 읽고 쓰기 능력의 보급, 대중 병역제도, 그리고 보통선거권과 같은 가장 중요한 단계들을 이미 오래전에 완성했다. 그럼에도 불구하고 본질적인 측면은 계속 진행되고 있는데, 그 과정의 핵심은 바로 광범위한 정치공동체에 대처하는 데 필요한 스킬을 점점 더 널리 보급하는 것이다. 우리는 보다 광범위한 과정의 이러한 중심적인 측면을 언급하기 위해 '인지적 동원'이라는 용어를 사용한다.

산업사회에서의 정치 참여

앨먼드와 버바는 현대 정치학의 전거 중 하나가 된 연구에서 '주관적인 정치적 역량감(subjective political competence)'이라는 개념을 발전시키면서, 그것이 민주정치의 필수조건이 될 수 있다고 주장했다. 시민이 정치적 의사 결정권자에게 영향을 미칠 수 있다고 느낄 경우, 그는 (순종적인 '신민'의 역할이나 정치와 무관한 '교구민'의 역할을 하기보다는) 참여자 역할을 하는 경향이 있다.[5] 앨먼드와 버바는 교육을 많이 받은 사람일수록 '주관적인 정치적 역량감'을 가지고 있어 정치 참여자가 될 가능성이 크다는 것을 보여준다. 다양한 나라에서 이루어진 수많은 다른 연구들도 사회경제적 지위가 높은 시민들이 정치

---

5) Gabriel A. Almond and Sidney Verba, *The Civic Culture: Political Attitudes and Democracy in Five Nations*(Prmceton: Princeton University Press, 1963)를 보라.

에 가장 많이 참여하는 경향이 있다는 것을 보여주어 왔다.[6]

그렇다면 그러한 관계는 사회적 지위 그 자체에서 기인하는가 아니면 인지적 동원에 의한 것인가? 더 나은 교육을 받은 사람들이 정치에서 발언할 가능성이 더 큰 것은 그들이 자신들의 요구를 더 효과적으로 압박하는 방법을 알고 있기 때문인가 아니면 그들이 공무원들로 하여금 자신들을 위해 규칙을 악용하게 할 수 있는 더 나은 사회적 연고와 더 많은 돈을 가지고 있기 때문인가? 그것도 아니면 공무원들이 상층계급을 공손하게 대우하기 때문인가?

부와 개인적 연고가 무관하다고 여기는 것은 순진한 생각일 것이다. 그러나 우리가 장기적 변화에 관심을 가질 경우, 인지적 변수는 특히 흥미롭다. 정의상 사회경제적 지위에는 항상 3분이 1의 상층, 3분의 1의 중간층, 3분의 1의 하층이 존재할 것이다. 그러나 교육과 정보의 **절대적** 수준에서는 분명하게 변화가 일어나 왔고, 그 변화가 정치 과정을 변화시키고 있을 수도 있다. 우리는 엘리트와 대중 간의 정치적 스킬의 균형에 변화가 있었다고 믿는다. 그 결과 지위가 낮은 집단조차도 중요한 정치적 투입을 할 수 있는 능력을 증가시키고 있을 수도 있다.

다른 관찰자들은 다른 요인들을 강조한다. 특히 한 명쾌한 분석에서 나이(Nie), 포웰(Powell), 프레위트(Prewitt)는 경제발전이 더 높은 정치 참여율로 이어진다고 주장하지만, 그것은 주로 경제발전이 한 사회의 계급구조와 조직적 하부구조에 영향을 미치기 때문이다.[7] 경제발전은 중간계급의 규모를 증가시키고, 이는 더 높은 공식 조직 가입률을 낳는다. 중간계급 또한('주관적인 정치적 역량감'처럼) 참여를 고무하는 태도를 가지는 경향이 있다.

---

6) 이들 연구를 요약하고 있는 것으로는 Lester W. Milbrath, *Political Participation*(Chicago: Rand McNally, 1965), 114~128을 보라.

7) Norman H. Nie, G. Bingham Powell and Kenneth Prewitt, "Social Structure and Political Participation: Developmental Relationships," *American Political Science Review*, 63, 2 and 3(June and September, 1969), 361~378과 808~832를 보라.

버바와 나이의 결론에 따르면, 사회경제적 지위가 높은 사람들이 정치에 참여할 가능성이 상대적으로 큰데, 그것은 부분적으로는 그들이 특정한 일단의 '시민적 성향(civic orientation)'을 가지는 경향이 있기 때문이다.[8] 그러한 성향에는 상대적으로 강한 효능감과 지역사회에 대한 기여 의식, 정치에 대한 주의력, 높은 수준의 정치적 정보가 포함되어 있다. 사회적 지위 그 자체의 효과는 그리 크지 않다. 시민적 성향과 사회적 지위 모두를 고려하면, '시민적 성향'이 사회적 지위보다 전반적인 정치 활동의 분산을 8배 더 많이 설명한다.

현재 우리의 관점에서 볼 때, 이 '시민적 성향'의 군집은 태도**와** 스킬의 혼합물인 것으로 보인다. 정치적 효능감이나 '주관적인 정치적 역량감'은 주관적인 태도인 반면, 정치 정보와 정치에 대한 주의력은 상대적으로 객관적인 특성이다. 그 저자들이 보여주듯이, 그것들은 모두 함께 가는 경향이 있지만, 같은 것은 아니다.

마찬가지로 교육은 의심할 바 없이 한 사람의 사회적 지위를 나타내는 지표**이지만**, 그것은 또한 특정한 스킬을 나타내는 지표이기도 하다. 이 구분이 중요하다. 왜냐하면 다변량 분석에서 교육과 정치 정보는 소득이나 직업과 같은 비교적 순수한 사회계급 변수보다 더 강력한 정치 참여 지표임이 밝혀지기 때문이다.

나이, 포웰, 프레위트를 비롯한 다른 많은 사람과 마찬가지로 버바와 나이는 조직의 성원 여부가 정치 참여와 강하게 연관되어 있음을 발견한다.[9] 이로부터 저자들은 기본적 태도(또는 스킬)의 변화 없이도 대중이 조직에 참여함으로써 참여자가 될 수 있다고 다소 낙관적으로 결론짓는다. 어떤 의미에서 보

8) Sidney Verba and Norman H. Nie, *Participation in America: Political Democracy and Social Equality* (New York: Harper & Row, 1972)를 보라.
9) 이 점수와 관련한 추가적인 증거들은 Milbrath, *Political Participation*, 134~135에서 인용되었다.

면, 그것은 사실이다. 그러나 그것은 사람들이 어떤 **종류**의 참여에 관심이 있느냐에 달려 있다. 대부분의 경우 조직의 성원이라는 사실은 **엘리트 도전적** 형태의 참여보다는 **엘리트 지도적** 형태의 참여를 고무하는 것으로 보인다. 이로 인해 공중의 선호가 엘리트의 결정에 반영되기보다는 엘리트들이 공중을 성공적으로 선도하게 될 것이다. 나이, 포웰, 프레위트의 인과 분석은 정치 참여가 두 가지 전혀 다른 과정의 결과일 수 있다고 시사한다. 그중 하나의 과정은 개인 내부의 상황에서 일어나며, 다른 하나의 과정은 조직 관여와 연관되어 있다. '사회적 지위'와 조직의 성원은 두 인과 사슬 각각의 원천이다. '사회적 지위'와 정치 참여 간의 관계는 대부분 태도 변수들 ― 특히 정치 정보와 정치에 대한 주의력 ― 을 통해 설명할 수 있다. 반면 조직 관여와 정치 참여 간의 관계는 개인의 태도나 스킬과 별 관계가 없다. 나이, 포웰, 프레위트는 자신들이 분석한 5개국 각각에서 조직 관여와 정치 참여 간의 연관성의 약 60%가 자신들의 모델의 어떤 다른 변수들과 매개되지 않고 직접 연결되어 있다는 것을 발견한다. 달리 말해 조직의 성원임이 정치 참여에 주요한 영향을 미치는 것은 그것이 스킬 수준을 높이거나 어떤 일반화된 방식으로 참여적 태도를 심어주기 때문이 아니다. 게다가 버바와 나이는 조직의 성원임 **자체**가 정치 참여를 증가시키지 않는다는 것을 보여준다. 즉, **적극적인** 조직 성원들이 상대적으로 적극적으로 참여할 뿐이다. 무엇보다도 적극적인 조직 성원들이 분명하게 **정치적인** 활동에 참여했다. 조직 성원임은 **누가** 정치에 참여하는지를 확인하는 데 도움을 준다. 그러나 그것은 그들이 **왜** 정치에 참여하는지에 대해서는 그리 말해주지 않는다.

우리는 참여가 근본적으로 다른 두 가지 과정에서 발생한다고 제시한다. 그중 하나는 종래의 정치 참여 양식의 근저를 이루는 것이고, 다른 하나는 새로운 참여 양식의 근저를 이루는 것이다. 19세기 후반과 20세기 초에 대규모 정치 참여를 동원한 기관들, 즉 노동조합, 교회, 대중 정당들은 소수의 지도자나 보스들이 일단의 규율된 무리를 인도하는 전형적으로 위계적인 조직이었다. 그들은 보편적인 의무교육이 막 뿌리를 내리고 일반 시민들이 낮은 수준의 정치적 스킬을 가지고 있던 시대에 새로 선거권을 얻은 많은 수의 시민들을 투표에 끌어들이는 데서 효과적이었다. 그러나 그러한 조직들이 많은 수의 사람을 동원할 수 있었지만, 그들은 대체로 질적으로 상대적으로 낮은 수준의 참여만을, 일반적으로 말하면 단순한 투표 행위만을 끌어낼 수 있었다.[10]

새로운 참여 양식은 종래의 참여 양식보다 개인의 선호를 훨씬 더 정확하게 표현할 수 있다. 그것은 기존의 관료제적 조직보다는 **임시** 조직에 기초하는 보다 쟁점 지향적인 참여이다. 새로운 참여 양식은 단순히 '우리의' 지도자들을 지지하기보다는 구체적인 정책 변화를 끌어내는 것을 목적으로 한다. 이러한 참여 양식은 상대적으로 높은 수준의 스킬을 요구한다.

앨먼드와 버바가 수집한 데이터를 재검토해 보면, 우리는 정치 참여에는 다양한 **문턱**이 있음을 알 수 있다(이에 대해서는 버바와 나이도 동의한다). 그러한 문턱에는 전국 선거에서 투표하기(분명 가장 쉽고 가장 널리 보급되어 있는 참여 형태)에서부터 그것의 위 단계인 현재 진행되는 정치 지켜보기, 그것보다 더 적극적인 행동인 정치에 대해 **이야기하기**, 그리고 가장 많은 것이 요구되는 문턱으로 국가 정치의 특정 측면에 대해 실제로 무언가를 **하려**고 시도하기까지 등 다양한 것이 있다. 앨먼드와 버바의 5개국 표본 공중 가운데서는 단 5%만이 이러한 종류의 활동에 참여한다고 보고한다.

이러한 각각의 참여 수준은 특정한 수준의 스킬과 연관되어 있는 것으로

10) Walter Dean Burnham, *Critical Elections and the Mainspring of American Politics*(New York: Norton, 1970); Richard F. Jensen, *The Winning of the Midwest: Social and Political Conflict, 1888-1896*(Chicago: University of Chicago Press, 1971); Philip E. Converse, "Change in the American Electorate," in Angus E. Campbell and Philip E. Converse(eds.), *The Human Meaning of Social Change*(New York: Russell Sage, 1972), 263~337을 보라.

보인다. 따라서 정규 교육을 정치적 스킬의 지표로 삼을 경우, 서구의 맥락에서는 투표하는 데에는 단순히 읽고 쓰는 능력이면 충분해 보인다. 서구 시민 대부분은 몇 세대 전에 이 문턱에 도달했다. 앨먼드와 버바의 데이터는 전혀 교육받지 못한 사람 가운데서는 소수만이 가장 최근의 전국 선거에서 투표했다는 것을 보여준다. 그러나 초등학교 교육을 받은 사람 중에서는 무려 76%가 투표를 했다고 답했으며, 그 수치는 그 이상의 교육을 받았더라도 크게 증가하지 않는다. 중학교 교육을 받은 사람들도 그 비율은 76%에 머물렀고, 고등교육을 받은 사람들 가운데서는 82%로 증가했다. 그러나 투표는 적극적 정치 참여를 보여주기에는 상대적으로 빈약한 지표이다. 주세페 디 팔마(Giuseppe Di Palma)가 지적하듯이, 이탈리아는 연구 대상 5개국 가운데서 투표율이 가장 높지만, **전반적**인 참여율은 단연코 **가장 낮다**. 왜냐하면 매우 적은 수의 이탈리아인들만이 더 높은 수준의 활동에 참여하기 때문이다.[11]

참여 척도의 반대편 끝으로 넘어가면, 스킬의 문턱은 훨씬 더 높다. 실제로 정규 교육을 받지 않은 322명의 응답자 가운데서는 국가 수준의 결정에 영향을 미치려고 노력했다고 보고한 사람은 **아무도 없었다**. 이 수치는 초등학교와 중학교 교육을 받은 사람들 가운데서도 매우 낮은 수준에 머물렀는데, 각각 2%와 7%가 국가 수준에서 모종의 활동을 했다고 보고했다. 그러나 이 수치는 고등교육을 받은 사람들 가운데서는 23%라는 상대적으로 높은 수준으로 뛰어올랐다. 읽고 쓰는 능력만으로도 높은 투표율을 낳기에 충분할 수 있겠지만, 국가 수준에서 솔선하여 행동하기 위해서는 적어도 중등교육, 그리고 어쩌면 대학 교육이 요구되는 것으로 보인다.

이 발견은 놀라운 것이 아니다. 왜냐하면 근대화는 "참가자에게 전례 없는 전문지식을 소유할 것을 요구하는 고도의 전문화와 정치적 분업에 기초한 복

---

11) Giuseppe Di Palma, *Apathy and Participation: Mass Politics in Western Societies*(New York: Free Press, 1970)를 보라. 그가 다룬 5개국은 이탈리아, 독일, 멕시코, 미국, 영국이다.

잡한 조직 네트워크를 만들어냄으로써 참여를 저해하기" 때문이다.[12] 오늘날 대부분의 국가 공무원들은 대학 수준의 교육을 받는다. 겨우 초등학교 교육을 받은 시민은 사회적 품위의 측면에서뿐만 아니라 필수적인 관료주의 기법과 관련하여, 그리고 심지어 특정한 불만을 표현하기 위해 누구와 접촉해야 하는지 알아내는 데서도 그들과 대등한 위치에 있기 어렵다. 그 결과 그러한 시민은 자신의 이익 **전반**에 봉사한다고 주장하는 모종의 브로커에게 의존할 가능성이 크다.

'새로운' 양식의 정치 참여는 훨씬 더 쟁점별로 특화되는 경향이 있고, 거기서는 더 높은 참여 문턱이 작동할 가능성이 크다. 이것은 최근에 이르러서야 인구의 대부분이 그러한 형태의 참여에 요구되는 스킬을 가지게 되었다는 의미에서 새로운 것이다. 그리고 이것은 영구적이고 상대적으로 경직된 조직의 하부구조에 그리 의존하지 않는다는 점에서 새로운 것이다.

나이, 포웰, 프레위트는 경제발전이 조직 성원들을 더욱 확충시키기 때문에 정치 참여를 증대시킨다고 주장한다. 그러나 그들은 자신들이 연구한 5개국 가운데서 단연코 가장 발전된 나라인 미국에서 조직 성원의 설명력이 다른 나라에서보다 **낮다**는 것을 발견한다. 우리는 경제발전 수준이 높은 경우에는 전통적인 유형의 조직 가입이 정치 참여에서 점차 덜 효력을 발휘할 것이라고 주장한다. 교육 수준의 상승은 확실히 사람들로 하여금 노동조합과 교회 같은 기성 조직 네트워크에서 **벗어나게** 하는 경향이 있다. 대부분의 서구 국가에서는 그간 노동조합 가입률과 교회 출석률 모두가 낮아져 왔다. 마찬가지로 전통적인 정당 유대도 약화되고 있는 것으로 보인다. 미국에서는 지난 10년 동안 자신을 민주당이나 공화당이 아닌 무당파로 분류하는 사람의 비율이 느리지만 꾸준히 증가해 왔다. 이러한 비식별자들은 1964년에는 유권자의 4

---

12) Di Palma, *Apathy and Participation*, 12에서 인용.

분의 1이 되지 않았지만, 1972년경에는 유자격 유권자의 3분의 1이 넘었다. 정당투표는 급격히 감소했다. 즉, 1950년에 약 80%의 유권자가 일관되게 정당투표를 한 반면, 1979년에는 약 50%만이 그렇게 했다.

최근에는 노동조합이 영국과 이탈리아 정치에서 전례 없이 중요한 역할을 하기 시작했다. 그러나 그들은 한때 강력했던 정당들 — 점점 더 통치할 능력이 없어 보이는 — 이 남긴 공백을 메우고 있을 뿐인지도 모른다. 만약 그렇다면, 이는 그러한 기관의 대중 동원 능력이 커지기보다는 일단의 낡은 제도에서 다른 제도로 권력이 이동하고 있음을 반영하는 것이다. 인지적 동원의 과정이 진전됨에 따라 그러한 조직들의 상대적 중요성은 감소할 가능성이 크며, 그러한 조직들은 개인들에게 특정한 의사결정에서 자신의 선호도를 분명하게 표현할 수 있는 기회를 더 많이 제공하는 덜 위계적이고 더 쟁점 지향적인 임시 조직에 길을 내어주게 될 것이다.

관료제적 스킬을 가진 사람들 대다수가 붙박이 기성 제도들 내에서 자리를 차지하고 있는 한, 정치 참여는 여전히 상대적으로 그러한 조직에 달려 있었다. 오늘날에는 공중이 고도의 정치적 스킬을 가진 비엘리트들에 의해 전례 없이 크게 감화받기 때문에, 임시 조직을 얼마간 마음대로 만들 수 있게 되었다. 그리하여 수세기 전에 전도된 엘리트와 대중 간의 균형이 얼마간 시정되었다.

여기서도 우리는 이 책 도처에서처럼 구조적인 요인들의 중요성을 인정해야만 한다. 강력한 조직 네트워크는 덜 유리한 집단이 스킬 수준이 높은 집단보다 더 많이 참여하게 하는 데 도움을 줄 수 있다. 이를테면 록칸은 특별한 상황하에서는 노동계급이 중간계급보다 정치적으로 더 적극적일 수 있다는 것을 보여주었다.[13] 미국에서는 지난 20년 동안 흑인들의 정치 참여가 가장 눈

---

13) Stein Rokkan, *Citizens, Elections, Parties*(Oslo: Universitets Forlaget, 1970), ch. 12를 보라.

부시게 증가했다. 이 증가 속도는 교육 수준의 상승 속도를 크게 앞지르는 것이었는데, 그 이유의 대부분은 법률 개정 및 흑인 정체성에 대한 새로운 인식과 함께 크게 강화된 조직 효과 때문일 것이 틀림없다. 얼마간 유사하게 나이도 최근 몇 년 동안 미국 공중 가운데서 정치 인식이 증대한 것은 개인 수준의 변화보다는 특정한 정치적 사건들이 미친 영향에서 기인한 것일 수 있다고 주장해 왔다.[14] 우리는 그러한 상황적 요인의 중요성에 대해 논박하지 않을 것이다. 그러한 요인들이 일정 시기 동안 더 점진적이고 근원적인 변화가 가져오는 효과를 뒤덮어버릴 수도 있다. 그러나 장기적 관점에서는 개인 수준의 변화가 적어도 똑같이 중요할 수 있다. 정치에서는 약동기와 침체기가 번갈아 오는 것으로 보인다. 단기적으로는 기간 효과가 우세하지만, 장기적으로는 그러한 효과들이 서로를 상쇄시킬 수도 있다. 그러나 개인 수준 변화의 장기적 효과는 **누적적**인 경향이 있다. 그러한 효과들이 당면 사건들에 대응하는 행동주의의 성쇠에 새로운 한계를 설정한다. 인지적 동원은 잠재적인 정치 참여 ― 특히 엘리트 도전적 유형의 정치 참여 ― 의 기준선을 점차 끌어올릴 것이다.

실제적 정치 참여와 잠재적 정치 참여

우리는 현재 작동하고 있는 사회적 과정들이 공중을 새로운 참여의 문턱으로 끌어올리는 경향이 있고 그것이 장기적으로는 엘리트 도전적 형태의 정치 참여를 증가시킬 것이라고 믿는다. 하지만 우리는 정치 참여가 증가하지 **않고** 있다는 지표를 쉽게 발견할 수 있다. 이를테면 대부분의 서구 국가에서 투

---

14) Norman Nie with Kristi Andersen, "Mass Belief Systems Revisited: Political Change and Attitude Structure," *Journal of Politics*, 36, 3(August, 1974), 540~591을 보라.

표율이 수년간 정체되어 왔다. 미국에서는 1972년 대통령 선거에서 투표율이 55%까지 떨어졌다. 1972년의 투표율이 낮은 것은 부분적으로는 18세에서 20세 사이의 사람들에게 선거권이 확장된 데서 기인했을 수도 있다. 새로운 유자격 유권자의 수가 통상적인 경우보다 훨씬 더 많았다. 그리고 투표는 부분적으로는 습관의 문제인 것으로 보인다. 노인들이 많이 투표하는 경향이 있는 것은 그들이 더 많이 투표해 왔기 때문이다. 그럼에도 불구하고 1972년의 투표율이 유독 낮은 것은 단지 유권자들의 교육 수준이 상승하고 있다는 이유로 우리가 투표율이 자동적으로 증가할 것으로 예상**할 수 없다**는 사실을 잘 보여준다. 앞에서 지적했듯이, 투표의 스킬 문턱은 매우 낮으며, 서구 주민의 대다수가 이미 그 문턱을 넘어섰다. 그 이상의 특정한 투표율의 변화는 대체로 습관화와 거시정치적인 사건들을 반영할 것이다. 따라서 투표율이 여전히 정체되어 있다는 사실은 참여자 잠재력의 문턱이 상승하는 것에 관한 우리의 가설과 모순되지 않는다. 그러나 또 다른 일부 증거들은 우리의 가설과 모순되는 것으로 보인다.

  '정치적 효능감'은 유사 관념인 '주관적인 정치적 역량감'과 마찬가지로 보다 적극적이고 많은 것을 요구하는 형태의 정치 참여에 필수조건인 것으로 보인다. 그러나 정치적 효능감은 최근 몇 년 동안 적어도 미국(우리가 꽤 적절한 시계열 데이터를 보유하고 있는 유일한 국가)에서는 상승하지 **않았다**. <표 11-1>은 네 가지 고전적인 '정치적 효능감' 항목에 대한 22년 동안의 응답을 보여준다.[15] 이들 4개 항목에 대한 응답은 밀접하게 상호 관련되어 있는 경향이 있지만, '효능이 있다'는 응답이 최근 몇 년간 3개 항목에서는 감소한 반면, 넷째 항목에서는 증가하고 있다. 이 넷째 항목의 특이한 동태는 중요하며, 아래에서 논의될 것이다. 그러나 전반적으로 지난 10년 동안 미국 공중 가운데서 정치

---

15) '정치적 효능감' 개념에 대한 설명과 그 개념의 조작화에 대해서는 Angus Campbell et al., *The American Voter*(New York: Wiley, 1960)를 보라.

<표 11-1> 정치적 효능감 수준의 변화, 1952~1974년*("효능이 있다"는 응답의 비율)   단위: %

	1952	1956	1960	1964	1966	1968	1970	1972	1974	1964~1974년의 변화
공무원은 나와 같은 국민이 생각하는 것에 대해 신경을 쓴다	63	70	71	61	59	56	50	49	46	-15
나와 같은 국민은 정부가 하는 일에 대해 어느 정도 발언권을 가지고 있다	68	71	71	69	61	59	64	59	41	-28
정치와 정부가 이해할 수 없을 정도로 복잡하지는 않다	29	36	40	31	27	29	26	26	27	-4
투표는 정부에 영향을 미치는 유일한 방법이 아니다	17	25	25	26	27	42	39	37	38	+12

* 1952~1974년의 조사연구소와 정치연구소의 선거조사를 위한 대학 간 컨소시엄 정치조사 코드북.

적 효능감의 일반적인 수준은 현저하게 하락해 온 것으로 보인다.

얼핏 보기에, 이것은 모든 논리적인 기대와는 정반대로 보일 수도 있다. 정치적 효능감은 교육과 분명하고 일관된 정의 상관관계를 보여준다. 그리고 교육 수준은 분명하게 상승하고 있다. 그렇다면 우리가 정치적 효능감 수준이 상승하는 것을 관찰했어야 하는 것이 당연하지 않은가?

대답은 물론 '아니다'이다. 효능감과 교육의 상관관계는 효능감 수준이 상승하는 근본적인 **경향**이 있을 것임을 시사하지만, 가치 변화 과정이 좌파에 대한 투표율을 자동으로 상승시키지 않는 것처럼 교육 수준의 상승이 효능감을 자동적으로 상승시키지는 않는다. 사회적 과정이 그렇게 간단한 경우는 드물다. 늘 그러하듯이, 우리는 개인 수준의 현상뿐만 아니라 체계 수준의 현상도 함께 다루어야 한다.

어떤 사람이 갖는 정치적 효능감은 개인과 체계의 관계를 반영한다. 그 사람이 갖는 정치적 효능감은 개인의 역량에 대한 그의 인식**과** 체계의 반응성

(system responsiveness)에 대한 그의 지각을 포함한다. 공중의 객관적인 정치적 역량은 높아져왔지만, 사람들이 인지한 체계의 반응성은 훨씬 더 빠르게 낮아지고 있다. 컨버스는 1952년부터 1960년까지 정치적 효능감이 증가했으며, 정치적 효능감의 상승률은 나이가 많고 교육을 덜 받은 연령 코호트가 더 젊은 고학력 집단으로 교체됨에 따라 발생하는 비율과 거의 정확하게 일치했다고 지적한다. 그는 이 초기 시기 동안의 변화는 "교육이 추동한" 것이었다고 결론짓는다.[16] 그러나 1964년부터 그 과정을 추동한 것은 체계였다. 즉, 우리가 교육 수준 상승의 결과로 예상할 수 있었던 점진적 증가가 체계 수준에서 트라우마적 사건들의 영향에 의해 묻혀버렸다. 최종 결과는 일반적인 효능감과 체계에 대한 신뢰의 하락이었다. 이러한 신뢰 하락의 이유를 찾기는 어렵지 않다. 가장 분명한 이유로는 다음의 것들을 들 수 있다. 먼저, 1960년대의 민권 투쟁 동안에 정부는 일부 사람들에게는 정부가 인종 통합을 지나치게 서두름으로써 문제에 제대로 대응하지 못하는 것으로 보였고, 다른 사람들에게는 정부가 너무 느리게 움직이는 것처럼 보였기 때문에 신뢰를 잃었다. 그리고 베트남 전쟁 시기 동안에는 정부의 기만과 정부에 대한 환멸이 이 과정을 더욱 악화시켰다. 정부는 승리하지 못했기 때문에 다시 한번 일부 사람들을 좌절시켰고, 철수하지 못했기 때문에 다른 사람들을 좌절시켰다. 끝으로, 애그뉴(Agnew) 부통령을 사임하게 만든 스캔들과 그다음에 닉슨 대통령의 사임을 가져온 스캔들 또한 정부에 대한 신뢰를 하락시켰다.

체계에 대한 믿음은 쇠퇴**했다.** 그리고 그것은 너무나도 분명하게 드러난다. <표 11-2>는 1958년 이후 다양한 시점에서 정부 신뢰를 측정한 두 가지 지표에 대한 응답을 보여준다. 이 표가 보여주는 변화는 정치적 효능감의 하락보다 훨씬 더 극적이다. <표 11-1>에서는 세 가지 효능감 항목에서 감소

---

16) Converse, "Change in the American Electorate"를 보라.

〈표 11-2〉 미국 공중의 정부 신뢰 수준, 1958~1974년*(불신을 나타내는 비율)　　　　단위: %

"당신이 워싱턴 정부가 옳은 일을 한다고 믿는 시간은 어느 정도나 된다고 생각합니까?
- 거의 항상, 대부분의 시간에, 또는 단지 가끔."

	1958	1964	1966	1968	1970	1972	1974	1964~1974년 사이에 불신이 증가한 비율
단지 가끔	23	22	31	37	44	45	63	+40

"당신은 정부가 자신들만의 이익을 추구하는 소수의 거대 이익집단에 의해 거의 전적으로 운영되고
있다고 생각합니까, 아니면 모든 국민의 이익을 위해 운영되고 있다고 생각합니까?"

	1958	1964	1966	1968	1970	1972	1974	1964~1974년 사이에 불신이 증가한 비율
소수의 거대 이익집단에 의해	(N.A.)	29	34	39	50	48	73	+44

* 각 연도의 ICPR 코드북.

를 보여주는데, 그 변화들의 평균은 16%포인트이다. 반면 신뢰 지표는 그것의 두 배가 훨씬 넘는 변화를 보여준다(1964년과 1974년 사이의 평균 차이는 42%포인트에 달한다).

우리의 예상대로, 한 사람의 정치적 효능감은 정부에 대한 신뢰와 상관되어 있다. 사람들의 정치적 스킬이 아무리 뛰어나다고 해도 정치체계가 근본적으로 반응하지 않는다면 그들은 거의 아무런 영향을 미치지 못할 것이다. 그러므로 체계의 반응성에 대한 평가의 하락은 거의 필연적으로 정치적 효능감을 끌어내리고, 그리하여 사람들이 관례적인 방식으로 불만을 표출할 경우 기성 엘리트들이 그 불만에 반응할 것이라는 전제에 바탕하여 이루어지는 형태의 참여들을 저해하는 경향이 있을 것이다. 그러나 한편에서는 정치적 스킬이 향상하는 반면 다른 한편에서는 체계의 반응성이 낮게 인식된다고 해서 그것이 **모든** 형태의 참여를 저해하지는 않을 것이다. 오히려 우리는 그것이 전통적인 채널 외부의 엘리트 도전적 활동을 고무할 것으로 예상할 수도 있다. <표 11-1>에서 나타나는 두 가지 반대되는 추세는 이 관점에서 살펴보

면 쉽게 이해될 것으로 보인다. 즉, 한편에서는 정부가 일반 시민들에 대해 신경을 쓰고 그들을 이해하려고 노력하고 그들의 요구에 민감하게 반응을 보인다는 인식이 쇠퇴하고 있는 반면, 다른 한편에서는 "투표가" 사람들이 정부의 결정에 영향을 미칠 수 있는 "유일한 방법이 **아니**"라는 인식이 증가하고 있다. 이러한 정반대의 추세는 비관례적인 정치 참여 기법을 기꺼이 사용하려는 인식을 증가시켰을 것으로 보인다.[17]

이런 변화의 패턴이 미국에만 적용되는지는 확실하지 않다. 민권 투쟁과 베트남 전쟁 같은 구체적인 문제들은 아마도 얼마간 미국에 국한된 문제일 것이다. 그러나 보다 넓은 의미에서 보면, 이러한 쟁점들이 등장한 데에는 정부에 대한 공중의 기대 변화와 새로운 요구에 대한 정부의 부적절한 대응 노력이 반영되어 있는 것으로 보인다. 정치적 양극화의 토대 가운데 하나로 물질주의/탈물질주의 차원이 등장한 것은 지배 엘리트들의 일을 매우 복잡하게 만들어왔다. 이것이 사실이라면, 정부에 대한 신뢰 하락은 아마도 광범위한 현상일 것이다.

그렇다면 신뢰가 얼마나 심대하게 상실되어 있는가? 이용 가능한 증거들을 살펴보면, 현재 이러한 신뢰 상실은 체제나 정치공동체보다 주로 당국을 향해 있다.[18] 1964년 이후 대통령직과 두 주요 정당에 대한 존중은 크게 저하되어 왔지만, 다른 주요 기성 기관들은 여전히 상대적으로 손상되지 않았다. 군, 경찰, 성직자, 대기업, 노동조합에 대한 미국 공중의 애정은 지난 10년 동안 거의 줄어들지 않았다. 하지만 이러한 태도들은 모두 경험과 관련되어 있다. 현재의 정치적 실력자들에 대한 불신은 다른 기관과 다른 수준의 정치체

---

17) Alan Marsh, "Explorations in Unorthodox Political Behavior: A Scale to Measure 'Protest Potential,'" *European Journal of Political Research*, 2(1974), 107~129를 보라.
18) '당국(authority)', '체제(regime)', '정치공동체(political community)' 간의 구분에 대한 분석으로는 David Easton, *A Systems Analysis of Political Life*(New York: Wiley, 1966)를 보라.

계에 대한 불신으로 일반화되는 경향이 **있다**. 1974년경에는 미국 공중의 절반 이상이 정부를 더 이상 신뢰하지 않았다. 만약 이러한 수준의 불신이 오랫동안 지속된다면, 그것은 필시 현재의 정부 형태에 대한, 또는 심지어 정치공동체 자체에 대한 지지를 약화시**킬 것**이다. 하지만 다행히도 1974년이 저점이었다고 가정할 수 있다. 실제로 그렇게 많은 것이 동시에 잘못될 수 있는 상황의 또 다른 조합을 상상하기는 어려울 것이다.

높은 비율의 정당 일체감은 한 나라 정치의 예측 가능성과 안정성의 요소라고 자주 주장되어 왔다. 바이마르 독일에서의 나치당이나 제4공화국하의 프랑스에서의 푸자드당이나 다른 '반짝' 정당(flash party)들이 갑자기 부상한 것은 상대적으로 많은 수의 무당파 또는 '잠재적' 투표자가 존재했기 때문이라고 지적되어 왔다.[19] 만약 이것이 사실이라면, 최근 미국 정치에서의 변화는 유권자들이 갑자기 예측할 수 없는 방식으로 이동할 가능성을 증대시키고 있다. 왜냐하면 전통적인 정당 충성심이 지난 10년 동안 점진적이지만 꾸준히 하락해 왔기 때문이다. <표 11-3>에서 볼 수 있듯이, 미국의 정당 일체감의 분포는 1950년대와 1960년대 초반에 대단히 안정적이었다. 1952년부터 1962년까지 공화당 지지자, 민주당 지지자, 무당파의 비율은 좀처럼 변화가 없었다. 거의 모든 경우에 한 해에서 다음 해까지의 변동은 표집 오류로 귀속시켜도 될 정도로 작았다. 1966년까지 비식별자 또는 '무당파'는 3개의 주요 범주 중 가장 작은 범주를 구성했다. 1966년에는 무당파가 공화당 지지자들보다 더 많아졌고, 그 이후로 여전히 더 강한 세력으로 남아 있었다. 1974년경에 그들은 공화당 지지자들의 거의 두 배가 되었고, 민주당 지지자들을 앞질렀다.

---

19) Philip E. Converse and Georges Dupeux, "Politicization of the Electorate in France and the United States," *Public Opinion Quarterly*, 26, 1(Spring, 1962); Philip E. Converse, "Of Time and Partisan Stability," *Comparative Political Studies*, 2, 2(July, 1969), 139~171을 보라.

〈표 11-3〉 미국의 정당 일체감의 변화, 1952~1976년　　　　　　단위: %

"일반적으로 말해서 당신은 스스로를 공화당원이라고 생각합니까, 민주당원이라고 생각합니까, 무당파라고 생각합니까, 아니면 또 다른 정당의 지지자라고 생각합니까?"

연도	민주당	무당파	공화당	정치에 관심 없음, 모름	N
1952	47	22	27	4	(1,614)
1954	47	20	27	4	(1,139)
1956	44	24	29	3	(1,772)
1958	47	19	29	5	(1,269)
1960	46	23	27	4	(3,021)
1962	46	22	28	4	(1,289)
1964	51	23	24	2	(1,571)
1966	45	28	25	2	(1,291)
1968	45	30	24	2	(1,553)
1970	43	31	25	2	(1,802)
1972	40	34	23	1	(2,705)
1974	38	40	22	-	(2,513)
1976	42	37	21	-	(l,491)

출처: SRC/CPS 선거조사를 위한 ICPR 코드북, 1952~1974. 1976년의 경우는 NORC 일반 사회 조사.

정당 일체감 비율에는 연령 코호트별로 아주 큰 차이가 있다. 1972년에 64세 이상 사람 중에서 5분의 1 미만이 비식별자였지만, 25세 이하 사람들은 **대다수**가 자신이 공화당 지지자도 민주당 지지자도 아니라고 생각했다. 코호트 분석은 라이프 사이클 효과가 이러한 현상에 기여한다는 것을 보여주지만, 비식별자 비율이 증가한 것의 훨씬 더 큰 부분은 세대 차이를 반영한다.[20] 현재 장기적인 힘과 단기적인 힘 모두가 정당 일체감 비율을 낮추는 힘으로 작

---

20) Glenn and Ted Hefner, "Further Evidence on Aging and Party Identification," *Public Opinion Quarterly*, 36, 1(Spring, 1972), 31~47을 보라. Ronald Inglehart and Avram Hochstein, "Alignment and Dealignment of the Electorate in France and the United States," *Comparative Political Studies*, 5, 3(October, 1972), 343~372; Paul R. Abramson, *Generational Change in American Politics*(Lexington, Mass.: D.C. Heath, 1975)도 참조하라.

동하고 있다. 즉, 무당파 투표자의 비율이 앞으로 계속해서 증가할 것이다.

정당 일체감이 떨어지는 이유는 정부에 대한 신뢰 저하의 근저에 깔린 이유와 유사하다. 다시 말해 최근에 새로운 쟁점과 정치적 양극화의 새로운 기반이 부상하여, 주로 사회복지 쟁점과 관련되어 있던 전통적인 공화당-민주당의 일체감 차원을 그대로 가로지르고 있다.[21] 유권자들이 새로운 쟁점 차원을 따라 양극화되는 경우, 그들은 전통적인 정당 충성심에서 멀어지는 경향이 있다.[22]

여기에는 얼마간 흥미로운 아이러니가 포함되어 있다. 정당 일체감의 하락은 아마도 투표율을 **감소**시키는 경향이 있을 것이지만, 그러한 정당 충성심의 하락은 부분적으로는 대중의 정치의식 수준의 **상승**에 기인하는 것으로 보인다.

왜냐하면 미국 공중이 최근 몇 년간 점점 더 쟁점을 의식해 가고 있고, 정치에 대해 일관된 '이데올로기적' 견해를 가지고 있으며, 점점 더 단순한 정당 충성심보다는 쟁점에 근거하여 투표하는 경향이 있다는 것을 보여주는 꽤 강력한 증거들이 존재하기 때문이다.[23] 클링게만(Klingemann)과 라이트(Wright)는 최근에 이전의 연구에서 사용된 1956년 데이터뿐만 아니라 1968년 선거조사 데이터도 사용하여 많은 공중을 대상으로 하여 컨버스가 수행했던 유명한 개념화 수준 분석을 재차 시도했다.[24] 그들은 '이데올로그' 또는 '이데올로

---

21) Herbert F. Weisberg and Jerrold G. Rusk, "Dimensions of Candidate Evaluation," *American Political Science Review*, 64, 4(December, 1970), 1167~1185를 보라.

22) Inglehart and Hochstein, "Alignment and Dealignment."

23) Gerald M. Pomper, "From Confusion to Clarity: Issues and American Votes, 1956-1968," *American Political Science Review*, 66, 2(June, 1972), 415~428; Arthur H. Miller et al., "A Majority Party in Disarray: Policy Polarization in the 1972 Election," *American Political Science Review*, 70, 3(September, 1976), 753~758을 보라.

24) Hans D. Klingemann and Eugene Wright, "Levels of Conceptualization in the American and German Mass Publics"[1974년 5월 24~25일 조지아주 애선스에서 열린 조지아대학교 정치인지 워크숍(Workshop on Political Cognition)에서 발표된 논문]를 보라.

그에 가까운 사람'으로 분류된 사람들의 비율이 1956년 표본에서 11.5%였으나 1968년 표본에서는 23.0%로 증가한 것을 발견한다. 1972년 대통령 선거에서는 조사연구가 이들 변수를 측정하기 시작한 이래 처음으로 정당 충성심보다 쟁점이 투표 방식에 더 많은 영향을 미친 것으로 보인다.[25]

정치 기관에 대한 신뢰가 떨어지고 있음에도 불구하고, 미국 공중의 객관적인 정치적 역량은 증대한 것으로 보인다. 그러나 유권자들이 이데올로기에 더욱 민감해짐에 따라 엘리트 지도적인 정치 동원에 대한 공중의 순응성은 **줄어**들었고, 그 결과 높은 투표율이 나올 가능성 역시 줄어들었을 수도 있다.

만약 우리의 분석이 옳다면, 정치적 스킬 수준의 증가 — 그리고 그로 인해 정치 참여 수준이 높아질 가능성 — 가 미국뿐만 아니라 유럽에서도 발견되어야 한다. 우리는 이용 가능한 유럽 데이터를 통해 참여자들의 잠재력이 증대해 왔는지를 확실하게 검증할 수는 없다. 우리는 상대적으로 적은 시계열 데이터만을 이용할 수 있다. 하지만 1973년에 실시된 조사에는 개인이 자국의 정치 생활에서 얼마나 적극적인 역할을 할 가능성이 있는지를 보여주는 꽤 좋은 지표를 제공할 수 있는 세 가지 질문이 포함되어 있다. 이들 항목에 대한 응답 패턴이 정치 참여 잠재력이 높아진다는 가설과 일치하는 것으로 보이는지를 살펴보자. 그중 첫째 항목은 주관적인 정치적 역량감 내지 정치적 효능감 전반을 포착하기 위한 것이었다. 우리의 응답자들은 "당신은 (영국, 프랑스 등에서) 사태가 순조롭게 진전되지 않을 경우 당신과 같은 사람들이 상황을 좋은 쪽으로 변화시키는 데 도움을 줄 수 있다고 생각합니까, 아니면 그렇지 않다고 생각합니까?"라는 질문을 받았다.

이 항목에 대한 응답은 실제 **행동**에 대해 묻는 다른 두 가지 질문에 대한 응답과 밀접하게 상관되어 있었다. 첫째 질문은 다음과 같다. "당신 자신이 확고

---

25) Miller et al., "Majority Party in Disarray"(근간)를 보라.

한 견해를 가지고 있을 때, 당신은 친구, 친척, 또는 동료들이 그 견해를 채택하도록 늘 설득합니까?" ('그렇다'라고 답할 경우 다음과 같이 질문한다) "그런 일이 자주 있습니까, 아니면 이따금 있습니까, 아니면 드물게 있습니까?" 이 항목은 한 사람이 사회적으로 소극적인 경향이 있는지 아니면 다른 사람들을 설득하는 데서 적극적인 역할을 하는 경향이 있는지를 알아보려는 것이다. 이 경향은 의심할 바 없이 자신의 상대적인 자기확신감을 부분적으로 반영하지만, 또한 다른 사람들을 설득하는 데서 얼마나 **능숙**(skillful)한지도 반영한다. 다음 항목은 동일한 특성을 알아보기 위한 것이었지만, 그 특성을 구체적인 정치적 맥락에서 파악하기 위한 것이었다.

친구들과 함께 있을 때, 당신은 정치 문제를 자주 토론합니까, 가끔 토론합니까, 아니면 전혀 토론하지 않습니까? …… ('자주' 또는 '가끔'이라고 답할 경우 다음과 같이 질문한다) 그럼 (카드를 보여주며) 이 카드에 있는 진술 중에서 어느 것이 그 토론에서 당신 자신이 하는 역할을 가장 잘 묘사한다고 생각합니까?

— 나 자신의 견해를 가지고 있더라도 보통은 듣기만 한다.
— 나는 대체로 듣는 편이지만, 가끔은 나의 견해를 표현한다.
— 나는 대화에서 다른 사람과 동등한 몫을 한다.
— 나는 대화에서 그저 나의 몫을 하는 것 이상을 한다. 다시 말해 나는 보통 다른 사람들에게 내가 옳다는 것을 설득하려고 노력한다.

이들 항목에 대한 응답 패턴은 모든 나라에서 상당히 일관적이다. 유럽공동체 9개국 모두에서 3개 항목 각각에 대해 자신의 행동이 '효능이 있다'라고 응답한 경우는 교육과 정(+)의 상관관계가 있다. 교육을 많이 받은 사람일수록 자국의 상황을 변화시키는 데 일조할 수 있다고 느낄 가능성이 크고, 친구나 친척 등에게 자신의 견해를 채택하도록 설득할 가능성이 크며, 정치적 토론에서 적극적인 역할을 취하는 경향이 더 강하다. 그 차이는 상당하다. 이를테면 9개국 표본 전체에서 초등학교 교육을 받은 사람 중 단지 12%만이 '자주' 친구, 친척 또는 동료들에게 자신의 견해를 채택하도록 설득하는 데 비해, 대학 교육을 받은 사람들은 22%가 그렇게 한다. 이와 비슷하게 초등학교 교육을 받은 사람 중 42%가 자신들이 자국의 상황을 변화시킬 수 있다고 느끼는 반면, 대학 교육을 받은 사람들의 경우 65%가 그렇다고 느낀다. 따라서 횡단적 패턴에 기초하여 우리는 교육 수준의 상승이 장기적으로 더 높은 정치 참여 수준을 낳을 것으로 예상할 수 있다.

이러한 발견과 관련하여 놀랄 만한 것은 아무것도 없다. 이 발견은 단지 이전의 연구 결과들을 확증할 뿐이다. 그러나 또 다른 발견은 훨씬 덜 분명하다.

한편에서 우리는 젊은 연령 코호트가 훨씬 더 많은 정규 교육을 받았기 때문에 나이 든 코호트보다 더 높은 수준의 참여 잠재력을 가질 것으로 예상할 수 있다. 그러나 이 예상은 수많은 국가에서 나온 수많은 연구로부터 도출된 명확한 연구 결과와 모순되는 것으로 보인다. 그러한 연구들에 따르면, 젊은 사람들이 노년층보다 일관되게 낮은 정치 참여율을 보인다. 특히 투표율은 30세 미만에서 가장 낮은 것으로 나타났고, 중년기에 최고점으로 올랐다가 노년기에 점차 낮아졌다.[26] 각 연령 집단의 교육 수준의 차이를 조정하면, 노인들 가운데서는 감소율이 사라지지만, 젊은이들은 훨씬 더 **낮은** 비율을 보여준다.[27] 이 현상은 세 가지 원인과 관련이 있는 것으로 보인다. (1) 정치적 활동은 부분적으로 반복을 통해 발달되는 습관이다. (2) 젊은이들은 아직 자신들의 공동체에 완전히 통합되어 있지 않다. (3) 젊은이들은 기성 조직에 의

---

26) 관련 발견물들을 요약하고 있는 것으로는 Milbrath, *Political Participation*, 134~135를 보라.

27) Verba and Nie, *Participation in America*; Norman Nie et al., "Political Participation and the Life Cycle," *Comparative Politics*, 6, 3(April, 1974), 319~340을 보라.

해 그리 잘 동원되지 않는다. 여기서 라이프 사이클 요인이 주요한 역할을 한다는 것에는 의심의 여지가 거의 없어 보인다.

그러나 이러한 라이프 사이클 효과의 **기저를 이루는** 젊은 코호트들은 장기적으로는 자신들이 나이 든 코호트보다 **더 높은** 정치 참여율을 보일 것임을 시사하는 일군의 태도를 가지고 있다. 젊은이들은 앞서 기술한 세 가지 참여 잠재력 지표 모두에서 높은 순위를 차지하고 있으며, 다시 그 패턴은 모든 국가에서 일관적이다. 유럽 9개국 각각에서 3개 항목 각각에 대한 응답은 젊은이들이 노인들보다 더 효능감을 가지고 있고 더 적극적이라는 것을 보여준다. 상관관계는 일부 국가에서는 약하고 다른 국가에서는 강하지만 그 방향은 9개국 모두에서 동일하다. 9개국 결합 표본의 결과는 <표 11-4>에 제시되어 있다.

둘째 항목과 셋째 항목에서 연령별 상관관계를 대비해 보자. 전자가 자신의 견해 **전반**을 채택하도록 얼마나 자주 다른 사람들을 설득하는지를 묻고 후자는 구체적으로 **정치** 토론에 대해 묻는다는 점을 제외하면, 이 두 가지 질문은 매우 유사하다. 전자의 질문에 대한 응답에서 가장 젊은 집단과 가장 나이 많은 집단 간에는 35%포인트의 차이가 나는 데 반해, 구체적인 **정치적** 설득과 관련해서는 단지 12%포인트만 차이가 난다. 이에 대해서는 젊은 집단의 기본적인 태도와 스킬이 그들에게 더 높은 참여 잠재력을 제공하지만 그들은 아직 **정치** 활동에 완전히 통합되어 있지 않다고 해석할 수도 있다. <표 11-4>는 또한 나이와 정치적 지식 지표 간의 관계를 보여준다. 이 지표는 응답자가 얼마나 많은 유럽공동체 국가의 이름을 말할 수 있었는지에 기초한다. 이것은 매우 식별력 있는 척도임이 입증되었다. 우리 응답자 중 대다수(91%)가 적어도 1개 회원국을 거명할 수 있었지만, 9개 회원국 모두를 거명할 수 있는 사람은 단지 8명 중 1명뿐이었다. 이 항목은 정치 토론에서 발견된 것과 유사한 패턴을 보여준다. 젊은이들의 점수가 노인들의 점수보다 높

〈표 11-4〉 연령 집단별 정치적 효능감, 토론 활동, 정치 정보*   단위: %

연령	자신들이 국가 수준에서의 상황을 바꾸는 데 일조할 수 있다고 느낀다		특정한 견해를 채택하도록 친구, 친척, 동료들을 '자주' 또는 '때때로' 설득한다	
15~24세	59	(2,305)	64	(2,504)
25~34세	54	(2,258)	58	(2,451)
35~44세	49	(2,179)	53	(2,372)
45~54세	50	(1,944)	50	(2,094)
55~64세	46	(1,586)	48	(1,702)
65세 이상	32	(1,644)	29	(1,759)

연령	정치에 관해 이야기하고 보통 다른 사람들을 납득시키려고 하고 대화에서 대등한 역할을 한다		유럽공동체 회원국의 이름을 7개 이상 정확히 말할 수 있다	
15~24세	37	(2,590)	44	(2,591)
25~34세	40	(2,541)	44	(2,541)
35~44세	35	(2,457)	41	(2,457)
45~54세	33	(2, 196)	41	(2,196)
55~64세	31	(1,801)	36	(1,801)
65세 이상	25	(1,895)	29	(1,895)

* 1973년 유럽 9개국의 결합 표본에 기초한 것이다.

지만, 그 차이가 상대적으로 크지 않아 교육을 통제할 때면 그 차이는 사라진다. 정치 지식은 나이가 들면서 습득되는 경향이 있다. 노인들은 그들의 교육 수준이 예측해 주는 것보다 실제로 더 많은 것을 알고 있다. 그러나 이것은 젊은이들이 훨씬 더 높은 교육 기반에서 출발하기 때문에 젊은이들은 나이가 들수록 정치 정보 점수가 나이 든 집단의 수준으로 떨어지기보다는 더 **높아지는** 경향이 있을 것임을 시사한다.

요약하면, 효능감과 전반적인 사회적 행동주의는 9개국 모두에서 노인보다 젊은이들 사이에서 현저하게 높다. 구체적인 정치 토론에서는 젊은이들이 약간 더 적극적일 뿐이다. 그러나 이 모든 발견은 젊은이들이 가장 낮은 투표율을 보인다는 잘 확증된 사실과 정확하게 정반대되는 방향을 가리킨다.

이 명백한 모순은 투표가 여기서 다루고 있는 정치적 행동주의 중에서 가장 쉽고 가장 덜 차별적인 형태의 행동주의라는 것을 상기할 때 부분적으로 해소될 수 있다. 마찬가지로 투표는 기성 조직들에게 독려할 준비가 특히 잘 되어 있는 활동이다. 젊은이들은 정당 조직, 노동조합, 교회와 상대적으로 약한 유대를 가지고 있다. 따라서 그들은 전통적인 조직 채널을 통해 쉽게 동원되지 않는다.

그러나 젊은이들은 노인들보다 엘리트 도전적인 정치 참여 형태에 참여할 가능성이 더 커 보인다. 마시는 저항 잠재력을 측정하는 척도를 개발해 왔다. 그는 영국의 사례에서 주민의 저항 활동이 거의 보편적으로 받아들여지는 행위에서부터 거의 보편적으로 받아들여지지 않는 행위까지를 하나의 차원을 따라 배치될 수 있다는 것을 발견한다.[28] 그 척도에서 전자의 끝에는 청원과 평화시위가 있고, 후자의 끝에는 사람에 대한 폭력과 총기와 폭발물의 사용이 있다. 그 중간에는 어떤 집단에서는 정치적 결정에 영향을 미치는 수용 가능한 방법으로 간주되지만 다른 집단에서는 거부되는 다양한 활동이 포함되어 있다. 마시는 4개 표적 집단 ― 젊은 노동자, 나이 든 노동자, 학생, 그리고 나이 든 중간계급 ― 에서 동일한 비율로 표본을 추출했다.

마시의 네 집단은 저항 연속선상의 서로 다른 지점에 한계선을 설정했다. 나이 든 노동자들은 자신들이 받아들일 수 있는 것에 대한 정의에서 가장 보수적이었다. 그들 중 대다수는 청원과 평화시위를 받아들였지만, 보이콧은 거부했다. 나이 든 중간계급 응답자들은 앞서 언급한 모든 활동을 받아들였지만, 집세 지불 거부 운동에 대해서는 반대했다. 젊은 노동자들은 앞서 언급한 모든 것을 받아들였지만, 교통 방해에는 반대했다. 학생들은 앞서 언급한 모든 것에 더하여 건물 점거까지 받아들였지만, 재산 피해에 대해서는 거부했다.

---

28) Alan Marsh, "Explorations in Unorthodox Political Behavior: A Scale to Measure 'Protest Potential,'" *European Journal of Political Research*, 2(1974), 107~129를 보라.

비록 마시가 사회계급과 연령 모두에 따라 현저한 차이가 있다는 것을 발견하지만, 연령이 지배적인 변수인 것으로 보인다. 종적 데이터가 없는 상황에서 확인하기는 불가능하지만, 마시는 그 패턴이 세대가 변화함에 따라 받아들일 수 있는 정치적 행동주의 기법에 대한 정의가 더 넓어진다는 것을 반영한다고 잠정적으로 결론짓는다.

참여 잠재력의 사회적 맥락

사람들이 가지고 있는 효능감과 타인과의 토론에서 적극적 또는 소극적 역할을 수행하는지의 여부를 다룬 3개 항목은 외부에서 동원된 정치 참여보다는 자기 주도적 정치 참여 잠재력을 보여주는 아주 좋은 지표임이 틀림없다. 우리는 어떤 사람이 효능감을 가지고 있고 토론에서 적극적인 역할을 수행하는 것은 그가 상대적으로 높은 수준의 정치적 **스킬**을 가지고 있다는 것을 말해주며 그러한 스킬들은 조직적인 유대가 없는 경우에도 정치적 행동주의를 촉진한다고 가정한다. 우리는 이들 항목에 대해 자신의 행동이 효능이 있다고 생각한다는 응답과 자신이 토론에서 적극적인 역할을 한다는 응답은 인지적 동원 — 멀리 떨어져 있는 정치에 관여하는 능력에 기초하는 차원 — 의 정도를 알려준다고 주장할 것이다. 참여자의 잠재력이 그러한 차원을 반영할 경우, 그것은 **객관적인** 정치적 역량의 지표와 연계되어 있을 것이며, 또한 교구적 관점보다는 상대적으로 코즈모폴리턴적인 관점에서 정치를 바라보는 경향과도 연결되어 있을 것이다.

반면에 누군가는 참여 잠재력은 주로 공식 조직이 제공하는 사회화 경험에서 키워진다고 주장할 수도 있다. 이 경우 참여 잠재력은 개인 수준의 스킬보다는 조직 성원임과 더 밀접하게 연계되어 있을 것이다. 마지막으로, 누군가는 참여 잠재력이 스킬보다는 사회적 지위를 더 반영한다고 주장할 수도 있다. 이 경우에 참여 잠재력은 더 높은 소득 및 비육체적 직업과 연계되어 있을 것이다. 그러나 교육은 그것이 스킬보다는 지위를 포착하는 변수일 경우에만 참여 잠재력과 연결되어 있을 것이다.

9개국 각각의 참여 잠재력과 이러한 다른 변수들 간의 경험적 관계를 살펴보자. 우리의 첫 번째 단계는 우리가 논의 중인 효능감과 행동주의를 다루는 항목들에 기초하여 참여 잠재력 지수를 구성하는 것이다.[29] 이 세 항목에 대한 응답은 각국 표본과 밀접하게 상관되어 있었다. 9개국 전체 표본에서 특정한 견해를 채택하도록 친구나 친척을 '전혀' 설득하지 않는 사람들 가운데서는 단지 39%만이 자신이 자국의 상황을 개선하는 데 일조할 수 있다고 느낀다. 자신의 친구를 '자주' 설득하는 사람들 가운데서는 63%가 자신이 상황을 변화시킬 수 있다고 생각한다. 마찬가지로 정치에 대해 전혀 토론하지 않는 사람들 가운데서는 단지 34%만이 자신이 상황을 변화시키는 데 일조할 수 있다고 느끼는 데 비해, "보통 자신이 옳다는 것을 다른 사람에게 설득시키려고 노력한다"라고 답한 집단 가운데서는 67%가 변화에 일조할 수 있다고 느꼈다. 마지막으로, 친구를 '전혀' 설득하지 않는 사람들 가운데서는 60%가 정치에 대해 전혀 토론하지 않았는데, 특정한 견해를 채택하도록 친구나 친척을 '자주' 설득하는 사람들 사이에서는 이 수치가 20%로 떨어진다.

우리는 참여 잠재력 지수를 가지고 국가별로 다양한 형태의 다변량 분석을 실시했다. 가장 흥미로운 결과 중 일부는 참여 잠재력 점수에 다음과 같은 변

---

29) 이 지수는 한 사람의 점수를 다음과 같이 합산하여 구성되었다. (1) 한 사람이 국가 수준에서 상황을 바꿀 수 있다고 느꼈다면 그는 +1점을 받았고, 그렇지 않다면 0점을 받았다. (2) 한 사람이 만약 친구, 친척 등을 '자주' 설득했다면 그는 +2점을 받았고, '때때로' 또는 '드물게' 설득했다면 +1점을 받았고, '전혀' 설득하지 않았다면 0점을 받았다. (3) 한 사람이 "보통 자신이 옳다는 것을 다른 사람에게 설득시키고자 했다"면 그는 +2점을 받았고, 단지 "대화에서 동등한 역할을 했다"거나 '가끔' 견해를 표현했다면 +1점을 받았고, 단지 듣기만 하거나 정치에 대해 전혀 토론하지 않았다면 0점을 받았다.

수를 더한 일련의 요인분석으로부터 나온다.

1. **사회계급 지표**: 가족 소득, 직업, 가장, 노동조합 가입, 응답자의 교육
2. **정치적 스킬 지표**: 정치 정보 지수, 응답자의 교육
3. **코즈모폴리턴적/교구주의적 지향 지표**: 교구주의적/코즈모폴리턴적 정체성(<표 3-6>의 항목에 대한 응답에 기초함), 유럽 통합 지수(유럽 통합 관련 세 가지 핵심 척도에 대한 지지에 기초함), 새로운 것에 대한 개방성
4. **조직 가입 지표**: 교회 출석 빈도, 노동조합 가입

상기 항목 중 일부 항목(교육 및 노동조합 가입)은 둘 이상의 범주에 등장한 다는 점에 유의해야 할 것이다. 그 이유는 그 항목들의 중요성이 여럿에 걸쳐 있기 때문이다. 이를테면 교육은 인지 발달의 지표로도, 사회계급의 지표로 도 상당히 유용하게 사용될 수 있다. 차원 분석은 경험적 관계에 기초하여 한 요소와 다른 요소를 구별하는 데 도움을 줄 수 있다.

정당 선호와 좌파-우파 척도상에서의 자기 배치 역시 사회계급과 연관성 을 가질 수 있기 때문에 각국에 대해 실시하는 요인분석에 포함되었다. 마지 막으로, 우리는 인지적 동원과 가치 유형 간의 관계를 검토하는 것이 중요하 다고 생각했다. 만약 광범한 인지적 동원 차원 — 멀리 떨어져 있는 정치에 대처 하는 데 도움이 되는 일단의 스킬들을 나타내는 — 이 존재한다면, 우리는 그것이 가치 유형과 상관되어 있을 것으로 예상할 수 있다. 왜냐하면 제2장에서 주장 했듯이, 탈물질주의적 유형은 즉각적인 개인적 욕구는 당연히 충족된 것으로 간주하고 상대적으로 자신과 관계가 먼 관심사를 더욱 중시할 수 있는 개인들 로 이루어지기 때문이다. 따라서 인지적 동원과 탈물질주의 가치는 두 가지 아주 다른 과정을 통해 상대적으로 코즈모폴리턴적인 지향에 기여할 것이다. <표 11-5>는 9개 유럽 국가 전체에서 나타나는 이들 변수의 전반적인 양태

<표 11-5> 서유럽에서의 인지적 동원, 가치 유형, 그리고 정치적 선호, 1973년(9개국 표본의 요인 분석[베리맥스회전(Varimax rotation)]에서 300 이상의 적재값)

I 인지적 동원 (16%)		II 좌파-우파 정치 선호 (12%)	
정치 정보 지수	.601	좌파-우파 투표 성향	.750
참여 잠재력 지수	.600	좌파-우파 이데올로기적 자기 배치	.732
교육	.571	교회 출석	.441
유럽 통합 지수	.510	탈물질주의적 가치 지수	-.301**
새로운 것에 끌림	.393		
코즈모폴리턴적인 정치적 정체성	.377		
탈물질주의적 가치 지수	.372		
연령	-.323*		

* (-) 부호는 나이 든 집단이 정보, 참여 잠재력 등에서 더 낮다는 것을 나타낸다.
** (-) 부호는 탈물질주의자들이 우파에 대한 투표, 교회 출석 등의 가능성이 더 낮다는 것을 나타낸다.

를 요약한 것이다.

첫 번째로 제시된 요인들은 인지적 동원 차원으로 가정된 것들이다. 적재량이 가장 많은 3개 항목은 참여 잠재력 지수와 두 가지 스킬 수준 지표(정치 정보와 정규 교육)이다. 주관적인 정치적 역량감과 **객관적** 정치적 역량은 맞물려 있는 것으로 보인다. 국정과 관련하여 자신이 뭔가를 할 수 있다고 느끼고 친구를 설득하는 데서 적극적인 역할을 하는 사람들은 일반적으로 정치에 대해, 그리고 아마도(그들이 보다 많은 교육을 받은 경우에) 사회 전반에 대해 가장 많이 **알고** 있는 사람들인 경향이 있다. 바로 우리가 가정한 대로, 정치적 행동주의와 스킬의 지표들은 대체로 외향적인 정치적 성향과 연결되어 있다. 유럽 통합에 대한 지지, 새로운 것에 대한 열린 태도, 그리고 코즈모폴리턴적인 정체성 의식이 인지적 동원 요인의 일부를 이루고 있다. 만약 '인지적 동원'의 본질이 멀리 떨어져 있는 정치에 대처하는 능력이라면, 이 과정은 사람들이 참여하는 정치 참여의 **유형**뿐만 아니라 사람들이 활동하는 정치공동체의 범위에도 영향을 미칠 수 있다. 그것은 사람들로 하여금 더 큰 정치 단위를 지향하게 할 수도 있다. 우리는 다음 장에서 이 주제를 좀 더 자세히 살펴볼 것이다.

인지적 동원 차원은 그 차원에 포함되어 있지 **않은** 것들과 관련해서도 살펴볼 필요가 있다. 명확한 사회계급 지표들, 즉 소득과 직업이 이 요인에 대해 갖는 적재값은 유의미하지 않다(그 적재값은 고작 .20 수준에 불과하다). 국가별 분석은 <표 11-5>에 나타난 패턴을 확인해 주는 경향이 있다. 독일과 프랑스에서 소득은 .30 수준을 약간 상회하는 적재값을 가지지만, 정치 정보, 참여 잠재력, 교육은 9개국 각각에서 그보다 훨씬 더 높은 적재값을 가진다. 이 패턴은 교육의 계급 연계적 요소가 아닌 교육의 **인지적** 요소가 교육과 이 차원의 강한 상관관계를 설명한다는 것을 시사한다. 사회적 지위보다 스킬이 더 결정적인 것으로 보인다. 마찬가지로, 노동조합 가입이나 교회 출석 모두는 이 차원에 대해 유의미한 적재값을 가지고 있지 않다. 조직에서 적극적이거나 주도적인 역할을 하는 사람들은 인지적 동원 수준이 높을 것으로 확실하게 예상할 수는 있지만, 조직의 성원 여부 **자체**는 인지적 동원과 강하게 관련되어 있지 않은 것으로 보인다.

<표 11-5>는 가치 변화 과정과 인지적 동원의 과정이 경험적으로 함께 가는 경향이 있음을 보여준다. 우리가 제3장에서 살펴보았듯이, 누군가가 엘리트(또는 코즈모폴리턴적) 커뮤니케이션 네트워크에 통합되어 있다는 사실은 그 사람으로 하여금 그 환경을 지배하는 가치를 채택할 가능성이 더 크게 만든다. 현재 서구 국가들에서 상층 계층은 상대적으로 탈물질주의인 경향이 있다. 우리의 현재 데이터는 탈물질주의적 가치와 인지적 동원 차원 간에 .372의 상관관계가 있음을 보여준다.

그러나 인지적 동원과 가치 변화는 분석적으로 구분된다. 엘리트 집단들이 **항상** 탈물질주의적 사고방식을 가지고 있었다는 것은 전혀 확실하지 않다. 그들도 최근에야 그러한 견해를 갖게 되었다는 증거가 있다. 따라서 초기 발

달 단계에서 인지적 동원은 탈물질주의적 가치를 받아들이도록 고무한 것이 아니라 정반대의 영향을 미쳤을 수도 있다.

인지적 동원과 가치 유형은 경험적으로도 구분된다. 인지적 동원은 한 사람의 정치적 사고방식의 **수직축**에 영향을 미친다. 즉, 높은 수준의 정치적 스킬을 가진 사람들은 교구적인 지향보다는 코즈모폴리턴적인 지향을 가지는 경향이 있다. 그러나 이 차원은 한 사람의 정치적 선호의 좌파-우파 축과는 거의 관계가 없다. 정치적 스킬 수준이 높은 사람들은 그 스킬을 좌파를 위해서도 또는 우파를 위해서도 사용할 수 있다. 그러나 한 사람의 가치 유형은 정치적 스펙트럼상의 어느 한쪽을 지향하는 경향이 **있다**. 탈물질주의자들은 좌파 정당을 지지하고 자신들을 이데올로기 척도상에서 좌파 쪽에 위치시킬 가능성이 크다.

좌파-우파 차원은 양극화의 두 번째 독자적인 기반이다. 그것은 두드러진 특성을 지니지만, 단지 앞의 세 개의 장에서 보고한 연구 결과를 확증하는 역할을 할 뿐이다. 한편 '교회 출석'은 좌파-우파 투표와 좌파-우파 이데올로기적 자기 배치 모두와 밀접하게 관련되어 있으며, 가치 유형은 인지적 동원과는 전혀 무관함에도 **불구하고** 좌파-우파 정치 선호에 대해서는 유의미한 적재값을 가지고 있다.

반면 우리의 다양한 사회계급 지표는 좌파-우파 요인과도, 그리고 인지적 **동원과도** 유의미한 연계성을 가지지 않는다. 주어진 국가(특히 영국)에서 사회계급은 좌파-우파 차원과 비교적 강하게 연계되어 있지만, 유럽 전체에서 그 상관관계는 그리 크지 않다.

<표 11-5>의 제1요인은 참여 잠재력이 코즈모폴리턴적인 스킬 및 태도와 긴밀하게 얽혀 있다는 것을 보여준다. 부자들은 그러한 특성들을 비교적 쉽게 소유할 수 있지만, 부 자체는 그리 중요하지 않아 보인다. 마찬가지로 조직은 의심할 바 없이 정치 참여를 틀 짓는 주요한 요인 중 하나이다. 여기서도

우리는 이 책 전체에서 그랬던 것처럼 정치 현상을 분석할 때에는 구조, 가치, 스킬을 모두 고려해야 한다는 확신을 강조해 두고자 한다. 우리의 데이터는 개인 수준의 스킬 **또한** 주어진 사회에서 나타나는 정치 참여의 유형과 강도에 결정적인 영향을 미친다는 것을 시사한다.

마지막으로, <표 11-5>는 젊은 코호트가 참여 잠재력에서뿐만 아니라 전체 인지적 동원 군집에서도 나이 든 코호트보다 높은 순위를 차지한다는 것을 보여준다. 이는 인지적 동원 차원이 정적인 관계가 아니라 진행 중인 과정을 반영하고 있을 수 있음을 시사한다. 물론 우리가 더 많은 적절한 시계열 데이터를 얻을 때까지는 이를 확신할 수 없다. 그러나 전체적인 양태는 인지적 동원의 과정이 서구 공중을 서서히 변화시키고 있다는 관념과 일치한다.

1972년의 새로운 행동주의

젊은 코호트들은 상대적으로 높은 수준의 정치적 스킬을 가짐으로써 더 많은 것이 요구되는 형태의 정치 활동에 참여할 수 있는 잠재력을 예외적으로 많이 가지고 있다. 그리고 1972년 미국 대통령 선거는 상대적으로 낮은 투표율을 다시 한번 입증했지만, 이 선거는 선거에 앞서 이루어진 선거운동에서 젊은 활동가들이 더 높은 수준의 정치적 의사결정에 전례 없이 참여했다는 사실에 의해 특징지어졌다. 1972년 민주당 전당대회 대의원 중에는 유달리 새로운 인물들이 많았다. 1968년 전당대회에도 참석했던 사람은 11%에 불과했다.[30] 이러한 새로움의 많은 부분이 대의원 선출을 지배하는 규칙을 바꾼 것에서 기인할 수도 있지만, 이러한 규칙들이 진공상태에서 출현한 것은 아

---

30) 이 수치와 다음의 수치는 *New York Times*, July 10, 1972, 1에 실린 전당대회 대의원을 분석하여 도출한 것이다.

니었다. 그 규칙은 유권자의 특정 분파가 지닌 정치적 효력이 증대했음을 반영하는 것이었다.

3,000명이 넘는 대의원 중에서 38%가 여성이었고 15%는 흑인이었는데, 이는 이전의 그 전당대회보다도 크게 증가한 수치였다. 반면 노동조합원은 대의원의 10분의 1도 안 되었고, 3분의 2는 이전에 당에서 어떤 종류의 지위도 차지한 적이 없었다. 1968년 전당대회에서는 30세 미만이 대의원의 3%도 넘지 못했었지만, 1972년 전당대회에서는 거의 27%가 30세 미만이었다. 한 가지 통계가 특히 주목할 만하다. 그것은 바로 그 전당대회가 미국 현대사에서 가장 교육 수준이 높은 전당대회였을 것이라는 것이다. 미국 전체 인구중 약 4%만이 대학원 교육을 받았지만, 그 대의원 중에서는 45%가 대학원 교육을 받았다.

과거에 전당대회 대의원은 소수의 킹메이커들의 앞잡이로 여겨져왔고, 대의원들의 사회적 배경은 그다지 중요하지 않았을 수도 있다. 그러나 1972년 전당대회 대의원들 대부분은 자신들이 솔선해서 나선 사람들로, 많은 경우에 기성 지도자들의 뜻을 거스르고 후보 지명권를 차지했다. 그러나 이 대의원들이 지명한 후보는 1972년에 무참하게 패했다. 따라서 사람들은 어쩌면 기성 조직들이 향후 지명에서 자신들의 잃어버린 기반을 얼마간 되찾을 것으로 생각할 수도 있다. 그러나 상황이 이전 상태로 돌아갈 수 있을지는 심히 의심스러워 보인다. 왜냐하면 1972년 전당대회에서 맥거번을 지명한 것은 새로운, 그리고 아마도 점점 성장할 정치 참여 스타일이 출현했음을 의미하는 것이었기 때문이다.

여기서 우리는 마지막 역설과 마주친다. 우리는 이 장에서 줄곧 관료제적 스킬의 중요성을 강조해 왔다. 그러나 조지 맥거번을 지명한 이 운동은 매우 비관료제적인 외형을 가지고 있었다. 고전 관료제의 네 가지 핵심적 특징은 위계질서, 영속성, 비인격성, 중앙통제이다. 맥거번의 운동조직은 예비선거에서 대의원을 성공적으로 확보하기 위해 투쟁하면서 그러한 특성 각각과 정반대되는 것을 강조했다. 분권화가 슬로건이었다. 새로운 조직들은 사전 준비 없이 최소한의 위계적 조직으로, 그렇지만 열정을 가지고 지역 주도로 구축되었다. 그리고 선거운동은 가능한 한 많은 투표자와 개인적으로 접촉하는 방식을 강조했다.

또다시 그것은 외견상으로만 역설로 보일 뿐이다. 고전적인 관료제적 모델은 고도로 훈련된 사람들이 아주 적은 사회를 위해 고안된 것이었다. 그러한 모델은 정보 처리 과정을 중앙에서 지시하는 고도로 표준화된 일단의 틀에 박힌 일로 만들어버림으로써, 소수의 고도로 숙련된 의사 결정권자들로 하여금 얼마간 숙련된 더 많은 일단의 사무원들을 통제하게 하고 그 사무원들이 다시 교육받지 않은 방대한 수의 대중을 관리할 수 있게 해준다. 맥거번 선거운동은 커뮤니케이션과 조직에서 상대적으로 많은 고도로 숙련된 사람에 의해 이끌어지고 있었다. 따라서 그 선거운동은 고전적 관료제의 표준화와 위계질서를 상당히 완화할 수 있었고, 그러면서도 여전히 여러 노력을 합리적으로 조정할 수 있었다.

결론

광범위한 정치공동체의 정치에서 효과적인 역할을 하기 위해서는 전문적인 스킬이 필수적이다. 따라서 정치적 스킬 수준이 상승할 경우 서구의 공중은 더 높은 수준의 정치에 참여하게 될 것이다. 그러한 공중은 상대적으로 숙련된 소수에게 의사결정을 맡기기보다는 자신들이 실제로 의사결정 과정에 다시 참여하는 참여 문턱에 접근하고 있는지도 모른다.

제12장

교구주의, 국가주의, 초국가주의

서론

우리가 앞 장에서 살펴보았듯이, 인지적 동원 과정과 탈물질주의적 가치로
의 전환 모두는 교구적 정체성 의식이 아닌 코즈모폴리턴적 정체성 의식이 발
전한 것과 연관되어 있는 것으로 보인다. 이러한 정체성 의식의 변화는 서구
정치에 심대하게 중요한 결과를 가져올 수도 있다. 왜냐하면 이러한 변화는
서유럽에서 우리가 알고 있는 국민국가를 언젠가 종식시킬 수도 있는 초국적
인 유럽공동체에 대한 잠재적 지지를 증가시키기 때문이다.

이 과정은 복잡하고, 따라서 우리는 그 과정이 이루어질 것이라고 결코 확
신할 수 없다. 가치와 스킬 수준의 근본적인 변화와 언젠가는 일어날 수도 있
는 정치제도의 획기적인 변화가 크게 엇갈릴 수도 있기 때문이다. 그러나 우
리는 (덜 발전된 나라들에서 국가주의가 성장하고 있음에도 불구하고) 유럽 공중
사이에서는 장기적으로 국가주의가 소멸하는 추세를 보이고 있다고 말할 수
밖에 없다. 그렇다면 이러한 추세가 어떤 실제적인 중요성을 가지는가? 일반
적으로 여론은 유럽 통합에서 주변적인 요인으로 묘사된다. 대중의 태도가
실제로 중요한 역할을 하는가? 오늘날 그 답은 확실히 '그렇다'이다. 그러나

항상 그렇지는 않았다. 처음에 유럽 통합 운동은 대단한 의욕을 가진 소수들로부터 그 추동력을 얻고 있었다.

유럽 통합: 엘리트의 음모에서 공중의 관심사로

유럽공동체는 독립된 국민국가들을 폐지함으로써 서유럽 국가 간의 전쟁 가능성을 배제할 수 있을 것이라는 희망에서 출범되었다.[1] 이 목표는 일련의 비극이 고조되고 나서 독일과 그 이웃 국가 간에 또 다른 전쟁이 발생한다면 문자 그대로 그들 사회와 국민을 실제로 파멸시킬 수도 있다는 깨달음과 함께 채택되었다.

1870~1871년의 프랑스-프러시아 전쟁은 수천 명의 목숨을 앗아갔고, 광범위한 고통을 야기했으며, 프랑스와 독일 사이의 또 다른 전쟁을 거의 피할 수 없게 만든 쓰라린 결과를 남겼다. 그 일이 발생했을 때, 그로 인한 유혈사태는 사람들이 할 수 있는 가장 야만적인 모든 예상을 뛰어넘었다. 제1차 세계 대전은 새롭고 가장 치명적인 기술을 사용하여 거의 700만 명의 전사자와 수백만 명의 불구자와 신체 절단자들을 낳았다. 대부분의 유럽 국가가 그 분쟁에 말려들었다. 또다시 평화는 쓰라림과 증오를 남겼고, 이는 또 다른 전쟁의

---

1) 이 주제에 대한 간략하지만 균형 잡힌 입문서로는 Roy Pryce, *The Politics of the European Community Today*(London: Butterworths, 1973)를 보라. 풍부한 사실들을 상세하게 다루고 있는 또 다른 훌륭한 전반적인 논의로는 Roger Broad and R. J. Jarrett, *Community Europe Today* (London: Wolff, 1972)가 있다. 기본적인 이론적 분석들로는 Ernst Haas, *The Uniting of Europe: Political, Social and Economic Forces, 1950-1957*(Stanford: Stanford University Press, 1958); Karl W. Deutsch et al., *Political Community and the North Atlantic Area*(Princeton: Princeton University Press, 1968); Amitai Etzioni, *Political Unification: A Comparative Study of Leaders and Forces*(New York: Holt, Rinehart, and Winston, 1965); Leon Lindberg and Stuart Scheingold, *Europe's Would-Be Polity*(Englewood Cliffs, N.J.: Prentice-Hall, 1970)를 보라. 그리고 Lindberg and Scheingold(eds.), *Regional Integration: Theory and Research*(Cambridge, Mass.: Harvard University Press, 1971)의 관련 장들을 보라.

길을 준비하게 했다.

제2차 세계대전은 인류 역사상 가장 거대한 비극이었다. 이번에는 1,500만 명이 전사했다. 그러나 민간인 학살은 훨씬 더 어마어마했다. 전 세계 유대인의 절반이 살해되었고, 3,000만 명에서 4,000만 명의 민간인이 학살되어 민족 전체가 사라졌다.

그 결과 제1차 세계대전 이후의 상황보다 훨씬 더 심각한 증오의 상황에 놓이게 되었다. 그러나 역사는 이번에는 다른 국면으로 전개되었다. 1940년에 패한 국가들과 1945년에 패한 국가들의 주요 인물들이 자신의 나라들이 서로 다시 싸우는 것을 불가능하게 만드는 일단의 협정을 제도화하기로 결의했다. 1952년 유럽석탄철강공동체(European Coal and Steel Community)가 설립되어, 독일, 프랑스, 이탈리아, 벨기에, 네덜란드, 룩셈부르크의 철강 산업이 통합되었다. 국제연맹(League of Nations)이나 국제연합(United Nations)보다 범위가 훨씬 제한되어 있음에도 불구하고, 그 기관은 한 가지 결정적인 측면에서 다른 기관들을 훨씬 뛰어넘었다. 그것은 바로 초국가적 기관에 진정한 권한을 부여했다는 것이었다. 하나의 유럽 당국은 제한적이지만 중요한 영역에서 각국 정부를 지배할 수 있었다. 그것은 유럽 통합을 향한 조심스러운 출발이었다. 그리고 그것은 1958년 유럽공동시장(European Common Market)과 유럽원자력공동체(Euratom)의 탄생을 위한 길을 마련하여, 유럽석탄철강공동체 6개국 사이에 통합의 범위를 크게 확장했다. 이들 3개 기구는 이후 유럽공동체로 통합되어 그 기능을 계속해서 늘리고 지리적으로 확장해 왔다.

유럽석탄철강공동체는 거의 공모해서 행동하는 소수의 기술관료 엘리트들에 의해 출범했다. 처음 몇 년 동안 유럽 공중은 새로 생긴 유럽 기관들에 대해 어렴풋하게만 알고 있었고, 거의 관심이 없었다. 하스(Haas)는 이 초기 시기에 글을 쓰면서 유럽 통합의 과정을 이해하기 위해서는 "참가국의 정치 엘리트들을 선정하여 통합에 대한 그들의 반응을 연구하고 그들이 드러내는 태도 변화를 평가하는 것만으로 충분하다"라고 주장해 왔다.[2] 하스의 주장은 제도화된 유럽 통합의 첫 10여 년과 관련해서는 옳다. 그러나 1962년경에 유럽공동체 기관들은 놀랄 만한 성공을 거두었다. 유럽의 공중은 그러한 기관들에 대해 점점 더 많이 알고 있었고, 그 기관들을 자신들이 누리는 평화 및 번영과 연관시키는 경향이 있었다.[3]

하지만 이러한 발전은 거시적 사건의 수준에서는 가시화되지 않았다. 반대로 1960년대 중반 유럽에서는 국가주의가 화려하게 부활하는 것처럼 보였다. 독일에서는 특히 국가민주당이 선거에서 성공하자, 사악한 형태의 국가주의가 부활할 수도 있다는 우려가 널리 일어나고 있었다. 공개적으로는 신나치주의자가 아니었지만(그랬더라면 불법이었을 것이다), 국가민주당은 놀랄 만큼 광범위한 쟁점에 대해 나치적 심성을 드러냈다. 그들의 힘이 커지자, 독일과 그의 동부 이웃 국가들 간의 관계 정상화에 대한 전망은 어두워 보였다.

프랑스에서는 드골파의 국위 추구가 절정에 달하여, 영광, 핵전력, 전면 방어를 강조했다. 영국인들은 일찍이 대륙 국가들과 운명을 함께하기를 꺼리던 것을 극복하고 유럽공동시장에 참여하려 하고 있었다. 그러나 1963년에, 그리고 다시 1967년에 드골 장군은 영국의 가입 신청을 일방적으로 거부했다. 그리고 유럽공동체 기관들을 강화하고 그 기관들에 독자적인 재정 자원을 제공하자는 광범위한 일단의 제안은 프랑스가 유럽 기관들을 마비시키겠다고 위협하며 6개월 동안 보이콧을 계속함으로써 교착상태에 빠졌다. 친유럽 엘리트들은 사기가 꺾여 비관적이 되었다. 유럽 통합이 종말을 맞이하는 것이 아닌가 하는 인식이 널리 퍼져 있었다.

하지만 그러한 사건들의 기저에는 프랑스 공중뿐만 아니라 유럽공동시장 내의 다른 나라들의 공중의 유럽 통합에 대한 광범한 지지가 깔려 있었다.[4] 초

---

2) Haas, *The Uniting of Europe*, 17.
3) "L'Opinion Publique et l'Europe des Six," *Sondages*, 1(1963) 특집호를 보라.

국가적 통합에 대한 프랑스 정부의 반대는 프랑스 국민의 뿌리 깊은 국가주의를 반영하는 것이 아니라 비교적 소수의 엘리트의 선호, 그리고 무엇보다도 대단히 강력한 한 개인 – 즉, 드골 장군 – 의 선호를 반영하는 것으로 보였다.

1967년에는 드골이 앞으로 많은 해 동안 더 권력을 유지하는 것이 가능하지 않아 보였다(그는 80세를 바라보고 있었다). 드골과 유럽공동체의 싸움은 이미 프랑스 공중 사이에서 그의 위세를 약화시켜 왔다. 1965년 대통령 선거에서는 통상적으로 드골을 지지했을 유권자의 상당수가 그를 떠났는데, 그것은 주로 그가 유럽공동시장을 보이콧했기 때문이다. 어떤 후임자라도 상대적으로 친유럽적인 중도파를 끌어들일 필요가 있어 보였다. 엘리트와 대중의 견해에 대한 데이터를 분석한 결과, 그의 퇴진과 함께 프랑스 외교정책에 중요한 변화가 일어날 것으로 드러났다. 그리하여 우리는 드골 대통령이 물러나면 영국의 유럽공동시장 진입에 대한 프랑스의 거부가 철회될 것이고, 초국가적인 유럽 통합에 대한 프랑스의 반대도 줄어들 것이며, 미국과의 관계도 대립에서 협력으로 전환될 것이라고 추측했다.[5]

드골 장군은 1969년 4월에 퇴임했다. 그 해 12월에 그의 후계자는 헤이그에서 유럽정상회의를 소집했다. 그 회의에서 그리고 후속 협상에서 유럽공동체 6개국 지도자들은 영국의 가입 협상을 재개하는 것, 유럽의 경제 및 통화연합을 구성하는 것, 유럽 기관들에게 각국 정부로부터 받는 기부금과는 별

---

4) 1957년(유럽공동시장이 결성되기 직전)에 프랑스 공중의 55%가 자신들은 "유럽 통합을 위한 노력"에 찬성한다고 답했다. 1962년에 이 수치는 72%에 달했고, 1970년에도 대략 비슷한 수준 (70%)을 유지했다. 1957년 수치는 Richard L. Merritt and Donald C. Puchala, *West European Perspectives on International Affairs: Public Opinion Studies and Evaluations*(New York: Praeger, 1968), 283에서, 1962년 수치는 *Journal of Common Market Studies*, 2, 2(November, 1963), 102에서, 그리고 1970년 수치는 Commission of the European Communities, *Les Européens et l'Unification de l'Europe*(Brussels, 1972), 72에서 따온 것이다.

5) Ronald Inglehart, "Trends and Non-Trends in the Western Alliance: A Review," *Journal of Conflict Resolution*, 12, 1(March, 1968), 128을 보라. Ronald Inglehart, "An End to European Integration?" *American Political Science Review*, 61, 1(March, 1967), 91~105도 참조하라.

개로 그 기관들만의 재정 자원을 제공하는 것에 대해 합의했다. 유럽 통합은 다시 시작되었다.

1972년경에는 여론이 유럽 통합에 분명하게 영향을 미치기 시작했다. 유럽공동체에 새 회원국을 받아들이기 위한 협상과 관련하여 5개국에서 국민투표가 실시되었다.

하나의 사례에서는 국민투표가 얼마간 겉치레였다고 주장될 수도 있었다. 프랑스 유권자들은 (1) 유럽공동체 확대 정책과 (2) 조르주 퐁피두(Georges Pompidou) 정부 둘 다 지지한다는 입장을 표명할 것을 요구받았다. 이 두 가지가 반드시 함께 가는 것은 아니었고, 많은 프랑스인은 그것을 유도 질문으로 보았다. 그 국민투표는 68%의 찬성으로 승인되었지만, 기권율이 당혹스러울 정도로 높았다. 그렇기는 하지만 퐁피두는 가장 논란이 많았던 드골의 정책 중 하나를 뒤집었다. 국민투표 문구가 그리 명료하지 않았을 수는 있지만, 프랑스 정부가 새로운 정책과 관련하여 투표로 신임을 얻고자 했다는 사실은 적어도 정부가 유럽 통합에 관한 여론에 대해 일정 정도 민감하게 반응하고 있었음을 보여준다.

1972년에 실시된 다른 4개국의 국민투표는 비교적 직설적이었다. 각각의 경우에서 각국 공중은 자국이 유럽공동체에 가입해야 하는지의 여부를 결정하도록 요청받았다(스위스의 경우에는 완전한 가입이 아닌 연합을 놓고 투표했다). 아일랜드인의 대다수가 '그렇다'에 투표했고, 아일랜드는 가입했다. 노르웨이인들은 '아니다'에 투표했고, 노르웨이는 그냥 밖에 머무르기로 했다. 덴마크인들은 '그렇다'에 투표했고, 덴마크는 가입했다. 마지막으로 스위스인들은 연합에 찬성표를 던졌고, 스위스 정부는 그에 따라 행동했다. 국민투표와 정부의 결정 사이에는 1.00의 상관관계가 있었다.

그러나 아마도 가장 흥미로운 사례는 국민투표가 실시되지 않은 영국의 경우였을 것이다. 보수당과 자유당은 공식적으로 가입을 지지했고 노동당은 가입에 반대했지만, 사실 양대 정당 모두 이 문제로 심하게 분열되어 있었다. 국민투표는 영국 정치 관행에 반하는 것이기 때문에, 하원 투표로 가입이 결정되었다. 순종적인 것으로 간주되는 영국 공중이 자신들의 지도자를 따를 것으로 가정되었다. 그러나 그 쟁점은 사라지지 않았다. 여론은 변하기 쉬운 것이지만, 조사들은 1973년 1월에 영국이 가입한 이후에도 다수의 공중이 가입에 반대했다는 것과 1973년과 1974년 대부분 동안에도 반대가 계속해서 지배적이었다는 것을 보여주었다.

1974년에 노동당 정부가 출범했고, 그해 말에 영국이 유럽공동체에 남아야 하는지에 대한 국민투표를 실시하기로 결정했다. 그러나 가입에 찬성하는 쪽으로 의견이 옮겨가고 있었다. 1974년 말경에 근소한 차이이기는 하지만 영국 공중의 다수가 찬성하고 있었다. 1975년 2월경에는 가입에 대한 지지가 반대를 훨씬 능가했다. 3월 중순에 노동당 정부는 원래 합의했던 가입 조건보다 훨씬 더 유리한 재정적 조건을 얻었다는 이유로 입장을 바꾸었다. 이후 국민투표 캠페인에서 비록 노동당 장관들의 약 3분의 1이 반대 운동을 펼쳤지만, 노동당 내각의 대다수가 계속 가입하는 것에 찬성한다고 주장했다.

1962년부터 1975년까지의 조사 데이터는 특정 정당이 유럽공동체 가입에 찬성하거나 반대하는 입장을 취했을 때 그 정당의 유권자들이 자신들의 지도자의 입장을 지지하기 위해 결집한다는 것을 분명하게 보여준다. 그러나 영국 여론의 일정한 주요한 변화가 정당 지도부의 변화를 따르기보다는 지도부의 입장에 **선행**했다는 것도 마찬가지로 명백하다. 이는 노동당이 입장을 바꾼 두 차례 모두에서 사실이었다.

노동당은 1964년부터 1970년까지 집권하고 있던 동안 유럽공동체 가입을 적극적으로 추진해 왔다. 그러한 상황은 보수당이 집권한 후에, 그리고 드골이 두 번의 거부권을 행사하여 가입에 대한 여론이 악화되었을 때 뒤집혔다. 노동당의 두 번째 번복은 의심할 여지없이 노동당이 더 나은 가입 조건을

〈표 12-1〉 영국에서 국민투표가 실시되기 이전 유럽공동시장 가입에 대한 찬성과 반대

단위: %

	1973년 9월	1974년 5월	1974년 11월	1975년* 2월	1975년 3월 5~10일	1975년 3월 20~24일	1975년 4월 1~6일	1975년* 4월 4~7일	1976년 4월 15~20일	1975년 4월 17~21일	1975년* 4월 23~28일	1975년 5월 1~5일	1975년 5월 7~12일	1975년 5월 21~27일	1975년 6월 5일 실제 결과
가입 찬성	31	33	36	48	52	59	60	57	56	57	58	57	60	59	67
가입 반대	34	39	35	34	36	30	28	31	28	28	30	33	29	31	33

* 1973년과 1974년의 결과는 "일반적으로 말해서 당신은 유럽공동시장에 가입하는 것이 영국에 좋은 일이라고 생각합니까, 나쁜 일이라고 생각합니까, 아니면 좋지도 나쁘지도 않다고 생각합니까?"라는 질문에 대한 응답에 기초한 것이다. 이 조사는 유럽공동체가 후원하여 갤럽 폴(주)에 의해 실시되었다. 1975년의 결과는 "당신은 영국이 유럽공동체(유럽공동시장) 안에 머물러야 한다고 생각합니까?"라는 질문에 대한 응답에 기초한 것이다. 질문을 구성하는 두 가지 방법으로 얻은 결과를 낳았으며, 453쪽에서 증명되듯이 실제 투표에 대한 훌륭한 예측치들이었다. (무관심자와 무응답자의 수치를 제외했기 때문에 결과를 합산해도 100%가 되지 않는다.)

확보**했다**는 사실에서 기인하는 것이었을 수 있다. 그러나 여론이 바뀌어 국민투표 캠페인에서 정치적으로 실행 가능한 전략이 된 후에야 그러한 반전이 일어났다는 사실을 무시하는 것은 순진한 일일 것이다. 엘리트들은 이 영역에서 공중에게 영향을 미친다. **그리고** 그 반대 역시 사실이다. 이스턴(Easton)이 주장해 왔듯이, 공중과 의사결정자들은 피드백 관계로 연결되어 있다.[6]

유럽공동체에 가입 신청을 한 4개국 가운데 3개국만이 실제로 가입되었다. 각각의 경우에 (그리고 궁극적으로는 영국에서도) 여론이 결정적인 요인이었다. 이제는 여론이 유럽 통합에 중요한 역할을 하는지의 **여부**가 아니라 **언제** 그러한 역할을 하는가가 문제이다.

대중의 태도는 어떤 조건에서 유럽의 정책 결정에 가장 큰 영향을 미치는가? 이것은 이 책 전반에 걸쳐 강조된 세 가지 유형의 변수, 즉 스킬, 가치, 구조의 상호작용에 달려 있다.

1. **스킬**. 스킬은 분명히 중요하다. 단기적으로 문제는 "공중이 특정 사안에 대해 얼마나 잘 알고 있고 자각하는가?" 하는 것이다. 그러나 장기적으로 결정적인 문제는 "얼마만큼의 공중이 타성적인 교구인들로 구성되어 있으며 스킬을 갖춘 참여자가 얼마나 많은가?" 하는 것이다. 앞 장에서 제시했듯이, 인지적 동원 과정은 공중으로 하여금 대외 정책 결정에 더 많이 관여하게 한다.

2. **가치**. 그것은 또한 가치의 문제이기도 하다. 엘리트들은 주어진 쟁점이 단지 피상적인 선호와 관련되어 있을 경우 다소 쉽게 공중을 인도할 수 있지만, 상대적으로 뿌리 깊은 가치들과 관련되어 있을 경우에는 서서히, 그리고 힘을 들여야만 여론을 바꿀 수 있다. 엘리트들은 비교적 큰 정도로 여론의 제약을 받는다.

---

6) 이 견해의 근간을 이루는 몇몇 기본 개념에 대한 논의로는 David Easton, *A Systems Analysis of Political Life*(New York: Wiley, 1966)를 보라.

3. **구조.** 그러나 물론 개인의 가치도 스킬도 진공상태에서 존재하지 않는다. 거시정치적 환경을 고려해야만 한다. 한 가지 중요한 측면은 국가 의사결정 기관의 구조이다. 그 기관들은 그 스펙트럼상에서 다원주의적 지향을 보이는가 아니면 단일체적 지향을 보이는가? 대안적인 의사결정자 집단 간에 제도화된 경쟁이 존재할 경우, 의사결정 기관들은 공중의 지지를 받기 위해 서로 경쟁할 가능성이 크다. 반대로 공중에게 진정한 대안이 제시되지 않을 경우, 그 기관들의 영향력은 아마도 미미할 것이다.

따라서 드골이 프랑스를 통치할 수 있는 유일한 사람으로 보이는 한, 프랑스 공중은 그의 대외 정책 브랜드를 받아들이는 것 말고는 아무런 대안도 가지지 못했다. 마찬가지로 영국의 모든 주요 정당이 유럽공동체 회원국으로 머물기로 하는 한, 그중 어느 정당도 그 입장을 위해 정치적 대가를 치르는 위험을 무릅쓸 필요가 없었다. 공중의 선호가 결정적이 된 것은 노동당의 대열이 깨졌을 때뿐이었다. 반면 노동당 지도부가 당시 여론의 분포로 인해 지지를 얻을 기회를 발견하지 못했더라도 자신들의 입장을 번복했을지는 의문이다.

국가의 의사결정 구조도 중요하지만, 초국가적 구조도 고려해야 한다. 6개 기존 회원국의 공중은 여러 해 동안 유럽 제도들 아래에서 살아왔다. 새로 가입한 3개 회원국 공중은 1973년 이후에만 그러한 경험을 했으며, (아래에서 우리가 살펴보듯이) 6개 기존 회원국 공중의 태도와 3개 새 회원국 공중의 태도 간에는 현저한 차이가 있다. 프랑스, 독일, 이탈리아, 베네룩스 국가 내에서 우리는 광범위하고 뿌리 깊고 안정적인 친유럽적 합의를 발견한다. 공중의 태도 역시 외부의 영향에도 불구하고 비교적 안정성을 유지하는 것으로 보인다. 이에 비해 영국, 아일랜드, 덴마크에서는 유럽 통합에 대한 지지가 그리 광범하지 못하고, 그러한 태도는 사람들의 일반적인 사고방식과 그리 확고하게 통합되어 있지도 못하며, 여론은 상대적으로 더 쉽게 변하고 사회정치적 환경과 엘리트들의 신호에 더 쉽게 영향을 받는다.

6개국 공중과 3개국 공중의 이러한 대비가 각국의 정치문화를 반영하고 있는 것으로 보이지는 **않는다.** 그들의 중요한 문화적 차이에도 불구하고, 그리고 친유럽 성향의 정도에서 초기에 상당한 차이가 있었음에도 불구하고, 6개 기존 회원국 모두의 공중은 유럽 통합을 지지하는 데서 대단히 동질적인 의견을 드러내며 합의에 도달했다. 반면 3개 새 회원국의 공중은 여전히 6개 기존 회원국의 공중과도, 그리고 서로끼리도 확연히 다르다.

장기간 유럽공동체 내에 있었던 사람들이 한층 더 큰 통합을 지지하는 경향이 있다는 이 같은 발견은 흥미롭다. 그러나 회원국 효과는 이것을 넘어선다. 회원국 효과가 정치적 정체성에 대한 기본 의식을 바꾸어놓는 것으로 보인다.

유럽공동체 내부에서의 코즈모폴리턴적인 정치적 정체성의 출현

공중 태도의 장기적인 추이를 분석하기 위해서는 통상적으로 현재의 쟁점에 대한 의견을 물을 때보다 얼마간 더 심층적인 조사를 할 필요가 있다. 우리의 1973년 조사에는 지정학적 정체성에 대한 사람들의 기본 의식을 포착하기 위해 설계된 질문이 포함되어 있었다. 그 항목은 다음과 같다.

당신은 다음의 지리적 단위 중에서 어느 하나에 첫 번째로 속해 있다고 생각합니까? …… 그리고 그다음으로는 어디에 소속되어 있다고 생각합니까?
— 당신이 살고 있는 장소 또는 타운
— 당신이 살고 있는 지역 또는 지방

— (영국, 독일 등 당신의 나라) 전체
— 유럽
— 전체 세계

　대체로 예상할 수 있듯이, 응답자가 살고 있는 국가가 가장 인기 있는 선택지였다. 조사를 실시한 10개국 각각에서 대다수가 자국을 1위 또는 2위로 선택했다. 국가 정체성 위기를 겪고 있는 벨기에가 가장 낮은 수치(53%)를 획득했다. 그러나 국가는 결코 일차적 충성의 보편적 대상이 아니었다. 자신의 고향인 타운과의 일체감은 놀라울 정도로 널리 퍼져 있었으며, 벨기에, 덴마크, 독일에서는 실제로 국가보다 앞선 순위를 차지했다. 특히 벨기에와 덴마크에서는 특정 지방이나 지역에 소속되어 있다는 느낌도 상당히 널리 퍼져 있었다.

　유럽이나 전체 세계에 대해 충성심을 느끼는 응답자는 상대적으로 적었는데, 이는 거의 놀라운 일이 아니다. 하지만 초국가적 충성심은 존재**한다**. 초국가적 충성심은 독일, 이탈리아, 네덜란드에서 가장 널리 퍼져 있다. 이들 나라 각각에서 3분의 1 이상의 공중이 첫 번째 또는 두 번째 선택으로 자신이 초국가적 단위에 속한다고 느꼈다. 초국가적 충성심은 유럽공동체의 3개의 새 회원국 — 덴마크, 아일랜드, 영국 — 에서 가장 낮았는데, 그 수치는 16%(덴마크)에서 28%(영국)에 이르기까지 다양하다. 미국 공중도 이 범위에 속하는데, 20%가 '서구 세계' 또는 '전체 세계'와 일체감을 느꼈다.

　유럽 9개국 주민의 훨씬 높은 비율이 유럽 통합을 위한 다양한 구체적인 제안에 찬성하고 있으며, 때로는 압도적 다수가 지지하기도 한다. 하지만 그러한 질문들은 개인의 기본적인 정체성 의식을 포착해 내지는 못한다. 1973년에 조사된 10개국의 경우에 소수만이 초국가적인 정치적 정체성 의식을 가지고 있다. 그러나 그들은 초국가적 정치 통합의 핵심적인 지지층을 대표하고 있는 것으로 보이며, 가장 힘든 상황에서조차 유럽 통합을 지지할 것으로 보이는 집단이다.

국민국가보다 더 큰 일부 단위에 대한 소속감은 6개 기존 회원국 공중 사이에 가장 널리 퍼져 있다. 이 패턴은 유럽공동체 가입이 초국가적 정체성의 출현에 기여해 왔다는 것을 분명하게 보여준다. **6개** 기존 회원국 **모두**는 초국가적 정체성 의식을 가지는 비율에서 다른 **4개국 모두**보다 높다. 6개 기존 회원국 공중은 자신들이 **유럽**에 속한다고 느낄 가능성이 훨씬 더 크지만, 이러한 태도는 또한 전체 세계와의 일체감 의식으로까지 번진다. 자신의 소속지로 유럽을 첫 번째로 선택한 사람들은 '전체 세계'를 두 번째 선택지로 삼을 가능성이 더 크다. 그리고 6개 기존 회원국의 공중은 전체 세계와 일체감을 가지는 비율이 높다(영국과 미국의 공중도 이 점에서는 꽤 높은 순위를 차지한다).

유럽공동체에 장기간 가입한 것이 초국가적 정체성 의식을 상대적으로 강하게 심어준 것으로 보인다. 이것은 6개국 공중이 유럽공동체 내에서 살아온 몇 년 동안 공동체 가입이 여러 가지 점에서 유익했다고 인식했기 때문일 수 있다. 그 결과 유럽공동체는 (이스턴의 용어를 사용하면) '포괄적 지지(diffuse support)'의 저수지를 만들어왔다. 그렇다면 이 6개국이 **항상** 비교적 초국가적인 사고방식을 가지고 있었기 때문에, 이들 국가가 1952년에 석탄철강공동체를 결성하고 그다음에 1958년에 공동시장을 결정했을 가능성도 있지 않은가? 우리는 이 질문에 꽤 확실하게 '아니다'라고 답할 수 있다. 우선, 1950년의 조사 데이터는 프랑스인들이 그 당시에 그들의 사고방식에서 영국인들보다 덜 초국가적이었음을 보여준다. 게다가 1973년 조사는 6개국의 공중이 당시에 상대적으로 높은 수준의 초국가적 정체성을 가지고 있었던 것은 **변화**를 겪어왔기 때문이라는 것을 시사한다. <그림 12-1>은 이를 예증한다. 10개국 모두에서 젊은이들은 나이 든 사람들보다 초국가적 충성심을 가질 가능성이 더 크다. 그러나 변화의 증거는 다른 나라들보다 6개국 내부에

〈그림 12-1〉 연령 집단별 초국가적 정체성 의식의 보유 비율*

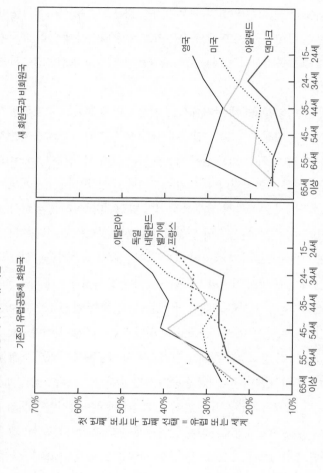

* 1973년에 "내가 무엇보다도 먼저 속하는 지리적 단위"에 관한 질문에 대해 첫 번째 또는 두 번째 선택지로 '유럽' 또는 '전체 세계'를 거명한 사람들의 비율. 미국 종의 경우에 초국가적인 대안은 '서구 세계'와 '전체 세계'였다.

서 훨씬 더 강하다. **6개** 기존 회원국 **모두**의 공중은 다른 4개국 중 어느 국가의 공중보다 연령과 관련하여 더 큰 차이를 보여준다. 55세 이상의 영국인들은 비슷한 나이의 프랑스인이나 벨기에인들보다 초국가적 사고방식을 가질 가능성이 더 크다. 영국이 뒤처지는 것은 가장 젊은 코호트 사이에서뿐이다. 미국의 표본은 나이 든 코호트에서 젊은 코호트로 나아감에 따라 초국가적 정체성이 꽤 크게 증가한다는 것을 보여주지만, 아일랜드와 덴마크에서는 그 추세가 약하다.

반면 6개 기존 유럽공동체 국가에서는 연령 집단별 변화가 균등하게 강한 것으로 나타난다. 가장 나이 많은 집단에서는 16~27%만이 초국가적 정체성 의식을 느끼고 있다. 가장 젊은 집단 가운데서는 그 수치가 대략 40~50%이다. 이 명백한 변화는 인상적이다. 유럽 제도하에서 성장한 사람 중에서는 인구의 거의 절반에서 초국가적 정체성 의식이 발견된다. 이러한 비교적 코즈모폴리턴적인 사고방식이 젊음의 본질적인 부분인 것으로 보이지는 않는다. 유럽공동체 회원국으로서의 경험이 그리 길지 않은 4개국 가운데서는 그러한 사고방식이 동일 연령 집단의 16~34%에서만 발견된다. 6개국의 공중은 초국가적 소속감을 발전시키는 데서 상당한 진전을 이루어온 것으로 보인다. 아마 영국, 아일랜드, 덴마크의 공중도 이 방향으로 움직일 것이다.

그러나 초국가적 정체성의 존재가 **전적으로** 유럽공동체 가입의 효과 때문일 수는 없다. 왜냐하면 다른 4개국 공중의 상당한 분파도 초국가적 정체성을 가지고 있는데, 그중 3개국은 막 가입했고, 그중 1개국은 심지어 장래의 회원국도 아니기 때문이다. 6개국이 다른 국가들보다 **더** 초국가적인 한, 그 차이는 회원 가입의 장기적 효과에서 기인하는 것일 수도 있다. 그러나 초국가적 정체성에 대한 나머지 감정은 다른 원인 때문일 것이 틀림없다. 개인 내에서 작동하는 두 가지 과정이 중요한 것으로 보인다. 하나는 인지적인 것이고, 다른 하나는 평가적인 것이다.

우리는 제2장에서 개인이 생계 욕구와 안전 욕구에 사로잡혀 있는 한 그 또는 그녀는 보다 멀리 떨어져 있는 관심사에 투여할 수 있는 에너지가 거의 남아 있지 않을 것이라고 주장했다. 따라서 가치 변화 과정은 코즈모폴리턴적인 정치적 정체성의 출현을 촉진한다. 하지만 가치 변화가 그러한 정체성을 반드시 출현시키는 것은 아니다. 탈물질주의자들은 물질주의적 관심으로부터 해방된 에너지를 수많은 또 다른 방식으로도 이용할 수 있을 것이다. 국민국가의 존재 이유는 질서를 유지하고 외부자로부터 자국의 국민과 재산을 보호하는 것이었다. 탈물질주의자들의 우선순위에서는 그러한 사항들이 다른 유형의 우선순위에서보다 그리 중요하게 고려되지 않는다. 따라서 탈물질주의자들은 초국가적 지향에 상대적으로 개방적이다. 그러나 그들의 관심이 더 작고 더 응집력 있는 충성심의 대상으로 내향적으로 나아갈 수도 있다. 우리가 살펴보았듯이, 플랑드르 민족주의자들의 경우에서처럼 탈물질주의자들은 **양**방향으로 움직이면서, 자신들의 인종 집단의 더 큰 자율성을 강조하는 **동시에** 유럽 통합을 지지하기도 한다.

대체로 탈물질주의자들은 물질주의자들보다 더 넓은 소속 의식을 가지고 있다. <그림 12-2>에서 볼 수 있듯이, 그러한 경향이 우리가 데이터를 가지고 있는 10개국 각각을 지배하고 있다. 그리고 유럽 전체의 경우 가장 물질주의적인 집단의 23%만이 '유럽' 또는 '세계'와 일체감을 가지고 있다. 그 스펙트럼상의 탈물질주의자 쪽 끝에서는 응답자 중 65%가 초국가적 단위 중 하나와 일체감을 가지고 있다. 한 사람의 가치 우선순위가 그 사람이 코즈모폴리턴적 사고방식을 가지고 있는지 아니면 교구주의적 사고방식을 가지고 있는지와 관련되어 있는 것은 분명해 보인다. 그러나 또 다른 개인 수준의 과정도 마찬가지로 중요하다. 앞 장에서 우리는 인지적 동원이 정치 참여에 미치는 영향에 대해 탐구했다. 이제 인지적 과정과 초국가적 충성심 발전 간의 연계관계를 검토해 보자.

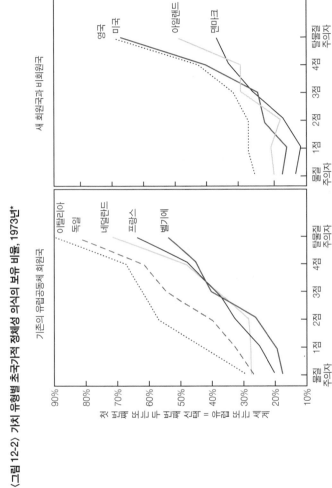

〈그림 12-2〉 가치 유형별 초국가적 정체성 의식의 보유 비율, 1973년*

* "내가 무엇보다도 먼저 속하는 지리적 단위"에 관한 질문에 대해 첫 번째 또는 두 번째 선택지로 '유럽' 또는 '전체 세계'를 거명한 사람들의 비율.

인지적 동원 과정

제2차 세계대전 이후 서유럽에서 정규 교육의 평균 수준은 급격하게 증가했고, 농촌 인구는 급격히 감소했다. 텔레비전 수상기와 자동차가 널리 소유되어 커뮤니케이션의 잠재력은 더욱 커졌다. 이것이 초국가적 충성심의 발전에 대해 무엇을 말해주는가?

도이치는 '사회적 동원' 과정에 대해 탁월한 분석을 해왔다.[7] 19세기와 20세기 초의 유럽 — 그리고 현대의 새로운 국가들 — 에 대한 도이치의 사례 연구를 통해 볼 때, 사회적 동원을 이룩한 기본 요소들은 (비록 그 요소들이 새로운 측면들을 취해왔지만) 여전히 서유럽에서 작동하고 있다. 실제로 그 요소들이 오늘날 유럽 공중으로 하여금 새로운 문턱들을 넘어서게 하고 있다. 문제는 "그러한 사건들이 통합적 결과를 가져올 것인가, 아니면 해체적 결과를 낳을 것인가?" 하는 것이다.

과거에는 사회적 동원 과정이 난관들로 가득 차 있었다. 특히 정치공동체가 그 성격상 다인종적일 때, 주민을 교구주의적으로 동원하는 것은 언어, 종교, 또는 부족의 경계에 따라 파편화를 초래할 수도 있다. 도이치는 이질적인 인종 집단의 동원이 어떻게 분리주의 운동의 성장을 부추겨서, 오스트리아-헝가리 제국과 같은 정체들을 분열시키게 되었는지를 보여주었다. 사람들은

---

7) Karl W. Deutsch, "Social Mobilization and Political Development," *American Political Science Review*, 55, 2(June, 1961), 497~502; *Nationalism and Social Communication*(Cambridge, Mass.: M.I.T. Press, 1966)을 보라. 사람들은 사회적 동원을 정치 통합의 수직적 차원으로, 다시 말해 이전에는 감추어져 있던 사회층을 정치공동체로 통합하는 것으로 바라볼 수도 있다. 그것은 정체(政體)에 더욱 심대한 지지의 저수지를 제공함으로써 정체의 자원을 크게 증대시켜 줄 수 있다. 하지만 그것은 또한 정치체계의 대응 능력을 초과할 정도로 정치체계에 대한 요구를 증가시킴으로써 특정한 조건하에서는 수평적(또는 지리적) 해체를 초래할 수도 있다. 도이치는 자신의 저서에서 지배적인 정치문화와 관련하여 언어적으로 이질적인 이전의 수동적 주민들을 동원한 결과 기존 체계가 궁지에 빠지거나 분열된 사례들을 분석한다. 새로 정치에 진입한 다수는 코즈모폴리턴적 언어로는 자신의 관심사를 효과적으로 표현할 수 없었기 때문에 결국에는 하나(또는 그 이상)의 국어로 나아갈 수밖에 없었다.

인도, 나이지리아, 파키스탄과 같은 최근의 많은 사례를 목록에 추가할 수도 있다. 일반적으로 그러한 운동들은 특정 인종 집단 내의 더 나은 교육을 받은 성원들에 의해 주도되었다.

사회적 동원이 그러한 해체적 경향을 피했을 때에도, 그것은 종종 그 자체로 위험할 수도 있는 강렬하고 공격적인 형태의 국가주의로 이어졌다. 새로 동원된 주민 사이에서 국가 정신이 과도해질 경우 국가 의사결정자들로 하여금 (19세기 후반과 20세기 초반에 프랑스, 독일, 일본에서 일어났고 또 오늘날 제3세계에서 때때로 일어나는 것과 같은) 맹목적인 애국주의적 정책을 추진하도록 부추길 수도 (또는 심지어 강요할 수도) 있다. 현재의 사회동학은 증가하는 수많은 유럽인을 코즈모폴리턴적 커뮤니케이션 네트워크 속으로 통합시키고 있는 것으로 보인다. 그렇다면 그들이 어떤 종류의 네트워크로 통합되고 있는가? 국가적 네트워크인가 아니면 초국가적 네트워크인가?

서유럽에서 정규 교육과 라디오-텔레비전 네트워크가 대부분 직간접적으로 각국 정부에 의해 통제되고 있다는 점에 주목하자. 교육과 전자 통신이 강렬하고 배타적인 국가주의를 발전시키는 데 이용되고 있다고 생각할 수도 있다. 그러나 각국 정부의 통제에도 불구하고, 그리고 수용자들이 자국의 매스 커뮤니케이션에 의해 크게 지배받고 있음에도 불구하고, 현대 서유럽 환경에서는 정규 교육과 매스 커뮤니케이션에 점점 더 많이 노출되는 것이 국내 수준에서뿐만 아니라 유럽 수준에서도 통합에 우호적인 방식으로 작동하는 경향이 있는 것으로 보인다.[8]

하지만 더 본질적인 문제는 사람들이 일국적 사고방식을 가지는가 초국가적 사고방식을 가지는가가 아니라 그 사고방식이 상대적으로 교구적인가 아니면 코즈모폴리턴적인가 하는 것이다. 우리의 1973년 조사에서 자신들이

---

8) Ronald Inglehart, "Cognitive Mobilization and European Identity," *Comparative Politics*, 3, 1 (October, 1970), 45~70을 보라.

무엇보다도 먼저 국가에 속해 있다고 말하는 사람들은 자신의 타운, 지방 또는 지역을 가장 가깝게 느끼는 사람들보다 유럽이나 세계와 전반적으로 일체감을 가질 가능성이 현저하게 **더** 크다. 현대 유럽에서는(보다 교구적인 관점보다는) 국가적 관점에서 상황을 바라보는 사람들이 초국가적 단위와 일체감을 가질 가능성이 크다. 이 두 수준은 별개의 경쟁하는 네트워크로서가 아니라 하나의 코즈모폴리턴 네트워크로서 기능하는 경향이 있다. 요컨대 사회적 동원의 한 가지 핵심 측면이 여전히 서유럽에서 작동하며, 유럽 정체에 대한 지지를 촉진하는 경향이 있다.

인지적 동원의 중요한 결과 중 하나가 멀리 떨어져 있는 역할 및 상황과 관계하는 능력을 증대시키는 것이라면, 고등교육의 확장은 유럽 통합에 중요한 함의를 지닐 수 있다. 유럽 기관들이 자국 정부보다 훨씬 더 멀리 떨어져 있고 (적어도 현재로서는) 일반 시민들과 훨씬 더 간접적인 관계를 가지고 있다는 사실을 고려하면, 유럽 기관에 대한 공중의 지지를 동원하는 것은 상대적으로 높은 수준의 인지적 동원을 필요로 하는 경향이 있을 것이다.

인지적 동원은 개인들이 멀리 떨어져 있는 정치공동체와 관련된 메시지를 수신하고 해석할 수 있는 능력을 증가시킨다. 이렇듯 그 과정은 유럽공동체에 대한 지지를 발전시키는 데 필요한 조건이지만 충분조건은 아니다. 즉, 사람들은 유럽공동체에 대하여 헌신하는 감정을 발전시키기 전에 유럽공동체에 관해 알아야 한다. 게다가 인지적 동원이 유럽 기관들을 지지하도록 고무하는 경우는 인지적 동원이 유럽 기관들을 보다 친숙하고 덜 위협적으로 느끼게 만드는 데 도움이 될 때뿐이다.

하지만 인식이 반드시 호감을 낳는 것은 아니다. 받는 메시지의 **내용**이 극히 중요하다. 그러나 정치 커뮤니케이션에서 정치적 인식과 스킬 수준이 높은 사람들의 경우에는 적어도 초국가적인 정치공동체와 일체감을 가지게 될 **가능성**이 크다. 그러나 정치적 인식과 스킬이 결여된 사람들의 경우에는 그럴 가능성이 낮아 보인다.

앞서 제시한 가설들을 검증하기란 쉽지 않다. 인지적 동원은 **스킬** 수준이 높아지는 것을 말하는데, 여론 조사를 통해서는 스킬을 쉽게 측정할 수 없기 때문이다. 그러나 우리의 1973년 조사에는 앞 장에서 제시된 바와 같이 정치적 스킬의 유망한 지표로 보이는 몇 개 항목이 포함되어 있다. 그중 한 항목은 다음과 같다. "당신 자신이 확고한 견해를 가지고 있을 때, 당신은 친구, 친척, 또는 동료들이 그 견해를 채택하도록 늘 설득합니까?" ('그렇다'라고 답할 경우 다음과 같이 질문한다) "그런 일이 자주 있습니까, 아니면 이따금 있습니까, 아니면 드물게 있습니까?" 9개국 모두에서 이 항목에 대한 응답은 다음과 같은 다른 항목에 대한 응답과 강하게 상관되어 있었다.

친구들과 함께 있을 때, 당신은 정치 문제를 자주 토론합니까, 가끔 토론합니까, 아니면 전혀 토론하지 않습니까? ……('자주' 또는 '가끔'이라고 답할 경우 다음과 같이 질문한다) 그럼 (카드를 보여주며) 이 카드에 있는 진술 중에서 어느 것이 그 토론에서 당신 자신이 하는 역할을 가장 잘 묘사한다고 생각합니까?

— 나 자신의 견해를 가지고 있더라도 보통은 듣기만 한다.
— 나는 대체로 듣는 편이지만, 가끔은 나의 견해를 표현한다.
— 나는 대화에서 다른 사람과 동등한 몫을 한다.
— 나는 대화에서 그저 나의 몫을 하는 것 이상을 한다. 다시 말해 나는 보통 다른 사람들에게 내가 옳다는 것을 설득하려고 노력한다.

이 항목들은 얼마간은 의심할 바 없이 정치적 관심의 정도를 알아보려는 것이다. 그러나 정치 문제에 대해 다른 사람들을 설득하려는 성향은 또한 다른 사람들을 설득하는 자신의 스킬을 반영할 것이다. 2단계 커뮤니케이션 흐

<표 12-2> 정치 토론에서의 활동 정도별 초국가적 정체성 의식, 1973년(9개국 결합 표본에서 '유럽' 또는 '전체 세계'와 일체감을 느끼는 비율)

단위: %

정치에 대해 전혀 토론하지 않는다	21	(4,813)
보통은 듣기만 한다	28	(747)
대체로 듣는 편이지만, 가끔은 나의 견해를 표현한다	30	(3,145)
대화에서 다른 사람과 동등한 몫을 한다	38	(3,395)
보통 다른 사람들을 설득하려고 노력한다	45	(1,122)

름 가설에 따르면,[9] 정치적 토론에서 보다 적극적인 역할을 하는 사람들은 전국적인 커뮤니케이션 네트워크를 지향할 가능성이 크며, 비교적 코즈모폴리턴적인 정체성 의식을 가지고 있을 것이다. 우리의 데이터는 유럽 9개국 각각의 공중의 경우에 이것이 사실이라는 것을 아주 분명하게 보여준다. <표 12-2>는 우리 9개국의 결합 표본에서 나타나는 이러한 관계를 보여준다. 정치에 대해 전혀 토론하지 않는 사람들 사이에서는 단지 21%만이 자신들이 초국가적 단위에 소속되어 있다고 느낀다. 그 비율은 정치 토론 활동의 정도가 증가함에 따라 규칙적으로 상승한다. 평소에 자신의 입장이 옳다는 것을 타인에게 설득하려는 사람들 가운데서는 45%가 초국가적 정체성을 느끼고 있다.

방금 인용한 2개 항목에 대한 응답은 한 사람의 정보 수준 및 정규 교육 수준 ─ 정치적 스킬을 잘 보여주는 지표인 두 가지 변수 ─ 과 다소 강한 정(+)의 상관관계를 가지고 있다. 이 두 가지 변수는 또한 초국가적 정체성의 존재를 예측할 수 있게 해주는 다소 강력한 변수들이다. 초등학교 이상의 교육을 받지 않은 사람 가운데서는 22%가 초국가적 성향을 가지고 있다면, 대학을 다닌 사람 가운데서는 그 수치가 46%이다. 마찬가지로 유럽공동시장 회원국의 이

---

9)   Elihu Katz and Paul F. Lazarsfeld, *Personal Influence*(New York: Free Press, 1955)를 보라. Bernard Berelson et al., *Voting*(Chicago: University of Chicago Press)도 참조하라.

름을 하나도 댈 수 없는 사람들 가운데서는 19%가 초국가적인 범주에 속한다면, 9개국의 이름을 모두 거명할 수 있는 사람들 사이에서는 43%가 초국가적이다.

우리는 방금 논의한 세 가지 변수에 기초하여 인지적 동원의 지수를 구성했다.[10] 이 새로운 변수는 그 어떤 구성 요소보다 더 강력하게 교구적 정체성 대 초국가적 정체성을 '설명'한다. 그러나 이 새로운 변수가 설명 변수로서의 가치 유형을 대체하지는 않는다. 인지적 과정과 평가적 과정 모두는 초국가적 정체성의 존재에 기여한다. <표 12-3>이 증명하듯이, 인지적 동원 지수와 가치 우선 지수를 결합한 효과는 한 사람의 정체성 의식에서 나타나는 분산의 많은 양을 설명한다. 인지적 동원에서 가장 낮은 순위를 차지하는 사람들(즉, 친구들에게 자신의 견해를 채택하라고 전혀 설득하지 않고, 정치에 대해 전혀 토론하지 않으며, 유럽공동시장의 회원국 이름을 하나도 모르는 사람들)은 초국가 지향적이 될 것 같지 않다. 그러나 그 가능성은 부분적으로는 그의 가치 유형에 달려 있다. 이 집단 가운데서도 탈물질주의자들은 25%가 초국가적이고, 물질주의자들은 단지 12%만이 그러하다. 인지적 동원 수준이 높은 사람들 가운데서는 심지어 물질주의자들조차도 37%라는 다소 높은 비율이 초국가주의적 성향을 보인다. 그러나 탈물질주의자의 경우에는 무려 69%가 초국가적 성향을 가지고 있다.

---

10) 이 지수는 다음의 3개 항목에 대한 점수를 합산하여 구성되었다.
    1. 친구, 친척 등을 '자주' 설득하는 사람은 +2점을 받았다. '가끔' 또는 '드물게' 설득하는 사람은 +1점을 받았다. 그리고 '전혀' 설득하지 않는 사람은 0점을 받았다.
    2. "평소에 다른 사람들에게 자신이 옳다는 것을 설득시키려고 노력하는" 사람은 +2점, 단지 "대화에서 동등한 역할을 했다"거나 "간간히" 자신의 견해를 표현하는 사람은 +1점, 정치에 대해 단지 듣기만 하거나 전혀 토의하지 않는 사람은 0점을 받았다.
    3. 유럽공동시장 회원국 가운데서 7~9개국을 정확하게 거명할 수 있는 사람은 +2점, 4~6개국을 거명할 수 있는 사람은 +1점, 3개국 이하를 거명할 수 있는 사람은 0점을 받았다.
    응답자의 교육은 소득 및 직업 지위와 비교적 강한 상관관계를 갖고 있기 때문에 이 지수에 포함되지 않았다. 우리는 스킬에 초점을 맞추어서, 가능한 한 이 새로운 변수를 사회계급과 구별하고자 했다.

<표 12-3> 인지적 동원과 가치 유형별 초국가적 정체성 의식(9개국 표본에서 '유럽' 또는 '전체 세계'
와 일체감을 가지는 비율)   단위: %

인지적 동원 지수 점수		가치 유형					
		물질주의자 (점수=0)		중간 (점수=1~2)		탈물질주의자 (점수=4~5)	
낮음	0	12	(695)	14	(341)	25	(28)
	1	18	(1,202)	21	(622)	44	(99)
	2	22	(1,317)	27	(840)	40	(174)
	3	24	(1,3)	29	(862)	53	(354)
	4	33	(1,351)	36	(883)	61	(481)
높음	5~6	37	(498)	45	(377)	69	(287)

이들 변수와 다양한 표준 사회적 배경 변수를 포함한 다변량 분석은 국적, 가치 유형, 인지적 동원이 (이 순서대로) 교구적 정체성 대 초국가적 정체성을 예측하는 가장 강력한 세 가지 변수라는 것을 보여준다. 이 세 가지 변수 각각 이 한 사람의 소속 의식을 결정하는 데 중요한 독립적인 기여를 하는 반면, 다른 변수들은 상대적으로 중요하지 않다. 교육 수준이 높고 더 부유하고 더 젊고 더 큰 도시에 거주하는 사람들은 상대적으로 초국가적 충성심을 가지는 경향이 있지만, 이러한 특성들은 그 자체로 특히 중요하지는 않다. 우리가 이 세 가지 주요 예측 변수를 통제할 때, 그 영향은 사라지는 경향이 있다.

유럽공동체 가입이 초국가적 충성의식의 출현을 고무한 것으로 보이지만, 이는 부분적으로 유럽 기관들이 예외적인 번영의 시대에 발족했기 때문일 수도 있다. 3개 새 회원국은 불리한 경제적 상황이 시작하는 것과 동시에 가입했으며, 유럽 기관들은 그 상황에 얼마간 책임이 있을 수도 있다. 그러나 초국가적 공동체에 회원국으로 가입하는 것이 그 자체로 보다 코즈모폴리턴적인 사고방식을 고무한다고 생각할 수도 있다. 모든 정체(政體)는 시간이 지남에 따라 친숙해져서 정상적 질서의 일부가 된다는 사실 때문에 일정 정도 합법성을 얻을 수도 있다. 어떠한 경우에도 인지적 동원과 탈물질주의적 가치 변화의 과정이 계속된다면, 초국가 지향적인 유럽인의 비율은 시간이 지남에 따라 증가할 것이다.

유럽 통합에 대한 지지의 진전 과정

우리는 지금까지 일반적이고 어쩌면 기본적인 태도, 즉 상대적으로 교구적인 정치 단위 또는 상대적으로 코즈모폴리턴적인 정치 단위에 대한 사람들의 소속 의식에 관심을 집중시켜 왔다. 이제 우리는 정치와 직접적으로 관련된 보다 구체적인 것, 즉 다양한 형태의 유럽 통합에 대한 지지로 관심을 돌려보자.

예상대로 국가보다 더 큰 지리적 단위에 일체감을 가지는 사람들이 교구적 사고방식을 가진 사람들보다 유럽 통합을 지지할 가능성이 더 크다. 그러나 일반적인 태도로부터 구체적인 쟁점에 대한 입장을 자동적으로 끌어낼 수 있는 것은 아니며, 그러한 전환은 국가마다 상당히 다르다.

유럽 통합에 대한 대중의 태도에서 가장 두드러지는 특징은 다시 한번 6개 기존 회원국 공중과 3개 새 회원국 공중 간의 태도 차이에서 나타난다. 6개 기존 회원국의 공중은 수년 동안 초국가적 제도 아래에서 살아왔다. 우리가 1973년에 조사를 실시할 당시는 유럽공동시장과 유럽원자력공동체가 설립되고 나서 16년이 지난 해이자, 유럽석탄철강공동체가 설립되고 나서는 21년이 경과한 해였다. 초국가적 정체성 의식이 비교적 널리 퍼져 있었고, 유럽 통합에 대한 지향이 사람들의 태도 구조에 이미 흡수되어 있었다. 그러나 3개 **새** 회원국의 공중은 경제 위기와 논란의 시기인 1973년에야 유럽공동체에 진입했다.

〈표 12-4〉 유럽 통합 찬성과 지리적 정체성 의식 간의 상관관계(적률상관계수)

기존 회원국의 공중		새 회원국의 공중	
벨기에	.31	영국	.26
독일	.29	아일랜드	.15
네덜란드	.26	덴마크	.13
이탈리아	.26		
프랑스	.26		
평균	.28	평균	.18

　　전자는 초국가적 정체성 의식을 가지는 경향이 강했던 것과 마찬가지로 유럽 통합을 위한 구체적인 제안에 훨씬 더 호의적이다. 그리고 증거들은 6개국에서는 3개국에서보다 유럽 통합에 대한 태도가 사람들의 기본 가치 및 정체성과 더 밀접하게 통합되어 있음을 보여준다. 따라서 6개국에서 유럽 통합에 대한 지지가 상대적으로 뿌리 깊고 안정적인 것으로 보이지만, 3개국에서는 견해가 바뀔 가능성이 여전히 크다.

　　<표 12-4>는 이 패턴의 한 가지 측면, 즉 유럽 통합에 대한 찬성 또는 반대가 3개국에서보다 6개국에서 사람들의 기본적인 소속 의식과 더 강하게 연관되어 있다는 사실을 보여준다. 이러한 상관관계들은 앞 절에서 논의한 지리적 정체성 항목과 유럽 통합에 대한 광범위한 찬성 또는 반대 지표에 기초한 것이다.[11] 통합에 대한 찬성은 6개 유럽공동체 기존 회원국 모두에서 개인의

---

11) 우리의 유럽 통합 찬성 지표는 유럽 통합에 찬성하는 요인에 대해 가장 많은 적재값을 가진 3개 항목에 대한 응답을 총합하여 구성되었다. 유럽 통합과 관련된 30개의 일련의 질문에 대한 응답을 요인 분석한 결과 우리는 9개국 각각에서 이 세 항목이 유럽 통합에 대한 전반적인 찬성 또는 반대 지표를 특히 민감하게 나타내는 지표라는 것을 확인했다. (응답 편향의 영향을 최소화하기 위해 우리는 인터뷰 과정에서 서로 가까운 2개 항목은 일체 사용하지 않았다.) 사용된 항목은 다음과 같다.
　　1. "만약 내일 유럽공동시장이 폐지되었다는 말을 듣는다면, 당신은 그것이 매우 유감일 것 같습니까, 아무렇지 않을 것 같습니까, 아니면 다행일 것 같습니까?"
　　2. "당신은 유럽 통합이 이루어지는 것에 일조하기 위해 이를테면 세금을 조금 더 내는 등 어떤

소속 의식과 상당히 강한 상관관계를 가지고 있다. 3개 새 회원국 공중 가운데서는 영국인들만이 비슷한 정도의 강한 관계를 보여준다. 이는 아마도 유럽공동체 가입 문제가 비교적 오랫동안 영국 정치의 중요한 부분이었기 때문일 것으로 보인다. 새로 승인된 3개국 공중 모두의 경우 유럽 통합에 대한 입장은 근본적인 교구적·코즈모폴리턴적 정체성을 반영한 것이라기보다는 당시의 상태 및 정치 엘리트들이 보낸 신호의 결과인 것으로 보인다.

우리는 이 패턴을 상당히 길게 설명할 수 있다. 이 패턴은 인지적 요인들에도 역시 적용된다. 통합에 대한 지지와 유럽공동체에 관한 **지식** 간의 상관관계는(회원국 중 일부 또는 모두를 거명하는 능력에서 나타난 것처럼) 3개국에서보다 6개국에서 훨씬 더 강하다. 이 관계는 3개국의 어떤 나라에서보다도 6개국의 모든 나라에서 더 강하며, 전체적으로 상관관계는 3개국에서보다 6개국에서 약 두 배 더 강하다.

<표 12-5>는 동일한 광범위한 현상에 대해 더 많은 증거를 제공해 준다. 6개국 모두(어쩌면 이탈리아를 제외하고)에서 유럽 통합에 대한 지지는 한 개인의 가치 우선순위와 꽤 강하게 연관되어 있다. 3개국의 공중 사이에서는 이 관계가 일관되게 약해지고 있으며, 하나의 사례, 즉 덴마크에서는 통상적인 관계가 역전되어 있다. 이 발견은 9개국 모두에서(덴마크에서조차) 탈물질주의자들이 초국가적 정체성 의식을 가질 가능성이 더 크다는 사실을 고려하면 놀라운 것으로 보인다. 이처럼 덴마크를 제외한 이들 각국에서는 탈물질주의자들이 물질주의자들보다 유럽 통합을 더 지지하고 있다. 그러나 덴마크에서는 관계가 역전된다. 탈물질주의자들이 **덜** 친유럽적이다. 그리고 이 부(-)의 상관관계는 비록 그리 크지는 않지만, 통계적 우연이라고 보기에는 너무 강

개인적인 희생을 감수할 것입니까, 아니면 감수하지 않을 것입니까?"
　　3. "모든 것을 고려해 볼 때, 당신은 유럽의 통일을 찬성합니까, 반대합니까, 아니면 관심이 없습니까? (만약 대답이 '찬성' 또는 '반대'라면 다음과 같이 질문한다) 매우 많이 그러합니까, 아니면 단지 일정 정도만 그러합니까?"

〈표 12-5〉유럽 통합 지지와 가치 우선순위 간의 상관관계(친유럽 지수 점수와 12개 항목 가치 지수 간의 적률상관계수)

기존 회원국의 공중		새 회원국의 공중	
벨기에	.26	덴마크	-.10*
네덜란드	.23	아일랜드	.11
독일	.22	영국	.08
프랑스	.20		
이탈리아	.12		
평균	.21	평균	.03

* (-) 부호는 탈물질주의자들이 물질주의자들보다 덜 친유럽적이라는 것을 나타낸다. 룩셈부르크는 표본 크기 때문에 제외되었다(r=.18).

하다. 진정하고 의미 있는 관계를 반영하고 있는 것으로 보인다. 요컨대 탈물질주의적 가치와 친유럽적 정책 선호 간의 연관성은 어떤 보편적인 법칙의 결과가 아니라 확률적 경향일 뿐이다. 덴마크에서 일반적 패턴이 전도된 것은 탈물질주의자들이 초국가 지향적이면서도 좌파 지지 성향이 훨씬 **더 강하다**는 사실을 반영한다. 그리고 우리의 조사가 이루어지던 시점에 덴마크 좌파의 상당수는 유럽공동체에 가입하는 것에 대해 몹시 적대적이었다.[12] 이것은 덴마크 좌파만의 기이한 일이었는가? 아니다. 그것은 역사적 관점에서 고찰할 때 많은 유사한 사례들을 보여주는 보다 광범한 상황의 일부이다. 1952년 이후 유럽 통합에 대한 지지가 진전되어 온 과정을 살펴보자.

항상 그러하듯이, 좋은 시계열 데이터를 찾기란 어렵다. 현재 이용할 수 있는 가장 좋은 지표는 1950년대와 1960년대의 일련의 USIA 조사에서 물었던 질문이고, 이 질문은 그다음에 1970년대의 유럽공동체 조사에서도 변형된

---

[12] 덴마크에서 유럽 통합에 대한 가치, 당파적 신호, 태도 간의 상호작용을 흥미롭게 그리고 훨씬 더 상세하게 분석하고 있는 것으로는 Nikolaj Petersen, "Federalist and anti-Integrationist Attitudes in the Danish Common Market Referendum"[1975년 4월 7~12일 런던에서 열린 '유럽 정치연구 컨소시엄(European Consortium for Political Research)'에 제출된 논문]을 보라.

형태로 반복되었다. 원래의 문구는 "당신은 서유럽을 통일하려는 노력에 전반적으로 찬성합니까, 아니면 반대합니까?"였다. 유럽공동체 버전은 "당신은 유럽 통일에 대해 어떻게 생각합니까? – 매우 호의적이다, 다소 호의적이다, 관심 없다, 호의적이지 않다, 매우 호의적이지 않다"였다.[13] 문구가 달라졌음에도 불구하고, 두 버전 모두 유럽 통일에 대한 찬성과 반대와 관련해 사람들의 전반적인 느낌을 알아보기 위해 설계되었다. 실제로 이것은 수년에 걸쳐 반복적으로 질문되어 온 유일한 관련 항목이며, 따라서 그만큼 소중하다. 그러나 이 항목을 지지 수준의 절대적 척도로 볼 수 없다는 것은 분명하다. 문구의 변화보다 훨씬 더 중요한 것은 그 질문에 "유럽을 통합하려는 노력"이라는 불분명한 지시 대상이 포함되어 있다는 것이다. 1952년에 이 표현은 비교적 느슨한 유럽석탄철강공동체를 상기시켰을 수도 있다. 1957년에는 그 표현이 아마도 유럽공동시장을 떠오르게 했을 것이다. 1970년대 중반에는 유럽의회의 직접 선출과 유럽위원회 의장 권한의 대폭 강화와 같은 목표를 포함하여 훨씬 더 야심찬 계획들이 논의되고 있었다. 요컨대 우리는 이 항목에 대한 응답을 주의 깊게 해석해야 한다. 그 질문은 특정한 해마다 동일했기 때문에, 어떤 한 시점에서의 특정 국가의 상대적 지지 수준과 각국 내의 특정 집단의 상대적 지지 수준을 알 수 있게 해준다. 그러나 우리는 이 항목이 지시하는 사건이 점차 커지고 있었고, 따라서 절대적 측면에서 보자면 1952년보다 1975년에 더 까다로운 질문이었다는 점을 유념해야만 한다. 이는 유럽공동

---

13) 미국해외정보국(United States Information Agency: USIA) 조사에 대한 자세한 정보는 Merritt and Puchala, *Western European Perspectives on International Affairs*를 보라. <그림 12-3>에서 1952~1962년의 수치는 Merritt and Puchala, 283~284에 실려 있는 데이터에 기초한 것이다. 유럽공동체 발견물에 대한 상세한 보고로는 Jacques-Rene Rabier, "L'Europe vue par les Europeens" (Brussels: European Community, 1974, mimeo)와 유럽공동체에서 반년마다 실시하는 조사에 대한 Rabier의 후속 보고들을 보라. 1964년의 수치는 USIA 데이터로부터 계산되었다. 그리고 1970년 영국의 수치는 관련 항목에 대한 응답으로부터 추정되었다(1970년에는 이처럼 정확하게 질문되지 않았다). 아래의 분석에서는 유럽공동체 조사의 두 가지 긍정적인 선택지가 결합되어 USIA 조사의 단일한 긍정적 선택지와 비교되었다.

체 조사에서 '관심 없다'가 하나의 가능한 대안으로 명시적으로 제시되었기 때문에 더욱더 그러하다. 1970년 이전에는 그 대안은 잔여 범주였다. '관심 없다'라는 선택지를 제시하는 것은 그 응답을 증가시키는 경향이 있다. 다음에서의 분석은 **호의적인** 응답에만 근거하기 때문에, '관심 없다'는 실제로 (무응답과 마찬가지로) 부정적인 응답으로 취급된다.

이 점을 염두에 두고 <그림 12-3>으로 눈을 돌려보자. 이 그림은 23년이라는 기간 동안 그 질문에 대한 응답의 상승과 하락을 도표로 나타낸 것이다.[14] 패턴은 몇 가지 중요한 점을 보여준다. 먼저 1958년(유럽공동시장이 작동하기 시작한 해) 이전 시기에는 4개국 모두에서 응답이 **함께** 동요하기 시작했는데, 그것은 분명히 당시에 발생한 사건들에 대한 반응이었다. 물론 인과적 연계를 증명할 수는 없지만, 1952년에 유럽석탄철강공동체가 설립된 것과 함께 한국전쟁이 유럽 통합에 대한 지지에 초기 추동력을 제공했다고 가정하는 것은 그럴듯해 보인다. 북한의 남한 침략은 서유럽이 다음 아젠다가 될 수 있다는 공포를 불러일으킨 반면, 철강산업 통합의 성과는 그 이상의 통합이 가능하다는 느낌을 고취시켰을 것이다. 반대로 1954년 유럽방위공동체(European Defense Community)의 실패는 아마도 사기를 떨어뜨리고 지지를 철회하게 만들었을 것이다. 반면 1956년 말에 소련의 헝가리 침략과 수에즈 위기로 인해 전쟁에 대한 공포가 부활한 것은 유럽 통일의 절박감에 다시 불을 붙였을 수도 있다.

어쨌든 우리는 1950년대에 4개국이 모두 함께 움직이는 일련의 뚜렷한 상승과 하강의 움직임을 발견한다. 그러나 1958년경부터 패턴이 바뀌기 시작했다. 독일 공중에게만 뒤지던 영국 공중이 다른 세 나라의 공중과는 전혀 다른 행보를 보인 것이다. 공동시장 내의 3개 국가에서는 동요의 폭이 점점 줄

---

14) 4개의 큰 국가의 결과만을 제시했다. USIA는 원칙적으로 소규모 국가에서는 조사를 실시하지 않았다.

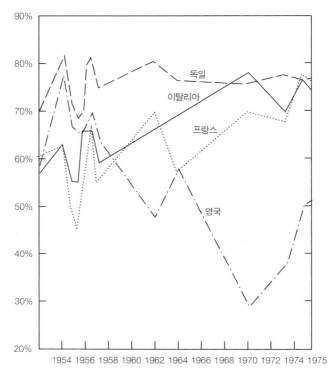

〈그림 12-3〉 유럽 통일에 대한 지지의 진전 과정, 1952~1975년*

* "유럽을 통일하려는 노력"에 지지하는 비율에 기초한 것이다. 이 백분율 기수에는 결측 데이터도 포함되어 있다. 이를테면 1952년에 독일 공중의 응답은 70%가 '찬성', 10%가 '반대', 그리고 20%가 '미결정' 또는 '의견 없음'이었다.

어들면서 지지 수준이 독일 수준으로 점차 수렴하고 있다. 1975년경에는 이탈리아와 프랑스를 실제로 독일과 구별할 수 없을 정도이다. 이와 대조적으로 영국 수준은 급격히 하락하여 1차 거부권이 행사되었을 때에는 50% 약간 밑으로 떨어지고, 2차 거부권 행사 이후에는 그보다 훨씬 밑으로 떨어진다. 1975년에 이르러서야 영국이 다시 50% 선을 넘지만, 영국 공중과 기존 유럽공동체 3개국 공중 간에는 여전히 큰 간극이 있다. 이것은 영국인들이 1952년에 비해 1975년에 덜 유럽적이었다는 것을 의미하지는 않는다. 그와는 반대로 영국인들은 1952년에는 석탄철강공동체에도 가입하기를 꺼려했던 반면, 1975년에는 2 대 1의 표차 이상으로 유럽공동체에의 완전 가입을 지지했다. 이 패턴이 시사하는 것은 영국 공중이라는 한편과 기존의 공동시장 국가들의 공중이라는 다른 편 간에 상대적 격차가 크게 벌어져 왔다는 것이다. 1973년까지 영국 공중은 (그리고 아일랜드 공중과 덴마크 공중도) 유럽공동체의 틀 밖에 머물러 있었던 반면, 6개국 공중은 점점 더 유럽적인 사고방식을 발전시켰다.

영국 공중과 다른 3개국 공중 간의 분기를 제외하면, <그림 12-3>은 거의 똑같이 두드러지는 또 다른 측면을 보여준다. 그것은 원래 독일 공중에 비해 훨씬 덜 유럽적이었던 프랑스와 이탈리아 공중이 점차 격차를 좁혀서 1975년에는 그 격차가 실제로 없어질 정도가 되었다는 것이다. 이것은 프랑스와 이탈리아 공중 가운데서 친유럽적인 합의가 발전했다는 것을 반영한다. 그리고 그 과정에서 가장 중요한 요소는 이들 국가에서 대규모로 공산당 유권자들을 끌어들이는 데 성공하고 있었다는 것이다.

프랑스와 이탈리아 공산당은 처음에는 유럽 통합 운동을 소련에 대항하는 동맹으로 인식하고 있었다. 그리고 실제로 소련 침입의 위협이 때때로 임박해 보이던 냉전 시대에는 공동방위를 위해 단결하자는 생각이 그 운동의 매력에 기여했다. 그러나 1954년에 유럽방위공동체가 실패하면서 유럽공동체는 소련을 방어하는 데서 그리 큰 역할을 하지 못할 것임이 분명해졌다. 유럽공동체가 유럽 노동자들에게 주는 이익이 명백해지자, 6개국의 공산당 유권자들은 점차 의혹에서 압도적 지지로 입장을 바꾸었다. 1950년 10월에 프랑스 국민의 대표 표본은 "유럽을 통합하고자 하는 노력에 찬성합니까, 아니면 반대합니까?"라는 질문을 받았다. 프랑스 공중 전체 가운데서는 65%가 호의적

이었고, 공산당 지지자들 사이에서는 찬성하는 수치가 19%였다.[15]

프랑스 공중 대다수가 대체로 통합에 찬성했지만, 공산당 지지자 대다수는 통합에 반대했다. 공산당과 비공산당 간의 엄청난 격차는 유럽 통합의 초기 시기 내내 지속되었다. 1957년 5월에는 일반 공중의 53%가 통일에 찬성했지만, 공산당 지지자들은 13%만이 통일에 찬성했다. 1958년에 공동시장이 탄생한 것이 이 패턴에 하나의 변화를 가져온 것으로 보인다. 공동시장의 초기 시기는 6개국 간에 무역 및 여타 교류가 급속도로 성장한 시기였을 뿐만 아니라 괄목할 만한 번영의 시기였다. 1962년경에 프랑스 공중 가운데서 공산당 투표자들은 유럽 통합에 대체로 호의적으로 바뀌어서 일반 공중만큼이나 통합을 지지했다. 전체 유권자의 72%가 통일에 찬성했고, 공산당 지지자들도 60%가 찬성했다. 이 새로운 패턴은 그 후 몇 년 동안 꽤 안정세를 유지했다. 1975년 5월에 그 수치는 각각 78%와 64%였다. 공산당 지지자들보다 나머지 유권자들이 통합을 다소 더 지지했지만, 심지어 공산당 지지자 사이에서도 지지가 반대보다 훨씬 더 널리 퍼져 있었다. 1975년에 공산당 지지자의 15%만이 통합에 '비호의적'이라고 답했고, 또 다른 나머지 사람들은 '관심 없다'라고 진술하거나 응답하지 않았다.

비슷한 전향 과정이 이탈리아에서도 일어났지만, 프랑스에서보다 훨씬 더 수렴되었다. 1973년에는 이탈리아 전체 공중의 70%가 통합에 찬성했고, 이탈리아 공산당 지지자 중에서는 65%가 통합에 찬성했다. 1975년 5월에는 그 격차가 사실상 완전히 사라졌다. 일반 공중의 77%가 통합에 찬성했고, 공산당 지지자 중에서도 75%가 찬성했다. 몇 가지 질문(이를테면 유럽공동체 국가들의 정치적 연합에 대한 제안)에 대한 응답에서 공산당 지지자들은 실제로 전체 유권자보다 약간 **더** 유럽주의적이었다.

---

15) 1950~1967년의 수치는 *Sondages*, 1/2(1972), 16에서 인용된 IFOP 조사에서 따온 것이다. 그 이후 연도들의 수치는 유럽공동체 조사에서 따온 것이다.

프랑스와 이탈리아의 공산당 지지 유권자들 사이에서 일어난 이 놀랄 만한 심경의 변화는 엘리트 수준에서도 유사한 움직임을 동반했다. 1960년대 중반경에 이들 나라에서 공동시장 가입에 반대하는 것은 정치적으로 비용이 많이 들게 되었다. 양국 공산당 지도부는 부분적으로는 정치적 비용 때문에 노골적인 반대를 포기했다. 그러나 프랑스와 이탈리아 공산당 엘리트들의 입장에는 중요한 차이가 있었는데, 이는 소련과 맺고 있는 서로 다른 관계를 반영하는 것이었다. 한편에서 이탈리아 공산당은 유럽 정치에 대한 유연하고 독특한 이탈리아식 접근방식을 개발하면서, 소련의 지도에서 벗어나 상당한 독자성을 드러내기 시작했다. 때때로 이탈리아 공산당 지도자들의 친유럽적인 발언은 비교적 진정성 있어 보인다. 1970년대 초반부터 이탈리아 공산당 대표자들은 유럽공동체 의회에 참가하여, 그곳에서 매우 건설적인 역할을 해왔다. 반면에 프랑스 공산당은 서구에서 가장 모스크바를 지향하는 정당 중 하나로 남아 있었다. 소련의 신호에 예민하게 반응하는 프랑스 공산당은 유럽공동체에 대한 소련의 적대감을 반영하는 경향이 있지만, 낮은 어조로 그렇게 한다. 유럽공동체에서 프랑스의 철수를 주창하는 것은 소용이 없어 보이며, 그것은 공산당 지지자와 비공산당 지지자 공중 모두에게서 전혀 인기가 없을 것이다. 그러나 공산당 지도부는 유럽공동체를 강화할 수 있는 어떤 제안에도 여전히 단호하게 냉담한 태도를 보인다.

6개국 공중 사이에서 발견되는 놀라울 정도의 합의와는 대조적으로, 영국과 덴마크 공중 가운데서는 날카로운 정치적 균열이 존재한다. 영국의 경우 1975년 말 현재 노동당 유권자의 40%만이 "유럽 통합을 위한 노력"에 찬성했는데, 이에 비해 영국 공중 전체에서는 51%가 찬성했다. 덴마크에서는 좌파 사회주의인민당이 유럽공동체 가입을 격렬하게 반대했고, 다른 주요 정당들(사회민주당을 포함하여)은 가입을 지지했다. 1972년 국민투표 캠페인에서는 덴마크의 가입이 좌파의 반대 입장과 맞부딪치며 이데올로기적 논쟁의 문제가 되었다.[16] 좌파는 덴마크가 보다 보수적인 유럽공동체 국가들에 더 가까이 다가가기보다는 다른 노르딕 국가들과의 유대관계를 강화해야 한다고 주장했다. 이 균열은 각 유권자 사이에 여전히 분명하게 남아 있다. 우리의 1973년 조사에서는 덴마크 유권자의 45%가 유럽 통일을 지지한 데 비해 사회주의인민당 지지자들은 단지 24%만이 지지했다. 이 21%포인트의 격차는 프랑스나 이탈리아의 공산당 지지자/비공산당 지지자의 균열보다 훨씬 더 큰 것이다. 이 격차는 1975년에 다소 좁혀졌지만(13%포인트), 여전히 상대적으로 큰 수치이다. 그리하여 놀랍게도 1970년대 중반에는 유럽 통합과 관련하여 영국 보수당 투표자와 노동당 투표자 간의 차이가 이탈리아의 공산당 투표자와 기독교민주당 투표자 간의 차이보다 훨씬 더 컸다. 덴마크 공중 사이에서의 균열은 여전히 더 컸다.

<표 12-6>은 정당 선호(제8장에서와 같이 좌파-우파 이분법으로 분류된)와 우리의 유럽 통합 지지 지표 간의 전반적인 관계를 보여준다. 전체적으로 정당 선호와의 관계는 3개 새 회원국에서보다 6개 기존 회원국에서 상당히 약하다. 여기서 우리는 우리의 광범위한 지표를 이용하여, '유럽 통일'과 관련한 질문에 대한 응답에서 동일한 패턴이 나타나고 있음을 발견한다. 즉, 당파적 균열은 프랑스와 이탈리아에서보다 덴마크와 영국에서 훨씬 더 강하다. 프랑스와 이탈리아의 공산당이 강력한 반면 영국과 덴마크의 공산당은 매우 약하다는 사실을 고려하면, 이것은 매우 반직관적인 것처럼 보일 수도 있다. 하지

---

16) Nikolai Petersen and Jorgen Eklit, "Denmark Enters the European Communities," *Scandinavian Political Studies*, 8, 1(1973), Annual, 157~177을 보라. 이 논문은 1970년부터 1972년까지 덴마크 공중 사이에서 일어난 변화를 추적한다. 또한 Peter Hansen et al., "The Structure of the Debate in the Danish European Community Campaign, April to October, 1972"(1974년 3월 28일~4월 2일 프랑스 스트라스부르에서 열린 '유럽 정치연구 컨소시엄' 연례 회의에 제출된 논문)도 보라. 이탈리아 공산당 지지 유권자가 먼저, 그리고 이탈리아 공산당 엘리트가 그 후 반유럽적 입장에서 친유럽적 입장으로 전향한 것에 대한 탁월한 설명으로는 Robert Putnam, "Italian Foreign Policy: The Emergent Consensus"(Washington, D.C.: American Enterprise Institute, 근간)를 보라.

〈표 12-6〉 유럽 통합에 대한 지지와 좌파-우파 투표 성향 간의 상관관계(적률상관계수)

기존 회원국의 공중		새 회원국의 공중	
독일	.17	영국	-.32*
프랑스	-.14*	덴마크	-.27*
네덜란드	.07	아일랜드	.03
이탈리아	.02		
벨기에	-.01*		
평균	.02	평균	-.19

* (-) 부호는 좌파 유권자가 우파 유권자보다 덜 유럽적이라는 것을 나타낸다.

만 이 장에서 검토한 다른 발견들의 맥락에서 보면, 이 패턴은 이해 가능하다. 6개국에서는 유럽 기관에 대한 태도가 더 많은 시간을 가지고 흡수되고 내면화되었다. 반면 3개국에서 유럽 기관들은 여전히 상대적으로 불안정하며, 정당이 주는 신호와 같은 외부 신호에 흔들린다.

<표 12-6>이 보여주듯이, 유럽 통합에 대한 지지는 3개국에서 정치적 스펙트럼상의 **우파** 쪽 절반에서 더 강한 경향이 있다. 6개 기존 회원국에서는 전반적인 관계가 무시해도 좋을 정도이지만, **좌파** 유권자들이 보다 친유럽적인 경향을 조금 더 드러내고 있다.

유럽 통합은 실제로 좌파의 정책인가 아니면 우파의 정책인가? 유럽공동체의 존재는 이들 국가에서 노동계급의 생활수준을 점차 향상시켰을 가능성이 있어 보인다. 이것이 6개 기존 회원국에서 유럽공동체가 노동자들에게 일반적으로 인기 있었던 이유 중 하나이다. 반면에 유럽공동체는 자본가의 유럽이라고 주장될 수도 있다. 유럽공동체 내에서는 대기업이 너무나도 강력하다는 것을 보여주는 증거들도 많다. 그러나 우리는 다음과 같이 물어야만 한다. 대기업이 큰 힘을 행사하는 것은 유럽공동체 **때문**인가, 아니면 유럽공동체에도 불구하고 큰 힘을 행사하는 것인가? 대기업은 유럽공동체가 존재하기 전에도 초국가적인 토대 위에서 조직되었고, 유럽공동체가 폐지되더라도

여전히 그러할 것이다. 강력한 증거 중의 하나가 바로 강력한 초국적 기업 중 많은 기업이 미국에 기반을 두고 있지만 유럽공동체 내부와 외부 모두에서 거의 어려움 없이 운영되고 있다는 사실이다. 그 기업들의 초국가적 규모는 여전히 대부분 국경을 따라 구획화되어 있는 노동자들에게 대처하는 데서 거대 기업들에게 중요한 이점을 가져다줄 수 있다. 이를테면 다국적기업이 한 나라에서 대규모 파업에 직면할 경우, 그 다국적 기업은 때때로 파업하는 노동 조합이 존재하지 않는 다른 나라로 생산을 이전할 수 있다. 마찬가지로 한 국가의 사회보험료나 세금이 높을 경우, 다국적기업은 때때로 다른 나라에서 자신들의 수익을 실현하거나 다른 곳으로 생산을 이전할 수 있다. 문제는 대기업이 초국가적이 될 것인가의 여부가 **아니다**. 대기업은 이미 초국가적이다. 문제는 노동계가 그에 상응하는 규모로 조직화될 것인지의 여부이다. 그리고 정부가 다수의 지지를 받는 정책을 실행하기 위하여 초국적 기업에 대항 권력을 행사할 수 있는 수준에서 운영될 수 있는지의 여부이다.

유럽 통합은 좌파의 정책인가 아니면 우파의 정책인가? 결국 그 답은 자신의 관점에 달려 있다. 분명한 역사적 이유들 때문에 소련은 자신의 서쪽에 약하고 분열된 이웃들을 두는 것을 한결같이 강력하게 선호해 왔다. 마찬가지로 분명한 이유에서 중국-소련의 분열 이후 중국인들은 소련이 자신의 서쪽에 강력하고 단결된 유럽을 가지고 있기를 강하게 바라왔다. 유럽을 소련의 '사회적 제국주의(Social Imperialism)'에 대한 잠재적 균형추로 바라보는 중국 공산당 지도자들은 최근 몇 년간 유럽공동체의 근본적으로 진보적인 성격을 강조하면서, 가장 헌신적인 유럽인을 제외하고는 유럽 통일을 가장 옹호해 왔다. 베이징은 아주 탁월한 시점에, 다시 말해 유럽공동체 가입을 놓고 영국이 국민투표를 실시하기 직전에 유럽공동체와 대사를 교환하는 협정을 발표했다. 중국은 이 승인을 통해 유럽공동체를 공식적으로 인정한 최초의 공산주의 국가(유고슬라비아를 제외하고)가 되었고, 그에 따라 프랑스 공산당 서기

장으로부터 호된 비난을 받았다.

유럽 좌파가 진정으로 마르크스주의적인 것에 대한 단서를 모스크바에서 찾는 경향이 남아 있는 한, 유럽은 반공산주의 음모단으로 인식되는 경향이 있다. 대안적 모델을 찾기 위해 베이징에 기대를 걸거나 이탈리아인이나 유고슬라비아인들처럼 자신만의 모델을 개발하는 경우, 유럽 통합은 노동계급의 단결을 강화하는 것으로 간주될 수도 있다.

유럽 통합을 지지하는 데서의 다양한 문턱

이 장의 앞 절에서는 주로 유럽 통합에 대한 지지와 관련한 하나의 일반적인 지표를 다루었다. 그러나 공중의 태도는 단일체적이지 않다. 우리는 이탈리아 공중의 77%가 유럽 통일이라는 전반적인 관념에 찬성한다고 해서 그들이 모든 상황에서 통일을 위한 모든 구체적인 제안을 지지할 것이라고 가정할 수는 없다. 우리는 '쉬운' 질문에서 '까다로운' 질문까지 다양한 질문을 던질 경우, 사람들이 그 기본 구상을 놓고 찬반으로 갈리는 서로 다른 문턱을 발견한다. 이 마지막 절에서 우리는 다양한 유럽 공중이 통합의 방법으로 무엇을 받아들이고 무엇을 받아들이지 않는지에 대해 보다 상세하게 설명하고자 한다.

현 상태에서 시작해 보자. 유럽 공중은 자국이 유럽공동체의 일원이라는 것에 대해 어느 정도로 좋아하거나 싫어하는가? 우리는 이것을 상대적으로 '쉬운' 질문으로 생각할 수 있다. 이 질문은 새로운 어떤 것을 전혀 요구하지 않고 현존하는 제도가 지속되는 것에 대해서만 묻는다. 그렇지만 이 질문은 우리가 대수롭지 않게 여길 수 있는 어떤 것이 결코 아니다. 영국인들이 1973년 1월부터 1975년 6월까지 열띤 토론을 벌였던 주제가 바로 이 질문, 다시 말해 유럽공동체에 남아 있을 것인가 아니면 떠날 것인가 하는 문제이다.

〈표 12-7〉 유럽 9개국 공중의 공동시장 가입에 대한 태도*　　　　　　　　　　　　단위: %

> "일반적으로 말해서 당신은 (당신 나라의) 공동시장 가입이 좋은 일이라고 생각합니까, 나쁜 일이라고 생각합니까, 아니면 좋은 일도 나쁜 일도 아니라고 생각합니까?"

	좋은 일	나쁜 일
이탈리아	71	3
네덜란드	64	3
벨기에	67	3
프랑스	64	4
룩셈부르크	65	7
독일	56	8
아일랜드	50	20
영국	47	21
덴마크	36	25

* 1975년 5월 유럽공동체 조사의 결과.

　　1973년부터 1975년까지 이루어진 유럽공동체 조사 각각에서 공중은 다음과 같은 질문을 받았다. "일반적으로 말해서 당신은(영국, 프랑스 등의) 가입을 좋은 일이라고 생각합니까, 나쁜 일이라고 생각합니까, 아니면 좋은 일도 나쁜 일도 아니라고 생각합니까?" <표 12-7>은 1975년 5월의 조사 결과를 제시한 것이다. 그 응답은 이제는 친숙해진 패턴을 보여준다. 6개국의 공중 사이에서는 압도적인 합의로 가입을 지지하는 반면, 3개국 공중 사이에서는 여전히 여론이 상대적으로 분열되어 있다. **가장 덜** 호의적인 국가(독일)에서도 가입을 좋은 일로 생각하는 사람들이 나쁜 일로 생각하는 사람들보다 7 대 1 이상으로 그 수가 더 많다. **가장** 호의적인 나라(이탈리아)에서는 비호의적인 견해보다 호의적인 견해가 압도적으로 우세하다. 즉, 71%가 가입이 좋은 일이라고 느끼고, 3%만이 나쁜 일이라고 느낀다. 그 비율은 거의 24 대 1이다. 3개 새 회원국에서는 반대가 상당하지만, 각국에서는 찬성이 반대보다 더 많다. 영국의 경우에 우리는 1975년 5월 조사의 현지 조사가 끝난 지 불과 몇 주만에 실시된 실제 국민투표 결과를 우리의 질문에 대한 응답과 대비시켜 볼 수 있다. 우리의 영국 응답자 중 47%가 가입이 '좋은 일'이라고 답한 반면, 21%는 '나쁜 일'이라고 응답했다. 이 두 집단 각각이 실제 국민투표에서 영국의 가입에 대해 '찬성'한 사람들과 '반대'한 사람들을 대표한다고 가정해 보자(미결정자들은 기권하는 경향이 있었다). '미결정'과 '무응답' 범주를 우리의 백분율 기수에서 제외하면, 47%와 21%라는 우리의 수치는 69%의 '찬성'과 31%의 '반대'가 되는데, 이는 실제 국민투표 결과와 거의 일치한다(국민투표에서는 67.3%가 '찬성'에 투표했고, 32.7%가 '반대'에 투표했다).

같은 기준으로 계산했을 때, 만약 또 다른 국민투표가 동시에 실시되었다면, 덴마크 유권자는 59%가 가입에 찬성표를 던졌을 것이다. 그러나 이들 응답은 3개국에서 시간이 지나면서 상당한 변화가 있었음을 보여준다. 그리고 우리의 데이터는 만약 가입 후 처음 2년 동안 특정 시점에서 국민투표에 부쳐졌다면 덴마크와 영국 모두에서 가입이 **거부**되었을 수도 있음을 시사한다(<그림 12-4>를 보라). 3개국 여론의 극적인 상승과 하락의 진폭은 이 시기 동안 그들이 경험했던 대침체와 석유 수출 금지 조치의 영향을 반영하는 것일 수도 있다. 그러나 그러한 사건들에도 불구하고, 6개국 공중 사이에서 여론은 상당히 안정적인 지지세를 유지했다.

1975년경에는 당시 상태에 대한 지지가 유럽 9개국 모두에서 전반적으로 반대보다 매우 크게 높았으며, 심지어 다소 어려운 시기에도 그러했다. 이는 유럽공동체가 주로 유럽 통일을 위해서는 어떠한 희생이나 대가도 감수할 의향이 있는 무조건적인 유럽인들에 의해 채워져 있다는 것을 의미하는가? 물론 그렇지 않다. 앞의 질문은 중립적인 말로 표현되었다. 이제 유럽의 통일이 인터뷰한 사람들에게 경제적으로 부정적인 영향을 미치는 것으로 묘사되는 질문으로 넘어가보자. 우리의 응답자들은 "당신은 유럽 통합을 위해 이를테면 세금을 조금 더 내는 것과 같은 일정한 개인적인 희생을 기꺼이 감수할 의

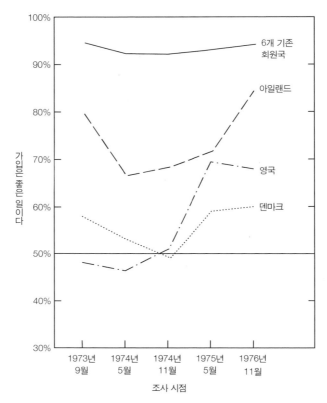

〈그림 12-4〉 유럽공동체 가입에 대한 지지, 1973년 9월~1975년 11월*

* 의견을 표명한 사람들 가운데서 공동시장 가입이 "좋은 일"이라고 말한 비율("좋은 일도 아니고 나쁜 일도 아니다"와 무응답은 제외되었다).

향이 있습니까?"라는 질문을 받았다. 1975년이라는 어려운 경제적 상황에서 세금을 더 내야 한다는 생각은 분명히 인기가 없었다. 1975년 5월에 그 응답은 9개국 모두에서 대체로 부정적이었다(하지만 1973년에 독일과 이탈리아에서는 다수가 호의적이었다). 9개국 전체에서 인터뷰한 사람들의 67%가 유럽 통일을 위해 세금을 더 낼 의사가 **없다**고 답한 반면, 26%만이 세금을 더 내겠다고 답했다. 이는 다음의 문제를 진지하게 고려하게 한다. 그러한 응답은 그 인터뷰의 다른 곳에서 유럽 통합을 지지한다고 공언한 것이 위선적이라거나 아니면 무의미하다는 것을 의미하는가? 결코 그렇지 않다. 그러한 공언들은 실제 행동 ─ 이를테면 국민투표에서의 영국의 투표 ─ 에 대한 아주 좋은 지표를 제공할 수 있다. 그러나 사람들이 유럽 통합에 헌신하는 심도는 서로 다르다. 중립적인 맥락에서 질문을 던질 경우, 유럽 통합에 관한 질문에 대해 상당한 지지를 끌어낼 수 있다. 하지만 여기서처럼 질문이 부정적인 맥락에서 이루어지면, 훨씬 적은 지지를 끌어낸다. 그리고 만약 맥락을 훨씬 더 부정적으로 설정하면, 의심할 바 없이 더 적은 지지만을 끌어낼 것이다. 추정컨대, 극소수의 사람만이 유럽의 통일을 위해 기꺼이 목숨을 바칠 것이다. 비록 그들이 덜 극단적인 상황에서 진정으로 충실한 지지자였을지라도 말이다.

무엇이 유럽 통합에 대한 지지를 측정하는 **진정한** 척도인가? 다시 말해 사람들은 중립적 조건하에서 일반적으로 호의적인 태도를 보이는 것인가 아니면 개인적인 희생 속에서조차 계속해서 지지하는 것인가? 둘 다 진정한 척도이다. 개인적인 희생에 대한 질문은 친유럽적 감상을 측정하는 예민한 지표로, 만약 유럽공동체가 근본적으로 부정적인 경제적 효과를 가지고 있다고 일반적으로 느낀다면, 유럽공동체는 일반적으로 인기가 없을 것임을 시사한다. 그렇다면 이것이 현실**인가**? 아마도 아닐 것이다. 대체로 유럽공동체는 유럽공동체에 속한 대부분의 사람에게 **긍정적인** 경제적 영향을 미쳤을 것으로 보인다. 만약 이것이 사실이라면(또는 사실이라고 믿는다면), 사람들은 가정된 부정적 효과에 근거하기보다는 유럽공동체에 대한 자신들의 일반적으로 호의적인 태도에 근거하여 행동할 것이다.

우리는 비교적 '쉬운' 한 가지 질문과 비교적 '어려운' 한 가지 질문에 대한 답변들을 살펴보았다. 이제 (국가 주권의 상실에 내재되어 있는 것 외에는) 어떤

〈표 12-8〉 **유럽 정치연합에 대한 찬성과 반대***   단위: %

"당신은 유럽공동시장이 유럽 정치연합으로 발전하는 것에 대해 찬성합니까, 아니면 반대합니까?"		
	찬성	반대
이탈리아	71	11
룩셈부르크	71	11
독일	70	13
벨기에	51	9
프랑스	66	17
네덜란드	54	15
아일랜드	37	38
영국	36	46
덴마크	21	54

* 1975년 5월 유럽공동체 조사의 결과.

한 부정적인 결과도 명시적으로 제시하지 않은 채 **현** 상태를 훨씬 넘어서는 질문으로 눈을 돌려보자. 1975년 조사에서 유럽 9개국 공중은 다음과 같은 질문을 받았다. "당신은 유럽공동시장이 유럽 정치연합으로 발전하는 것에 대해 찬성합니까, 아니면 반대합니까?" 이 목표는 1972년 정상회담에서 9개국 지도자들이 서명한 것이지만, 기존의 어떤 합의도 훨씬 넘어서는 것이다. 그것은 진정한 유럽 연합의 창설을 함의한다. <표 12-8>은 각국 공중 사이에서 나타난 지지의 분포를 보여준다. 이 제안의 광범위한 성격과 국가 엘리트들이 다루어온 극도의 신중함을 고려할 때, 공중의 지지는 아주 놀라울 정도이다. 기존 회원국 내에서는 6개국 모두의 공중이 그 구상을 근소한 차이가 아닌 압도적인 비율로 지지하고 있다. 6개국에서는 찬성이 반대보다 적어도 3 대 1로, 그리고 일반적으로는 그 이상으로 수적으로 더 많다. 3개국의 여론은 주로 반대이지만, 거기에서도 상황은 절망적이지는 않다. 아일랜드 사람들은 대등하게 나누어져 있다. 영국에서는 반대가 분명하게 우세하지만, 지지도 점점 증가하고 있다. 1973년에는 단지 24%가 찬성한 반면, 54%가 반대했다. 1975년경에는 그 수치가 각각 36%와 46%로 바뀌었다. 덴마크에서만 반대가 압도적인 것으로 보인다. 덴마크에서는 2 대 1 이상으로 반대가 지배적이다.

정치연합은 야심 찬 목표이다. 6개국 공중 사이에서 정치연합에 대해 이미 놀라울 정도로 강력한 찬성 여론이 형성되어 왔다. 그럼에도 불구하고 1973년에 유럽공동체에 가입한 국가들의 공중 사이에서 보다 폭넓은 지지 기반이 마련될 때까지 그 목표는 아마도 달성될 수 없을 것이다.

하지만 유럽공동체가 즉시 착수하여 **9개국 모두**의 공중의 지지를 얻어 실시할 수 있는 중요하지만 덜 야심적인 과제들도 많이 있다. 1973년에 우리의 응답자들은 "내가 언급하는 문제들 각각에 대해 당신은 유럽 정부와 (영국, 프랑스 등의) 각국 정부 중 누가 다음의 문제를 더 잘 처리할 것으로 생각합니까?"라는 질문을 받았다. 그 문제들은 다음과 같았다.

환경오염
군사적 방어
과학적 연구
외국 기업의 투자 유치(영국, 프랑스 등에서의)
약물중독
경제성장
미국, 러시아 등과의 주요 정치적 협상
빈곤과 실업
저개발 국가에 대한 원조
물가 상승

이들 항목에 대한 응답은 유럽 통합에 대한 개인의 전반적인 찬성 또는 반대와 다소 밀접하게 관련되어 있었다.[17] <표 12-9>는 앞의 10가지 문제 각각을 유럽 정부가 해결하는 것에 대한 지지 분포를 요약해 놓은 것이다. 다시 한번 6개국의 태도와 3개국의 태도가 대비되고 있음을 볼 수 있다. 6개국의 공중은 유럽 정부가 자국 정부보다 10가지 문제 중 7가지를 더 잘 처리할 수 있을 것이라고 느꼈다. 실제로 벨기에를 제외하고는 10가지 문제 중 9가지 문제에서 유럽 정부가 해결하는 것이 선호되었다. 새 회원국 공중은 유럽 정부에 추가적인 권한을 이양하는 것에 대해 비교적 주저했다. 그럼에도 불구하고 9개국 공중 모두 사이에서 특정한 기능은 각국 정부보다 유럽 정부가 더 잘 처리할 것이라는 합의가 존재했으며, 그러한 기능들이 결코 중요하지 않은 기능인 것은 아니었다. 거기에는 과학적 연구, 저개발 국가에 대한 원조, 초강대국과의 정치적 협상이 포함되어 있다.

더 놀라운 것은 유럽 공중이 경제 문제에 직면하여 연대를 선호하는 정도였다. 1973년에 9개국 모두의 응답자들은 "유럽공동체 국가 중 한 나라가 심각한 경제적 어려움에 처할 경우, 당신은 (당신의 나라를 포함하여) 다른 나라들이 그 나라를 도와주어야 한다고 생각합니까, 아니면 도와주지 말아야 한다고 생각합니까?"라는 질문을 받았다. <표 12-10>에서 볼 수 있듯이, 상호 경제적 지원은 9개국 모두에서 압도적 다수에 의해 지지되었다. 6개국 공중 가운데서는 경제적 지원파가 반대파를 9 대 1 이상의 수치로 앞섰다. 그러나 3개국의 공중 **역시** 이 정책에 대해 강한 신뢰감을 보여주었다. 영국인들은 상호 경제적 지원을 2 대 1 이상의 수치로 더 지지했고, 덴마크와 아일랜드 사람들은 훨씬 더 호의적이었다.

---

17) 이들 항목은 앞에서 언급한 요인 분석에 포함되었다. 9개국 표본 모두에서 유럽 통합 지지 요인에 대한 항목들의 평균 적재값은 한 가지를 제외한 모든 경우에서 .400을 상회했다. 외국인 투자에 관한 항목은 대부분의 국가에서 무의미한 요소 적재값을 보였다. 이 항목은 어떤 광범위한 차원을 포착하는 데 분명하게 실패했다. 아마도 그 항목이 서툴게 표현되었기 때문이거나 이 특정 주제가 일반 공중에게 중요하지 않기 때문일 것이다.

〈표 12-9〉 각국 정부보다 유럽 정부가 더 잘 처리할 문제

문제	6개 기존 회원국						3개 새 회원국		
	이탈리아	네덜란드	룩셈부르크	독일	프랑스	벨기에	덴마크	영국	아일랜드
과학적 연구	X	X	X	X	X	X	X	X	X
개발도상국 원조	X	X	X	X	X	X	X	X	X
미국, 소련 등과의 협상	X	X	X	X	X	X	X	X	X
오염	X	X	X	X	X	X	X		
약물중독	X	X	X	X	X	X	X		
군사적 방어	X	X	X	X	X	X			
경제성장	X	X	(X)	X	X	X			
물가 상승	X	X	X	X	X				
빈곤, 실업	X	X	X	X	(X)				
외국 기업의 투자 유치	X								

X = 절대다수가 유럽 정부의 해결 지지.
(X) = 의견을 표명한 사람 중 다수가 유럽 정부의 해결 지지.

〈표 12-10〉 유럽 내 경제적 지원에 대한 찬성과 반대   단위: %

"유럽공동체 국가 중 한 나라가 심각한 경제적 어려움에 처할 경우, 당신은 (당신의 나라를 포함하여) 다른 나라들이 그 나라를 도와주어야 한다고 생각합니까, 아니면 도와주지 말아야 한다고 생각합니까?"

	도와야 한다	돕지 말아야 한다
이탈리아	88	2
룩셈부르크	87	8
독일	77	7
네덜란드	79	9
프랑스	78	9
벨기에	78	9
아일랜드	80	10
덴마크	62	25
영국	59	28

이 조사가 실시되고 나서 몇 주 후에 아랍의 석유 수출 금지 조치에 대응하여 9개국 정부가 정반대의 정책을 채택한 것은 지극히 아이러니한 일이다. 유럽으로의 석유 수송이 전반적으로 감소했지만, 네덜란드는 이스라엘에 대한 네덜란드의 지원 때문에 특별한 압박의 대상이 되었다. 네덜란드로의 아랍 석유 수송이 **전면** 금지되었고, 네덜란드는 경제적 재앙에 빠뜨리겠다는 위협을 받았다. 그것은 유럽 경제 연대에 대한 심대한 도전이었다. 각국 정부가 보인 반응은 각자 자기 일은 자기가 알아서 한다는 것에 기초하여 가능한 최선의 거래를 하기 위해 필사적인 쟁탈전을 벌이는 것이었다.[18] 더욱 아이러니한 것은 네덜란드에 대한 수출 금지 조치가 각국 정부나 유럽공동체에 의해서가 아니라 비아랍산 석유를 로테르담으로 수송한 다국적 석유회사들에 의해

---

18) 흥미롭게도 각국의 **공중**(또는 적어도 그중 한 나라의 공중)은 석유 수출 금지 조치에 직면해서도 여전히 변함이 없었던 것으로 보인다. 앞서 기술한 조사는 수출 금지 조치 직전에 실시되었다. 그러나 SOFRES가 11월(위기가 극심할 때)에 실시한 또 다른 조사는 프랑스 공중에게 유럽의 연대를 위해 석유 부족의 결과를 기꺼이 공유할 의향이 있는지를 물었다. 70%가 그럴 의향이 있다고 대답했다. *L'Express*, November 7~8, 1973, 44를 보라.

부분적으로 우회되었다는 것이다. 물론 석유회사들이 그렇게 한 것은 단지 자기 이익을 위해서였지만, 그들은 (아랍인처럼) 적어도 초국가적 이익이라는 의식을 **가지고** 있었다.

그 결과 계속된 재정적·경제적 어려움 속에서 유럽의 연대를 더욱 방해하는 일들 — 유럽공동체를 해체하겠다고 위협하는 개별 국가들의 일방적인 행동들 — 이 잇따랐다. 가장 나쁜 것은 그러한 행동들이 기본적으로 자멸적이라는 것이었다. 왜냐하면 에너지 위기, 인플레이션, 무역 수지, 공해, 식량 부족과 같은 문제들은 더 이상 개별 국민국가들에 의해서는 해결될 수 없기 때문이다. 핵전쟁 위험도 국민국가들로서는 감당할 수 없다. 이 위험은 오늘날 거의 무시되고 있지만, 언제나 가능성으로 남아 있다. 장기적 관점에서 그러한 위험이 국제 안보에 대해 갖는 함의는 유럽 구상에서 가장 강력한 주장 중의 하나로 남아 있다. 유럽의 아버지 장 모네(Jean Monnet)는 원래 유럽 통합을 대서양공동체를 향한 한 단계로, 그리고 궁극적으로는 동서안보공동체를 향한 발걸음으로 구상했다. 이러한 길로 발전해 나가는 데에는 엄청난 장애물들이 존재한다. 모네의 접근방식은 대규모의 장기적인 노력을 비교적 관리 가능한 규모의 문제로 좁히는 것이었다. 유럽 건설과정에서 제한적이지만 실질적인 권력은 초국가적 당국들로 넘어갔고, 이는 정치적 통합에 대한 공중의 지지를 증대시켰다.

드골 국가주의의 전성기 동안 대서양 양쪽에서 모네의 계획과 같은 광대한 계획은 환상으로 치부되었고, 드골의 국가주의를 냉철한 현실주의로 보는 경향이 증대되었다. 그것은 "지붕 고칠 필요 없어, 비 안 오잖아"라고 의기양양하게 지적하는 현실주의에 비견되는 단기 현실주의였다. 단기적으로는 주요 무기체계를 집단적으로 통제하기 위한 준비를 할 필요가 없다. 긴장 완화 상태에 있으니까. 그러나 얼마 전까지만 해도 열강들은 전쟁 직전까지 갔었다. 만약 주요 폭력에 대한 통제를 제도화하지 않는다면, 적어도 주요 강대국들 사이에서 조만간 다시 똑같은 일이 벌어질 것이다. 시간 관점을 더 길게 잡으면, 슈퍼 재난이 일어날 가능성은 더욱 증대할 것이다.

1958년에는 유럽원자력공동체(Euratom)가 만들어졌는데, 그것은 앞으로 유럽에 석유가 부족할 가능성이 크다는 생각과 대체 에너지원을 개발하려는 노력이 초국가적인 기반 위에서만 효과적으로 실행될 수 있다는 생각에 기초한 것이었다. 유럽원자력공동체의 성장은 국가 이익에 대한 단기적 계산과 국가의 영광에 대한 '현실주의적' 환상에 의해 저지되었다. 15년 동안 유럽원자력공동체는 아무 성과도 내지 못했고, 자금에 시달렸고, 사소한 프로젝트만 수행했다. 1973년에 아랍인들은 석유 가격을 4배 올리고 석유의 흐름을 제한했다. 갑자기 유럽원자력공동체의 배후에 자리하고 있던 기본적인 구상이 옳았다는 것이 분명해졌지만, 거의 16년이라는 세월이 허비되었다.

비 오는 날이 왔지만, 폭풍우 속에서 지붕을 고치기란 쉽지 않다. 아랍 국가들의 지도자들은 단합해서, 그리고 단호한 방식으로 행동했다. 그들의 관점에서 볼 때, 일이 매우 잘 되어갔다. 그들은 엄청나게 부유해졌다. 사람들은 그들의 목적이 하나가 된 데 감탄하면서 유럽과 북미의 후진국 지도자들도 언젠가 동등한 수준의 상상력과 결단력을 보여줄 것을 바랄 것이 틀림없다.

최근의 한 연구에서 서유럽 정치 지도자들과 정부 관리들은 유럽 통합에 대한 일련의 질문을 받았다. 유럽 통합이 더 빨리 진전되지 못한 이유를 설명하기 위해 가장 빈번하게 인용된 이유 중 하나는 공중이 유럽 통합에 대해 준비가 되어 있지 않다는 주장이었다.[19] 어떤 의미에서는 정반대가 사실인 것으로 보인다. 여러 측면에서 유럽 공중은 현재의 유럽 통합 범위를 넘어설 준비가 꽤 되어 있다. 그들은 점점 더 초국가적 정체성 의식을 증대시키고 있으며, 초국가적 기관에 더 광범위한 책임을 맡기려는 의향을 점점 더 많이 보이

---

19) Ronald Inglehart and Robert Putnam, "European Elites, European Publics and European Integration"(근간)을 보라.

고 있다. 1973년 이후의 혼란 속에서 유럽 공중의 지도자들은 자신들이 세운 목표를 향해 나아가지 못했을 뿐만 아니라 이미 달성한 진보를 되돌리겠다고 위협했다.

제13장

세계관과 전 지구적 변화

1960년대의 광란적 행동주의와 1970년대의 외견상의 정적(靜寂) 배후에서는 점진적이지만 근본적으로 정치 생활을 변화시키는 조용한 혁명이 서구 세계 전역에서 일어나고 있었다. 이 책은 이 혁명의 두 가지 주요한 측면, 즉 (1) 물질적 소비와 안전을 크게 중시하던 데서 삶의 질에 더 많은 관심을 가지는 쪽으로 이동하는 것과 (2) 서구 공중 사이에서 그들이 더 적극적인 역할을 할 수 있게 해주는 정치적 스킬이 증가하는 것에 대해 묘사해 왔다.

이 두 가지 변화 중 첫째 변화의 원인은 사람들은 다양한 욕구를 가지고 있으며 공급이 부족한 욕구에 최우선 순위를 부여하고 있다는 사실에서 찾을 수 있다. 신체적 생존과 가장 직접적으로 관련된 욕구들은 그 욕구가 적절하게 충족되지 않을 때 최우선 순위를 차지한다. 적절한 음식이나 주거지를 결여하고 있는 사람은 실제로 음식이나 주거지를 얻는 데 모든 관심을 다 쏟을 가능성이 크다. 그러나 최소한의 경제적·신체적 안전이 확보되어 있을 경우, 사랑, 소속, 존중에 대한 욕구가 점점 더 중요해지고, 이 모든 것이 충족되면 지적·심미적 만족이 중심적인 중요성을 지니게 된다.

우리는 선진산업사회의 일부 집단이 이미 소속의 욕구와 지적-심미적 욕구를 최우선 순위에 둘 수 있을 만큼 경제적·신체적 안전감을 획득했다는 증거를 살펴보아 왔다. 이 탈물질주의자들 ― 우리가 그들을 칭하는 용어 ― 은 이를테면 미국 공중의 단지 12%만을 구성하는 비교적 소수집단이다. 그러나 그들은 최고의 교육을 받고 정치적으로 가장 활동적인 사람들 사이에 집중되어 있기 때문에 전략적인 위치를 차지한다. 그들은 젊은이들 사이에서 지나치게 과도하게 대표된다. 탈물질주의자들은 가장 나이 든 연령 집단에서는 2~3% 정도로 적지만, 제2차 세계대전 이후 태어난 사람들 가운데서는 몇몇 나라의 경우에 물질주의적 유형만큼이나 많다.

연령에 따라 비대칭이 이처럼 큰 것은 세대 간에 가치 변화의 과정이 일어나고 있음을 시사한다. 왜냐하면 유년기와 청년기에 습득된 가치가 성인의 삶 내내 한결같이 유지되는 경향이 있기 때문이다. 대부분의 경우에 탈물질주의자들은 경제적 안전과 신체적 안전이 확보된 시기에 성장했다. 그 결과 그들은 물질적 안전을 당연한 것으로 간주하고 다른 목표들을 더 중시하는 경향이 있다. 반면에 그들의 부모와 조부모는 대공황이나 양차 세계대전 중 하나 동안에 성장했는데, 그 시기에는 많은 나라에 결핍과 신체적 위험이 만연했다. 오늘날 그들의 가치 우선순위는 여전히 그러한 형성기 경험을 반영한다.

각 연령 집단별로 가치가 분포되는 방식이 국가 간에 차이가 나는 것은 그 방식이 세대교체 과정에서 비롯된다는 인상을 강화한다. 왜냐하면 만약 세대교체가 일어나고 있다면, 우리는 그러한 차이가 주어진 국가의 최근 역사를 반영한다고 예상할 수 있기 때문이다. 이를테면 독일에서는 각각의 연령 코호트들의 형성기를 지배하는 조건이 특히 극단적으로 변화했다. 나이 든 독일인들은 제1차 세계대전 동안 기근과 살육을 경험했고, 그 뒤를 이어 극심한 인플레이션, 대공황, 그리고 제2차 세계대전 동안의 침략, 대규모 인명 손실, 참화를 겪었다. 독일의 가장 젊은 코호트는 이제는 세계에서 가장 부유한 나라 가운데 하나인 곳에서 비교적 평화로운 상태 속에서 자랐다. 만약 가치 유형이 한 사람의 형성기 경험을 반영한다면, 우리는 독일의 나이 든 연령 코호트와 젊은 연령 코호트들 간에 비교적 큰 차이를 발견할 것으로 예상할 수 있다.

영국은 독일과는 정반대의 극단을 대표한다. 제2차 세계대전 이전에 유럽에서 가장 부유한 나라였던 영국은 전쟁 중에 침략을 피했지만, 그 이후로 상대적으로 경제적 침체를 겪었다. 지난 25년 동안 영국의 유럽 이웃들은 영국보다 약 두 배나 높은 경제성장률을 보여왔다. 우리는 가장 젊은 영국 응답자와 가장 나이 많은 응답자 간에 상대적으로 작은 차이를 발견할 것으로 예상할 수 있다.

데이터는 이러한 예상을 확실하게 입증해 준다. 연령과 관련된 차이는 다른 어떤 나라보다도 독일에서 더 크다. 가장 적은 양의 가치 변화가 일어난 것으로 보이는 영국보다는 거의 **두 배** 더 크다. 우리가 데이터를 가지고 있는 다른 서구 9개 국가는 이 두 극단 사이에 있으며, 전체적으로 볼 때 주어진 국가의 경제사와 그 나라의 연령 집단별로 나타나는 명백한 가치 변화의 양은 아주 잘 부합한다.

다변량 분석은 정규 교육, 현재의 사회적 환경, 라이프 사이클 효과 모두가 한 사람의 가치 우선순위를 틀 짓는 데 일조한다는 것을 보여준다. 그러나 주어진 세대 단위가 형성기 동안 겪은 경험의 영향이 적어도 다른 요소들만큼 중요한 것으로 보이며, 어쩌면 핵심적인 설명 변수일 것이다.

게다가 우리는 세대 간 가치 변화가 형성기 경험의 다른 변화들과는 아주 **별개로** 일어나고 있다고 결론내려도 무방할 것으로 보인다. 왜냐하면 교육이 가치 유형과 중요한 연관성을 가지고 있기 때문이다. 그리고 상이한 교육 수준은 각각의 연령 코호트의 구조적 특성이다. 젊은 세대는 나이 든 세대보다 훨씬 더 많은 교육을 받았고, 이 관계는 시간이 지나도 변하지 않을 것이다. 따라서 코호트 경험의 차이와 교육 수준의 차이 **모두**는 기본적인 가치 우선순위에서 세대 간 변화를 촉진시킬 것이다.

가치 변화 과정은 삶의 주관적 질과 관련하여 흥미롭고 다소 역설적인 함의를 지닌다. 상대적으로 혜택받은 경제적 상황에도 불구하고, 탈물질주의자들은 자신들의 삶의 전체에 대해 또는 심지어 삶의 물질적 측면에 대해서도 주관적 만족 수준이 상대적으로 높지 않다. 왜냐하면 이 집단은 독특한 가치 우선순위를 가지고 있기 때문이다. 그 집단은 물질적 복지를 덜 중시하고 사회의 질적 측면을 더 중시한다. 전체적으로 볼 때, 서구 국가들은 지난 20년 동안 경제성장을 달성하는 데는 성공했지만, 탈물질주의적 목표를 달성하는 데에는 상대적으로 별 관심을 기울이지 않아왔다. 산업사회의 계급 갈등이 평화적 공존으로 나아가는 데에는 상당한 시간이 걸렸다. 그러나 서구 국가들의 관습과 제도는 물질주의적 가정에 기초하고 있다. 탈물질주의적 세계관을 가진다는 것은 우리가 살고 있는 사회의 유형과 조화를 이루지 못하는 경향이 있다는 것을 의미한다. 그 결과 우리는 물질주의자들은 상대적으로 기존 질서를 지지하고 탈물질주의자들은 상대적으로 변화 지향적일 것으로 예상할 수 있다.

1970년대를 지배했던 상황하에서 탈물질주의자들은 물질주의자보다 정치적 만족 수준이 낮고 급진적인 변화를 더 지지하는 경향을 보였다. 이 사실이 지닌 함의는 광범하다. 산업사회 초기에는 정치적 불만이 주로 물질적 조건에 기원을 두고 저소득집단에 집중되어 있었을 수 있다. 그러나 우리의 발견들은 이제는 비교적 풍요한 탈물질주의자들이 정치적 불만과 저항을 일으킬 가능성이 가장 큰 원천을 구성하고 있음을 보여준다.

탈물질주의적 가치와 정치적 불만 간의 연관성은 또한 우리가 좌파 정당들의 사회적 기반에서 변화가 일어나고 있음을 목격하고 있을지도 모른다는 것을 시사한다. 왜냐하면 탈물질주의자들은 중간계급 출신이 압도적으로 많기 때문이다. 하지만 그들은 좌파의 정책을 지지하는 경향이 있다. 반대로 가장 물질주의적인 개인들은 저소득집단에 집중되는 경향이 있지만, 기존 사회질서의 핵심 측면을 지지한다. 이 결과 중 하나가 전통적인 사회계급투표 패턴이 분명하게 점차 약화되고 있다는 것이다. 이는 중간계급의 젊은 분파들이 가족 전통에서 탈피하여 좌파를 지지하는 반면, 일부 노동계급 분파들은 우파로 이동하기 때문이다.

노동계급의 경제적 이득을 강조하는 구좌파와 라이프스타일의 변화에, 즉 양적 이득보다는 질적 이득에 더 관심을 두는 신좌파 간에는 첨예한 긴장이 발생할 수 있다. 그러나 이 두 파벌은 공히 사회가 평등주의적인 방향으로 변화하는 데에 관심을 가지고 있으며, 평등이라는 목표를 가지고 서로 다른 이유에서 서로 다른 집단에 호소한다. 바로 이 평등이라는 목표가 좌파를 하나로 묶는 끈으로 작동할 수 있다.

1970년대 초반에 대부분의 서구 국가의 정치는 다소 비슷한 방향으로 움직이고 있는 것처럼 보였다. 우선은 사회변화가 노동계급보다는 중간계급에 기반하여 제창되는 경향이 있었다. 다음으로는 비경제적 쟁점이 높은 정도의 중요성을 획득했다.

두 가지 특징은 서로 관련되어 있었다. 장기간 경제성장이 지속된 이후 정치적 균열의 주축이 경제적 쟁점에서 라이프스타일 쟁점으로 바뀌기 시작했고, 이와 함께 유권자의 관심 역시 더욱 변화를 지향하는 쪽으로 바뀌었다. 수확체감의 법칙에 따라 경제적 이득은 상대적으로 덜 중요해졌고, 특히 심각한 경제적 박탈감을 경험해 본 적이 없는 사회층에서 더더욱 그러했다. 사회의 상당한 부분에서는 경제적 이득이 더 이상 가장 시급한 것으로 보이지 않았다. 새로운 항목이 아젠다의 맨 위에 올랐다.

산업사회에 내재한 탈인간화 경향과 싸우기 위한 노력이 우선순위에서 높은 자리를 차지했다. 왜냐하면 어떤 의미에서는 대량생산 조립라인과 대량생산 관료제가 산업사회의 핵심 제도이기 때문이다. 이러한 형태의 사회가 발전함에 따라, 점점 더 많은 사람이 자신들의 관계가 비인격적인 관료제적 규칙에 의해 지배되는, 위계적으로 구조화되고 정형화된 공장이나 사무실에 맞게 조직화되었다. 이러한 유형의 조직은 대규모 기업을 가능하게 하고 생산성을 증대시킨다. 그리고 경제적 고려가 최우선시될 경우에는 대다수가 그러한 조직이 수반하는 비인격화와 익명성을 기꺼이 받아들이기도 한다. 그러나 광범위한 탈물질주의적 사고방식의 출현과 함께 산업사회의 쌍둥이 위계질서가 점점 더 문제시되어 왔다.

장기적인 번영은 물질적 소비와 안전을 덜 중시하고 인본주의적이고 심미적인 목표를 더 중시하는 공중의 출현을 촉진하는 것으로 보인다. 심지어 국가의 우선순위가 이러한 가치에 부합하는 방향으로 재편되고 있다는 증거도 일부 있다. 1967년부터 1972년까지 미국에서의 인적 자원 지출은 연방 전체 예산의 28%에서 40%로 증가한 반면, 국방 지출은 44%에서 33%로 거의 대칭적으로 감소했다. 미국 정부가 제안한 1977년 예산은 국방에 26%, 인적 자원에 48%가 할당되었다.[1]

이 책에서 다룬 또 다른 주요한 추세는 정치적 스킬 분포의 변화이다. 서구 공중은 정치 참여 잠재력을 증대시키고 있다. 이러한 변화는 많은 공중이 단순히 투표와 같은 전통적인 활동에 더 높은 참여율을 보일 것임을 의미하는 것이 아니라 그들이 질적으로 다른 수준에서 정치 과정에 개입할 수 있음을 의미한다. 서구 공중은 정책 결정권자의 선출에서 목소리를 내는 것에 그치지 않고 주요 의사**결정**에 참여하는 것을 요구할 가능성이 점점 더 커지고 있다. 이러한 변화는 기성 정당, 노동조합, 전문 조직에 중요한 함의를 지닌다. 왜냐하면 대중 정치는 엘리트 지시적이기보다는 점점 더 엘리트 도전적이 되

---

1) *Time*, February 2, 1976, p. 10에 보도된 수치이다. '인적 자원'은 사회보장, 실업보험, 공적 부조, 보건, 교육, 사회서비스를 위한 지출을 포함한다. 국방에 할당된 **비율**은 줄었지만 1967년부터 1977년까지 지출된 달러는 46%나 증가했다는 점에 유의해야 한다.

는 경향이 있기 때문이다. 이러한 변화의 근원은 엘리트와 대중 간의 정치적 스킬의 균형이 바뀐 데 있다.

우리는 참여가 근본적으로 다른 두 가지 과정 — 하나는 종래의 정치 참여 양식의 근저를 이루고, 다른 하나는 새로운 정치 참여 양식의 근저를 이룬다 — 에서 발생한다고 주장했다. 19세기 말과 20세기 초에 대규모 정치 참여를 동원한 기관들 — 노동조합, 교회, 대중 정당들 — 은 전형적으로 소수의 지도자들이 규율된 다수의 무리를 선도하는 위계적인 조직이었다. 그 기관들은 일반 시민들의 정치적 스킬 수준이 낮았던 시대에 다수의 투표자를 투표장으로 끌어들이는 데 효과적이었다. 그러나 그러한 조직들은 많은 수를 동원할 수 있지만, 대체로 비교적 낮은 수준의 참여 — 일반적으로 단순한 투표 행위 — 만을 끌어냈다.

보다 새로운 참여 양식은 종래의 참여 양식보다 개인의 선호를 훨씬 더 정확하게 표현할 수 있다. 새로운 양식은 더 쟁점 지향적이고, 단순히 주어진 일단의 지도자를 지지하는 것이 아니라 특정한 정책 변화를 이루어내는 것을 목표로 한다. 그러나 유권자들 사이에 고조된 민감한 이데올로기적 반응이 엘리트 지도적인 정치적 동원에 공중이 순응하지 않게 하는지도 모른다. 정치 기구, 노동조합, 교회의 영향력이 점차 약화되고 있다는 증거가 여러 나라에서 나오고 있다.

수백만 명의 시민으로 구성된 방대한 정치공동체의 정치에서 효과적인 역할을 수행하기 위해서는 특별한 스킬이 필수적이다. 그 결과 높아진 정치적 스킬 수준은 서구 공중으로 하여금 의사결정 과정에서 더 의미 있는 역할을 할 수 있게 할 것이다. 높은 수준의 정치적 스킬을 가진 공중은 실제의 의사결정을 상대적으로 숙련된 소수에게 위임하기보다는 의사결정에 직접 참여할 수 있는 문턱에 접근하고자 할 것이다. 게다가 그러한 공중은 점차 초국가적 정체성 의식을 가질 것으로 보인다. 이러한 초국가적 정체성 의식은 정치적 계산 착오를 범하기 전에 모종의 효과적인 세계질서를 확립하는 데 일조할 수도 있다.

우리는 앞의 장들에서 서구 공중 사이에서 나타나는 정치 변화의 밝은 모습들을 주로 묘사해 왔다. 그러나 다양한 다른 저술가들은 그러한 변화의 어두운 면을 강조해 왔다. 그들의 경고를 무시하는 것은 현명하지 못한 일일 것이다. 이를테면 헌팅턴(Huntington)은 정치적 스킬 수준의 상승은 한 사회가 참여를 제도화할 수 있는 능력보다 참여를 더 빠르게 증가시켜 정치적 붕괴를 낳을 수도 있다고 주장한다. 헌팅턴에 따르면, "핵심적 참여 기관인 정당은 제도적·정치적으로 부패해 가고 있는 것으로 보인다. 전국의 많은 곳에서 정당 기구는 완전히 붕괴되거나 이전의 자기 모습의 희미한 그림자가 되고 있다. 즉, 재정, 인원, 자원, 조직에서 허약하다. …… 학력이 높고 참여적인 주민이 많은 사회에서는 정부가 효과적으로 조치를 취하기가 쉬워지기보다는 더 어려워질 수 있다. 이를테면 주민들의 학력 수준이 높은 미국의 도시들은 학력 수준이 낮은 도시들보다 더 적은 혁신을 이루는 경향이 있다. 겉으로 보기에 이상한 이러한 상황에 대해 제시된 한 가지 이유는, 광범위한 교육이 너무 많은 관심과 참여를 유발하여 결국에는 정치적 교착 상태를 초래하는 경향이 있기 때문이라는 것이다. 혁신은 주민의 상당 부분이 무관심할 때 가장 쉽다."[2]

사르토리 역시 중앙집권적이고 엘리트 지시적인 조직에서 벗어나는 것과 새로운 가치가 출현하는 것 모두에서 위험이 초래될 가능성을 발견한다.[3] 그는 산업 부문에서 서비스 부문으로의 전환과 복잡하고 자동화된 경제의 발

---

[2] Samuel Huntington, "Postindustrial Politics: How Benign Will It Be?" *Comparative Politics*, 6, 2(January, 1974), 174~177. Samuel Huntington, *Political Order in Changing Societies*(New Haven: Yale University Press, 1968)도 참조하라.

[3] Giovanni Sartori, "The Power of Labor in the Post-Pacified society: A Surmise"(1973년 8월 퀘벡 몬트리올에서 열린 국제정치학회 세계대회에서 발표된 논문)를 보라.

전은 탈산업사회를 극도로 취약하게 만든다고 주장한다. 거대한 도시는 쉽게 죽음의 덫으로 바뀔 수 있고, 컴퓨터가 통제하는 사회는 컴퓨터가 파괴될 수 있는 만큼 빠르게 붕괴될 수 있다. 산업 부문에서의 파업 효과는 몇 달 동안 느껴지지 않을 수 있지만, 필수 서비스가 중단되면 그 영향은 즉각적이다. 전기가 끊기면 엘리베이터, 전등, 에어컨, 그리고 거대 도시의 많은 교통수단이 즉시 중단된다. 며칠 또는 심지어 몇 시간 내에 생존이 위태로워질 수도 있다.

사르토리에 따르면, 노동조합에서 중앙집권적 권위가 상실되는 것은 이제 몇몇 비타협적인 소수집단이 서비스 경제의 핵심 센터들을 장악하고 그것을 통해 사회에 막대한 공갈 압력을 가하는 것을 가능하게 할 수 있다. 사르토리는 다음과 같이 말한다. 이에 맞설 수 있는 "유일하게 신뢰할 수 있는 자기 규제는 사회화 과정과 사회화 기관을 통해 내면화되는 억제뿐이다. 여기에 문제가 있다. 그리고 그 증상들이 불길하다. 탈곤궁(post-hardship) 문화는 (그 문화의 다른 장점이 무엇이든 간에) 결과의 계산 면에서는 말할 것도 없고 그 어떤 현실주의적 관점이나 타산의 관점에서 보더라도 침울해 보인다."[4]

사르토리의 경고에 얼마간 일리가 있을 수는 있지만, 진실의 일부만을 포함하고 있는 것으로 보인다. 왜냐하면 탈물질주의적 또는 '탈곤궁' 심성은 여전히 합리적이기 때문이다. 하지만 그러한 심성은 산업사회에서 가장 두드러졌던 것과는 다른 **측면**의 합리성을 강조한다.

반세기 전에 베버는 궁극적 가치에 대한 판단을 포함하는 '실질적 합리성'과 주어진 목표를 달성하기 위한 수단을 다루는 '기능적 합리성' 간에 기본적인 사회적 긴장이 존재한다고 주장했다.[5] 이 두 가지 형태의 합리성은 모두 필수적이다. 립셋이 지적하듯이, 사회는 "실제의 성취에 대한 전망과는 별개

---

5) Max Weber, Economy and Society(New York: Bedminster Press, 1968)를 보라.

로, 우리가 믿을 궁극적인 가치를 필요로 한다. 그러나 사회는 또한 사람들에게 도구합리적이 될 것을, 즉 주어진 목적을 달성하기 위한 효과적인 수단을 선택할 것을 요구한다. 이 두 종류의 합리성 간의 긴장은 사회적 행위의 전체 구조 속으로 내장된다. 사회는 일단의 절대적 가치가 수단을 탐색할 수 있는 범위를 정하고 탐색을 안내하는 상황에서만 합리적인 수단-목적 관계를 추구할 수 있다."[6]

우리가 묘사해 온 가치 유형들은 서로 다른 형태의 합리성을 지향하는 경향이 있다. 물질주의자들은 경제적·신체적 안전을 강조하고, 이는 그들로 하여금 기능적 합리성을 강조하게 한다. 탈물질주의자들은 물리적 생존에 덜 몰두하고 궁극적인 목적에 더 관심을 가진다.

우리가 제8장에서 지적했듯이, 개인의 가치 우선순위에 기초한 갈등은 협상하기가 상대적으로 어렵다. 왜냐하면 그러한 갈등은 경제적 쟁점이 지닌 점증적 성격을 가지고 있지 않기 때문이다. 종교 갈등과 마찬가지로 가치를 둘러싼 갈등은 도덕주의적 논조를 취하는 경향이 있다. 탈물질주의자들이 정치를 궁극적인 가치에 대한 갈등으로 인식하는 한, 타협은 불가능한 것일 수 있다. 베버는 이 문제를 설득력 있게 진술했다. "현실 세계에서 …… 우리는 궁극적 목적의 윤리를 지지하는 사람들이 갑자기 천년왕국설적 예언자로 변하는 경우를 빈번하게 경험한다. 이를테면 '폭력에 맞서서 사랑'을 설파해 온 사람들이 이제 모든 폭력이 전멸되는 사태를 낳을 수도 있는 최후의 폭력적 행동을 위해 무력을 사용할 것을 요구한다."[7]

현대 저술가들은 이 분석을 신좌파에 적용해 왔다. 이를테면 브레진스키

---

6) Seymour M. Lipset, "Social Structure and Social Change," in Peter Blau(ed.), *Approaches to the Study of Social Structure*(New York: Free Press, 1975), 121~156.

7) Max Weber, *From Max Weber: Essays in Sociology*, H. H. Gerth and C. Wright Mills(ed.)(New York: Oxford University Press, 1946), 122.

(Brzezinski)는 이렇게 주장한다. "신좌파의 강력한 전체주의적 경향은 그들의 행동과 규정에서 분명하게 드러난다. ······ 신좌파의 지적인 (그리고 때로는 심지어 물리적인) 공격의 날카로운 칼날은 통상적으로 이성과 비폭력에 가장 많이 의존하여 운영되는 미국 기관들을 겨냥해 왔다. ······ 신좌파의 주요 대변인들은 언론의 자유, 민주적 절차, 다수결 원칙을 경멸해 왔다. 신좌파가 언젠가 권력을 장악한다면, 그들이 자신들의 비판자들을 어떻게 처리할 것인지에 대해서는 거의 의심의 여지가 없다."[8]

탈물질주의자 일반에게 이 비난을 어느 정도까지 적용할 수 있는가? 우리가 살펴보았듯이, 신좌파 운동은 탈물질주의자들에게 상당한 호소력을 지니고 있다. 그러나 신좌파는 탈물질주의자 집단 중에서 소수만을 매혹시킬 뿐이고, 브레진스키가 언급하는 전체주의 경향은 하나의 집단으로서의 탈물질주의자들이 아닌 신좌파 역사의 단지 일시적인 국면만을 특징지었을 뿐인 것으로 보인다. 실제로 탈물질주의적 증후의 핵심 요소 중 하나가 표현의 자유를 비교적 강조하고 있다는 것이다. 표현의 자유 운동이 자신들의 반대자들을 근본적으로 악으로 규정할 수 있을 때 반대자들의 자유를 부정하는 것으로 알려져 온 것도 사실이다. 그러나 그러한 사례들은 표준이 아니라 예외인 것으로 보인다.

선진산업사회의 발전과 함께 변화의 속도와 인간이 환경에 미치는 영향이 증가하면서 장기적 목표를 위한 장기적인 계획을 수립할 필요성을 더욱 강조해야 할 지점에까지 이르렀다. 탈물질주의적 관점은 상대적으로 멀리 떨어져 있는 목표에 더욱 주목한다. 부르주아적 심성은 단기적인 물질적 이득을 중시하는 시장에서 이루어지는 거래 속에서 형성된 것이었다. 구매자와 판매자

---

8) Zbigniew Brzezinski, *Between Two Ages: America's Role in the Technetronic Era*(New York: Viking, 1970), 235. 브레진스키는 신좌파에 의해 승인된 견해에서 벗어난 견해들을 억압할 것을 주창하는 명백한 사례로 다음을 인용한다. Robert Wolff et al., *A Critique of Pure Tolerance*(Boston: Beacon, 1965).

는 서로 상반된 이해관계를 가질 것이지만, 양측이 거래에 합의하지 않는 한 둘 중 어느 누구에게도 이익은 발생하지 않는다. 그러므로 타협이 정상적인 것으로 보이며, 무어(Moore)의 주장대로 이 부르주아적 심성의 승리는 민주주의 출현의 전제조건이었다.[9]

탈물질주의적 사고방식은 궁극적인 목적에 더 부응하며, 이는 도덕적 감수성을 고양시킬 뿐만 아니라 궁극적인 가치를 **발견**하고자 하는 욕구나 자신들이 그러한 가치를 발견했다고 믿고 싶어 하는 욕구를 더욱 강화한다. 만약 이것이 사실이라면, 기꺼이 협상하려는 의지가 줄어들 수도 있다. 왜냐하면 선과 악의 대결에서는 어떤 타협도 수치스러운 것이기 때문이다.

우리는 현재 진행 중인 변화 과정에서 나타나는 일정한 비선형성에 대해 말해왔다. 탈물질주의적 현상은 몇 가지 주요 측면에서 진정으로 새로운 것이다. 하지만 그것은 또한 이전의 정치 스타일로 되돌아가는 것을 의미하기도 한다.

서구 사회 내에서 새로운 문화가 출현하고 있다. 문화 충격에 대한 고전적인 반응은 전통적인 방식을 재차 역설하고 나서는 것이다. 물질주의자들과 탈물질주의자들 모두가 그렇게 하는 조짐을 보이고 있기는 하지만, 그들은 서구 전통의 서로 다른 측면을 강조한다. 최근 일어난 향수의 물결은 인구 전반이 과거로 퇴각하고 있음을 보여주는 징후의 하나인 것으로 보인다. 탈물질주의적 환경에서는 방향이나 의미의 면에서 욕구에 대해 몇몇 형태의 상이한 지적 반응이 일어나고 있음을 확인할 수 있다. 그러한 반응 중 어떤 것도 전통주의를 순수하게 그리고 단순하게 표방하지 않는다. 그러한 반응들은 각기 과거의 요소들에 크게 의존하면서도 그 요소에 얼마간 잠정적으로 혁신을 가하고 있다. 20세기 후반의 마르크스가 아직 등장하지 않았기 때문이다. 아직

---

9) Barrington Moore, Jr., *Social Origins of Dictatorship and Democracy*(Boston: Beacon Press, 1966)를 보라.

까지는 아무도 진정으로 일관된, 그리고 광범위하게 받아들여질 수 있는 탈산업사회의 이데올로기를 제안하지 못했다.

탈물질주의적 반응의 첫째이자 가장 널리 퍼져 있는 형태는 마르크스주의 그 자체의 부활이었다. 소련과 동유럽의 더 젊고 보다 창조적인 분파들이 마르크스주의를 버리고 있는 것처럼 보이는 시기에[10] 서구에서 이런 일이 일어나는 것은 아이러니해 보인다. 확실히 탈물질주의적 저항을 주도하는 인물들은 소련 모델의 마르크스주의가 지닌 부적절함을 예리하게 인식하고 있었다. 다니엘 콘-벤디트는 공산당의 스탈린주의적 난도질에 대해 아주 예리하게 비판한 바 있다. 그러나 마르크스주의는 서구에서 사회적 비판의 지주가 되어왔으며, 신좌파는 구좌파와의 분기에도 불구하고 자신들의 모국어에 대해서만큼이나 마르크스주의적 수사를 고수하고 있다.

변증법적 유물론이 서구의 탈물질주의자들에게 강한 호소력을 가지리라는 것은 하나의 언어적 역설(verbal paradox)일 뿐이다. 왜냐하면 마르크스주의는 예언적 비난의 우산을, 다시 말해 실질적인 지침보다는 기본적인 분위기를 제공하기 때문이다. 마르크스주의라는 명칭이 저항보다는 정설을 함의하는 동유럽에서 마르크스주의는 매우 다른 유권자들에게 호소하고 있다. 여기서의 위험은 전통적인 사고 범주에 대해 서구 저항자들이 보이는 충성심이 해결책을 찾는 과정에서 그들에게 판단의 장애가 될 수도 있다는 것이다.

마르크스는 19세기 산업화에 대해 탁월하고 생산적인 비판을 했으며, 우

---

10) 이 주제에 대한 양적 데이터가 드문 이유는 너무나도 뻔하다. 우리는 소련의 경우에 솔제니친(Solzhenitsyn)과 같은 이주 지식인들로부터 나온 훨씬 더 광범위한 자료와 함께 예술가, 과학자, 지식인들의 덧없지만 반복되는 저항 사례들을 지적할 수 있을 뿐이다. 폴란드의 경우에는 1961년 바르샤바 대학생을 대상으로 실시한 여론조사에 의해 보다 광범위하게 예증되고 있다. "당신은 자신을 마르크스주의자라고 생각합니까?"라는 질문에 대하여 오직 18%만이 긍정적인 답변을 했고, 59%는 부정적인 답변을 했으며, 23%는 아무런 답변도 하지 않았다. 이 조사는 Brzezinski, *Between Two Ages*, 79에 인용되어 있다. 브레진스키가 지적하듯이, 사회주의 복지 프로그램은 거의 일반적으로 지지받지만, 마르크스주의 세계관은 거부된다.

리가 직면하고 있는 문제들이 그의 시대와 동일하게 유지되는 한, 그의 분석은 여전히 적실하다. 그러나 그 문제들이 완전히 똑같지는 **않**으며, 마르크스주의자이든 그렇지 않든 간에 가장 고심하는 문제 중 많은 것이 산업사회에 내재하는 문제인 것으로 보인다. 마르크스는 정설의 제시자라기보다는 통찰력 있고 창의적인 사상가였다. 만약 오늘날 그가 살아있다면, 그는 거의 틀림없이 수정주의자였을 것이다.

20세기 후반에 일단의 새로운 도전들이 있었지만, 그 도전들이 미리 만들어놓은 답을 가지고 있는 것은 아니다. 국유화된 공장도 사적으로 소유된 공장만큼 소비하고 오염시킨다. 소유 형태의 변화가 지시를 내리는 사람들을 덜 경직적이거나 덜 억압적이게 만드는 것으로는 보이지 않는다. 오히려 소련의 관료제가 서구의 관료제보다 더 경직되고 억압적인 것처럼 보인다. 또한 소유 형태가 바뀐다고 해서 조립 라인의 틀에 박힌 일이 덜 지루해지거나 덜 비인간적이 되지도 않는 것 같다. 노동자들이 자신들의 일에서 보다 창의적이고 보다 자기주도적인 역할을 할 수 있게 하기 위한 실험은 소련에서보다 서구에서 더 많이 진행되고 있는 것으로 보인다. 군산복합체는 미국에서만큼 소련에서도 강력하며, 소련은 국민총생산에서 미국보다 훨씬 더 큰 몫을 국방에 충당한다. 사유재산의 폐지가 제국주의와 전쟁을 종식시키는 것도 아니다. 얼마간 자신들의 의지에 반하는 통치를 받고 있는 민족의 수라는 측면에서 볼 때, 러시아 제국은 아마도 세계에서 가장 큰 제국이라고 할 수 있을 것이다. 그리고 강대국 중에서 최근에 서로에게 총을 쏘기 시작할 가능성이 가장 커 보였던 두 나라는 소련과 중국이었다.

반면 우리는 마르크스주의 사상가들이 이러한 문제들에 관심을 가지고서 마르크스주의의 핵심에 경제적 평등주의를 유지하면서도 권력의 위계적 중앙집권화 — 마르크스주의 국가의 특징 중 하나인 — 는 피하는 새로운 종합을 이루기 위해 노력하고 있음을 인정해야 한다. 이러한 사상가 중 일부는 중국이나 유고슬라비아의 사례에서 "인간의 얼굴을 한 사회주의"의 가능성을 발견한다. 어떤 사람들은 유물론적인 늙은 마르크스보다는 젊은 마르크스나 헤겔(Hegel)에게서 해결책을 찾는다. 마르크스와 헤겔을 정독하는 것은 노력을 기울일 만한 가치가 충분히 있다. 그렇지만 존경받는 텍스트에 대한 연구가 상상력, 혁신, 현재의 현실에 대한 관심에 의해 보충되어야 한다는 것은 분명해 보인다. 제도화된 마르크스주의의 성채에는 미리 만들어진 어떠한 답도 존재하지 않는다.

탈물질주의적 사상가들이 선택한 둘째 길은 신비주의의 길이다. 어떤 사람들에게는 이 길이 종종 고양된 사회의식을 가지고 있으면서도, 그리고 가끔은 먼 나라에서 수입된 신념을 믿으면서도 전통적인 종교를 전적으로 수용하는 것을 의미한다. 다른 사람들이 보기에는 신은 죽었다. 따라서 신을 발명할 필요가 있다.

인간의 환경 통제 능력의 증대는 대량학살, 전염병, 홀로코스트를 포함하여 모든 것이 가능한 세계를 낳았다. 우리는 내일 최후의 심판일을 맞을 수도 있다. 모든 것이 허용되는 세상은 견딜 수 없는 무규범성의 세계이다. 세속적인 심성을 지닌 사람들에게 자연은 때때로 신이 된다. 자연은 인간보다 훨씬 이전에 여기에 있었고, 인간 이후에도 여기에 있을 것이다. 어떤 의미에서 자연은 가장 오래된 신이다. 그것은 의심의 여지가 없고 절대적이다. 자연은 자신만의 불변의 규범을 가지고 있다. 인간의 의지와 무관하게 봄에는 풀이 자라고, 가을이면 잎이 떨어지며, 물은 차가워지면 언다. 신성한 것을 찾는 과정에서 자연은 포괄적인 일단의 규칙, 심지어는 그 자신의 식사법 — 자연식품을 먹어라, 다른 것들은 너를 독살할 것이다 — 까지도 제공한다. 이 신학에는 명확하게 정의된 악의 근원이 있다. 바로 기술이 자연의 적이다.

탈산업적 신비주의의 가장 흥미롭고 명료한 대변자 중 한 사람이 시어도어 로작(Theodore Roszak)이다. 그는 다음과 같이 주장했다. "매우 슬프게도 전문

지식의 발전은, 특히 그러한 지식이 문화를 기계화하고자 할 때, 기쁨과 공개적인 전쟁을 벌인다. 그것은 그 어떤 것도 유달리 특별하거나 독특하거나 신기한 것이 아니라(그런 것은 **절대로 없다**) 기계화된 일상의 틀에 박힌 일의 지위로 전락될 수 있다는 것을 증명하려는 당혹스러울 정도로 사악한 노력이다. 점점 더 '단지 …… 일 뿐(nothing but)'이라는 유령이 진보된 과학적 연구 — 품위를 떨어뜨리고 환멸을 느끼게 하고 하향 평준화시키려는 노력 — 위를 맴돌고 있다."11)

　　로작의 현대 사회 비판은 근본적으로 마르크스주의적 비판보다 더 급진적이다. 왜냐하면 로작은 마르크스주의자와 자본가가 똑같이 진보의 토대로 받아들이는 과학, 기술, 산업을 거부하기 때문이다. 비록 그가 현대의 진보된 과학적 연구가 무엇에 관한 것인지를 보여주기 위해 신경가스와 수은 중독에 관한 몇 가지 일화를 불러내지만, 불행하게도 로작의 과학에 관한 연구는 윌리엄 블레이크(William Blake)에서 끝난 것으로 보인다. 그는 자연과학이 오래전에 기계론적 단계를 넘어 성장해 왔다는 사실이나 자연과학의 기본적인 경향이 지금 그가 보여준 것과는 정반대의 방향을 취하는 것으로 보인다는 사실을 전혀 알아채지 못한 것으로 보인다. 기계론적 개념은 특히 대량생산 조립라인과 대량생산 관료제를 통해 여전히 사회에 엄청난 영향을 미친다. 그러나 로작은 그 개념을 고무한 과학이 오늘날의 과학이 아니라는 것을 알지 못하는 것으로 보인다.12) 그에게 과학은 근본적으로 그리고 아주 분명하게 악일 뿐이다. 그가 볼 때, 인류는 냉정한 이성적인 과학을 거부하고 자연을 받아들임으로써만 자신을 실현하고 건강을 찾을 수 있다.

---

11) Theodore Roszak, *The Making of a Counter Culture*(Garden City: Anchor-Doubleday, 1969). Roszak, *Where the Wasteland Ends*(Garden City: Doubleday, 1973)도 보라.
12) 기술사회에 대한 똑같이 날카로운 비판이지만 역사의식이 깃들어 있는 것으로는 William I. Thompson, *At the Edge of History*(New York: Harper and Row, 1972)를 보라.

이 자연주의적 세계관은 여러 면에서 매력적이지만, 궁극적으로는 유지될 수 없을 것으로 보인다. 자연의 법칙은 일부 현대인들이 상상하는 다정한 대지(Mother Earth)의 법칙이 아니라, 인구가 땅의 수용 능력까지 증가했다가 기아, 질병, 공멸에 의해 그 증가가 억제되는 법칙이다. 그것은 여성해방의 기술적 기반이 부재한 세계이다. 거기에는 알약도 없으며, 기대수명은 대략 30년이다. 여성은 성인 생활의 대부분을 임신과 출산으로 보내며, 대부분의 자식을 어린 시절이 지나기도 전에 땅에 묻는다.

휴머니즘이 자연으로 독해될 수도 있지만, 휴머니즘은 문명에서 기원한다. 성경의 연속되는 부분들에서 사람들은 목자가 자연을 **떠나** 문명화된 것과 마찬가지로 대량학살과 인간 희생의 신에서 자비롭고 애정이 깊은 신으로 진화하는 것을 추적할 수 있다. 자연은 인간에게 이성과 자신의 잠재력을 실현하고자 하는 욕구를 부여했다.

산업화된 세계에서 기술 발전은 새로운 라이프스타일을 진전시켜 왔다. 점점 더 많은 여성이 모성애를 통해서뿐만 아니라 (또는 모성애 대신에) 직업에서도 성취감을 얻고자 한다. 라이프스타일의 변화는 출산 통제 기술과 결합하여 출산의 감소로 이어졌다. 실제로 모든 선진산업사회에서 출산율은 이미 대체 수준 또는 심지어 그 이하로 떨어졌다.

이와 대비하여 우리가 자연의 특정한 과거 상태에 대해 말할 필요는 없다. 오늘날에도 그러한 사례를 발견하는 것은 너무나도 쉽다. 왜냐하면 세계의 대부분이 여전히 대체로 전산업적 상태에 있기 때문이다. 그러한 지역의 사람들은 추악한 공장들이 없는 상황에서 깨끗한 강을 누리고 자연과의 행복한 교감을 즐기는 나날을 보내고 있는가? 가슴 아프게도 조금도 그렇지 않다. 그들 중 수백만 명이 기아의 위험에 처해 있다. 절망에 빠진 수척한 어머니가 죽어가는 아이를 안고 있는 사진은 우리를 견딜 수 없게 만든다. 그러나 그것은 수많은 사람의 상징일 뿐이며, 그들의 미래는 더 나빠질 수도 있다. 산업사회에서는 인구가 안정화되고 있을지 모르지만, 나머지 세계에서는 인구가 급격히 증가하고 있다. 내일 수천만 명이 굶어 죽을지도 모른다.

현명한 판단을 하기란 어렵다. 그러한 판단을 하기 위해서는 따뜻한 마음과 차가운 이성이 필요하다. 아마도 고래도 신성하고 나무도 신성하고 땅도 신성할 것이다. 그러나 인간 역시 신성하다. 그리고 인간은 구원을 구하고 도구를 사용한다는 점에서 독특하다. 만약 이 **둘 중 하나**라도 버리면 그는 인간성을 버리는 것이다.

사람들은 때때로 서구가 산업화되었기 **때문에** 남아시아, 아프리카, 라틴 아메리카에서 수백만 명이 굶주리고 있다고 가정하는 반기술적 전망과 마주한다. 기술을 이용한 것이 영원한 생태학적 법칙을 위반했고, 세계의 기아는 얼마간 그 결과라는 것이다.

그 믿음은 대체로 근거가 없다. 거의 기아선상에서 생활하는 것은 역사가 시작되었을 때부터 인간을 지배해 온 조건이었다. 탈물질주의적 관점에서 보면, 이것은 믿기 어렵다. 사람들은 자신이 항상 알고 있는 것이 항상 그래왔던 방식이라고 생각하는 경향이 있다. 그러나 기술이 인류의 일부를 겨우 연명하는 수준에서 해방시킨 것은 최근에 이르러서였다.

지난 몇십 년 동안 덜 발전된 세계에서는 산업 세계로부터 수백만 톤의 곡물이 운송됨으로써 기아가 완화되었다. 미국 한 나라만 해도 보통 3억 명을 먹여 살리기에 충분한 식량을 수출하는데, 이 잉여 식량은 기계화, 살충제, 비료에 의해 가능해졌다. 서구에서는 기계화, 살충제, 비료를 경멸하는 것이 유행일 수도 있지만, 제3세계에서는 그것들을 필사적으로 찾고 있다. 미래에 대한 희망은 서구에서 개발된 농업기술과 출산 통제 기술에 크게 의존한다.

우리가 만약 암울한 결론에 도달하는 생태학적 논리를 따른다면, 어떤 점에서는 제3세계가 겪는 비참함의 일부를 기술 탓으로 돌릴 **수도** 있다. 비산업 세계 인구의 상당 부분이 산업화된 서구의 식량과 의약품에 의지해 삶을 유지해 왔다. 그러나 이것은 원인을 치료하는 것이 아니라 증상을 치료하는 것이었다. 그 사람들이 살아남아서 아이를 낳았고, 그들의 자식들이 아이를 낳았다. 만약 식량 수송이 이루어지지 않았다면, 기아의 직접적인 결과로 인해, 또는 정치 지도자들이 출산을 철저하게 통제해야 한다고 느꼈을 것이기 때문에 인구증가는 덜 가팔랐을 것이다. 그리고 오늘날 굶주리는 사람들의 수는 훨씬 적었을 것이다.

요컨대 인간 불행의 총합은 선의의 개입 — 그러나 그것이 초래한 결과에 대해서는 직시하기를 거부한 — 에 의해 엄청나게 증가해 왔다. 하지만 문제는 너무 적은 기술이지 너무 많은 기술이 아니라는 것은 분명하다. 자연으로 돌아가는 것은 솔직히 진정한 선택지가 아니다. 그것은 세계 인구의 대부분에게 기아, 질병, 또는 전쟁에 의한 죽음을 시사한다. 우리는 기술 이전 시대에 이미 세계의 수용 능력을 넘어섰다.

일어났을 수도 있는 일에 대한 그러한 추론도 소름 끼치지만, 지금의 현실은 더 나쁘다. 서구의 식량 비축량은 줄어들었다. 하지만 현재의 추세가 계속된다면, 몇십 년 안에 제3세계의 인구는 현재의 두 배 이상이 될 것이다.

비산업화된 국가들에서 실제로 무슨 일이 일어날지는 결국에는 그곳에서 결정될 것이다. 선진국은 그러한 나라들을 도울 수 있다. 그러나 선진국이 그 비극의 원인인 가파른 인구증가를 강제로 억제시킬 수는 없다. 심지어 산업 사회를 완전히 해체하여 그 부분들을 농업지구들에 균등하게 배분시키더라도 인구압박을 수십 년 이상 유예시킬 수 없을 것이며, 그 후에는 기아가 더 큰 규모로 지속되고 더 이상 외부로부터 도움도 받지 못할 것이다. 그리고 그다음에는 한 가지 진정한 희망 — 이 순환에서 벗어나는 유일한 길을 제공할 것으로 보이는 기술의 원천 — 도 사라지게 될 것이다.

왜냐하면 인구증가는 매년 더 단순해지고 더 효과적이 되고 있는 수단에 의해 중단될 **수 있기** 때문이다. 국민을 위해 봉사한다고 주장하는 지도자들이 얼마나 더 오랫동안 계속해서 출산 통제 프로그램을 전면 거부하거나 그 프로그램에 터무니없이 낮은 우선순위를 부여할 것인지는 알 수 없다. 그러나 그러한 프로그램의 필요성은 점점 더 커지고 있다.

그 전망이 전적으로 절망적인 것은 아니다. 일본과 다른 비서구 국가들은 경제발전보다 인구증가가 더 빠른 악순환의 고리에서 벗어났다. 서구에서와 마찬가지로 거기서도 그 결과 새로운 균형이 이루어지고 있는 것으로 보인다. 라이프스타일의 진화가 인구증가를 진정시킬 수 있을 것이고, 더 나아가 물질적 소비를 중시하는 것에서 벗어나게 할 수 있을 것이다.

여전히 농업이 압도적인 나라들에도 희망이 있다. 중국 공산당 정권의 인상적인 업적 중 하나는 경제발전 수준이 매우 낮은 나라에서 출산율을 크게 낮추었다는 것으로 보인다. 중국에서 그 과정은 분명 강력한 사회적 압박을 가하고 인간의 가치를 다시 틀 지을 수 있는 매우 강력한 정부의 존재에 의존한다. 거기에는 심각한 대가가 따를 수도 있다. 중국 내부에서 일어나는 일에 대해 알려진 것이 거의 없기 때문에 그 과정을 평가하기란 어렵다. 그러나 서구 정치 지도자들은 언젠가 자신들이 한때 반대했던 것처럼 베이징을 모델로 한 체제의 이식을 강력하게 환영하는 자신들을 발견할 수도 있다.

자연의 신격화는 여러 가지 형태를 띤다. 때로는 그것은 유사 과학적인 추론을 통해 과학과 기술이 악하다는 것을 증명한다. 과도하게 열성적인 자연 숭배자들은 산업사회가 본질적으로 건강하지 못하며 붕괴 직전에 있다는 증거로 에너지 위기를 지적한다.

세계의 석유는 실제로 바닥나고 있다. 그러나 누군가는 핵융합이 수백만 년 동안 충분한 에너지를 생산할 수 있다고 이론적으로 답할 수도 있다. 이에 대한 반응은 각양각색이다. 어떤 사람은 "그것은 치명적인 방사능 부산물이 될 것이다!"라고 말한다. 핵분열의 경우에는 그렇다. 그러나 핵융합은 불활성 헬륨과 청정에너지를 제외하고는 거의 다른 것을 생산하지 않는다. 누군가는 이렇게 말할 수도 있다. "하지만 핵융합은 여전히 열오염을 발생시킬 것이고, 그것이 훨씬 더 나쁠지도 모른다!" 열은 에너지의 귀중한 형태이다. 열은 잘 못 사용될 수도 있고 생산적으로 사용될 수도 있다. 또 누군가는 이렇게 말할 수도 있다. "에너지 회사들은 대단히 영향력이 있다. 그들은 되돌릴 수 없을 때가 되어서야 정부가 실제로 효과적인 핵융합 기술을 개발하도록 놔둘 것이다." 불행하게도 이것은 사실일 수 있다. 그러나 만약 그렇다면, 우리는 더 이상 산업사회에 내재하는 자연적인 한계에 대해 말하는 것이 아니라, 인간의 해결 능력 내에 있는 정치적 문제에 대해 말하는 것이다.

그러나 때로는 우리가 다루는 것이 믿음의 문제이기 때문에 그러한 가능성을 탐구하는 것조차 무의미할 때도 있다. 기술이 악한 것**이어야만** 하는 이유는 그렇지 않으면 신성한 것은 아무것도 존재하지 않게 될 것이기 때문이다. 이로부터 나오는 근본적인 결정적 논박은 다음과 같다. "우리를 오늘날의 혼란에 빠뜨린 것이 바로 그러한 종류의 기술관료제적인 사고방식이다!"

일부 사람은 반기술적 입장의 근거로『성장의 한계(The Limits to Growth)』[13] 에서 제시한 분석을 이용해 왔다. 그 책이 과학적 연구와 개발에 큰 노력을 기울여야만 재난을 피할 수 있다는 점을 강력하게 강조하고 있음에도 말이다.

로마클럽(The Club of Rome)이 후원한 이 연구는 1970년대의 가장 중요한 책 중 하나일 수도 있다.[14] 인구, 식량 생산, 오염, 자원 소비의 장기적 경향에

---

13) Donella Meadows et al., *The Limits to Growth*(Washington, D.C.: Potomac Associates, 1972)를 보라. 이 책은 29개 언어로 번역되어 나름의 영향력을 가진 다른 많은 책에 영감을 주어왔다. 그중 하나가 *The Ecologist*의 편집자들이 쓴 *A Blueprint for Survival*(Harmondsworth, England: Penguin, 1972)이다. 이 후자의 책은 자신의 분석을 전자의 책의 핵심 요소들에 의존한다. 모델링 기법은 다음에서 개발한 원리에 기초한다. Jay W. Forrester, *World Dynamics*(Cambridge, Mass.: Wright-Allen, 1971). 또한 Dennis Meadows and Donella Meadows(eds.), *Toward Global Equilibrium: Collected Papers*(Cambridge, Mass.: Wright-Allen, 1973); *The Economist*(March 11, 1972)에 실린 *The Limits to Growth*에 대한 Norman MacRae의 비판; H.S.D. Cole et al.(eds.), *Models of Doom*(New York: Universe, 1973)도 보라. 수많은 비판에 대한 응답들은 A. Petitjean(ed.), *Quelles Limites? Le Club de Rome Répond*(Paris: Seuil, 1974)에 실려 있다.
14) 이 프로젝트가 로마클럽 - 물리학자, 사회과학자, 정부 관리, 실업가들로 구성된 비공식 집단으

대한 공식 모델을 최초로 제시한 그 책은 그러한 변수들을 하나의 역동적인 체계로 취급하고, 그 변수들을 전 지구적 규모에서 바라보며, 그 변수들이 인간에 대해 갖는 함의를 광범하고 진지하게 고찰할 것을 촉구했다. 이 저작은 현재의 경제성장 패턴이 보충이 불가능한 자원의 소비, 식량 공급 능력을 넘어서는 인구 확대, 그리고 지구의 정화 능력을 넘어서는 오염의 누적을 통해 당시에 태어나고 있는 아이들의 생애 내에 산업사회를 붕괴시킬 것이라고 주장한다. 『성장의 한계』는 붕괴를 피할 수 있는 유일한 방법으로 인구증가 제로 정책과 자본 투자 제로 정책을 전 지구적인 규모로 채택할 것을 처방한다. 제로 성장이 전 지구적으로 널리 확산된다면, 다양한 지역에서 경제 수준에 변화가 있을 것이다. 이미 발전한 세계에서는 낮은 수준의 투자와 소비를 받아들이도록 요구될 것이고, 그것은 덜 발전된 나라들을 지구 평균으로 끌어올릴 수 있을 것이다.

많은 선구자적 노력과 마찬가지로, 『성장의 한계』는 여러 면에서 비판받아 왔으며, 우리는 몇 가지 점에서 비판가들의 의견에 동의한다. 그렇지만 이 책의 저자들은 현대 세계가 직면하고 있는 가장 기본적인 문제에 관해 이야기하고 있다.

사람들은 그 연구의 예측이 소비, 인구, 오염은 기하급수적인 속도로 증가하는 반면 기술과 정책의 보상 효과는 그러하지 않을 것이라는 가정 ─ 과거의 경험과 완전히 상반되는 가정 ─ 에 근거하고 있다고 지적해 왔다. 그렇다면 누군가는 1870년의 데이터를 기초한 유사한 추정치를 이용하여 1970년경이면 산업 세계의 도시들이 말똥 산으로 덮이게 될 것이라고 '입증'했었을 수도 있다. 그리고 1850년에는 고래 기름이 고갈되어 밤이면 도시가 암흑으로 변할 것임을 증명할 수도 있었을 것이다. 그러나 실제로는 기술 발전이 이루어

로 1968년에 설립되었다 ─ 에 의해 착수된 것은 기성 기관들의 나태함을 보여주는 것일 수 있다.

졌고, 사회 역시 대응 조치를 취해왔다. 1956년에 제정된 영국의 '청정대기법 (Clean Air Act)' 같은 조잡한 입법조차도 15년 내에 런던 공기의 매연 함량을 75%나 줄였다. 동시에 영국의 강들도 오염 방지 조치의 결과로 깨끗해졌다. 그 결과 중 하나로, 1974년에 런던 근처의 템스강에서 한 세기가 훨씬 넘는 기간 만에 처음으로 연어가 잡혔다.[15]

『성장의 한계』는 제로 인구 성장 정책과 제로 자본 투자 ─ 감가상각률과 똑같은 자본 투자 ─ 정책을 처방한다. 인구 성장을 멈출 필요성은 이론의 여지가 없어 보인다. 제로 자본 투자라는 지혜는 극히 의심스러워 보인다. 그것은 실제 문제를 다루는 조야한 방법이다. 이를테면 철강 산업에 대한 투자의 효과는 교육이나 과학 연구에 대한 투자의 효과와는 매우 다르다. 전자의 투자는 공해와 비재생 자원의 소비를 크게 증가시키는 경향이 있다. 반면 후자의 투자는 상대적으로 덜 소비하고 적게 오염시키며, 때로는 소비와 오염 모두를 장기적으로 **감소**시키기도 한다.

경제성장 그 자체가 악은 아니다. 오염과 비재생 자원의 고갈은 경제성장이 야기하는 문제이다. 오염은 응용기술을 통해 최소화할 수 있다. '비재생'과 '자원'에 대한 정의는 새로운 연구와 개발의 결과에 따라 정기적으로 변화해 왔다. 재생이 진전될 수 있는 정도에는 한계가 있지만, 우리는 실제로 그 한계가 어디인지를 알지 못한다.

메도스(Meadows)와 그의 동료들은 자본은 그 본질상 기하급수적으로 증가하는 경향이 있다고 주장한다. 그런 다음 그들은 자본 투자를 오염 증가 및 자원 고갈과 등치시키고, 그것들 역시 기하급수적으로 증가하는 내재적 경향을 가지고 있다고 결론짓는다. 산업화의 초기 단계에서는 그럴 수도 있지만, 양자가 불가분하게 연결되어 있다는 증거는 존재하지 않는다. 실제로는 반대의

---

15) 1974년 11월 14일 AP통신의 급보. 미국의 경우에는 이리호의 수질 악화가 멈추었다. 하지만 회복에는 수년이 걸릴 것으로 예상된다.

증거들이 존재한다.

벨과 다른 학자들이 지적해 왔듯이, 선진산업사회의 진화에서 발견되는 가장 기본적인 패턴 중 하나가 물질적 재화의 생산에서 서비스 부문과 '지식 산업'으로 강조점이 이동하는 것이다. 물질적 자원의 소비는 경제성장에서 점점 덜 중요한 요소가 된다. 이를테면 메도스와 그의 동료들에 따르면, 1950년 이후 미국의 철강 소비는 대체로 동일한 수준이었다. 경제는 계속해서 가파르게 성장했지만, 이 기본 산업 제품의 생산과 소비는 기하급수적인 속도로 이루어지던 성장을 멈췄다. 생산과 소비의 절대 수준은 여전히 높지만, 이 수준은 컴퓨터화, 소형화, 재활용, 그리고 더 효율적인 설계를 통해 크게 끌어내릴 수 있다. 그러나 이는 **추가적인** 투자를 필요로 할 것이다. 초기 컴퓨터들은 방 하나 정도 크기로 거대했다. 현 세대의 작은 휴대용 컴퓨터는 훨씬 적은 자재와 훨씬 적은 전력을 사용하여 동일한 기능을 더 빨리 수행할 수 있다. 자본 투자 자체가 아니라 오염과 비재생 자원 소비의 증가를 멈추어야 한다. 『성장의 한계』에 대한 비판자와 옹호자 모두 사이에서 제로 경제성장은 필요하지도 바람직하지도 않다는 것에 대해 다소 광범위한 동의가 이루어지고 있다. 문제는 어떤 **종류**의 성장을 장려해야 하는가 하는 것이다.

다른 비판들에 더하여 보일(Boyle)은 『성장의 한계』에서 예측한 내용의 기반이 된 컴퓨터 프로그램이 지닌 오류를 이미 간파하고 있었다.[16] 이 오류 때문에, 그 모델은 더 높은 산업화 수준에서 오염 문제를 다루는 데서 직면하는 어려움을 크게 과대평가한다. 각각의 핵심 변수들이 다른 변수들에 영향을 미치기 때문에, 오염에 투영된 영향을 줄이면 다른 문제들에 대처하는 것 또한 더 쉬워진다. 수정된 모델은 실제로 다른 (그리고 덜 놀라운) 결과를

---

16) Thomas J. Boyle, "Hope for the Technological Solution," *Nature*, 245, 1(September 21, 1973), 127~128을 보라. 이 오류는 메도스와 그의 동료들에 의해 후속 연구에서, 즉 『성장의 한계』에서 이미 제거되었다.

산출한다. 보일이 간파한 오류는 『성장의 한계』를 순전한 기우라고 일축하기 위한 근거로 이용되었다. 그러나 보일도 거의 확실하게 동의하듯이, 그렇지는 않다.

보일에 대한 답변에서 메도스 부부는 오류가 존재한다는 것을 인정했지만, 그 오류가 결론을 조금도 바꾸어놓지는 않는다고 주장했다.[17] 이는 약간 과도한 진술처럼 보이지만, 넓은 의미에서 보면 그 저자들이 옳다. 원래의 모델들처럼, 보일의 수정된 모델도 궁극적 붕괴를 가리킨다. 그러나 그 붕괴는 (자원 고갈의 결과로) 예측되었던 것보다 훨씬 늦게 올 것이다.

인구증가에 대한 기술적 해결책도 가까이에 있다. 하지만 그 해결책이 사용될지는 사회정치적 요인에 달려 있을 것이다. 조치가 시급하다. 출산 통제 기술이 보편적으로 이용 가능해지고 그 기술의 사용을 장려하지 않는 한, 세계 인구는 2000년까지 대략 두 배가 될 것이다. 비록 그 시점에서 출산이 대체 수준으로 떨어지더라도, 인구는 몇십 년 동안 계속 증가할 것이다. 그러한 대중이 과연 알맞은 생활수준을 **항상** 손에 넣을 수 있을지는 열려 있는 문제가 될 것이다. 한편 인구증가가 곧 충분히 통제된다면, 식량 소비도 관리 가능해질 것이다. 여기서도 다시 이 문제는 계속되는 추세의 문제라기보다는 사회정치적인 문제일 것이다. 오염은 예상한 것만큼 다루기 힘든 문제로까지는 보이지 않는다. 합체된 노력이 필요하겠지만, 적절한 기술을 갖추면 정복할 수 있을 것으로 보인다.

분명히 극복할 수 없는 하나의 한계는 재생 불가능한 자원이 고갈된다는 데 있다. 이 문제는 두 가지 영역, 즉 에너지와 다른 자원(주로 금속)으로 나누어질 수 있다. 전자는 가까이에 있는 시급한 문제이다. 앞으로 수십 년 동안의 결정적인 문제는 화석 연료가 너무 부족해져서 전반적인 산업 붕괴가 일어나

---

17) Dennis Meadows and Donella Meadows, "Typographical Errors and Technological Solutions," *Nature*, 247, 5436(January 11, 1974), 91~98.

기 전에 핵융합과 태양열 에너지 같은 기술들이 널리 사용될 수 있느냐 하는 것이다. 만약 인류가 이 경주에서 이긴다면, 앞으로 무한히 충분한 에너지를 이용할 수 있을 것이다.

반면에 금속이 부족한 것은 당장 긴급한 문제는 아니지만, 금속의 고갈에 대한 예측 가능한 장기적 해결책은 존재하지 않는다. 매년 상당한 양이 채굴되고 있지만, 지구상의 공급원은 유한하다. 인류가 마침내 달과 다른 행성의 금속을 이용할 수도 있을 것이지만, 관련 연구는 이제 겨우 시작되었을 뿐이다.[18] 아주 당연한 일이지만, 우주 자원은 현재 추정치에서 제외되어 있다. 그 결과 산업사회의 미래에 대한 현재의 **어떤** 투영도 결국은 붕괴를 가리키며, 붕괴는 과거의 경험에 기초하여 사람들이 예상했던 것보다 훨씬 더 빨리 다가올 것이다.

『성장의 한계』는 여러 가지 점에서 부정확할 수도 있지만, 결정적인 사실을 강조한다. 그중 하나가 환경 변화에 대한 한 사회의 대응이 붕괴를 상당히 연기시킬 수도 있다는 것이다. 정책은 문제의 증상이 심각하게 드러난 다음에나 변화되는 경향이 있고, 인구 정책이나 자원 고갈 대책과 같은 것에서 변화의 **효과**가 추세를 역전시키기 시작하는 데까지는 상당한 시간이 걸린다. 정책 변화의 경우 그 시간적 격차가 수십 년에 이를 것이다. 이 시간적 격차는 엄청난 비용을 초래할 수 있다. 이 비용을 피하기 위해서는 증상이 위급해지기 전에 정책을 변화시킬 수 있도록 미리 충분한 계획을 세워야 한다. 서구 정부와 비서구 정부 모두 당혹스럽게도 정반대되는 일을 하는 경향을 보이

---

18) 프린스턴대학교의 물리학자 제라드 오닐(Gerard O'Neill)은 현재 이용 가능한 기술을 가지고 달에서 대부분 채굴한 물질들을 이용하여 우주에 영구적으로 거주하는 식민지를 건설할 수 있을 것이라고 결론짓는다. 제조 시설로 설계된 그러한 식민지는 또한 마이크로파의 형태로 대량의 전력을 지구로 전송하는 거대한 태양열 발전소를 운영할 수 있을 것이다. 오닐에 따르면, 그것은 수익성 있는 투자가 될 것이고, 향후 15년에서 25년 이내에 완성될 수 있다. 일반인을 위해 쓴, 이 프로젝트에 대한 흥미로운 설명으로는 O'Neill, "Colonies in Orbit," *New York Times Magazine*, January 18, 1976, 10~11을 보라.

고 있다. 경제적 어려움에 대한 닉슨 행정부의 대응 중 하나가 기초 연구의 자금 지원을 **삭감**하는 것이었다. 마찬가지로 식량 부족에 직면해서 인도 정부는 1970년대 중반에 출산 통제 프로그램을 위한 예산을 **줄였다**. 그러한 단기적 절약은 엄청난 장기적 비용을 초래할 수 있다.

『성장의 한계』를 비판하는 사람들은 그 책의 일부 가정이 의심스럽다는 것을 증명했고, 중요한 세부 사항을 바로잡았으며, 다소 재치 있게 조롱했다. 그러나 그들은 그 책의 기본적인 전제가 틀렸다는 것을 증명하지는 못했다. 문제는 물질적 성장이 중단되어야 하는가가 아니라 언제 멈춰야 하는가이다.

지구의 자원이 유한하다는 것은 부정할 수 없다. 우리가 결국 재생 불가능한 자원들을 다 써버리게 될 것이라는 것도 똑같이 자명하다.『성장의 한계』가 제시한 가장 중요한 점은 아마도 만약 그러한 자원들의 사용이 지수 곡선으로 계속해서 증가한다면 우리가 예상한 것보다 훨씬 더 빨리 그 자원들을 다 써버리게 될 것이라는 것이다. 그러나 그 과정은 직관에 반한다. 왜냐하면 지수 곡선상에서 과거의 경험은 미래 조건에 대한 신뢰할 수 있는 지침이 **아니기** 때문이다. 이 사실을 보여주는 수많은 실례가 그 자체로 그 책을 가치 있게 만든다. 원리는 단순하지만, 그 원리가 지닌 함의는 뿌리 깊은 기존의 사고 습관과 배치된다.

우리는 매우 암울한 것을 포함하여 다양한 우연성을 고려할 준비가 되어 있어야 한다. 일단, 메도스가 촉구하는 '지속가능한 상태(Sustainable State)'와 비슷한 것을 채택할 필요가 있다고 가정해 보자. '지속가능한 상태'가 사회적으로 함의하는 것은 무엇인가?

만약 이 책에서 묘사한 유형의 가치 이동이 실제로 진행되고 있다면, 메도스가 상상한 종류의 사회로의 전환은 늦추어질 것이다. 오직 젊은이들 사이에서만 탈물질주의자와 물질주의자가 수적으로 동등해져 가고 있다. 그러나 금세기 말경에는 탈물질주의자들이 서구 국가 인구의 많은 부분을 차지할 것이며, 그들이 사회의 가장 활동적이고 영향력 있는 부문에 집중될 것이다. 아마도 개발도상국들에서는 탈물질주의자들이 훨씬 적을 것이다. 그러나 이미 발전된 사회에서 나타나는 가치 변화가 어떤 면에서는 더 중요할 것이다. 개발도상국들에게 우선적으로 요구되는 것은 인구증가를 멈추는 것이다. 이것은 그 나라들이 무엇보다도 가능한 한 빨리해야 할 일이다. 그와 동시에 그 나라들은 물질적 복지의 향상을 경험하게 될 것이다. 반면에 이미 발전한 사회의 사람들은 더 이상의 물질적 이득을 포기할 것뿐만 아니라 물질적 소비를 **줄일** 것도 요구받을 것이다. 제5장에서 인용한 발견들은 주관적인 삶의 만족이 적어도 주어진 물질적 복지의 절대적 수준만큼이나 사람들이 경험하는 **변화**에 달려 있다는 것을 시사한다. 산업화된 국가들의 사람들은 과도기 동안에 비록 자신들의 객관적인 생활수준이 다른 사람들의 생활수준보다 여전히 더 높을지라도, 더 큰 주관적인 박탈감을 경험할 것이다. 우리의 발견은 이것이 단지 몇십 년만 지속될 '단기적인' 상황임을 시사한다. 장기적으로 볼 때, 인간은 적절한 또는 풍족한 물질적 소비 수준으로 거의 동등하게 행복할 수 있을 것으로 보인다.

그러나 몇십 년간의 과도기가 매우 중요할 것으로 보인다. 경제적으로 발전한 국가들의 국민이 자신들에게 요구될 희생을 용인할 것인가? 그들이 탈물질주의자일 경우, 아마도 그럴 것이다. 왜냐하면 물질적 소비만이 인간에게 가치 있는 것이 아니며, 탈물질주의자들에게 물질적 소비는 특정한 다른 가치들보다 우선순위가 낮을 것이기 때문이다. 탈물질주의자들은 물질적 소비 감소에 대한 보상을 사회적 연대감과 자신들이 가치 있고 의미 있는 일을 하고 있다는 느낌에서 찾을 수도 있을 것이다. 그렇다면 탈물질주의적 심성 자체가 물질적 수준이 저하되더라도 살아남을 수 있을 것인가? 단기적으로는 그 답이 '그렇다'일 것으로 보인다. 1970년대 초에서부터 1976년 말까지는 1930년대 이후 가장 극심한 경기 침체기였음에도 불구하고, 그 시기에 가치 유형의 분포는 현저하게 안정적이었다. 제4장에서 살펴보았듯이, 경기 침체는 아주 젊은 사람들 사이에서 탈물질주의를 부식시켰지만, 나이 든 집단 사이에서는 그러한 효과가 인구 대체에 의해 상쇄되었다.

우리는 탈물질주의자의 수가 물질적 소비의 완만한 감소에 대응하여 반드시 줄어들 것이라고 가정할 필요는 없다. 이 가치 유형의 진전은 아마도 주어진 경제적 **수준**보다는 형성기 동안의 경제적·신체적 **안전**과 연관되어 있을 것이다. 경제적 수준이 높으면 안전감도 높을 가능성이 크지만, 경제적 수준이 하락하더라도 안전감이 유지되도록 상황이 정리될 수도 있을 것이다. 이것은 결코 쉽지 않을 것이다. 포괄적인 사회복지 프로그램이 도움을 줄 수도 있지만, 경제적 하향 추세가 용인할 수 있는 한도 내에서 멈출 것이라는 강한 확신이 있어야 할 것이다. 그러한 확신을 유지하는 것은 어려워 보이지만, 이론적으로 불가능하지는 않다.

이러한 과도기 동안에는 가장 발전된 국가들에서도 물질주의자 유형과 혼합 유형이 여전히 수적으로 많을 것이고, 그들은 최우선 순위의 영역에서 희생을 받아들일 것을 요구받을 것이다. 그들에게서 인도주의적 연대감은 아마도 적절한 보상으로 인식되지 않을 것이다. 그들의 편협한 이기적인 태도를 질책하는 것은 아마도 그 계획에 대한 적대감을 강화할 뿐일 것이다. 물질주의자들의 관점에서 보면, 자신들은 많은 것을 포기하고 그 대가로 얻는 것이 거의 없을 것이다. 신체적 또는 사회적 강제를 통해 물질주의자들을 억압하는 것이 한 가지 대안일 수 있다. 이것은 비용이 아주 많이 들 수 있으며, 따라서 역효과를 낳을 수도 있다. 그 계획을 받아들이지 않을 경우 더 가난한 나라들이 부자들을 공격할 것이라고 주장함으로써 신체적 안전의 욕구를 중시하는 물질주의자들에게 호소하는 것도 또 다른 대안일 수 있다. 하지만 이것 역시 역효과를 낳기 쉬울 것으로 보인다. 예측 가능한 반응 중 하나가 이미 엄청나게 강력한 파괴 수단을 가지고 있는 국가들이 군사적 능력을 더욱 강조하고 나설 수 있다는 것이다. 메도스의 프로그램에 내재된 한 가지 정책을 완화하는 것도 또 다른 대안일 수 있다. 그렇게 하면 사람들은 소비의 균등한 분배를 목표로 하는 대신에, 이미 발전된 지역에서의 물질적 기준을 현재 상대적으로 가난한 지역보다 약간 높은 수준으로 유지시킬 수도 있다. 하지만 이것은 바람직하지 않은 복잡한 결과를 야기한다. 그것은 양적 평등이 갖는 단순성과 간결함을 포기하고, **얼마만큼의** 차이가 허용되어야 하는가에 대한 논쟁을 불러일으킬 것이다. 그러나 수준을 끌어내리는 데 드는 주관적인 비용이 수준을 끌어올리는 데 드는 비용보다 더 크다면, 우리는 계획을 짜는 데서 이 사실 역시 고려해야 할 것이다.

여기서 논의한 가치 변화의 과정은 메도스의 권고들 속에 내재하는 사회문제들에 대해 손쉬운 해결책을 제시하지는 못한다. 그러나 그러한 권고들의 수용을 촉진하게 할 수는 있다. 서구 공중 사이에서 뚜렷이 구별되는 하나의 중요한 소수집단은 오늘날 그러한 계획의 필요성이 증명된다면 아마도 그 계획을 지지할 것이다. 그리고 그 소수집단이 증가하고 있을 수도 있다.

메도스의 분석에는 직설적으로 진술할 필요가 있는 좀 더 암울한 몇 가지 함의가 존재한다.

시어도어 로작의 반산업적 신비주의가 메도스와 그의 동료들의 냉정한 계산과 정반대인 것처럼 보일 수도 있지만, 메도스 연구의 사회적 영향을 완전히 이해하기 위해서는 전자의 관점에서 사태를 바라보아야 한다. 메도스가 새로운 예루살렘 — 인류가 초기처럼 살 수 있는, 그리고 (적절한 변화가 이루어진 후에도) 앞으로 계속해서 그렇게 살 수 있는 자연과의 균형상태 — 을 건설할 것이라고 믿는 사람들도 많은 것으로 보인다. 그러나 그들은 아직 작은 글자로 쓰인 주의 사항을 읽지 않았다. 메도스의 유토피아는 결국 붕괴된다.

메도스의 '세계 안정화 모델(Stabilized World Model)'을 채택할 경우 아마도 두 세기 정도는 재앙을 피할 수도 있을 것이다. 하지만 우리가 그의 가정을 액면 그대로 받아들이면, 그것 또한 파멸로 이어진다. 메도스와 그의 동료들은 이 사실을 숨기지는 않지만, 그들은 대부분의 사람들의 우려가 시간적으로 자신의 자식들의 생애 정도까지만 확장되고 아마도 더 이상은 확대되지 않을 것이라는 가정하에 그 사실을 다소 가볍게 넘겨버린다. 그들은 우리의 증증손자의 운명에 대해서는 (암묵적으로이기는 하지만) 이상할 정도로 매우 냉담하다. 우리는 공간적으로 멀리 떨어져 있는 사람들뿐만 아니라 시간적으로 멀리 떨어져 있는 인류에게 무슨 일이 일어나는지에 대해서도 신경을 써야 **한다.** 우리의 모든 신중한 정책과 희생이 그것들이 피하고자 했던 바로 그 재앙들을 낳을 뿐일 것이라는 인식은 지속 가능한 상태에 살고 있는 사람들의 사기에 부정적인 영향을 미칠 것이 분명하며, 필요로 하는 협력적 노력들을 방해할 것이다.

지속가능한 상태는 더 직접적인 많은 문제를 내포하고 있다. 그 문제들은 친숙한 패턴의 일부이기 때문에 간략하게 진술할 것이다. 그 문제를 설명하는 기본 원리는 아마도 다음과 같이 표현할 수 있을 것이다. 강자들이 약자들보다 원하는 상품을 더 많이 얻는 경향이 있다. 그리고 그 상품이 희소할수록 강자들이 그 상품을 더 독점하는 경향이 있다. 따라서 부자들은 가난한 사람들보다 물을 더 많이 마시지는 않을 수도 있지만, 프랑스 와인은 훨씬 더 많이 소비한다. 가난한 나라에서는 소득이 매우 불균등하게 분배되는 경향이 있다. 거의 예외 없이, 그러한 가난한 나라에는 소수의 매우 부유한 사람들과 수많은 매우 가난한 사람들이 있으며, 그 중간에 속하는 사람들은 상대적으로 적다. 부유한 나라에서도 소득분배가 여전히 불평등하지만, 그 나라들에는 중간계급이 훨씬 더 많은 경향이 있다.

이 유추를 국제적인 장면으로까지 확대할 수도 있다. 역사적으로 패배한 적을 약탈하는 것은 통상적인 패턴이었다. 최근에 이르러서야, 그리고 상대적으로 풍요한 나라 중 일부에서만 승자가 패배한 사람들에게 경제적 원조를 제공하기 시작했다. 오늘날에는 더 발전한 나라들 거의 모두가 적어도 적은 양이나마 가난한 나라에 해외 원조를 제공한다. 비록 그 양이 많지는 않지만, 그것은 역사적 변화를 상징한다. 메도스 프로그램은 보다 발전된 국가들이 자신들의 물질적인 생활수준을 낮추면서 자본을 실제로 대규모로 이전할 것을 요구하고 있다. 낮은 생활수준이 아마도 자본 이전을 저해할 것이다.

게다가 이 프로그램은 인류 **전체**의 복리를 극대화시킬 수도 있지만, 발전된 국가들에게는 구체적인 보상을 거의 제공하지 못한다. 덜 발전한 나라들을 산업화하는 것은 더 많은 오염을 발생시킬 것이고, 더 적은 자원이 아닌 더 많은 자원을 소비하게 할 것이며, 단기적으로는 심지어 기아 문제를 완화함으로써 인구 성장을 가속화할 수도 있을 것이다. 발전된 국가들이 자발적으로 참여할지도 아주 불분명하다.

좋다. 그럼 도저히 있을 수 없는 것을 생각해 보자. 한 가지 해결책은 발전된 국가들에게 그 프로그램에 참여하도록 **강제**하는 것일 것이다. 그러나 여기서 우리는 부유한 나라들이 더 잘 무장하고 있다는 사실을 넘어서는 딜레마에 직면한다. 우리는 핵전쟁 이상으로 재생 불가능한 자원을 막대하게 낭비하고 환경 — 인류는 말할 것도 없이 — 을 파괴하는 어떤 것을 상상하기란 어렵다. 핵전쟁이 끝난 후에도 발전된 세계가 여전히 개발 자본 — 그들은 이 개발 자본을 놓고 전쟁을 벌였다 — 을 가지고 있을지도 의문이다. 치료가 병보다 더 나쁘다고 생각하지 않은 한, 그 해결책은 비강제적이어야 할 것이다.

요컨대 그 프로그램은 어떤 형태의 기술적 낙관론도 단호하고 완강하게 거부하지만, 그것은 엄청난 사회적 낙관론에 기초하고 있다.

이러한 낙관론이 반드시 근거가 없는 것은 아니다. 인간의 창의력과 믿음이 미치지 못하는 것은 거의 없다. 대부분의 사람은 돼지도 미친개도 아니다. 그들은 마음과 양심을 가지고 있으며, 만약 누군가가 자신들에게 이치에 맞게, 거듭, 사랑의 정신으로 호소한다면 당연히 반응할 것이다. 그러나 이 프로그램은 모두가 똑같이 경제적 이득에 낮은 우선순위를 부여할 준비가 되어 있다는 것을 당연한 것으로 간주하는 탈물질주의적 사고방식을 반영하는 것으로 보인다. 앞 장에서의 증거들은 서구에서 더 광범위하고 덜 교구적인 정체성 의식을 지향하는 경향이 있음을 시사한다. 세계에는 전 지구적 협력을 위해 기꺼이 노력하겠다는 사람이 충분히 많을 수 있고, 따라서 그러한 협력이 현실이 될 수도 있을 것이다. 그러나 우리는 역사의 도처에서 믿을 수 없는 끔찍한 일도 많이 보아왔기 때문에 아무런 보장이 없다는 것도 알고 있다.

만약 제로 자본 투자의 원칙을 기꺼이 포기한다면, 낙관론의 근거는 훨씬 더 확고해진다. 그 가정을 통해 모델을 손쉽게 하나로 결합할 수 있었지만, 그 가정이 바로 우리가 방금 논의한 제로섬 경향을 유발하는 주요 원천이다. 경제성장을 그 자체로 악으로 보지 않는 한, 한동안은 (어쩌면 가치 변화의 과정이 자발적으로 경제성장을 멈추게 할 때까지는) 서구 경제가 확장을 중단해야 하는 설득력 있는 이유를 찾을 수 없어 보인다. 그러한 확장은 합리적인 정책의 틀 안에서 이루어져야 할 것이다. 이것이 메도스와 그의 동료들이 진정으로 추구하는 목표이다. 그러나 가격 구조상으로 매력적이라면, 가장 완강한 물질주의자조차도 천연가스가 아닌 태양열 에너지로 자신의 집을 난방하지 않으려 할 것이라고 믿을 이유가 전혀 없다. 또한 공중은 50파운드짜리 녹음기를 5온스짜리 도구 ─ 후자의 버전들은 전자보다 성능이 더 좋고 더 높은 가격이 매겨져야 하는 것으로 개발되어 왔다 ─ 보다 본질적으로 더 바람직한 것으로 보지 않는다.

『성장의 한계』의 저자들은 인류가 직면한 중대한 문제들을 분석하는 데 중요한 기여를 해왔다. 그들의 모델은 미래를 추측하는 하나의 토대이다. 그러나 그 추측은 또한 그 모델의 가정을 정확하고 명료하게 만드는 데, 그리하여 그 모델을 비판하고 개선하는 데 이용할 수 있다. 그 저자들이 그렇게 했기 때문에, 보일은 그들의 예측에서 오류를 간파할 수 있었다. 만약 그렇지 않았다면, 그 오류는 간파되지 않고 넘어갔거나 덜 엄밀한 분석 양식들 속에서 단지 논쟁의 토대에 불과했을 수도 있다. 저자들은 다음 세기와 그 이상의 세계 추세에 대한 컴퓨터 모델을 구축해 왔다. 그 노력은 가치 있었고 널리 인정받아 왔다. 그러나 우리는 그 모델이 어떤 **종류**의 예측을 제공하는지를 유념해야만 한다.

『성장의 한계』의 저자들은 더 이상 큰 돌파구는 없을 것이라는 생각에 기초하고 있다. 저자들은 자신들의 처방이 채택되지 않는 한 부정적인 추세가 최고 속도로 계속될 것이지만 주요한 긍정적인 혁신은 이미 끝이 났다고 가정한다.

그 저자들이 매우 낙관적으로 묘사하는 컴퓨터의 운용은 상당히 크고 긍정적인 단발적 진전을 가능하게 하지만, 항상 단발적인 진전이지 결코 지속적인 추세는 아니다. 그들이 고려에 넣은 유일한 긍정적 변화들은 이미 예측할 수 있는 것들이다. 예상치 못한 절약이나 계속되는 이익 실현을 가능하게 하는 것은 그들의 모델에 전혀 포함되어 있지 않다. 저자들은 이것들을 배제한 채 주요한 가정을 수립해 왔다.

어떤 점에서는 그 전략은 이치에 맞다. 어쨌든 그 전략은 그들이 사용한 방법에 의거하여 도출된 것이다. 뜻밖의 기술의 효과를 그들의 모델에 포함시키는 것은 실제로 불가능할 것이다. 그 저자들도 그러한 기술에 대한 어떤 확실한 증거를 찾을 수 없었기 때문에 그러한 요소들을 포함시키지 않았다는 것을 인정하고 있으며, 우리도 분명히 그러한 증거를 찾을 수 없다. 만약 그러한 기술을 증명하고 예측할 수 있다고 하더라도, 그 기술이 하나의 혁신적인 돌파구가 될 수는 없을 것이다. 그럼에도 불구하고 우리는 창조적인 과학자, 엔지니어, 계획자, 정책 입안자들이 현재로선 예측할 수 없는 많은 유용한 것을 찾아낼 것이라는 데 기꺼이 내기를 걸 것이다. 이것은 단지 추측에 불과하다. 메도스와 그의 동료들은 이러한 추측을 맹목적인 기술적 낙관주의라고 일축할 것이고, 그들은 그렇게 할 권리를 가지고 있다. 그들의 입장은 이렇다. "우리는 인간사(人間事)를 처리하는 데서 위험을 덜 감수하는 것을 선호한다. 우리는 아직 발명되지 않았고 아직 그 부수 효과를 평가할 수 없는 기술에 우리 사회의 미래를 걸 수는 없다."[19] 이러한 사고방식을 견지하는 그 저자들의 결론은 지나치게 보수적이거나 지나치게 신중하다. 로마클럽의 좀 더 최근의 연구는 분명히 좀 더 낙관적인 논조를 취하고 있다.[20]

책임 있는 사람이라면 물리적 세계에서 모든 위대한 발견이 이미 이루어졌을 가능성을 고려**해야만** 한다. 준비되지 않은 채로 마주치는 것이 초래하는 결과는 너무나도 심각해서 무시할 수 없다. 『성장의 한계』는 그러한 만일의 사태에 대비하는 데 도움을 준다. 한편 그 책이 특권적 지식에 기초한 미래 예측이 아니라는 것을 기억하는 것이 중요하다. 『성장의 한계』는 인간의 창의성을 불신하는 쪽에 내기를 걸고 있는, 지식에 근거한 추측이다. 그 책의 가치는 어떤 구체적인 예측에 있는 것이 아니라, 현재의 행동 패턴이 비참한 결과를 초래할 수 있다는 것, 그러한 결과가 고의적으로 과소평가되는 경향이 있다는 것, 그러나 인류가 사전에 시정 조치를 취해야만 하고 그렇지 않으면 엄청난 비용을 지불해야 한다는 것을 입증한 데 있다. 『성장의 한계』는 자제심을 끌어내기 위한 예언이라는 의미를 제외하고는 예언이 아니다. 그 책은 정책이 현재처럼 계속해서 미래를 무시한 채 입안될 경우 발생할 **수 있는** 비관적이지만 상상할 수 있는 일련의 결과를 예측한다.

서구 정치인들은 실용주의적인 경향이 있다. 그들은 선택과 사회화 과정을 통해 당면 문제에 집중하는 방법을 배운다. 그들에게 아주 장기적인 것은 다음 선거를 넘어서는 어떤 것을 의미할 수 있다. 인류가 지구에 미치는 영향이

---

19) Meadows and Meadows in *Quelles Limites?*, 54(필자가 번역한 것이다).
20) Mihajlo Mesarovic and Eduard Pestel, *Mankind at the Turning Point*(New York: Dutton, 1974)를 보라.

좁은 시간과 공간에 제한되어 있을 때에는 그럭저럭 넘어가는 전략이 꽤 잘 먹혀들었을 수도 있지만, 이제는 상황이 달라졌다. 자연 과정과 인간 과정 간의 비율은 더 이상 자연의 보이지 않는 손에 의존하여 우리의 실수를 처리할 수 없는 지점으로 이동했고, 변화의 속도는 그 어느 때보다 훨씬 앞을 내다보지 않으면 안 될 만큼 가속화되었다.

아랍이 석유 수출을 금지하기 전해에 닉슨 대통령은 주요한 기초 에너지 연구 프로그램에 강력히 반대했다. 그 프로그램은 단지 장기적으로만 이득을 제공하는 것으로 보였다. 닉슨은 자신을 유명하게 만든 근시안적 '현실주의'에 의거하여 그 프로젝트를 국가적 아젠다에서 제외시켜 버렸다. 얼마 뒤 에너지 위기가 극심해지자, 그는 갑자기 1980년까지 미국이 에너지 수요를 자급자족하게 하는 프로그램인 '자립 프로젝트(Project Independence)'의 필요성을 역설하기 시작했다. 물론 거기에는 기초 에너지 연구를 가속화하는 것도 포함되었다.

그러나 그런 식의 생각을 보수주의자들만 가지고 있었던 것은 아니다. 유인 우주 연구는 자유주의자들이 특히 질색하는 것이었다. 인공위성 스푸트니크(Sputnik)로부터 충격을 받은 후에 케네디 대통령은 1970년대 이전에 달에 착륙하는 것에 높은 국가적 우선순위를 부여했다. 그것은 부분적으로는 어리석은 국가주의였으며, 부분적으로는 케네디가 미국을 "다시 전진시키기"를 원했고 또 그렇게 하기 위해서는 사람들의 상상력을 사로잡아야 한다는 것을 알았기 때문이기도 했고, 어쩌면 부분적으로는 케네디가 큰 목표를 가질 필요가 있는 인물이었기 때문일 수도 있다. 그러나 아폴로 프로젝트(Project Apollo)의 수행은 "우리가 사람을 달에 보낼 수 있지만, 지금 우리의 도시는 사람이 살 만한 곳이 아니다"와 같은 구호에 직면하여 시들해졌다. 이 구호는 잘못된 삼단논법에 기초하고 있다. 아폴로 프로그램은 대략 미국의 국민총생산의 약 3분의 1을 차지했는데, 분명 그것은 양자택일의 선택지가 아니었다. 그러나 이러한 사실과는 전혀 별개로 아폴로 프로그램은 순수한 연구와 사회적 필요 사이에서의 선택도 결코 아니었다.

아폴로의 이익은 이제 막 실현되기 시작했을 뿐이지만, 그 프로그램은 사회복지를 증진시키기 위해 특별히 고안된 많은 프로그램보다 이미 더 나은 사회적 이익을 가져다주고 있는 것으로 보인다. 유인 우주 프로그램은 의학, 식품 보존, 불연성 직물, 더 싸고 더 효율적인 주택 건설, 컴퓨터 개선, 오염 통제 분야에서 주요한 발전을 가져왔다. 그러한 기술적 파급효과는 아마도 이미 그 프로그램에 들어간 비용을 충당했을 것이고, 그 수익은 여러 해 동안 계속 될 것이다. 그러나 그러한 이익이 없다고 하더라도, 아폴로 프로그램은 아마도 허리케인을 더 효과적으로 추적하는 데 기여함으로써 수천 명의 생명을 구했을 것이라는 사실을 통해 스스로를 정당화할 수 있었을 것이다. 장기적으로 보면, 우리가 장기적인 계획, 연구, 개발을 수행하지 못한다면 우리의 도시뿐만 아니라 우리의 지구도 사람이 살 수 없게 될 가능성이 크다. 그리고 유인 우주 연구는 우리가 우주선 지구호에서 살아가는 데 필요한 종류의 기술을 개발하는 데 이바지한다. 유인 우주 연구는 우리가 유한한 자족적인 환경에서 살고 있다는 점에 더욱 주목할 것을 요구한다. 그것은 소재의 재활용, 장비의 소형화, 태양열과 같은 자기보충적 에너지 개발에 막대한 프리미엄을 부여하게 한다. 그것은 또한 지금은 포기했다가 너무 늦은 것으로 보일 때 될 대로 되라는 식의 응급 프로그램으로 다시 시작하는 어떤 것이 아니라 꾸준히 합리적인 방식으로 수행되어야 하는 장기적인 종류의 연구에 구체적인 관심을 가지게 한다.

현명한 정책이 실시되고 기술적 진보가 계속되면, 지구는 아마도 산업 문명을 수세기 동안 번창시킬 수 있을 만큼의 자원을 가지게 될 것이다.[21] 그러

---

21) 제로 인구 성장 정책, 핵융합 및 태양에너지 원천의 개발, 오염과 토양 침식 및 기타 자원의 고갈을 최소화하기 위한 강력한 정책의 채택 등이 그것에 도달하는 필수조건일 것으로 보인다. 우리

나 결국 문명화된 인류의 생존은 우주의 수십억 개의 다른 행성 중 일부에 도달하는 우리의 능력에 달려 있을 것이다. 행성 간 여행은 달 여행을 아주 작아 보이게 하는 사업이지만, 장기적으로 보면 그것은 생존의 문제가 될 것이다.

그러나 우주 연구를 해야 하는 전혀 다른 이유가 있다. 생존의 필요성과 함께 인류는 항상 위대한 프로젝트를 필요로 해왔다. 지식과 아름다움에 대한 갈증, 즉 지금보다 더 잘하고 싶은 욕구는 인간에게 내재되어 있는 기질이다. 건강하기 위해서는 인류는 이 두 가지 유형의 욕구 **모두**를 충족시켜야 한다. 인류 전체에게 긍지의 원천인 아폴로는 역사상 드문 사건 중 하나였다. 1969년 닐 암스트롱(Neil Armstrong)이 달에 발을 디뎠을 때, 그것은 "인류에게 위대한 한 걸음"이었지만, 동시에 우리 모두에게 우리의 공동의 집에 대한 새로운 관점을 제공했다. 암스트롱은 이렇게 회상한다. "갑자기 그 예쁘고 푸른 작은 완두콩이 지구라는 생각이 들었다. 엄지손가락을 세우고 한쪽 눈을 감았더니 엄지손가락이 행성 지구를 완전히 가려버렸다. 나는 거인이 된 기분은 아니었다. 내가 아주, 아주 작게 느껴졌다." 또 다른 우주비행사는 그것을 이렇게 표현한다. "당신은 미국인으로서가 아니라 인간으로서 세상을 내려다보고 있다."[22] 톰슨(Thompson)은 아폴로 17호의 발사에 대해 이렇게 썼다. "인간이 천공을 뚫고 우주선을 타고 지구 밖으로 나가고 있다는 것을 알고 우리는 걱정을 날려버리고 정말로 기쁨에 넘쳐 벌떡 일어섰다. …… 익명의 석공들이 중세 대성당들에 썼던 것처럼 우리는 로켓에 다음과 같이 쓸 수 있을 것이다. '아담이 나를 만들었다.'"[23] 톰슨은 1972년 12월에 있었던 아폴로의 마지막 비행을 묘사하는 중이었다. 더 이상의 비행은 전혀 예정되어 있지

는 앞에서 마지막 항목이 가장 다루기 힘든 장기적 제약조건이 될 수 있음을 시사했다. 구리와 같은 특정 금속은 가까운 미래에 희소해질 수 있다. 반면에 풍부한 에너지가 공급된다면, 알루미늄은 매우 오랫동안 사용할 수 있을 것이다. 알루미늄이 점토로 만들어질 수 있기 때문이다.

22) *Newsweek*, December 11, 1972, 68에서 인용.

23) *Time*, January 1, 1973, 50~51에서 인용.

않으며, 그 비행이 구축한 토대가 해체되고 있다. 우주 탐사가 분명히 인류 전체를 위한 위대한 프로젝트 중 유일한 것은 아니지만, 그것은 인간 모험의 필연적이고 본질적인 부분인 것으로 보인다. 장기적으로는 문명화된 인류가 그냥 파멸되는 것이 아니라 어딘가에 살아남을 것이라는 인식이 인류의 사고방식에 결정적인 영향을 미칠지도 모른다.

수천 년 동안 인간은 놀라움과 경외심을 가지고 별을 올려다보며 별에 대한 신화를 만들었고, 신화만큼이나 멋진 발견을 해왔다. 인류가 결국에는 늙어가는 부르주아처럼 과거에 물려받은 자본으로 어떻게 근근이 버틸지를 계산하면서 나날을 보내는 데 만족하리라는 것은 상상도 할 수 없어 보인다. 스푸트니크가 발사되기 오래 전에 인간은 고난 속에서 별에 도달하기로 결심했다.

서구 공중의 가치 변화와 스킬에는 걱정스러운 측면들이 있다. 우리는 제도적 제약의 약화, 기능적 합리성과 그것의 주요 도구인 기술에 대한 신뢰의 감소, 그리고 심지어는 기술에 대한 일정 정도의 거부를 목도하고 있는 것으로 보인다. 이러한 경향이 걱정스러운 것은 그것이 과도하면 재앙이 될 수도 있기 때문이다.

그러나 나에게는 그것이 사회를 붕괴시키는 과정이 아니라 균형을 바로잡아가는 과정으로 보인다. 산업 시대는 위대한 수단들을 발전시키는 시기였다. 탈산업사회는 그러한 수단들을 위대한 목적들에 적용하는 시기가 될 것이다.

나는 네가 이 세상의 모든 것을 관찰하도록 이 세상의 중심에 너를 놓아두었다. 나는 너를 하늘에 속하게 만들지도 않았고 땅에 속하게 만들지도 않았으며, 멸하게 만들지도 않았고 불멸하게 만들지도 않았다. 따라서 너는 더 큰 선택의 자유와 더 많은 명예를 가질 수 있고, 마치 너의 창조자와 형틀 제조자처럼 네가 원하는 대로 어떤 모양으로든 너 자신을 만들 수 있다. 너는 보다 낮은 형태의 생명체인 동물로 퇴락할 능력도 가지고 있고, 너의 영혼의 판단에 따라 보다 높은 형태의 생명체인 신으로 다시 태어날 능력도 가지고 있다.

- 「인간을 창조할 때의 하나님(God at the Creation of Man)」, 피코 델라 미란 돌라(Giovanni Pico della Mirandola), 『인간의 존엄성에 관한 연설(Oratio de hominis dignitate)』(1486)

참고문헌

Abelson, Robert P. "Are Attitudes Necessary?" in Bert T. King and Elliott McGinnies (eds.), *Attitudes, Conflict and Social Change* (New York: Academic Press, 1972), 19-32.

Aberbach, Joel D. "Alienation and Political Behavior," *American Political Science Review,* 63, 1 (March, 1969), 86-99.

_____ and Jack L. Walker. "Political Trust and Racial Ideology," *American Political Science Review,* 64, 4 (December, 1970), 1199-1219.

Abrams, Mark. "Subjective Social Indicators," in Muriel Nissel (ed.), *Social Trends,* No. 4 (London: Her Majesty's Stationery Office, 1973), 1-39.

Abramson, Paul R. *Generational Change in American Politics* (Lexington, Mass.: Lexington Books, 1975).

_____. "Social Class and Political Change in Western Europe: A Cross-National Longitudinal Analysis," *Comparative Political Studies,* 4, 2 (July, 1971), 131-155.

_____. "Intergenerational Social Mobility and Electoral Choice," *American Political Science Review,* 66, 4 (December, 1972), 1291-1294.

_____. "Generational Change in American Electoral Behavior', *American Political Science Review,* 68, 1 (March, 1974), 93-105.

Adam, Gerard *et al. L'Ouvrier Français en 1970* (Paris: Armand Colin, 1970).

Adelson, Joseph and Robert P. O'Neil. "The Growth of Political Ideas in Adolescence: The Sense of Community," *Journal of Personality and Social Psychology,* 4, 3 (September, 1966), 295-306.

Adorno, T. W. *et al. The Authoritarian Personality* (New York: Harper & Row, 1950).

Alford, Robert R. *Party and Society: The Anglo-American Democracies* (Chicago: Rand McNally, 1963).

Allardt, Erik. *About Dimensions of Welfare: An Explorator y Analysis of a Comparative Scandinavian Survey* (Helsinki: Research Group for Comparative Sociology, 1973).

Allardt, Erik and Yrjo Littunen (eds.), *Cleavages, Ideologies, and Party Systems* (Helsinki: Academic Bookstore, 1964).

Allerbeck, Klaus R. "Some Structural conditions for Youth and Student Movements," *International Social Science Journal,* 24, 2 (1972), 257-270.

Allerbeck, Klaus R. and Leopold Rosenmayer (eds.). *A uf stand der Jugend? Neue Aspekte der Jugendsoziologie* (Munich: Juventa, 1971).

Almond, Gabriel. "Comparative Political Systems," *Journal of Politics,* 18, 3 (August, 1956), 391-409.

Almond, Gabriel A. and Sidney Verba. *The Civic Culture: Political Attitudes and Democracy in Five Nations* (Princeton: Princeton University Press, 1963).

Altbach, Philip G. and Robert S. Laufer (eds.). *The New Pilgrims: Youth Protest in*

Transition (New York: McKay, 1972).

Ambler, John S. "Trust in Political and Non-Political Authorities in France," *Comparative Politics*, 8, 1 (October, 1975), 31-58.

Andrews, Frank and Stephen Withey. "Developing Measures of Perceived Life Quality: Results from Several National Surveys," *Social Indicators Research*, I, 1 (1974), 1-26.

_____. *Social Indicators of Well-Being in America* (New York: Plenum, 1976).

Apter, David. *Choice and the Politics of Allocation* (New Haven: Yale University Press, 1971).

Ardagh, John. *The New French Revolution: Social and Economic Study of France, 1945-1968* (New York: Harper, 1969).

Aristotle. *The Basic Works of Aristotle* (New York: Random House, 1941).

Axelrod, Robert. "Communication," *American Political Science Review*, 68, 2 (June, 1974), 717-720.

_____. "The Structure of Public Opinion on Policy Issues," *Public Opinion Quarterly*, 31, 1 (Spring, 1967), 51-60.

Baier, Kurt and Nicholas Rescher. *Values and the Future: The Impact of Technological Change on American Values* (New York: Free Press, 1969).

Baker, Kendall *et al.* "Political Affiliations: Transition in the Bases of German Partisanship," paper presented at the sessions of the European Consortium for Political Research, London, April 7-12, 1975.

_____. "The Residue of History: Politicization in Post War Germany," paper presented at the Western Social Science Convention in Denver, May 1-3, 1975.

_____. *Transition in German Politics* (forthcoming).

Bales, Robert F. and Arthur S. Couch. "The Value Profile: A Factor Analytic Study of Value Statements," *Sociological Inquiry* (Winter, 1968).

Bandura, Albert. "Social-Learning Theory of Identificatory Processes," in David Goslin (ed.), *Handbook of Socialization Theory and Research* (Chicago: Rand McNally, 1969).

Banfield, Edward C. *The Moral Basis of a Backward Society* (Chicago: Free Press, 1958).

Barnes, Samuel H. "Italy: Oppositions on Left, Right, and Center," in Robert Dahl (ed.), *Political Oppositions in Western Democracies* (New Haven: Yale University Press, 1966), 303-331.

_____. "Leadership Style and Political Competence," in Lewis Edinger (ed.), *Political Leadership in Industrialized Societies* (New York: Wiley, 1967), 59-83.

_____. "The Legacy of Fascism: Generational Differences in Italian Political Attitudes and Behavior," *Comparative Political Studies*, 5 (1972), 41-57.

_____. "Left, Right, and the Italian Voter," *Comparative Political Studies*, 4, 2 (July, 1971), 157-175.

_____. *Party Democracy: Politics in an Italian Socialist Federation* (New Haven: Yale University Press, 1967).

_____. "Religion and Class in Italian Electoral Behavior," in Richard Rose (ed.), *Electoral Behavior: A Comparative Handbook* (New York: Free Press, 1974), 171-225.

_____ and Roy Pierce. "Public Opinion and Political Preferences in France and Italy,"

Midwest Journal of Political Science, 15, 4 (November, 1971), 643-660.

Barnett, Richard J. and Ronald E. Muller. *Global Reach* (New York: Simon and Schuster, 1975).

Bauer, Raymond A. (ed.). *Social Indicators* (Cambridge: M.I.T. Press, 1966).

Bell, Daniel. *The Coming of Post-Industrial Society* (New York : Basic Books, 1973).

_____. *The Cultural Contradictions of Capitalism* (New York: Basic Books, 1976).

_____. *The End of Ideology* (New York: Free Press, 1960).

_____. "The Measurement of Knowledge and Technology," in Eleanor Bernert Sheldon and Wilbert E. Moore (eds.), *Indicators of Social Change: Concepts and Measurements* (New York : Russell Sage, 1968), 145-246.

_____. "The Idea of a Social Report," *The Public Interest,* 1 5 (Spring, 1969), pp. 72-84.

_____ (ed.). *The Radical Right* (Garden City: Doubleday, 1964).

Bendix, Reinhard. *Nation-Building and Citizenship: Studies of Our Changing Social Order* (Berkeley: University of California Press, 1964).

Benello, C. George and Dimitrios Roussopoulos (eds.). *The Case for Participatory Democracy* (New York: Viking, 1971).

Beneton, Phillippe and Jean Touchard. "Les interpretations de la crise de mai-juin 1968," *Revue Français de Science Politique,* 20, 3 (June, 1970), 503-544.

Berelson, Bernard *et al. Voting: A Study of Opinion Formation in a Presidential Campaign* (Chicago: University of Chicago Press, 1954).

Black, C. E. *The Dynamics of Modernization* (New York: Harper & Row, 1967).

Blau, Peter and Otis Dudley Duncan. *The American Occupational Structure* (New York: Wiley, 1967).

Bloom, Benjamin S. *Stability and Change in Human Characteristics* (New York: John Wiley, 1964).

Blumenthal, Monica *et al. Justifying Violence* (Ann Arbor, Michigan: Institute for Social Research, 1972).

Bon, Frederic and Michel-Antoine Burnier. *Les Nouveaux Intellectuels* (Paris: Cujas, 1966).

_____. *Classe Ouvriere et Revolution* (Paris: Seuil, 1971).

Boudon, Raymond. "Sources of Student Protest in France," in Philip G. Altbach and Robert S. Laufer (eds.), *The New Pilgrims: Youth Protest in Transition* (New York: McKay, 1972), 297-310.

Boulding, Kenneth E. "The Learning Process in the Dynamics of Total Societies," in Samuel Z. Klausner (ed.), *The Study of Total Societies* (Garden City: Anchor, 1967), 98-113.

Bowen, Don R. *et al.* "Deprivation, Mobility and Orientation Toward Protest of the Urban Poor," in Louis H. Masotti and Don R. Bowen (eds.), *Riots and Rebellion: Civil Violence in the Urban Community* (Beverly Hills: Sage, 1968), 187-200.

Boyle, Thomas J. "Hope for the Technological Solution," *Nature,* 245, 1 (September 21, 1973), 127-128.

Bracher, Karl D. *Die Aufl ösing der Weimarer Republik* (Stuttgart and Dusseldorf: Ring Verlag, 1954).

Bradburn, Norman. *The Structure of Psychological Well-Being* (Chicago: Aldine, 1969).

_____ and David Capolvitz. *Reports on Happiness: A Pilot Study of Behavior Related to Mental Health* (Chicago : Aldine, 1965).

Brim, Orville G., Jr. and Stanton Wheeler. *Socialization After Childhood* (New York: Wiley, 1966).

_____ *et al. American Beliefs and Attitudes About Intelligence* (New York: Russell Sage, 1969).

Broad, Roger and R. J. Jarrett. *Community Europe Today* (London: Wolff, 1972).

Bronfenbrenner, Urie. "Socialization and Social Class Through Time and Space," in Harold Proshansky and Bernard Seidenberg (eds.), *Basic Studies in Social Psychology* (New York: Holt, Rinehart and Winston, 1965), 349-365.

Brown, Bernard E. "The French Experience of Modernization," in Roy Macridis and Bernard Brown (eds.), *Comparative Politics: Notes and Readings,* 4th ed. (Homewood: Dorsey, 1972), 442-460.

Brzezinski, Zbigniew. *Between Two Ages: America's Role in the Technetronic Era* (New York: Viking, 1970).

Buchanan, William and Hadley Cantril. *How Nations See Each Other: A Study in Public Opinion* (Urbana: University of Illinois Press, 1953).

Burnham, Walter Dean. *Critical Elections and the Mainspring of American Politics* (New York: Norton, 1970).

Butler, David and Donald Stokes. *Political Change in Britain,* 1st, 2nd eds. (New York: St. Martin's, 1969, 1974).

Cameron, David R. "Stability and Change in Patterns of French Partisanship: A Cohort Analysis," *Public Opinion Quarterly,* 31, 1 (Spring, 1972), 19-30.

_____. "Consociation, Cleavage and Realignment: Post-Industrialization and Partisan Change in Eight European Nations," paper presented to the American Political Science Association, Chicago, September, 1974.

Cameron, Paul, "Social Stereotypes: Three Faces of Happiness," *Psychology Today,* 8, 3 (August, 1974), 62-64.

Campbell, Angus. *White Attitudes Toward Black People* (Ann Arbor, Michigan: Institute for Social Research, The University of Michigan, 1971).

_____ and Stein Rokkan. "Citizen Participation in Political Life: Norway and the United States," *International Social Science Journal,* 12, 1 (1960), 69-99.

_____ and Philip Converse (eds.). *The Human Meaning of Social Change* (New York: Russell Sage, 1972).

_____ *et al. The Quality of Life: Perceptions, Evaluation and Satisfaction* (New York: Russell Sage, 1976).

_____ *et al. The American Voter* (New York: Wiley, 1960).

_____ *et al. Elections and the Political Order* (New York: Wiley, 1966).

_____ and Henry Valen. "Party Identification in Norway and the United States," *Public Opinion Quarterly,* 25, 4 (Winter, 1961), 505-525.

Cantril, Hadley, ed. *Public Opinion, 1935-1946* (Princeton: Princeton University Press, 1951).

Cantril, Hadley. *The Politics of Despair* (New York: Collier, 1958).

_____. *The Pattern of Human Concerns* (New Brunswick: Rutgers University Press, 1968).

_____ and Charles W. Roll, Jr. *Hopes and Fears of the American People* (New York: Universe, 1971).

Charlot, Jean. *Le Phenomene Gaulliste* (Paris: Fayard, 1970).

Christie, Richard. "Authoritarianism Revisited," in Christie and Marie Jahoda (eds.), *Studies in the Scope and Method of "The Authoritarian Personality"* (Glencoe: Free Press, 1954), 123-196.

_____ and Marie Jahoda (eds.). *Studies in the Scope and Method of "The Authoritarian Personality"* (Glencoe: Free Press, 1954).

Citrin, Jack. "Comment: The Political Relevance of Trust in Government," *American Political Science Review,* 68, 3 (September, 1974), 973-988.

Cohn-Bendit, Daniel *et al. The French Student Revolt: The Leaders Speak* (New York: Hill and Wang, 1968).

_____ and Gabriel Cohn-Bendit. *Obsolete Communism: The Left Wing Alternative* (New York: McGraw-Hill, 1968).

Cole, H.S.D. *et al.* (eds.). *Models of Doom* (New York: Universe, 1973).

Coleman, James S. (ed.). *Education and Political Development* (Princeton: Princeton University Press, 1965).

_____. *The Adolescent Society* (New York: Free Press, 1961).

Connell, R. W. "Political Socialization in the American Family: The Evidence Re-examined," *Public Opinion Quarterly,* 36, 3 (Fall, 1972), 323-333.

Converse, Philip. "The Problem of Party Distances in Models of Voting Change," in M. Kent Jennings and L. Harmon Ziegler, *The Electoral Process* (Englewood Cliffs: Prentice-Hall, 1966), 175-207.

Converse, Philip E. "The Nature of Belief Systems in Mass Publics," in David E. Apter (ed.), *Ideology and Discontent* (New York: Free Press, 1964), 202-261.

_____. "Of Time and Partisan Stability," *Comparative Political Studies,* 2, 2 (July, 1969), 139-171.

_____. "Attitudes and Non-Attitudes: Continuation of a Dialogue," in Edward R. Tufte (ed.), *The Quantitative Analysis of Social Problems* (Reading, Mass.: Addison-Wesley, 1970), 168-190.

_____. "Change in the American Electorate," in Angus E. Campbell and Philip Converse (eds.), *The Human Meaning of Social Change* (New York: Russell Sage, 1972), 263-337.

_____. "Comment: The Status of Nonattitudes," *American Political Science Review,* 68, 2 (June, 1974), 650~660.

_____ and Georges Dupeux. "Politicization of the Elect rate in France and the United States," *Public Opinion Quarterly,* 26, 1 (Spring, 1962), 1-23.

_____ and Roy Pierce. "Basic Cleavages in French Politics and the Disorders of May and June 1968." Paper presented at the Seventh World Congress of Sociology, Varna, Bulgaria, 1970.

_____. "Die Mai-Unruhen in Frankreich-Ausmass und Konsequenzen," in Klaus R. Allerbeck and Leopold Rosenmayr (eds.), *Aufstand der Jugend? Neue Aspekte der Jugendsoziologie* (Munich: Juventa, 1971), 108-137.

Cox, Robert W. (ed.). *Future Industrial Relations and Implications for the ILO: An Interim Report* (Geneva: International Institute for Labour Studies).

The CPS 1974 American National Election Study (Ann Arbor: ICPR, 1975).

Crittenden, John. "Aging and Party Affiliation: A Cohort Analysis," *Public Opinion Quarterly,* 26, 4 (Winter, 1962), 648-657.

Cutler, Neal. "Generation, Maturation and Party Affiliation," *Public Opinion Quarterly,* 33, 4 (Winter, 1969-70), 583-588.

Dahl, Robert A. and Edward R. Tufte. *Size and Democracy* (Stanford : Stanford University Press, 1974).

Dahl, Robert A. (ed.). *Political Oppositions in Western Democracies* (New Haven: Yale University Press, 1966).

Dahrendorf, Ralf. *Class and Class Conflict in Industrial Society* (Stanford : Stanford University Press, 1959).

_____. *Society and Democracy in Germany* (Garden City: Doubleday, 1967).

Dalton, Russell. "Was There a Revolution? A Note on Generational versus Life Cycle Explanations of Value Differences," *Comparative Political Studies,* 9, 4 (January, 1977).

Dansette, Adrien. *Mai 1968* (Paris: Plon, 1971).

Davies, James C. *Human Nature and Politics* (New York: Wiley, 1963).

_____. "The Priority of Human Needs and the Stages of Political Development," unpublished paper.

Davis, James A. *Great Aspirations: The Graduate School Plans of America's College Seniors* (Chicago: Aldine, 1964).

_____. *Education for Positive Mental Health: A Review of Existing Research and Recommendations for Future Studies* (Chicago: Aldine, 1965).

_____. *Undergraduate Career Decisions: Correlates of Occupational Choice* (Chicago: Aldine, 1965).

De Grazia, Sebastian. *Of Time, Work and Leisure* (New York: Twentieth Century Fund, 1962).

Deledicq, A. *Un mois de mai orageux: 113 etudiants parisiens expliquent les raisons* (Paris: Privat, 1968).

Delors, Jacques. *Les Indicateurs Sociaux* (Paris: Futuribles, 1971).

Demerath, N. J., III. "Trends and Anti-Trends in Religious Change," in Eleanor Bernert Sheldon and Wilbert E. Moore (eds.), *Indicators of Social Change* (New York: Russell Sage, 1968), 349-445.

Deutsch, Emeric *et al. Les Familles Politiques aujourd'hui en France* (Paris: Editions de Minuit, 1966).

Deutsch, Karl W. "Social Mobilization and Political Development," *American Political Science Review, 55,* 2 (September, 1961), 493-514.

_____. *The Nerves of Government* (New York: Free Press, 1963).

_____. *Nationalism and Social Communication* (Cambridge, Mass.: M.I.T. Press, 1966).

Deutsch, Karl W. "Integration and Arms Control in the European Political Environment," *American Political Science Review,* 60, 2 (June, 1966), 354-365.

_____. *Arms Control and the Atlantic Alliance* (New York: Wiley, 1967).

_____ and Lewis J. Edinger. *Germany Rejoins the Powers: Mass Opinion, Interest Groups and Elites in Contemporary German Foreign Policy* (Stanford: Stanford University Press, 1959).

_____ and William J. Foltz. *Nation-Building* (New York: Atherton Press, 1963).

_____ et al. *France, Germany and the Western Alliance: A Study of Elite Attitudes on European Integration and World Politics* (New York: Scribners, 1967).

_____ et al. *Political Community and the North Atlantic Area* (Princeton: Princeton University Press, 1968).

DiPalma, Giuseppe. *Apathy and Participation: Mass Politics in Western Societies* (New York: Free Press, 1970).

Dogan, Mattei. "Le Vote ouvrier en France: Analyse ecologique des elections de 1962," *Revue fran aise de Sociologie,* 6, 4 (October December, 1965), 435-471.

_____. "Political Cleavage and Social Stratification in France and Italy," in Seymour M. Lipset, *Party Systems and Voter Alignments* (New York: Free Press, 1967), 129-195.

Donahue, Wilma and Clark Tibbitts (eds.). *Politics of Age* (Ann Arbor: Division of Gerontology, The University of Michigan, 1962).

Duquesne, Jacques. *Les 16-24 Ans* (Paris: Centurion, 1963).

Dutschke, Rudi. *Ecrits politiques* (Paris: Bourgeois, 1968).

Easterlin, Richard A. "Does Economic Growth Improve the Human Lot: Some Empirical Evidence," in Paul A. David and Melvin W. Reder (eds.), *Nations and Households in Economic Growth* (New York: Academic Press, 1974), 89-126.

Easton, David. *A Systems Analysis of Political Life* (New York: Wiley, 1966).

_____. and Jack Dennis. *Children in the Political System* (New York: McGraw-Hill, 1969).

Eisenstadt, S. N. *From Generation to Generation* (New York: Free Press, 1956).

_____. *Modernization: Protest and Change* (Englewood Cliffs, N.J.: Prentice Hall, 1966).

Erikson, Erik H. "Identity and the Life Cycle," *Psychological Jssues,* Monograph 1 (1959).

_____. *Childhood and Society* (New York: Norton, 1963).

_____. *Insight and Responsibility* (New York: Norton, 1964).

Etzioni, Amitai. *The Active Society* (New York: Free Press, 1968).

_____. *Political Unification: A Comparative Study of Leaders and Forces* (New York: Holt, Rinehart and Winston, 1965).

European Communities, *Les Europeens et l'Unification de l'Europe* (Brussels, 1972).

Feirabend, lvo K. and Rosalind L. Feirabend. "Aggressive Behaviors Within Polities, 1948-1962: A Cross-National Study," *Journal of Conflict Resolution,* 10, 3 (September, 1966), 249-271.

Feldman, Kenneth A. and Theodore M. Newcomb. *The Impact of College on Students,* vols. 1 and n (San Francisco: Jossey-Bass, 1969).

Feuer, Lewis S. *The Conflict of Generations* (New York: Basic Books, 1969).

Fields, A. Belden. "The Revolution Betrayed: The French Student Revolt of May-June, 1968," in Seymour M. Lipset and Phillip G. Altbach (eds.), *Students in Revolt* (Boston: Houghton Mifflin, 1969), 127-166.

Finifter, Ada (ed.). *Alienation and the Social System* (New York: Wiley, 1972).

Foner, Anne. "The Polity," in Matilda W. Riley *et al., Aging and Society* (New York: Russell Sage, 1972), 115-159.

Fontaine, Andre. *La Guerre Civile Froide* (Paris: Fayard, 1969).

Forrester, Jay W. *World Dynamics* (Cambridge, Mass.: Wright-Allen, 1971).

Friedman, Lucy N. *et al.* "Dissecting the Generation Gap: Intergenerational and Intrafamilial Similarities and Differences," *Public Opinion Quarterly,* 36, 3 (Fall, 1972), 334-346.

Frognier, A. P. "Distances entre partis et clivages en Belgique," *Res Publica,* 2 (1973), 291-312.

Frohner, R If. *Wie Stark sind die Halbstarken?* (Bielefeld: von Stackelberg, 1956).

Galli, Giorgio and Alfonso Prandi. *Patterns of Political Participation in Italy* (New Haven: Yale University Press, 1970).

Gamson, William A. *Power and Discontent* (Homewood, Ill.: Dorsey, 1968).

Girod, Rober. *Mobilite Sociale: Faits etablis et problemes ouverts* (Geneva and Paris: Droz, 1971).

Glenn, Norval D. "Class and Party Support in the United States: Recent and Emerging Trends," *Public Opinion Quarterly,* 37, 1 (Spring, 1973), 1-20.

_____. "Aging, Disengagement and Opinionation," *Public Opinion Quarterly,* 33, 1 (Spring, 1969), 17-33.

_____. "Aging and Conservatism," *Annals of the American Academy of Political and Social Science,* 4, 5 (September, 1974), 176-186.

_____ and Ted Hefner. "Further Evidence on Aging and Party Identification," *Public Opinion Quarterly,* 36, 1 (Spring, 1972), 31-47.

Goguel, Frangois. "Les elections legislatives des 23 et 30 juin, 1968," *Revue Français de Science Politique,* 18, 5 (October, 1968), 837-853.

Goode, William J. "The Theory and Measurement of Family Change," in Eleanor Bernert Sheldon and Wilbert E. Moore (eds.), *Indicators of Social Change: Concepts and Measurements* (New York : Russell Sage, 1968), 295-348.

Graham, Hugh D. and Ted R. Gurr (eds.). *The History of Violence in America* (New York: Bantam, 1969).

Greenstein, Fred I. "The Impact of Personality on Politics: An Attempt to Clear Away Underbrush," *American Political Science Review,* 61, 3 (September, 1967), 629-641.

_____. *Personality and Politics* (Chicago: Markham, 1969), 94-119.

Grofman, Bernard N. and Edward N. Muller. "The Strange Case of Relative Gratification and Protest Potential: The V-Curve Hypothesis," *American Political Science Review,* 67, 2 (June, 1973), 514-539.

Gross, Bertram M. (ed.). *Social Intelligence for America's Future* (Boston: Allyn and Bacon, 1969).

_____. "The State of the Nation: Social Systems Accounting," in Raymond A. Bauer (ed.), *Social Indicators* (Cambridge: M.l.T. Press, 1966), 154-271.

_____ (ed.). "Social Goals and Indicators for American Society," *The Annals: American Academy of Political and Social Science* (1967), 371 and 372.

_____. "The City of Man: A Social Systems Accounting," in William R. Ewald, Jr. (ed.), *Environment for Man* (Bloomington: Indiana University Press, 1967).

Gurin, Gerald et al. *Americans View Their Mental Health* (New York: Basic Books, 1960).

Gurr, Ted. *Why Men Rebel* (Princeton: Princeton University Press, 1970).

_____. "A Causal Model of Civil Strife: A Comparative Analysis Using New Indices," *American Political Science Review*, 62, 4 (December, 1968), 1104-1124.

Gussner, Robert. "Youth Deauthorization and the New Individualism," *Youth and Society*, 4, 1 (September, 1972), 103-125.

Haas, Ernst. *The Uniting of Europe: Political, Social and Economic Forces, 1950-1957* (Stanford: Stanford University Press, 1958).

Habermas, Jurgen *et al. Student und Politik* (Neuwied: Luchterhand, 1961).

Hagen, Everett. *On the Theory of Social Change* (Homewood, 111.: Dorsey Press, 1962).

Hamilton, Richard F. *Affluence and the French Worker in The Fourth Republic* (Princeton: Princeton University Press, 1967).

_____. *Class and Politics in the United States* (New York: Wiley, 1972).

Hansen, Peter *et al.* "The Structure of the Debate in the Danish European Community Campaign, April to October, 1972," paper presented to the European Consortium for Political Research annual meeting, Strasbourg, March 28-April 2, 1974.

Haranne, Markku and Erik Allardt. *Attitudes Toward Modernity and Modernization: An Appraisal of an Empirical Study* (Helsinki: University of Helsinki, 1974).

Louis Harris Associates. *Confidence and Concern: Citizens View American Government* (Washington: Government Printing Office, 1973).

Harris, Louis. *The Anguish of Change* (New York: Norton, 1973).

Hefner, Glenn and Ted. "Further Evidence on Aging and Party Identification," *Public Opinion Quarterly*, 36, 1 (Spring, 1972), 31-47.

Heidenheimer, Arnold J. *The Governments of Germany*, 3rd ed. (New York: Crowell, 1971).

Heilbroner, Robert L. *An Inquiry Into the Human Prospect* (New York: Norton, 1974).

Heisler, Martin O. "Institutionalizing Societal Cleavages in a Cooptive Polity," in Heisler (ed.), *Politics in Europe: Structures and Processes in Some Postindustrial Democracies* (New York: McKay, 1974), 178-220.

Hilgard, E. and G. Bower. *Theories of Learning* (New York: Appleton-Century-Crofts, 1966).

Huntington, Samuel P. *Political Order in Changing Societies* (New Haven: Yale University Press, 1968).

_____. "Postindustrial Politics: How Benign Will It Be?" *Comparative Politics*, 6, 2 (January, 1974), 174-177.

Hyman, Herbert H. *Political Socialization* (New York: Free Press, 1959).

_____. *Secondary Analysis of Sample Surveys: Principles, Procedures and Potentialities* (New York: Wiley, 1972).

_____. "Dimensions of Social-Psychological Change in the Negro Population," in Angus Campbell and Philip Converse (eds.), *The Human Meaning of Social Change* (New York: Russell Sage, 1972), 339-390.

_____ and Paul B. Sheatsley. "'The Authoritarian Personality'; A Methodological Critique," in Christie and Jahoda (eds.), *Studies in the Scope and Method of "The Authoritarian Personality"* (Glencoe: Free Press, 1954), 50-122.

Ike, Nobutaka. "Economic Growth and Intergenerational Change in Japan," *American Political Science Review,* 67, 4 (December, 1973), 1194-1203.

Inglehart, Ronald. "An End to European Integration?" *American Political Science Review,* 61, 1 (March, 1967), 91-105.

_____. "Trends and Non-Trends in the Western Alliance: A Review," *Journal of Conflict Resolution,* 12, 1 (March, 1968), 120-128.

Inglehart, Ronald. "Cognitive Mobilization and European Identity," *Comparative Politics,* 3, 1 (October, 1970), 45-70.

_____. "The New Europeans: Inward or Outward Looking?" *International Organization,* 24, 1 (Winter, 1970), 129-139.

_____. "Public Opinion and Regional Integration," in Leon Lindberg and Stuart Scheingold (eds.), *Regional Integration: Theory and Research* (Cambridge: Harvard University Press, 1971), 160-191.

_____. "Revolutionnarisme Post-Bourgeois en France, en Allemagne et aux :E:tats-Unis," *I! Politico,* 36, 2 (June, 1971), 209-236.

_____. "Changing Value Priorities and European Integration," *Journal of Common Market Studies,* 10, 1 (September, 1971), 1-36.

_____. "The Silent Revolution in Europe: Intergenerational Change in Post-Industrial Societies," *The American Political Science Review, 65,* 4 (December, 1971), 991-1017.

_____. "The Nature of Value Change in Post-Industrial Societies," in Leon Lindberg (ed.), *Politics and the Future of Industrial Society* (New York: McKay, 1976), 57-99.

_____. "Value Priorities, Objective Need Satisfaction and Subjective Satisfaction Among Western Publics," *Comparative Political Studies,* 9, 4 (January, 1977), 429-458.

_____ and Paul Abramson. "The Development of Systemic Support in Four Western Democracies," *Comparative Political Studies,* 2, 4 (January, 1970), 419-442.

_____ and Samuel H. Barnes. "Affluence, Individual Values and Social Change," in Burkhard Strumpel (ed.), *Subjective Elements of Well-Being* (Paris: OECD, 1974), 153-184.

_____ and Avram Hochstein. "Alignment and Dealignment of the Electorate in France and the United States," *Comparative Political Studies, 5,* 3 (October, 1972), 343-372.

_____ and Hans D. Klingemann, "Party Identification, Ideological Preference and the Left-Right Dimension Among Western Publics," in Ian Budge *et al.* (eds.), *Party Identification and Beyond* (New York: Wiley, 1976), 243-273.

_____ and Dusan Sidjanski. "The Left, the Right, the Establishment and the Swiss Electorate," in Ian Budge *et al.* (eds.), *Party Identification and Beyond* (New York: Wiley, 1976), 225-242.

_____ and Margaret Woodward. "Language Conflicts and Political Community," *Comparative Studies in Society and History*, 10, 1 (October, 1967), 27-45.

International Studies of Values in Politics. *Values and the Active Community* (New York: Free Press, 1971).

Jacob, Philip E. *Changing Values in College* (New York: Harper & Row, 1957).

Jaide, Walter, *Das Verhaltnis der Jugend zur Politik* (Neuwied and Berlin: Luchterhand, 1964).

_____. *Jugend und Demokratie* (Munich: Juventa, 1971).

Janda, Kenneth. *A Conceptual Framework for the Comparative Analysis of Political Parties* (Beverly Hills: Sage Professional Papers in Comparative Politics, 1970).

_____. "Measuring Issue Orientations of Parties Across Nations" (Evanston: International Comparative Political Parties Project, 1970[mimeo]).

Janowitz, Morris and David R. Segal. "Social Cleavage and Party Affiliation: Germany, Great Britain and the United States," *American Journal of Sociology,* 72, 6 (May, 1967), 601-618.

Jaros, Dean, Herbert Hirsch and Frederic J. Fleron, Jr. "The Malevolent Leader,"*American Political Science Review,* 62, 2 (June, 1968), 564-575.

Jennings, M. Kent. "Pre-Adult Orientations to Multiple Systems of Government," *Midwest Journal of Political Science,* 2, 3 (August, 1967), 291-317.

_____ and Paul Beck. "Lowering the Voting Age: The Case of the Reluctant Electorate," *Public Opinion Quarterly,* 33, 3 (Fall, 1969), 370-379.

_____ and Richard G. Niemi. "Party Identification at Multiple Levels of Government," *American Journal of Sociology,* 72 (1966), 86-101.

_____. "The Transmission of Political Values from Parent to Child," *American Political Science Review,* 62, 1 (March, 1968), 169-184.

_____. "The Division of Political Labor Between Mothers and Fathers," *American Political Science Review,* 65, 1 (March, 1971), 6982.

_____. *The Political Character of Adolescence: The Influence of Families and Schools* (Princeton: Princeton University Press, 1974).

_____. "C ntinuity and Change in Political Orientations," *American Political Science Review,* 69, 4 (December, 1975), 1316-1335.

Jensen, Richard F. *The Winning of the Midwest: Social and Political Conflict, 1888-1896* (Chicago: University of Chicago Press, 1971).

Kaase, Max. "Demokratische Einstellungen in der Bundesrepublik Deutschland," in Rudolf Wildenmann (ed.), *Sozialwissenscha ftliches Jahrbuch fur Politik* (Munich and Vienna: Guenter-Olzog, 1971), 119-326.

_____. "Determinants of Political Mobilization for Students and Non-academic Youth." Paper read at the 7th World Congress of Sociology, Varna, September, 1970. German version: "Die Politische Mobilisierung von Studenten in Der BRO," Klaus R.

Allerbeck and Leopold Rosenmayr (eds.), *Aufstand der Jugend? Neue Perspectiven der Jugendsoziologie* (Munich: Juventa, 1971), 155-177.

Kahn, Robert L. "The Meaning of Work: Interpretation and Proposals for Measurement," in Angus Campbell and Philip E. Converse (eds.), *The Human Meaning of Social Change* (New York: Russell Sage, 1972), 159-203.

Katona, George. "Consumer Behavior: Theory and Findings on Expectations and Aspirations," *American Economic Review,* 58, 2 (May, 1968), 19-30.

_____ et al. *Aspirations and Affluence* (New York: McGraw-Hill, 1971).

Katz, Elihu and Paul F. Lazarsfeld. *Personal Influence* (New York : Free Press, 1955).

Kenniston, Kenneth. *Young Radicals: Notes on Uncommitted Youth* (New York: Harcourt, Brace, and World, 1968).

King, Bert T. and Elliott McGinnies (eds.). *Attitudes, Conflict and Social Change* (New York: Academic Press, 1972).

_____. "Overview-Social Contexts and Issues for Contemporary Attitude Change Research," in Bert T. King and Elliott McGinnies (eds.), *Attitudes, Conflict, and Social Change* (New York : Academic Press, 1972), 1-14.

Klingemann, Hans D. "Politische und soziale Bedingungen der Wahlerbewegungen zur NPD," in Rudolf Wildemann (ed.), *Sozialwissenb schaftliches Jahrbuch fur Politik* (Munich and Vienna, 1971), 563-601.

_____. "Testing the Left-Right Continuum on a Sample of German Voters," *Comparative Political Studies,* 5, 1 (April, 1972), 93-106.

_____ and Erwin K. Scheuch. "Materialien zum Phanomen des Rechtsradikalismus in der Bundersrepublik" (Koln: Institut fiir vergleichende Sozialforschung der Universitiit zu Koln, 1967[mimeo, Cologne: University of Cologne]).

_____ and Thomas A. Herz. "Die NPD in den Landtagswahlen 1966-1968" (Koln: Institut fiir vergleichende Sozialforschung, Zentralarchiv für empirische Sozialforschung, Universität zu Köln, 1969[mimeo, Cologne: University of Cologne]).

_____ and Eugene Wnght. "Levels of Conceptualization in the American and German Mass Publics." Paper presented at the Workshop on Political Cognition, University of Georgia, Athens, Georgia (May 24-25, 1974).

Kluckhohn, Florence R. and F. L. Strodtbeck. *Variations in Value Orientations* (New York: Row Peterson, 1961).

Knutson, Jeanne N. *The Human Basis of the Polity: A Psychological Study of Political Men* (Chicago: Aldine-Atherton, 1972).

Kohlberg, Lawrence. *Stages in the Development of Moral Thought and Action* (Holt, Rinehart and Winston, 1970).

Lambert, T. Allen. "Generations and Change: Toward a Theory of Generations as a Force in Historical Process," *Youth and Society,* 4, 1 (September, 1972), 21-46.

Lancelot, Alain and Pierre Weill. "L'evolution politique des Electeurs Français de fevrier a juin 1969," *Revue Français de Science Politique,* 20, 2 (April, 1970), 249-281.

Land, Kenneth. "Some Exhaustible Poisson Process Models of Divorce by Marriage Cohort," *Journal of Mathematical Sociology,* 1, 2 (July, 1971), 213-232.

Lane, Robert. *Political Life* (New York: Free Press, 1959).

_____. *Political Ideology* (New York: Free Press, 1962).

_____. *Political Thinking and Consciousness* (Chicago: Markham, 1969).

_____. "Patterns of Political Belief," in Jeanne M. Knutson (ed.), *Handbook of Political Psychology* (San Francisco: Jossey-Bass, 1973), 83-116.

_____. "The Politics of Consensus in an Age of Affluence," *American Political Science Review,* 59, 4 (December, 1965), 874-895.

Langton, Kenneth P. "Peer Group and School and the Political Socialization Process," *American Political Science Review,* 61, 3 (September, 1967), 751-758.

_____ and M. Kent Jennings. "Political Socialization and the High School Civics Curriculum in the United States," *American Political Science Review,* 62, 3 (September, 1968), 852-867.

LaPalombara, Joseph D. (ed.). *Bureaucracy and Political Development* (Princeton: Princeton University Press, 1963).

_____. "Decline of Ideology: A Dissent and an Interpretation," *American Political Science Review,* 60, 1 (March, 1966), 5-16.

_____ and Myron Weiner (eds.). *Political Parties and Political Development* (Princeton: Princeton University Press, 1966).

Lasswell, Harold D. *Power and Personality* (New York: Viking, 1948).

_____. *Psychopathology and Politics* (New York: Viking, 1960).

Lazarsfeld, Paul F. *et al. The People's Choice: How the Voter Makes Up His Mind in a Presidential Campaign* (New York: Columbia University Press, 1944).

Lenski, Gerhard. *Power and Privilege: A Theory of Social Stratification* (New York: McGraw-Hill, 1966).

_____. *The Religious Factor* (Garden City: Doubleday, 1963).

Lerner, Daniel and Morton Gordon. *Euratlantica: The Changing Perspectives of the European Elites* (Cambridge: M.I.T. Press, 1969).

Lerner, Daniel. *The Passing of Traditional Society* (New York: Free Press, 1958).

Levin, M. L. "Social Climates and Political Socialization," *Public Opinion Quarterly,* 25, 4 (Winter, 1961), 596-606.

Liepelt, Klaus. "The Infra-Structure of Party Support in Germany and Austria." In Mattei Dogan and Richard Rose (eds.), *European Politics: A Reader* (Boston: Little, Brown, 1971), 183-201.

Liepelt, Klaus and Alexander Mitscherlich. *Thesen zur Wählerfluktuation* (Frankfurt am Main: Europaische Verlaganstalt, 1968).

Lijphart, Arend. *The Politics of Accommodation: Pluralism and Democracy in The Netherlands* (Berkeley: University of California Press, 1968).

_____. *Class Voting and Religious Voting in the European Democracies: A Preliminary Report* (Glasgow: University of Strathclyde, 1971).

Lindberg, Leon and Stuart Scheingold. *Europe's Would-Be Polity* (Englewood Cliffs: Prentice-Hall, 1970).

_____ (eds.). *Regional Integration: Theory and Research* (Cambridge, Mass.: Harvard

University Press, 1971).

"L'Opinion Publique et L'Europe des Six," *Sondages: Revue Franfaise de l'Opinion Publique,* 25, 1 (Trimester, 1963), 1-108.

Lipset, Seymour M. "The Changing Class Structure and Contemporary European Politics," *Daedalus,* 93, 1 (Winter, 1964), 271-303.

_____. *Political Man: The Social Bases of Politics* (Garden City: Doubleday, 1960).

_____. "The Activists: A Profile," *The Public Interest,* 13 (Fall, 1968), 39-52.

_____. *Revolution and Counter-Revolution: Change and Persistence in Social Structures* (New York: Basic Books, 1968).

_____. "Ideology and No End: The Controversy Till Now," *Encounter,* 39, 6 (December, 1972), 17-24.

_____. "Social Structure and Social Change," in Peter Blau (ed.), *Approaches to the Study of Social Structure* (New York: Free Press, 1975).

_____ and Richard B. Dobson. "The Intellectual as Critic and Rebel," *Daedalus,* 101, 3 (Summer, 1972), 137-198.

_____ and Everett C. Ladd. "College Generations-From the 1930's to the 1970's," *The Public Interest,* 25 (Fall, 1971), 99-113.

_____. "The Political Future of Activist Generations," in Philip G. Altbach and Robert S. Laufer (eds.), *The New Pilgrims: Youth Protest in Transition* (New York: McKay, 1972), 63-84.

_____ and Stein Rokkan. "Cleavage Structures, Party Systems and Voter Alignments," in Lipset and Rokkan (eds.), *Party Systems and Voter Alignments* (New York: Free Press, 1967), 1-64.

_____ and Sheldon S. Wolin. *The Berkeley Student Revolt* (Garden City, New York: Doubleday Anchor, 1965).

Lipsky, Michael. "Protest as a Political Resource," *American Political Science Review,* 62, 4 (December, 1968), 1144-1158.

Litt, Edgar. "Civic Education, Community Norms and Political Indoctrination," in Roberta S. Sigel (ed.), *Learning About Politics* (New York: Random House, 1970), 328-336.

Loewenberg, Peter. "The Psychohistorical Origins of the Nazi Youth Cohort," *The American Historical Review,* 77, 1 (December, 1971), 1456-1503.

Lofland, John. "The Youth Ghetto," in Edward O. Laumann, Paul M. Siegel and Robert W. Hodge (eds.), *The Logic of Social Hierarchies* (Chicago: Markham, 1970), 756-778.

Maccoby, Eleanor E. *et al.* "Youth and Political Change," *Public Opinion Quarterly,* 18, 1 (Spring, 1954), 23-39.

MacRae, Duncan, Jr. *Parliament, Parties and Society in France, 1946-1958* (New York: St. Martin's, 1967).

MacRae, Norman. "Limits to Misconception," *The Economist,* 242, 6707 (March 11, 1972), 20, 22.

_____. "America's Third Century: Recessional for the Second Great Empire?" *The Economist,* 257, 6896 (October 25, 1975), 65-73.

Mallet, Serge. *La Nouvelle Classe Ouvriere* (Paris: Seuil, 1969).

Mankoff, Milton and Richard Flacks. "The Changing Social Base of the American Student Movement," in Philip G. Altbach and Robert S. Laufer (eds.), *The New Pilgrims: Youth Protest in Transition* (New York: McKay, 1972), 46-62.

Mannheim, Karl. *Ideology and Utopia* (New York: Harcourt, Brace, 1949).

_____. "The Problem of Generations," in Philip G. Altbach and Robert S. Laufer (eds.), *The New Pilgrims: Youth Protest in Transition* (New York: McKay, 1972), 25-72.

Marsh, Alan. "Explorations in Unorthodox Political Behavior: A Scale to Measure 'Protest Potential,'"*European Journal of Political Research,* 2 (1974), 107-129.

_____. "The 'Silent Revolution,' Value Priorities and the Quality of Life in Britain," *American Political Science Review,* 69, 1 (March, 1975), 21-30.

Maslow, Abraham H. *Toward a Psychology of Being* (Englewood Cliffs, N.J.: D. Van Nostrand, 1962).

_____. *Religions, Values, and Peak-Experiences* (Columbus: Ohio State University Press, 1964).

_____. *Motivation and Personality,* 2d ed. (New York: Harper & Row, 1970).

McClelland, David. *The Achieving Society* (Princeton: Van Nostrand, 1961).

McClintock, C. G. and H. A. Turner. "The Impact of College Upon Political Knowledge, Participation, and Values," *Human Relations,* 15, 2 (May, 1962), 163-176.

McCloskey, Herbert. "Conservatism and Personality," *The American Political Science Review,* 52, 1 (March, 1958), 27-45.

Mead, Margaret. *Culture and Commitment* (Garden City: Natural History Press, 1970).

Meadows, Dennis *et al. The Limits to Growth* (Washington, D.C.: Potomac Associates, 1972).

_____ and Donella Meadows (eds.). *Toward Global Equilibrium* (Cambridge, Mass.: Wright-Allen, 1973).

_____. "Typographical Errors and Technological Solutions," *Nature,* 247, 5436 (January 11, 1974), 97-98.

Merelman, Richard. "The Development of Political Ideology: A Framework for the Analysis of Political Socialization," *American Political Science Review,* 63, 3 (September, 1969), 750-767.

Merritt, Richard L. and Donald J. Puchala (eds.). *Western European Perspectives on International Affairs: Public Opinion Studies and Evaluations* (New York: Praeger, 1968).

Mesarovic, Mihajlo and Eduard Pestel. *Mankind at the Turning Point* (New York: Dutton, 1974).

Middleton, Russell and Snell Putney. "Political Expression of Adolescent Rebellion," *American Journal of Sociology,* 68, 5 (March, 1963), 527-535.

Milbrath, Lester. *Political Participation* (Chicago: Rand McNally, 1965).

_____. "The Nature of Political Beliefs and the Relationship of the Individual to the Government," *American Behavioral Scientist,* 12, 2 (November-December, 1968), 28-36.

Miller, Arthur H. "Political Issues and Trust in Government: 1964-1970," *American Political*

Science Review, 68, 3 (September, 1974), 951-972.

_____ *et al.* "A Majority Party in Disarray: Policy Polarization in the 1972 Election," *American Political Science Review,* 70, 3 (September, 1976), 753-778.

Miller, Warren E. "Majority Rule and the Representative System of Government," in E. Allardt and Y. Littunen (eds.), *Cleavages, Ideologies and Party Systems: Contributions to Comparative Political Sociology* (Helsinki: Transactions of the Westermarck Society, 1964), 343-376.

_____ *et al.* "Components of Electoral Decision," *American Political Science Review,* 52, 2 (June, 1958), 367-387.

_____ *et al.* "Continuity and Change in American Politics: Parties and Issues in the 1968 Election," *American Political Science Review,* 63, 4 (December, 1969), 1083-1105.

_____ and Teresa E. Levitin. *Leadership and Change: New Politics and the American Electorate* (Cambridge, Mass.: Winthrop, 1976).

_____ and Donald E. Stokes. "Party Government and the Saliency of Congress," *Public Opinion Quarterly,* 26, 4 (Winter, 1962), 531-546.

_____. "Constituency Influence in Congress," *American Political Science Review,* 57, 1 (March, 1963), 45-56.

Mitchell, Arnold *et al.* "An Approach to Measuring Quality of Life" (Menlo Park, Ca.: Stanford Research Institute, 1971), mimeo.

Moore, Barrington, Jr. *Social Origins of Dictatorship and Democracy* (Boston: Beacon Press, 1966).

Morgan, James N. "The Achievement Motive and Economic Behavior," in J hn W. Atkinson (ed.), *A Theory of Achievement Motivation* (New York: Wiley, 1966), 205-230.

Morin, Edgar *et al. Mai 1968: La Breche* (Paris: Fayard, 1968).

Muller, Edward N. "A Test of a Partial Theory of Potential for Political Violence," *American Political Science Review,* 66, 3 (September, 1972), 928-959.

_____. "Relative Deprivation and Aggressive Political Behavior," paper presented for the annual meeting of the American Political Science Association, San Francisco, September, 1975.

Muller, Herbert. *The Children of Frankenstein* (Bloomington, Ind.: Midland, 1973).

Myers, Frank. "Social Class and Political Change in Western Industrial Systems," *Comparative Politics,* 2, 2 (April, 1970), 389-412.

Nasatir, David. "A Note on Contextual Effects and the Political Orientations of College Students," *American Sociological Review,* 33, 2 (April, 1968), 210-219.

Nederlandse Stichting voor Statistiek. *De Toekomst op Zicht: Een Wetenschappelijk onderzoek naar de verwachtingen van de Nederlanders voor de Periode, 1970-1980* (Amsterdam: Bonaventura, 1970).

Newcomb, Theodore M. *Personality and Social Change* (New York: Dryden, 1943).

Nie, Norman *et al.* "Political Participation and the Life Cycle," *Comparative Politics,* 6, 3 (April, 1974), 319-340.

_____ and Kristi Andersen. "Mass Belief Systems Revisited: Political Change and Attitude Structure," *Journal of Politics,* 36, 3 (August, 1974), 540-591.

_____ et al. "Social Structure and Political Participation: Developmental Relationships," *American Political Science Review,* 63, 3 (September, 1969), 808-832.

Nieburg, H. L. *Culture Storm: Politics and the Ritual Order* (New York: St. Martin's, 1973).

Nobile, Philip (ed.). *The Con Ill Controversy: The Critics Look at The Greening of America* (New York: Pocket Books, 1971).

Nordlinger, Eric A. *The Working Class Tories* (London: MacGibbon and Kee, 1967).

O'Lessker, Karl. "Who voted for Hitler? A New Look at the Class Basis of Nazism," *The American Journal of Sociology,* 74, 1 (July, 1968), 63-69.

Olson Mancur, Jr. "The Purpose and Plan of a Social Report," *The Public Interest,* 15 (Spring, 1969), 85-97.

O'Neill, Gerard K. "Colonies in Orbit," *New York Times Magazine* (January 18, 1976), 10-11.

Organski, A.F.K. *The Stages of Political Development* (New York: Random House, 1965).

Page, Benjamin I. and Richard A. Brody. "Policy Voting and the Electoral Process: The Vietnam War Issue," *American Political Science Review,* 66, 3 (September, 1972), 979-995.

Parsons, Talcott and Gerald M. Platt. "Higher Education and Changing Socialization," in Matilda W. Riley et al. (eds.), *Aging and Society,* 3 (New York: Russell Sage, 1972), 236-291.

Patterson, Franklin et al. *The Adolescent Citizen* (New York: Free Press, 1960).

Petersen, Nikolaj. "Federalist and Anti-Integrationist Attitudes in the Danish Common Market Referendum," paper presented to the European Consortium for Political Research, London, April 7-12, 1975.

_____ and Jorgen Eklit. "Denmark Enters the European Communities," *Scandinavian Political Studies,* 8 (1973), 157-177.

Petitjean, A. (ed.). *Quelles Limites? Le Club de Rome Repond* (Paris: Seuil, 1974).

Pierce, John C. and Douglas D. Rose. "Nonattitudes and American Public Opinion: The Examination of a Thesis," *American Political Science Review,* 68, 2 (June, 1974), 626-649.

Pinner, Frank A. "Students-A Marginal Elite in Politics," in Philip G. Altbach and Robert S. Laufer (eds.), *The New Pilgrims: Youth Protest in Transition* (New York: McKay, 1972), 281-296.

Pomper, Gerald M. "From Confusion to Clarity: Issues and American Voters, 1956-1968," *American Political Science Review,* 66, 2 (June, 1972), 415-428.

Pryce, Roy. *The Politics of the European Community Today* (London: Butterworths, 1973).

Putnam, Robert. "Studying Elite Political Culture: The Case of 'Ideology,'" *American Political Science Review,* 65, 3 (September, 1971), 651-681.

_____. *The Beliefs of Politicians* (New Haven: Yale University Press, 1973).

Pye, Lucian (ed.). *Communications and Political Development* (Princeton: Princeton University Press, 1963).

Pye, Lucian and Sidney Verba (eds.). *Political Culture and Political Development* (Princeton: Princeton University Press, 1965).

Reader's Digest Association. *A Survey of Europe Today* (London: Reader's Digest, 1970).

Reich, Charles A. *The Greening of America* (New York: Random House, 1970).

Rejai, M. (ed.). *Decline of Ideology?* (Chicago: Aldine-Atherton, 1971).

Remers, H. H. (ed.). *Anti-Democratic Attitudes in American Schools* (Evanston: Northwestern University Press, 1963).

Richardson, Bradley M. *The Political Culture of Japan* (Berkeley: University of California Press, 1974).

Riesman, David *et al. The Lonely Crowd* (New Haven: Yale University Press, 1950).

Riley, Matilda W. *et al.* (eds.). *Aging and Society III* (New York: Russell Sage, 1972).

Robinson, John P. *et al. Measures of Political Attitudes* (Ann Arbor: Institute for Social Research, The University of Michigan, 1968).

_____ and Phillip R. Shaver. *Measures of Social Psychological Attitudes* (Ann Arbor: Institute for Social Research, The University of Michigan, 1969).

Roig, Charles and Françoise Billon-Grand. *La Socialisation Politique des Enfants* (Paris: Colin, 1968).

Rokeach, Milton. *The Open and Closed Mind: Investigations Into the Nature of Belief Systems and Personality Systems* (New York: Basic Books, 1960).

_____. *Beliefs, Attitudes and Values* (San Francisco: Jossey-Bass, 1968).

_____. "The Role of Values in Public Opinion Research," *Public Opinion Quarterly,* 32, 4 (Winter, 1968-1969), 547-559.

_____. *The Nature of Human Values* (New York: Free Press, 1973).

_____. "Change and Stability in American Value Systems, 1968-1971," *Public Opinion Quarterly,* 38, 2 (Summer, 1974), 222-238.

Rokkan, Stein. *Citizens, Elections and Parties* (Oslo: Universitets Forlaget, 1970).

Roper, Elmo and Associates. *American Attitudes Toward Ties with Other Democratic Countries* (Washington, D.C.: The Atlantic Council, 1964).

Rose, Richard. "Class and Party Divisions: Britain as a Test Case," *Sociology,* 2, 2 (May, 1968), 129-162.

_____. *Governing without Consensus: An Irish Perspective* (Boston: Beacon, 1971).

_____ (ed.). *Comparative Electoral Behavior* (New York : Free Press, 1974).

_____ and Derek Urwin. "Social Cohesion, Political Parties and Strains in Regimes," *Comparative Political Studies,* 2, 1 (April, 1969), 7-67.

_____. "Persistence and Change in Western Party Systems Since 1945," *Political Studies,* 18, 3 (September, 1970), 287-319.

Rosenmayr, Leopold. "Introduction: New Theoretical Approaches to the Sociological Study of Young People," *International Social Science Journal,* 24, 2 (1972), 215-256.

Rostow, W. W. *The Stages of Economic Development* (Cambridge: Cambridge University Press, 1961).

Roszak, Theodore. *The Making of a Counter Culture* (Garden City: Doubleday, 1969).

_____. *Where the Wasteland Ends* (Garden City: Doubleday, 1973). de Rougemont, Denis. *La Suisse: L'Histoire d'un Peuple Heureux* (Paris: Hachette, 1965).

Ryder, Norman B. "The Cohort as a Concept in the Study of Social Change," *American Sociological Review,* 30, 6 (December, 1965), 843-861.

Sakamoto, S. "A Study of the Japanese National Character-Part V: Fifth-Nation Survey," *Annals of the Institute for Statistical Mathematics* (Tokyo: Institute for Statistical Mathematics, 1975), 121-143.

Sartori, Giovanni. "European Political Parties: The Case of Polarized Pluralism," in Joseph LaPalombara and Myron Weiner (eds.), *Political Parties and Political Development* (Princeton: Princeton University Press, 1966), 137-176.

_____. "The Power of Labor in the Post-Pacified Society: A Surmise," paper presented at the World Congress of the International Political Science Association, Montreal, Quebec, August, 1973.

Sauvy, Alfred. *La Revolte des Jeunes* (Paris: Calman-Levy, 1970).

Scammon, Richard M. and Ben J. Wattenberg. *The Real Majority* (New York: Coward Mccann, 1970).

Schmidtchen, Gerhard. *Zwischen Kirche und Gesellschaft* (Freiburg: Herder Verlag, 1972).

Searing, Donald D. "The Comparative Study of Elite Socialization," *Comparative Political Studies,* 1, 4 (January, 1969), 471-500.

Sebert, Suzanne *et al.* "The Political Texture of Peer Groups," in M. Kent Jennings and Richard A. Niemi, *The Political Character of Adolescence* (Princeton: Princeton University Press, 1974), 229-248.

Seeman, Melvin. "Alienation and Engagement," in Angus Campbell and Philip Converse (eds.), *The Human Meaning of Social Change* (New York: Russell Sage, 1972), 467-528.

_____. "The Signals of '68: Alienation in Pre-Crisis France," *American Sociological Review,* 37, 4 (August, 1972), 385-402.

Segal, David R. *Society and Politics: Uniformity and Diversity in Modern Democracy* (Glenview, Illinois: Scott, Foresman, 1974).

_____ and David Knoke. "Political Partisanship: Its Social and Economic Bases in the United States," *American Journal of Economics and Sociology,* 29, 3 (July, 1970), 253-262.

Sheldon, Bernert Eleanor and Wilbert E. Moore (eds.). *Indicators of Social Change: Concepts and Measurements* (New York: Russell Sage, 1968).

_____. "Monitoring Social Change in American Society," in Bernert Sheldon and Wilbert E. Moore (eds.), *Indicators of Social Change: Concepts and Measurements* (New York: Russell Sage, 1968), 3-24.

Sheppard, Harold L. and Neil Q. Herrick. *Where Have All the Robots Gone?* (New York: Free Press, 1972).

Sherrill, Kenneth S. "The Attitudes of Modernity," *Comparative Politics,* 1, 2 (January, 1969), 184-210.

Shively, Philips. "A Reinterpretation of the New Deal Realignment," *Public Opinion Quarterly,* 35, 4 (Winter, 1971-72), 621-624.

_____. "Voting Stability and the Nature of Party Attachments in the Weimar Republic," *American Political Science Review,* 66, 4 (December, 1972), 1203-1225.

Sigel, Roberta (ed.). *Learning A bout Politics: Studies in Political Socialization* (New York: Random House, 1968).

Silverman, Bertram and Murray Yanowitch (eds.). *The Worker in "Post-Industrial" Capitalism: Liberal and Radical Responses* (New York: Free Press, 1974).

Singer, Daniel. *Prelude to Revolution: France in May, 1968* (New York: Hill and Wang, 1970).

Skolnick, Jerome H. *The Politics of Protest* (New York: Ballantine, 1969).

Slater, Philip. *The Pursuit of Loneliness: American Culture at the Breaking Point* (Boston: Beacon, 1970).

Sonquist, John A. *Multivariate Model Building: The Validation of a Research Strategy* (Ann Arbor: Institute for Social Research, 1970).

_____ and James N. Morgan. *The Detection of Interaction Effects* (Ann Arbor: Institute for Social Research, 1964).

Steiner, Jurg. *Amicable Agreement versus Majority Rule: Conflict Resolution in Switzerland* (Chapel Hill: University of North Carolina Press, 1974).

Stokes, Donald E. "Spatial Models of Party Competition," in Angus E. Campbell *et al.*, *Elections and the Political Order* (New York : Wiley, 1966), 161-179.

_____. "Some Dynamic Elements of Contests for the Presidency," *American Political Science Review*, 60, 1 (March, 1966), 19-28.

Stouffer, Samuel *et al. The American Soldier: Adjustment During Army Life* (Princeton, N.J.: Princeton University Press, 1949).

Strumpet, Burkhard. "Economic Life Styles, Values and Subjective Welfare-An Empirical Approach," paper presented at 86th Annual Meeting of American Economic Association, New Orleans, 1971.

_____ (ed.). *Subjective Elements of Well-being* (Paris: OECD, 1974).

"Students and Politics," *Daedalus,* 97, 1 (Winter, 1968).

A Survey of Europe Today (London: Reader's Digest Association, 1970).

Suzuki, Tatsuzo. "Changing Japanese Values: An Analysis of National Surveys," paper presented at the 25th Annual Meeting of the Association for Asian Studies, Chicago, 1973.

Tarrow, Sidney. *Peasant Communism in Southern Italy* (New Haven: Yale University Press, 1967).

Thompson, William I. *At the Edge of History* (New York: Harper and Row, 1972).

Tilly, Charles. "Food Supply and Public Order in Modern Europe," in Charles Tilly (ed.), *The Formation of National States in Western Europe* (Princeton: Princeton University Press, 1975), 380-455.

Toffier, Alvin. *Future Shock* (New York: Random House, 1970).

_____ (ed.). *The Futurists* (New York: Random House, 1972).

Touraine, Alain. *The Post-industrial Society* (New York: Random House, 1971).

Triandis, Harry. "The Impact of Social Change on Attitudes," in Bert King and Elliott McGinnies (eds.), *Attitudes, Conflict and Social Change* (New York: Academic Press, 1972), 127-136.

U.S. Department of Health, Education, and Welfare. *Toward a Social Report* (Washington, D.C.: Government Printing Office, 1969).

Verba, Sidney. "Germany: The Remaking of Political Culture," in Lucian Pye and Sidney Verba (eds.), *Political Culture and Political Development* (Princeton: Princeton University Press, 1965), 131-154.

_____ and Norman Nie. *Participation in America: Political Democracy and Social Equality* (New York: Harper and Row, 1972).

_____ et al. "Public Opinion and the War in Vietnam," *American Political Science Review*, 62, 2 (June, 1967), 317-334.

Watanuki, Joji. "Japanese Politics: Changes, Continuities and Unknowns" (Tokyo: Sophia University Institute of International Relations, 1973), mimeo.

Waterman, Harvey. *Political Change in Contemporary France* (Columbus, Ohio: Merrill, 1969).

Weber, Max. *From Max Weber: Essays in Sociology*, ed. H. H. Gerth and C. Wright Mills (New York: Oxford University Press, 1946).

_____. *Economy and Society* (New York: Bedminster Press, 1968).

Weil, Gord n L. *The Benelux Nations: The Politics of Small-Country Democracies* (New York: Holt, Rinehart and Winston, 1970).

Weisberg, Herbert F. and Jerrold G. Rusk. "Dimensions of Candidate Evaluation," *American Political Science Review*, 64, 4 (December, 1970), 1167-1185.

Weiss, Walter. "Mass Media and Social Change," in Bert T. King and Elliott McGinnies (eds.), *Attitudes, Conflict, and Social Change* (New York: Academic Press, 1972), 175-224.

Westby, David L. and Rochard G. Braungart. "The Alienation of Generations and Status Politics: Alternative Explanations of Student Political Activism," in Roberta S. Sigel (ed.), *Learning About Politics* (New York: Random House, 1970), 476-490.

Withey, Stephen. *A Degree and What Else?* (New York: McGraw-Hill, 1971).

Wylie, L. *Village in the Vancluse* (Cambridge: Harvard University Press, 1957).

Yankelovich, Daniel. *The Changing Values on Campus* (New York: Washington Square Press, 1973).

_____. *Changing Youth Values in the 1970's* (New York: JDR 3rd Fund, 1974).

_____. *The New Morality: A Profile of American Youth in the 1970's* (New York: McGraw-Hill, 1974).

찾아보기

주제어

ㄱ

가치　53
　물질주의적 가치　52, 240
　탈물질주의적 가치　52, 305
가치 변화　41~42, 188, 429
　가치 변화의 방향　43
　가치 변화의 원인　42~46
　세대 간 가치 변화　137
가치 우선순위　41, 336
　탈물질주의적 가치 우선순위　190
경제적 갈등　294
계급 갈등 이론　293
공포　357
교육　384
국가주의　417
권위주의　101
권위주의적 퍼스낼리티 가설　102
균열
　가치 균열　303
　성적 균열　298
　영토적 균열　253, 296
　인종적 균열　297
　전산업적 균열　328
　정치적 균열　368
　종교적 균열　295
　지역적 균열　297, 328
　탈산업적 균열　243, 337

ㄴ

노동계급　279, 281, 352, 359
노동조합　273
농민　359

ㄷ

다당제　337

대학　118

ㅁ

마르크스주의　476~477
만족
　주관적 만족　166, 188
만족도
　사회정치적 만족도　192~193, 198~199,
　　227, 232
　전반적인 삶의 만족도　163, 174, 204,
　　214, 228
　(전반적인) 주관적 만족도　175, 201. 227
물질주의자　240

ㅂ

반체계 운동　315
반체제 문화　97
부르주아적 심성　474

ㅅ

사회계급　262, 293
사회이동　287
사회적 동원　381, 431~432
상대적 박탈　172
서비스 부문　97
성 역할　129, 154, 156
세대
　뉴딜 세대　267
　세대 갈등　354
시민적 성향　384
식량 폭동　294
신비주의　478

ㅇ

양당제　337
여론 조사　49
연령 집단별 가치 차이　45

욕구
 물질주의적 욕구 69
 소속의 욕구 374
 심미적 욕구 72, 79
 탈물질주의적 욕구 69
욕구(의) 위계 69, 81, 87, 188~189, 191
욕구 충족 가설 102, 106
우파 247
유럽 통합 449~450
유럽공동체 415, 449
유럽석탄철강공동체 416
유럽원자력공동체 462
이데올로기의 종언 275, 278
인구 교체 147, 149, 268
인종적 민족주의 308, 310
인지적 동원 379, 382, 405, 409, 433~434
일체감
 정당 일체감 265, 326, 396~398
 지리적 일체감 87

ㅈ

자연 478
저항 202
 저항 활동 참여 364
정당 선호 247
정체성
 교구적 정체성 414
 코즈모폴리턴적 정체성 414
 정체성 의식의 변화 414
정치적 삶에 대한 불만족 195
정치적 선호 260, 262
정치적 스킬 469, 471
정치적 양극화 350
정치적 역량감 382
정치적 행동주의 157~158
정치적 효능감 391~392
종교 284, 291
종교적 갈등 294
좌파 247
 구좌파 317
 물질주의적 좌파 318
 산업적 좌파 313
 신좌파 315, 317, 371, 474

탈산업적 좌파 313~314
중간계급
 전통적인 중간계급 354, 359, 370
 현대 중간계급 353~354, 370
중간계급 급진주의 371
중간층 다수 274~275, 278~279
지속가능한 상태 490, 494
지위 불일치 이론 320

ㅊ

참여 357, 374
참여 양식
 새로운 참여 양식 385, 470
 종래의 참여 양식 385, 470
참여 잠재력 405~406
체계/반체계 이분법 252, 256
초국가적 충성심 425

ㅋ

커뮤니케이션 가설 112

ㅌ

탈물질주의에 대한 반발 369
탈물질주의자 240
탈물질주의적 현상 369
탈산업사회 25, 97
투표
 계급투표 262~263, 265, 267~268, 282, 343
 종교적 투표 285
 좌파-우파 투표 248
투표 행동 239, 241

ㅎ

합리성
 기능적 합리성 472
 실질적 합리성 472

인명

골드소프, 존(John H. Goldthorpe) 267
구린, 제럴드(Gerald Gurin) 163

글렌, 노발(Norval Glenn) 266
나이, 노먼(Norman H. Nie) 383~385, 388, 390
넛슨, 진(Jeanne M. Knutson) 87
노크, 데이비드(David Knoke) 332
뉴콤, 시어도어(Theodore M. Newcomb) 28
니미, 리처드(Richard G. Niemi) 305
달, 로버트(Robert A. Dahl) 226
도건, 마테이(Mattei Dogan) 352
도이치, 카를(Karl W. Deutsch) 369, 381, 431
돌턴, 러셀(Russell Dalton) 134, 136~137, 151, 282
드 토크빌, 알렉시(Alexis de Tocqueville) 162
디 팔마, 주세페(Giuseppe Di Palma) 387
라이시, 찰스(Charles Reich) 37, 96, 120
라이트, 유진(Eugene Wright) 398
러너, 대니얼(Daniel Lerner) 381
레비틴, 테리사(Teresa E. Levitin) 99, 334
레이파르트, 아렌트(Arend Lijphart) 281
레인, 로버트(Robert Lane) 49
로작, 시어도어(Theodore Roszak) 478~479, 493
로저스, 윌러드(Willard Rodgers) 165
로즈, 리처드(Richard Rose) 47, 291, 293
록칸, 스테인(Stein Rokkan) 253, 288, 296, 389
뢰벤베르크, 페테르(Peter Loewenberg) 157
리스먼, 데이비드(David Riesman) 96
리처드슨, 브래들리(Bradley M. Richardson) 152
립셋, 시모어 마틴(Seymour Martin Lipset) 97~99, 138, 253, 262, 267, 274, 288, 296, 342, 370, 472
마르쿠제, 허버트(Herbert Marcuse) 37, 275
마르크스, 카를(Karl Marx) 96, 475~476, 478
마시, 앨런(Alan Marsh) 188~191, 199, 404

마이어스, 프랭크(Frank E. Myers) 278
만, 토마스(Thomas Mann) 96
만하임, 카를(Karl Mannheim) 28, 95, 138
매슬로, 에이브러햄(Abraham Maslow) 43, 69, 85, 87, 189~191
매클랜드, 데이비드(David McClelland) 373
메도스, 도넬라(Donella Meadows) 486, 488, 490, 493~497
모네, 장(Jean Monnet) 461
무어, 배링턴(Barrington Moore) 475
밀러, 워런(Warren Miller) 99, 334
반스, 새뮤얼(Samuel Barnes) 285
밴필드, 에드워드(Edward C. Banfield) 213
버바, 시드니(Sidney Verba) 47, 229, 382, 384~386
버틀러, 데이비드(David Butler) 287, 290
베로프, 조지프(Joseph Veroff) 163
베버, 막스(Max Weber) 95, 138, 472~473
베이커, 켄들(Kendall L. Baker) 151, 282
벨, 대니얼(Daniel Bell) 25~27, 97~99, 138, 275, 487
보일, 토머스(Thomas J. Boyle) 487~488, 496
봉, 프레더릭(Frederic Bon) 352
부르니에, 미셸-앙투안(Michel-Antoine Burnier) 352
브래드번, 노먼(Norman Bradburn) 163
브레진스키, 즈비그뉴(Zbigniew Brzezinski) 473~474, 476
브레히트, 베르톨트(Bertolt Brecht) 189
사르토리, 조반니(Giovanni Sartori) 250, 253, 471~472
사카모토, 요시유키(Yosiyuki Sakamoto) 153
솔제니친, 알렉산드르(Aleksandr Solzhenitsyn) 476
슈미트첸, 게르하르트(Gerhard Schmidtchen) 285
스즈키, 타츠오(Tatsuzo Suzuki) 154
스캠몬, 리처드(Richard M. Scammon) 277

스톡스, 도널드(Donald Stokes) 249, 287, 290

시걸, 데이비드(David R. Segal) 332

시블리, W. 필립스(W. Phillips Shively) 267

시즐리, 폴(Paul B. Sheatsley) 101

에런, 윌더브스키(Aaron Wildavsky) 275

아리스토텔레스(Aristoteles) 98

알라르트, 에리크(Erik Allardt) 184, 191

액설로드, 로버트(Robert Axelrod) 342

앤드루스, 프랭크(Frank M. Andrews) 164, 177

앨러벡, 클라우스(Klaus R. Allerbeck) 119

앨먼드, 가브리엘(Gabriel A. Almond) 229, 285, 382, 386

앨퍼드, 로버트(Robert R. Alford) 262~263, 265, 267~268, 281, 342

얀켈로비치, 대니얼(Daniel Yankelovich) 158

어윈, 데릭(Derek Urwin) 291, 293

에이브럼슨, 폴(Paul Abramson) 266, 283, 290

엥겔스, 프리드리히(Friedrich Engels) 96

오닐, 제라드(Gerard O'Neill) 489

오레스커, 카를(Karl O'Lessker) 370

와일리, 로런스(Laurence Wylie) 213

와타누키, 조지(Joji Watanuki) 154, 156

와튼버그, 벤(Ben J. Wattenberg) 277

웨일, 고든(Gordon L. Weil) 257

위디, 스티븐(Stephen Withey) 164, 178

블레이크, 윌리엄(William Blake) 479

이스턴, 데이비드(David Easton) 422

이스털린, 리처드(Richard A. Easterlin) 205

이케, 노부타카(Nobutaka Ike) 152~153

잔다, 케네스(Kenneth Janda) 248, 314

제닝스, M. 켄트(M. Kent Jennings) 305

캔트릴, 해들리(Hadley Cantril) 163, 173, 205

캠벨, 앵거스(Angus E. Campbell) 165, 168~169, 263

컨버스, 필립(Philip E. Converse) 46, 165, 393, 398

케니스톤, 케네스(Kenneth Keniston) 275

콘벤디트, 다니엘(Daniel Cohn-Bendit) 349, 364, 476

클링만, 한스(Hans D. Klingemann) 398

태로, 시드니(Sidney Tarrow) 213

터프티, 에드워드(Edward R. Tufte) 226

파슨스, 탤콧(Talcott Parsons) 119

펠드, 셸리아(Sheila Feld) 163

펠드먼, 케네스(Kenneth A. Feldman) 28

포웰, 빙엄(Bingham Powell) 383~385, 388

프레위트, 케네스(Kenneth Prewitt) 383~385, 388

플라톤(Plato) 162

플랫, 제럴드(Gerald M. Platt) 119

피어스, 존(John C. Pierce) 47

하라네, 마쿠(Markku Haranne) 191

하스, 에른스트(Ernst Haas) 416

하이먼, 허버트(Herbert H. Hyman) 101

해밀턴, 찰스(Charles Hamilton) 263, 267, 344

헌팅턴, 새뮤얼(Samuel Huntington) 471

헤겔, 게오르크 빌헬름 프리드리히(Georg Wilhelm Friedrich Hegel) 478

힐데브란트, 카이(Kai Hildebrandt) 151, 282

책 제목

『권위주의적 퍼스낼리티(The Authoritarian Personality)』 100

『독일 이데올로기(The German Ideology)』 96

『미국의 녹색화(The Greening of America)』 120

『성장의 한계(The Limits to Growth)』 160, 484~490, 496~498

풍요한 사회에서 부유한 계급은
어떻게 탈물질주의자가 되고 왜 정치에 저항하는가?

2021년에 로널드 잉글하트가 오랜 투병 끝에 세상을 뜨자 세계의 학계는 정치학의 '진정한 거물'의 사망을 알리고 애도했다. 이 부고를 접하고 아마도 많은 사람이 '조용한 혁명'이라는 용어를 떠올렸을 것이다. 왜냐하면 이 책의 제목이기도 한 형용모순적인 이 매력적인 용어가 잉글하트로 하여금 세상의 주목을 받게 했고, 또한 사람들의 뇌리에 그와 함께 각인되었기 때문이다. 잉글하트는 1960년대 중반과 1970년대 초반 풍요로운 서구 선진산업사회에서의 문화적 변화와 정치적 소용돌이의 배후에는 우리의 눈에 보이지 않는 의식 세계 속에서 일어나고 있던 중요한 변화, 즉 물질주의적 가치에서 탈물질주의적 가치로의 전환이라는 가치 변화가 자리하고 있음을 간파하고, 이를 '조용한 혁명'이라고 칭했다.

이 책에서 잉글하트는 이러한 가치 변화의 양상과 그 가치 변화가 초래하는 정치지형의 변화를 (이론적으로보다는) 경험적으로 입증한다. 따라서 독자들은 이 방대한 책에서 그의 경험적 자료를 쫓아가다 보면, 그의 논지에 수긍하면서도 그 자료에 묻혀 그의 이론적 논거의 줄기를 놓치기도 할 것이다. 옮긴이는 독서의 편의성을 높이기 위해 잉글하트가 자신의 가치 변화 테제를 정당화하는 논리를 이론적으로 요약하고, 그는 그러한 가치 변화가 왜 새로운 유형의 정치 참여를 유발한다고 보는지를 간략히 기술해 두고자 한다.

잉글하트가 이 책에서 광범위한 설문조사 결과를 바탕으로 밝혀낸 경험적 사실은, 당시 서유럽과 북미에서는 더 젊은 세대가 경제적·신체적 안전을 중시하던 물질주의적인 부모와 조부모 세대와 달리 자기표현과 삶의 질을 강조하는 탈물질주의적 가치를 보여준다는 것이다. 이러한 측면에서 보면, 잉글하트는 구조적 수준보다 개인 수준의 변화에 초점을 맞추고 있는 것처럼 보인다. 따라서 누군가는 그가 정치학의 행태주의적 접근방식을 취하고 있다고 생각할 수도 있다. 그러나 이는 그가 설문조사에 기초하여 개인의 의식 변화를 추적하기 때문이지, 그가 구조적 수준을 무시하는 것은 아니다. 그는 그러한 가치 변화의 원인을 추적하는 데서는 누구보다도 구조적이고 사회학적이다.

먼저 잉글하트는 그러한 가치 변화는 교육 수준의 향상, 직업구조의 변화, 매스커뮤니케이션 네트워크의 발전을 포함한 일련의 사회경제적 변화와 무관하지 않을 것이지만, (1) 제2차 세계대전 후 약 20년에 걸쳐 서구 여러 나라가 공전의 번영을 경험했다는 사실과 (2) 그간 전면 전쟁이 없었다는 사실이 특히 중요한 결과를 가져왔다고 주장한다. 그는 그 같은 결과로 사람들이 이제 안전하게 살고 식생활에 곤란을 겪지 않게 되면서 물질주의적 가치에서 탈물질주의적 가치로의 가치 변화를 경험하게 되었다고 주장한다. 즉, 질서 유지와 경제적 이익의 보호 같은 물질주의적 가치를 중시하던 것에서 자기실현과 삶의 질 같은 탈물질주의적 가치를 중시하는 것으로 '조용한 혁명'이 발생했다는 것이다. 탈물질주의적 가치가 출현하는 데서 중요한 것은 부유한 '개인'이 아니라 안전하고 풍요로운 '사회'이다.

그렇다면 풍요한 사회에서는 어째서 가치 우선순위가 변화하는가? 잉글하트는 이를 희소성가설(scarcity hypothesis)을 통해 설명한다. '희소성가설'은 경제이론의 한계효용체감 법칙과 유사한 것으로, 사람들은 상대적으로 부족하게 공급되는 것에 더 큰 주관적 가치를 부여한다는 것이다. 잉글하트는 이를 정당화하기 위해 매슬로(Maslow)의 욕구의 위계이론(theory of need hierarchy)을 활용하고 있다. 매슬로에 의하면, 인간은 수많은 서로 다른 욕구를 실현하기 위해 행동하지만 이들 욕구는 생존 자체에 비추어 상대적으로 얼마만큼 절박한지를 기준으로 해서 차례로 추구된다. 그중 가장 우선적으로 추구되는 것이 생리적 욕구이고, 두 번째가 신체의 안전에 대한 욕구이다. 사람들은 일단 경제적 안전과 신체적 안전을 획득하면, 그것과는 다른 물질적이지 않은 목표를 추구하기 시작한다. 잉글하트는 이 같은 논리에 기초하여 선진산업사회의 대부분의 성원은 기아와 경제적 불안전성의 상황하에서 살고 있지 않으며, 이러한 사실이 사람들로 하여금 점차 소속감, 존경, 그리고 지적·심미적인 만족에 대한 욕구를 보다 중시하는 탈물질주의적 방향으로 나아가게 하는 것 같다고 진단한다.

그러나 이 희소성 가설은 풍요한 사회에 같이 살고 있는데도 왜 젊은 세대들이 탈물질주의적 가치를 추구하는 데 반해 나이 많은 세대들은 여전히 물질주의적 가치에 집착하는지를 설명하지 못한다. 잉글하트가 이를 위해 제시하는 것이 '사회화가설(socialization hypothesis)'이다. 잉글하트가 이 가설을 이 책에서 직접 언급하지는 않지만, 이는 그가 가치 형성에서 '형성기 경험'의 중요성을 강조하는 데서 나타난다. 사회화가설에 따르면, 사람들이 지닌 기본 가치는 그가 성인이 되기 이전 시기에 그를 지배했던 상황을 상당 정도 반영한다. 즉, 인간의 퍼스낼리티가 성인기에 달해 결정화되면, 그 이후로는 퍼스낼리티에 상대적으로 별다른 변화가 일어나지 않는 경향이 있다는 것이다. 결국 인간은 가치 형성기에 확립된 일정한 가치 우선순위를 성년기 전체를 통하여 보유한다는 것이다. 잉글하트는, 이 생각에 어느 정도 진리가 함축되어 있다고 한다면, 성년기 이전에 경제적 곤궁의 시기를 살아온 개인들은 자신의 형성기를 지배했던 비교적 불안정한 물질적 조건을 반영하는 가치 우선순위를 드러내는 반면, 제2차 세계대전 이후 전에 없는 경제성장기를 경험했고 침략을 받지 않은 시대를 살아온 개인들은 경제적 및 신체적 안전에 그다지 구애받지 않을 것이라고 예상한다.

잉글하트는 이 두 가설을 종합하면 1945년 이후 서구 국가들에서 역사적으로 전례 없는 번영과 전쟁 없는 상태가 지속된 결과, 이들 나라의 전후세대는 제2차 세계대전, 대공황, 심지어는 제1차 세계대전 속에서 기아와 참화를 경험했던 그 이전의 사람들에 비해 경제적·물질적 안전성을 덜 중시하는 경향이 있을 것이라고 결론짓는다.

또한 잉글하트는 이 같은 탈물질주의적 가치의 출현과 함께 정치적 균열의 지형이 경제적 쟁점을 축으로 하는 '산업적인' 균열에서 라이프스타일 쟁점을 축으로 하는 '탈산업적인' 균열로 전환되고 있다고 주장한다. 그에 따르면, 이제 물질적 관심이 비교적 중요하지 않게 되면서 산업사회의 계층체계를 반영했던 쟁점의 중요성이 저하되고, 이데올로기, 민족성, 생활양식 등이 점차로 중요성을 띠게 된다. 따라서 그는 신분 정치, 문화정치, 혹은 '이상적인' 정치가 번창하고 계급정치는 쇠퇴할 것으로 전망한다.

잉글하트에 따르면, 이처럼 정치 갈등의 사회적 기반이 변화함에 따라 정치적 저항 세력 역시 새로운 세력으로 대체된다. 이 새로운 저항 세력이 바로 탈물질주의적 세계관을 지닌 비교적 부유한 계급, 즉 신중간계급의 성원들이다. 왜냐하면 풍요해진 세계에서도 전통적 중간계급은 여전히 소유권과 질서 유지에 더 많은 관심을 가지고 있고, 또한 노동계급은 소득 수준이 높아지면서 보수화되기 때문이다. 따라서 좌파정당은 신중간계급으로부터 새로운 지지세력을 확충하는 반면, 현상을 유지하는 정당은 점점 더 부르주아지와 전통적인 중간계급 및 노동자계급으로부터 지지를 얻게 된다.

하지만 이러한 '중간계급 급진주의'는 쉽게 의문에 직면한다. 그 의문은 탈물질주의자들은 경제적 상황으로부터 혜택을 받고 있음에도 불구하고 왜 현실의 변화를 추구하는가 하는 것이다. 잉글하트에 따르면, 탈물질주의자들은 경제적으로 풍요함에도 불구하고 자신들의 삶의 전체에 대해 또는 심지어 삶의 물질적 측면에 대해서도 주관적으로 그리 만족하지 않는다. 이들의 불만은 자신들이 가지고 있는 세계관과 달리 서구 국가들의 관습과 제도들은 여전히 물질주의적 가정에 기초하고 있다는 데서 기인한다. 따라서 이들 탈물질주의자는 그러한 질서를 틀 지은 엘리트에 대해서도 저항할 수밖에 없다. 그리하여 탈물질주의자들의 정치 참여 양식 역시 엘리트의 '지도를 받는' 유형에서 정치적 의사결정에 직접 참여하는 엘리트에 '도전하는' 비제도적 양식을 취하게 되어 더욱 급진적인 성격을 드러내게 된다. 따라서 잉글하트는 경제 확장이 지속적으로 이루어질 경우 탈물질주의적 급진주의의 충원 기반이 확대될 것으로 예상하고, 더 나아가 그러한 탈물질주의적 사고방식의 확산이 사회의 근본적인 재구조화를 수반할 것이라고 전망한다(하지만 그는 앞으로 산업사회가 파멸 또는 쇠퇴할 경우 실리주의적 세대가 출현하게 될 수도 있다고 바라보고 이를 우려한다).

하지만 잉글하트의 가치 변화 이론이 체계의 근본적인 변혁을 주창하는 급진적인 이론인 것은 아니다. 그는 서구에서 탈물질주의적 가치의 발흥을 낳은 풍요한 사회의 물질적 기반에 긍정적 가치를 부여하는 것으로 보인다. 그리고 더 나아가 그는 서구의 그러한 경제성장을 이끈 기술혁신의 진보적 성격 또한 인정한다. 그는 로마클럽이 제기한 '성장의 한계' 문제 또한 더욱 발전된 기술에 의해 해결될 수 있을 것으로 낙관적으로 바라본다. 왜냐하면 탈산업사회는 그러한 기술적 수단들을 위대한 목적들에 적용하는 시기가 될 것이기 때문이다. 당시에 그가 볼 때, 환경·생태 문제보다도 더 시급히 해결되어야 하는 문제는 (특히 제3세계에서의) 인구증가 추세를 늦추는 것이었다. 왜냐하면 인구 과잉이 많은 세계에서 사람들로 하여금 물질주의적 가치에 집착하게 만들기 때문이다.

현시점에서 이 책을 읽는 독자들은 아마도 잉글하트의 이러한 전망에 의아할 것이다. 오늘날 전 세계는 세계적 경제 침체와 불평등으로 인해, 그리고 저출산 문제로 인해 몸살을 앓고 있기 때문이다. 또한 21세기에 들어 실시된 대규모 국제조사를 통한 현대 저항 분석은 다시 계급정치의 중요성을 일깨워주기도 한다(『거리의 시민들』을 보라). 이런 점에서 누군가는 역사가 잉글하트의 테제를 거부했다고 말할지도 모른다. 하지만 이러한 현상에 대해, 잉글하트의 테제와 달리 (또는 극심한 장기간의 경기 침체가 다시 물질주의적 세대의 출현을 가져올 수도 있다는 그의 전망을 따른다면 잉글하트가 제시한 대로) 다시 물질주의적 가치가 지배하는 시대로 돌아갔다고 단순하게 해석할 수는 없어 보인다. 오늘날 시민들이 거리로 나서는 까닭은 자신이 실리적인 물질주의자이기 때문이 아니라 자신의 탈물질주의적 가치가 현재의 나빠진 경제적 상황으로 인해 더욱 훼손되고 있기 때문일 수도 있다. 또한 이러한 현재의 물질적 상황과 더 나은 삶의 질을 추구하는 자신의 가치 간에 발생하는 더 큰 괴리가 젊은 세대들로 하여금 출산을 자신과 자신의 2세의 웰빙을 가로막는 장애물로 보게 만들고 있는지도 모른다.

이 책 『조용한 혁명』은 원서가 출간되고 나서 얼마 되지 않은 1980년대 초에 우리말로 번역되어 출간된 적이 있었다. 하지만 오랫동안 절판된 탓에 독자들은 이 책을 일부 대학 도서관의 서고에서 ─ 그것도 일반 서고가 아닌 보존 서고에서 ─ 나 찾아볼 수 있었고, 일부 전문가를 제외하고는 잉글하트 테제의 의미나 정확한 내용을 도외시한 채 '조용한 혁명'이나 '탈물질주의적 가치'라는 용어를 소비하는 소비자에 머물러 있을 수밖에 없었다. 이러한 안타까운 상황이 옮긴이로 하여금 이 긴 책, 그리고 경험적이고 서술적이어서 번역하기에는 지루한 책을 옮기는 작업에 착수하게 했다(이 책의 원서에는 50여 쪽에 달하는 질문지가 실려 있다. 하지만 이 번역서에서는 이 부분의 번역을 제외했다. 왜냐하면 첫째로는 질문지가 없어도 이 책의 내용을 이해하는 데에는 아무런 지장이 없기 때문이고, 그다음으로는 책의 전체 분량을 고려했기 때문이다).

옮긴이는 이 책을 한울의 새로운 시리즈 '한울모던클래식스'의 첫 번째 책으로 출간할 수 있게 되어 더욱 기쁘다. 그렇기에 이 번역의 완성도에 더 많은 책임을 느끼는 것도 사실이다. 항상 신이 아닌 한 오역은 있을 수밖에 없다는 말로 위안 삼으며 책을 내놓지만, 이 말 역시 변명임을 잘 알고 있다. 이 새로운 시리즈의 발간을 흔쾌히 받아들여준 한울엠플러스(주)의 김종수 사장님께 깊은 감사를 드린다. 한울의 이 새로운 시리즈가 얕은 단편적 지식이 난무하는 시대에 지적 성찰과 대화의 자원이 되어 우리 지식 세계에 '조용한 혁명'을 일으키는 데 얼마간 보탬이 되었으면 하는 바람이다. 그리고 이 새 시리즈를 함께 기획한 하홍규 교수, 이 작업을 뒷받침해 준 윤순현 부장, 편집을 맡아 책의 더 멋진 틀을 만들기 위해 고생한 신순남 팀장, 그리고 이 시리즈의 로고를 디자인해 준 한수정 님과 멋진 표지를 입혀준 디자인팀의 허다영 님께도 감사를 전한다.

2023년 6월
창밖의 빗소리를 들으며
박 형 신

지은이

로널드 잉글하트(Ronald Inglehart; 1934-2021)는 미국의 정치학자이자 미시간대학교 교수로, '세계가치조사(World Value Survey)'를 이끌며 시민들의 가치 변화를 측정하는 일을 주도해 왔다. 미국예술과학아카데미와 미국정치사회과학아카데미의 펠로이자 정치학의 노벨상이라 불리는 요한 쉬테상(Johan Skytte Prize)을 수상했다. 스웨덴 웁살라대학교, 벨기에 브뤼셀자유대학교, 독일 뤼네부르크의 로이파나대학교에서 명예 학위를 받았다. 프랑스, 독일, 네덜란드, 스위스, 일본, 한국, 대만, 브라질, 나이지리아, 뉴질랜드에서 객원교수 또는 방문학자로 일했으며, 미국 국무부 및 유럽연합의 컨설턴트로도 활동했다. 특히 비교문화연구 분야에서 설문조사 방법론에 크게 기여한 공로를 인정받아 2014년에 세계여론조사협회(WAPOR)의 최고 영예인 헬렌 다이너먼 상(Helen Dinerman Award)을 수상했다. 주요 저서로 이 책 『조용한 혁명』 외에도 *Culture Shift in Advanced Industrial Society*(1990), *Value Change in Global Perspective*(1995, 공저), *Modernization and Postmodernization*(1997, 공저), *Modernization, Cultural Change and Democracy*(2005, 공저), *Cultural Evolution*(2018), *Cultural Backlash*(2019, 공저), *Religion's Sudden Decline*(2021) 등이 있다.

옮긴이

박형신은 고려대학교 대학원에서 사회학 석사 및 박사학위를 취득했다. 그간 고려대학교에서 초빙교수, 연세대학교에서 연구교수 등으로 일했다. 지금은 고려대학교에서 강의하고 있다. 사회이론, 감정사회학, 음식과 먹기의 사회학에 관심을 가지고 연구를 진행하고 있다. 지은 책으로는 『정치위기의 사회학』, 『감정은 사회를 어떻게 움직이는가』(공저), 『에바 일루즈』, 『탈사회의 사회학』(공저) 등이 있고, 옮긴 책으로는 『자본주의의 문화적 모순』, 『탈감정사회』, 『민주주의는 글로벌 자본주의에서 살아남을 수 있는가』, 『부자 나라들이 가난한 사람들을 도와야 하는가』 등이 있다.

한울모던클래식스 001

조용한 혁명
탈물질주의 가치의 출현과 정치 지형의 변화

지은이 **로널드 잉글하트** | 옮긴이 **박형신** | 펴낸이 **김종수** | 펴낸곳 **한울엠플러스(주)** | 편집 **신순남**

초판 1쇄 인쇄 **2023년 7월 10일** | 초판 1쇄 발행 **2023년 7월 31일**

주소 **10881 경기도 파주시 광인사길 153 한울시소빌딩 3층** | 전화 **031-955-0655** | 팩스 **031-955-0656**
홈페이지 **www.hanulmplus.kr** | 등록번호 **제406-2015-000143호**

Printed in Korea.
ISBN 978-89-460-8266-3 93300
※ 이 번역 연구는 2019년 대한민국 교육부와 한국연구재단의 지원을 받아 수행되었습니다(NRF-2019S1A5A2A03046218).
※ 책값은 겉표지에 표시되어 있습니다.